August Wilhelm  Hupel

# Topographische Nachrichten von Lief- und Estland

Zweiter Band

August Wilhelm  Hupel

**Topographische Nachrichten von Lief- und Estland**
*Zweiter Band*

ISBN/EAN: 9783741129711

Hergestellt in Europa, USA, Kanada, Australien, Japan

Cover: Foto ©Thomas Meinert / pixelio.de

August Wilhelm Hupel

**Topographische Nachrichten von Lief- und Estland**

# Topographische Nachrichten von Lief- und Ehstland.

gesammelt und herausgegeben

durch

August Wilhelm Hupel.

Zweyter Band.

Riga, 1777.

bey Johann Friedrich Hartknoch.

# An den Leser.

Die gütige Aufnahme welche der erste Band in und ausser= halb Liefland gefunden hat, die öftere Nachfrage nach dem gegenwärtigen zweyten, und mein gegebenes Versprechen

deffel=

desselben Ausgabe nicht zu verzögern; wären gewiß dringende Beweggründe gewesen, ihn schon im abgewichenen Jahre zu liefern, wenn nicht mancherley Arbeiten und Hindernisse einen Aufschub verursachet hätten: hoffentlich ist es besser daß ich bey dem längern Zeitraum, verschiedene Beyträge abgewartet, und dadurch meinem Buch eine größere Vollständigkeit zu geben gesucht habe. Vielleicht ist es gar zu weitläuftig gerathen? Ganz unbedeutende Dinge haben keinen Platz darin erhalten; und ich bin überzeugt, daß hin und wieder, sonderlich im dritten Kapitel, wichtige und bisher unbekannte, Nachrichten vorkommen: doch war, wie schon im ersten Band erinnert wurde, nothwendig, auf mehr als eine Art von Lesern Rücksicht zu nehmen; wer das tadeln wollte, würde verrathen, daß er nicht weis, was in topographischen Nachrichten darf geliefert, oder gesucht werden. Einsichtsvolle bringen bald jede Anzeige an ihren Ort, und fühlen

jeden

jeden hingeworfenen Gedanken. Nicht alles
ist Gemeinort, was man dem ersten Anschein
nach dafür halten möchte. Ausländer, denen
eine genaue Kenntniß des Landes fehlt, verstehen freilich manchen Wink nur halb: die
meisten Käufer meines Buchs sind Liefländer;
ihnen wird manches nicht unangenehm seyn
was ein Ausländer unerheblich findet; bey
einigen Nachrichten verhält es sich umgekehrt.
Ob es mir geglückt sey, so viel möglich das
Ermüdende zu vermeiden, welches man in
einigen auch ganz neuen, Topographien fühlt;
werden meine Leser bald entscheiden. Wo ich
zu weitschweifig scheine, z. B. in den Nachrichten von unsrer kirchlichen Verfassung, laf-
sen sich leicht etliche Blätter überschlagen.
Durch Auffoderung und Anläße habe ich einige Dinge vollständiger beschrieben.

Alle mir zu Gesicht gekommene Urtheile
über den ersten Band, sind mit vieler Nachsicht abgefaßt, und ich muß gestehen, für mich

schmei-

# An den Leser.

schmeichelhaft. Auf etliche bescheidene Erinne-
rungen muß ich kürzlich antworten. Der Recensent in der allgem. deutschen Biblio-
thek 25 B. 1 St. vermisset manche ansehnliche Rittergüter, und wünscht ein Register.
Er hat völlig Recht: aber aus Mangel des
Raums konnte ich auf der Charte nicht alle
Güter anzeigen; und in der Ausführung wollte ich nicht die weitläuftigen Landrollen abschreiben, die ohnehin Hr. Büsching im 7ten
B. seines Magazins hat lassen abdrucken.
Bey fernerer Auffoderung bin ich erbötig,
meinem Buche auch hierin eine Vollständigkeit
zu geben, und etwa in einem Anhange oder
in einem dritten Bande auf etlichen Bogen
ein alphabetisches Verzeichniß aller lief- und
ehstländischen, wie auch öselschen Güter oder
Höfe, zu liefern, und diesem ein Register über
den gegenwärtigen und den ersten Band beyzufügen, welches ich jetzo, so gern ich auch
wollte, aus Zeitmangel nicht anfertigen kann.—

Der

# An den Leſer.

Der Hr. D. Büſching in ſeinen wöchentl. Nachricht. zweyt. Jahrg. 37 St. ſieht es als einen Fehler an, daß ich beyde Herzogthümer zuweilen mit dem allgemeinen Namen Liefland bezeichne. Unmöglich kann das Fehler ſeyn, was der alte rechtskräftige Sprachgebrauch gebietet. Ohne die im erſten Bande beygebrachten Gründe zu wiederholen, führe ich blos ein Beyſpiel an: wer hat wohl jemals einen Ehſtländer auf einer deutſchen Univerſität geſehen? alle heißen Liefländer. Kein Menſch tadelt es, wenn man ſagt Berlin liege in Deutſchland, ohne ſich auf die nähere Beſtimmung der Provinz einzulaſſen. Daß ich mich nicht der größten Kürze befliſſen habe, entſchuldigt der Hr. Oberconſiſtorialrath ſelbſt: nur erinnert er, daß mein Buch noch nicht vollkommen ſey. Eben das ſage ich ſelbſt im erſten Bande, und ſage es jetzt noch: ich bat daher meine Landesleute um Zuſätze und Berichtigungen, als welche

X 4                                                          zu

zu liefern ich mich anheischig gemacht habe.
Ein Buch, das ein weitläuftiges Land beschreibt, kann niemals gleich anfänglich ganz
vollkommen seyn: ein Beyspiel giebt Herrn
**Büschings Topographie der Mark
Brandenbug;** und wie viel hat die 6te
Ausgabe seiner Erdbeschreibung, die Deutschland so viel Ehre macht, vor der ersten voraus! — Der Recensent in den **Frankf.** gelehrten Anzeigen, fragt ob ich Hrn. Ge-
debusch in Dorpat nicht kenne, weil ich ihn
bey Anführung seines Buchs nicht genannt
habe. Warum soll man nicht ein Buch, dessen Verfasser sich selber nicht nennt, und vielleicht verborgen seyn will, blos nach seinem
Titel anführen? Bey dem mir eben so vortheilhaften Urtheil im 7ten Stück des **Teut-
schen Merkurs** merke ich nur an, daß ich
mit guten Vorbedacht einige Nachrichten meinem Buche einverleibet habe, die man vielleicht nach dessen eingeschränkten Titel, nicht

darin

# An den Leser.

darin erwartet: ich wählte denselben, um Un-
gebunden mehr leisten zu können als der
Titel vermuthen ließ: wo ich nicht irre, ist
dieß für dergleichen Schriften eine Empfeh-
lung.

Jetzt bitte ich um Erlaubniß, diejenigen
von meinen Landesleuten, aus deren Güte und
durch deren liebreiche Bemühung, ich Nachrichten und Beyträge zu beyden Bänden erhalten habe, hier nennen und ihnen öffentlich
meine Dankbarkeit bezeigen zu dürfen; welches im Buche selbst nur selten geschehen ist.
Ihre mir sehr werthen Namen führe ich in
alphabetischer Ordnung an:

Fräulein von Albedyll, zu Klein-Rien-
gen.
Herr Major von Baumgarten, in Pernau.
— Christ. Behrens, Rathsherr in Riga.

Herr

# An den Leſer.

Herr Subrektor **Brotze,** in Riga.

— Kaufmann **Clare,** in Dorpat.

Frau Majorin von **Ebler,** geb. v. **Lauw,** zu Schloß Oberpahlen.

— Landräthin Baronin von **Ferſen,** geb. Baroneſſe von **Schlippenbach,** zu Olluſtfer.

Herr Waiſenbuchhalter **Fiſcher,** in Riga.

— Kaufmann J. C. **Gebauer,** in Reval.

— Paſtor **Glanſtröm,** in Weiſſenſtein.

— Juſtizbürgermeiſter **Gnospelius,** in Narva.

Fräulein von **Grünewaldt,** zu Luſtifer.

Herr Kaufmann **Haen,** in Reval.

— Major von **Handtwig,** zu Jeßka.

— Buchführer **Hartknoch,** in Riga.

Frau Landrichterin von **Helmerſen,** geb. v. **Campenhauſen,** zu Kawershof.

— Majorin v. **Hüene,** geb. v. **Hüene,** zu Waimaſtfer.

Herr

# An den Leser.

Herr Major Baron von **Igelſtrohm**, zu Meyershof.

— Paſtor **Kempe**, zu Luggenhuſen.

—Konſiſtorial-Sekretär **Kieſow**, in Reval.

— Paſtor **Koch**, zu Jewe.

— Paſtor **Knacke**, zu Pilliſtfer.

— Ritterſchaft-Sekretär von **Kurſell**, zu Orriſaar.

— Paſtor **Lyſarch** genannt **König**, vorher in Pernau, jetzt zu Merjama.

— Major von **Lauw**, zu Schloßoberpahlen.

— Geheime Legationsrath von **Lilienfeld**, zu Neuoberpahlen.

— Kammerherr von **Lilienfeld**, zu Neuoberpahlen.

— Rathsherr und Kaufmann **Lindfors**, in Reval.

— Paſtor **Oeding**, zu Ecks.

— Hauptmann von **Piſtohlkors**, zu Genſell.

Herr

# An den Leser.

Herr Kammerier **Probst**, in Dorpat.

— Pastor **Rücker**, zu Johannis im Oberpahlschen.

— Pastor **Saß**, zu Wendau.

— Haakenrichter von **Scharenberg**, zu Leez.

— Lieutenant von **Scharenberg**, zu Fölks.

— Rektor **Schlegel**, in Riga.

— Ordnungsrichter Baron von **Schlippenbach**, zu Alt-Bornhusen.

— Probst **Seefels**, Pastor zu Talkhof.

— Landrath von **Sievers**, zu Eiseküll.

— Johann von **Staden**, zu Oberpahlen.

— Pastor und Konsistorial-Assessor **Trefurt**, in Narva.

— Kammerjunker Baron von **Uexküll**, zu Kukulin.

Frau Haakenrichterin Baronin von **Uexküll**, geb. v. **Grünewaldt**, zu Sonorm.

— von **Vietinghof**, geb. von **Bergholz**, zu Addafer.

Herr

# An den Leser.

Herr General en Chef und Ritter v. Weymarn Excell., zu Wolmarshof.

— Doctor Wilde, zu Oberpahlen.

— Rathsherr und Kaufmann Wilke, in Dorpat.

Frau Generalin Baronin von Wolf, geb. v. Grünewald Excell., zu Luftifer.

Herr Ritterschaft = Sekretär Baron O. S. v. Wolff, zu Wattram.

— Baron G. G. von Wrangell, zu Sadjerw.

— Lieutenant Zilliacus, zu Laulasma.

— Lieutenant Zöge von Manteufel, zu Eistfer.

— Kaufmann Thom. Zuckerbecker, in Riga

und Andre mehr, die ich auf Veranlassung verschweige, oder die bereits verstorben sind.

Sehr werden meine gütig gesinneten Landesleute mich und vielleicht viele Andre, verbin=

## An den Leſer.

binden, wenn ſie fortfahren von eingeſchlichenen kleinen Unrichtigkeiten, die ſie bereits bemerkt haben oder fernerhin bemerken, mir Nachricht zu geben: durch ihre Anzeigen die ich
beſtens nutzen werde, kan meine Arbeit die
Vollkommenheit erhalten welche ihr jetzt noch
mangelt.

Erklä-

# Erklärung der Kupfer.

Die 5 Kupfer, welche die Verbesserung unsers gewöhnlichen Riegenofens erläutern, werden an ihrem Ort im zweyten Kapitel hinlänglich erklärt: hier übergehe ich sie daher; ingleichen die ehstnischen Melodien und die Vorstellung einer Heukuje, welche keiner Erklärung bedürfen. Folgende 3 zeige ich näher an:

**Nr. I.** Eine ehstnische Familie nach ihrer im Oberpahlschen gebräuchlichen Kleidung.

> a. eine Ehstin in völliger Kleidung, vorwärts; ihr Sóbba (Decke, welche sie bey Kälte und Regen über den Kopf herunterhangend trägt,) hält sie auf der Hand.
>
> b. ebendieselbe rückwärts.
>
> c. eine andre mit der kleinen Haube, wie sie in ihrem Hause gekleidet geht; (bey der Arbeit geht sie oft im bloßen Hembde.)
>
> d. eine Hofsmagd vor- und rückwärts, halbgekleidet, wie sie ihre Herrschaft zu bedienen pflegt.
>
> e. ein Ehste in völliger Kleidung.
>
> f. ein andrer wie er gewöhnlich im Hause geht.
>
> g. ein Bauerhaus
>
> h. die Sommerküche.
>
> i. ein Stück gewöhnlicher Zaun, von Stacken und Schleeten.

**Nr. II.** Eine lettische Familie wie sie auf dem Felde oder unter Weges, um das Feuer sitzet.

Zugleich wird der Ehsten und Letten gewöhnliche Art, ein Pferd vermittelst des Krumholzes (a) an den Wagen zu spannen, vorgestellt.

**Nr. III.**

# Erklärung der Kupfer.

## Nr. III. Einige Wirthschaftgeräthe.

**A.** Der Pflug.
  - a. Das Pflugbrett.
  - b. Die Pflugeisen.
  - c. Das Eisen, welches das Pflugbrett hält.
  - d. Der Stock mit der kleinen eisernen Schaufel.

**B.** Eine Regge, oder der Winter-Schlitten des Bauern.

**C.** Ein Vorkschlitten, nach der fellinschen als der zierlichsten Art.

**D.** Eine Riege.
  - a. Die warme Riege.
  - b. Die Vorriege.
  - c. Die Windkammer.
  - d. Pforten,
  - e. Räume etwas abzulegen, beyde werden nicht bey allen Riegen in gleicher Menge, und auf einerley Art, angebracht.
  - f. Der Ofen.
  - g. Die Kumme, wo das Feuer beym Dreschen brennt.
  - h. Der Raum wo das Getraide abgelegt wird, um es die folgende Nacht in der warmen Riege zum Trocknen aufzustecken: oder wo man den Kaf verwahrt, wenn die Wand ganz aufgehauen ist.
  - i. Die Querbalken, auf welchen das Getraide trocknet.
  - k. Das Windigen.

Topo-

# Topographische

# Nachrichten

von

# Lief= und Ehstland.

## Zweyter Band.

# Das erste Kapitel.
## Von den Landesinwohnern.

---

## Erster Abschnitt.
### Allgemeine Anzeigen.

Was im erſten Bande von den hieſigen Inwohnern, deren Abſtammung, Anzahl, Sprachen, und Hauptabtheilung in Deutſche und Undeutſche, kurz angezeigt wurde, bedarf einer vollſtändigern Auseinanderſetzung: das gegenwärtige Kapitel ſoll ſie liefern.

Die Einrichtung und Anzahl der Stände haben nach dem Zeugniß unſrer Geſchichte, unter den verſchiedenen Regierungen mancherley Veränderungen erfahren. Am füglichſten folge ich der Eintheilung welche das riſiſche Generalgouvernement vor etlichen Jahren angenommen

nommen hat.  Jeder Prediger im Herzogthum Ließland
muß jährlich zweymal ein Verzeichniß von der Anzahl
aller in ſeinem Kirchſpiel befindlichen Menſchen unter
folgenden 4 Klaſſen: 1) adlichen Standes, 2) geiſtlichen Standes, 3) bürgerlichen Standes und andre freye
Leute, 4) Erbleute, an die Regierung einſenden.  Die
Beſchreibung und nähere Anzeige der Landesinwohner
wird, ſo weit es meine Abſicht erheiſcht, eben der Ordnung folgen.

Unter dem adlichen Stande wird vornemlich die
Ritterſchaft ( 1 Band S. 454.) begriffen; doch werden
auch andre Perſonen, die durch Geburt, oder durch ein
erhaltenes Diplom, oder durch Verdienſte und Amt,
adlichen Rang haben, obgleich ihre Namen nicht in der
Matrikul ſtehen, darzu gerechnet.

So lange ſich das Land zur katholiſchen Kirche bekannte, bekleidete ein großer Theil des hieſigen Adels,
geiſtliche Aemter: in unſern Jahrbüchern (z. B. Arndt
Chron. 2 Th. S. 136. und 147.) findet man die Namen
von Tieſenhauſen, Uexküll, Brakel, Wrangel, Buxhövden,
Vietinghoff, Patkul, Ungern, Kosküll u. a. m. die ſich als
Geiſtliche, als Pröbſte und als Knechte der Kirchen, unterſchrieben haben. Das wird keinen befremden: noch jezt erwählen ſogar Prinzen in katholiſchen Ländern, den geiſtlichen Stand.  Unſre vormaligen Biſchöfe, welche wahre
Regenten waren, wurden aus fürſtlichen, adlichen und
bürgerlichen Stande genommen: in der Reihe der rigiſchen Erzbiſchöfe ſtehen neben dem Marggraf Wilhelm
von Brandenburg, auch ein Michael Hildebrand und
Thomas Schöning, der erſte eines Bürgers, der zweyte
eines Bürgermeiſters Sohn; welches ich blos wegen
einiger unerfahrnen Leute anmerke, die in dem Wahn
ſtehen als wären die höchſten geiſtlichen Würden allezeit
dem Adel zu Theil worden.  Auch nach der Reformation ergriffen viele junge ſtudierende Edelleute den geiſtlichen

lichen Stand: Bequemlichkeit, Abneigung gegen ein
mühsames Studieren, Liebe zum Kriegsdienst, Mangel an wohlfeilen Schulen und an einer eignen Universität, machten eine Aenderung: jetzt haben wir nur wenige Prediger von adlicher Geburt, aus dem immatrikulirten Adel weis ich keinen. Einsichtsvolle Männer
haben gewünscht, auch wohl ihren Wunsch auf dem
Ritterhause öffentlich geäussert, daß eine Einrichtung
möchte getroffen werden, durch welche der sich immer
mehrende junge Adel, wenn er keinen Beruf zum Kriegsdienst fühlt, den geistlichen als einen in Liefland sehr
geachteten, Stand erwählen und darin sein standes-
mäßiges Auskommen finden könne, zumal da es hier
einträgliche Pastorate giebt, die auf dem Lande den Höfen, selbst in Ansehung ihrer Gerechtsamen, gleich sind.

Der Ausdruck bürgerlicher Stand ist sehr unbestimmt: in den halbjährlichen Verzeichnissen werden
alle die weder Adel noch Geistliche, aber frey sind, darunter begriffen; so gar die Freygelassenen. Kein ver-
nünftiger Liefländer hat noch jemals daraus den Schluß
gemacht, daß man allen in dieser Klasse befindlichen
Personen mit gleicher Achtung begegnen könne: wir
wissen, daß in allen Ländern der Gelehrte, und angese-
hene Kaufleute, dem Adel an die Seite gesetzet werden;
daß Gelehrten stiftsmäßig sind; daß Edelleute den Titel eines Doctors der Rechte angenommen haben, um in
einem Stift aufgenommen zu werden; daß selbst die
vormaligen liefländischen Ritter nicht alle von bewiese-
ner alten adlichen Geburt gewesen sind. Unter unsern
Kaufleuten stammen einige aus guten alten adlichen
Häusern; andre haben neuerlich den Adel auf ihre Familie gebracht. Zum Ruhm gereicht es unserm Adel,
daß er im Umgange mit Gelehrten und mit angesehenen
Kaufleuten von eitlem Stolze weit entfernt ist.

Viel-

Vielleicht wäre es nicht unſchicklich, wenn man
ſchon längſt den bürgerlichen Stand in 2 Klaſſen, nemlich in den höhern und niedern, wie in etlichen Ländern
den Adel, eingetheilt hätte. In unſern Städten könnte
man viererley Bürgerliche zählen, Gelehrten, Bürger
der großen Gilde, der kleinen Gilde, Pöbel. Der lezte
iſt bey uns nicht zahlreich: die Sklaven die eine beſondre Klaſſe ausmachen, und freygelaſſene Bauern, vertreten deſſelben Stelle. Auch Gelehrten kaufen ſich zuweilen in die große Gilde, um ihren etwanigen Witwen
das Recht zu erwerben bey dringender Noth, bürgerliche Nahrung nemlich Schenkerey, treiben zu dürfen.
Aus eben dem Grund, und aus Stolz, legen Profeſſioniſten ihr Handwerk nieder und ſuchen Mitglieder der
großen Gilde zu werden. In Reval erlangt dieß niemand, wenn er nicht eines Bruders (Mitgliedes) Tochter heyrathet, und noch auſſerdem durch ſchriftliche Zeugniſſe und zweener unbeſcholtener Männer Eid ſeine Geburt aus einem keuſchen unbefleckten Ehebette, bewei-
ſet. In kleinen Städten und Flecken hat man keine
Gilden.

Viele deutſche Handwerker wohnen im Lande auf
Höfen, in Hackelwerken, in Dörfern, auch als Krüger, Buſchwächter u. d. g. zerſtreut. Jeder, er ſey
auch noch ſo arm oder gering, zeigt gegen den Bauer,
der ihn Herr nennen muß, einen lächerlichen Stolz.
Dieſer und die ſtrafbare Verſchwendung in Kleidern und
übrigem Aufwande, zu dem ſich noch Faulheit geſellet,
ſind herrſchende Thorheiten; ſonſt würden alle unſre
Handwerksleute reich ſeyn, weil ihre Arbeit oft fünfmal
theurer als in Sachſen bezahlt wird; hingegen Mund-
bedürfniſſe und Produkten ſehr wohlfeil ſind.

Einige haben durch eine Berechnung aus den Haaken die Anzahl aller in Liefland vorhandenen Menſchen
beſtimmen wollen; aber viel zu wenig angegeben: andre

dre sind zu weit gegangen; Hr. Arndt glaubte, daß sich allein vom Strömlingsfange hier eine Million Einwohner nähren. Dergleichen Unrichtigkeiten wurden bereits im ersten Bande berichtiget: zu mehrerer Vollständigkeit füge ich nun einige Listen bey; zuerst vom ganzen Lande; dann von einer Probstey; endlich von einem einzelen Kirchspiele, und von der Stadt Narva.

Aus allen von den Predigern erhaltenen Verzeichnissen, übergiebt das Generalgouvernement dem hohen dirigirenden Senat halbjährlich ein Hauptverzeichniß. Aus einem solchen überlieferte ich bereits ( 1 Band S. 143.) die Anzahl aller Menschen vom Jahr 1771. Im folgenden Jahre befand sich, daß die Bevölkerung im Herzogthum Liefland nebst der Provinz Oesel, durch einen Zuwachs von 1524 Personen gestiegen war: den Beweis giebt das an den dirigirenden Senat übersandte Verzeichniß, welches ich aus sichern Händen abschriftlich erhalten habe:

Summarisches Verzeichniß aller Einwohner in \*) Liefland, die Milice ausgenommen, für die erste Hälfte des 1772. Jahres.

| | Mänl. Geschlechts. | | Weibl. Geschlechts. | |
|---|---|---|---|---|
| | Erwachsene. | Kinder. | Erwachsene. | Kinder. |
| Adliche — — — | 470 | 343 | 814 | 353 |
| Geistlichen Standes — — | 169 | 84 | 194 | 114 |
| Bürgerlichen Standes und andre freie Leute — — | 7270 | 3387 | 6506 | 3237 |
| Polen in Riga \*\*) — — | 600 | 189 | 349 | 161 |
| Russen in den Städten — — | 1166 | 494 | 890 | 460 |
| Liefländische Erbleute — | 110919 | 86546 | 112674 | 84307 |
| Oesel. | | | | |
| Adliche — — — | 103 | 69 | 199 | 95 |
| Geistlichen Standes — — | 23 | 16 | 57 | 22 |
| Bürgerlichen Standes und andre freie Leute — — | 366 | 248 | 419 | 217 |
| Erbleute — — — | 6921 | 5689 | 7153 | 5571 |

\*) In Gegensatz von Ehstland.
\*\*) Polen und Russen werden von den Landpredigern nicht angeschrieben, sondern blos die übrigen 4 Klassen.

Aus

Aus diesem Verzeichniß erhellet, daß im Junius des
J. 1772, im Herzogthum Liefland nebst der Provinz
Oesel, bey der Ueberzählung überhaupt 448,884 Men=
schen sind vorhanden gewesen, und darunter 128,007
erwachsene Mannspersonen; wodurch zugleich meine Be=
hauptung im ersten Bande S. 26, daß die in einer
neuen Erdbeschreibung für beyde Herzogthümer an=
gegebene Anzahl von 88000 arbeitsamen Mannsperso=
nen, ungefähr die Hälfte der wirklichen Zahl ausmache,
gerechtfertiget ist.   Wenn die Anzahl der erwachsenen
Mannspersonen geistlichen Standes, sonderlich auf
Oesel, im Verhältniß mit den dortigen wenigen Kirch=
spielen, etwas groß scheint, der vergesse nicht, daß Söh=
ne in ihrer Väter Häusern, und Kandidaten des Pre=
digtamts, mit darunter begriffen werden.   Aus den ein=
gesandten Listen ergiebt sich sogar, daß etliche Prediger
aus Demuth oder aus Blödsinn, ihre Küster und
Schulmeister, selbst solche die Freigelassene oder Erb=
bauern sind, mit zu dem geistlichen Stand zählen: da=
her werden von einigen Kirchspielen wo nicht mehr als
ein einziger, wohl gar unverheyratheter, Prediger ist,
4 bis 6 erwachsene Mannspersonen geistlichen Standes
angegeben; beynahe sollte man denken, daß auch die Glo=
ckenläuter oder sogenannten Kirchenkerl von ihren mitlei=
digen Predigern für Geistliche erklärt werden: ein Aus=
länder würde dort ein kleines von etlichen Mönchen be=
wohntes Kloster vermuthen.
     Unter die Erwachsenen werden alle Personen von
15 Jahren an, gerechnet.   Die adlichen Frauensper=
sonen übersteigen die vom männlichen Geschlecht an der
Zahl weit.   Mehrere Ursachen haben daran Antheil:
die wichtigste liegt in dem Kriegsdienst dem sich der Adel
widmet; viele Officiere heyrathen spät, oder gar nicht.
Daß mancher aus besondrer Neigung, oder wegen
Reichthums, eine Ausländerin, oder eines Gelehrten,

eines

eines Kaufmanns Tochter ehelichet, hat wenig Einfluß, weil eben so viele oder noch mehrere, adliche Fräulein an Gelehrte und andre ordentliche Männer, sonderlich an Prediger, verheyrathet werden. Ein Hauptgrund liegt wohl in der dauerhaftern Gesundheit des weiblichen Geschlechts, welches, im Durchschnitt genommen, zu einem weit höhern Alter hinansteigt als das männliche. Man findet hier viele adliche- und Predigerwitwen.

So leicht es wäre, die Listen von etlichen Jahren anzuführen und daraus den jährlichen Zuwachs zu bestimmen; auch die Anzahl aller Kopulirten, Getauften und Verstorbenen im Herzogthum Liefland, aus den eingelieferten jährlichen Verzeichnissen anzugeben; will ich mich doch hier nicht allzuweit über diesen Gegenstand verbreiten: nur von dem lezten Jahr, in welchem man von keinen Seuchen gehört hat, füge ich eine im rigischen Generalgouvernement angefertigte Hauptliste hier bey:

## Summarisches Verzeichniß der Kopulirten, Getauften und Verstorbenen in Liefland *) vom Jahr 1774, die Einwohner griechischer Religion ausgenommen.

Kopulirt sind worden   4594 Paar.

Getauft sind { Knaben 8803
Mägdlein 8664

Summe 17467 Getaufte.

A 5                    Ver-

*) In so fern dieses Herzogthum von der Provinz Oesel und von Ehstland unterschieden wird.

Verſtorbene:

| | | | |
|---|---|---|---|
| Alte über 60 Jahr | { | Männer | 1284 |
| | | Weiber | 1200 |
| Leute in beſten Jahren | { | Männer | 1969 |
| | | Weiber | 2035 |
| Kinder bis ins 15te Jahr | { | Knaben | 4499 |
| | | Mägdlein | 4268 |

Summe der Verſtorbenen 15255

Nach der Balance iſt alſo in dieſem Jahre ein Zu=
wachs von 2212 Menſchen.

## Summariſches Verzeichniß der Kopulirten, Ge=
## tauften und Verſtorbenen auf der Provinz
## Oeſel im Jahr 1774.

Kopulirt ſind worden   224 Paar.

| | | | |
|---|---|---|---|
| Getauft ſind | { | Knaben | 518 |
| | | Mägdlein | 550 |

Summe 1068 Getaufte.

Verſtorbene:

| | | | |
|---|---|---|---|
| Alte über 60 Jahr | { | Männer | 69 |
| | | Weiber | 79 |
| Leute in beſten Jahren | { | Männer | 97 |
| | | Weiber | 125 |
| Kinder bis ins 15te Jahr | { | Knaben | 381 |
| | | Mägdlein | 403 |

Summe der Verſtorbenen 1154.

Nach der Balance ſind in dieſem Jahr 86 mehr ge=
ſtorben als geboren. (Ein ſeltner Fall!)

Aus der Berechnung eines einſichtvollen Mannes
habe ich im erſten Bande die Anzahl aller in Ehſtland
befind=

befindlichen Menschen, nur den Soldatenstand ausgenommen, auf 176,000 Seelen gesezt. Das dasige
Generalgouvernement fodert von den ehstländischen Predigern keine summarische Verzeichnisse von den in ihren
Kirchspielen vorhandenen Einwohnern. Bey den Re-
visionen werden die Menschen gezählt, aber nicht von
allen Gütern, weil viele keiner Revision unterworfen
sind; und überhaupt betrift die Zählung blos die arbeitsamen Bauern männlichen Geschlechts. Zuweilen verlangt das Generalgouvernement von jedem Possessor die
Anzeige aller in seinem Gebiet wohnenden Menschen;
daß dergleichen Angaben selten zur höchsten Richtigkeit
oder Zuverläßigkeit kommen, bedarf keiner Erinnerung.
Im Jahr 1772 ward eine solche Zählung und Anzeige
anbefohlen: bey der Zusammenrechnung fanden sich

| | | |
|---|---|---:|
| in Harrien | — | 50,555 |
| in Wierland nebst Allentack | | 41,428 |
| in Jerwen | — | 22,445 |
| in der Wiek | — | 37,382 |

folglich überhaupt 151,310 Seelen.

Diese Zahl war mangelhaft: nur die untersten Stände
waren darin begriffen, und aus Jerwen fehlte ein ganzes
Kirchspiel, mit welchem zusammen die Anzahl aller Seelen von Bauern, wie mir ein Freund meldete, etwa
154,946 Seelen betragen möchte. Folgende Liste habe
ich aus dem revalschen Generalgouvernement erhalten,
von der ich nicht ohne Grund vermuthe, daß wenigstens
der Adel und der geistliche Stand ganz darin sind vergessen worden.

Ver-

## Verſchlag

von allen im Herzogthum Ehſtland, der Stadt
Reval, und den Flecken Habſal, Weſenberg,
Weiſſenſtein, Leal und dem baltiſchen Port
befindlichen Perſonen.

Im Lande, und in den Flecken Habſal, Weſenberg,
Weiſſenſtein, Leal, und im baltiſchen Port

|  |  | Köpfe |
|---|---|---|
| An Männlichen | — | 79,868 |
| An Weiblichen | — | 71,442 |
| In der Stadt Reval |  |  |
| An Männlichen | — | 3472 |
| An Weiblichen | — | 3482 |
| in allen |  | 158,264 |

Unter dieſen 158,264 Perſonen befinden ſich im Lan=
de an arbeitſamen und den Feldbau beſtreitenden
Leuten 35,184. (*)

Reval Schloß den 27 Octobr. 1772.

In fidem ſubſcr.

**C. Rieſemann.**

G. G. Secrs.

Vermöge dieſes Verſchlags, wenn die wahre Anzahl in
jedem Gebiet wäre mit möglichſter Genauigkeit be=
ſtimmt, und dem Generalgouvernement angezeigt wor=
den, hätte ich im erſten Bande für Ehſtland 17,700
Seelen zu viel angeſetzet.    Vielleicht iſt mein Rech=
nungsfehler nicht ſo groß.    Wer ſteht dafür, daß jeder
Gutsherr ſeine Berechnung mit gewünſchter Sorgfalt
anfertiget?    Wie leicht verzählt man ſich; und wer
                                               bringt

---

(*) Dieß iſt, wie der Augenſchein lehrt, nur von arbeitſamen
Mannsperſonen zu verſtehen, die bey den Reviſionen an=
geſchlagen und gezählt werden.

bringt die in Gebieten heimlich vorhandenen Läuflinge
u. d. g. in Anschlag? Mancher weis, und erfährt, und
erkundigt sich nicht einmal genau, was für freye und
andre lose Leute in seinen Gesindern und Wäldern leben.
Ein gelehrter Ehstländer der sein Vaterland sehr wohl
kennt, schrieb mir noch neulich wegen dergleichen Zäh-
lungen, daß peccata omissionis im Herzogthum Ehstland eben nichts seltenes wären. Die Anzahl aller Seelen aus dem Lande und den Flecken beträgt nach diesem
Verschlag genau 151,310 Seelen: daß dieselbe mangelhaft sey, wurde bereits vorher erwähnt. Daraus, daß
i. J. 1772 bey dem Gouvernement, aus den eingereich-
ten Verzeichnissen nur eine Summe von 158,264 Seelen zusammengebracht wurde, folgt noch lange nicht,
daß in Ehstland nur so viel vorhanden seyn. Hr. Al-
baum der selbst in Reval wohnt, versichert (in einer
Note zu Hrn. v. Beausobre allg. Einleit. in die Kenntniß der Politik rc. 3 Th. S. 650) daß die Zahl wirklich
167,000 betrage, davon 20,000 in den Städten wohnen sollen. Das lezte möchte wohl zu hoch angesezt
seyn: da ausser Reval, die kleinen Städte und Flecken
nur wenig Inwohner haben. — — In Betracht der
Größe beyder Herzogthümer, scheint der ehstländische
Adel zahlreicher zu seyn als der liefländische.

Vermöge einer oft wiederholten und eingeschärften
Verordnung, muß jeder Prediger im Herzogthum Liefland (die in Ehstland wissen nichts davon, und thun
es nicht,) ausser den wöchentlichen Dorfkatechisationen,
in den Gesindern öftere Hausbesuchungen anstellen,
d. i. er muß von Haus zu Haus, selbst elende niedrige
Badstuben, in welche man kaum kriechen kann, nicht
ausgenommen, fahren, die Leute katechisiren, ermah-
nen, sich nach ihrem Verhalten und Wandel erkundi-
gen, ihnen sonderlich die Pflichten der sogenannten
Haustafel einschärfen, auch prüfen wie weit sie im Lesen

ſen und in der Erlernung des Katechismus gekommen
ſind, ob ſie das Erlernte vielleicht wieder vergeſſen ha=
ben u. d. c. eine höchſtbeſchwerliche Arbeit, ſelbſt wegen
der darben ganz unvermeidlichen äuſſerſt ſchädlichen Ver=
kältung. Solche Hausbeſuchungen können nur im Win=
ter geſchehen: zu andrer Jahrszeit ſind die Wege ſchlecht,
oder die Leute zur Arbeit, kaum die ganz kleinen Kinder
unter der Aufſicht eines alten Weibes gegenwärtig.
Der Prediger fährt meilenweit bey ſtrenger Kälte;
kommt, wo Ehſten wohnen, in eine brennend heiße, wohl
gar mit Rauch und Dunſt von dem zum Dörren aufge=
ſteckten Korn, angefüllte dunkle Stube, wo er in Ge=
ſellſchaft von übel ausdünſtenden Menſchen und Thieren,
ſeine Arbeit verrichtet; und um nicht ganz im Finſtern
zu ſißen, ſondern zum Beprüfen im Leſen etwas Licht
zu haben, die Thür muß offen ſtehen, und die Kälte
nebſt dem ſtrengen Zugwind auf ſich ſtreichen laſſen:
endlich geht er heraus durch Schnee und Kälte, um in
einer andern ähnlichen Wohnung ähnliches Ungemach
zu übernehmen, welches an einem Tage öfters geſchie=
het. Viele urtheilen von dieſer Arbeit ungemein vor=
theilhaft: ſie ſoll eine der vorzüglichſten und heilſamſten
ſeyn. Sie kan Nußen ſtiften: der Prediger findet dar=
bey Gelegenheit, die Seelenregiſter anzufertigen und in
Ordnung zu erhalten, die er im Herzogthum Liefland
beſtändig in Bereitſchaft haben muß. Alle Erbleute,
ohne Unterſcheid des Alters und Geſchlechts, werden
darin von ihm namentlich, ſo viel möglich, nach ihrem
Alter und ihrer buchſtäblichen Erkenntniß, angeſchrie=
ben. Hierdurch ſieht er ſich im Stande, ſo oft er will,
genau zu beſtimmen, wie viel Seelen in ſeinem Kirch=
ſpiele, und wie viel darunter vorhanden ſind, die das Le=
ſen und die Worte des Katechismus herzuſagen verſte=
hen. Von dieſer Erkenntniß muß er jährlich nach einer
vorgeſchriebenen Form Bericht an das Oberkonſiſtorium
einli=

einliefern, von wannen die nöthigen Anzeigen an das
Reichs = Juſtizkollegium nach St. Petersburg geſandt
werden. Der Anlaß zu dieſer erſt vor etlichen Jahren
angefangenen Einrichtung, gehört nicht hieher. Noch
ein Verzeichniß, nemlich von der Anzahl aller Getauf=
ten, Kopulirten und Verſtorbenen, müſſen die Prediger
aus ihren Kirchenbüchern jährlich an das Generalgou=
vernement einſenden. Hierdurch können ſie die ſteigende
oder fallende Bevölkerung, auch andre dahin einſchla=
gende Bemerkungen, genau angeben. Ihre eingereich=
ten halbjährlichen Verzeichniſſe aller Einwohner, ſind
zuverläßig und werden der Wahrheit immer ſehr nahe
kommen; man müßte denn bey einem höchſt nachläßigen
oder zerſtreueten Manne Ausnahmen machen. Kleine
unbedeutende Mängel verdienen keinen Betracht: Läuf=
linge verſchwinden, oder kommen zurück, von denen der
Paſtor erſt ſpät Nachricht erhält. Jezt mag der Leſer
urtheilen, in welchem Herzogthume die Angaben mehr
Glauben verdienen.

Daß die Bevölkerung nicht in allen Gegenden,
auch nicht unter allen Gütern eines Kirchſpiels, gleich
groß ſey, läßt ſich leicht vermuthen, und iſt ſchon im
erſten Bande gelegentlich angemerkt worden. Zu einem
nähern Beweis und zur Erläuterung nehme ich eine
mittelmäßige Probſtey, welche der dritte Theil des dorpt=
ſchen Kreiſes heißt: ſie begreift 16 Meilen in die Länge
und 6 bis 8 Meilen in die Breite, und beſteht aus
10 Kirchſpielen, die zuſammen ungefähr 750 Haaken
enthalten. Bey der erſten auf ausdrücklichen Kaiſerli=
chen Befehl i. J. 1765. geſchehenen Ueberzählung, be=
ſanden ſich in dieſer Präpoſitur überhaupt etwa 37,000
Seelen, und darunter gegen 900 Deutſche von aller=
ley Ständen mit Inbegrif der übrigen freien Leute. Im
Jahr 1770 war ſchon die Zahl auf 41,560 geſtiegen;
die Deutſchen betrugen nun 1060 Köpfe. Am neuen
Jahre

Jahre 1773 wurden 43,195 und darunter 1188 Deutsche gezählt. So steigt die Bevölkerung jährlich, wenn nicht wütende Seuchen, sonderlich die Kinderpocken, und die blaue Blatter, oder unter manchen Gütern gewisse kleine Hindernisse, derselben im Wege stehen. — Bey jedem Kirchspiel zeige ich die Haakenzahl an, die aber nicht allezeit aus besezten Bauerländern, sondern oft eines Theils aus neuerrichteten Hoflagen besteht, (wovon im Folgenden hinlängliche Anzeige geschehen soll,) durch welche zuweilen die Haakenzahl aufhört mit den vorhandenen Menschen in gehörigen Verhältniß zu stehen. Wenige Hoflagen, reichlich besezte Gesinder, und viele Lostreiber, geben die volkreichsten Kirchspiele. In ganz genaue Bestimmung der Haaken werde ich mich nicht einlassen, sonst müßte ich auch der Viertel und Achtel, der Hoflagen und andrer besondern Umstände Erwähnung thun: eine ungefähre Angabe ist hinlänglich.

## Summarisches Verzeichniß aller und jeder Einwohner in der dritten Probstey des dorptschen Kreises vom Jenner 1771.

| Namen der Kirchspiele und deren Haakenzahl. | Stand der Einwohner. | Männl. Geschlechts | | Weibl. Geschlech. | |
|---|---|---|---|---|---|
| | | Erwachsene. | Kinder. | Erwachsene. | Kinder. |
| 1. Pillistfer, ungefähr 130 Haaken. | 1) Adliche | 8 | 3 | 23 | 3 |
| | Geistl. Stand. | 4 | 1 | 3 | 2 |
| | Bürgerl. St. | | | | |
| | und freie Leute | 12 | 7 | 18 | 6 |
| | Erbleute | 1968 | 1415 | 2099 | 1354 |
| 2. St. Johannis, mit dem Pastorats-Dorf 25 Haaken. | 2) Adliche | 2 | 1 | 4 | 1 |
| | Geistl. Stand | 1 | 1 | 2 | 1 |
| | Bürgl. St. *) | | | | |
| | und freie Leute | 25 | 12 | 23 | 14 |
| | Erbleute | 787 | 681 | 725 | 550 |

Namen

*) Wegen einer damals hier angelegten Glashütte waren viel Deutsche bürgerl. Standes; das gilt auch von Talkhof Nr. 4.

| Namen der Kirchspiele und deren Haakenzahl. | Stand der Einwohner. | Männl. Geschlechts | | Weibl. Geschlech. | |
|---|---|---|---|---|---|
| | | Erwachsene. | Kinder. | Erwachsene. | Kinder. |
| 3. Oberpahlen, mit den Hoflagen und Kirchenländern 150 Haaken. | 3) Adliche | 6 | 6 | 16 | 5 |
| | Geistl. Stand | 1 | 2 | 2 | 2 |
| | Bürgerl. St.*) und freie Leute | 112 | 60 | 69 | 52 |
| | Erbleute | 1786 | 1394 | 1830 | 1317 |
| 4. Talkhof 30 Haaken. | 4) Adliche | — | — | 2 | 1 |
| | Geistl. Stand | 1 | — | — | 2 |
| | Bürgerl. rc. | 36 | 31 | 45 | 27 |
| | Erbleute | 574 | 355 | 594 | 412 |
| 5. Ecks, 63 Haaken mit dem Pastorats-Dorfe. | 5) Adliche | 3 | 3 | 9 | 5 |
| | Geistl. Stand | 1 | — | 1 | 2 |
| | Bürgerl. rc. | 18 | 7 | 21 | 10 |
| | Erbleute | 902 | 621 | 904 | 661 |
| 6. Bartholomäi 68 Haaken. | 6) Adliche | 9 | 7 | 5 | 5 |
| | Geistl. Stand | 4 | — | 3 | 1 |
| | Bürgerl. rc. | 24 | 9 | 14 | 10 |
| | Erbleute | 690 | 756 | 740 | 570 |
| 7. Lais, 91 Haaken ohne das Pastorats-Dorf. | 7) Adliche | 5 | 3 | 4 | 6 |
| | Geistl. Stand | 4 | 5 | 3 | 7 |
| | Bürgerl. rc. | 15 | 8 | 13 | 8 |
| | Erbleute | 1321 | 1238 | 1246 | 1273 |
| 8. Torma und Lohhusu, etwa 60 Haaken. | 8) Adliche | 3 | 4 | 8 | 6 |
| | Geistl. Stand | 1 | — | 3 | — |
| | Bürgerl. rc. | 12 | 5 | 11 | 2 |
| | Erbleute | 1201 | 980 | 1116 | 901 |

*) Das Hakelwerk macht die Anzahl der Deutschen so groß.

| Namen der Kirchſpiele und deren Haakenzahl. | Stand der Einwohner. | Mäñl. Geſchlechts | | Weibl. Geſchlech. | |
|---|---|---|---|---|---|
| | | Erwachſene | Kinder. | Erwachſene | Kinder. |
| 9. Roddafer nebſt Allatzkiwwi 62 Haaken. | 9) Adliche | 5 | 3 | 10 | 6 |
| | Geiſtl. Stand | 3 | — | 2 | 1 |
| | Bürgerl. ꝛc. | 8 | 2 | 9 | 3 |
| | Erbleute | 1414 | 914 | 1397 | 935 |
| 10. Marien Magdalenen nebſt Warrul, 67 Haaken. | 10) Adliche | 5 | 2 | 4 | 1 |
| | Geiſtl. Stand | 1 | 2 | 1 | 1 |
| | Bürgerl ꝛc. | 13 | 3 | 11 | 2 |
| | Erbleute | 874 | 696 | 695 | 614 |

Die Summen aus den Liſten der Kopulirten, Getauften und Verſtorbenen vom J. 1770, welche zugleich mit den vorhergehenden Verzeichniſſen eingeſandt wurden, füge ich mit bey. Die Trauung geſchiehet allezeit bey der Kirche zu welcher die Braut gehört, und da wird ſie angeſchrieben; folglich zeigt die Liſte blos wie viele Weibsperſonen in jedem Kirchſpiel ſind verheyrathet worden. Die Liſten begreifen überhaupt alle 4 Klaſſen von Einwohnern.

| Namen der Kirchſpiele. | Kopulirte (Paar) | Getaufte | | Verſtorbene. | | | | | |
|---|---|---|---|---|---|---|---|---|---|
| | | Knab. | Mägd. | Alte über 60 Jahr. | | Leute in beſten Jahren. | | Kinder bis ins 1te Jahr. | |
| | | | | mäñl. | weibl. | mäñl. | weibl. | mäñl. | weibl. |
| 1. Pilliſtfer — | 64 | 142 | 140 | 20 | 14 | 13 | 11 | 80 | 82 |
| 2. St. Johannis | 23 | 68 | 50 | 6 | 3 | 11 | 9 | 29 | 32 |
| 3. Oberpahlen | 73 | 172 | 133 | 15 | 8 | 16 | 23 | 53 | 51 |
| 4. Talkhof — | 27 | 47 | 47 | 2 | 2 | 7 | 9 | 19 | 15 |
| 5. Ecks — | 28 | 81 | 92 | 7 | 6 | 8 | 13 | 41 | 43 |
| 6. Bartholomäi | 27 | 82 | 73 | 5 | 3 | 13 | 12 | 45 | 47 |
| 7. Lais — | 60 | 104 | 98 | 5 | 11 | 21 | 15 | 41 | 48 |
| 8. Torma und Lohhuſu — | 37 | 115 | 92 | 2 | 2 | 15 | 18 | 27 | 27 |
| 9. Roddafer und Allatzkiwwi | 42 | 109 | 121 | 9 | 8 | 19 | 6 | 24 | 29 |
| 10 Mar. Magd. und Warrul | 24 | 72 | 61 | 4 | 7 | 5 | 7 | 37 | 28 |
| Summe | 405 | 992 | 907 | 75 | 64 | 128 | 123 | 396 | 402 |

1899.          1188.

Das

Das eigentliche Alter eines Greises, sonderlich unter dem gemeinen Volke, läßt sich hier selten genau bestimmen: im Anfang des gegenwärtigen Jahrhunderts giengen die meisten Kirchenbücher durch Krieg und Pest verlohren; die vorhandenen sind mangelhaft, und es würde oft die größte Mühe kosten eines Bauern wahres Alter daraus anzugeben. Die Leute selbst berechnen dasselbe nach gewissen ihnen merkwürdigen Epochen; gemeiniglich heißt es: bey jenem Zuge der Armee, in der Pest, in der großen Hungersnoth, wurde ich geboren, konnte ich schon pflügen, war ich verheyrathet; und aus solchen Angaben schließt man auf ihr Alter. Greise von 80 bis 90 Jahren, sonderlich unter dem weiblichen Geschlechte, sind bey uns keine äusserst seltene Erscheinung; von 70 Jahren findet man sehr viele.

Von der Fruchtbarkeit läßt sich jezt wohl noch nichts Allgemeines festsetzen, bis man erst auf eine lange Reihe von Beobachtungen bauen kann. Unter den Bauern richtet sie sich gemeiniglich nach deren Wohlstand; doch findet man selten Mütter die mehr als acht Kinder im Leben haben, wenn sie auch deren mehrere zur Welt bringen. In adelichen Häusern sind wohl oft 12 ja gar bis 24 Kinder aus einer Ehe erzeugt worden. Aus Beyspielen weiß man, daß junge Mannspersonen von allerley Ständen im 17ten, und das weibliche Geschlecht schon im 15ten Jahre, auch wohl noch etwas früher, Beweise ihrer Fruchtbarkeit abgelegt haben. Gemeiniglich hört das weibliche Geschlecht mit dem 46sten Jahre auf fruchtbar zu seyn; doch siehet man auch zuweilen Wöchnerinnen von 50 Jahren. Unter den Bauern giebt es Weiber, die mehr als dreymal nach einander Zwillinge zur Welt gebracht haben: weit mehrere aber sterben durch Schuld einer unwissenden Hebamme in oder kurz nach der Geburt.

Zu

Zu mehrerer Vollständigkeit, und den Zuwachs näher zu bestimmen, will ich von der angeführten Probsten einen Auszug aus den im Jenner des J. 1773 eingesandten Verzeichnissen mittheilen; doch Weitläuftigkeit zu meiden, nehme ich bey dem Adel, den Geistlichen und Bürgerlichen, Erwachsene und Kinder von beyden Geschlechten zusammen, zumal da sich wegen ihres öftern Hin- und Herziehens in ein anderes Kirchspiel, aus den Zahlen wenig sicheres schließen läßt: die Erbleute führe ich nach der gewöhnlichen Abtheilung des Alters und Geschlechts an.

| Namen der Kirchspiele. | Erwachsene und Kinder beyderl. Geschlechts | | | Erbleute. | | | |
|---|---|---|---|---|---|---|---|
| | | | | Mänl. Geschlechts. | | Weibl. Geschlechts. | |
| | Adelichen Standes | Geistl. Standes | Bürgerlich. St. u. freye Leute | Erwachsene | Kinder | Erwachsene | Kinder |
| 1. Pillistfer — | 38 | 1 | 86 | 1963 | 1549 | 2058 | 1475 |
| 2. St. Johannis | 7 | 5 | 83 | 792 | 712 | 746 | 638 |
| 3. Oberpahlen — | 33 | 4 | 308 | 1800 | 1524 | 1816 | 1396 |
| 4. Talkhof — — | 4 | 3 | 115 | 586 | 397 | 598 | 427 |
| 5. Ecks — — | 23 | 4 | 59 | 917 | 618 | 999 | 594 |
| 6. Bartholomäi | 19 | 9 | 41 | 646 | 814 | 713 | 652 |
| 7. Lais — — | 24 | 23 | 42 | 1341 | 1358 | 1423 | 1358 |
| 8. Torma ꝛc. — | 14 | 3 | 102 | 1186 | 1039 | 1207 | 1038 |
| 9. Kobbafer ꝛc. — | 26 | 7 | 39 | 1355 | 1077 | 1412 | 1083 |
| 10. Mar. Magal. ꝛc. | 10 | 7 | 29 | 763 | 588 | 701 | 648 |
| **Summe** | 198 | 86 | 904 | 11349 | 9676 | 11673 | 9309 |

21025        20982

42007

Von den drey ersten Klassen befanden sich in allen diesen
10 Kirchspielen überhaupt

| | Männl. Geschlechts | | Weibl. Geschlechts | |
|---|---|---|---|---|
| | Erwachsene | Kinder | Erwachsene | Kinder |
| Adelichen Standes — — | 42 | 36 | 86 | 34 |
| Geistlichen Standes — — | 21 | 28 | 18 | 19 |
| Bürgerl. St. u. andre freye Leute | 313 | 155 | 273 | 163 |

Von allen diesen Menschen sowohl Deutschen als
Undeutschen, waren in den 10 Kirchspielen im J. 1772
überhaupt 303 Paar kopulirt; 1825 Kinder nemlich
946 Söhne und 879 Töchter, getauft; und 1275 gestorben, nemlich

| | Männl. Geschlechts. | Weibl. Geschlechts. | Summe. |
|---|---|---|---|
| Alte über 60 Jahre | 131 | 139 | 270 |
| Leute in besten Jahren | 184 | 184 | 368 |
| Kinder unter 15 Jahren | 318 | 319 | 637 |

Nun die verschiedene Bevölkerung der Güter eines
Kirchspiels: darzu ich eins der größten in Liefland, das
aber nur mittelmäßig volkreich ist, erwähle. Es besteht aus 11 Gütern oder Gebieten, die ohngefähr 150
Haaken betragen, davon nur 136 mit Bauern besezt,
die übrigen zu Hoflägern gemacht sind. Die Namen
der Güter interessiren keinen Leser; willkührliche Buchstaben sind zur Bezeichnung hinreichend: vorher muß
ich von jedem so viel anzeigen, als nöthig scheint, das
Verhältniß der Bevölkerung zu prüfen. A ist ein großes Gut
von mehr als 40 Haaken, dessen Dörfer in 5 Kirchspielen
eingepfarret sind; zu dem Oberpahlschen gehören der
Hof nebst 24½ Haaken, davon ungefähr 3 in eine Hoflage verwandelt, die übrigen aber mit Bauern besezt
sind. B hält nach der neuesten Revision 24½ Haaken,
3 davon machen die neuangelegten Hoflagen aus; das
ganze Gut gehört zum oberpahl. Kirchspiel. Eben so C,

welches

welches 3c¼ Haaken groß iſt und etliche Hoflagen hat,
die etwa 4 Haaken betragen. D hält gegen 18 Haaken,
mehr als einer gehört zur Hoflage. E iſt über 2 Haaken, einer davon beſteht aus 2 Hoflagen. F iſt ein Hof
mit 8½ Haaken Bauern; der übrige Theil des Guts
gehört zu einer andern Kirche. G wird über 12 Haaken berechnet, hat aber nur 9 beſezte Bauerhaaken, die
übrigen ſtecken in den Hofsfeldern, die vorher beſezte
Bauerländer waren. H beſteht aus 5 Haaken, auf
einem kleinen Theil derſelben ſteht der neuerlich aus
Bauerland gemachte Hof. I ein kleines Gut von etwas
mehr als 3 Haaken. K ſind Dörfer, die 8⅘ Haaken betragen, deren Hof zu einer andern Kirche gehört. L begreift das Paſtoratsgebiet und etliche kleine Kirchenlän-
dereyen, die zuſammen weniger als 2 Haaken ausmachen.
In dem ganzen Kirchſpiele ſind 10 Höfe, 12 Hoflagen,
1 Hackelwerk, 43 Dörfer von verſchiedener Größe, viele
Streugeſinde oder einzeln wohnende Bauern, mit Inbegriff der Loſtreiber etwa 900 für ſich lebende Familien, davon 600 große und kleine Bauern auf Land
ſitzen und Wirthſchaft treiben: es enthält in die Länge
nur 3, und in die Breite 5 Meilen, etliche kleine Moräſte und kleine Wälder, aber keine Seen.


Bey der erſten Zählung im Anfang des Jahrs
1765 fanden ſich im Kirchſpiel Oberpahlen

| Namen der Güter und Haakenzahl | Erwachs. u. Kinder beyderley Geschlechts. | | | Erbleute. | | | |
| | Adeliche | Geistl. Stand. | Bür. gerl. St. u. freue Leute. | Männl. Geschlechts. | | Weibl. Geschlechts. | |
| | | | | Erwachsene | Kinder. | Erwachsene | Kinder. |
|---|---|---|---|---|---|---|---|
| 24½ A. | 6 | 1 | 86 | 316 | 203 | 342 | 197 |
| 24½ B. | 7 | • | 30 | 227 | 129 | 231 | 105 |
| 30 C. | — | — | 18 | 346 | 206 | 366 | 205 |
| 17⅝ D. | 9 | 1 | 13 | 202 | 123 | 197 | 123 |
| 12¾ E. | 6 | — | 7 | 115 | 85 | 121 | 76 |
| 8½ F. | 7 | — | 18 | 161 | 126 | 175 | 106 |
| 12½ G. | 4 | — | 3 | 122 | 57 | 120 | 64 |
| 5⅛ H. | — | — | 14 | 70 | 36 | 81 | 43 |
| 3⅛ I. | — | — | 4 | 39 | 31 | 44 | 23 |
| 8 5/9 K. | — | — | — | 108 | 59 | 107 | 60 |
| 1 6/8 L. | — | 3 | 12 | 17 | 17 | 23 | 11 |
| Summe | 39 | 5 | 205 | 1723 | 1072 | 1807 | 1023 |

249     5625

5874

Jährlich stieg die Zahl höher; am Schluß des Jahrs 1770 fanden sich schon

| | Erwachsene u. Kinder beyderl. Geschlechts. | | | Erbleute. | | | |
| | Adel. | Geistl. | Bürg.:c. | Männl. Geschl. | | Weibl. Geschl. | |
| | | | | Erwach. | Kinder. | Erwach. | Kinder. |
|---|---|---|---|---|---|---|---|
| A. | — | 6 | — | 139 | 360 | 257 | 353 | 240 |
| B. | — | 5 | — | 39 | 240 | 148 | 114 | 135 |
| C. | — | — | — | 46 | 310 | 260 | 351 | 249 |
| D. | — | 5 | — | 10 | 216 | 178 | 226 | 194 |
| E. | — | — | 2 | 1 | 118 | 98 | 121 | 83 |
| F. | — | 6 | — | 13 | 176 | 156 | 180 | 136 |
| G. | — | 6 | — | 20 | 126 | 96 | 129 | 85 |
| H. | — | — | — | 15 | 64 | 55 | 79 | 60 |
| I. | — | — | — | — | 46 | 38 | 49 | 35 |
| K. | — | — | — | — | 110 | 105 | 109 | 104 |
| L. | — | 2 | 3 | 20 | 19 | 24 | 24 | 14 |
| Summe | 2 | 33 | 303 | 1785 | 1415 | 1735 | 1335 |

338     6270

B 4   6608     Und

| Und im Jahr 1774. | Erwachsene u. Kinder beyderley Geschlechts. | | | Erbleute. | | | |
|---|---|---|---|---|---|---|---|
| | Adel. | Geistl. | Bürg.ıc. | Männl. Geschl. | | Weibl. Geschl. | |
| | | | | Erwach. | Kinder. | Erwach. | Kinder. |
| A. — | 12 | — | 156 | 333 | 310 | 357 | 262 |
| B. — | 6 | — | 47 | 213 | 154 | 201 | 131 |
| C. — | — | — | 30 | 303 | 267 | 340 | 261 |
| D. — | 7 | 1 | 14 | 218 | 200 | 217 | 187 |
| E. — | 2 | — | 5 | 130 | 110 | 133 | 92 |
| F. — | 8 | — | 10 | 193 | 191 | 182 | 172 |
| G. — | 8 | — | 16 | 130 | 98 | 127 | 95 |
| H. — | — | — | 7 | 68 | 68 | 87 | 71 |
| I. — | — | — | — | 49 | 31 | 57 | 33 |
| K. — | — | — | — | 115 | 104 | 113 | 103 |
| L. — | 2 | 3 | 20 | 26 | 23 | 26 | 11 |
| Summe | 44 | 4 | 305 | 1778 | 1556 | 1840 | 1418 |
| | 353 | | | 6592 | | | |

**Das ganze Kirchspiel 6945 Seelen.**

Den Leser, dem dergleichen Berechnungen und Anzeigen gleichgültig seyn möchten, nicht zu ermüden, will ich nur von zwey Jahren die unter den bezeichneten Gütern Getauften und Verstorbenen von allen 4 Klassen überhaupt angeben.

| Im Jahr 1770. | Kopulirte | Getaufte | | Verstorbene | | | | | |
|---|---|---|---|---|---|---|---|---|---|
| | Paar | Knab | Mägd | Alte über 60 J. | | In besten Jahren. | | Kinder bis 15 Jahren. | |
| | | | | mänl | weibl | mänl | weibl | mänl | weibl |
| von A. — | 16 | 40 | 28 | 3 | 2 | 6 | 5 | 13 | 7 |
| B. — | 7 | 18 | 10 | 3 | 2 | 1 | 4 | 6 | 7 |
| C. — | 17 | 27 | 23 | 2 | 1 | 3 | 6 | 7 | 13 |
| D. — | 11 | 22 | 16 | — | 1 | — | 2 | 10 | 5 |
| E. — | 2 | 9 | 10 | 1 | 1 | 1 | 3 | 13 | 9 |
| F. — | 6 | 22 | 16 | 4 | 1 | 3 | 3 | 6 | 9 |
| G. — | 5 | 13 | 8 | — | 1 | — | — | 2 | 2 |
| H. — | 3 | 8 | 3 | 2 | — | 1 | 1 | 2 | 1 |
| I. — | — | 2 | 9 | 1 | — | 1 | — | — | 2 |
| K. — | 4 | 9 | 6 | 1 | — | 1 | — | 1 | 2 |
| L. — | 2 | 2 | 4 | — | — | 1 | — | — | — |
| Summe | 73 | 172 | 133 | 17 | 9 | 17 | 25 | 60 | 56 |
| | | 305 | | | 184 | | | | |

Im

| Im Jahr 1774. | Kopulirte. Paar | Getaufte | | Verstorbene. | | | | | |
|---|---|---|---|---|---|---|---|---|---|
| | | Knab. | Mägd. | Alte über 60 J. männl | weibl | In besten Jahren männl | weibl | Kinder bis 15 Jahren männl | weibl |
| A. — — | 16 | 34 | 27 | 4 | 1 | 14 | 8 | 16 | 13 |
| B. — — | 5 | 20 | 13 | 4 | 5 | 4 | 8 | 11 | 6 |
| C. — — | 11 | 29 | 26 | 2 | 6 | 6 | 5 | 19 | 14 |
| D. — — | 10 | 19 | 12 | 2 | 2 | 2 | 5 | 4 | 4 |
| E. — — | 3 | 17 | 8 | — | — | 3 | — | 8 | 8 |
| F. — — | 8 | 23 | 16 | — | 1 | 2 | 2 | 4 | 2 |
| G. — — | 2 | 7 | 12 | 2 | 1 | 2 | 2 | 6 | 2 |
| H. — — | 1 | 8 | 8 | — | 2 | 1 | — | — | 2 |
| I. — — | — | 2 | 4 | 1 | — | 2 | 1 | 1 | 1 |
| K. — — | 8 | 11 | 12 | 3 | 2 | 3 | 3 | 12 | 6 |
| L. — — | 1 | — | 2 | — | — | — | 1 | 1 | 2 |
| Summe | 65 | 170 | 140 | 18 | 20 | 39 | 35 | 83 | 60 |
| | | 310 | | 254 | | | | | |

Anstatt diese Listen zu vermehren, so leicht es auch immer wäre, will ich aus dem Kirchenbuche eben desselben oberpahlschen Kirchspiels eine Anzeige andrer Art von etlichen Jahren geben, die eine nähere Beziehung auf die kirchlichen Verrichtungen der Prediger hat.

Im J. 1766 bestand die Gemeine aus 250 Deutschen, und 5956 Ehsten. Geboren wurden 2 adliche, 11 bürgerliche (darunter 2 uneheliche), 266 Bauerkinder, unter den lezten 5 Paar Zwillinge und 5 uneheliche. Kopulirt wurden 3 Paar Deutsche, und 77 Paar Ehsten. Kommunikanten waren überhaupt im ganzen Jahre 86 Deutsche, darunter 2 zum ersten Male, und 5197 Ehsten, davon 40 Personen in ihren Gesindern als Kranke, und bey den gewöhnlichen Katechisationen in Dörfern, 160 zum ersten Male kommunicirten. Begraben wurden 5 deutsche und 150 ehstnische Leichen, unter den lezten waren 4 todtgeborne und 2 ertrunkene.

Im J. 1767 da die Gemeine zu 265 Deutschen, und 6009 Ehsten angewachsen war, wurden geboren 2 adeliche, 6 bürgerliche, und 269 ehstnische Kinder, unter den lezten 2 Paar Zwillinge, und 6 uneheliche. Kopulirt wurden 2 P. Deutsche 77 P. Ehsten. Es

B 5

kom-

kommunicirten 88 Deutſche, 4590 Ehſten, davon 36
in Dörfern und 120 zum erſten Male. Begraben wurden 12 Deutſche, und 243 Ehſten, weil damals die
Pocken viele Kinder wegra͏ten. Unter den Leichen waren 5 todtgeborne, 2 ertrunkene, 1 erſchlagener.

Im J. 1768 waren 257 deutſche, und 6024
ehſtn. Einwohner. Davon wurden geboren 2 adliche,
6 bürgerl. 298 ehſtn. Kinder, unter den lezten 5 Paar
Zwillinge und 10 uneheliche. Kopulirt wurden 1 P.
Deutſche, 73 P. Bauern. Kommunikanten waren 86
Deutſche, darunter 3 zum erſten Mal; 4490 Ehſten,
davon 42 in Dörfern, 165 zum erſten Male. Leichen
8 deutſche, 199 ehſtn. unter den lezten 11 todtgeborne,
5 die auf elende Art durch Schwermuth, durch Todt-
ſchlag und durch Verunglückung umkamen.

Im J. 1769 beſtand die Gemeine aus 258 Deutſchen und 6164 Ehſten. Geboren wurden 14 bürgerliche, darunter 1 P. Zwillinge und 1 uneheliches; 263
ehſtn. Kinder, darunter 5 P. Zwillinge und 9 uneheliche. Kopulirt wurden 3 P. Deutſche, 66 P. Bauern.
Es kommunicirten 102 Deutſche, darunter 5 zum erſten Male; und 5467 Ehſten, darunter 48 in Dörfern,
149 zum erſten Male. Außer 3 deutſchen, waren 187
ehſtn. Leichen mit Inbegriff 4 todtgeborner, 1 ertrun-
kenen, und 1 verbrannten.

Im J. 1770 waren getauft 4 adliche, 10 bürgerl.
(darunter 1 uneheliches), 291 ehſtniſche Kinder, darunter 4 Paar Zwillinge und 5 unehliche. Unter den
kopulirten waren 2 Paar Deutſche. Kommunikanten
waren 101 Deutſche, darunter 4 zum erſten male;
5121 ehſtniſche, davon 39 in Dörfern, und 180 zum
erſten mal. Unter den Geſtorbenen waren 5 Deutſche,
12 todtgeborne, 1 erſchlagener, 1 ertrunkener. Die
übrigen Zahlen wurden vorher angegeben.

Im

Im. J. 1771 bestand die Gemeine aus 347 Deutschen und 6439 Ehsten. Geboren wurden 12 Deutsche (darunter 1 uneheliches) und 260 ehstnische Kinder, darunter 6 Paar Zwillinge, 5 uneheliche. Kopulirt wurden 1 Paar Deutsche, 63 Paar Ehsten. Deutsche Kommunikanten waren 125, darunter 5 zum ersten male; ehstnische 5188, darunter '7 in Dörfern, 105 zum ersten male. Gestorben 8 Deutsche, 159 Ehsten, darunter 10 todtgeborne, 2 ertrunkene, 1 verbrannter.

Die todtgebornen sind, wenn sie bey dem Pastor gemeldet werden, gemeiniglich schon vollkommene Kinder; schwere Arbeit, Unachtsamkeit und Dummheit der Hebammen, mögen wohl großen Antheil an todten Geburten haben. Aus Unachtsamkeit und Verwegenheit kommen auch jährlich manche Ehsten um, sonderlich im Wasser, wenn das Eis anfängt loszugehen. Uebrigens bemerkt man nicht, daß in gewissen Jahrszeiten mehrere Kinder geboren werden als in andern. Der schmachtende Ehemann bey drückenden Brodmangel im Frühjahre denkt gewiß nicht schmachtend an das Kinderzeugen: aber ein Gastmahl bringt bald seine Lebensgeister in Bewegung.

Zum Beschluß füge ich noch die Anzeige bey, von der buchstäblichen Erkenntniß des bisher beschriebenen Kirchspiels, so wie selbige jährlich nach einer ausdrücklich vorgeschriebenen Form von jedem Prediger des Herzogthums Liefland muß eingesandt werden. Durch oft wiederholte Verordnungen sind fleißige Katechisationen in der Kirche und in den Dörfern, auch die hinlängliche Erklärung der mit dem Gedächtniß gefaßten Worte des Katechismus, anbefohlen worden. Von der buchstäblichen Erkenntniß seiner Zuhörer muß der Prediger Rechenschaft geben; es ist so gar geschehen, daß die Examinatoren bey einer Kirchenvisitation mehr nach den erlernten

lernten Worten und dem Lefen, als den Begriffen welche der gemeine Mann mit dem Gelernten verbindet, gefragt haben. Das Oberkonfiftorium fodert die Berichte
nach folgenden 6 Hauptklaffen, die nach der Verfchiedenheit
des Alters und Gefchlechts Unterabtheilungen erhalten:
1) Lefende, 2) Nichtlefende Einige Prediger bringen hier alle auch die kleinften Kinder, mit in Rechnung, andre laffen fie etwa bis ins 7te Jahr ganz aus.
Eben fo ift es in Anfehung der Buchftabirenden und
fehr fchlecht lefenden, die bald in der einen, bald in der
andern Klaffe ftehen. Wegen dergleichen Verfchieden-
heiten, die den Lefer in Ungewißheit laffen, oder einen
weitläuftigen Kommentar erheifchen, gebe ich die Anzeige von keinem andern als dem Oberpahlfchen Kirchfpiele. 3) Catechifmum können de, 4) Catechifmum
nichtkönnende, Unwiffende. Auch hier herrfcht eine
große Verfchiedenheit der Meinungen. Mancher Bauer
verfteht den Katechifmus eines Theils, bald mehr bald
weniger; ein folcher kommt bald in die dritte, bald in
die vierte Klaffe. Kinder lernen felten vor dem 10 bis
14ten Jahre den Katechifmus; einige Prediger übergehen fie daher bis auf diefes Alter, andre fchreiben alle
an. 5) Communicirende, 6) Nichtcommunici-
rende. Unter den lezten werden hier nicht folche ver-
ftanden, die fich vom Abendmahl abfondern und aus-
fchließen; fondern die noch nicht zur Lehre und Zubereitung zum Abendmahl, find genommen worden, die
noch gar nicht kommunicirt haben. Mancher Prediger
ift fchon obrigkeitlich befprochen worden, wenn Leute
von 18, oder gar über 20 Jahre, die noch nicht kommunicirt haben, vor Gericht kommen. Hiernach fragt
der Richter gleich; aber keinesweges, ob der Angeklagte
die Lehren und Pflichten des Chriftenthums gefaßt habe;
man vermuthet, daß jeder der zum Abendmal geht, fie
gefaßt habe: aber viele find ganz dumm und faffen fie
nie

nie, oder sie vergessen bey ihrer Arbeit in wenigen Wochen alles was sie gefaßt zu haben schienen; andre sind von Natur, oder durch das Lesen und Kirchengehen, weit klüger. Hier ist die Anzeige, aber blos nach der Hauptsumme.

**Anzeige von den Profectibus der Bauergemeine zu Oberpahlen im dörptschen Kreise 1771.**

| | Lesende. | | | | Nicht Lesende. | | | | Catechismum könnende. | | Catechis. nicht könnende, Unwissende. | | Communicirende. | | Nicht Communic. | |
|---|---|---|---|---|---|---|---|---|---|---|---|---|---|---|---|---|
| | Knaben. | Mädchen. | Männer. | Weiber. | Knaben. | Mädchen. | Männer. | Weiber. | Manns personen. | Weibs personen. | Manns personen. | Weibs personen. | Manns personen. | Weibs personen. | Manns personen. | Weibs personen. |
| 1771 | 381 | 330 | 1035 | 1024 | 210 | 216 | 791 | 817 | 1262 | 1369 | 530 | 453 | 1599 | 1586 | 187 | 191 |
| Von Jahre 1774. | 502 | 507 | 1144 | 1182 | 205 | 178 | 650 | 665 | 1403 | 1493 | 396 | 354 | 1596 | 1649 | 203 | 187 |

Unter den nicht lesenden sind alle Kinder unter 7, und unter den nicht communicirenden alle unter 15 Jahren ausgelassen. Unter den Unwissenden giebt es viele, die durch öftere Katechisation aus dem Verstand gut antworten.

Nun noch etwas von der Stadt Narva.  Von der
aus den daſigen Kirchenbüchern erhaltenen zuverläſſigen
Anzeige liefere ich einen hinlänglichen Auszug.

### Bey der deutſchen Gemeine in Narva.

| | Geboren | Kopulirt | Begraben | |
|---|---|---|---|---|
| | Kinder. | Paar. | Erwachſene. | Kinder. |
| Im Jahr 1712 | 15 | 4 | 1 | 4 |
| 1716 | 20 | — | 6 | 7 |
| 1720 | 20 | 5 | 3 | 6 |
| 1725 | 25 | 8 | 5 | 19 |
| 1730 | 33 | 8 | 14 | 11 |
| 1735 | 36 | 15 | 26 | 22 |
| 1740 | 43 | 6 | 14 | 19 |
| 1745 | 41 | 9 | 11 | 24 |
| 1750 | 36 | 4 | 24 | 18 |
| 1755 | 27 | 7 | 21 | 17 |
| 1760 | 25 | 11 | 17 | 7 |
| 1765 | 41 | 9 | 16 | 8 |
| 1770 | 22 | 9 | 16 | 12 |
| Vom 1774 | 38 | 9 | 16 | 10 |
| J. 1712 bis 1719 überhaupt | 142 | 23 | 46 | 70 |
| 1720 — 1729 — | 260 | 89 | 113 | 127 |
| 1730 — 1739 — | 348 | 84 | 170 | 189 |
| 1740 — 1749 — | 441 | 68 | 173 | 191 |
| 1750 — 1759 — | 333 | 56 | 199 | 179 |
| 1760 — 1769 — | 324 | 89 | 151 | 135 |
| 1770 — 1774 — | 163 | 51 | 85 | 61 |

Bey der finnischen Gemeine in Narva sind:

| | Ge-boren | Kopu-lirt. | Begra-ben. |
|---|---|---|---|
| | Kinder. | Paar. | Ueberhaupt. |
| Im Jahr 1763 | 49 | 10 | 45 |
| 1755 | 44 | 13 | 40 |
| 1770 | 53 | 7 | 27 |
| 1774 | 44 | 17 | 29 |
| Von 1763 bis 1774 überhaupt | 542 | 125 | 454 |

Unter dieser finnischen Gemeine ist das zu eben der Kirche gehörende ländliche Filial oder Kusemkinaische Kirchspiel, nicht mit eingerechnet, als wo jährlich 30 bis 40 Kinder getauft werden. — — Von den in Narva wohnenden Russen kann ich keine ähnliche Anzeige liefern.

***

## Zweyter Abschnitt.
### Von den Deutschen überhaupt.

Bey dem beträchtlichen Handel in unsern Seestädten, bey unsrer weitläuftigen Landwirthschaft, bey der festen Ueberzeugung daß unser Bauer nicht viel Kenntnisse sammeln muß, wenn er in dem jetzigen Sklavenstand bleiben soll; kennen und fühlen wir der Wissenschaften wohlthätigen Einfluß so gut als in andern Ländern. Der Bericht eines neuen Erdbeschreibers, als wären die Gelehrten niemals in Liefland sonderlich geachtet worden, ist für alle Liefländer beleidigend, kann aber gleich durch den Augenschein widerlegt werden. Unwissende

ſende von guter oder ſchlechter Geburt, mögen immer
ihr Erbgut als ihr höchſtes Gut, als einen weſentlichen
Vorzug anſehen, ſich gar Glück wünſchen daß man ſie
nicht gezwungen hat ihren Geiſt durch allerley nützliche
Kenntniſſe aufzuklären: es giebt in allen Ländern dergleichen Leute. Zur Zeit des Ordens liebte unſer Adel
mehr den Krieg als die Wiſſenſchaften; aber blüheten
dieſe damals in Deutſchland etwa mehr? ſonderlich unter dem Adel? — — Jezt gereicht es unſerm Adel zum
vorzüglichen Ruhm, daß er die Wiſſenſchaften achtet,
und theils ſelbſt es weit darin bringt. Wir können
Edelleute aufſtellen, die den Homer fertiger und vielleicht
mit mehrern Geſchmack leſen als mancher Profeſſor der
griechiſchen Sprache; andre, die durch ihre Kenntniſſe
zu hohen Ehrenſtellen hinangeſtiegen ſind; noch andre
die auf ihren Landſitzen aus eigenem Triebe durch fleißi-
ges Leſen es ſo weit gebracht haben, daß ſie manchen
Gelehrten von Profeſſion, in Verlegenheit ſetzen; noch
andre, die im vorigen und jetzigen Jahrhundert als
Schriftſteller ſind bekannt worden; noch andre haben
durch ihre erlangten Kenntniſſe dem Vaterlande wichtige
Dienſte geleiſtet und ſich unverwelklichen Ruhm erworben. Es iſt wahr, bey der Beſetzung der Landesdienſte
überhaupt, ſieht man wohl am wenigſten auf Geſchicklichkeit und Wiſſenſchaften: aber fähige Männer weis man
ſehr wohl zu brauchen, bey vorkommenden Fällen ſie zu
unterſcheiden, auch wohl durch mancherley Beweggründe zur ferneren Verwaltung der ihnen anvertrauten
Aemter zu überreden.

Viele junge Edelleute ſtudieren aus einem ungemein ſchönen Beweggrund, aus Liebe zu den Wiſſenſchaften, ihren Geiſt aufzuklären; ſie ſcheuen keine Mühe,
und ihre Eltern keine Koſten: ein Beweis, daß bey uns
die Gelehrſamkeit nicht gering geachtet iſt. Die Hofnung ſich durch Wiſſenſchaften empor zu ſchwingen, oder

deſto

desto leichter einträgliche Stellen zu erlangen, hat wohl keinen oder sehr geringen Einfluß. Mit unsern meisten Landesdiensten sind keine, oder geringe, Besoldungen verknüpft; auch Ungelehrte können dazu gelangen. Wo das Avancement bey der Armee größtentheils vom Aelterthum abhängt, begiebt sich, wer bald zu Befehlshaberstellen hinansteigen will, so früh als möglich in Kriegsdienst: mehrere Jahre auf Akademien und auf Reisen sich aufzuhalten, könnte wahren Nachtheil bringen. Viele junge Edelleute, die ihren Geist mit mancherley Kenntnissen bereichert haben, suchen nach ihrer Zurückkunft nicht einmal Dienste: auf dem väterlichen Erbgut bringen sie ihre Zeit in der angenehmsten Thätigkeit zu, sonderlich mit Lesen, sind eine Zierde und die Rathgeber der umliegenden Gegend, und verschaffen den Gelehrten mitten im Lande die beste Unterhaltung. Auch unsre Damen setzen jetzt einen vorzüglichen Zeitvertreib im Lesen: in Städten und auf dem Lande sieht man in vielen Häusern einen obgleich nicht zahlreichen, doch artigen und ausgesuchten Büchervorrath; es giebt Edelleute die nicht studiert haben, aber mit der neuen Litteratur beynahe eben so bekannt sind, als wenn sie in Berlin wohnten. Seit einiger Zeit haben viele unter sich Lesegesellschaften errichtet, welche dem rigischen Buchladen, der hierin großen Einfluß äussert, ansehnlichen Umsatz verschaffen.

Von einem hiesigen Gelehrten der in keiner Achtung steht, kann man zuverlässig sagen, daß die Schuld allein an ihm liege: keinem wird geringschätzig begegnet, der sich nicht selbst äusserst entehrt. Sie finden auch bald in Liefland ihre reichliche Versorgung. Wer würde hier einem Advokaten, wie in mancher sächsischen oder brandenburgischen kleinen Stadt, für eine Klagschrift 8 gute Groschen (25 Kopek) zu geben wagen? dafür schreibt kaum der geringste Schreiber einen Bogen

Akten ins Reine. Ein Sachwalter verdient bey einem
nicht ſehr wichtigen Proceß 30 bis 100, auch wohl mehrere Rubel: ehe er noch eine Feder anſetzet, bezahlt man
wohl 50 Rubel voraus. Es iſt nicht unerhört, daß wer
3 Jahre advocirt hat, ſeine Umſtände ſo verbeſſert ſieht,
daß er ein eignes Haus, Kutſche und Pferde, und nach
etlichen Jahren auch wohl ein Landgütchen für etliche
Tauſend Rubel kaufen kann: er müßte denn unglücklich,
nachläſſig, oder in einer Gegend ſeyn, wo die Leute zu
ſeinen Schaden zu ſehr den Frieden lieben. Wie in
Neapel, pflegen auch hier die Edelleute, welche Raths
bedürfen, ſelbſt zu den Advokaten zu gehen. — —
Unſre Aerzte, die bey einer Kur ſehr bald 50 bis 100
Rubel verdienen, würden alle reich ſeyn, wenn nicht
viele Frauensperſonen vom Adel bis zum Bauerweib,
Aerzte wären: nicht wegen Gewinnſtes; nein, aus
Mitleid, gedrungen, weil Aerzte auf dem Lande ſelten
ſind. Eben daher legen ſich Adliche, Bürgerliche und
Bauern aufs Aderlaſſen. Welche Einkünfte haben unſre
Wundärzte: bey mancher Wunde, deren Heilung in
Sachſen kaum 5 Thaler koſtet, verdienen ſie 50 bis
100 Rubel.

Man findet bey uns wirklich gelehrte Männer:
nur wenige haben Zeit oder Luſt, ſich durch Schriften
bekannt zu machen; die wenigſten Urſach durch Bü-
cherſchreiben ihr Auskommen zu ſuchen. Der bey uns
herrſchende Luxus, ein daraus entſtehender Hang zur
Gemächlichkeit und zum geſelligen Umgang, auch andre Urſachen, haben ſchon manchen von der Schriftſtel-
lerey zurück gehalten: das iſt kein Unglück: in andern
Ländern ſchreibt man deſto mehr. Doch enthält unſre
Gelehrtengeſchichte viele noch lebende und verſtorbene
Männer, die ſich durch ihre Schriften rühmlichſt bekannt gemacht haben. *)          Wie

---

*) Den Vorſatz, ein kurzes Namenverzeichniß aller mir be-
kannt.

Wie in andern Ländern, ſo heißt auch hier mancher ein Gelehrter, der nichts weniger als gelehrt iſt:
das verdient keine Befremdung; der Mangel an Gelehrten, oder eigentlich zu reden, an Leuten die ſtudiert
haben, hat ſchon manchen unwiſſenden aber dreuſten
Menſchen mit oder wider ſeinen Willen, gleichſam im
Schlafe zum Gelehrten gemacht; Jäger, Tiſchler,
Schaubühnenwärter ꝛc. ꝛc. ꝛc. wurden in adlichen Häuſern Hofmeiſter, weil ſie eine gelehrte Mine annahmen,
oder einen Freund hatten der ſie einem Manne vorſchlug,
welcher ohne lange Wahl nach langen Warten, den erſten den beſten annehmen mußte, damit ſeine Kinder
nicht ganz ohne Unterricht und Aufſicht wären. Nach
ſchleichenden Gerüchten ſollen ſich auch in andern gelehrten Ständen bey uns dergleichen ſehr natürliche Ver-
wandelungen zutragen: man redet von Advokaten, welche nichts als eine Profeſſion erlernt, wenigſtens niemals eine Akademie bezogen haben; von Aerzten, die auf
der Univerſität blos die Theologie trieben, hernach keine
Luſt zum Predigtamt fühlten und fürs zuträglichſte hielten, bey vorkommender Frage zu antworten, ſie hätten
ſich auf die Arzneywiſſenſchaft gelegt; von Predigern, die
vielleicht alles, nur kein theologiſches Kollegium, gehört haben, mehrere Sprachen nur von den beyden
Grundſprachen kein Wort, verſtehen; — doch worzu
Nachrichten die keinem Menſchen nützen, hingegen leicht
beleidigen könnten? Die Beprüfungen ſind bey uns ſel-

C 2         ten

kanntgewordenen bereits verſtorbenen und noch lebenden
liefländiſchen Schriftſteller, auch andrer berühmten Männer aus dem Adel, hier zu liefern, habe ich geändert, weil
der Hr. Bürgermeiſter Gadebuſch in Dorpt in der Abhandlung von livländiſchen Geſchichtſchreibern ver-
ſprochen hat, ein vollſtändiges Werk über die liefländiſche
Gelehrtengeſchichte und ein liefländ. Adelslexicon heraus-
zugeben: an beyden arbeitet und ſammelt er ſchon ſeit langer Zeit.

ten ſcharf; viele ſind Advokaten oder Aerzte worden,
ohne jemals eine untergangen zu ſeyn. — Jährlich kom=
men Studenten aus Deutſchland, die ihr Glück und
Fortkommen als Hofmeiſter finden, und wenn ſie Luſt
und einigermaaßen gute Sitten zeigen, bald befördert
werden. Es mögen aber ihrer noch ſo viele kommen,
man merkt keinen Ueberfluß; hingegen äuſſert ſich oft
Mangel. In Betracht der vielen zu beſetzenden Stel=
len, ſtudieren gar zu wenige Liefländer. Die Söhne
eines Predigers, eines andern Gelehrten, oder Kauf=
manns, werden gemeiniglich Soldaten oder Kaufleute; die
ſchimmernde Ehre eines Officiers reißet ſie, (und jeder
Deutſcher hat bey der ruſſiſchen Armee Hofnung bald
Officier zu werden;) ſie dürfen den Kopf nicht anſtren=
gen, und verurſachen den Eltern weniger Unkoſten, de=
ren Ueberrechnung wohl manchen vom Studieren zu=
rückſchreckt. Ich muß mich etwas näher hierüber erklären.

In Riga ſind 2 große mit geſchickten Lehrern be=
ſezte Schulen; eben ſo viel in Reval; bey der dorpt=
ſchen ſind weniger Lehrer, doch ziehen auch von hier
junge Leute gerade auf die Univerſität. Die beyden er=
ſten Städte und mit ihnen die beyden Herzogthümer,
würden nichts verlieren, wenn in jeder nur eine Schule
wäre: die obern Klaſſen würden dann mit mehrern Schü=
lern beſezt ſeyn. Der ehſtländiſchen Ritterſchaft gereicht
es zum Ruhm, daß ſie neuerlich aus eigner Bewegung
die vormalige kleine Domſchule durch große Geldbewil=
ligungen zur akademiſchen Ritterſchule erhoben, für
geſchickte Lehrer, für einen Freytiſch u. d. g. geſorgt hat:
noch fehlt immer etwas, das Studieren zu er=
leichtern. Von den Stadtkindern, welche mit Be=
quemlichkeit und ohne große Koſten der Schule genießen,
ſtudieren nur wenige: der nicht ſehr bemittelte Edel=
mann, der Paſtor, der Arendator u. a. m. mitten im
Lande, faſſen gewiß nicht leicht den Entſchluß, und ſe=
hen

hen sich selten vermögend, jährlich für einen Sohn 150
bis 200 Rubel an den Schulunterricht zu verwenden,
zumal wenn ihre übrigen Kinder eines Hofmeisters bedürfen. Woher es kommt, daß selten ein Vater, wenn
er sich auch dazu geschickt fühlt, seine Kinder selbst unterrichtet, gehört nicht vor meinen Richterstuhl. In
vielen Häusern besteht die ganze höchstwichtige Kindererziehung darin, daß die Mutter im Lesen und der Vater höchstens im Schreiben die kleine Familie übt.

Der Reiche verschreibt einen geschickten Hofmeister,
bewilliget ihm einen jährlichen Gehalt von 2 bis 300
Rubeln, Bedienten, Kutsche, Pferde und andre Vortheile, begegnet ihm mit vorzüglicher Achtung, sieht ihn
als den ersten Freund des Hauses an. Das alles schützt
nicht gegen öftere Veränderungen: der Hofmeister wird
über eine Kleinigkeit unzufrieden, geht weg, findet ohne
Suchen zehen eben so vortheilhafte Stellen; und die
verlassenen Kinder gehen ein halbes Jahr ohne Unterricht herum: kein Wunder, wenn bey unsrer großen
Verlegenheit so gar ungeschickte und ...... Hofmeister, wo man nicht lange wählen darf, willige Aufneh-
mer finden. Aber reichen wohl des geschicktesten und
fleißigsten seine Kräfte hin, mehrere an Alter und Fähigkeit ganz verschiedene Kinder in allem Nöthigen zu
unterweisen? — Jezt soll der Sohn die Akademie beziehen; wir haben keine eigne, die vormalige ( 1 Band
S. 252) ist eingegangen: er soll nach Deutschland die
Reise antreten; welcher Kummer für zärtliche Eltern!
welche Kosten, die dem Armen zu groß, vielleicht gar
verlohren sind! In einer kleinen Schrift an das lief-
und ehstländische Publikum, sind die Gründe, warum wir die Universität wieder herstellen sollten, nebst
etlichen darzu dienlichen Mitteln, weitläuftiger angezeigt worden: was ein Paar kurzsichtige Männer darwider vorgebracht haben, verdient keine ernstliche Be-

C 3        antwor-

antwortung. Durch eine eigne Universität würden wir ein großes, jährlich nach Deutschland gehendes, Kapital im Lande behalten, mehrere Schul= und Hauslehrer, auch zu andern Aemtern geschickte Männer ziehen, die große Verlegenheit wegen der Hofmeister heben, wenigstens vieles nicht ertragen dürfen was wir uns jezt müssen von ihnen gefallen lassen, brauchbare Kenntnisse allgemeiner, und mehrere Eltern willig machen, ihre Kinder den Studien zu widmen, einen bekümmerten Vater mancher Sorge überheben, wenn er als Augenzeuge des Sohns Betragen selbst beobachten könnte. Arme dürfen kaum an das Studieren denken: reiche Edelleute und mitleidige Prediger haben etliche auf ihre Kosten studieren lassen (ihren Namen würde ich hier ein kleines Denkmaal setzen, wenn ich nicht vermuthen müßte, daß sie eben so verborgen seyn wollen, wie ihre Wohlthaten in der Stille ertheilt wurden,) aber wer darf in voraus auf solche Unterstützungen Rechnung machen? Die vorhandenen kleinen Stipendien reichen nicht weit.

Vor mehreren Jahren mußten wir alle Bücher gerade aus Deutschland verschreiben: nun haben wir 2 eigne Buchläden; der in Riga ist sehr beträchtlich. Reval und Riga liegen an äußersten Enden des Landes: mancher muß daher sein Buch noch immer 30 Meilen weit verschreiben, und es dann wohl gar erst nach einer nähern Stadt zum Einbinden senden; das lezte ist hier gemeiniglich doppelt so theuer als in Sachsen. — Unsre zwey Buchdruckereyen (die dritte unbedeutende, zu Oberpahlen ist durch Feuer verlohren gegangen und möchte schwerlich wieder hergestellt werden,) waren in große Unthätigkeit versunken; die rigische ist es noch; die revalsche hat durch den Fleiß des jetzigen Besitzers eine weit verbesserte Einrichtung bekommen, und neuerlich manche Werke geliefert. Kupferstechereyen fehlen uns ganz: überhaupt sind Künste bey uns in keinem

vor ig=

vorzüglichen Flor, etliche kennt man hier kaum nach dem
Namen.   Auf die Musik legen sich viele Liefländer von
beyden Geschlechten und allerley Ständen, in den Städ=
ten und auf dem Lande, und bringen es darin weit: in
Riga hört man in kleinen Gesellschaften und auf dem
Schwarzenhäupterhause öffentliche Concerte, die der
Kenner Beyfall verdienen: Einige haben sich durch ei=
gne wohlgerathne Aufsätze bekannt gemacht. — Schau=
spiele wurden zuweilen von umherziehenden Gesellschaf=
ten in unsern Städten gegeben: die Gesellschaft, welche
sich seit geraumer Zeit in Riga beständig aufgehalten
hat, und nun weggeht, erhebt sich weit über jene durch
die Geschicklichkeit der darzu gehörenden Personen und
die Auswahl der aufgeführten Stücke. — Die
Baukunst auf welche sich selbst Abliche legen, macht
jetzt in Städten und auf dem Lande glückliche Schritte:
wir geben wenigstens unsern Häusern mehr Bequem=
lichkeit und Schönheit als vorher. Auch sind schöne
und wohlangelegte Gärten bey uns nicht selten, obgleich
strenge Winter gräuliche Verwüstungen darin anrich=
ten. — Die Malerey ist bey uns noch nicht hoch ge=
stiegen, nur die wenigsten sind Kenner; viele vermischen
den Maler mit dem Anstreicher. Bildhauer haben wir;
ihre Arbeit kann ich nicht beurtheilen. — Orgelbauer
finden hier wenig Verdienst: erst neuerlich hat man an=
gefangen, in beyden Hauptstädten an ordentliche und
schöne Orgeln zu denken; vorher sahe man nichts, als
kleine elende Positive, die noch jetzt in kleinern Städten
den Kirchengesang begleiten. In Landkirchen möchte
man deren zehen überhaupt zusammenbringen: bald
würde man mehrere anschaffen, wenn die Organisten
nicht die größte Sorge machten; die nur dann völlig
aufhören wird, wenn wir Bauerkinder zeitig darzu an=
ziehen. Unser Bauer ist nicht ohne musikalisches Ge=

C 4                                              hör

hör: Edelleute haben etliche unterrichten lassen, die erträglich zum Tanz spielen.

Seit 30 Jahren haben sich unsre Sitten und Gebräuche sehr verfeinert. Der Luxus ist hochgestiegen. Unsre Väter liebten, wie wir, öftere Besuche: sie setzen nur wenige, aber sehr große und gehäufte Schüsseln auf. Bey den Bürgern in Städten hat sich die kleine Anzahl der Schüsseln erhalten: auf dem Lande ist sie durchgängig mehr als verdoppelt worden; adliche Familienfeste übertreffen oft eines Fürsten Tafel an Galatagen; die mitgebrachte Menge von Pferden und Bedienten vergrößert die Pracht und den Aufwand. Auch der ärmste Handwerksmann kann seine Hochzeit nicht ohne Wein, Punsch und schwer belastete Tafel ausrichten; seine Frau erscheint des Sonntags in einer mehr als bürgerlichen Kleidung; ohne Kaffe würde sie kaum einen Tag zufrieden leben; er arbeitet wenig, läßt sich durch seine Gesellen ernähren, und bringt öfters den Nachmittag in Gesellschaft zu: es ist nicht unerhört, daß einer auf dem Lande für sein Haus jährlich mehr als 30 Tonnen Bier verbraucht. — — Welcher Abstand von unsrer Vorfahren einfachen Gastmahlen! Von Ceumern (in der liefl. Schaubühne) liefert aus einem revalschen Kirchenbuche vom J. 1501 von einem Traktament, welches dem Bischof Rottendorp bey einer Kirchenvisitation gegeben wurde: es dauerte 2 Tage, und kostete mit der Bezahlung für den Koch 11 Mark 15 Schilling, (etwas über 3 Thaler.) Am ersten Tage bestand es aus Hennep Mooß mit Saffran, Stockfisch mit Olie und Rosinen, frischen Fischen mit Juchending u. s. w.

Geschenke an Wöchnerinnen und Pathenpfennige sind jetzt hier unbekannte Dinge; aber durchgängig werden viele, zuweilen 30 Gevattern gebeten. Die priesterlichen Trauungen geschehen selten in der Kirche, auch

bey

bey gemeinen Leuten im Hause. Ein rigischer Hand=
werksmann, der sich später als um 5 Uhr kopuliren
läßt, wird durch den Gesetzdiener ausgepfändet und zu
einer Geldstrafe verurtheilt: in den Städten erhält das
Brautpaar Hochzeitgeschenke, auf dem Lande sehr selten.
Unsre Begräbnisse sind gemeiniglich mit großen Kosten
verknüpft: der Tischler macht aus wohlfeilen Holz in
zwey Tagen einen sehr theuren Sarg; Adliche lassen ihn
gemeiniglich mit Sammet überziehen und mit einem
versilberten Beschlag, der 50 bis 80 Rubel kostet, ver=
zieren. In Riga darf kein Bürger in einem falbalirten
Sarge begraben werden: nach dem Unterscheid der
Stände hat man dort drey besondre Leichenlieder, eins
für Rathsherren, das zweyte für Kaufleute, das dritte
für geringere Bürger.

Vor 30 Jahren waren die ländlichen Zusammen=
künfte lauter Freude: Pfandspiele, Gesang und Tanz
nach der Sackpfeife, gaben den gewöhnlichen Zeitver=
treib; die Häuser waren klein; alt und jung schlief ver=
mischt auf einer Streu. Jezt hat sich unser Geschmack
und die hiesige Lebensart ungemein verfeinert: man lebt
auf dem Lande wie in großen Städten. Nur bey einer
am Hofe ausgerichteten Bauerhochzeit sieht man Deut=
sche, selbst Adliche, mit Bauern nach der Sackpfeife tan=
zen; welch Entzücken für das gering geachtete Land=
volk! — — In allen Gesellschaften ist bey der An=
kunft und beym Abschied das Küssen gewöhnlich, wel=
ches wir vermuthlich von den Russen entlehnt haben.
Beyde Geschlechte küssen sich unter einander selbst, und
die Mannspersonen dem Frauenzimmer Mund und
Hand. Den unterlassenen Kuß hält man für ein Zei=
chen der Geringschätzung; ausgenommen in gar zu zahl=
reichen Gesellschaften und bey ganz unbekannten Perso=
nen. Gezwungenes und steifes Wesen herrscht nur in
den allerwenigsten Häusern.

C 5                                                Kein

Kein Bürger, viel weniger ein Edelmann, geht hier
wie in Sachſen aus Mangel an Pferden, über Land zu
Fuße. Selbſt Edelleute die auf Ablager wohnen, d. i.
die von einem andern freye Wohnung bekommen, halten 4 bis 6 Kutſchpferde, die freylich, da ſie des Sommers in die Weide gehen und ſich mit leichten Futter behelfen, nicht ſo viel Aufwand, als in Deutſchland, verurſachen. Nicht alle, die mit einer ſechsſpännigen Kutſche fahren, welches der Adel auf dem Lande faſt durchgängig thut, machen großen Staat: man hält hier auch
viel ſchöne und theure Pferde; aber zuweilen ſind alle
ſechſe kaum 90 Rubel werth. Dieß iſt doch erträglicher, als eine ſchöne vergoldete Kutſche, und darauf
einen Kutſcher im Bauerrock mit langen Barte und Paſ-
ſeln an Füßen zu ſehen: ein Aufzug, der noch unter Bürgerlichen aus Sparſamkeit oder Demuth, nicht ganz
ungewöhnlich iſt. Die Kaiſerliche Ukaſe vom 3ten Apr.
1775, welche die Equipagen und Livreen beſtimmt, und
bereits durch die Zeitungen bekannt iſt, betrifft blos das
Fahren in Städten. Jeder nicht ganz arme Kaufmann,
hält für ſeine Frau, die ſich ſelten entſchließt einen Be-
ſuch zu Fuß abzulegen, Kutſche und Pferde; Profeßio-
niſten auf dem Lande, fahren mit Korbwagen, auch mit
zweyſpännigen Halbkutſchen. In Riga haben die Bür-
gerfrauen ein ganz eignes Sommer ⸗ Fuhrwerk, womit
ſie in der Stadt hin und her fahren, das man Butten
nennt: dieſe ſind niedrige bretterne Schlitten, der Kutſcher reitet auf dem vorgeſpannten Pferde: ein auffallen-
der Anblick für Fremde, eine gut gekleidete Frauensper-
ſon mitten im Sommer in einem unanſehnlichen Schlitten zu ſehen! Die immer ſteigende Pracht hat die ſonſt
allgemein beliebten Butten ſehr in Verachtung gebracht.
Die ſchweren ſilbernen Kannen und Becher, aus
welchen unſre Väter ſehr ſtarkes Bier tranken, und
welche noch in vielen Bürgerhäuſern auf den Tiſch kommen,

men, sind jetzt eine unnüße Zierde unsrer Glasschränke, oder zu brauchbarern Kaffe= und Tafelgeschirren verarbeitet. In beyden Herzogthümern würde man eine unglaubliche Menge Silber zusammen bringen, da so gar die meisten Professionisten ihren Kaffe nicht anders, als in silbernen Kannen auftragen, und unsre Bauern viel silbernen Hals= und Brustschmuck brauchen. Der rigische nicht ganz arme Handwerksmann hat in seinem mit Spiegeln, Wandleuchtern, Tapeten und Gemälden ausgezierten, Gesellschaftzimmer einen Schrank, der ausser dem schönen Porcelan leicht gegen 20 Pfund Silbergeräthe enthält; in Reval ist die Pracht, aber nicht der Silbervorrath, geringer.

Wie die Engländer, eben so verstehen hier Leute von allerley Ständen, auch Bauern, aus verschiedenen Gründen, sich mit kalten Blut selbst umzubringen. Anstatt, wie jene, es durch Zeitungen auszuposaunen, bedecken wir dergleichen Schwachheiten mit mitleidigen Stillschweigen.

Die meisten Liefländer lieben Fleisch und Milchspeisen; sonderlich des Sommers kommt oft saure Milch mit dem dicken Schmant (Raam, Sahne) auf die Tafel: Aus Liebhaberey vertritt Schmant oft die Stelle der Butter und des Oels, sogar am Salat. Auch schläft Jedermann wegen der strengen Kälte in geheizten Zimmern, doch nur unter leichten mit Baumwolle gefütterten Decken: die deutschen Federdecken kennt man hier nicht: daher findet man in allen unsern Häusern viele Oefen.

Da unser Bauer seine Geburtstelle nicht eigenmächtig verlassen darf, so können unste Städte nur wenige Menschen dem Ackerbau entziehen, der, von dieser Seite betrachtet, blühen müßte. Der Deutsche, er sey auch aus der niedrigsten Klasse, sieht sich, im Vergleich gegen den Bauer, als einen Herrn an; nicht die

äusserste

äusserste Noth kann ihn bewegen mit eignen Händen das
Feld zu bauen. Er wird Müller, Krüger, Küster,
Buschwächter, und dergl. Das ihm zum Lohn verwil-
ligte Land, läßt er gemeiniglich durch Knechte, Mägde
und Taglöhner bearbeiten. Ein Freikerl, der von seinem Erbherrn zur Belohnung die Freiheit erhält, oder
sie kauft, oder von seinem Vater erbt, ob er gleich in
Bauerkleidern geht, nimmt an jenem ein böses Beyspiel,
und glaubt sich zum Erbbauer zu erniedrigen, wenn er
mit eignen Händen den Feldbau treiben wollte: die meisten sind Müssiggänger, und sehr arm. Freylich stehen
solche Leute in Gefahr, wenn sie sich in einem Gebiet
niederlassen und gegen Abgabe oder Dienste, Land
bauen, um ihre Freyheit zu kommen und zuletzt als Erbbauern behandelt zu werden; sonderlich wenn sie keine
schriftlichen Beweise von ihrer Freyheit aufbringen können, dieselben durch Zufall verlieren, oder sie bey den
Gerichten einschreiben zu lassen, vergessen haben. —
Der Stolz des deutschen Pöbels macht, daß man nur
wenige deutsche Bedienten, hier hält; desto zahlreicher
sind in allen Häusern die undeutschen, welche blos durch
ihren deutschen Rock gereizt, bald die Geschicklichkeit der
Deutschen erlangen und sehr wenig kosten, weil sie nichts
als Unterhalt und Kleider bekommen.

Unsre gewöhnlichsten Schlitten, darin auch der
Adel häufig fährt, sind leicht, niedrig, größtentheils
von Baumrinden gemacht und sehr wohlfeil; selten kostet einer mehr als 1 Rubel. Das Pferd wird zwischen
zwey daran befindliche Stangen, vermittelst eines Krumholzes angespannt, als welches durch seine Schnellkraft
die beyden an das Kummet gebundenen Stangen stark
auseinander presset. Eben so spannet der Bauer das
Pferd vor seinen kleinen leichten Wagen.

**Dritter**

# Dritter Abschnitt.

### Vom Adel, sonderlich dem immatrikulirten.

In engerer Bedeutung versteht man unter dem Adel blos die Familien, welche das Indigenat erhalten haben und in der Adelsmatrikul stehen, mit Einem Wort die Ritterschaft: sie theilt sich in drey Corps, in die liefländische, ehstländische, und öselsche. Jedes Corps hat seine eignen Landräthe und Verfassungen; jedes nimmt nach eignem Gefallen neue Mitglieder auf: doch pflegen sie bey gewissen Vorfällen einander ihr Gutachten mitzutheilen, und wer bey dem einen das Indigenat erhalten hat, wird gemeiniglich auch von dem andern auf Ersuchen, ohne Schwierigkeit aufgenommen. Im weitläuftigern Sinn begreift man unter dem Adel, ausser der Ritterschaft viele andre Personen, die von adlicher Geburt aber nicht immatrikulirt sind, die durch Kriegsdienste, durch ein erhaltenes Diplom u. d. g. den Adel auf ihre Familie gebracht haben, wie schon im Vorhergehenden angemerkt wurde. Auch die lezten genießen alle ihrem Stande gebührende Achtung: und oft verheirathen sich Personen aus der Ritterschaft mit solchen, deren Familie das Indigenat nicht hat; andre wollen sich nur mit immatrikulirten Familien, gesezt ihr Adel wäre noch so neu, verbinden.

Ob vor Ankunft der Deutschen unter den alten Landeseinwohnern eine Art von Adel vorhanden gewesen sey, läßt sich aus Mangel an Nachrichten nicht bestimmen. Aelteste und Vorgesezte waren da; die undeutschen Sprachen haben eigenthümliche Ausdrücke für Herr und Knecht: von ursprünglichen adlichen Familien im
Lande

Lande weis man nicht; etliche Vermuthungen, als über
die Familie von **Liven**, hat vielleicht ein bloßer Mißverstand veranlaßt.

Die drey Corps kann man füglich wegen ihrer Verbindung und des gemeinschaftlichen Interesse, als eine
einzige Ritterschaft ansehen. Sie ist eine Mischung aus
vielerley Nationen: einzeln kamen sie nach und nach ins
Land; einige haben mehr, andre weniger von ihrem
Nationalcharakter an sich behalten, oder dem ganzen
Corps mitgetheilt. Ein P=ntoppidan mag bey seinen
Landesleuten lauter Hervorstechendes finden: Wahrheit
sey mein Gesetz. Unsre Ritterschaft setzet sich über unbedeutende Dinge weit hinweg, die man in einigen Ländern wegen einer Hofbedienung, oder eines ergiebigen
Kanonikats, oder aus Mangel eigner Verdienste, bis
zum Erstaunen hoch treibt: man fragt, hört und redet
hier nicht von Alterthum, Lehensfähigkeit, Turnier-
mäßigkeit, Ritterbürtigkeit, Stiftsmäßigkeit, Heirathen, Monumenten, Wappen und Siegelmäßigkeit;
auch nicht ob ein Geschlecht Milites und Famulos vorzeigen könne, um daraus die Geburt zur Ritterschaft zu
beweisen: lauter Ausdrücke die nur wenige verstehen.
Gleichwohl kan unser Adel eben so alte, ehrwürdige, gül-
tige, ansehnliche und rittermäßige Familien aufzeigen,
als irgend eine Ritterschaft in andern Ländern; obgleich
durch aneinander hangende Unruhen in vorigen Jahrhunderten, viele Nachrichten, Dokumente und Adels-
beweise sind verlohren gegangen. Der größte Theil unsers Adels denkt viel zu vernünftig, als daß er in stolzer
Unthätigkeit sich bloß durch seiner Vorfahren Verdienste
trösten, seine Geburtsvorzüge im Stillen allein bewundern, und die Versuchung mit Leuten von neuen Adel
oder von unadlicher Geburt zu wetteifern, wie der alte
französische Adel sorgfältig vermeiden sollte. Rußlands
weise Beherrscher haben durch rühmliche Anordnungen
derglei=

dergleichen schädlichen Wahn aus ihren Ländern verbannet: der selbsterworbene Rang wird höher geachtet als ächte adliche Geburt ohne eigne Verdienste; welches noch neuerlich die jezt regierende Kaiserin in der Ukase wegen der Equipagen, dem gesammten Adel unter die Augen stellt. Die meisten jungen liefländischen Edelleute bemühen sich zeitig ihre Bestimmung zu erfüllen, und dem Staat nützlich zu seyn.

Die Bekehrung und Eroberung des Landes zog vielen auswärtigen Adel sonderlich aus Deutschland, hieher. Die Verbindlichkeit bey dergleichen Kreuzzügen dauerte nur ein Jahr: die Ankömmlinge an das Land zu fesseln, und ihre Tapferkeit zur Erhaltung und Ausbreitung der Eroberungen gegen die eben so unglaubigen als muthigen und zahlreichen Landeseinwohner, länger zu nutzen, wurden sie von den Bischöfen und Ordensmeistern mit Gütern belehnt, daraus erwuchs ausser dem Orden eine beständige Ritterschaft, die sich durch sich selbst vermehrte, auch oft neuen Zuwachs aus andern Ländern erhielt, welches noch jezt zuweilen geschiehet. Bey dem niedern Adel ist bekanntermaaßen das zwölfte Jahrhundert der äusserste Zeitpunkt, wo man mit Gewißheit etwas zu bestimmen anfangen kann; weiter zurück sind alle Untersuchungen wegen der fehlenden Familiennamen, fruchtlos. Wir haben adliche Familien, die schon Kanut VI. aus Dännemark im J. 1196 ins Land brachte; Woldemar II. gab ihnen i. J. 1219 ein besonderes Ritterrecht. Der meiste Adel stammt aus Deutschland, sonderlich aus Thüringen und Westphalen, wo man noch ihre Geschlechte findet; hernach kamen viele schwedische Familien hinzu; aus andern Ländern weit weniger. Neuerlich sind viele russische Familien in die Matrikul aufgenommen, auch einige durch Heyrath mit den liefländischen verbunden worden. Einige z. B. die von Baranow, stammen ursprünglich aus Rußland, hingegen

gegen findet man auch dort lieſländiſche Familien, die
während der Unruhen auf dieſe oder jene Art mögen dahin gekommen ſeyn, z. B. die von Toll, Engelhard,
Mengden, Nieroth; die lezte führt dort den Namen
Nieroth Dworzow. *) Hr. Arndt ( Chron. 2 Th.
S. 126 in der Note) verſichert: „die altadlichen Fami-
„lien in Lieſland haben inſonderheit genaue Verzeichniſſe
„ihrer Ahnen, aus welchen die Hiſtorie mitlerer Zeit
„ſchön erläutert werden könnte, wenn man ſie beyſam-
„men hätte... Der Wunſch möchte ſchwerlich im ge-
enwärtigen Jahrhundert in Erfüllung gehen: die meiſten verbergen ihre ererbten ſchriftlichen Nachrichten viel
zu ängſtlich; viele wiſſen ſelbſt deren Inhalt nicht. Aber
auch nicht alle Familien haben dergleichen Verzeichniſſe
und Nachrichten, am wenigſten ſind ſie bis auf unſre
Zeiten fortgeſetzet worden. Arndts Zuſatz, daß dergleichen Sorgfalt wegen der Aufnahme in den Orden
oder ins Hochſtift, wo man 16 Ahnen erweiſen mußte,
auch wegen einer etwanigen Erbſchaft von der Spilſeite
bis ins 5te Glied, nöthig geweſen ſey, leidet eine ziemliche Einſchränkung, und wird zuweilen unrecht verſtanden. Wir finden im Hochſtifte auch Männer von
bürgerlicher Geburt, gar Erzbiſchöfe; und daß nicht
alle Ritter von Adlicher Geburt geweſen ſind, ſagt Arndt
ſelbſt (Chron. 1 Th. S. 71.) Die Erbſchaft von der
Spilſeite im fünften Glied, iſt vielleicht, ſo lange Adel
in Lieſland wohnt, noch nicht vorgefallen. — Der
Adel, den heute ein Monarch wegen großer Verdienſte
und aus andern Gründen ertheilt, muß nothwendig
eben

---

*) Was ich hier kurz berühre, wird vermuthlich eheſtens in ei-
nem beſondern Werke vom Hrn. Bürgermeiſter Gadebuſch in Dorpat, weitläuftiger und vollſtändig ausgeführt
werden. Es iſt zu wünſchen, daß er das angekündigte liefländiſche Adelslexicon bald zu Stande bringen und zu dem
Ende hinlängliche Beyträge und Nachrichten erhalten möge,
woran es bisher aus manchen Urſachen gefehlt hat.

eben so gültig seyn, als der, welchen Heinrich I. bey einem
Vorfall einer ganzen Menge von tapfern Deutschen
soll ertheilt haben. Bey der Aufnahme in die Ritterschaft wird daher nicht auf das Alter des Adels gesehen;
und ehe das Land zu der jeßigen glücklichen Ruhe kam,
haben vielleicht etliche wenige das Indigenat erhalten,
denen der Beweis ihrer Adelschaft würde schwer gefallen seyn.

Unter dem lieflåndischen Adel sind allezeit berühm-
te Männer, auch geistliche und weltliche Fürsten (Erz-
bischöfe, Bischöie und Ordensmeister) gefunden worden: unsre Jahrbücher enthalten unumstößliche Beweise.
Noch jezt haben sich viele in russischen und auswärtigen
Diensten durch Einsichten und durch Tapferkeit zu hohen Ehrenstellen empor geschwungen: ihre Namen sind
bekannt. Bey einigen erstirbt das Bestreben nach Ehre
und Verdiensten zu früh, sie nehmen wenn sie kaum
Oberofficiers Raug haben, ihren Abschied, und beschäftigen sich mit der Landwirthschaft: aus Mangel eigner
Güter leben sie von Arrenden, die jezt theuer und beschwerlicher sind als vormals; oder sie werden Zehendner: unsre Väter scheinen zum Dienst des Vaterlandes
dauerhafter geneigt gewesen zu seyn. Nur wenige Familien kann man reich, mehrere wohlhabend nennen,
viele sind arm. Durch Arrenden wird jezt bey dem überhandnehmenden Lurus selten Jemand reich, aber desto
zahlreicher die Familien selbst: eine Quelle mancher beschwerlichen Folgen. Um ihren Branteweinbrand und
übrigen Umsaß zu vergrößern, nehmen selbst wohlhabende und reiche Edelleute von ihren Mitbrüdern Güter
in Arrende, auch Krongüter in Subarrende (sie bezahlen an den, welcher ein Gut von der Krone zur Arrende
bekommt, und dasselbe nicht selbst disponiren kann,
eine Discretion;) viele Amtleute und andre Bürger
suchen auch Arrenden: daher die Seltenheit derselben:

wie wenig Vortheil für den, der in keiner großen Ausla-
ge ſeyn kann!

Der Adel iſt hier allezeit zahlreich geweſen: einen
Beweis giebt **Arndt** (Chron. 2 Th. S. 67.) aus dem
**Hartknoch,** wenn anders des lezten Erzählung richtig
iſt: in 85 Jahren ſollen durch den Krieg umgekommen
ſeyn 49 Ordensbrüder, 28 andre vornehme Ritter, 4000
Bürger, 11000 von Adel, 8000 Gemeine, und 15,000
Bilger.  Noch jezt vermehrt ſich der Adel von Jahr zu
Jahr, obgleich viele wegen des Kriegsdienſtes wenige
oder keine Nachkommenſchaft zurücklaſſen.  Mehr als
ein Geſchlecht kann 20 bis 30 erwachſene wirthſchaf-
tende Mannsperſonen aufſtellen, z. B. die von Stackelberg, Tieſenhauſen, Wrangel u. a. m

Von der Aufnahme in die Ritterſchaft wurde ſchon
im erſten Bande etwas erwähnt; es ſcheint, daß ſie in
Ehſtland leichter zu erhalten geweſen ſey als in Lieſland;
und daß ſie jezt mit mehrern Vortheilen verbunden iſt,
als vor 20 Jahren: ſie beſtehen 1) in der damit verbun-
denen Ehre, 2) in dem Recht auf dem Ritterhauſe Siz
und Stimme zu haben.  In Riga kann auch die Land-
ſchaft auf dem Ritterhauſe erſcheinen, aber nicht in
Reval.  3) In der Wahlfähigkeit zu Landraths- und
andern Landesdienſten; 4) in einem nähern Recht zu
Kronarrenden, zu welchen jedoch auch unadliche Kron-
Officianten gelangen.  5) Nach einer vor etlichen Jahren ertheilten Ukaſe, hat der immatrikulirte Adel die Hofnung, ſeine Kinder bald zum Rang eines Oberofficiers
bey der Armee befördert zu ſehen: doch haben ſich auch
Officiere von unadlicher Geburt dieſes Vorzugs zu er-
freuen; wie denn überhaupt nach Kaiſers Peters I. Verordnung auch andre deutſche durch gute Aufführung ſich
bald zum Rang eines Oberofficiers emporſchwingen.
6) In der am 17ten März 1775 bekanntgemachten Kaiſerlichen Gnadenukaſe iſt befohlen, daß mit Edelleuten,
die

die in ruſſiſch-kaiſerlichen Kriegsdienſten in niedrigen
Bedienungen ſtehen, bey Beſtrafungen ſo ſoll verfahren werden, wie nach den Kriegsreglementen mit Officieren geſchiehet. 7) Bey dem Güterverkauf ſonderlich in Ehſtland, verlanget der Adel zuweilen ein Nä-
herrecht. — Für dieſe Vortheile muß der Adel, ſo oft es
verlangt wird, auf dem Ritterhauſe erſcheinen, und die
Landesdienſte, die größtentheils wenig einbringen, verwalten. Oft hat es Mühe gekoſtet die erfoderlichen Männer zu finden, weil ſich viele davon loszumachen ſuchen,
und andre die ſchon einen Rang erworben haben, gemeiniglich mit der Wahl verſchont bleiben.

Unter der ſchwediſchen Regierung, ſonderlich gegen
das Ende derſelben, ſollen manche ohne großes Suchen
ein Adelsdiplom bekommen haben, unter andern wegen
eines gethanen Vorſchuſſes, welches freilich in kritiſchen
Zeiten ein wichtiges Verdienſt ums Vaterland, und oft
heilſamer iſt als bey der Armee ſeinen Unterhalt zu ſuchen Aber warum ſoll man überhaupt bey jedem Geſchlecht nach dem Anfang ſeines Adelſtandes fragen: von
Anbeginn gab es keinen; durch Verdienſte erlangt er Anſehn und erfüllt ſeine Beſtimmung. Zum Ruhm gereicht es unſern Adel, daß er, wenn man etwa etliche
wenige Häuſer ausnimmt, von allen eitlen und lächerlichen Stolz entfernt iſt. Holbergs Den Ranudo de los
Collibrados war für die Dänen eine heilſame Lehre: in
Liefland wird man nicht viele Ranudos finden. Unſer
Adel, ſelbſt der von anſehnlichen Rang, verſteht die
Kunſt durch eine gefällige Herablaſſung gegen Geringe,
deſto dauerhaftere Achtung zu erhalten: kein Edelmann
hält ſich entehrt, wenn er bey vorfallenden Gelegenheiten
einmal mit ſeinem Amtmanne oder mit einem Profeſſioniſten ſpeiſet. —— Nicht jeder Vater ſieht ſich vermögend genug, ſeinen Kindern, ſonderlich den Töchtern,
einen Hofmeiſter zu halten, und in Anſehung des Unter-

D 2    richts

richts standesmäßige Erziehung zu geben: hier zeigt sich
der Liefländer glückliche Naturanlage im vollen Lichte:
eigner Fleiß, Lesen, Gesellschaften, ersetzen alles: unter beyden Geschlechten giebt es vorzüglich achtungswür-
dige Personen. Die herrschende Neigung zum Landle-
ben veranlaßt viele gute Folgen, erleichtert dem Bauer
den Absatz seiner Produkten, und den Umlauf des Gel-
des; und hat selbst in die Kindererziehung einen merklichen wohlthätigen Einfluß: man findet auf dem Lande
die angenehmsten Gesellschaften, da es von jeher bey uns
gewöhnlich ist, daß Familien und Fremde viele Meilen
weit einander öfters wechselsweise Besuche geben.

Hr. Doct. Büsching hat bereits im dritten Bande seines Magazins die Ritterschaft-Matrikul des Herzogthums Liefland bis zum Jahr 1765, geliefert: ich
wiederhole sie nicht hier, das Buch ist in jedermanns
Händen: nur will ich diejenigen Familien die seit der
Zeit das Indigenat erhalten haben, zur Ergänzung der
Büschingischen Anzeige, beyfügen. Das hier folgende Verzeichniß habe ich aus der zuverläßigsten Hand,
nemlich von dem damaligen Herrn Ritterschafts-Sekre-
tär Otto Sigism. Freyherrn von Wolff aus Riga
erhalten.

„Im Jahr 1769 auf öffentlichen Landtage haben
„das Indigenat erhalten:

„Die Herren Gebrüder Nikita und Peter Grafen
„von Panin.

„Alexander Wäsemskoy, Fürst.

„Bibikow.

„Anhorn de Hartwiss.

„Behaghel von Adlerskron.

„Im Jahr 1772 haben auf öffentlichen Landtage
„das Indigenat erhalten:

„Ihro Durchl. der Vice-Kanzler Fürst Gallizin.

Der

„Der Hr. Generalmajor **Otto Adolph von Weis-**
„mann nebst seiner Familie.

„Die Herren **Heinr. Daniel von Baehr** und **Ja-**
„cob **Reinhold von Baehr.**

„Als Baron werden hiermit zugleich notirt:

„Der Hr. Ordnungsrichter von **Schlippenbach**
„zu Alt-Bornhusen.

„Im Jahr 1774 hat auf öffentlichen Landtage das
„Indigenat erhalten:

„Ch. Heinr. Friedr. Graf zu **Solms** und **Tecklen-**
„burg.

„Als Baron wird hiermit zugleich notirt: die Familie,

„**Weismann von Weissenstein.**„

Bis jetzt da ich dieses schreibe, sind, so viel mir wissend
ist, die Matrikuln von Ehstland und von Oesel noch nicht
öffentlich bekannt worden: aller angewandten Mühe ungeachtet habe ich von der ehstländischen nirgends eine
Abschrift auftreiben können, so gewiß mir dieselbe
auch versprochen war *). Um meinen Lesern einigermaaß-
sen, bis sie das vorher genannte vollständige Adels-Lexi-
con erhalten, eine Nachricht von den immatrikulirten
Familien zu geben, will ich das Namenverzeichniß abschreiben, welches das Reichs-Kriegskollegium an die
Regimenter zur Nachricht wegen der Vorschläge zum
frühern Avancement ausgetheilt hat: vermuthlich wird
es wenigen Liefländern, kaum einem Ausländer zu Gesicht kommen: ich liefre es hier ungeändert, und zu
mehrerer Vollständigkeit von allen 3 Matrikuln, auch
der rigischen, wie die Namen nach dem russischen Alpha-

D 3                                                      bet

---

*) Auf wiederholtes Suchen erhielt ich zur Antwort, es sey
nur eine Abschrift vorhanden, aber ausgelehnt; ein ander-
mal, die Matrikul sey unvollständig, in Unordnung, man
wolle sie erst in eine andre Form bringen u. d. g.

bet auf einander in der dem Original beygefügten Uebersetzung folgen. Etliche kurze Anmerkungen werde ich
beyfügen. Wo ein Name mehrmal vorkommt, sind
entweder Zweige eines Geschlechts almählig aufgenommen worden: oder ganz besondre nicht verwandte Familien, höchstens Schildvettern. Mancher Zweig hat blos
durch den erworbenen höhern Rang eines Mannes, in
schwedischen Zeiten, den Freyherrnstand erhalten. —
Von der Aufnahme in die Ritterschaft wurde schon im
1 Band S. 455 gedacht: wer sich darzu meldet, muß
possessionat seyn, eine überwiegende Mehrheit der Stimmen für sich haben, auch für die Aufnahme etwas bezahlen.
Im Jahr 764 wurden, zufolge einer kaiserlichen na-
mentlichen (Immennoi) Ukase, 15 Personen und ihre
Nachkommenschaft, sowohl in die lief- als ehstländische
Ritterschaft eingeschlossen, ohne daß von ihnen einige
Bezahlung an die Gemeinschaft durfte gefordert werden.
Ihre Namen findet man in dem angeführten Magazin
des Hrn. D. Büschings beysammen: sie kommen auch
in dem nachstehenden Verzeichniß, nach Maaßgabe der
alphabetischen Ordnung, vor.

„Matrikul der Ritterschaft der Herzogthümer Lief-
„landes, Ehstlandes, und der Insel Oesel, so wie sel-
„bige auf Ukase des Reichs-Kriegskollegii, von den dor-
„tigen Gouvernements-Kanzelleyen eingesandt, und
„bey solchem Kollegio in alphabetische Ordnung zusam-
„mengetragen worden i. J. 1766.„

Alphabetisches Verzeichniß des Adels und der Ritterschaft des Herzogthums Liefland, die den Adelstand zur Zeit der heermeisterlichen, königl. polnischen, königl. schwedischen, und russisch-kaiserl. Regierungen überkommen haben. a)

## A.

1) Aderkas b)   2) Anrep.   3) Albedyl b).

## B.

4) Bayer.   5) Bayer von Weissfeld.   6) Becker c)
7) Benckendorff.   8) Berg.   9) Berg.   10) Berg-
holtz.   11) Bibikow d).   12) Biel e).   13) Billings-
hausen f).   14) Biron, Graf.   15) Bock.   16) Bock.
17) Boy.   18) Bornemann.   19) Budberg, Baron.
20) Budberg.   21) Buddenbrock.   22) Bussen.   23) Bu-
turlin, Graf.   24) Burhövden g).   25) Brackel.
26) Brandt.   27) Brewern.   28) Brömsen.   29) Brümmer.   30) Brümmer g).   31) Brüningk g).
(Seit 1769 auch 32) Behaghel von Adlerskron; und

seit

---

a) Eben dieß Verzeichniß liefert Hr. Büsching, nur nicht in alphabetischer, sondern in der im Ritterhause angenommenen Ordnung nach der Zeitfolge. In heer- (ordens-) meisterlichen Zeiten haben 52, in polnischen 16, in schwedischen 44, in russisch kaiserlichen bereits ungefähr 100 Familien das Indigenat im Herzogth. Liefland erhalten.

b) In einer Abschrift der Matrikul, welche ich aus sicherer Hand erhalten habe, werden sie Aderkass, und Albedyll geschrieben.

c) Schreiben sich Beckern, und sind vor kurzen ausgestorben.

d) In der Matrik. steht nach der Aussprache Blbikof. Daß auch i. J. 1769 einer aus dieser Familie das Indigenat erhalten hat, wurde vorher angezeigt.

e) Nach der geschriebenen Matrik. Bill,

f) Schreiben sich auch Bellinghausen, und nennen sich Baron; eben so bezeichnet sie Hr. v. Ceumern.

g) Auch Burhöwden, Brummer, Bruiningk, Wolfeld.

seit 1772 auch 33) Baehr und 34) Baehr. Zu=
satz des Herausgebers.)

35) Villebois.  36) Wilken.  37) Wolff, Baron.
38) Wolfeldt g).  39) Wolffenschild h).  40) Wo=
ronzow, Graf. 41) Woronzow, Graf Roman. 42) Wran=
gel, Baron i).  43) Wrangel.  44) Wulf.

(Seit 1769 auch 45) Wäsemskoy, Fürst; und seit
1772 auch 46) Weismann von Weissenstein, Ba=
ron.  Zusatz des Herausgebers.)

## G. H. (das russische Ghlagol.)

47) Gawel k).  48) Hagemeister k).  49) Handt=
wig l).  50) Heller, Just.  51) Helmersen.  52) Helfreich.
53) Gersdorff.  54) Hildebrandt, Gustav.  55) Gül=
denhoff, Baron.  56) Gyllenschmidt m).  57) Hilchen.
58) Hirschheidt m).  59) Glasenapp.  60) Golowin.
61) Golowkin, Graf. 62) Grassen.  63) Grothusen m).

(Seit 1769 auch 64) de Hartwiss; und seit 1772
auch 65) Gallitzin, Fürst n). Zus. des Herausg.)

## D.

66) De la Barre.  67) Delwig, Baron o).
68) Dinggrafen.  69) Dieß, Baron.  70) Dolgoru=
                                                    cky,

h) Nach der Matrik. Wolfenschlöld.  Diese Familie ist vor
etlichen Jahren ganz ausgegangen: vermuthlich wird nach
des letztverstorbenen Testament ein Zweig der Familie von
Anrep diesen Namen künftig führen.

i) Schreiben sich Wrangell.

k) Werden Gawehl und Hagenmeister gemeiniglich ausge=
sprochen.

l) In der Matrik. steht, vermuthlich aus Versehen des Ab=
schreibers, Handtwich.

m) Nach der Matrik. Güllenschmidt, Hirschhelden, Grodt=
husen.

n) Schreiben sich, wo ich nicht irre, Gollitzin.

o) Auch Dellwig. Daß nicht alle von diesem Geschlechte Frey=
herren sind, zeigt das hernach folgende Verzeichniß des
ehstländischen Adels.

cton, Fürst. 71) Drewinck. 72) Drenteln. 73) Dücker. 74) Dunten.

**Je. (das rußische Jeſt.)**

75) Jäger. 76) Jermerſtedt p).

**S. (das rußische Semlja.)**

77) Saß. (Seit 7¯4 auch 78) Chr. Heinr.
Friedr. Graf zu Solms und Tecklenburg.
Zuf. des Herausg.)

**J. und Ue.**

79) Igelſtröhm, Baron. q). 80) Uexküll r).

**K. C.**

81) Kawern. 82) Cahdeus s). 83) Kallmann.
84) Campenhauſen, Baron. 85) Campenhauſen.
86) Köhler. 87) Kirchner. x9) Kirchner. 89) Kirchner. 90) Klebeck. 91) Klüver. 9:) Klingſtedt.
93) Klot. Klodt. 94) Clodt t). 95) Knorring.
96) Kocken von Grünbladt. 9¯) Koskull u). 98) Krü-
dener aus dem Hauſe Rosenbeck. 99) Cronmann.
100) Kruſe.

**L.**

101) Lauw x). 102) Lacy, Graf. 103) Lou-
don, Baron y). 104) Löwenwolde, Graf. 105) Lö-
  D 5    wenwolde,

p) Matrik. Jarmerſtädt.
q) Schreiben ſich Igelſtrohm.
r) So wird es ausgeſprochen; und eben ſo ſchreiben ſie ſich.
   Hin und wieder findet man vielleicht durch ein bloßes Verſehen oder Eilfertigkeit des Schreibers, Urkull, Urküll,
   Uexküll. Einige von dieſer Familie ſind Freyherren.
s) Ich finde ſie auch Cadäus geſchrieben.
t) Dieſe ſchreiben ſich Clodt von Jürgensburg und ſind
   Freyherren.
u) Wird gemeiniglich Koskull ausgeſprochen.
x) Sollen ſich vormals auch Low und Löw geſchrieben haben.
   Jezt iſt nur noch ein einziger von dieſer Familie vorhanden.
y) Nach der Matrikul: Lauwdohn.

wenwolde, Baron. 106) Löwenstern. 107) Löwis z).
108) Linden. 109) Linten. 110) Liphard. 111) Lode.

## M.

112) Manecken. 113) Manteufel von Zöge a).
114) Maslow. 115) Meyendorf aus dem Hause Uerküll b). 116) Meyer. 117) Meiners. 118) Meck.
119) Möller. 120) Mengden, Baron. 121) Mengden. 122) Münnich, Graf.

## N.

123) Nummers.

## O.

124) Orlow, Fürst Gregori; Grafen Jwan, Ale-
rei, Fedor und Wladimir. 125) Ostermann, Graf.

## P.

126) Palmenbach c). 127) Palmstrauch.
128) Patkull d). 129) Pistohlenkors e). 130) Pla-
ter genannt Bröhlen. 131. Posse, Baron. 132) Pri-
auda. (Seit 1769 auch 133) Panin, Graf. Zus.
des Herausgebers.)

## R.

134) Rading. 135) Rass. 136) Rehbinder.
137) Reiher. 138) Reuter. 139) Reuß. 140) Rön-
ne. 141) Rennenkampff. 142) Richter. 143, Rosen,

---

z) Werden gemeiniglich Luisen ausgesprochen.
a) In der Matrik. steht: Sjöge von Mannteufel. Ein Zweig
des Geschlechts von Mannteufel ist in Reichsgrafen-Stand
erhoben worden (S. ehstländ. Ritterschaft), der auch in
Liefland das Indigenat hat.
b) Nach der Matrik. Baron.
c) Matrik. Palmbach.
d) Auch Pattkull; und wird gemeiniglich Pattküll ausgesprochen.
e) So wird es wohl meistentheils ausgesprochen: eigentlich
schreiben sie sich Pistohlkors.

sen, Baron. 144) Rosen. 145) Rosenkampff.
146) Rothkirch. 147) Ruden. 148) Rumänzow,
Graf.

### S. (das russische Slowo oder scharfe S.)

150) Samson. 151) Sievers. 152) Sievers,
Baron. 15 ) Sievers. 154) Skogh. 15 ) Schmit=
ten f). 156) Stackelberg. 157) Stael von Ho stein.
158) Staal aus dem Hause Linapeh f). 159) Stah=
renschild. 160 Stein. 161) Sternhielm f). 162) Stern=
strahl. 163) Sternfeldt. 164) Straelborn.
165) Strandtmann. 166) Strohkirch. 167) Strycken.

### T.

168) Taube von der Issen. 169) Taube von
Kragenhoff. 170) Taubert. 171) Tiesenhausen.
172) Tielau f). 173) Toll. 174) Transehn.
175) Treubetzkoy, Fürst.

### U.

176) Ungern Sternberg, Baron.

### F. und V. (das russische Fert.)

177) Fick g). 178) Vietinghoff genannt Scheel h).
179) Fischer. 180) Vegesack. 181) Pfeil. 82) Völ=
ckersahm. 183) Fersen, Baron. 84) Fermor, Graf.
185) Funcken. 186) von der Pahlen. 187) von der
Howen. 188) Fuchs. 189) Freymann. 190) Frey=
tag von Loringhoff.

191) Zed=

f) In der Matrik. steht: Schmitten, Linnapäh, Stiern=
hielm, Thielau.
g) Mit dem Etatsrath v. Fick, der durch seine dem Kaiser
Peter 1. geleisteten Dienste sich den Adelstand erwarb, ist
der männliche Stamm schon vor mehr als 10 Jahren wie=
der ausgestorben.
h) Einige die auch im Herzogth. Liefland das Indigenat ha=
ben, schreiben sich ohne den Zusatz Scheel, blos von Vie=
tinghoff.

## 3.

191) Zebbelmann.  192) Ceumern.  193) Zimmermann.

## Tsch.

194) Tschernischew, Grafen Peter, Sachar und Iwann i).

## Sch.

195) Schaphirow, Baron.  196) Schwanenberg.  197) Schwengel.  198) Scheremetew, Graf k).
199) Schlippenbach l)    200) Scholmann m).
201) Schoultz, Baron m).    202) Schultz n).
203) Schultzen.  204) Spalckhaber.  205) Schrader.  206) Schreiterfeldt.

## E.

207) Eller.  208) Emme.  209) Engelhardt.
210) Ermes.  211) Essen.  212) Oettingen.

## Ja.

213) Jaguschinsky, Graf o).

**Alphabetisches Verzeichniß der Ritterschaft und des Adels des Herzogthums Ehstland, wie solches auf dem Landtage i. J. 1740 abgefaßt worden p)**

## A.

1) Aderkas.  2) Albedyl.  3) Anrep.

B.

i) Matrik. Czernischew.
k) Matrik. Scheremetow: eigentlich müßte man schreiben Scheremet'jew.
l) Sind Freyherren, und dafür bey der Ritterschaft erkannt, auch 1772 so notirt worden.
m) Werden Schulmann und Schultz ausgesprochen.
n) Der männliche Stamm ist bald nach seiner Aufnahme in die Ritterschaft, ausgestorben.
o) Matrik. Jagosinsky, welches aber unrichtig ist.
p) Man kehre sich nicht an die alte Jahrzahl; alle bis 1764
auf:

### B.

4) Baggehufwudt q). 5) Baranow. 6) Bars. 7) Bellingkhaufen. 8) Berg. 9) Biel. 10) Bielsky, Baron. 11) Biſtram. 12) Bock. 13) Brandt. 14) Brevern. 15) Brehmen. 16) Brömſen. 17) Browne r). 18) Brümmer. 19) Budberg, Baron. 20) Budberg. 21) Burhövden.

### W.

22) Waſſermann. 23) Wangersheim. 24) Wachtmeiſter, Graf. 25) Wartmann. 26) Wolff. 27) Wrangel, Baron. 28) Wrangel. 29) Wrede, Baron.

### G. und H.

30) Hagemeiſter. 31) Handtwig. 32) Haſtfer. 33) Helwig. 34) Heller. 35) Helfreich. 36) Gersdorff. 37) Hüene. 38) Hildebrandt. 39) Holſtein-Beck, Prinz Peter s). 40) Gramann. 41) Graſſ. 42) Grünewaldt. 43) Grotenhielm.

### D.

44) Delwig, Baron. 45) Delwig. 46) Dücker. 47) Ditmar. 48) Dieß, Baron. 49) Dolgoruckoy, Fürſt. 50) Derfelden. 51) Drewnick.

### S.

52) Salza, Baron. 53) Silberarm.

### J. und Ue.

54) Uexküll-Güldenbandt, Baron. 55) Uexküll.

### K. und C.

56) Cahdeus. 57) Kallmann. 58) Kaulbars t). 59) Köhler. 60. 61. 62) Kirchner. 63) Klick. 64) Kling-

aufgenommene Familien kommen hier vor. Was ſchon bey dem vorhergehenden Verzeichniß angemerkt wurde, iſt hier nicht nöthig zu wiederholen.

q) Wird gemeiniglich Baggo ausgeſprochen.
r) Jetzt Reichsgraf.
s) Starb im J. 1775.
t) Wird gemeiniglich Kuhlbars ausgeſprochen.

64) Klingstedt.   65) Klot, Baron.   66) Klugen.
67) Knorring.   68) Colongue.   69) Krusenstiern.
70) Kursell.

## L.

71) Lantingshausen. 72) Löwen, Baron. 73) Löwendahl, Graf u). 74) Löschern von Hertzfeldt. 75) Lilienfeld. 76) Linden.   77) Lohde.

## M.

78) Maydel, Baron.   79) Maydell.   80) Manderstierna.   Dieser Familie ist aufgegeben worden, sich bey der Ritterschaft zu melden x).   81) Mannteufel, Graf, vorher genannt Zöge.   82) Meyendorff, Baron. 83) Meiners.   84) Mellin, Graf.   85) Müller. 86) Mohrenschild.

## N.

87) Nasacken.   88) Nieroth.   89) Nolcken.

## P.

90) Payküll.   91) Pahlen, Baron.   92) Pahlen.   93) Patküll.   94) Peetz.   95) Pillar von Pilchau.   96) Pistohlkors. 97) Pohlmann. 98) Pröbsting.

## R.

99) Ramm. 100) Rehbinder, Baron. 101) Rehbinder. 102) Reutern. 103) Rennenkampff. 104) Ritter.   105) Richter.   106) Rosen, Baron.   107) Rosen. 108) Rosenbach. 109) Rosenthal. 110) Ruhden.

## S.

111) Sievers, Graf. 112) Sievers. 113) Stael von Holstein. 114) Staal. 115 Stackelberg, Baron. 116 ) Stackelberg.   117 ) Steinbock, Graf. 118) Strahlborn.                                      T.

u) Jezt ist die Familie nicht mehr hier vorhanden.
x) Das muß man nicht vom J. 1740 verstehen, als in welchem dieses Adelsverzeichniß soll seyn abgefaßt worden. Das Jahr ist vielleicht ohne Ursach angegeben.

## T.

119) Taube, Baron. 120) Taube. 121) Taubert. 122) Tiesenhausen, Graf. 123) Tiesenhausen, Baron. 124) Tiesenhausen. 125) Toll.

## U.

126) Ulrich. 127) Ungern Sternberg, Baron.

## F. und V.

128) Fersen, Baron. 129) Vietinghoff. 130) Fischbach. 131) Fock. 132) Friderici.

## Z.

133) Zöge y).

## Sch.

134) Scharenberg. 135) Schwengeln. 136) Schlippenbach, Baron. 137) Schulmann.

## E.

138) Eller. 139) Emme. 140) Engelhardt. 141) Erms. 142) Ertmann. 143) Essen.

## Alphabetisches Verzeichniß
des zum Corps der Oeselschen Ritterschaft gehörigen Adels.

## A.

1) Aderkas.

## B.

2) Bellingshausen. 3) Berg. 4) Buhrmeister. 5) Burhövden.

## W.

y) Schreiben sich Zöge von Manteufel.

Anmerk. Viele Familien sind, wie man sieht, in beyden Matrikuln aufgenommen, einige nur in einer von beyden. In Ehstland sind weniger Familien als in Liefland, aber gleichwohl ein sehr zahlreicher Adel. Das Verzeichniß ist seines alten Datums unerachtet völlig brauchbar, da es bis auf die jetzige Zeit gehet.

**W.**

6) Weymarn.

**G.**

7) Güldenſtubbe.

**S.**

8) Saß.    9) Sege von Laurenberg.

**K.**

10) Knorring.

**L.**

11) Lilienfeld.    12) Lohden.

**N.**

13) Molcken.

**P.**

14) Poll.

**R.**

15) Rading (in Liefland).    16) Rehren.    17) Re-
chenberg.

**S.**

18) Sacken.    19) Stackelberg, Baron.    20) Stackelberg.    21) Sternſchantz.

**T.**

22) Toll.

**V.**

23) Vietinghoff.

**Z.**

24) Zöge von Mannteufel.

**E.**

25) Eckſparre.

---

Der ehemalige liefl. Landrath Kaſp. von Cen-
mern hat in ſeiner kleinen liefländiſchen Schaubühne ein ziemlich langes Namenverzeichniß der liefländiſchen ablichen Familien, ſowohl der damals (im Jahr
1690) vorhandenen, als der vorher ausgeſtorbenen, hinterlaſſen.

terlaſſen. Er iſt in verſchiedenen Kommiſſionen ge=
braucht worden, und hat viele Originalien und Doku=
mente unter ſeinen Händen gehabt: dieß giebt ſchon von
ſeinen Nachrichten eine vortheilhafte Vermuthung, um
ſo mehr, da er ſie zu der Zeit aufſezte, als ſich vermöge
einer Aufforderung vom Monat May 1689 ein jeder,
ſonderlich die Neugeadelten, mit ihren Diplomen und
Adelsbeweiſen, melden mußten; welches nur von Eini=
gen damals verſäumt wurde. Sein Verzeichniß, das
erſte in dieſer Art, und welches beyde Herzogthümer be=
greift, fand bald ſonderlich auf einem zu Wenden i. J.
1692 gehaltenen Landtag, Widerſpruch: man ſagte, es
fehlten darin einige ächte Familien, andre hätten ohne
Grund eine Stelle in demſelben erhalten. Dieſer ge=
gründete Tadel, dem man noch andre kleine Mängel bey=
fügen könnte, wird weder dem Verfaſſer zur Laſt fallen,
weil es ihm, aller angewandten Mühe ungeachtet,
an hinlänglichen Beyträgen fehlte; noch ſeiner Arbeit
ihren Werth benehmen. Ich würde das Verzeichniß,
zumal da ſein Buch ſelbſt in Liefland etwas ſelten iſt,
ohne Bedenken hier einrücken, wenn ich nicht vermu=
thete, daß Hr. Hadebuſch in ſeinem verſprochenen
Adelslericon vielleicht davon Gebrauch machen wird.
Nur etwas will ich daraus anführen. Es enthält die
Namen von 483 ausgegangenen und 195 damals vor=
handenen Familien. Unter den erſten ſtehen einige, die
ſich hernach wieder in Liefland aus andern Ländern ein=
gefunden und niedergelaſſen haben, oder die vielleicht
nicht völlig ausgegangen aber ihm unbekannt waren, z.
B. die Sacken, Nolken, Curſeln und Kurſeln, Delwig,
Focken, Grothuſen, Pohlmann u. a. m. Von denen
die er als vorhandene angiebt, ſind einige nachher aus=
gegangen, oder ſchon damals nicht mehr vorhanden ge=
weſen, z. B. die Duſeſſen, Neibaum, Neideburg,
Cronſternen, Borgentreich, Ackerſtaffen u. ſ. w. An=

dre ſtehen nicht in den hieſigen Matrikuln, oder ſind
nur in Kurland vorhanden, z. B. die Liven, Mehden,
Treyden; noch andre ſind neuerlich hinzugekommen;
und etliche hat er ausgelaſſen die damals wirklich vorhanden waren, als die Boy, von der Howen, Toll, Lou-
dohn, Lauw, welche vielleicht durch die unter den als
ausgegangen angeſchriebenen Low begriffen waren. Vieler Namen hat er nicht richtig geſchrieben, als Viting-
hof, Sternhelmen, Iyſenhuſen, Tranſee, Rennen;
einige ſezt er ſowohl unter die ausgegangenen als unter
die vorhandenen, z. B. Tauben; andre ſtehen unter dem
Adel die man jezt nicht in der Matrikul findet, z. B. die
Bolten, Buchholtz, Hillebolt, Hahnen, von der Hey-
de, Heſſen, Heideken, Vergin; oder die jezt unter Bürgerliche gerechnet werden, als die Tabor, Scharbeck,
Heynemann, Heydemann, Jungen, Kulen, Poppen;
oder die vielleicht niemals zum Adel gehört haben, wie ich
von den Gutzleffen vermuthe. Einige führt er als ausgegangen an, davon noch wirklich in Schweden viele
männlichen Geſchlechts in der Ritterſchaft, auch in Liefland einige, wenigſtens das weibliche Geſchlecht, obgleich nicht in der Matrikul angeſchrieben, vorhanden
ſind, z. B. die Spankowen, die ſich aber Spandekau
ſchreiben. Die Familie Puhrgolt führt er unter den
vorhandenen an, aber ſie ſteht nicht in der Matrikul;
vor kurzen ſtarb der hieſige lezte Ueberreſt weiblichen Geſchlechts von dieſer Familie. Ueberhaupt läßt ſich aus
dieſem Verzeichniß von manchen hieſigen Gütern der
Grund ihres Namens, und der vermuthliche erſte Beſitzer der ihnen denſelben beylegte, angeben, z. B. durch
die ausgegangenen Familien Overlaker, Hopfen, Hum-
meln, Ninegall, Camby; andre haben vielleicht von
ihrem Gut den Familiennamen erhalten, als die gleichfalls
ausgeſtorbenen Dahlen, Salys, Lude, Medſtacken,
Rope. — — Sollte übrigens der Wunſch geäuſſert
werden,

werden, daß dieses Abelsverzeichniß durch den Druck
möchte allgemeiner bekannt gemacht werden, so kann
solches bald durch eine periodische Schrift geschehen.
Hr. Arnot hat bereits Chron. 2 Th. S. 85) ein
kurzes Verzeichniß von solchen revalschen Familien bekannt gemacht, die mit adlichen Wappen versehen sind,
und sowohl hier als auswärts ihre adlichen Verwandten,
aber aus Liebe zur Kaufmannschaft, oder aus andern Be-
weggründen, das Bürgerrecht angenommen haben; dahin gehören von noch lebenden die Brockhausen, Bu-
chau, Burchardi, Clayhillis, Glehn, Hanen (schreiben sich Haen) Hausen, zur Mühlen, a oder de Ren-
teln, Schoten, Schwanenbach, Thieren, Wehren oder
Wernen, Willen, Witten u. a. m. von ausgestorbenen
die Corbmacher, Derenthal, Fegesack, Goldbergen,
Thor Haren, zur Högen, Höveln, Hünerjäger, Kett-
ler, Lohnen, Recken, von welchen Familien doch noch
einige in Liefland blühen. — Daß Einige von guten
auch alten adelichen Geschlecht den Kaufmannsstand erwählt haben, wird keinen befremden, der sich erinnert,
daß in England ein Gleiches geschiehet. Adliche stu-
dierten, wurden Prediger, ihre Kinder thaten eben das,
oder aus Mangel an Vermögen wurden sie Soldaten
oder Kaufleute. Die Städte haben, wie man aus der
Geschichte weiß, ihr Ansehn allezeit gegen den Adel ver-
theidiget, und Reval ließ sogar einmal einen Edelmann
enthaupten. Junge Edelleute sahen sich aus Armuth
öfters gezwungen, wie in Pohlen, bey ihren reichern Mitbrüdern in Dienste zu treten, und manche harte Begegnung zu erdulden: in schwedischen Zeiten war dieß
sehr gewöhnlich. Nach etlicher Jahre Dienst machte sie
ihr Herr, wie man es damals ausdrückte, zum Kerl,
das ist, er gab jedem ein gesatteltes Pferd, ein Paar
Pistolen und den Degen: nun gingen sie in Kriegsdienst
und dienten von unten auf, oder legten sich auf die

Wirth-

Wirthſchaft. Noch leben Viele, deren Väter ſo gedient, oder dergleichen adliche Bedienung (oder wenn das zu hart klingt, Pagen) gehalten haben. Kein Wunder, daß mancher ſein Glück lieber im Handel ſuchte. Vielleicht wurden auch zuweilen arme adliche Waiſen von Bürgern aufgenommen und zum Handel erzogen. Jetzt ſind dergleichen Dinge bey uns ungewöhnlich, obgleich noch mancher Edelmann auf ſeinem Landgut einen groſen Hang zum Handel äußert.

## Vierter Abſchnitt.

### Vom
### ſogenannten geiſtlichen oder kirchlichen Stande,
### und von einigen dahin gehörenden Sachen.

Die Prediger und kirchlichen Einrichtungen in unſern größern Städten, kommen großentheils mit denen in Deutſchland überein: von ihnen wird nur gelegentlich etwas anzumerken ſeyn; deſto mehreres von den Landpredigern, worbey auch die kleinen Verſchiedenheiten in beyden Herzogthümern nicht ſollen vergeſſen werden.

Nach unſern Landesgeſetzen machen die Prediger einen beſondern Stand aus (Land Ordn. S. 211) der einige adliche Rechte genießt. Kein Prediger, der nicht auf friſcher böſer That ertappet iſt, darf in Verhaft gezogen, oder an Leib und Gut angetaſtet werden, bevor derſelbe einer groben Miſſethat gerichtlich überführt iſt, und ein Urtheil bekommen hat (ebend. S. 3.0), bis dahin bleibt er in ſeinem Amte (Kirch. Ordn. Kap. 19. §. 21); muß ſich aber gleich andern vor dem weltlichen
Gericht

Gericht in weltlichen Sachen verantworten, selbst wenn
er mit einem andern Prediger Streit bekommt; das
Landgericht soll über ihn "gleich in andern Excessen,
"saluis Nobilitatis primlegiis, zu procediren und zu ur-
"theilen gemächtiget seyn." (Land. Ordn. S. 51.) In
bloßen Amts- und Kirchensachen stehen sie unter ihrem
Konsistorium.

Alle hiesige Landprediger üben eine Art von Gerichtbarkeit (1 Band S. 450); einsichtsvolle werden
bald die allgemeinen Rathgeber, und rechtschaffene die
gemeinschaftlichen Freunde ihrer Kirchspiele: daher das
Ansehn in welchem sie stehen, die Liebe und Zuneigung
deren sie genießen; selbst solchen, die nicht jedem Wunsch
entsprechen, wohl gar Tadel verdienen, begegnet man
mit Achtung und Schonung. Ihnen werden die meisten Vorfälle und etwanigen Unregelmäßigkeiten im
Kirchspiele bekannt; Manches sind sie anzugeben berechtiget: wie oft zeigt sich hier Gelegenheit ein Vermittler,
oder eine Zuflucht des Schwächern, zu seyn: Beyspiele
und Erläuterungen möchten leicht Mißdeutungen veranlassen. Nur eins: zuweilen verweigert der Erbherr
seine Magd aus unstatthaften Gründen dem Bauer aus
einem andern Gebiet, zur Ehe. Dieser wagt nicht den
Reichern und Vornehmern zu verklagen; die Richterstühle sind entfernt; sein eigner Erbherr will aus Furcht
vor Feindschaft oder vor einem Proceß, sich nicht ein-
mischen: der Prediger wird am leichtesten die Sache
schlichten. — Es dauert sehr lange, bis ein Kirchspiel
wirklich über seinen Pastor klagt; und dann geschiehet
es gemeiniglich nur von seinen Feinden, oder wenn er
äusserst nachläßig ist. Die Klagen werden niemals mit
höchster Strenge untersucht, und wo nur einige Unlau-
terkeit von Seiten des Klägers hervorblickt, oft ganz
abgewiesen; sonderlich bey Kirchenvisitationen, wo öfters der Kläger angewiesen wird, sich bey dem Konsisto-

E 3         rium

rium zu melden, welches ohne dringendſte Urſach nicht
leicht, am wenigſten von einem ganzen Kirchſpiel, ge‐
ſchiehet: und ſtehen dem Paſtor nur einige Eingepfarr‐
ten bey, ſo ſiegt er leicht. Amtsentſetzungen ſind hier
ſehr ſelten (*).

Ueberhaupt richtet ſich alles nach den Gebräuchen
und Vorurtheilen eines Landes: hier geſchiehet manches
unbemerkt, was in Deutſchland Aufſehen verurſachen
würde. — Sehr ſchief wäre das Urtheil, wenn man
einen hieſigen Landprediger mit den ſächſiſchen Dorfpfar‐
rern in eine Klaſſe ſetzen wollte. Amt, Anſehen, Ein‐
fluß, Macht, Lebensart, geben wichtige Verſchieden‐
heit; nur wenige hieſige möchten ſich entſchließen mit
manchem dortigen Specialſuperintendenten zu tauſchen,
es müßte denn geſchehen um zur Erhaltung der Geſund‐
heit mehrere Ruhe zu finden, ſparſamere Mahlzeiten zu
halten, und die bequeme Kutſche ungenutzt ſtehen zu laſ‐
ſen. Von Verfolgen und Verketzern wegen einer ab‐
weichenden Meinung, weiß man jetzt hier nichts: die
Weltlichen thun oder können es nicht; die Geiſtlichen
ſind gegen einander tolerant; die Konſiſtorien entfernt;
die Pröbſte auch nur Landprediger: wen man nicht für
völlig orthodox hält, den hält man doch für einen ehr‐
lichen brauchbaren Mann, bis das Gegentheil er‐
wieſen iſt. Mehre‐

(*) Man hat Fälle, daß Prediger mit einem kleinen Verweis
abkamen, die ein ſtolzes, fürſtliches oder gräfliches Kon‐
ſiſtorium in Deutſchland, mit größter Strenge würde an‐
geſchnaubt und behandelt haben. Einer wurde abgeſetzt;
durch oberrichterliche Unterſuchung in St. Petersburg
mußte ihm ſein Paſtorat wieder eingewieſen und von ſei‐
nem Kläger aller Schadenſtand erſetzt werden. Ein andrer
bekam in der Klage mit ſeiner angetrauten, aber nicht er‐
kannten Ehefrau, im Konſiſtorial Urtheil die Anweiſung
wegen des veranlaßten Aergerniſſes ſein Amt niederzulegen:
Eingepfarrte und Bauern ſagten: "wir haben uns an dem
"ſonderbaren Vorfall nicht geärgert" — und er blieb,
ohne fernern Widerſpruch, Paſtor.

Mehrere Ausländer als Landeskinder sind hier Prediger: die Anzahl der Studierenden im Lande ist gegen die vielen Aemter zu klein. Kein Konsistorium hat ein Pastorat zu vergeben: jedes Kirchspiel erwählt und beruft seinen Prediger; bey Kronpastoraten schlägt es etwa zween Kandidaten vor, von welchen das General-Gouvernement einen beruft. Man fragt bey keiner Besetzung, wo der Vorgeschlagene geboren, sondern ob er bekannt, von zuverläßigen Freunden empfohlen, und sein bisheriger Wandel ordentlich sey. Bey kleinen Pastoraten kostet es oft Mühe, einen Mann willig zu machen: kein Wunder, daß mancher Ausländer sehr frühzeitig, gar eher als das Landeskind befördert wird. Die Verordnung (Kirch. Ordn. Kap. 19. §. 7) daß der Probst auf Verordnung des Bischofs der Predigerwahl beywohnen, und der Gemeine, was sie dabey zu beobachten habe, vorhalten soll, wird gar nicht gehalten.

Im Anfang des jetzigen Jahrhunderts hatten Krieg und Pest viele Prediger vertrieben und aufgerieben; mancher mußte 10 Kirchspiele verwalten; Unstudierte setzten sich selbst in Pastorate und verwalteten das Amt. Wie viel lächerliche Geschichtchen erhalten noch jezt das traurige Andenken jener kümmerlichen Zeit! Das Land kam zur Ruhe; die Untersuchungen giengen an; die unberufenen und untauglichen wurden abgesezt, nur einer erhielt auf sonderbare Art einen Schutzbrief von dem vorbeyreisenden Kaiser Peter I.; bey dem sehr langen examen rigorosum suchte man ihn so weit zu bringen, daß er die Gemeine aus guten Büchern unterrichten konnte. Jezt sind solche Vorfälle unerhört; kommen nicht lauter Hochgelehrte ins Amt, so sind doch viele die sich durch ihre Wissenschaften, guten Vorträge, rechtschaffenen Wandel, auch wohl durch Schriften, rühmlichst bekannt und beliebt machen; so daß Liefland hierin nicht leicht einem andern Lande nachstehen darf. Sieht

ein

ein Konſiſtorium zuweilen nicht ſtreng auf die Fertigkeit
in Grundſprachen; ſo predigt man ja hier eben ſo wenig
als anderwärts griechiſch oder hebräiſch.

Jezt erfodert die Vollſtändigkeit eine nähere Anzeige unter beſondern Aufſchriften.

## Die Erlaubniß zu predigen.

Nach unſrer Kirchenerdnung ſoll kein Studioſus,
ohne Erlaubniß vom Biſchof oder Konſiſtorium, predigen.  In Ehſtland iſt ſie leicht zu erhalten, auch Pröbſte haben ſie ertheilt, und Prediger, ohne einmal darnach zu fragen, predigen laſſen.  Bisher hatte ſie der
revalſche Oberpaſtor im Namen des Konſiſtoriums gegeben: dieſes aber fand vor einiger Zeit für gut, unter
den Pröbſten einen Examinator zu beſtellen, vielleicht,
damit die Ritterſchaft, welche den Oberpaſtor beruft,
nicht glauben möge, als lege ihm ihr Ruf einen Vorzug
und die Macht bey, welche allein das Konſiſtorium ertheilen kann.  Uebrigens wird die Erlaubniß nach vor-
hergegangenen kurzen Tentamen, ohne weitläufig aus-
gearbeitete Theſes, Reverſe oder dergleichen zu fodern,
ertheilt, und wenn des Kandidaten Erkenntniß nicht
ganz der Erwartung entſpricht, derſelbe zu mehrern
Fleiß ermahnt, nie beſchämt, noch abgeſchreckt. — Im
Herzogthum Liefland muß ſich jeder, Landeskind oder
Ausländer, bey dem Generalſuperintendent in Riga
melden, und wenn er auch ſchon in andern Ländern
zehnmal examinirt wäre und hierüber die ſicherſten Zeugniſſe hätte, das Tentamen untergehen, zu dem Ende
über einen aufgegebenen Artikel Theſes ausarbeiten, die
er nebſt den mitgebrachten Zeugniſſen und einem Aufſaz
von ſeinem Lebenslauf, ſo unbeträchtlich er immer ſeyn
mag, in lateiniſcher Sprache einſendet.  Wegen der
weiten Entfernung und mit einer Reiſe verknüpften großen

ßen Unkosten, trägt der Generalsuperintendent zuweilen
einem Probst das Tentamen auf; worbey der Kandidat
predigen und einen Revers, oder Antworten auf vorge=
legte Fragen, ausstellen muß. Nach erhaltenem Be=
richte sendet der Generalsuperintendent den schriftlichen
Zulaß. Der vorige foderte einen vorgeschriebenen Re=
vers, darin der Kandidat versicherte, daß er von der
Wahrheit der evangelisch=lutherischen Lehre überzeugt
sey; die symbolischen Bücher als solche ansehe, die nichts
anders in sich fassen, als was in den prophetischen und
apostolischen Schriften seinen Grund hat, daher er sie
pur platterdings mit quia annehme daß er sich in sei=
nen öffentlichen Vorträgen nach der Richtschnur gött=
lichen Worts, und der darauf gegründeten symbol. Bü=
cher richten, diese und die Kirchenordnung fleißig lesen,
alle verbotene Konventikeln und Winkelzusammenkünfte
verabscheuen, und einen guten Wandel führen wolle.
Den dritten Punkt des Reverses, der vielen auffallend
oder gar anstößig war, schreibe ich wörtlich ab.

„ Ich verwerfe nicht nur überhaupt alles Schwärm=
„ wesen, so von jeher sich wider die evangelisch=luth. ri=
„ sche Kirche und deren Glaubensbücher aufgelehnet,
„ sondern auch insbesondere die jetzo die Kirche beunru=
„ higende Zinzendorfische, Herrnhutische oder sogenannte
„ Mährische Verfassung, als eine auf indifferentistischen
„ Stützen ruhende und die gefährlichsten Irthümer he=
„ gende Sectirerey, und bezeuge von Herzen, daß ich
„ weder vormalen mit dieser Brüderschaft und derselben
„ Lehre und Praxi mich einflechten lassen, noch auch in
„ Zukunft mit ihnen einige Gemeinschaft und Verbin=
„ dung zu haben gesonnen sey, dergestalt, daß ich ohne
„ Gewissensverletzung sagen kann, ich sey weder ein
„ Mährischer, wie sie reden, recipirter Bruder, noch
„ auch ein Anhänger oder Liebling von ihnen auf irgend
„ eine Art jemalen gewesen, bin es jetzo nicht, und ge=

D 5                                    „ denke

„denke unter göttlicher Hülfe es niemals zu werden."
— — Hierüber sind dem verstorbenen Generalsuperintendent Zimmermann, der den Revers unabweich-
lich nach der vorgeschriebenen Form von jedem Kandidaten foderte, und niemals eher den Zulaß zum Predigen
ertheilte, manche Einwendungen gemacht worden;
z. B. er wolle die Prüfung verbieten, und fodere die
Verdammung einer Lehre oder Gemeine die man nicht
kenne, und nicht kennen lernen dürfe. Der jetzige Generalsuperintendent, Herr Lange, hat den Revers ganz
geändert, alles, was der Brüdergemeine beleidigend
war, daraus entfernt, und ihn überhaupt in etliche und
40 Fragen verwandelt, die der Kandidat bey dem Tentamen schriftlich beantworten muß. Z. B.

„Fr. 1. Wie alt er sey?
„ — 2. Wo er geboren?
„ — 3. Wer seine Eltern gewesen?
„ — 4. Zu welcher Religion sie sich bekannt?
„ — 5. Wenn er getauft?
„ — 6. Von wem?
„ — 7. Ob ihm bey erwachsenen Jahren je sein
     Taufbund ins Gemüth gekommen?
„ — 8. Was er dabey gedacht und empfunden?
„ — 9. Wie die Art seiner Erziehung gewesen?
„ — 26. Ob er je die Kanzel betreten?
„ — 27. Wie ihm dabey zu Muthe gewesen?
„ — 28. Worauf er seine Zuhörer am liebsten
     weise?
„ — 29. Ob ihm dabey eingefallen, daß er ein ar-
     mer sündlicher Mensch sey?
„ — 30. Und was er dabey für Rath gehabt?

u. s. w. Man hat mich versichern wollen, daß dieser
Revers jetzt nicht mehr von jedem Kandidaten verlangt
werde. — — Um in den rigischen Stadtkirchen predigen zu dürfen, muß bey dem Magistrat um Erlaubniß

niß gebeten werden. Dieser verweist den Kandidat an
den Oberpastor zum Tentamen, und giebt dann nach
erhaltenen Bericht, den gesuchten Zulaß.

## Die Besetzung erledigter Pastorate.

Nach der Kirchenordnung soll sie in einem halben
Jahre geschehen, zuweilen verstreicht mehr als ein Jahr.
Der Probst schreibt im Sprengel die Interimsbedienung
aus, wozu er im Herzogthum Liefland vom General=
superintendent, dem die Erledigung gemeldet wird,
eine Anweisung erhält. Er selbst ist von dieser oft höchst
beschwerlichen, Arbeit frey; die Sprengelsprediger
müssen nach der Reihe und zwar alle 14 Tage einer, in
der erledigten Kirche den Gottesdienst verrichten: man=
cher hat mehr als 10, und im Pernauschen wohl 20 Mei=
len zu fahren, um eine Predigt zu halten, die Kommu=
nion auszutheilen und dann wieder davon zu reisen; ein
Glück, wenn er bey üblen Wege seinen Wagen unzer=
brochen nach Hause bringt! Die seit einiger Zeit auf
die Bahn gebrachten Mittel solcher Beschwerde abzuhel=
fen, haben zu viel Schwierigkeit oder keinen Beyfall ge=
funden; dahin gehört der Vorschlag, für jeden Kreis ei=
nen oder zween Kandidaten zu ordiniren, welche für
eine bestimmte, von den Predigern zu erhebende Vergü=
tung, der erledigten Kirche bis sie wieder besetzt ist, vor=
stehen, den nöthigen Unterhalt aber von der Witwe be=
kommen würden.

Des verstorbenen Pastors Witwe, oder Kinder,
( die letzten auch nach einem vom Kais. Hofgericht in
Riga 1774 gefällten Urtheil, selbst in dem Falle wenn
sie alle versorgt sind und keiner Unterstützung bedürfen,)
genießen ein ganzes Gnadenjahr, welches allezeit vom
ersten May bis wieder dahin im folgenden Jahre wäh=
ret: die Zeit von des Predigers Tod bis zum nächsten
ersten

erſten May gehört zum Verdienſtjahre, und wird auf
keine Weiſe in die Berechnung des Gnadenjahrs gebracht
(1 B. S. 431.) Bey Privatpfarren ſchlägt der Patron 2 oder 3 Kandidaten vor, die er zu Probepredigten, und zu deren Anhörung die ſämmtlichen Eingepfarrten, ſchriftlich einladet. Hierauf ſchreiten ſie an
einem vom Patron beſtimmten Tage, gemeiniglich im
Paſtorate, als dem eigentlichen Verſammlungshaus der
Eingepfarrten, zur Wahl, wie bereits im 1 B S.
429. u. f. iſt angezeigt worden. Bey Kronpaſtoraten
bereden ſich die Eingepfarrten über die Kandidaten, welche ſie zu Probepredigten einladen, und dem General-
Gouvernement zur Wahl vorſchlagen wollen. Die Probepredigten geſchehen in deutſcher und undeutſcher Sprache: nur ſelten wird der Kandidat in dem Einladungs-
ſchreiben zugleich erſucht, nach der Predigt die Bauern
zu katechiſiren. Hat der in Vorſchlag gebrachte die Erlaubniß zu predigen noch nicht erhalten, ſo ſucht zuweilen der Patron oder das ganze Kirchſpiel, für ihn darum an: daß er in dem einen Herzogthum predigen darf,
giebt ihm kein Recht in dem andern ein gleiches zu thun.
Ordinirte Prediger verſtehen ſich nicht leicht zu Probepredigten, es müßte ihnen denn ungemein viel an einer
Veränderung gelegen ſeyn. Billige Eingepfarrte ver-
achten die Wünſche der Bauergemeine bey einer Wahl
nicht ganz: zuweilen iſt im Herzogthum Liefland obrigkeitlich nach der Bauern Beyſtimmung gefragt worden.
Vor einigen Jahren erklärten dieſe bey der Beſetzung
einer ehſtländiſchen Kirche, ziemlich laut, ſie könnten
ſich nicht überreden, daß der ihnen aufgedrungene Kandidat, nach dem Vorgeben, von Gott zu ihrem Prediger beſtimmt ſey — Der gewählte Kandidat reiſet mit
der erhaltenen Vocation zur Ordination, gemeiniglich
bekommt er die erforderlichen Koſten unter dem Namen
des Mantelgeldes, von den Eingepfarrten: Ordinirte
Pre-

Prediger die ihre Stelle verändern, müssen es in Ehstland dem Konsistorium melden; in Liefland haben sie bisher die beschwerliche kostbare Reise nach Riga zum Kolloquium müssen antreten, ob solches fernerhin beybehalten werde, stehet zu erwarten.

Die Ordination der Stadtprediger in Riga, Reval und Narva geschiehet durch das eigne Stadtkonsistorium: für die übrigen kleinern Städte und für das Land, nur durch das Konsistorium eines jeden Herzogthums. In Riga verrichtet sie der Generalsuperintendent, mit Zuziehung der beyden geistlichen Konsistorialassessoren oder 2 naher Landprediger, in der Jakobskirche, gemeiniglich an einem Werkeltage; in Reval, derjenige Konsistorialassessor, den das Provincialkonsistorium hierzu ernennt, in der Domkirche. Das Examen rigorosum geschiehet gemeiniglich Tages vorher: nur darf der Name nicht abschrecken; man zeigt darbey viel Nachsicht; ein Versprechen durch Fleiß das Versäumte nachzuholen, hat zuweilen durchgeholfen, sonderlich in Ansehung der sogenannten Grundsprachen. Das Konsistorium prüft auch die ausgestellte Vocation. Vor mehrern Jahren wurde eine zurückgeschickt, nebst einem Formular, nach welchem sie sollte abgefaßt werden, weil der Kirchenpatron darin des Kandidaten, den er auf Verlangen der Eingepfarrten, mit Widerwillen berief, Geschicklichkeit in allerley gar nicht zum Predigtamte gehörenden Künsten rühmte, und seiner Amtsfähigkeit mit keiner Sylbe gedachte. Während seines Aufenthalts in der Stadt, der in Riga 3 Wochen, auch wohl länger dauert, muß der Kandidat etlichemal predigen, am Ordinationstage vor dem Altare seinen Predigereid, den der Konsistorialsekretär vorliest, ablegen, und darauf das Abendmahl empfangen. Der Generalsuperintendent hält eine Rede, und legt bey der eigentlichen Einsegnung oder bey dem Vater unser, zugleich nebst den zu beyden Seiten des

Kandi-

Kandidaten stehenden Predigern, die Hand auf dessen
Kopf. Die Handlung ist ganz rührend, nur sind öf=
ters sehr wenig Menschen darbey gegenwärtig. — Hier=
auf ertheilt das Konsistorium den Ordinationsschein und
die Bestätigung der Vocation, wofür der neue Pastor
in Riga ungefähr 30 bis 36 Rubel zahlt: in Reval ist
alles wohlfeiler.

Ein Prediger, der von seiner bisherigen Kirche zu
einer andern berufen wird, wenn auch beyde in einem
Kreise und in einem Sprengel lägen, oder er erst kürz=
lich von der Ordination zurückgekommen wäre, muß im
Herzogthum Liefland, ehe er noch seine Wohnung ver=
ändert, nach Riga zum Kolloquium reisen, welches aus
einer kurzen Unterredung zwischen ihm und dem Gene=
ralsuperintendent besteht. Der vorige, Herr Zimmer=
mann, legte dem Prediger ungefähr 40 Fragen von
mancherley Gehalte vor, z. B. wie lange er im Amte?
von wem er ordinirt sey? was er von der herrnhütischen
Brüderverfassung halte? welches seine Hauptbücher
seyn u. d. gl. Diese Fragen mußte der Prediger nach=
schreiben, seine Antwort sagen, und auch unter die
Frage setzen: der Bogen wurde dann in der Kanzeley
aufbewahrt. Zuweilen wurde auch ein Vers aus der
hebräischen Bibel übersetzt, und der Pastor predigte ein=
mal, erhielt die Konsistorialbestätigung, und zahlte da=
für ungefähr 20 Thaler und reiste dann davon. Armen
Predigern, sonderlich in entfernten Gegenden, ist die
weite Reise von mehr als 30 Meilen sehr beschwerlich:
übrigens könnte eine solche Unterredung von Nutzen
seyn, Ermunterungen zur Fortsetzung des Fleißes, und
dem Generalsuperintendent Gelegenheit geben, mit sei=
nen Predigern bekannt zu werden. Die aus den ent=
fernten Kreisen kommen ohnehin selten oder gar nicht
nach Riga, und kennen daher kein nach ihrer Ordina=
tion hinzugekommenes Mitglied ihres Oberkonsistoriums,
zumal,

zumal, wenn der Generalsuperintendent nicht selbst zur Kirchenvisitation sich einfindet. — Ein solches Kolloquium ist in Ehstland unbekannt: nur wenn ein Prediger aus einem andern Gouvernement dahin berufen wird, hält der Probst bey der Introduction auf dem Pastorate mit ihm eine kurze Unterredung, die aber von keiner Wichtigkeit ist. — In beyden Herzogthümern werden alle neue Prediger, sie mögen nun erst ordinirt seyn, oder schon im Amte gestanden haben, bey der Kirche, zu der sie berufen sind, durch den Probst, welcher hierzu vom Generalsuperintendent oder dem Konsistorium die Anweisung erhält, introducirt. Die ganze Handlung besteht blos in einer Rede, welche der Probst erst in undeutscher Sprache für die Bauern, darauf in deutscher für die Eingepfarrten und übrigen Deutschen, vor dem Altar hält; wobey der Pastor blos zuhört, und dann den Gottesdienst gewöhnlicher Maaßen in beyden Sprachen verrichtet. Pröbste die ihre Würde selbst fühlen und den neuangehenden Prediger gern fühlen lassen, beobachten hierbey den Unterscheid, daß ein Prediger der schon vorher im Amt gestanden hat, während der Rede gleich neben den Probst vor den Altar treten kann; ein neuerlich ordinirter aber haußen vor dem Geländer des Altars stehen muß. Zugleich soll der Probst nach dem Kircheninventarium fragen (für welches allezeit der Prediger haften, und dasselbe unter seiner Aufsicht und Verwahrung haben muß); und dem neuangehenden Prediger die benöthigten Anweisungen und Nachrichten ertheilen. Es geschiehet nicht von allen Pröbsten, und mancher Prediger bedarf dieser Fürsorge nicht. Für die Introduction bekommt der Probst keine Belohnung vom Prediger; nur selten bieten ihm die Eingepfarrten eine an. Etliche Pröbste, sonderlich in Ehstland, haben für gut befunden, selbst eine Belohnung zu bestimmen und von dem Kirchspiel zu fodern, welches

ches ihnen nicht zu verdenken iſt, da ſie mit eignen
Pferden reiſen, und ihr Probſtamt ohne irgend eine Beſoldung verwalten müſſen. Zuweilen verwaltet der neue
Prediger ſein Amt eine geraume Zeit, ehe er introducirt wird.

Keinem Prediger kan ein Adjunkt (Subſtitut) auf-
gedrungen werden: es ſteht bey ihm, ſo lange er nur irgend ſein Amt verwalten kan, ob er einen annehmen
will; und bey der Wahl muß vermöge der Kirchenordnung ſein Konſens und Votum nicht vorbey gegangen
werden. Gemeiniglich ſchlägt er ſelbſt vor: er kan auch,
wenn der Vorgeſchlagene bey den Eingepfarrten keinen
Beyfall findet, durchdringen und ſeinen Mithelfer ſelbſt
berufen: nur kan er den Patron nicht zwingen, dem Berufenen die Hofnung zur Nachfolge im Amt, zu ertheilen, welche hingegen gemeiniglich eine Bedingung iſt, unter welcher der Ruf von den Eingepfarrten ausgefertiget
wird. Meiſtentheils bekommt der Adjunkt die Hälfte
aller Einkünfte, als worauf das Konſiſtorium ſehen
muß. Bey kleinen Paſtoraten, und wo der Paſtor nur
einigermaaßen beliebt iſt, tragen die Eingepfarrten etwas zur Unterhaltung des Adjunkts bey, oder bewilli-
gen ihm einen Gehalt, damit der Senior unabgekürzt
ſeine bisherigen Einkünfte genieße.

## Die Kirchen.

Faſt alle unſere Kirchen, ſonderlich die auf dem Lande, ſind nach einer Art erbauet, die meiſten von Mauer-
werk; nur hin und wieder ſieht man noch eine Mutterkirche, aber deſto mehrere Kapellen, mit hölzernen Wänden. Alle beſtehen aus zween verſchiedenen Theilen, aus
dem Schif (Naos), darin auf einer Seite (auf der rechten wenn man hineingehet) die Geſtühle für Mannsperſonen, auf der zwoten die für Frauensperſonen ſtehen;
und

und aus der kleinen Kirche (Bema, Heiligthum) welche
Einige das Chor nennen; sie ist kaum halb so breit und
weit niedriger als das Schif, an dessen östlichen Seite
sie in der Mitten liegt. Der Altar steht darin allezeit
gegen Morgen dicht an der Mauer, und ist mit einem
niedrigen Geländer nebst einer kleinen Bank zum nieder-
knien, rund umher an seinen 3. freyen Seiten umgeben,
an welches die Kommunikanten treten. Der Prediger
tritt vor den Altar bald mit dem Gesicht gegen die Gemeine wenn er die Epistel vorliest den Seegen spricht
u. d. g. bald mit dem Rücken, wenn er die Kollekte ab-
singet, konsekrirt u. d. g. Wo Schif und Chor an einander stossen, steht die Kanzel auf der Seite der Frauens-
gestühle; ihr gegenüber hat der Küster (Vorsänger) seinen
Stuhl: neben denselben im Chor sollen nach einer im
Herzogthum Liefland bekanntgemachten neuen Verordnung, Bänke für Schulkinder angeschaffet werden, damit sich dieselben im Singen üben und desto besser die
Liedermelodien lernen können. In vielen Kirchen wird
das Schif vom Chor durch ein Geländer abgesondert.
Am westlichen Ende des Schifs ist noch oben ein Chor
für die Orgel wo man eine angeschaffet hat, oder für
Mannspersonen; gemeiniglich geht es nur quer durch die
Kirche längs der westlichen Mauer, zuweilen auch längs
der einen Seite über den Mannsgestühlen; auf dem Lande weis ich nur eine Kirche, die auf beyden Seiten und
zwar doppelte Chöre hat, eins über dem andern, wie in den
grössern Städten. Der Thurm steht haussen an der westlichen Seite des Schifs, unter demselben ist die grosse
Kirchthür; die kleinere an einer Seite des Schifs: bey
einigen Kirchen ist vor der letzten eine Art von Vortem-
pel (Pronaos, Narthex) wo sich die Kirchenbettler aufhalten; bey andern stehen sie unter dem Thurm. Die
Sakristey für den Prediger, die gemeiniglich mit einem
Ofen oder Kamin versehen ist, steht an der kleinen Kir-

che oder dem Chor, und hat ihre besondere Thür. Viele
sonderlich die alten übrig gebliebenen Kirchen sind durch
und durch gewölbt. Schieferdächer kennt man hier nicht,
Eisen ist zu kostbar: wenige Kirchen haben steinerne,
die meisten bretterne Dächer, die einer öftern Verbesse=
rung bedürfen und fast alle 20 Jahre müssen von neuen
gedeckt werden, worbey, weil die Sparren auch schon
schadhaft geworden sind, dieselben zugleich ganz neu ge=
macht werden. Die Fußböden sind durchgängig von
Holz, viele Thürme mit Schindeln, doch auch einige
mit Eisen gedeckt: das letzte sollte man durchgängig thun,
weil unser Holz die strenge Witterung nicht lange aus=
hält. Noch findet man etliche Kirchen ganz ohne oder
mit einem lächerlich kleinen, Thurm auf der Dachspitze
des Schifs.

In unsern Kirchen herrschet wenig Pracht: in vie=
len sind Altar und Kanzel mit einiger Bildhauerarbeit
oder mit Schnitzwerk, auch mit Mahlerey verzieret, die
Gestühle angestrichen, ingleichen Chor und Decke, wo
man auch wohl einige Mahlerey sieht. Auf dem Altar
stehen gemeiniglich ein Krucifix und ein paar Leuchter,
selten Blumentöpfe: Lichte werden bey der Kommunion
nicht angezündet; wohl aber bey adlichen Leichenbegäng=
nissen, da die ganze Kirche am hellen Tage voll brennen=
der Lichter ist. Der Gebrauch am ersten Weynachts=
und Neujahrstage den undeutschen Gottesdienst des
Morgens sehr früh zu halten, ist vermuthlich wo er noch
Statt hatte, von den Predigern schon ganz abgeschafft
worden: er war unschicklich, die Leute kamen gemeinig=
lich lermend und betrunken, und fanden für manchen
alten Aberglauben gewünschte Nahrung, wenn sie, um
Glück bey ihren Bienen oder Schaafen zu haben, an
die Kirche und den Prediger Geschenke von Wachs und
Talch bringen und dafür öffentliche gute Wünsche ärnd=
ten konnten. Die alte Gewohnheit an Pfingsten und

Johan=

Johannistag Mayen in die Kirche zu stellen und allerley
Gras auf deren Fußboden zu streuen, könnten die Prediger auch wohl abschaffen: einige haben bereits den Anfang gemacht.

Im ganzen Lande feyerten wir ausser den 3 hohen
Festen die 3 Tage dauerten, das Neujahrs- Dreykönigs-
und 3 Marien-Feste, Johannis und Michaelis, in Ehstland einen, und in Liefland jährlich vier Bußtage. Die
Kronfeste z. B. die Namens- und Geburtsfeste u. d. g.
werden in allen Städten mit öffentlichen Gottesdienst,
und des Abends durch Erleuchtung der Häuser, gefeyert;
auf dem Lande geschiehet beydes nicht. Im Jahr 1774
verordnete das Reichs-Justizkollegium, daß der dritte
Feyertag der 3 hohen, und etliche andre vorherbenannte
Feste sollten abgeschafft und auf die nächsten Sonntage verlegt werden; welches in Ehstland gleich befolgt wurde;
im rigischen Generalgouvernement aber noch nicht geschehen ist. Die in Deutschland gewöhnlichen Kirmsen
(Kirchmessen oder Kirchweihfeste) sind hier ganz unbekannt.

Zum Bau der Kirche, des Pastorats und übrigen
darzu gehörenden Gebäude, schreiben die Kirchenvorsteher nach der Haakengröße eines jeden Guts, die nöthigen Materialien aus: die Bauern müssen sie liefern, Arbeiter stellen, auch wohl gar das erforderliche Geld, wenn
es der Hof nicht auf sich nimmt, zusammen bringen.
Hat die Kirche eignes Vermögen, so wird es zu deren
Bau verwandt: Krongüter können den auf sie fallenden
Antheil der Baukosten aus der Kronkasse heben, wo jährlich zur Unterhaltung publiker Kirchen 1200 Rubel können ausgezahlt werden. Aeusserst arme oder ganz kleine
Kirchspiele erhalten auf gehörige Vorstellung, Kollekten
aus beyden Herzogthümern, welche das Reichs-Justitz-
Kollegium, oder das Generalgouvernement beordert, und
jeder Prediger bey seiner Kirche, und auf den Kirchspiels-

höfen

höfen durch ein herumgesandtes Circular, einsammelt. —
Die Pastoratsgebäude, Küster- und Schulmeister-Woh-
nungen werden entweder aus dem Kirchspiel gemeinschaftlich gebauet, oder jedes Gut hat sein zur Unterhaltung angewiesenes Gebäude. Bey den meisten Kirchen
wohnt der Pastor ganz nahe.

Alle Landkirchen liegen mitten im Kirchhofe, auf
welchen alle Bauerleichen begraben wurden; die meisten
Deutschen erhielten zur Unruhe und Qual der Lebenden,
ihre Ruhestätte in der Kirche. Auf des dirigirenden
Senats Befehl wurde durch ein Patent vom 23ten Febr.
1773 bekannt gemacht, daß hinführo keine Leichen mehr
in Kirchen, Städten und Dörfern, sondern ausserhalb
denselben, auf besondern gehörig umzäunten Gottesäckern
sollten begraben werden. Das rigische Generalgouvernement verordnete darbey, daß bey Kirchen die von Dörfern und Wohnungen entfernt lagen, die Leichen auf
den bisherigen Kirchhöfen könten begraben, und die Hofs-
begräbnisse darauf angelegt werden; hingegen wo die Kirche im Dorfe lag, sollte ein neuer Kirchhof ausserhalb
demselben in einer Entfernung von wenigstens 300 Faden angelegt, und jedes bisherige Begräbniß in der Kirche völlig zugemauert werden. Dieß wurde durch Patente vom 9ten und 19ten April wiederholt, auch den
Kirchenvorstehern befohlen über die Vollstreckung Bericht abzustatten; endlich da allerley Vorstellungen und
Befragungen von den Kirchenvorstehern eingingen, auch
viele Schwierigkeiten erregt wurden, gab das rigische
Generalgouvernement den Befehl, daß bey keiner einzigen Kirche, wenn sie auch in einer Entfernung von allen Wohngebäuden läge, der alte Gottesacker fernerhin
zu Begräbnissen gebraucht, sondern aller Orten ausser
dem alten der umzäunt blieb, ein neuer angelegt werden und wenigstens 100 Faden von der Kirche und allen Wohnungen entfernt seyn sollte: welches auch im ganzen

zen Herzogthum geschahe, wie denn auch Officiers zur
Untersuchung ausgesandt wurden, ob und in wie fern
der Befehl in jedem Kirchspiel in Erfüllung gesetzt sey.
Das revalsche Generalgouvernement gab ähnliche Be=
fehle; inzwischen blieben bey den meisten ehstländischen
Kirchen die alten Kirchhöfe zum Begräbniß, selbst wo
Wohnungen auf der Nähe standen, auch sind zuweilen
doch nur auf besondre Erlaubniß, adliche Leichen in die
Kirche begraben worden; welches vermuthlich nun ganz
aufgehört hat, nachdem auf den Kirchhöfen adliche Be=
gräbnisse sind erbauet worden *). In Stadtkirchen, auch
hin und wieder auf dem Lande, findet man noch alte Lei=
chensteine in den Gängen auf Erbbegräbnissen, oder an
der Mauer, auch aufgehängte adliche Wappen von Bild=
hauerarbeit; auf den Kirchhöfen sieht man selten einen
ohne sonderliche Kunst verfertigten Leichenstein, den vor
vielen Jahren reiche Bauern haben setzen lassen; jeder
Bauer verfertiget jetzt selbst den Sarg für seine Leiche,
und schneidet ein dünnes Holz in Gestalt eines Kreuzes,
welches er in das Grab zum Haupte steckt. Alle Leichen
werden mit dem Gesicht gegen Morgen begraben. Das
heimliche Begraben in Kalmuten und abergläubischen
Stellen ist schon längst scharf verboten. Einige Dörfer
liegen so mit Morast, im Frühjahr und Herbst mit Was=
ser, umgeben, daß sie nur mit äußerster Beschwerde ihre
Leichen nach dem Kirchhofe führen können.

Die Kapellen oder Filialkirchen sind hier sehr be=
schwerlich: einige liegen, wie schon im ersten Bande an=
gezeigt wurde, 4 bis 8 Meilen von der Mutterkirche.
Der Prediger fährt nach 2 bis 3 Wochen dahin, muß
auf dem nächsten Hofe der zuweilen weit abliegt, einkeh=
ren; sein Aufenhalt daselbst ist folglich nur kurz und oh=
ne gewünschten Nutzen. In der Zwischenzeit muß der

F 3      Küster

---

*) Hieraus ist dasjenige zu ändern was im I. Bande S. 571
von den Begräbnissen in der Kirche, gemeldet wurde.

Küster an Sonn- und Festtagen in der Kirche lesen, mit
der Gemeine singen, auch alle Taufen und Begräbnisse
verrichten. Es kommt auf Patrioten an, die großmü-
thig genug sind von ihren Gütern etwas Land an die Kapelle zu schenken, so kan wenigstens manche ihren eignen
Prediger haben: hin und wieder sind schon Versuche geschehen. Vielleicht kommt noch einmal Liefland in eine
solche glückliche Verfassung, daß ein weitläuftiges Kirchspiel füglich in mehrere kan zertheilt werden; wenn nur
erst der Bauer wohlhabender wäre: Sitten und Erkenntniß würden dadurch gewinnen. Leute die von der Kirche 3 bis 4 Meilen entfernt wohnen, werden sich nicht
häufig entschließen, mit ihrem ermüdeten Körper zu Fuß
den Weg anzutreten, noch ihr durch schwere Arbeit ab-
gemattetes Pferd am Sonntage anzuspannen. Auch der
Prediger kan nur selten zu ihnen kommen: Dummheit
und Aberglaube behalten ihre Herrschaft, wider welche
eine kleine buchstäbliche Erkenntniß durch lesen und Ka-
techismuslernen, wenig vermag. Gewiß, man muß sich
über unser Landvolk wundern, daß es so häufig den öffentlichen Gottesdienst bey der jetzigen Verfassung, besucht,
es geschehe nun aus angeerbten Grundsätzen, aus Verlangen nach Unterricht, aus Ehrerbietung vor Gott,
aus Achtung gegen den Prediger, oder aus andern Ursachen. Nach einer alten Verordnung sollen an jedem
Kirchtage die Abwesenden bemerkt, und wenn nicht aus
jeglichem Gesinde wenigstens Einer da ist, Strafgelder
eingefodert werden: bey den wenigsten Kirchen mag dieß
geschehen; die Zeit erlaubt es auch nicht immer, sonderlich wo zwo Predigten nemlich in deutscher und undeutscher Sprache, gehalten werden, oder wo mehr als 300
Kommunikanten auf einmal sich einfinden. Unter den
Deutschen aus allerley Ständen, giebt es aufrichtige
Christen die alle christliche Gebräuche andächtig begehen,
auch jeden Tag mit Gebet beschließen, aber in vielen

Jahren

Jahren nicht in die Kirche kommen. Sie wollen ihrem
Prediger keine Beschwerde durch eine deutsche Predigt
machen, lesen des Sonntags in einer Postille vielleicht
aus dem vorigen Jahrhundert, und kommuniciren zu
Hause: In manchen Ländern würde man solche kaum
Christen nennen. Wo mehrere Deutsche in einem Kirchspiel wohnen, wird gemeiniglich alle 2 bis 3 Wochen
deutsch geprediget.

Die Wahl der deutschen Gottesdienstlichen Bücher
hat bisher größtentheils von jedem Prediger abgehangen:
einige haben das königsbergische, hallische, revalsche,
oder rigische Gesangbuch bey ihrer deutschen Gemeine
eingeführt. Das revalsche, welches kaum 100 brauchbare, aber desto mehr unbrauchbare äusserst elende Lieder enthielt, wurde mit des dasigen Stadtraths Bewilligung von den revalschen Stadtpredigern, sonderlich dem
Hrn. Pastor Winckler, ganz umgearbeitet, und trat
sehr verändert auch mit vielen neuen Liedern bereichert im
Jahr 1771 ans Licht. Es ist nicht ganz vollkommen,
doch unendlich besser als das alte. Auch an der höchst
nöthigen Verbesserung des rigischen Gesangbuchs hat bisher der rigische Oberpastor Herr von Essen nebst etlichen andern Stadtpredigern und zween Rathsherren, gearbeitet; alte Lieder sind theils mit theils ohne Veränderung
beybehalten, auch viel neue aufgenommen worden: Es
liegt zum Abdruck fertig, den der Stadtrath auf seine
Kosten besorgen, und wenn er seinen Vorschuß aus dem
Verkauf erhalten hat, alle übrige Exemplare dem dasigen Buchdrucker, der über den Verlag aller Kirchenbücher ein Privilegium hat, zur Schadloshaltung wegen
der alten unverkauften Gesangbücher, schenken wird.
Für die Letten hat man Gesangbücher, Katechismus,
und die Bibel, sie wurde im Jahr 1689 zum ersten,
und 1739 zum zweyten Mal gedruckt. Vor einigen
Jahren dachte die Ritterschaft auf ein Mittel, des lettische

Gesang-

Gesangbuch ihren Bauern häufiger und wohlfeiler in die
Hände zu schaffen: aber der rigische Buchdrucker wurde
bey seinen alten Privilegien und Verlagsrechte oberrich-
terlich geschützet. Um die lettische Sprache haben sich
manche Männer in Lief- und Kurland verdient gemacht.
Der vormalige liefländische Generalsuperintendent D. Joh.
Fischer besorgte die erste Bibelübersetzung und der König
Karl XI. in Schweden gab die Kosten zum Druck her.
Der kurländische Superintendent und Oberpastor in Mitau Heinr. Adolphi gab die erste Anleitung zur lettischen
Sprache 1685 zu Mitau heraus, vorher mußte man
sich nur mit geschriebenen Grammatiken behelfen: seine
Vorgänger waren der Licentiat Manzelius, der die
Rechtschreibung, und Kristoph Jürecker, der die Declinationen und Conjugationen in Ordnung brachte; der
kurländsche Pastor Wischmann ließ 1697 eine Anleitung zur lettischen Dichtkunst drucken. Neuerlich hat
der jetzige Generalsuperintendent Herr Jac. Lange ein
lettisches Lexicon welches noch unter der Presse ist, der
dorptsche Pastor Herr Probst Lenz eine Postille, und
der kurländische Pastor Herr Stender zu Sunnaxt,
Fabeln und Erzählungen, die biblische Geschichte, und
eine Grammatik, in lettischer Sprache herausgegeben. —
Ganz Ehstland, der pernauische Kreis und der dritte
Theil des dorptschen Kreises reden den revalschen Dialekt
der ehstnischen Sprache. Die für sie nöthigen Bücher
werden in Reval gedruckt; die erste Auflage der ganzen
Bibel wurde im Jahr 1739 und die zweyte 1773 fertig.
Das Gesangbuch, in welchem auch ein kleiner Katechismus, die Sonntags-Evangelien und Episteln, die Paf-
sionsgeschichte und die von der Zerstörung Jerusalems,
Gebete u. d. g. befindlich sind, ist schon sehr oft (theils in
Reval, theils in Halle) aufgelegt worden, so wie der Katechismus, das Neue Testament, und andre ähnliche
Schriften. Bisher hatte das revalsche Provincialconsi-
storium

storium den Verlag des ehstnischen Gesangbuchs an sich
gezogen; der jetzige Buchdrucker hingegen, berufte sich
auf sein Privilegium, und erhielt Recht: Die Acten
von dem Proceß ließ er im Jahr 1774 drucken. Um
diese ehstnische Sprache haben sich verdient gemacht der
ehemalige ingermanländische und in Adelstand erhobene
Superintendent M. Heinr. Stahl, der, als er noch
Probst in Wierland und Jerwen war, und die Verlegenheit der Ausländer wegen der hiesigen Sprache sahe,
1637 eine ehstnische Grammatik nebst Wörterbuch, auch
ein Handbuch und Postille herausgab; der wieksche
Probst Heinr. Göseken ließ gleichfals eine ehstnische
Grammatik drucken, die eben so mangelhaft als die vorhergehende war; der Kandidat Forselius trug zu deren
Verbesserung vieles bey und schaffte die überflüßigen
Buchstaben ab; ihm folgte der Prediger Hornung, nur
war seine Arbeit zu kurz; am weitesten ging der harri-
sche Pastor Anton Thor Helle, dessen mit vieler Mühe
verfertigte Grammatik, der damalige Diaconus bey der
ehstnischen Gemeine in Reval Gutsleff, im Jahr 1732
drucken ließ; das beygefügte Wörterbuch ist unvollständig. Ein etwas vollständigeres hinterließ der pernauische Pastor Vestring im Manuscript; auch dieß ist noch
großer Verbesserung fähig. Der revalsche Pastor Sim.
Blankenhagen schrieb eine Postille, die selten und jetzt
nicht sonderlich brauchbar ist: Der noch lebende Pastor zu
Simonis Hr. Joh. Georg Borge hat die biblische Geschichte zum Druck fertig liegen, aber der Pastor zu Matthisen
und Kreutz Herr Joh. Christ. Henkel bereits den Anfang gemacht, seine eigne Ausarbeitung der biblischen Geschichte unter dem Titel: Von Gottes großen Wer-
ken auf der Erde in ehstnischer Sprache zu Reval
1774 drucken zu lassen. — Der dorptsche Dialekt der
ehstnischen Sprache wird nur in zwo Probsteyen geredet:
hier fehlt es noch sehr an Hülfsmitteln; das Neue Testa-

F 5

ment,

ment, Geſangbuch und Katechismus ſind gedruckt, aber
Ausländer müſſen blos aus geſchriebenen Grammatiken
die Sprache regelmäßig lernen. Eine hat der verſtorbene
odenpäiſche Paſtor Joh. Chriſt. Clare verfertiget, ſie
verdiente etwas verbeſſert und dann gedruckt zu werden:
Etliche Prediger ſollen ſich jetzt damit beſchäftigen; auch
iſt in Dorpt eine Poſtille in dieſen Dialekt überſetzet,
aber nicht gedruckt worden. Ueberhaupt wünſchen Einige,
daß man den Bauern kurze faßliche und erbauliche Po-
ſtillen ſchaffen möge, damit entfernte, die nicht zur Kirche
kommen, ſich derſelben bedienen können: Andere ſehen
dieß als ein Mittel an, den Bauer ganz vom öffentlichen
Gottesdienſt zu entwöhnen.

## Des Predigers Amtsverrichtungen.

Genug hat ein Prediger zu thun, der alle im Herz-
zogthum Liefland ergangene Vorſchriften und Foderungen nur einigermaaßen erfüllen will: bey einem volkreichen und weitläuftigen Kirchſpiel, ſie ganz zu erfüllen,
reichen oft eines Menſchen Kräfte nicht zu, oder man
müßte für ſolche Prediger, jede Woche um etliche Tage
verlängern. Hierbey kann leicht der Muth entfallen;
wie bald entſpringt ein Anlaß mehr an die eigne Bequemlichkeit zu denken. In Ehſtland fordert man weit
weniger von den Predigern, ſie ſtiften ohne Zweifel dort
eben ſo viel Nutzen. Ueberhaupt kann ein Paſtor im
ganzen Lande ſich viel zu thun machen und ſein Amt weit
beſchwerlicher als irgendwo, nennen: aber er kann ſich
auch manche Bequemlichkeit gönnen. Eines jeden eignes Gewiſſen muß hier der ſtärkſte Beweggrund und
ſtete Richter ſeyn: Entlegenheit und Entfernung ent-
zieht ſehr viele dem Auge ihres Kirchenobern; auch andre Verknüpfungen und Anläſſe die nicht in topographiſche

sche Nachrichten gehören, begünstigen bald, was man
begünstiget zu sehen wünscht.

Eigentlicher Nachmittags=Gottesdienst ist auf dem
Lande weder an Fest= noch Sonntagen: nur wird, wenn
Deutsche zur Kirche kommen, gleich nach dem undeut=
schen Gottesdienst, der deutsche besonders gehalten.
Viele Eingepfarrten kommen, weil sie die Landessprache
verstehen, in den undeutschen, um den Prediger nicht
doppelt zu bemühen. Auch weis man auf dem Lande
nichts von Wochenpredigten, öffentlichen Betstunden
u. d. g. an Werkeltagen: nur in einigen Kirchen werden
vor Ostern Fastenpredigten in der Woche gehalten. In
den rigischen Stadtkirchen wird täglich, aber des Mor=
gens zu früh, gepredigt, wenige, oft nur 6 Zuhörer
finden sich ein, die meisten schlafen noch, oder sind des
Sommers schon an ihre Geschäfte gegangen. Nur dort
haben die Stadtprediger eine Art von besondern Prie=
sterröcken und Chorhemden bey kirchlichen Verrichtun=
gen, in der Domkirche sogar den alten reichen Meßge=
wand, auch die in einigen deutschen Reichsstädten üb=
lichen, etwas sonderbaren runden weissen Halskragen:
die bey der Jakobskirche und alle übrige in beyden Her=
zogthümern tragen kleine Kragen (Lipchen, Ueberschläge),
und bey ihren Amtsverrichtungen Mäntel. Ueberhaupt
ist der öffentliche Gottesdienst in den rigischen Stadtkir=
chen mit viel alten Zeremonien, und äussern dem Geist
des Evangeliums nicht ganz angemessenen Gepränge,
überladen. Vor mehrern Jahren wurde an eine Verän=
derung und Abschaffung des Ueberflüßigen gedacht, ihr
aber manche Bedenklichkeiten und Hindernisse entgegen=
gesezt. Desto weniger Zeremonien und Gepränge herr=
schen in den meisten Landkirchen: ein Reformirter würde
oft Ursach finden, zu glauben er sey mitten unter seinen
Glaubensbrüdern. Die Liturgie ist weder in beyden
Herzogthümern noch in allen Kirchen eines Kreises ganz
gleich:

gleich: die Prediger werden an das vom ehemaligen lief=
ländiſchen Generalſuperintendent Skragge 1708 her=
ausgegebene ſchwediſche Handbuch verwieſen, aber es
kann nicht immer genau befolgt werden; ein jeder rich=
tet ſich nach Zeit und Umſtänden; mancher ändert, ſetzet
hinzu, oder läßt hinweg; und thut nach eigner Erkennt=
niß und Willkühr das, was in einem deutſchen Fürſtenthum
ohne feierliche Einwilligung des Konſiſtoriums kein Ge=
neralſuperintendent ſich zu thun getrauet: denn hier ſezt
man das Chriſtenthum nicht· in ſtrenger Beobachtung
willführlicher menſchlicher Satzungen, und man hält es
für keinen Umſturz der Religion, wenn ein Prediger die
Taufformel abkürzet, oder den Exorciſmus wegläßt.

Die Zeit, wenn der Gottesdienſt am Sonntage ſei=
nen Anfang nehmen ſoll, hängt auf dem Lande meiſten=
theils vom Prediger ab; an einigen Orten geſchiehet es
erſt des Mittags um 11 oder 12 Uhr; und dann iſt
nicht einmal allezeit der Prediger in der Kirche gegen=
wärtig; er läßt indeſſen den Küſter der Gemeine etwas
vorleſen. Neuerlich hat man angefangen im Herzog=
thum Liefland zu verordnen daß die Kirche des Som=
mers um 8, und des Winters um 9 Uhr anfangen ſoll: in
Ehſtland hat man keine ſolche Verordnung; und wie
kann der Prediger anfangen, wenn ſeine Gemeine die 3
oder mehrere Meilen zur Kirche reiſen muß, noch nicht
verſammelt iſt? Vor und nach dem Gottesdienſt häufen
ſich des Sonntags allerley Geſchäfte: die Kommuni=
kanten werden zu dieſem, oder dem folgenden, Sonn=
tage angeſchrieben, in der Woche mangelt es dem Bauer
öfters an Zeit ſich zu melden; ein jeder bezahlt zugleich
das feſtgeſezte Anſchreibegeld; von dem genug verſchrie=
nen und unſchicklichen Ausdruck Beichtgeld, weis der
hieſige Bauer nichts. Ferner werden öffentliche Für=
bitten, Dankſagungen, Anzeigen verlohrner oder gefun=
dener Sachen u. d. g. beſtellt: Scheine ertheilt; Kla=
gen

gen angebracht; Berichte aus dem Kirchspiel abgestattet: kleine Untersuchungen angestellt; Taufen, Begräbnisse, Trauungen, und Krankenbesuche verrichtet; kleine Abgaben oder Schulden bezahlt u. d. g.

In den rigischen Stadtkirchen ist am Sonntage folgende Liturgie gebräuchlich. Vormittags wird von 6 bis 7 Uhr geläutet. Hierauf fängt der Gottesdienst an 1) mit Psalm 119, Wohl denen, die ohne Wandel (im rigischen Gesangbuche No. 1321.); 2) wird ein kurzes Morgenlied gesungen, nach welchem 3) der Diakonus mit dem Chorhemde bekleidet, vor dem Pult die allgemeine Beichte abliest. 4) Singet die Gemeine, nachdem mit der Orgel vorgespielt worden: Herr Gott dich loben wir Nr. 587. Ferner 5) Kyrie, Gott Vater No. 333, nach welchem 6) der Diakonus vor dem Altar singet: Herrlichkeit sey Gott in der Höhe! 7) Die Gemeine singet mit der Orgel: Allein Gott in der Höh Nr. 323. 8) Der Diakonus singt vor dem Altar die Sonntags-Kollekte, tritt hierauf zum Pult und lieset die Epistel. 9) Die Gemeine singt das Hauptlied mit der Orgel; 10) der Diakonus liest vor dem Pult das Evangelium. 11) Wird der Glaube Nr. 433 gesungen, unter welchem der Pastor die Kanzel betritt. Nach geendigter Predigt, und vorgelesenen gebräuchlichen Kirchengebeten, Fürbitten und Danksagungen, wird das Vater unser still gebetet, und der Segen von dem Prediger gesprochen, worauf er die Kanzel verläßt, (wo auch Manifeste, Verordnungen und Bekanntmachungen abgelesen werden.) 12) Der Diakonus, der während der Vorlesung der Kirchengebete, mit dem Chorhemde und Meßgewand bekleidet, zum Altar getreten, fänget, sobald der Pastor die Kanzel verläßt, die Vorbereitung zur Kommunion an, mit der Präfation wie sie im rig. Ges. B. gleich nach Nr. 561 vorgeschrieben ist. Unter der Kommunion wird ein

Abend-

Abendmahlslied geſungen, und dann der Gottesdienſt mit
der nach Nr. 563 befindlichen Kollekte und dem Segen beſchloſſen. (Zuweilen wird vor der Predigt eine Kir-
chenmuſik aufgeführt.) — — Nachmittags wird
von 1 bis halb 2 Uhr geläutet, und hierauf der Gottesdienſt angefangen, 1) mit Pſ. 111, Ich danke dem
Herrn, Nr. 1322. 2) Jeſ. 12, Ich danke dir
Herr, No. 1323. 3) wird das Hauptlied vorgeſpielt
und mit der Orgel geſungen. Hierauf wieder präludirt
und 4) der Lobgeſang: Meine Seele erhebet Nr. 8.
geſungen, unter welchem 5) der Diakonus auf die Kanzel geht. 6) Nach der Predigt wird ein kurzes Lied geſungen, und 7) die Veſper mit der Sonntagskollekte
und dem Segen beſchloſſen.

Auf dem Lande bey den Undeutſchen, wird, kleine
Abweichungen ungerechnet, gemeiniglich folgende Liturgie beobachtet. 1) Den Anfang macht ein Morgenlied,
worauf 2) der Küſter oder der Schulmeiſter mit der nie-
derknienden Gemeine das Morgengebet verrichtet; dann
ein Hauptſtück aus dem Katechiſmus nebſt den Erklä-
rungsfragen vorlieſt, welches die meiſten laut nachſpre-
chen. An hohen Feſten und bey zahlreichen Kommu-
nionen wird das Leſen abgekürzet. Wenn Kommunikanten ſind, wird nun 3) ein kurzes Bußlied geſungen,
während welchem die Kommunikanten vor den Altar zur
Beichte kommen. 4) Der Prediger hält an alle zugleich
die Beichtrede, lieſt ihnen eine Beichte vor; während
der Abſolution laſſen einige Prediger ein Lied ſingen, damit die Gemeine nicht müſſig ſtehe. 5) Dann (oder
wenn keine Kommunion iſt, gleich nach dem Katechiſ-
musleſen,) wird Herr Gott dich loben wir, geſungen; welches an angeordneten Dankfeſten erſt nach der
Predigt geſchiehet. 6) Der Prediger ſingt vor dem Altar: Ehre ſey Gott in der Höhe! 7) Die Gemeine
ſingt: Allein Gott in der Höh ꝛc. 8) Jener lieſt
vor

vor dem Altar die allgemeine Beichte, wobey jeder=
mann niederkniet. 9 Gesungen: Kyrie Gott Va=
ter. 10 Der Prediger singt vor dem Altar: Der Herr
sey mit euch! worauf der Küster singend antwortet:
und mit deinem Geist! jener singt die Kollekte,
welche dieser mit Amen beschließt. 11) Nun liest der
Prediger die Epistel vor dem Altar, und 12) nach dem
Hauptlied 13) das Evangelium. 14) Gesungen der
Glaube, oder ein ander kurzes Lied, unter welchem der
Prediger 15) die Kanzel betritt. Nach geendigter Pre=
digt kniet die Gemeine bey der Vorlesung des Kirchenge=
bets nieder, welches auch allezeit bey dem Vater Un=
ser geschiehet. Zulezt werden von der Kanzel die Pa=
tente, Verordnungen, Bekanntmachungen vorgelesen,
verlohrne und gefundene Sachen, verlaufene Pferde u.
dergl. bekannt gemacht. 16) Ein Lied. 17) Die Ka=
techisation; viele Prediger katechisiren vor der Predigt,
welches wegen der dann noch nicht ermüdeten Aufmerk=
samkeit Beyfall verdient. 18) Die Kommunion. 19) Die
Kollekte nebst dem Segen, den die Gemeine mit=
singet; viele Bauern pflegen sich darbey zu kreuzigen.
20) Das Schlußlied. 21) Der Küster betet das Va=
ter Unser laut. — An hohen Festen wird, wenn der
Prediger nicht mit Fleiß den Gottesdienst abkürzen will,
die ganze Liturgie beobachtet, nur fällt alsdann Beichte
und Kommunion weg: an Sonntagen wird zuweilen
was Nr. 5 bis 9 angezeigt ist, ganz oder zum Theil,
auch wohl das Evangelium, als welches auf der Kan=
zel gelesen wird, ausgelaßen. Die Predigt halten Ei=
nige jährlich über die Evangelien, Andre wechseln ab, und
predigen zuweilen über die Episteln oder über andre er=
bauliche Texte. — — Einige Prediger taufen und ko=
puliren, ehe sie den Segen sprechen; andre thun es nach
völlig geendigten Gottesdienst, zu Hause, sonderlich des
Winters, da die Leute, welche in der strengen Kälte
kamen

kamen und genug in der Kirche gefroren haben, ſich
nach Wärme ſehnen, wohl auch vor- unter- und nach
dem Gottesdienſt im nahen Kruge ſie ſuchen, wobey es
nicht allezeit ganz trocken abgehet. — — Bey der
Beichte, welche in Städten des Sonnabends, aber
auf eben die Art wie in Landkirchen, gehalten wird, treten alle Kommunikanten zugleich an das Geländer des
Altars; der Prediger hält eine Beichtrede, ſagt ihnen
die Beichte nach einem gedruckten Formular vor, und ertheilt ihnen die ſogenannte Abſolution, indem er je zween
zugleich die Hände auflegt, und durch ſelbſtbeliebige
Worte, ihnen die Gnade Gottes ankündiget, (mancher
bildet ſich auch in Liefland ein, er könne den Himmel
nach Gefallen öfnen oder verſchließen;) wenn die Reihe
herum iſt, ſo entläßt er ſie durch die Worte: der Frie-
de Gottes ſey mit euch! wobey gemeiniglich ein
Kreuz gemacht wird: darauf treten andre an das Geländer, bis alle Beichtende auf ſolche Weiſe abſolvirt
ſind. Bey dieſer Art zu beichten, findet der Prediger
keine andere Gelegenheit zu beſondern Ermahnungen
und Unterricht; aber es ſteht ihm frey, nach Befinden,
im Hauſe oder in der Sacriſtey dergleichen unter vier
Augen zu geben. Die Menge, ſonderlich um Johannis und
Weynachten, da zuweilen 3 bis 500 zugleich kommuniciren, machet eine Abkürzung nothwendig: doch iſt nicht
zu läugnen, daß mancher die Beichtrede als ein leeres
Geſchwätz anſieht, dabey ſchlummert, gähnt oder plau-
dert. Etliche Prediger legen nicht jedem die Hand auf,
ſondern abſolviren alle mit einmal, wobey ſie, ich weis
nicht warum, beyde Hände in die Höhe heben. Gegen die Kommunion bezeigt der Bauer viel Hochachtung,
und verſäumet ſie nicht gern, doch iſt ſie ihm blos ein
opus operatum. An dem Tage da er kommunicirt,
macht ſich mancher kein Bedenken zu betriegen, Aus-
ſchweifungen zu begehen, und die meiſten bringen den

Nach-

Nachmittag mit Gesöf im Kruge zu. Bey der Aus-
theilung des Abendmahls treten abermals so viele als
Raum haben, an das Altargeländer, der Prediger gehet von einem zum andern nur dem Brod, und dann
mit dem Wein, und entläßt diese, wie bey der Beichte.
Unzüchtige Weibspersonen gehen gern vorher zum Abendmahl, ehe sie ihre Schwangerschaft bekennen. — Von
der Kraft der öffentlichen Jürbitten für Kranke, hat der
Bauer einen sonderbaren abergläubischen Begrif: er
glaubt es müsse nun bald Gesundheit oder Tod folgen,
und hierin wird er leicht bestärkt, weil er nur für schwer
Kranke bitten läßt. Aendert sich die Krankheit nicht
bald, oder nimmt sie zu, so bittet er den Prediger wohl
gar, die Fürbitte einzustellen, weil sie dem Kranken nicht
bekomme, oder wie sich der Ehste ausdrückt, weil der
Kranke sie nicht vertrage. — Der deutsche Gottesdienst,
wo solcher auf dem Lande gehalten wird, fängt gleich
nach dem undeutschen an, er ist weit kürzer und besteht
nur aus 2 oder 3 Liedern, der Vorlesung der allgemeinen Beichte oder der Epistel; der Predigt, bey deren
Endigung wie im undeutschen, anstatt des Kirchenge-
betes zuweilen die Litaney gelesen wird; hierauf treten
die Kommunikanten, wenn dergleichen sind, zum Altar,
beichten auf eben die Art wie die Undeutschen, und empfangen die Kommunion, bey welcher der Prediger die
Einsetzungsworte entweder wie in Sachsen singt, oder
blos hersagt; den Beschluß macht Kollekte nebst Segen. Viele Prediger halten des Winters den Gottesdienst mit ihrer kleinen deutschen Gemeine, wegen der
Kälte, in den Stuben.

Auch die undeutschen Taufen und Kopulationen
geschehen an Sonntagen und in der Woche meistentheils
im Pastorate, wobey nicht jeder Prediger eben seinen
ganzen Ornat anlegt. Vor mehr als 12 Jahren haben
einige dergleichen Handlungen in ihrem täglichen grauen

Rocke, wohl gar in einer Art von Schlafrock verrichtet;
eben ſo giengen ſie zur Beerdigung, ſonderlich des Win=
ters wo die große Wildſchur alles bedecket. Vermuth=
lich geſchiehet jezt dergleichen nicht, da ſich die Sitten
immer mehr verfeinern. Der Bauer findet darbey kei=
nen Anſtoß, wenn auch der Prediger einem Kranken
die Kommunion nur in gewöhnlicher ſchwarzen Kleidung
ohne Mantel reicht. In abgelegenen Dörfern werden
bey böſem Wege viele Taufen durch Bauern verrichtet
und hernach dem Prediger gemeldet, der ſie nach der
Kirchenordnung durch vorgeſchriebene Gebete abermals
bey der Kirche einſegnen ſoll, welches vielleicht nicht
aller Orten beobachtet wird. — Der arme Bauer
welcher keine Leichenbegleiter traktiren kann, macht den
Sarg und das Grab für ſein Kind ſelbſt, bringt es auf
ſeines Pferdes Rücken oder auf einem Wagen nach dem
Kirchhof, iſt der einzige Begleiter und ſcharret es ſelbſt
zu. Der Prediger wirft bey jeder deutſchen und un=
deutſchen Beerdigung mit einer Schaufel dreymal Erde
in das Grab auf den Sarg mit den Worten: du biſt von
der Erde, zu Erde ſollſt du werden, aus der Erde wird
dich Chriſtus wieder auferwecken! Hierauf lieſt er ein
Gebet und ſpricht den Segen; vor= und nachher wird
ein Lied geſungen. Wohlhabende Bauern bringen ein
größeres Gefolge mit, ſtreichen auch wohl den Sarg
ſchwarz an. Daß man bey einigen Kirchen jeden, auch
den ärmſten Bauer zwingt, für ſeine Leiche die Glocke
zu läuten, auch wohl für die Decke und Bahre zu be=
zahlen, ob er gleich beyde nicht braucht, iſt wahre Härte:
die Kirche braucht nicht durch Bedrückungen ein Kapi=
tal zu ſammeln, da ſie aus dem Kirchſpiel muß unter=
halten werden.

In einigen Kirchſpielen werden die Bauern Dorf=
weis zur Kommunion gerufen: der vorige Generalſu=
perintendent Zimmermann verlangte es ſo gar von den

Predi=

Predigern, deren Aufschreibegeld hierbey beträchtlicher
werden konnte. Viele haben sich dieser Verordnung,
die bald den Schein eines Zwanges annehmen möchte,
nicht gefugt. Viele Bauern, sonderlich junge Leute,
kommuni.iren ohnehin jährlich drey=, andre nur einmal.
Deutsche auf dem Lande thun es selten mehr als ein=
mal jährlich.

Gemeiniglich heyrathet der Bauer im Herbst, wenn
er schon ausgedroschen und die Gerste zu Bier ein=
geärndtet hat; daher werden zuweilen in volkreichen
Kirchspielen an einem Sonntage dreyßig auch wohl
mehr als funfzig Paare zugleich kopulirt. Die Kopu=
lationsformel wird allen zugleich vorgelesen, nur geht
der Prediger von einem zum andern um eines jeden öf=
fentliches Jawort zu fodern, die Ringe zu wechseln, und
jedes Paar mit Handauflegen besonders einzusegnen.
Einige sollen auch hier Abkürzungen anbringen, das
Ringwechseln den Ehepaaren selbst überlassen, und das
Jawort von allen zugleich empfangen. Vor dem öffent=
lichen Aufgebot, welches nur in der Kirche geschiehet
wohin die Braut gehört, bey solchen aber die sich bereits
fleischlich vermischet haben ganz wegfällt, muß sich das
Brautpaar bey dem Prediger zur Lehre melden, welches
man Beten nennt. Er prüfet ob sie einander heyrathen
dürfen, ob sie das Erlernte behalten und sich im Lesen
geübt haben, katechisirt und ermahnt sie zur treuen
Beobachtung der Ehepflichten. Nachlässige die das Le=
sen und den Katechismus wieder vergessen haben, zwingt
er zum Lernen und setzet sie wohl gar in die Schule;
einige dehnen diesen Eifer auch auf alte Personen und
Wittwer mit langen Bärten aus. Nach einer Abma=
chung und Verordnung im Herzogthum Liefland muß
der Bräutigam einen Kopulationsschein, sonderlich vom
Erbherrn seiner Braut, vorzeigen, ohne welchen kein
Prediger kopuliren soll; in Ehstland weis man nichts

von

von ſolchen Scheinen: ſie geben den Amtleuten oder habſüchtigen Poſſeſſoren ein Mittel an die Hand vieles vom Bauer zu erpreſſen; durch Misbrauch können ſie leicht ein Hinderniß der Ehe werden; ſie ſind auch unnüß, weil nach unſern Geſeßen kein Erbherr ſeine Magd dem Bauer aus einem andern Gebiet verweigern ſoll, als in welchem Fall der Prediger die Weigerung gehörigen Orts angeben, oder ohne Bedenken kopuliren würtde. Niemand würde ihn deswegen belangen. Es ſoll ein Paar Erbherren gegeben haben, die jede Weibsperſon, die ſich in ein fremdes Gebiet verheyrathen wollte, andern zum Exempel haben ſtrafen laſſen. Wie ſehr müßte hierdurch der Bauer in ſeiner Verbitterung beſtärkt werden! Dergleichen Verweigerungen und Strenge kann ein aufmerkſamer Prediger, der in ſolchen Fällen immer des Bauern erſte Zuflucht iſt, leicht zuvorkommen, oder abhelfen. Etliche Prediger halten das Brautpaar wohl drey Wochen bey ſich zur Katechiſation, andre kaum eine Stunde: nach dieſer Brautlehre ſieht man ſie als öffentlich Verlobte an, oder auch ſchon alsdann, wenn die Braut zum zweyten Mal Brantewein getrunken und Geſchenke von ihrem Bräutigam erhalten hat, wovon im Folgenden. Uebrigens ſteht es blos bey dem Prediger, ob er ſie an einem oder an drey Sonntagen proklamiren will; wie denn auch viele den Wittwern und Wittwen etwas an der in unſern Geſeßen beſtimmten Trauerzeit nachlaſſen, ohne erſt deswegen Zeit und Geld erfodernde Befragungen an das Konſiſtorium gelangen zu laſſen.

Eine der beſchwerlichſten Arbeiten iſt die Lehre oder der Unterricht derer die zum erſten Mal zum Abendmahl gehen. Mit den Deutſchen auf dem Lande, die gemeiniglich des Sommers zur Lehre kommen, iſt die Mühe leichter, obgleich mancher Prediger jährlich zweymal dieſe Arbeit vornehmen muß, nemlich mit adlichen Kindern

dern die schon mehrere Erkenntniß haben; und dann
mit gemeiner Leute Kindern die zuweilen kaum lesen kön=
nen. Im Winter kommen die Undeutschen zur Lehre,
weil sie alsdann mehrere Zeit zum Lernen finden; auch
wird nur des Winters in den Dörfern und bey der Kir=
che, Schule gehalten. Aus einem volkreichen Kirchspiel
finden sich in einem Winter mehr als 160 Lehrkinder
ein, die gemeiniglich schon ein Alter von 16 bis 22 Jah=
ren erreicht haben; manche Weibsperson bringt zugleich
ihr bereits erzeugtes Kind mit. Das für Lehrkinder in
vielen Kirchspielen bey dem Pastorat erbaute Haus,
faßt einen solchen Haufen nicht, aus dessen Vermischung
manche üble Folge entstehen würde; man hält daher
zweymal Lehre, und zwar mit den Jungen und mit den
Mädgen besonders: wo beyde Geschlechte zugleich in
der Schule und Lehre sich befinden, sind aller Aufsicht
des Küsters und Schulmeisters ungeachtet, allerley Aus=
schweifungen zu befürchten, weil viele schon, ehe sie zur
Lehre kommen, wollüstige Erfahrungen haben, und bey
der Ruhe von schwerer körperlichen Arbeit, deren Reitze
viel stärker empfinden. Jede Lehre dauert nach Befin=
den und Bequemlichkeit des Predigers zwey bis sechs
Wochen: fleißige Katechisationen in der Kirche und in
Dörfern, geben einen großen Zeitgewinn. Sorgsame
Prediger halten wohl gar noch eine dritte Lehre mit den
übriggebliebenen und einfältigen. Welche unerträgliche
Ausdünstungen giebt ein Haufen von 80 bis 100 trägen
unreinlichen Bauerjungen! ein öfteres Oefnen der Thü=
ren und stetes Räuchern schützet kaum gegen den ekelhaf=
ten Geruch. Im Durchschnitt genommen begreifen
Dirnen mehr als die Jungen, sie sind weniger träg und
haben mehrere Zeit sich in der Kirche, bey den Katechi=
sationen, und in der Schule einzufinden, sie bringen
schon einige Erkenntniß mit. Vor mehrern Jahren mel=
deten sich die meisten Lehrkinder wenn sie schon heyrathen

woll=

wollten: Leute von 30 bis 40 Jahren mit großen Bärten bey dem erſten Unterricht, waren keine ganz ſeltene
Erſcheinung. Einem ſolchen alten Kinde gab man wohl
gar das A B C Buch in die Hand. Hin und wieder
mögen ſich wohl noch dergleichen, ſonderlich Läuflinge,
finden: obrigkeitliche Verordnungen, und die im Herzogthum Liefland ſcharf anbefohlnen Gebiets- und Dorf-
ſchulen, haben dem Unweſen Einhalt gethan. Eltern,
denen es beſchwerlich fällt ihr Kind nach einem entfernten
Dorf oder Hof zur Schule zu ſenden, (denn in manchem großen Gebiet von mehrern Meilen iſt nur eine
Schule,) unterrichten daſſelbe zeitig, oder geben es in
ein nahes Geſinde, ſo daß die meiſten von 8 bis 10 Jahren ſchon leſen und den Katechismus herſagen. Bald
lernt unſer Bauer das Leſen: unwiſſende, die gern heyrathen wollten, haben mit dem Abc angefangen, und
nach etlichen Wochen ziemlich fertig zuſammengeleſen;
in einigen Gegenden weiß man gar nichts vom quälen-
den Buchſtabiren, und gleichwohl erlangen die Leute
durch Uebung eine große Fertigkeit. Das Fehlende
lernen die Lehrkinder ehe ſie der Paſtor vornimmt, in
der Kirchſpielsſchule: vor mehrern Jahren mußten ſie
darbey für den Prediger allerley Arbeiten verrichten,
Holz hauen, Riegen dreſchen, Spinnen u. d. gl. welches im Herzogthum Liefland ſcharf unterſagt iſt: ob es
nicht noch hin und wieder, etwa in Ehſtland, geſchiehet,
und die Lehr- und Schulzeit dadurch ausgedehnt werde,
kann ich nicht entſcheiden. — Manche Liefländer, ſelbſt
Leute von Stande, haben von der Lehre wunderliche
Begriffe; ſie denken, der Prediger laſſe blos den Katechismus lernen und herſagen: vielleicht iſt dies von einigen geſchehen. Andre ſtehen in den Gedanken, als ſey
es der Prediger Schuld, daß Laſter, ſonderlich Kinder-
mord und Sodomiterey, in Lief- und Ehſtland im
Schwange gehen, weil viele erſt im 20ſten Jahre zum

Abend-

Abendmahl kommen. Die Delinquenten werden auch
nicht gefragt, ob sie einen Unterricht erhalten; sondern
ob sie kommunicirt haben: als wenn Leute die wohl unterrichtet sind und schon längst kommunicirt haben, nicht
auch große Laster begehen könnten! In Rußland giebt
man Kindern das Abendmahl, und gleichwohl findet
man dort, wie in andern Ländern, Verbrecher. Fleiß-
sige Prediger suchen jungen und alten die nöthige Erkenntniß beyzubringen: wenn nur die Leute nicht durch
schwere Arbeit gehindert werden die Unterweisung zu
nußen.

Ausser den angezeigten und mancherley andern täglichen Arbeiten und Geschäften, bey denen öftere Hindernisse vorfallen, bleibt dem fleißigen Landprediger wenig
Zeit zu seiner Gemüthsergößung und gelehrten Uebungen
übrig: bald muß er etliche Meilen fahren um ein deutsches Kind zu taufen, oder das Abendmahl auf einem
Hofe auszutheilen; bald die Kirchenrechnung, das Kirchengericht, die anbefohlne Einsamlung der Kollekten u.
d. g. besorgen, Klagen schlichten, Zeugnisse ausstellen.
Sonderlich kosten folgende Ausfahrten rc. viele Zeit und
Mühe; 1) der Krankenbesuch: in der Nacht, bey bösen Wetter und Wege, kommt der Prediger in das weit
entlegene Gesinde blos das Abendmahl auszutheilen; um
Ermahnung, Zuspruch und Trost ist dem Kranken wenig zu thun, er will die Weise begehen, nicht als ein
Heide sterben, etwa vom Prediger erfahren ob sich der
Tod vor dem sich kein Bauer aus Gründen fürchtet,
bald einfinden werde. Selten hört er des Predigers Ermahnungen aufmerksam an, gemeiniglich ist er zu
schwach, oder furchtsam der Prediger werde ihn katechisiren und wegen befundener Unwissenheit schelten: die
meisten versichern, sie hätten bey ihrer Arbeit und Sorge
das Erlernete vergessen. Ein Seufzer, die Versicherung daß er nichts Böses gethan (d. i. nicht gestohlen und

G 4 keinen

keinen Mord begangen habe, ist gemeiniglich alles was der Prediger von dem Kranken erhält; öfters dankt dieser jenem während des Zuspruchs für die übernommene Mühe, und wünscht daß Gott die Pferde erhalten wolle, welche den ublen weiten Weg haben gehen müssen. Was kan man von sinnlichen unwissenden Menschen anders erwarten? Ueberhaupt läßt sich vieles für und wider den Krankenbesuch in unsern Lande, wo er blos wegen der Kommunion geschiehet, sagen. Nach den Verordnungen im Herzogthum Liefland (von denen man in Ehstland nichts weis,) sollen die Bauervormünder dem Prediger alle Kranke anzeigen, damit er sie ungerufen besuchen könne: wenn würde er fertig werden? Nur weit abgelegene sollen Pferde schicken, wenn sie ihn zu sich verlangen; und mancher hat nur ein elendes abgetriebenes Pferd. 2) Das öftere Besuchen der Schulen, davon man in Ehstland auch nichs weis. Nach der ersten Verordnung solte jede alle Monat einmal besucht werden: dieß war in großen Kirchspielen, wo ausser der allgemeinen, 10 bis 15 weit entlegene Gebietsschulen sind, neben den andern Geschäften fast nicht möglich; daher hat das rigische Generalgouvernement neuerlich verordnet, daß die Besuchung alle Winter wenigstens dreymal soll vorgenommen werden. 3) Die Dorfkatechisation, da die Leute in ein Haus zusammen kommen, katechisirt werden, auch schwächliche kommuniciren. Der Prediger nennt, um Leute anzutreffen, des Sonntags vorher das Dorf und Gesinde: nun muß er schon fahren wenn auch des Nachts vorher ein Schnee gefallen ist, daß man nur mit Gefahr und äusserster Mühe durchkömmt: und dann findet er vielleicht nur etliche alte Weiber und ganz kleine Kinder, die übrigen sind bey Hofs- und eignen Geschäften. Am wenigsten findet er sie des Sommers in der Heu- und Kornärndte; die nützliche Katechisation wird dann für den armen Bauer zum wahren

ren Verlust. In Lettland nennt man dieß Betfahren,
dort mag noch mancher wohlhabende Bauer dem Prediger ein kleines Geschenk an Flachs u. d. g. machen: in
andern Gegenden hat die überhandnehmende Armuth
diese alte Sitte und Bauerhöflichkeit schon längst ausser
Gebrauch gesetzet. In einem Kirchspiel von 40 oder
mehrern Dörfern dauert es lange, bis die Reihe herum-
kommt. Wo die Leute dorfweise zum Abendmahl gerufen werden, sollte nach des vorigen Generalsuperinten-
dentens Verlangen der Prediger zu einer Vorbereitung
in den gerufenen Dörfern katechisiren; also jährlich dreymal in jedes Dorf kommen, und daher wenigstens wöchentlich drey Tage dieser Katechisation widmen. In
Ehstland fragt man nicht, ob der Prediger fleißig in die
Kirche fährt. 4) Die höchstbeschwerliche und der Gesundheit nachtheilige Hausbesuchung, deren schon im ersten Abschnitt gedacht wurde, und die in Ehstland ganz
unbekannt ist. In Liefland soll der Prediger eines großen Kirchspiels wenigstens alle 3 Jahr herumkommen:
und ein solches besteht zuweilen aus 5 bis 600 Gesindern
und 300 Lostreibern; folglich muß er alle Jahr 300
Familien besuchen. Greise unter den Predigern müssen
eiserne Naturen gehabt, oder Mittel haben sich die Beschwerde zu erleichtern. 5) Die Anfertigung verschiedener Listen und Verzeichnisse, die man in Liefland, aber
nicht in Ehstland, fordert; dahin gehört a) das summarische Verzeichniß aller Einwohner, welches sie halbjährlich, und b) die Liste der Kopulirten, Getauften und
Gestorbenen, die sie jährlich ins Generalgouvernement
senden müssen; zu beyden erhalten sie von dorther gedruckte liniirte Bogen: die gehörige Genauigkeit fodert
viele Mühe. c) Der im ersten Abschnitt angezeigte summarische Bericht von der Erkenntniß der Bauergemeine,
den das Oberkonsistorium jährlich empfängt und das We-
sentliche daraus dem Reichs-Justizkollegium unterlegt.

G 5      d) Der

d) Der jährliche Bericht an den Oberkirchenvorſteher von der Beſchaffenheit der Dorfs= und Gebietsſchulen, der Anzahl der darin geweſenen und daraus erlaſſenen Kin= der u. t. g. e) Die Schulverzeichniſſe welche der Pre= diger im Herbſt jedem Hof zuſenden, und darin die Kin= der namentlich anzeigen muß die er in die Schulen ver= langt; oft muß er auch vom Hof fodern die erwachſenen zur Lehre zu ſtellen, welche aus eignen Trieb zu kommen verſäumen. f) So wie andre Poſſeſſoren muß der Pre= diger jährlich das Verzeichniß von Ausſaat und Aernbte von ſeinem und ſeiner Bauern Felde, ins Generalgou= vernement ſenden. Eben dahin werden g)=zuweilen noch andre Berichte von ihm gefordert, z. B. wegen Viehſeuchen u. d. g. So wurde bey einer im Jahr 1774 ſich äuſſernden Pferde= und Viehſeuche, durch einen Befehl vom 3 Jul. feſtgeſetzet, daß, wer Vieh zu Markt brächte, von ſeinem Hofe oder dem Paſtor einen Schein haben müſſe, daß das Vieh aus einem geſunden Ort komme; dabey hieß es: „allen Höfen, wo ſich eine Pferde= oder Viehſeuche „äuſſert, wird zugleich hiedurch injungiret, wöchentlich „bey dem Paſtore loci poſitive anzuzeigen: wie viel Pfer= „de, wie viel Vieh, von was für Sorte, und von wel= „chen Gütern, auf dem Hofe und bey den Bauern, um= „gefallen. Welche Anzeige der Paſtor loci, alle 3 Wo= „chen an das Kayſerl. Generalgouvernement einzuſenden „hat.“ h) Zuweilen fodert das Oberkonſiſtorium, das Land= oder Ordnungsgericht Anzeigen, Nachrichten und Berichte. i) Die Verbrecher müſſen gemeiniglich durch die Prediger dem Gericht angezeigt werden. k) Dem Landwaiſengericht ſollen ſie auch anzeigen, wo etwa Vor= münder zu beſtellen nöthig ſind.— Und dann iſt der Prediger zuweilen gedrungen, einen halben Advocaten und Arzt in ſeinem Kirchſpiel vorzuſtellen — Man berech= ne alle dieſe Arbeiten, und vertheile ſie auf die Wochen im Jahr; man gebe dem Prediger auch wöchentlich einige
Tage

Tage zu vorfallenden Taufen, Kopulationen und Begräbnissen, zu Hausangelegenheiten, zur Vorbereitung
auf seine Vorträge (bey den meisten Kindtaufen und Hochzeiten in den Häusern angesehener Deutschen in Städten und auf dem Lande, werden Reden gehalten, doch
selten in Reval;) man gebe ihm auch Zeit freundschaftli-
liche Besuche abzustatten und anzunehmen, seine Kirchenbücher und Verzeichnisse in Ordnung zu halten, Interimsbedienung zu besorgen, sein Studieren fortzusetzen
x. x. und berechne wie weit die 6 Wochentage für eines
großen Kirchspiels Prediger im Herzogthum Liefland,
reichen. Auf kleinen Kirchspielen deren es viele giebt,
lassen sich alle angeführte Verordnungen und Foderungen
bequemer ausrichten: und mancher genießt vielleicht mehr
Ruhe als man vermuthen sollte.

In speciellen gemeiniglich sehr entbehrlichen, Kirchen-
nachrichten einer Stadt, wird zuweilen die Anzahl der
Kinder gemeldet, die ein Prediger in der Zeit seiner Amts-
führung getauft hat u s. w. Man könte wohl viele lief-
und ehstländische Prediger nennen, die lange Zeit im
Amte gestanden, aber schon in 20 Jahren 6000 Kinder getauft, beynahe eben so viele Leichen begraben, 2000
junge Ehepaare getrauet, und etwa 130,000 Kommunikanten gezählt haben.

## Der Prediger Besoldungen.

In den Städten sind sie meistentheils an sich von
geringen Belang; das beste müssen die Accidenzien thun,
die im ganzen Lande von den Deutschen etwas Ansehnliches betragen, da diesen keine Taxe vorgeschrieben ist,
und auch der geringste Deutsche sich vom Bauer unterscheiden will. Arme geben lieber gar nichts, als eine
Kleinigkeit; kein ordentlicher Handwerksmann wird für
eine Taufhandlung weniger als einen Rubel, wohl öfters
weit

weit mehr geben. Hieraus kan man den Schluß auf das Uebrige machen. — Die Befoldungen von Landgemeinen muß ich weitläuftiger anzeigen.

Geiftliche eroberten das Land und belehnten den Adel mit Gütern (Hrn. Bagge Samml. S. 156,) ihre eignen Vortheile werden fie nicht aus der Acht gelaffen haben. In der Zeitfolge erhielten fie den Zehenden, und wir finden noch (Arndt Chron. 2 Th. S. 119) ein im Jahr 1405 gemachtes Gefetz: „wer feinem Pfarrherrn „den Zehenden verfaget, wird für ehrlos gehalten und „in keinem Gerichte zu Rechte verftattet." Noch jetzt nennt der Ehfte feine Kornabgabe, fowohl die an den Hof als die an den Paftor, einen Zehenden, ob er gleich oft mehr als den vierten Theil feiner Aerndte an feinen Hof, dem Prediger aber ein fehr geringes abgiebt. Nach mancherley Veränderungen, ift durch obrigkeitliche Befehle und Befcheide, durch Vereinbarungen, Bewilligungen der Kirchfpiele und beftätigte Gewohnheiten, die Prediger-Befoldung beftimmt worden. Jetzt befteht fie aus Ländereyen, Korn von Höfen und Bauern, und aus Accidenzien. Jedes muß ich etwas näher zergliedern.

Jeder Landpaftor hat Paftoratsfelder; aber nicht jeder auch Paftoratsbauern. Im lezten Fall müffen die Kirchfpiels-Bauern nach der Reihe, oder nach feftgefezten Tagen, des Predigers Feld ohne irgend eine Vergütung bearbeiten, abärndten, das Korn ausdrefchen, Heu machen, Holz, ingleichen die benöthigten Knechte und Mägde zur Bedienung, liefern. Eben das gefchiehet bey vielen Kirchen, wo das Paftoratsgebiet fehr klein und zur Beftreitung des Feldbaues unzureichend ift: man findet Paftorate, die kaum ⅜ Haaken Bauern haben; und nur wenige haben eine folche beträchtliche Haakenzahl, als im erften Band etlicher erwähnt wurde. Im Paftoratsgebiete übt der Prediger alle Rechte, die einem

Poffef-

Poſſeſſor der den Nießbrauch eines Guts hat, zuſtehen:
er iſt Richter und Herr der darzu gehörenden Bauern,
ſetzet ſie nach Befinden ein und ab, nimmt ihre Kinder
zu ſeiner Bedienung; nutzet ihre Arbeit, ſeine Bruſt-
und Buſchländer, die Paſtorats-Appertinenzien, z. B.
Fiſcherey, Waldung, Mühle, Krug (doch findet man
nur wenige Paſtorats-Krüge.) Bey publiken Paſtoraten (d. i. wo das Generalgouvernement das Kirchen-
patronat ausübt und den Prediger beruft,) werden die
Bauern als Kronbauern behandelt; bey Privatpfarren
wie andre Erbbauern. In Ehſtland ſind die Paſtorats-
bauern von allen öffentlichen Abgaben ganz frey; in
Liefland müſſen ſie wie alle andre, Station, Poſtfou-
rage, Brückenbau u. d. gl. tragen: von dem Paſtorats-
feld ſelbſt, es mögen darzu Bauern gehören oder nicht,
wird, weil alle alte Höfe von Abgaben frey ſind, nichts
bezahlt. Daß alle liefländiſche Paſtorate durch das Prie-
ſterprivilegium auch von Roßdienſtgeld; ingleichen von
Bewilligungen an die Ritterſchaftkaſſe, frey ſind, wurde ſchon im erſten Bande angezeigt: Geld- und Korn-
bewilligungen an die Krone, müſſen ſie nach ihrer Haakengröße (d. i. nach dem Betrag ihrer Bauerländer)
bezahlen. Wo kein beſonderer Paſtoratswald iſt, kann
der Prediger ſein benöthigtes Holz ohne Bezahlung in
den Kirchſpielswäldern hauen laſſen, es ſey nun daß
dieß Onus auf einem beſtimmten Gute, oder auf allen
liegt. — Im Herzogthum Liefland iſt den Predigern
das Recht Brantewein zu brennen, angeſtritten worden,
auch deswegen ſchon im J. 1730, und neuerlich abermals, vermuthlich durch gewiſſe unangenehme Veran-
laſſungen, ein Verbot vom Generalgouvernement ergangen, nach welchem der Prediger eines Kirchſpiels
von mehr als 50 Haaken nicht über fünf, eines kleinern
hingegen nur drey Fäſſer jährlich brennen ſollte. Vielleicht hat einer und der andre die Sache zu weit getrieben,

ben, obgleich keiner als Paſtor, ſondern als Poſſeſſor, wie jeder Landedelmann Wirthſchaft und Feldbau treibt, Bier brauen läßt u. d. gl. Das Reichs-Juſtizkollegium ertheilte i. J. 1774 die Reſolution, daß die Prediger, da ſie ihre Revenüen zu Land und Waſſer veräuſſern können, ohne Kornhändler zu ſeyn, auch Brantewein brennen können, ohne Branteweinhändler zu ſeyn, nur müſſe ſolches von eignem, nicht von gekauften Korn, geſchehen. — Alle Höfe, ſogar neue Hoflagen die in jeder Lotte zwanzig rigiſche Löfe ausſäen, haben das Recht Schenkerey zu treiben: kein Paſtorat, wenn es gleich funfzig Löfe ausſäet, darf dieß thun, weil unſre Kirchenordnung den Predigern alle Höckereyen mit Bier, Brantewein und Toback, ausdrücklich unterſaget: nur ſind die wenigen Paſtorate ausgenommen, die einen privilegirten Krug haben. Bey dieſem an ſich guten Geſeß, ſollte nur bey jeder Kirche die Einrichtung getroffen werden, daß Leute die mehr als drey Meilen weit in der Kälte zur Kirche fahren, einen Ort auf der Nähe zum Erwärmen, und einige kleine Bedürfniſſe finden könnten. — Oft iſt der Brantewein im Verhältniß gegen das Korn, faßweiſe ſehr wohlfeil; wo keine Schenkerey iſt, brennt man dann mit Verluſt: vermuthlich brennen etliche Prediger blos um durch den Brack ihr Vieh leichter zu unterhalten, und ihre Revenüen bequemer zu verführen: der keine Bauern hat, iſt gezwungen ſein Korn wohlfeil an ſeine Nachbarn zu verkaufen, weil das Kirchſpiel keine Fuhren nach der entlegenen Stadt, darzu hergiebt. — Man hat gefragt: ob Prediger aus dem Paſtoratswald Holz verkaufen oder verſchenken dürfen? Freilich könnte hieraus bald ein Mißbrauch und unerſetzlicher Nachtheil für die Nachfolger und für das ganze Kirchſpiel erwachſen. Bey gehöriger Mäßigung und Fürſorge des Kirchenvorſtehers, möchte es zuweilen nicht ganz verwerflich, wohl gar nützlich ſeyn:

warum

warum soll das Lagerholz im Pastoratswalde ungenuzt
verfaulen, gar den jungen Nachwuchs hindern? und
wo der Prediger seinen überflüßigen Wald durch Hin-
wegräumen in Heuschläge und Felder umschaffet, könnte
das abgehauene Holz lieber Andern überlassen werden,
als daß es in aufgethürmten Haufen stehen bleibt, oder
angezündet wird — Auch hat man die Frage erhoben: ob der Prediger überflüssige Pastoratsleute, die er
gar nicht brauchen kann, aber öfters aus seiner Kleete
ernähren muß, verkaufen dürfe, damit das daraus ge-
löste Kapital ihm und seinen Nachfolgern nutzbar sey?
Ein solcher Verkauf ist wirklich in Ehstland bereits vorgefallen und bey entstandenen Mißhelligkeiten sowohl
vom Provincialkonsistorium als vom Oberappellationsgericht darüber, obgleich nicht ganz gleichlautend, erkannt,
inzwischen von beyden der Verkauf nicht aufgehoben
worden, weil man nur über die Anwendung des Kapitals Streit erhoben hatte. — Zur Vertheidigung der
Pastoratsländereyen sollen die Gerichtskosten nach dem
Priesterprivilegium (§. V.) nicht dem Pastor, sondern
der Kirche oder dem Kirchspiel, zur Last kommen, es
wäre denn daß er sich eigenmächtig in Zwist verwickelt
hätte. — ' Etlichemal hat man darüber gesprochen, ob
es nicht thunlich sey, daß alle Pastoratsländer eingezogen an arme Edelleute verarrendirt, und den Predigern reine Geldbesoldungen gegeben würden. Den
Grund zu diesem Vorschlag weis ich nicht: Wirthschaft
treiben hier Grafen, Freyherren und Edelleute von allerley erworbenen Range, nicht anders als die Prediger; es
kann nichts Nachtheiliges seyn: die meisten unter den
lezten finden des Sommers so viel Zeit, daß sie ihr Auge
auf den Feldbau richten können, oder sie halten Amtleute.
Durch die Entledigung von Wirthschaftsorgen würden etliche vielleicht fleißiger den Wissenschaften obliegen; andre desto fleißiger herumreisen; alle überhaupt geringere

Ein-

Einkünfte haben, und die auf kleinen Paſtoraten deſto
bitterern Mangel leiden. Nicht zu gedenken, daß die Paſtoratsländer den Schutz der Privilegien und Friedens-
ſchlüße für ſich haben, wären bey einer ſolchen Aenderung, wenn ſie nicht gewaltſam und ungerecht ſeyn ſollte,
nach den hieſigen Einrichtungen, tauſend Schwierigkeiten unvermeidlich. Nur einiger zu gedenken: wer würde den Predigern wegen der richtigen Zahlung ihrer Geld-
beſoldung ſtete Gewähr leiſten? Wo ſollten die Koſten
herkommen, die oft ſehr kleinen Paſtoratsländer durch
Erbauung der nöthigen Häuſer zu beſondern Höfen ein-
zurichten? Wie ſollte ein Arrendator, wo keine Paſto-
ratsbauern ſind, den Feldbau beſtreiten: Fremden wird
kein Kirchſpiel gern Arbeiter geben; am wenigſten wo
neuerlich zur Unterſtützung des Predigers und aus Liebe
zu ihm, anſehnliche Bewilligungen und Zulagen an Ar-
beitstagen, geſchehen ſind. Auf dem Lande muß Jedermann Vieh und Faſel, der Prediger beſonders zum Herumfahren mehrere Pferde, halten; wo ſollte er das nöthige Heu und Stroh, an welchem ohnehin oft ein allgemeiner Mangel iſt, hernehmen? Welcher Arrendator
könnte von einem kleinen Paſtoratsfelde leben und noch
Arrende zahlen, da der Prediger bey ſeiner übrigen Beſoldung kaum ſeinen nothdürftigen Unterhalt davon findet? Wo und wie ſollen beyde Holz, ein in Liefland
höchſt wichtiges Bedürfniß, bekommen? u. ſ. w.

Die Korneinnahme aus dem Kirchſpiel iſt nicht in
allen Gegenden gleich, auch überhaupt etlichemal geändert worden. Sie erſtreckt ſich nie auf Waitzen, wie in
Deutſchland: nur auf Roggen, Gerſte und Haber;
durch ein Küllmet jeglichen Korns, werden allezeit dieſe
drey Getraidearten verſtanden. Jeder Hof bezahlt nach
ſeiner Größe das im Wackenbuche beſtimmte, an den
Prediger, zu deſſen Kirche er gehört: Hoflagen bezahlen nach der Zahl der in die Hofsfelder gezogenen Bauerländer.

länder. Ein Hof von 20 Haaken giebt 4 bis 5 Loof
jeglichen Korns, zuweilen auch eine Geldabgabe; ein
andrer von 5 Haaken, bezahlt zuweilen eben so. viel.
Gleiche Verschiedenheit äussert sich bey den Kornabgaben der Bauern, welche in Ehstland ein jeder seinem
Prediger selbst abliefert; in Liefland hingegen muß sie
der Hof von den Bauern einsammeln und nebst der Hofs-
gerechtigkeit, (so nennen wir dergleichen Abgaben), im
Herbst mit einemmal zusenden. In Ehstland, wo an
einigen Orten mehr, an andern weniger von den Bauern
bezahlt wird, beträgt die Predigergerechtigkeit eines
Halbhäkers, ungefähr 2 revalsche Küllmet jeglichen Korns;
der Viertler bezahlt halb so viel. Auf Oesel wurde durch
die neue Revisionsmethode festgesezt, daß der Bauer
von einem Haaken 6 Küllmet, und zwar Roggen und
Gerste zur Hälfte, dem Pastor entrichten sollte. Im
Herzogthum Liefland hatten bald große Bauern so viel
als die kleinen, bald die Viertler mehr als die Achtler
bezahlt. Durch einen Vergleich wurde ausgemacht,
daß jeder Bauer, er sey Halbhäker oder Achtler u. s. w.
$\frac{1}{3}$ Loof jeglichen Korns jährlich bezahlen sollte. Durch
das Abtheilen der Bauern, da mehrere auf einem Lande
besondere Gesinde anlegen, sich abbauen und jeder in
seinem eignen Hause Wirthschaft treibt, entstanden bald
Fragen und Processe. Im Kronswackenbuche als der
Richtschnur, heißt es z. B.

„Auf *Wanna Hans* Land.
(d. i. im Jahr 1680 wohnte ein Bauer, Namens Wanna Hans auf diesem Land).
„$\frac{1}{8}$ Hanso Tönno.

„Auf *Kärdi Jaans* Land.
„$\frac{1}{4}$ $\begin{cases} \text{Kärdi Rein.} \\ \text{Kärdi Jürri.} \end{cases}$

„ Auf *Hinno Jaaks* Land.

„ $\frac{1}{16}$ Hinno Jago Pert.

„ Auf *Prikso Siims* Land.

„ $\frac{1}{4}$ Nemme Hin „ u. s. w.

Auf 4 Ländern wohnen jezt 5 Bauern, jeder in seinem besondern eignen Gesinde. Der Sechzehntheiler Pert hat viermal weniger Land als der Viertler Hin, bezahlt auch viermal weniger an seinen Hof; aber dem Prediger muß nach unsern Verordnungen einer so viel als der andre bezahlen. Hierüber war man richtig: nur fragte sich ob Rein und Jürri die auf einem Land wohnen und dasselbe unter sich getheilt haben, jeder oder beyde zusammen, $\frac{1}{2}$ Loof jeglichen Korns bezahlen solten; und ob man auf den 4 Ländern, 4 oder 5 Gesinder zählen müsse. Die Possessoren behaupteten, dergleichen abgetheilte Bauern wären nur als ein Gesinde anzusehen, und müßten beyde zusammen bezahlen, weil das Gut durch ihr Theilen weder an Land, noch an Haaken, noch an Einkünften wachse; weil abgetheilte die Hofsarbeit und Gerechtigkeit gemeinschaftlich tragen; weil die Krone durch das Abtheilen nicht mehr erhebe: Einige sezten hinzu, es wäre in schwedischer Regierungszeit bey einer allgemeinen Messung, jedem Bauerlande dem großen wie dem kleinen, etwas zur Entrichtung der Predigergerechtigkeit zugegeben worden, das reiche nicht hin, wenn bey dem überhandnehmenden Theilen der Prediger seine Foderungen bis ins Unendliche verdoppeln könnte, u. s. w. Die Prediger antworteten, daß ihr Amt nicht auf das Land, sondern auf die Menschen gehe, welche es bearbeiten; daß sie mit einem abgetheilten Achtler eben die Bemühung haben als mit einem unabgetheilten Sechzehntheiler; daß jeder abgetheilter ein wahrer Gesinde = Wirth sey, weil er sein eignes Haus und seine besondre Wirthschaft habe, daher er auch als Wirth im

Wacken-

Wackenbuche stehe; daß wenn man dieß läugne, auf
abgetheilten Ländern gar kein Wirth anzugeben sey; daß
abgetheilte unweigerlich die Gelda-cidenzien so gut als
andre bezahlen, daher es bey der Kornabgabe gleiche
Bewandniß haben müsse; daß nach den schwedischen für
gültig erkannten Verordnungen, jedes Hemat, welches
einen Gesindewirth bezeichnet der seinen eignen Rauch
aufgehen läßt, zu bezahlen verbunden sey; daß durch
das Abtheilen sich des Predigers Arbeit sonderlich bey
Hausbesuchungen vermehre; daß die vorgegebene Zulage
an Land unerweislich sey; daß wenn sie richtig wäre,
daraus nichts folge, indem viele Erbherrn die Arbeit ihrer Bauern ohne ihnen neue Länder anzuweisen, weil
über den schwedischen Anschlag erhöhet haben; daß des
Predigers Korngerechtigkeit keinem Bauer zur Beschwerde gereichen könne u. s. w. inzwischen sezten billig gesin-
nete hinzu, es wäre zu wünschen, daß allen Irrungen
auszuweichen, die vormalige liefländische und noch in
Ehstland vorhandene, Norm wieder angenommen und
jedem Bauerland eine seiner Größe angemessene Bezahlung auferlegt; oder wenigstens ein gewisses Ziel be-
stimmt würde, damit nicht- endlich $\frac{1}{84}$ so viel als $\frac{1}{4}$ zahlen müsse *). Sie meinten übrigens, über abgetheilte
würde nie Frage entstanden seyn, wenn bey der Revi-
sion vor jeden $\frac{1}{8}$, aber nicht wie jezt vor beyde vielleicht
blos zur Bequemlichkeit des Schreibers, $\frac{1}{4}$ geschrieben
wäre. Ihre Foderungen stützeten sie auf alte Nachrichten und obrigkeitliche Urtheile. — In vielen Gegenden wurde von jedem abgetheilten bezahlt; in andern
nicht. Mancher Possessor ließ gar 2 bis 3 Achtler aus
ganz verschiedenen Dörfern nach eignen Gefallen zusammen bezahlen, sonderlich wenn sie auf Vierteln wohnten
davon die eine Hälfte unbesezt und wüst war. Bey ei-

nem

*) Die Nachtheile einer solchen Theilung gehören in das fol-
gende Kapitel.

nem entstandenen Proceß entschied das Generalgouvernement i. J. 1757, und das Reichs-Justizkollegium bestätigte es im J. 1759, daß „jeder Wirth der sich apart „abbauet, auch die Kulmeten besonders bezahlen solle;„ welches auch vermöge dieser Resolutionen die Kirchenvisitations-Kommission i. J. 1765 im dorptschen Kreis verordnete. Bald darauf kam es zwischen einem Prediger und seinem Eingepfarrten abermals zum Proceß, den jener i. J. 1768 bey dem Generalgouvernement verlohr, als welches unter andern erklärte: „die Priester-Kulmette sind „ein dem fundo inhærirendes Onus reale, dessen Maaß-„stab nur die Größe und Importance des Grundstückes *) „und nicht die Zahl der Menschen die es usufruiren, seyn kann. **) Auf die Querel des Predigers bestätigte das Reichs-Justizkollegium i. J. 1769 des Generalgouvernements Ausspruch, und erklärte in seiner Resolution: „daß diejenigen Bauergesinder oder Heimaten, welche in „unzertrennten Stand und Haakenzahl, nach Inhalt „des Wackenbuches bestehen, ein Priester-Kulmet jeg-„lichen Korns zu geben verbunden sind, obgleich ein „oder mehrere Wirthe darauf gelebt haben:***) dagegen „von

---

*) Gewiß hätte längst Streit und Zweifel aufgehört, wenn nach diesem Spruch die Größe des Landes, wie in Ehstland, der Maaßstab zur Bezahlung gewesen wäre, und wenn der Viertler doppelt so viel als der Achtler bezahlen müßte. Einige Prediger würden dabey gewinnen, das Abtheilen keine Schwierigkeit machen, auch die Bezahlung selbst der Billigkeit angemessener seyn. Einige meinten, weil der unabgetheilte Sechzehntheiler $\frac{1}{5}$ Loof jeglichen Korns zahlen muß, so würden sie von einem Viertler viermal so viel erhalten.

**) Es giebt Achtler, die 2 ganz verschiedene Länder, jedes von $\frac{1}{16}$ bearbeiten; es würde sich fragen ob ein solcher für ein Gesinde einfach, oder für seine 2 Länder doppelt, bezahlen müsse.

***) Zuweilen theilen sich Brüder in ihres Vaters Land, oder der Vater giebt jedem ein eignes Stück zu benutzen: alle blei-

„von denen, da die Wirthe sich besonders abgebauet und
„ein entlegenes oder eigenes besonderes Gesinde angelegt,
„auch dergestalt im Wackenbuche notirt stehen, jeder
„Wirth die Kulmette a parte zu bezahlen gehalten ist. \*).„
Der Prediger wandte sich mit seinem Gesuch an den di=
rigirenden Senat, wo, da sich beyde streitende Theile
verglichen, der Proceß delirt wurde.    Das General=
Gouvernement machte im J. 1773 seine und des Reichs=
Justizcollegiums Resolution zur Vorschrift für das ganze
Herzogthum, durch den Druck bekannt.\*\*) — Doch
ich breche ab: auswärtigen Lesern ist die Sache höchst
gleichgültig und unbedeutend: ich müßte mich etwas weit=
läuftiger darüber verbreiten, weil sie oft der Gegenstand
gesellschaftlicher Gespräche, Edelleuten und Pastoren ob
H 3

gleich

bleiben aber in einem Hause und lassen nur einen Rauch
aufgehen; nur einer unter ihnen wird am Hofe als Wirth
angesehen.    Im Wendenschen wohnen zuweilen 4 solche
Wirthe in einem Hause.  Ein paar Prediger werden be=
schuldigt, als hätten sie von jedem derselben besondre Bezah=
lung verlangt: doch das ist höchst unwahrscheinlich.

\*) Einige glauben, durch diese Erklärung habe der querulanti=
sche Prediger das erhalten, was er suchte, nemlich die Be=
zahlung von jedem abgetheilten. Ueberhaupt meinten sie,
er hätte sich in seiner Vertheidigung auf des Generalgou=
vernements= und Reichs=Justizkollegiums Resolution von
1757 und 1759, aber nicht auf das Kirchenprotokoll von
1765, gründen sollen.

\*\*) Bey der im J. 1775 angefangenen Kirchenvisitation wur=
de der versammelten Gemeine durch die Oberkirchenvorste=
her angesagt, daß hinführo abgetheilte Bauern, zusammen
nur eine Gerechtigkeit bezahlen sollen: der Größe des Lan=
des als eines Maaßstabes, oder der besonders abgebaueten
Gesinder, nach den vorher angeführten Resolutionen wur=
de dabey nicht gedacht. — In den meisten Kirchspielen
bezahlt jeder Bauer dem Prediger, nach alter Gewohnheit
oder Verabredung, jährlich ein Huhn, etwas Flachs, auch
wohl Holz oder Heu: bey der genannten Kirchenvisitation
ließ das Generalgouvernement bekannt machen, daß Kron=
bauern nicht sollen ferner gehalten seyn Huhn und Flachs
zu bezahlen.

gleich aus ganz verſchiedenen Gründen, viel daran gelegen, und manchem der Zuſammenhang oder die Beſchaffenheit der Streitfrage völlig unbekannt iſt.

Noch ungleicher ſind im ganzen Lande die Accidenzien; nicht leicht bey 10 Kirchen von einem Belang; in
Lettland am kleinſten: Bewilligungen und Gebräuche
gaben eine Verſchiedenheit. Vielleicht hat ein Prediger eigenmächtig etwas gefodert; doch muß jeder ſeine
Accidenzien bey den Kirchenviſitationen anzeigen, und
aus den vorhergehenden Protokollen beweiſen. Eingepfarrte und Bauergemeine haben dann das Recht, unge-
gründeten Auflagen zu widerſprechen. Noch neuerlich
haben kleine Kirchſpiele ihres Predigers Beſoldung, durch
Zulagen und erhöhete Accidenzien verbeſſert. — Bey
vielen ehſtländiſchen Kirchen, ſonderlich in Jerwen, bezahlt der Bauer, vermöge der dortigen Verordnungen
und beſtätigten Gewohnheiten, für eine Taufe 10, für
das Begräbniß eines Kindes nach ſeinem Alter 10 bis
20, eines erwachſenen Menſchen 40, eines Wirths oder
einer Wirthin 80 Kopek; für eine Trauung 20 Kopek:
ein Fuder Holz und ein paar Strümpfe (deren Werth
etwa 12 Kop. beträgt) nebſt einem (von Wolle und
Zwirn gewebten) Weibergurt; für das Aufgebot 1 Loof
Haber; Aufſchreibegeld für einen Kommunikanten 1 Kopek; für ein Lehrkind 1 Loof Hartkorn und 1 Fuder
Holz u. ſ. w. Wie nachdrüklich die Gerechtſame und
gültigen Foderungen der ehſtländiſchen Prediger, obrigkeitlich unterſtützet und aufrecht erhalten werden, zeigen
noch ganz neuerliche Vorfälle. In den Kirchſpielen des
dorpſchen Kreiſes, welche vormals zu Jerwen und folglich zu Ehſtland gerechnet wurden, oder unter der ſchwediſchen Regierung gleiche Einrichtung erhielten, waren
die Accidenzien, kleine Verſchiedenheiten ungerechnet,
bisher von eben dem Betrag. Aus alten, bey Kirchen
und in der rigiſchen Oberkonſiſtorial-Kanzeley vorhandenen,

nen, Protokollen ergiebt sich, daß z. B. für das Be=
gräbniß eines Wirths 1 Thaler Silberm. und bey eini=
gen Kirchen 6 Thaler Kupfm. in der schwedischen Regie=
rungszeit mußten bezahlt werden.    Im J. 1774 machte
das rigische Generalgouvernement eine neue Taxe bekannt,
vermöge deren die Accidenzien bey allen Kirchen im ganzen
Herzogthum sollten gleich seyn; nur wurden diejenigen
davon ausgenommen, und die alte Einrichtung beybe=
halten, wo bisher weniger war bezahlt worden, als die
neue Verordnung vorschrieb.    In derselben wurde un=
ter andern das alte sehr billige Verbot wiederholt, für
den Krankenbesuch keine Vergütung zu fodern: vermuth=
lich haben die wenigsten Prediger sich hierin etwas zur
Schuld kommen lassen.    Ferner sollten bey Haus=
besuchungen keine Geschenke, für die Trauung, ausser
dem Geld, keine andre kleine Gaben, und für das Auf=
gebot kein Korn, angenommen werden.    Auch der Geld=
betrag wurde verringert, und z. B. statt der bey etlichen
Kirchen gewöhnlichen 80 Kopek Begräbnißgeld, 25 be=
stimmet.    Einige Prediger, welche hierdurch bey man=
cher Amtsverrichtung mehr als drey Viertheile ihrer bis=
herigen Einkünfte schwinden sahen, glaubten, der Frie=
densschluß nach welchem alles wie es unter schwedischer
Regierung gewesen, in kirchlichen Sachen bleiben solle,
unterstütze ihre Foderungen: sie gründeten sich auf ihre
erhaltenen und obrigkeitlich bestätigten Vocationen, da=
rinn sie die Versicherung hatten, daß sie alles, was ihre
Vorfahren nach Verordnungen und hergebrachten Ge=
wohnheiten genossen haben, unabgekürzt genießen sollen:
sie wandten sich an das Reichs=Justizkollegium.    Nach=
dem sich das Generalgouvernement darauf berief, daß es
eine Policeysache betreffe, und daß das rigische Oberkon=
sistorium in die Einführung einer neuen Taxe eingewilli=
get habe, so trug das Reichs=Justizkollegium Bedenken,
darin etwas zu verfügen.    Die Taxe wurde daher noch=

mals

mals anbefohlen und eingeführt. Was ſonſt noch dabey vorgefallen iſt, gehört nicht in topographiſche Nachrichten. Bey einigen Kirchſpielen vereinigten ſich die
Eingepfarrten, durch eine jährliche Geldabgabe von jedem Haaken, den Prediger einigermaaßen ſchadlos zu
ſtellen, und ihr in der Vocation gegebenes Verſprechen
zu erfüllen: bey einer Gemeine erklärten Eingepfarrte
und Bauern, ſie wollten nach der alten Methode alles
unabgekürzt bezahlen, weil ihr Prediger ſonſt Mangel
leiden würde.

In großen Kirchſpielen hat man einen Küſter und
auch einen Schulmeiſter; der zweyte muß des Sonntags
in der Kirche leſen, und des Winters ſonderlich die Lehrkinder in der buchſtäblichen Erkenntniß unterrichten, dafür ihm ein Stück Land nebſt Heuſchlägen angewieſen
iſt. Der erſte iſt der Vorſänger, und gleichſam des
Predigers Bedienter bey allen Amtsverrichtungen: ſeine
Beſoldung beſteht in Land, Heuſchlägen, freyer Höl-
zung, in einem Küllmet Roggen oder Gerſte von jedem
Bauer, auch etwas Korn von den Höfen, und in Geld-
accidenzien; welches überhaupt bey zahlreichen Gemeinen gegen 2 bis 300 Rubel, zuweilen mehr als die ganze Predigerbeſoldung kleiner Kirchſpiele beträgt: daher
ſich immer Deutſche um ſolche Dienſte bewerben. Bey
vielen Kirchen iſt Küſter und Schulmeiſter nur eine Perſon: das rigiſche Generalgouvernement verlangte bey der
lezten Kirchenviſitation, daß wo es nur irgend thunlich
iſt, bey jeder Kirche beyde Dienſte ſollen getrennt werden, daher auch d n Küſtern ihre Accidenzien ohne Verringerung ſind gelaſſen worden.

# Fünfter Abschnitt.

## Von den Bauern überhaupt.

Zweyerley hiesige Völker die russischen und die schwedischen Bauern, kan ich stillschweigend übergehen: sie sind von denen in ihrem vormaligen Vaterland, die man aus anderweitigen Beschreibungen kennt, nicht unterschieden. Mit zwey Völkern, den Ehsten und Letten, muß ich meine Leser näher bekannt zu machen suchen: was man bisher von ihnen gemeldet hat, ist unzureichend, oder unrichtig. Der beynahe erloschenen Liwen gedenke ich bey ihren Brüdern den Ehsten. Aller Orten setze ich die allgemeinern Anzeigen aus dem ersten Bande voraus.

Beyde Völker sind Sklaven: ein harter Ausdruck für zärtliche Ohren in Ländern wo Jedermann frey ist. Ein wahres Eigenthum eines andern Menschen; nicht Personen, nein Waare und Sachen sind Erbmenschen! der Erbherr, und noch mehr dessen unvernünftiger gewinnsüchtiger Amtmann aus dem niedrigsten Pöbel, bestimmt nach Gutdünken vielleicht ihr Wohl, und belegt sie mit Strafen! Welcher Anblick, einen Menschen — — wegen eines kleinen Versehens — — entblößt unter der Ruthenstrafe oder mit einer schreckenden Karbatsche gezüchtiget zu sehen! Innre Vorwürfe werden bald durch den Gedanken, daß der Bauer ein Schelm, ein Sklav ist, erstickt! Weder die elende Hütte die er bewohnt, noch das Korn welches er mühsam bauet, ist sein! So wird ein Ausländer urtheilen. Doch ist nicht jeder Sklav unglücklich: es giebt gelinde Erbherren, die sich selbst, und ihren Amtleuten, bestimmte Schranken setzen. Was ist öfters die hochgerühmte Freyheit in andern Ländern, wo

H 5

Steuern

Steuern ohne Zahl, Generalpächter, Soldaten u. d. g. den Landmann aufs äusserste bringen, ihn und seine Kinder verschmachten lassen, damit die Armee vermehret und der Großen Geiß befriediget werde. Es ist Eins, als Sklav oder als freyer Mensch zu hungern: nur täuschen, de Vorurtheile die man mit Vortheil unterhält, geben einen Unterschied. Wir finden in Liefland Bauern, die zehnmal zufriedener und glücklicher leben, als die in Frankreich: sie fühlen die gewohnte Knechtschaft nicht; bey Mangel an Brod, Saat oder Anspann, fordern sie das Benöthigte von ihrem Herrn der ihnen helfen muß, wenn er von ihnen den gewünschten Nutzen ziehen will. Sie dürfen sich ohne seine Erlaubniß nicht von ihrer Erb- oder Geburtstelle entfernen: aber welcher Landesherr läßt seine Unterthanen gern in andre Länder ziehen? man reklamirt sie als geborne Soldaten, verwehrt ihnen das Auswandern, und quälet wohl gar die welche sich nicht zur herrschenden Kirche bekennen. — — Weit entfernt der Sklaverey das Wort zu reden, suche ich hierdurch blos das Widrige des Ausdrucks zu mildern. Unter gerechten und billigen Erbherren (das soll ja jeder seyn,) und wo der Herr und sein Sklav den Schutz der Gesetze kennen, ist die Sklaverey weniger fürchterlich als man sich einbildet. — Die Frage, ob es gut wäre daß unser Bauer frey würde, ist viel zu unbestimmt, und gehört nicht hieher; ohnehin setzt sie viele andre voraus die eine strenge Untersuchung erheischen; als, ob unser Bauer schon jetzt, oder künftig die Freyheit ertragen könne? ob eine lange Vorbereitung, sonderlich wie Viele behaupten, guter Schulunterricht, vorhergehen müsse? ob eine schnelle Veränderung nicht viele üble Folgen im Ganzen befürchten lasse? ob die Umschaffung allmählig oder mit einemmal geschehen müsse? ob und wie man den Erbherrn schadlos setzen könne? welche Maaßregeln darbey die leichtesten und geschicktesten wären? ob der Sklav durch die

die Freyheit seinen Zustand sehr gebessert sehen, und das
Publikum gewinnen werde? u. d. g. Wer die hiesige
Verfassung hinlänglich kennt, wird viele Fragen bald genugthuend beantworten. In wie fern die Abhandlun-
gen, welche die Kayserl. freye ökonomische Gesellschaft in
St. Petersburg auf ihre der Bauern Freyheit und unbewegliches Eigenthum betreffende Preisaufgabe, erhalten
und durch den Druck bekannt gemacht hat, die Sache
erschöpfen, mögen Andre untersuchen. Hier merke ich
blos an, daß bey unsern Bauern noch immer ein Gefühl
von der alten Liebe zur Freyheit übrig ist, welches sich
auf mancherley Art äussert; viele wenden alles an um
frey zu werden: die sich Freybriefe kaufen oder von ihrem Herrn zur Belohnung erhalten, auch die anstatt des
Frohndienstes Geldabgaben entrichten, selbst Läuflinge, geben einen Beweis, daß einige ohne lange Vorbereitung
der Freyheit schon jetzt fähig sind. Ein gewisser Erbherr
hat sein ganzes Gut mit allen darzu gehörenden ökonomischen Gerechtsamen, an seine Bauern verarrendirt; die
ältesten sorgen für die Erhaltung der Ordnung, und für
die Arrendesumme: alles geht gut. Wenn der Bauer
uns das bezahlt, was wir vorher unter Sorgen und
Verdruß durch eignes Wirthschaften suchen mußten: so
gewinnen wir; auch er, wenigstens nach einer schmei-
chelhaften Einbildung die oft von großen Gewicht ist.
Doch giebt es unter der Menge auch Leute die von Jugend auf der Strenge gewohnt, bey ihrem Hang zur
Faulheit, Sorglosigkeit und Völlerey, Zeit und Mühe
zu ihrer nöthigen Umbildung erfodern, wenn sie durch
die Freyheit nicht unnütze Lasten der Erde, lüderlich,
oder gar Straßenräuber, werden sollen. Vom Frohndienst rede ich im folgenden Kapitel.

Weder der Ehsten noch der Letten eigenthümlichen
Nationalcharakter getraue ich richtig genug zu beschreiben: beynahe könnte man sagen, sie hätten jetzt gar keinen.

nen. Verschiedene von ihren Sitten und Gebräuchen gehören ihnen nicht ursprünglich zu, sie sind von andern mit denen sie umgehen, entlehnt, durch Anläße angenommen worden. Beyde Völker haben nicht nur einander Wörter und Gebräuche abgeborgt; sondern auch durch die Rußen die unter ihnen wohnen, mit denen sie handeln und die bey ihnen im Quartier stehen; und vielleicht noch mehr durch die Deutschen, eine Umstimmung bekommen. Der Sklav muß sich oft nach seinem Herrn bilden; Hofsbedienten lernen deutsche Sitten und verbreiten sie in Dörfern: woraus wenigstens eine Mischung entsteht die das Eigenthümliche unkenntlich, oder zweifelhaft macht; und wie viel deutsches, schwedisches und rußisches Blut ist nicht seit Jahrhunderten unter beyde Völker gemischt worden! Der stolze Deutsche welcher dem hiesigen Landvolk so verächtlich begegnet, daß er sich zu entehren glaubt wenn er mit einem ordentlichen Bauer an einem Tische essen sollte, obgleich beyde einerley Geschäfte treiben und etwa als Kutscher einem Herrn dienen; der Deutsche welcher den Bauer der sein eigner Abdecker seyn muß, alle Augenblicke einen Schinder schilt: eben der Deutsche sucht sein höchstes Vergnügen in der Umarmung eines Bauermädchens. Und nicht blos gemeine Leute; mancher Edelmann zählt vermuthlich unter seinen Erbleuten viele von seinen eignen, oder seines Vaters Kindern. Allerley einzele Bemerkungen werden manchem Leser lieber seyn, als ein prächtiges Gemälde das sich von der Wahrheit entfernt.

Große Weisheit sucht man bey keinem Volke das sich blos mit Ackerbau, Viehzucht und Fischerey beschäftiget. Die beyden Landessprachen sind noch nicht durch Künste und Wissenschaften ausgebildet und bereichert; es fehlt ihnen, sonderlich der ehstnischen, an vielen Ausdrücken, und es mag manchem Prediger herzlich schwer fallen, Patente in einer richtigen Uebersetzung, oder dog-

mati-

matiſche Lehrſätze, wenn es ihm an der Gabe der Herab:
laſſung mangelt, ſeiner Gemeine bekannt zu machen.
Viel Bauern würden die Freyheit mit der größten Dank:
barkeit annehmen, aber weder Dankbarkeit noch Freyheit
kan der Ehſte in ſeiner Sprache ausdrücken; auch nicht
Weſen, Dauer, Raum und andre abgezogene Begriffe.
Es giebt unter ihnen einfältige, ſonderlich die in Wäl:
dern einzeln wohnen: der größte Theil iſt liſtig (der Ehſte
mehr als der Lette,) begreift eine Sache, die nicht allzu:
weit auſſer ſeiner Sphäre liegt, leicht, und zeigt oft uner:
wartete Fähigkeiten, die nur auf Anlaß zur Entwicke:
lung warten. Die an den Sceuſern ſind immer gute
Schiffer geweſen, die ſich ohne Unterricht in ſchlechten
Fahrzeugen weit in die See wagen. In kurzer Zeit,
zuweilen in etlichen Wochen, erlernen ſie das Leſen;
und wie bald können ſie dem deutſchen Profeſſioniſten
ſeine Kunſt abſtehlen; man findet unter ihnen Gold:
ſchmiede, Schifsbaumeiſter, Gerber, geſchickte Köche,
Jäger u. d. g. Unter der ſchwediſchen Regierung, da das
Land die Adelsfahne unterhalten mußte, waren ſie brauch:
bare Soldaten; im Anfang des jetzigen Jahrhunderts
errichtete, wie die Sage geht, ein Bauer im Dorpt:
ſchen ein Regiment, und that ſich mit demſelben ſo hervor,
daß er ein Patent und einen Haaken Land zur Belohnung
erhielt. Mehrere haben im Kriegsdienſt den Officiers:
rang und Adel erworben, oder ſich mit vielen Glück auf
Wiſſenſchaften gelegt, und allerley Aemter bekleidet:
noch jetzt leben angeſehene Perſonen, deren Väter oder
Großväter Erbbauern waren. Die wenigſten Herren
erlauben ihren Bauern daß ſie lernen ſchreiben; man
befürchtet vielleicht einen Mißbrauch, mancher könnte
ſich einen Paß oder Freybrief ſchreiben. Einige haben
ohne allen Unterricht das Schreiben gelernt, und in deſſen
Ermangelung verſtehen ſie auf eine bewundernswürdige
Art auf Stöcken oder Kerbhölzern lange Verzeichniſſe
über

über hunderterley Sachen aufzubewahren. Um Dinge
deren Nutzen sie nicht geradezu einsehen, bekümmern sie
sich selten; was sie nicht begreifen, bewundern sie sehr
kaltblütig. Früh verwaiste Kinder wissen oft kaum im
20sten Jahre ihrer Eltern Namen. Manches Lehrkind
bot seinem Pastor Flachs, Butter und Honig an, um
bald aus der Lehre erlassen und nicht gezwungen zu werden das Lesen zu erlernen; zu welchem Ende sich mancher
auch allerley Gebrechen, Taubheit, Blindheit, schwa-
ches Gedächtniß u. d. g. andichtet; sonderlich wenden sie
einen Fall oder Schlag auf den Kopf, vor. Dergleichen Ausflüchte werden durch die jetzigen Schulanstalten
immer seltner: sie werden ganz aufhören wenn in jedem
Dorf eine Schule ist, oder jedes Gesinde seine Kinder
selbst unterrichtet. Kleine Kinder in die meilenweit entfernte Schule zu schicken und Kost mitzugeben, ist für
den armen Bauer der kaum für sich nothdürftige Kleider
hat, zu beschwerlich; erwachsene Kinder haben keine Zeit
in die Schule zu gehen, und werden durch das unge-
wohnte Stillsitzen gemeiniglich krätzig. Einen ihrer Fähigkeit angemessenen Unterricht in der Religion fassen
Alte und Junge, bald: nur weis ich nicht, woher es kommt
daß unter tausenden kaum zween wissen daß sie Christen
sind. Das Sprichwort: er weis nicht wes Glaubens
er ist, bezeichnet bey uns keinen ganz dummen Menschen;
mancher gut unterrichtete wird auf eine ähnliche Befragung antworten, er habe den Landglauben, oder den
Glauben seines Kirchspiels. Die längs der russischen
Gränze oder mit Russen zusammen wohnen, nehmen oft
häusliche und kirchliche Gebräuche von ihnen an.

In Ehstland findet man sehr viele und darunter
große Dörfer von 40 bis 70 Gesindern, und wenn man
die Lostreiber darzu rechnet, von 100 besondern Wirthschaften: die meisten Letten wohnen einzeln. Auch die
Ehsten zeigen noch zuweilen einen Hang zu dieser uralten

ten Lebensart, bey welcher sie der Unbequemlichkeit ausgesetzt sind, daß jeder seinen eignen Viehhüter und wenigstens ein altes Weib zur Bewachung des Hauses halten muß; hingegen weniger eingeschränkt, Felder, Heuschläge und Weide auf der Nähe haben und durch der
Nachbarn Vieh keinen Schaden leiden. Sonderlich lieben sie die Waldgegenden, um das nöthige Brennholz
nahe zu haben, und nach eignen Gefallen neue Felder
anzulegen. Ein Buschbauer wird sich nicht leicht entschließen in ein vom Wald entferntes Dorf zu ziehen, ob
man ihm gleich einen weit fruchtbarern Boden zu bebauen anbietet. Sonderlich suchen sich die Lostreiber
und Badstüber so viel möglich in Wäldern anzubauen,
wo sie unvermerkt Felder und Heuschläge anlegen, ohne
dafür etwas zu bezahlen. Gelinde Erbherren die solchen
Leuten wenig Arbeit auflegen, stehen in Gefahr bald einen Mangel an Wirthen zu spüren; man hat Beyspiele,
daß der Wirth alles läßt zu Grunde gehen, wohl gar
daß er sein Haus selbst in Brand steckt, um als Lostreiber seiner Bequemlichkeit zu genießen. Dann arbeitet
er wöchentlich höchstens 2 Tage am Hofe, die übrige
Zeit wendet er zu seiner Ruhe und zu seinen Nutzen an;
er arbeitet nur wenn ihn hungert, und der Gesinde-
Wirth muß ihm für geringe Dienste ein ansehnliches
Stück Buschland, Kost und Korn zum Lohn geben.
Dem Lostreiber viel Arbeit auflegen, scheint auf der andern Seite hart, weil er kein Land vom Hofe hat, und
sich nebst seinen Kindern durch seine Handarbeit ernähren muß. Lostreiber und deren Kinder werden zuweilen
verkauft, oder gegen andre Sachen, gegen Pferde, Hunde, Pfeifenköpfe u. d. g. vertauscht: die Menschen sind
hier nicht so theuer als ein Neger in den amerikanischen
Kolonien, einen ledigen Kerl kauft man für 30 bis 50;
wenn er ein Handwerk versteht, Koch, Weber u. d. g.
ist, auch wohl für 100 Rubel; eben so viel giebt man

für

für ein ganzes Geſinde (die Eltern nebſt ihren Kindern;)
für eine Magd ſelten mehr als 10, und für ein Kind et=
wa 4 Rubel.

Ob die in unſern alten Jahrbüchern vorkommenden
Bauernamen ganzen Geſchlechtern, oder nur einzeln
Perſonen eigen geweſen ſind, wage ich nicht zu beſtim=
men. Der Hang vieler Bauern, ſich nach einem ſeit
langer Zeit von ihren Vorfahren beſeſſenen Lande zu nen=
nen, oder wenigſtens des Vaters Namen beyzubehalten,
begünſtiget die Vermuthung, daß eine Art von Geſchlecht=
namen ihnen vormals nicht ganz unbekannt möge gewe=
ſen ſeyn: vielleicht würde man ſie, wenn daran etwas
gelegen wäre, in den Namen mancher Dörfer und Ge=
ſinder, von denen ſie ſowohl, als von Thieren und an=
dern Anläſſen, ſcheinen entlehnt geweſen zu ſeyn, wieder
finden. Eigentliche Geſchlechtnamen, wie wir ſie jetzt
führen, wird Niemand vor dem zwölften Jahrhundert in
Liefland ſuchen. Jetzt ſteht allezeit der Taufname zuletzt;
des Geſindes, Vaters oder Wirths Name voran. z. B.
ein Ehſte Namens **Mik** wohnt auf einem Lande das
**Mutta** heißt, er nennt ſich **Mutta Mik**; ſein Sohn
führt den Namen **Mutta Mikko Pong** (Sohn) **Rein**,
eben ſo ſeine Tochter, Knecht, Schwiegerſohn oder Auf=
zügling. Die Knechte ändern ihren Namen mit jedem
neuen Wirth, oder ſie nennen ſich nach ihren Vätern.
Auch ein Wirth muß ſeinen Namen ändern, ſobald ihm
ein anderes Land zu bebauen angewieſen wird, wenn er
nicht von ſeinem Herrn die Erlaubniß erhält, den alten,
oder ſeines Vaters Namen beyzubehalten. Erbleute die
frey werden, nehmen gemeiniglich einen Geſchlechtsna=
men an, den ſie von ihrem ehemaligen Land oder ihrem
Vater entlehnen; z. B. des **Hunti Laur** ſein Sohn
**Hans** wird frey; nun nennt er ſich **Hans Hunt**, oder
weil das letzte ein Wolf heißt, **Hans Wolf**, oder **Hans**
**Laurſohn.** Die jetzigen Taufnamen ſind ſämtlich durch
Deutſche

Deutsche eingeführt, nur nach der undeutschen Mundart etwas verändert oder verunstaltet worden. Einige führe ich an.

| Deutsch. | im Ehstnischen. | auf Lettisch. |
|---|---|---|
| Adam. | Adam, Ado, Oado. | Adam. |
| Agnete. | Neto. | |
| Antonius. | Tönnis, Tönno, Töns. | Antins. |
| Anne. | An, Anno. | An. |
| Barbara. | Warbo, Papo. | Babbe. |
| Bartholomäus. | Pärtel, Pert, Pero. | Behrtuls, Behrtmejs. |
| Brigitte. | Pirrit. | Birte, Brihte. |
| Daniel. | Tanni. | |
| Dorothea. | Tio. | Dahrte. |
| Elisabeth. | Ello, Els, Liso. | Ilse, Lihs. |
| Eva. | Ewa. | Eewa. |
| Georg. | Jürri. | Jirri. |
| Gertrud. | Kert, Truto. | Gedde, Gerte. |
| Hedwig. | Edo. | Edde. |
| Helene. | Leno. | Lena. |
| Heinrich. | Hin, Hinno, Hinrik. | Indriks. |
| Jacob. | Jakob, Jaak, Joak. | Jehkobs. |
| Johann. | Jaan, Joan, Jubhan, Hans. | Ansis. |
| Katharine. | Kai, Kaddri, Trino. | Katsch. |
| Karl. | Kaarl, Karel. | Karl. |
| Magdalene. | Madli, Madle, Mal. | Magdalena, Lena. |

| Deutſch. | im Ehſtniſchen. | auf Lettiſch. |
| --- | --- | --- |
| Maria. | Mai, Marri, Marret. | Marri. |
| Margarethe. | Kreet, Krööt. | Kret. |
| Peter. | Peter, Peet, Peeto. | Peet, Peter. |
| Sibylle. | Pil. | Bille. |

Die Namen eines Mannes, Koort, Pell, Kåårt, Tin, und eines Weibes Kell u. a. m. im Ehſtniſchen; oder die Lettiſchen Laſche, Ebbe (welches Einige für Lucia und Ebertina erklären,) getraue ich nicht genau zu beſtimmen.

Reiche Bauern ſucht man hier vergeblich; ſolche die etliche hundert Rubel baares Geld (heimlich) beſitzen und etwa überhaupt ein bis zwey hundert Rubel an beweglichen Vermögen aufbringen, finden ſich noch hin und wieder : ſie ſtrecken wohl gar ihrem Herrn etwas vor. Viele haben ihr nothdürftiges Auskommen; noch mehrere ſind arm. Vormals waren ſie durchgängig reicher : unter den Letten welche ihre großen Geſinde nicht leicht in viele kleine zerſtücken, und dadurch aus einem wohlhabenden dem Staat, dem Edelmann und ſich ſelbſt zum Schaden, mehrere arme machen, die auch meiſtentheils fleißiger ſind als die Ehſten, ſind auch ſchon manche arm. Unſern Bauern fehlt es weder an Land, noch an Gelegenheit zum Erwerb; wenn ſie nur Zeit und Luſt darzu haben. Der Taglöhner kan des Winters durch Holzhauen u. d. g. 10 Kopek auch wohl mehr, in der Aerndte wöchentlich 2 rigiſche Löfe Korn, verdienen. Wälder, Viehzucht, Städte, Höfe, Jagd, Ackerbau geben Gelegenheit zu Verdienſt. Nur bey dem Spinnen für Geld, findet das weibliche Geſchlecht geringen Vortheil, aber im Winter beynahe kein anderes Geſchäft : in den wenigſten Gegenden bauen ſie ſo viel Flachs, daß ſie den

langen

langen Winter hindurch für sich Arbeit hätten. Dem Ehsten wirft man die Trägheit vor: vielleicht hat die Sklaverey auf ihn stärkern Eindruck gemacht als auf die Letten; er zeigt sie auch bey seiner eignen Arbeit, vermuthlich weil er sich durch den Frohndienst daran gewöhnt. Inzwischen giebt es viele im Lande und bey den Stadten, die Emsigkeit beweisen, und ihren Vortheil beherzigen. Mißwachs, Vieh- und Pferdeseuchen machen unsern Bauer bald arm; die Hülfe vom Hofe hilft ihm nicht leicht wieder auf. Einer kann 2 Pferde und etliche Kühe haben, und doch darbey sehr arm seyn: wie elend sind gar die welche Gesindewirthe heißen und nichts als ein vom Hofe geliehenes Pferd besitzen! Wohlhabende Bauern haben nach der Größe ihres Landes 5 bis 10 Pferde und eine Heerde von 30 bis 40 Stücken Hornvieh. Arme und reiche essen Kafbrod, d. i. sie reinigen den ausgeklopften Roggen nicht von der Spreu, sondern mahlen und backen beydes unter einander. In Gegenden wo ein undankbarer Boden wenig Ausbeute giebt, oder das Ackerland sparsam zugemessen ist, essen Letten und Ehsten äusserst elendes Brod das man am Feuer anzünden kan: nur an Festen backen sie von Waitzen oder reinern Roggen, doch niemals gebeutelt. Wenn sie durch starke Getränke gutes Muths und stolz werden, oder einen sehr gütigen Herrn haben, verrathen sie zuweilen ihr Vermögen, das sie sonst aus Furcht zu verbergen suchen, damit nicht ihre Arbeit erhöhet werden, oder nach ihrem Tode ein ungebetener Universalerbe ab intestato mit ihren Kindern wenigstens in gleiche Theile gehen möge; welches hoffentlich in unsern aufgeklärten Zeiten seltne Vorfälle sind. — — Kein hiesiger kommt den deutschen Bauern in der Stärke bey, sonderlich was das Heben und Tragen betrift, die Schuld mag in der Faulheit oder in der elenden Kost zu suchen seyn; übrigens hält er zur Bewunderung große Beschwerden aus, Frost, Hitze

J 2
und

und anhaltende Näſſe, auch Arbeit bey wenigen Schlaf; worzu Klima, Lebensart und Gewohnheiten viel beytragen, ſonderlich die Badſtuben, da ſie aus dem äuſſerſten Grad der Hitze nackend in die freye Luft treten: von Flüſſen, Verkältungen, Zahnſchmerzen u. d. g. hört man ſelten unter ihnen. Bey guten Tagen wird ihr Körper bald fleiſchig, doch findet man ſelten einen recht dicken; ihre Statur iſt mehr klein als groß, und unter den Weibsperſonen ſind viele ungemein klein; einzeln findet man auch einen langen Kerl.

Herm. Becker als ein junger Menſch der gern etwas Neues ſeinen Kommilitonen vortragen wolte, beſchuldiget in einer magern Diſputation de Livonorum veterum natura, republica atque ritibus §. 6. die hieſigen Bauern (nur die Letten, die Ehſten kannte er gar nicht,) vieler häßlichen Laſter; Tugenden findet er nicht: und Paul Einhorn, ſpricht ihnen Tugend und Gewiſſen ganz ab, vornemlich weil ſie keine Worte hätten beyde zu bezeichnen. Solche Anſchuldigungen ſind offenbar übertrieben. Es iſt wahr, der Ehſte wie der Lette, nennt das Gewiſſen durch Umſchreibung das Zeugniß des Herzens, und die Tugend gute Handlungen; aber für Liebe, Mitleid, Geduld, Verſöhnlichkeit, Langmuth u. ſ. w. haben beyde Völker eigenthümliche Ausdrücke. Wie in allen Ländern giebt es auch unter unſern Bauern theils gute rechtſchaffene, theils laſterhafte Menſchen: ſelbſt die herrſchenden Leidenſchaften verdienen einige Nachſicht, wenn man Mangel der Erkenntniß, Knechtſchaft ꝛc. ꝛc. in Anſchlag bringt. Folgende getreue Anzeige wird die Sache erläutern.

Ehſten und Letten, doch nicht ohne einzige Ausnahme, lieben ſtarke Getränke: ohne Bier und Brantewein kein Vergnügen, Völlerey und Unmäßigkeit iſt ein herrſchendes Laſter: möchte es nur nicht ſo ſehr in Elend und Armuth ſtürzen, ſo ließ es ſich bey ihnen eher als

bey

bey Deutschen vertheidigen (I. Band S. 514.) Alt und
Jung, Mann und Weib sieht man bey ihren Familien-
festen, und in Krügen, betrunken, nur Dirnen und etliche junge Weiber entziehen sich: ältere trinken stark
und rauchen Toback ohne sich dadurch der Gesellschaft verächtlich zu machen. Weder Vorstellung noch traurige
Erfahrungen mäßigen ihren Hang; sie schlafen aus, um sich
von neuen zu betrinken: auch Säuglingen wird Brantewein gegeben, so oft die Mutter ein Schälchen trinkt. —
Einen beträchtlichen Theil ihres Vergnügens sitzen sie in
Gesang und Musik. Der Gesang gehört eigentlich den
Weibspersonen zu: auf Hochzeiten sind besondre Weiber
zum singen; doch stimmen auch Mannspersonen mit ein,
sobald Getränke die Freude allgemein machen. Bey der
Feldarbeit, bey ihren Spielen u. d. g. hört man nur
die Dirnen durch ihre schreyenden Gesänge allgemeine
Zufriedenheit verbreiten. Etliche haben gute Stimmen
und viel natürliche Anlage zum Gesang; doch die Ehsten
mehr als die Letten. Jene singen alle nur einstimmig,
aber gemeiniglich in 2 Chören, so daß jede Zeile welche
ein Haufe vorsingt, von dem zweyten wiederholt wird.
Sie haben vielerley Lieder und Melodien; die von einem
Hochzeit-Liede führe ich an: bey vielen Hochzeitliedern
hängen sie an jede Zeile die beyden Worte Kaesike, Ka-
nike, die vielleicht jetzt keinen Sinn haben, nach der
Etymologie aber schönes Kätzchen, oder Maychen (von
Maye, junge Birke) könnten übersetzt werden. Die
Letten dehnen die letzten Sylben sehr, und singen gemeiniglich zweystimmig, so daß etliche eine Art von Baß dar-
zu brummen. Beyder Völker gemeinstes und vermuth-
lich sehr altes musikalisches Instrument ist der Dudelsack
(Sackpfeife) den sie selbst machen und zweystimmig mit
vieler Fertigkeit sehr taktmäßig blasen. Desselben ehstnische
Benennung Torropil sucht Herr Arndt (Chron. 1 Th.
S. 166) zu erklären, vielleicht nicht ganz glücklich. In

J 3       jedem

jedem Kruge wo dieses reizende Instrument Gäste einladet, ist sonderlich an Festtagen großer Zulauf und Ab-
faß. Die elende liegende Harfe, und die Violine welche
sonderlich die Letten gern bey ihren Festen brauchen, sind
ihnen erst durch die Deutschen bekannt worden. — Bey
ihren Tänzen paaret sich alt und jung, oft Kerl mit Kerl,
und Weib mit Weib; ein Paar folgt dem andern ganz
nahe in einem Kreis herum, worbey wenig Abwechselung vorfällt. Deutsche Zuschauer nehmen sie gern zum
Tanz auf. Die Ehsten beobachten allezeit einen $\frac{3}{4}$ oder
$\frac{3}{8}$ Takt, machen kleine etwas schleppende Schritte, und
bey dem dritten stampfen sie etwas stärker auf die Erde.
Der Letten Tanz ist etwas verschieden und nähert sich
mehr einer ungekünstelten Polonoise, auch haben sie eine
Art von Kontretänzen. — Wie die Russen, so Ehsten
und Letten, sonderlich jüngere, setzen unter ihren angenehmen Sommerzeitvertreib das Schauckeln (lieständisch
Schocken;) fast bey jedem Dorf und Krug siehtman eine
hierzu errichtete auf zween Pfosten ruhende hölzerne
bewegliche Maschine, auf welcher ein, auch 2 Paar sich
zugleich belustigen, welches am meisten an Ostern geschiehet. — Die von Hrn. Rousseau anempfohlne Uebung
im Schwimmen, ist hier ein gewöhnliches Vergnügen
bey heißen Tagen: gleichwohl ertrinken jährlich des Sommers in Bächen, etliche Menschen. — Alle unsre
Bauern ohne Ausnahme, lieben die brennend heißen
Badstuben, wo sie wenigstens wöchentlich einmal ihren
Leib reinigen, welches bey ihrer schweren und unreinlichen
Lebensart in mancherley Betracht sehr gut ist. Mitten
im heftigsten Schweiß der längs allen Gliedern herunter
rinnet, setzen sie sich zur Abkühlung der strengsten Kälte
aus, reiben sich mit Schnee, ohne sich dadurch kränklich zu machen. Indem sie sich baden, bringen sie allerley gute Wünsche vor, z. B. Gott mache mich rein von
meinen Sünden, wie ich jetzt meinen sündlichen Leib
reinige

reinige u. f. w. darbey danken sie sich selbst für das gute
Waschen, Anheißen der Badstube, und für das Wasser-
tragen. — Grobe und kindische Spiele übergehe ich.
Falschheit gegen ihre Herren, Mißtrauen, Hang zu betriegen und zu stehlen, öfteres Entlaufen u. d. g. sind
sehr gewöhnliche Laster, die ihren Grund in der Sklaverey haben. Selten bestehlen sie sich unter einander; wer
es thut ist seinen Brüdern ein Abscheu: desto listiger sin-
nen sie auf Mittel ihren Herrn und überhaupt alle Deutsche zu hintergehen. Die Hofsriegen werden fast durchgängig bestohlen; zehen Aufseher reichen nicht hin es zu
verhindern. Aus den Branteweinfässern die sie nach der
Stadt führen, verstehen sie, ohne das Siegel zu berühren, sehr listig unter den Reifen auszuzapfen und das Faß
durch Wasser wieder voll zu machen: Auch aus der ver-
siegelt mitgegebenen Probe einen Theil des Weingeistes
durch Hitze und Kälte auszutreiben. Die Kornsäcke bestehlen sie gleichfalls, und feuchten sie dann an, oder
stecken ein heißes Ellernholz hinein, wodurch das Korn
aufquillt. Selten verkaufen sie ihren Hopfen unver-
mischt: schlechter Buschhopfen, Sand u. d. g. wird darunter gemenget. — Oft haben sie sich gegen ihre Herren empöret, z. B. im Jahr 1345 in Harrien, und
1560 in der Wiek; auch neuerlich hat man solche Vorfälle: vor mehrern Jahren hatte sich bereits ein großer
Haufe unter einem Anführer, der sie aus der Bibel lehrte,
daß im Neuen Testament alle Knechtschaft aufgehoben
sey, mit den blut- und raubdürstigsten Anschlägen ver-
sammelt: und durch ein falsches Gerücht verleitet, ver-
übten etliche Letten noch ganz neuerlich große Ausschweifungen. Einige wünschen wohl gar feindliche Ueberfälle
von auffen, damit sie sich unter die Feinde mischen und
Rache üben könnten. Zuweilen sind Herren und Amtleute jämmerlich erschlagen worden. Man hat Beyspiele, daß sie Klagen wider ihre Herren bis an die höchsten

J 4 Richter-

Richterstühle gebracht; Beyspiele, daß sie sich gerichtlichen Executionen und Strafen entgegen gesetzt haben.
Doch sind auch viele, die ihren gütigen Herrn mit auf-
richtiger Ehrfurcht und Liebe zugethan und aller Widerspenstigkeit feind sind. In der Rache, selbst unter sich,
kennen sie keine Gränzen und begehen mit kalten Blut
einen Todschlag, den sie sonst für das größte Verbrechen
halten.— Lügen, Fluchen und Schwören geht unter
ihnen sehr im Schwange: die offenbarste Unwahrheit suchen sie durch schreckliche Flüche für Wahrheit auszuge-
ben: ich will versinken; ich will blind werden; Gott
strafe mein Feld und Vieh! sind ihnen wie den Griechen,
sehr geläufige Ausdrücke: auf ähnliche Art drücken sie
ihren Unwillen gegen Andre aus. Gegen gerichtliche Eide
scheinen sie eine große Achtung zu haben; sie erzählen
viele Beyspiele von sichtbar bestraften Meineid: wie sehr
sollten wir uns bemühen, sie als leichtsinnige Menschen, in
diesen Gedanken zur Erforschung der Wahrheit zu unterhalten! wenn ein Erbherr seine Bauern zu falschen Ei-
den bereden und erkaufen wollte, so ist ihnen endlich
nichts heilig, er selbst und sein Vortheil in Gefahr.

Zur Wollust sind sie, sonderlich die Ehsten, durchgängig sehr geneigt; und diese findet durch Hofsarbeit
und ihre eigne Lebensart ungemeine Nahrung, weil
Kerl und Dirnen ohne Wächter bey und unter einander
schlafen: Hurerey ist bey ihnen keine Schande; nur
etliche Eltern betrüben sich, wenn ihre Tochter ge-
schwächt wird. Des Winters schlafen alle in einer Stube, des Sommers auf Ställen, Heuböden, in der
Nachthütung, welche Gelegenheit zu Ausschweifungen!
Eine Magd in den Armen eines Kerls schlafend finden,
ist bey ihnen keine Schande; auf eine Bescheltung antworten sie ganz dreist: wir haben doch nichts Böses gethan, wir folgen dem Gebrauch. Zuweilen mögen sie
wohl ganz unschuldig beysammen liegen, wenn schwere
Arbeit

Arbeit zur Ruhe einladet, und Wolluſt entfernt; doch
hört man oft bey dem Kirchengericht, daß ſich ein paar
junge Leute lange Zeit fleiſchlich zuſammenhalten, ohne
durch eine Schwangerſchaft, der viele durch eine Ona=
nie ausweichen ſollen, verrathen zu werden. Eine Dir=
ne, die mit Deutſchen oder Ruſſen Wolluſt pfleget, iſt
ihnen verächtlicher: aber eine, zu der ſich kein Bauer=
junge jemals gelegt hat, iſt auch nicht ſonderlich geach=
tet: manche, um nicht ausgelacht und verachtet zu wer=
den, wendet alles an, einen Kerl willig zu machen, ihr
des Nachts Geſellſchaft zu leiſten, (S. 1 Band, S.
515.) Dirnen unterſcheiden ſich von den verheyrathe=
ten durch den bloßen Kopf; ſobald ihre Schwangerſchaft
entdeckt iſt, werden ſie gehaubt und heißen Weiber.
Man hat Beyſpiele, daß altgewordene Dirnen auf ſich
Hurerey und Schwangerſchaft bekannt haben, um eine
Haube zu bekommen, und unter der Zahl der Weiber zu
ſtehen: ja einige verſichern ihren Paſtor daß ſie nicht
ſchwanger, und nach ihrer Art ſich auszudrücken, folg=
lich keuſch, ſind; bitten aber doch um Erlaubniß ſich
hauben zu laſſen, theils nicht alte Dirnen zu heißen;
theils und vornemlich um nicht mehr als Mägde dienen
zu dürfen, denn Weiber (alle gehaubte) werden nicht
leicht zu Mägdedienſten vom Hofe gezwungen: aus eben
dem Grund wünſcht ſich manche ein Hurkind. Nicht
leicht entdeckt die Dirne ſelbſt ihre Schwangerſchaft, die
Mutter oder Wirthin merkt ſie bald an der Wäſche: ſo=
gleich wird dem Beſchwängerer Nachricht ertheilt, und
wenn er den Eltern nicht mißfällt (einige behalten ihre
Tochter lieber als Hure bey ſich, wenn ihnen der Kerl
nicht zum Schwiegerſohn dienlich ſcheint) eine Ehe vor=
geſchlagen. Nun wird ſie in ſeiner oder ſeiner Mutter
Gegenwart gehaubet, welches auch geſchiehet, wo einer
von beyden Theilen nicht in die Ehe williget, damit heim=
lichen Geburten und Ermordung vorgebeugt werde; (im

J 5

Herzog=

Herzogthum Liefland sollen die Kirchenvormünder zu diesem Ende auf dergleichen Schwangerschaften Acht haben und sie sogleich dem Pastor anzeigen.) Sobald sie in Kindesnöthen geht, fragen die umherstehenden alten Weiber nach des Kindes wahren Vater, mit der Versicherung, daß ein aufrichtiges Geständniß die Geburt erleichtere. Die Angst preßt gemeiniglich offenherzige Bekenntnisse aus. Bey anhaltenden Geburtsschmerzen wird der Beschwängerer geruft, um die kreißende auf seinem Schooß zu halten, welches ein gutes Beförderungsmittel seyn soll, und daher auch von Eheleuten (auch oft bey Deutschen von allerley Ständen) mit guten Erfolg versucht wird. — Verheyrathete sind gemeiniglich ihren Ehegatten sehr treu; sie müßten sich denn aus Armuth oder Dumheit verleiten lassen. Heyrathen in naher Blutsfreundschaft, verabscheuet unser Bauer sehr: aber eine Geschwächte oder von einem Andern schwangere, wird oft verheyrathet; nur muß sie nicht im Ruf seyn, daß sie mit Russen oder Deutschen zugehalten habe. Eine Erbmagd erstach ihren Herrn der sie zur Unzucht zwingen wollte, in der Badstube: auf das Geständniß daß sie sich vorgesezt habe, bey einer solchen Zumuthung ihn umzubringen, (weil er in gleicher Absicht von seinen Gebietsdirnen nach der Reihe, sich baden zu lassen gewohnt war,) wurde sie als Mörderin auf immer verschickt: vielleicht war sie nie gegen einen Bauerkerl unerbittlich gewesen. Den Beyschlaf mit Deutschen sollen sie unter andern wegen der Furcht vor einer Schwangerschaft, sorgfältiger fliehen, als den mit ihres gleichen. Man hört zuweilen von dreyzehnjährigen Mädchen, die schon unkeusche Umarmungen suchen: sechzehnjährige werden schon verheyrathet. — Daß es unter den hiesigen Bauern viele Sodomiten und Kindermörderinnen gebe, wurde im ersten Band nebst den vermuthbaren Anlässen zu diesen Lastern, angezeigt.

Nicht

Nicht blos ledige, auch Ehemänner, sind des ersten
überführt worden; einer, sogar da er eben von seinem
Weibe ging, der er fleischlich beygewohnt hatte. — —
Jezt eine Anmerkung. Der verstorbene Abt Chappe
d'Auteroche fand in Rußland Eltern und Kinder in
einem Zimmer schlafen. Hierüber erhebt er ein groß
Geschrey: die Leute haben keine Betten, der Vater be-
schläft die Mutter vor der Kinder Augen; kein Wunder
wenn große Ausschweifungen vorfallen! Dem guten Abt
ist es hier wie allen Reisebeschreibern gegangen, die gern
viel Wunderbares erzählen. Wie schläft der französische und viele andre Bauern, selbst arme Bürger?
Wußte Hr. Chappe nicht daß in Neapel Eltern, Kinder und Gesinde in einer Kammer bey einander, des
Sommers wegen der Hitze meist ganz nackend, schlafen?
(Volkmanns Nachricht von Ital. 3 B. S. 148; be-
schläft dort auch der Vater die Mutter vor der Kinder
und des Gesindes Augen? So viehisch wollüstig ist man
weder in Rußland, noch in Neapel, noch in Liefland;
auch der einfältigste fühlt Gesetze, die wir am Elephan-
ten bewundern. Bey uns schläft der Bauer mit allen
den Seinigen in der warmen Stube; er und sein Weib
auf einem erhöheten Gestelle, das sein Bette vorstellt;
er bedeckt sich mit seinen Kleidern, der Lette mit einer
besondern Decke; Kinder und Gesinde liegen an der Erde,
oder auf dem Ofen, auch wohl oben auf dem Gerüste
wo Korn getrocknet wird. Aber alles ist finster; der
Ehste hat gar kein, der Lette und Russe nur kleine Fenster die keine Liebespflege verrathen können. Des Sommers schlafen sie alle zerstreut in Ställen und auf Böden: der Beyschlaf kann immer ohne Zeugen geschehen.
Des Sommers am Hofe, auf dem Felde, wo man sich
leicht im Winkel verbergen kan, ist der Anlaß zur Wollust und Ausschweifung weit stärker. Der Bauer ist
nicht ohne Schamhaftigkeit; gegen Fremde, sonderlich
gegen

gegen Deutsche, äuffert sie sich in etwas höhern Grad als gegen Eigne: nur kommt es darauf an, worin der Beobachter, und worin des Landes Sitte sie setzen.

Ungewöhnliche Krankheiten, üble Träume u. d. g. schreiben sie dem Teufel oder einer Hererey zu, und wie alle unwissende Völker, haben sie ihre Zauberer, die das Gestohlne anzeigen und wieder verschaffen, Schäden heilen, Andre mit Krankheit belegen, und wieder helfen sollen. Auch manche Liefländerin von Stande kann sich nicht ganz von solchen durch die Ammen und Aufwärterinnen erlernten Vorurtheilen loswinden. Alex. Guagninus (in der Descript. sarmat.) hält alle liefländische alte Weiber für Hexen; in Liefland denken Viele eben so: Andre lachen darüber, und befinden sich darbey sehr wohl. Gewiß ist daß der Bauer, nicht blos alte Weiber die sich gern das Ansehn geben, verschiedene Kräuter und andre Mittel kennt, die er sehr heimlich hält, und von denen er ganz falsche Gedanken hegt, indem er ihre Kraft blos gewissen Worten zueignet. Durch sanftes Drücken und Streichen stillen sie Schmerzen; Schlangenbiß heilen sie in einem Augenblick; Verrenkungen richten sie ohne Weitläuftigkeit wieder ein u. d. gl. Es wäre zu wünschen, daß sie ihre Geheimnisse weniger geheim hielten: Aber alle dergleichen Weisen, Salzbläser und wie sie heißen, entdecken ihre Kunst nur kurz vor ihrem Tode einem Einzigen ( 1 Band S. 559 u. f.) Der Bauer fürchtet sich vor einem bösen Auge und Munde, dadurch sein Korn oder Vieh Schaden leiden möchte: so bald jemand dasselbe lobt oder bewundert, murmelt er etliche schlechte Worte entgegen, das schädliche Lob unkräftig zu machen, (leider muß ich gestehen, daß viele Deutsche . . . . nicht gesünder urtheilen, und sich sehr erzürnen, wenn man ihre Kutschpferde fett nennet, oder sich über die Menge ihres jungen Fasels wundert.) Geschwüre und Ausschlag schreibt er

einer

einer bösen Stelle zu; er sinnt nach wo er gesessen oder
gelegen habe, geht dahin und sucht Hülfe; der Ehste
sonderlich durch Silberschaben (wie im ersten Bande
S. 154 bereits kurz berührt wurde,) er drehet nemlich
das Stück Silber dreymal mit der Sonne um die kranke
Stelle, speyet aus, murmelt einige Worte, und schabt
dann etwas Silber an den ihm verdächtigen Ort: diese
Kur nennt er das **Weisse an einen Ort legen.** Andre werfen glüende Kohlen in Wasser, besprechen dasselbe durch kräftige Worte, und waschen sich darmit.
Die Furcht vor einer bösen Stelle veranlaßt vielerley
Thorheiten, die ich stillschweigend übergehe. Eine ih-
rer gewöhnlichsten Arzeneyen ist Salz mit Brantewein,
worüber ihr Weiser oder Salzbläser dreymal gebetet hat:
von einem solchen glauben sie auch, daß er ihrer scharfen
Herrschaft den Zorn benehmen, Zorn auf Jemand legen,
Uneinigkeit zwischen Eheleuten stiften könne u. d. g. Mit
Schlangen, sonderlich mit unvermuthet gefundenen
Schlangenhäuten, wollen sie viel kuriren und hexen:
ein unter ihnen sehr berühmter Roßarzt versicherte in
betrunkenen Muth, daß er die schlechtesten Wunden und
Verrenkungen blos durch Schlangenfett heile, welches
aus schwarzen Schlangen die vor St. Jürgen (den
23sten April) gefangen und aufgehängt werden, aus-
träufele; und ein noch lebendes Weib, die durch Drücken allerley Schmerzen stillt, auch Ueberbeine vertreibt,
legt diese Kraft ihrem Daumen und Ohrfinger ganz allein bey, als mit welchen sie eine kettenartig in einander
geschlungene Schlangenbrut, die man sehr selten finden
soll, ganz auseinander getrennet habe, ohne sich darbey der
übrigen Finger zu bedienen. Inzwischen wird der Bauer
seinen Glauben an solche Wunderärzte nicht aufgeben,
weil ihn tägliche Beyspiele darin erhalten, und sogar
deutsche Aerzte stutzend machen. An einem heßlichen
Ausschlag im Gesichte, hatte ein Wundarzt seine ganze

Kunst

Kunst vergeblich erschöpft: ein altes Weib heilte ihn in etlichen Tagen durch Waschen mit Wasser, in welches sie glühende Kohlen warf; ob sie sonst Etwas hinzugelegt habe, konnte ich nicht erfahren. Viel wird von allerley schädlichen Mitteln geredet, die sie ihrem Feind durch Getränk beybringen, ihn krank, traurig oder unsinnig zu machen; welches sie nach langen Flehen oder Drohen auch wieder heben sollen: vielleicht ist das meiste Einbildung oder Mißverstand. Verrenkungen heilen Deutsche und Bauern durch rothgefärbtes wollenes Garn, in welches sie 9 Knoten schlagen; die Wurzel welche sie zur Farbe gebrauchen, beschreibe ich im Folgenden. Durch einen Aufsud heilen sie die weitverbreitete venerische Krankheit; Beinbrüche durch geschabtes Messing, welches sie eingeben, und welches sich nach ihrer Meinung, um die zerbrochenen Knochen setzen und sie wieder verbinden soll; viele Krankheiten durch Schießpulver, durch Terpentinöl, durch Teufelsdreck (asa fœtida) zu welchen sie ein großes Vertrauen haben. Augenkrankheiten wollen sie mit Wein, welcher auf dem Altar gewesen ist, vertreiben: bey mancher Kirche mag vormals ein vortheilhafter Handel damit seyn getrieben worden: Andre brennen Regenwürmer zu Asche und streuen sie ins Auge, sonderlich wider ein Maal. Von Klistieren wollen sie durchaus nichts hören: bey heftigen Verstopfungen schaffen sie sich Oefnung durch den Pferdeschweiß den sie von den Kummethölzern abschaben; andrer dergleichen Mittel zu geschweigen.

Wer ist im Stande alle ihre abergläubischen Gewohnheiten zu berichten: einige muß ich anführen, die größtentheils Letten und Ehsten gemein sind. Wenn des Abends Licht angezündet wird, so seufzen sie und kreuzigen sich, beydes thun sie auch oft in der Kirche, wenn der Prediger seine Stimme erhebt, von Verdammniß redet, sie beweglich ermahnt u. d. g. zuweilen schla=
gen

gen sie sich darbey an die Brust. Wider Hexerey sicher
und in ihrer Wirthschaft glücklich zu seyn, legen sie an
Kirchen, an Haine und heilige Stellen, allerley Opfer
von Wolle, Wachs, Talch, Geld u. d. g. So oft sie
etwas schlachten, wäre es auch nur ein Huhn, legen sie
ein Stück davon hinter den Viehstall an eine gewisse
Stelle zum Opfer. Nie bauen sie ein Haus auf die böse
Stelle, wo das vorige abbrannte; und wenn bey Legung
des Grundbalkens durch den Beilschlag ungefähr ein
Feuerfunke sichtbar wird, schließen sie daraus einen abermaligen Brand, und suchen, wo möglich, einen andern
Platz für das Gebäude. Ehe sie einen Viehstall bauen,
prüfen sie sorgfältig ob die Stelle gut oder böse sey: unter andern Versuchen legen sie auch Lappen und Kräuter dahin, die darauf bemerkten Ameisen entscheiden;
nemlich die schwarzen sind ein gutes, die rothen hingegen ein deutliches Zeichen von der Untauglichkeit des
Platzes. Vor manchen Hölen haben sie große Furcht
und nennen sie Teufelslöcher; ein solches findet man bey
Salis unter den Liwen, auch am torgelschen Bache im
Pernauischen; andern legen sie eine große Kraft bey, z.
B. einer Höle in einem weissen Sandfelsen bey Wenden, aus welcher Wasser quillt, die Letten nennen sie
die eiserne Pforte, sie haben dort geopfert und besuchen
sie noch immer bey gewissen Krankheiten. Wirbelwin-
de die bey uns oft großen Schaden an Heu, Feldern
und Dächern anrichten, halten sie für das Werk eines bösen Geistes: wo sie den Staub zusammen treiben sehen, werfen sie Steine oder ein Messer mitten in den Wirbel, den sie auch eine Zeitlang
schreiend verfolgen. Bey der Trauung tritt die Braut
wenn es irgend ohne Aufsehn geschehen kan, ihrem Bräutigam auf den Fuß, damit sie nicht von ihm unterdrückt
werde; bey der Kirche und nach der Trauung theilen sie
gern an die Umstehenden, auch an Fremde, Brantewein
aus,

aus, von jedem gute Wünsche zu bekommen. In die
Kirche nehmen sie, sonderlich die Ehsten, Brantewein
mit sich, damit Gotteswort darüber gehe (so
drücken sie es aus,) dann lassen sie Kranke davon trinken. Alle Verstorbene, sonderlich Anverwandten, haben sie immer geehrt; die meisten Letten und Ehsten halten ihnen zu Ehren jährlich ein stilles Fest am 2ten November: sie setzen des Nachts Speisen auf, die abge-
schiedenen Seelen zu bewirthen, und freuen sich wenn
sie merken daß etwas davon verzehrt ist; des Nachts stehen die Thüren und bey den Letten auch die kleinen Fenster los; im Fellinschen werden die Verstorbenen in der
Badstube empfangen, namentlich einer nach dem andern
gebadet, und dann zum Essen genöthiget; der Arme
schlachtet für sie wenigstens ein Huhn: ordentliche und
durch den Umgang mit Deutschen aufgeklärtere, Bauern
versichern, daß sie diesen Gebrauch nicht mitmachen.
Sonst haben sie noch verschiedene andre ihnen, sonderlich
den Ehsten, merkwürdige Tage: daß sie des Donners-
tags in Lett- und Ehstland nicht gern spinnen, und wie
sie Mariä Verkündigung den 25 März begehen, wurde
im ersten Bande S. 148 und 115 angezeigt; an Matthias (24 Febr.) beobachten sie das Wetter, des Winters Länge zu bestimmen; sie nehmen kein Sieb in die
Hand, vor Ungeziefer sicher zu seyn; und nähen nicht,
damit die Schlangen das Vieh nicht stechen; St. Jürgen den 23 April hauen sie kein Holz, damit die Wölfe
keinen Schaden zufügen; am Markustage den 25 April
pflügen sie nicht, damit das Vieh nicht plötzlich sterbe;
wenn es denn nicht friert, hoffen sie daß die Gerste von
keinem Froste gerührt werde; 8 Tage vor Himmelfahrt
ist ihr Kreuzwindtag, dann säen sie nicht, damit der
Wind ihr Korn nicht durch einander werfe; an Johannis brennen sie die Nacht hindurch Feuer, und nehmen
ihr Vieh vor Verhexung in Acht; Margarethen den 13
Jul-

Jul. arbeiten Einige nicht, vor dem Bär, nach welchem die Ehsten diesen Tag nennen, sicher zu seyn; Laurent. den 10 Aug. machen sie nicht eher als am Abend Feuer an, vor Feuerschaden gesichert zu seyn; an Martini laufen die jungen Leute in den Dörfern herum, bitten Gaben, die sie hernach mit allerley Spielen verzehren. Einige besondre Schutzheilige, welche die Ehsten noch von ihrer ersten Bekehrung her, beybehalten hatten, sind nun vermuthlich ganz vergessen: der Pferdegott Jürri wurde am 23 April; der Feuergott Laurits am 10 August; der Fischgott Peter am 29 Jun; der Pestilenzgott Tomas am 21 Decemb.; der Kindbetterinnen Göttin Krööt (Margret.) am 13 Jul.; die Schafgöttinnen Kabri und Anno am 25 Nov und 26 Jul. verehrt u. s. w. — — Ihre Wetterbeobachtungen gründen sich öfters auf lange Erfahrung; zuweilen bestimmen sie die beste Saatzeit und überhaupt die künftige Witterung sehr richtig. Alte Vorurtheile legen sie eben so ungern ab als alte Gebräuche; keine Kleidermode kennen sie ausser ihrer Altväter Tracht; es kostet viele Mühe und unwidersprechliche Beweise bis sie in der Wirthschaft von den Deutschen etwas annehmen: oft ärndten aber die letzten mit allen Künsteln weit weniger als die einfältigen erfahrnen Bauern, die unter sich zuweilen über jene herzlich lachen.— Wie alle Unwissende, haben sie auch mit dem Drachen viel zu thun, sie sehen ihn oft, bestimmen sein Geschäft und das Haus das ihn als einen wohlthätigen Raubvogel aussendet: leer zieht er aus wenn sie einen rothen Strich am Himmel sehen; schwarze und dunkle Farbe verräth die Beute welche er zurückbringt. Einige halten auch die sogenannten Sternschnuppen, die man hier häufig sieht, für kleine Drachen. Jedes wohlhabendes Gesinde steht ben ärmern im Verdacht wegen des Drachen.— Der Wirkung welche sie öffentlichen Fürbitten für Kranke beylegen, wurde schon im Vorhergehenden gedacht. Von

der Kommunion auf dem Krankenbette haben ſie (auch
etliche Deutſche) eben ſo ſonderbare Begriffe: Geſundheit
oder Tod muß bald darauf folgen; wenn ſie des Kranken
müde ſind und ſeinen Abſchied wünſchen, wird der Prediger geholt: der Ehſte drückt ſich darbey lächerlich aus,
er bittet ihn nicht zu: ſondern auf den Kranken: kommt
auf meine alte Mutter! d. i. reichet ihr das Abendmahl.
Sie glauben der Paſtor müſſe genau beſtimmen können,
ob und wenn der Kranke geneſen oder ſterben werde;
auch von ſeinem Pferd erwarten ſie dieſe Entſcheidung:
wenn es bey der Ankunft vor der Hausthür den Kopf
ſinken läßt, ſo iſt es eben ſo viel als hätte der Arzt den
nahen Tod angekündiget. Anhaltendes Geſchrei kleiner
Kinder halten einige für das Zeichen eines bey der Taufe
begangenen Fehlers: noch neuerlich hat man Beyſpiele,
daß ſie um eine zweyte Taufe baten. Gleiches thun ſie
auch wohl wenn hitzige Getränke den Verſtand verrücken;
ſie bitten um eine Taufe, oder den Teufel auszutreiben:
Aderlaß thut hier zuweilen Wunder. Alle ſolche unge-
läuterte Meinungen ſind vielleicht Ueberbleibſel von ihrer
erſten Bekehrung, und von ihrem Heidenthum.

Der Bauern Hang zum Stolz den ſie ſonderlich
bey der Trunkenheit verrathen, auch wenn ſie ihr reichliches Auskommen haben, ſollten wir billig zu unterhalten
ſuchen: dann würden ſie weniger ſchlecht handeln; oft
begegnet ihnen der Deutſche zu geringſchätzig, und macht
ſie dadurch trotziger und boshafter, welches ſie, ſo bald
ſie ſich ſtark genug ſehen, ihm nachdrücklich empfinden
laſſen: wie oft hat der reiſende Deutſche in Krügen, und
unter Weges beym Ausweichen im Schnee, jämmerliche
Prügel bekommen; zuweilen nehmen ſie auf lächerliche
Art Rache, ſo daß der Deutſche nicht einmal wagt ſein
Schickſal zu erzählen. — Mit dem Feuer gehen ſie ungemein unvorſichtig um, und verurſachen in ihren elenden hölzernen Wohnungen öftere Feuersbrünſte: ohne
Beden-

Bedenken gehen sie mit Feuer in die Ställe und zu den Strohhaufen, sie geben sich nicht einmal die Mühe herunterfallende Funken auszulöschen. Vom Eckel wissen sie wenig: mit eben dem Messer schlachten und schinden sie; mit allerley inficirten Personen essen sie aus einer Schüssel, und baden mit ihnen. — Gern reden sie durch Umschweife und vergrößern nach orientalischer Art, was sie erzählen; z. B. der Bauer ist geschlagen worden und will bey seinem Herrn Recht suchen: er tritt hinein, redet kein Wort. Der Herr: Was sagst du? Der Bauer: Gott weis! (hierbey kratzt er seinen Kopf.) Hr. Was wilst du denn? B. Ich hätte wohl etwas anzubringen, wenn ihr nur die Mühe nehmen und mich hören wollt. Hr. Sage denn! B. In unsern Dorf ist kein Leben mehr. Hr. Wie so? B. Der N. N. prügelt und schlägt tod, er raset wie ein toller Mensch; Gott weis was ihm fehlt. Hr. Was hat er denn gethan? B. Leider Gottes, was hat er gethan; er kam über mich her wie ein Räuber und hätte mich auf derselben Stelle erschlagen, wenn ich nicht entlaufen wäre. Nun zieht er sich ab, um die Zeichen der erlittenen Schläge aufzuweisen, versichert er könne weder Hand noch Fuß rühren, und in vielen Tagen nicht arbeiten.

Sie wissen nur von wenig Krankheiten; ihr Körper kan Ueberfluß und großen Mangel leiden: ihre Zähne sind bis ins hohe Alter vest, und von dem Kafbrod gemeiniglich sehr weiß. Sie lernen bald eine andre, sonderlich die deutsche Sprache, wenn sie eine Zeitlang am Hofe dienen, und man hat sich ihrer vormals mit gutem Erfolg als Dolmetscher und Lehrer bedient. (Arndt Chron. 1 Th. S. 96.) Gegen ihre Prediger äussern sie ein großes Zutrauen und Folgsamkeit. Bey dem öffentlichen Unterricht sind sie aufmerksam; eine Predigt die nur einigermaaßen rührt, und nach ihrer Mundart ist, bringt sie gleich zum Seufzen, wohl gar zum lauten

K 2          Beyfall.

Beyfall. Ein aufmerksamer Pastor kan daher viel Böses, sonderlich Empörung, abwenden. Nicht leicht weisen sie einen Bettler ohne Gabe ab; bey der Kirche, mitten in der größten Theurung, theilen sie an die Armen
Brod, Butter, Fische, Geld u. d. g. aus. Ihre Gleichgültigkeit gegen den Tod macht sie zu Wagehälsen, und
zieht ihnen oft Lebensgefahr zu. Ohne Bedenken stehn
sie auf den brechenden Eisschollen mitten in der See bey
dem Seehundsfang, und fahren über Flüsse deren Eis
schon ganz mürbe ist. Bey schwerer Arbeit sehnen sie
sich zuweilen nach der Pest; gleichgültig wünschen sie ihren kranken Eltern eine baldige Auflösung, und sind unwillig wenn sie nicht erfolgt.

In ihren, sonderlich der Ehsten Wohnungen, findet man wenig Hausrath; das meiste macht jeder selbst,
auch alles Ackergeräthe, nur die Pflugeisen ausgenommen. Nach Tischen und Stühlen sucht man bey ihnen
vergeblich: ein Paar kleine niedrige Bänke vertreten deren Stelle, wenn sie nicht durch den Umgang mit Deutschen, von alten Gebräuchen abgehen. Ihr ganzes Kü-
chengeschirr bestehet in einem eisernen Grapen; mit dem
Beil machen sie die meisten übrigen Geräthe. Eine
Bäuerin muß vielerley verstehen 1) die Wartung des
Viehes; 2) das Brodbacken in ihrem eignen Stuben-
ofen; 3) Feldarbeit, sie muß eggen, schneiden, mähen,
oft gar pflügen; 4) die Flachsarbeit; 5) das Weben,
sie muß Leinwand und wollene Kleider selbst machen; 6)
das Nähen, alles muß sie selbst anfertigen, nur Röcke
und Pelze nicht die der Bauerschneider nähet; und was
zur Pracht gehört kaufen sie von Deutschen, (viele arme
Frauenspersonen von allerley Ständen ernähren sich blos
durch die Hauben und andere Kleidungsstücke die sie zum
Staat für die Bauerweiber verfertigen;) 7) das
Strumpfstricken, die Wirthin muß für ihr ganzes Gesinde Strümpfe besorgen; 8) eine Art von Posamentier-
und

und Bandmacher-Arbeit, indem sie allerley Gürte und Bänder für ihr Gesinde zubereiten muß. Viele machen auch grobe Spitzen an ihre Hauben; 9) das Kochen; 10) das Schlachten und Wurst machen; 11) das Waschen; 12) das Bierbrauen; auch 13) ist sie gemeiniglich der Schulmeister ihres Gesindes; und 14) hauet und führt sie Holtz. Beweis genug daß unsre Bauerweiber viele Deutsche beschämen; die Lettinnen weben und spinnen ungemein gut. Eine Dirne die nicht dergleichen Arbeiten versteht, hat wenig Hofnung einen Mann zu bekommen. Manches mögen sie von den Deutschen angenommen haben, durch deren Umgang am Hofe oder in Städten, überhaupt die Sitten etwas geändert und feiner werden. Nach Verhältniß seines Wohlstandes hat der Bauer um sein Wohnhaus ein oder mehrere Nebengebäude, als Ställe, Kleete u. d. g. alle von elenden Ansehn. Arme leben mit ihrem Vieh unter einem Dach, nur durch eine Zwischenwand abgesondert, durchgängig findet man Hüner, auch oft bey den Ehsten, Schaafe, Ziegen und Schweine in ihrer Stube. Diese ist zugleich des Winters die Küche; des Sommers kochen sie unter freyen Himmel, oder in einer Strauchhütte; ordentliche Bauern haben eine besondre Sommerküche von pyramidenförmig an einander gestellten langen Stangen, zwischen welchen zur Abhaltung des Regens, Baumrinden liegen; an einem in der Mitte befestigten Querholz hängt der Grapen über dem Feuer: solche Küchen brauchen sie mehr wegen des Waschens als wegen des Speisekochens, weil sie des Sommers viel Milch und kalte Speise essen.

Selten geben sich Bauern die Hände, ausser wenn sie einem Freund begegnen und Zärtlichkeit erweisen wollten, und die Letten bey ihren Verlöbnissen (wovon im Folgenden). Auch geschiehet es bey einer Aussöhnung, und wenn sie einen Handel schließen, doch bedeckt darbey

bey jeder Ehſte die Hand mit ſeinem Rockzipfel, und zum
Zeichen daß der Handel oder Tauſch richtig ſey, rufen
beyde Theile, beynahe nach Art eines wiehernden Pferdes,
hihaha: die Letten rufen Likop und geben einander die
bloße Hand. — Wie die Korſen, ſitzen Ehſten und Letten
in ihren Häuſern, auf dem Felde, auf der Reiſe, bey
der Viehhütung u. ſ. w. gern um das Feuer: oft kommen durch reiſende Bauern große Wälder in Brand.
Des Nachts machen ſie ein Feuer auf und liegen unter
bloßen Himmel um daſſelbe herum: ihre Pferde ſind gewohnt ſich nicht weit davon zu entfernen. — Alle Dirnen beyder Völker gehen mit bloßen Kopfe, wie die
tſchuwaſchiſchen Mädchen, zum Unterſcheid von verhey-
ratheten und geſchwächten Weibsperſonen; in einigen
Gegenden haben ſie lang herabhängende fliegende Haare
als im Fellinſchen, im Oberpahlſchen, in der Wiek; in
andern als in Harrien, bey Dorpat und in ganz Lettland flechten ſie dieſelben um den Kopf. Alles trägt
Gürte um den Leib: die Mannsperſonen gemeiniglich le-
derne, einige, ſonderlich Letten, an deren Statt ein
Tuch, unverheyrathete Ehſten haben ihren ledernen Gurt
mit vielen meſſingenen Schnallen beſezt; alle tragen den
Gurt über den Rock. Die Weibsperſonen weben ihre
Gürte von Wolle und Zwirn, die Ehſtinnen mit allerley Blumenwerk, die Lettinnen einfärbiger: dieſen langen Gurt tragen ſie über dem Hemde, winden ihn etlichemal um den Leib herum, (in einigen Gegenden bis
unter die Bruſt,) ziehen ihn ſehr feſt, und einige ſchlafen gar umwunden, ohne dadurch an ihrer Geſundheit
zu leiden: ein Beweis daß nicht alles Schnüren ſchäd-
lich iſt. Oft haben ſie ſehr leichte Geburten; ein paar
Tage nach der Entbindung verrichten ſie ſchon allerley
Arbeit, wohl gar in ſtrenger Kälte: nur dürfen ſie nicht
vor ihrem Kirchgang auf eines Andern Feld oder Gehöft
kommen. Das Wochenbette nennt der Ehſte vermuthlich

lich nach einer vormaligen Sitte, das Winkelbette,
einen Abort leere Winkel. In den meisten Gegenden
gebären die Weiber in einer sonderbaren Stellung, ohne
fremde Hülfe, welche ihnen das herbeygerufene unwissende alte Weib ohnehin nicht leisten kann, (eigentliche
Hebammen haben sie nicht;) nemlich die Gebärende
hält sich stehend mit beyden Händen fest an dem Bettge-
stell oder sonst irgendwo, legt Heu oder Stroh zwischen
ihre Füße, bey den Wehen läßt sie sich beynahe bis
auf die Knie nieder, beugt den Unterleib etwas hinter-
wärts gegen das untergelegte Heu, damit das Kind,
wenn es ihren Leib verläßt, gemächlich und ohne Schaden auf dasselbe fallen kann. Das alte Weib (die Hebamme) liegt hinter ihr auf den Knien, und empfängt
das Kind, doch nur wo sie Gefahr befürchten: viele
schütten gleichsam ihr Kind auf das untergelegte Heu ohne
allen Beystand. Lettinnen gebären auch auf dem Bette.
Bey schwerern Geburten setzet sich die kreißende auf ihres
Mannes Schooß; hilft dieß nicht, so wird sie auigezo-
gen, d. i. sie binden einen langen Gurt mit beyden Enden an den Querbalken ihrer Stube, die kreißende legt
sich so auf den Gurt daß ihre Füße an der Erde etwas
breit von einander stehen, und der Unterleib unter dem
Gurt bleibe: hierdurch hoffen die Ehstinnen die Frucht
unterwärts zu pressen und die Geburt zu befördern. Welche Qual leidet oft die elende unter dergleichen unvernünfti-
gen Behandlungen, die ihr und ihrer Frucht den Tod unvermeidlich zuziehen würden, wenn nicht ihre starke und
abgehärtete Natur sie unterstützte. — Selten sieht man
gebrechliche Kinder: nur kurze Zeit werden sie in Win-
deln gewickelt; sie kriechen frühzeitig an der Erde; wodurch sie stärker werden und bald gehen lernen; ihre
Wächter sind 5 oder 6 jährige Kinder: so trägt ein Kind
das andre auf dem Arm. Ihre Wiegen führen sie mit
sich auf das Feld: ein aus etlichen Brettern zusammen-
genagel-

genagelter kleiner Kasten, hängt an einer schmalen Stange, die durch ihre Schnellkraft die ihr mitgetheilte Bewegung eine Zeitlang ohne neuen Anstoß fortsetzet. Auf
dem Feld stecken sie die Stange zwischen die Wagenrä-
der; so kann ein Kind ohne Mühe das andre in der Wip-
wiege bald zum Schlaf bringen; das zarte Gehirn leidet
darbey keine gewaltsame Erschütterung.

Alle Bauerröcke, nur das lettische Weibsvolk ausgenommen, kommen mit der polnischen Kleidung überein: doch hat jede Gegend ihre kleinen Besonderheiten.
Die wenige Kleidung des Bauern ist auch seine ganze
Bettkleidung; selten hat er ein mit Stroh ausgestopftes
Hauptküssen, hingegen der Lette für sich und sein Pferd
besondere Decken. Anstatt der Schuhe tragen alle
Bauern Passeln (Pasteln), welches eigentlich bloße Sohlen sind von ungegorbenen, bey den Letten auch von ge-
gorbenen Häuten: sie schaben die Haare herunter, und
ziehen den Passel vermittelst einer Schnur die sie um das
Schinbein winden, so zusammen, daß er den Fuß an
den Seiten ein wenig umgiebt. *) Nur des Sonntags
und im Staat gehen die Ehstinnen (seltner die Lettinnen)
in ordentlichen Schuhen, da sie denn aus Ungewohn-
heit einen lächerlichen Gang haben, zumal weil sie ihre
Beine mit breiten wollenen Tüchern dick umwinden, welches sonderlich im Dorptschen und Fellinschen geschiehet.
Zur langen Schonung der Schuhe tragen sie dieselben
in Händen, und gehen lieber barfuß bis sie vor die Kirche
kommen. Aus Stolz um es den Deutschen nachzuthun,
tragen einige Bauern an Sonntagen Stiefeln oder Schuhe. Des Sommers bey der Arbeit gehen alle mit bloßen
Füßen, oder sie tragen Bastschuhe, wozu sich ein jeder
aus

---

*) In Natollen sind auch dergleichen Sohlen gewöhnlich. S.
Hrn. Niebuhrs Beschreib. von Arabien. Wie dort, winden auch unsre Bauern, sonderlich die Letten, bey der Arbeit und auf Reisen leinene Tücher um Füße und Beine.

aus dem Wald von Linden oder Weiden die erforderlichen Rinden holt: die Russen und die finnische Nation,
auch die Tschuwaschen, tragen dergleichen. Weibspersonen, sonderlich wenn sie weit oder nach der Kirche gehen, (oft reiten sie troß dem kühnsten Kerl), haben über
den Schultern und bey Kälte oder Regen auf dem Kopf,
eine besondere wollene Decke oder Hülle die der Ehste
Söbba, der Lette Willane nennt; gemeiniglich ist sie
mit allerley groben Zierrathen versehen: in Ermangelung einer solchen, bedecken sie sich, sonderlich die Lettinnen, mit einem Stück Leinwand. An statt der Seife
waschen sie mit Asche oder Lauge, wobey sie die Wäsche mit einem Holz stark klopfen, aber wenig mit den
Händen reiben. Halstücher tragen sie höchst selten.

Den Anfang ihrer Eheverbindung machen sie durch
Brantewein; solchen senden, ist so viel als ansprechen;
das Trinken ist ein Zeichen des Jaworts*). Der Freyer
schickt zween Freywerber mit Brantewein, (gemeiniglich
weis er schon durch den Dienst eines alten Weibes, daß
man seinen Brantewein annehmen werde, oder die Eltern sind schon deswegen einig worden;) einer führt das
Wort auf eine etwas lächerliche Art, z. B. es sey ihnen
ein Stück Vieh verlohren gegangen, welches sie zu suchen gekommen wären: nach kurzen Wortwechsel bieten
sie dem Wirth, der Wirthin und der ausgewählten Dirne Brantewein; trinken diese nicht, so haben sie eine
abschlägliche Antwort bekommen; trinken sie, so werden
alle Anwesende mit diesem hochgeliebten Getränk traktirt.
Nach einiger Zeit kommt der Bräutigam bey den Ehsten selbst und bringt abermals Brantewein und Geschenke, da er denn gemeiniglich bey seiner Braut schläft,
welches, wie rückgängig geworbne Verlobungen zeigen,

K 5 oft

---

*) Auf gleiche Art verfahren die Lappen, nur bringt bey ihnen
der Bräutigam den Brantewein selbst. S. Leems Nachrichten von den Lappen.

oft in aller Unschuld geschehen mag. Dreymal muß er Brantewein bringen; so oft er die Braut ausserdem besucht, geschiehet es allezeit in Gesellschaft dieses Getränks. Besinnet er sich hernach eines andern, so verliert er die Geschenke; kündigt sie den Kauf auf, so muß sie allen gebrachten Brantewein und die Geschenke doppelt bezahlen, wenn ihr Vermögen es anders erlaubt. Vor der Hochzeit bringt der Bräutigam bey beyden Völkern, den vornehmsten Brautschmuck, die Ehsten eine Haube, die Letten eine Mütze. Die Ehsten können keine Hochzeit ohne bloße Degen halten, welche der Bräutigam nebst einem oder zween der vornehmsten Hochzeitgäste, stets, selbst bey dem Tanz, in der Hand führen, und so oft sie durch eine Thür gehen mit demselben kreutzweise die Schwellen und Pfosten berühren *). Woher dieser uralte Gebrauch seinen Ursprung habe, können sie selbst nicht anzeigen: Einige vermuthen, von einer uralten Gewohnheit die Weiber zu rauben. Eigentlich haben die Letten mitten in Lettland bey ihren Hochzeiten keine Degen: wo man sie unter ihnen findet, vermuthe ich, daß es durch die Liwen und Ehsten, die sich unter ihnen nach und nach niedergelassen und mit ihnen vereiniget haben, ist eingeführt worden. Die Verlobung der Letten, welche ich hernach beschreibe, giebt eine Vermuthung,

---

*) Auch die Morduanen und Tschuwaschen brauchen bey ihren Hochzeiten bloße Degen, wie man unter andern aus Hrn. Pallas Reisen weis, in welchen noch mehrere Gebräuche vorkommen, die jene Völker mit den Ehsten, (etliche mit den Letten,) gemein haben: z. B. der bloße Kopf als das Kennzeichen eines ledigen Mädchens; die Asche anstatt der Seife; Bastschuhe; Liebhaberey des Hopfenbiers; Dudelsack und liegende Harfe u. d. g. Der Tschuwaschen und Morduanen ( die nebst den Ehsten einen gemeinschaftlichen Stamm haben,) ihr Tanz ist dem ehstnischen ganz ähnlich: auch geben jene wie diese den Verstorbenen allerley Geräthe mit, und lassen die Braut am Hochzeittage nicht zu Fuß gehen. Von der ähnlichen Kleidung hernach.

thung, daß selbst die vorläufige Ansprache durch Brantewein kein eigentlich lettischer, sondern blos ein von den Ehsten und Liwen angenommener, Gebrauch in Lettland seyn mag.

Wohlhabende bitten bey Kindtaufen 5 auch mehrere Gevattern, die zuweilen schon betrunken zur Kirche kommen. Arme, denen es an stärkenden Getränken zur Belohnung, fehlt, müssen lange suchen, ehe sie etliche Nachbarn willig machen, das Kind zur Taufe zu bringen. Daßelbe gegen Hexerey zu schützen, pflegen viele ein wenig Teufelsdreck demselben mitzugeben, welches, zumal wenn mehrere Kinder zugleich getauft werden, einen unausstehlichen Gestank veranlasset. Andre abergläubische Gewohnheiten und Anzeigen bey der Taufe, übergehe ich.

Ihre Betrübniß über des Anverwandten Abschied, ist nie groß: der Begräbnißschmauß den der Ehste zuweilen die Seelenerhebung nennet, und die Versicherung daß der Verstorbene aller Mühe entgangen ist, tröstet sie bald; sie wünschen daß seine Seele Gott zugehören möge. Diesen Wunsch setzet der Ehste zu jeden Verstorbenen von dem er redet, wie wir das Wort selig oder wohlselig. Der Vater macht dem Sohne, dieser jenem den Sarg und das Grab: Reichere erbitten zu beyden ihre Nachbarn. Die Leiche wird in Leinwand gewickelt; von Armen mit dem bloßen Hemde in den Sarg gelegt; Weibern eine Schürze vorgebunden: in den Sarg legen sie eine Badquaste, (zusammengebundene kleine Birkenzweige mit Blättern,) die Seife womit der Todte gewaschen wurde, eine Kopfbürste, etwas Geld (ein reicher Lette zuweilen $\frac{1}{4}$ Thaler) damit der Verstorbene sich unter Weges einen Stoof Bier kaufen könne; einer Mannsperson auch Pfeife und Toback. Das lezte thun die Ehsten seltner, hingegen legen sie zuweilen ein kleines hölzernes Kreutz auf des Verstorbenen Brust.

Bruſt. Auf einem Wagen oder Schlitten wird der
Sarg nach dem Kirchhof gebracht, (die Letten bedecken
ihn mit der gelehnten Leichendecke, oder mit einer Pfer-
dedecke,) bey Reichern ſitzen 2 Kerl auf dem Sarge, deren einer ſingen muß, ſo oft ſie durch ein Dorf fahren.
Jeder Leichenbegleiter, (Arme haben deren wenige oder
gar keinen,) wirft unter guten Wünſchen etwas Erde
in das Grab. Ein ſchlecht zugehauenes Kreutz, an dem
ein wenig gefärbtes Garn, oder ein Gurt, oder Strumpf-
bänder hängen, wird zum Haupt in die Erde geſteckt:
Reichere laſſen es unter Weges durch einen Vorreiter
vor dem Sarge hertragen, oder legen es auf denſelben.
Das vormals gewöhnliche Wehklagen (Arndt Chron.
1 Th. S. 70) hat aufgehört: das Saufen noch nicht.
Trauerkleider haben ſie nicht; nur die Weibsperſonen
pflegen alsdann ihren ſilbernen Hals- und Bruſtſchmuck
abzulegen, oder ihr Pres (ſilberne Platte auf der Bruſt)
umgekehrt zu tragen. Im Fellinſchen ſchlägt der Ehſte,
ſo oft eine Leiche aus ſeinem Hauſe weggebracht wird, einen
eiſernen Nagel in die Thürſchwelle.

Von ihren Grüßen weis ich nichts anzumerken:
ich wage nicht einmal ſie recht zu überſetzen. Der Ehſte
ſagt Terre, d. i. ſey gegrüßet! er wiederholt es, oder
ſetzt noch ein ander Wort hinzu, z. B. ſey gegrüßet zum
Morgen, zum Mittag, zum Abend! ſey gegrüßet Gott
zu Hülfe, (wenn er jemanden Arbeiten ſieht.) Die Antwort iſt: ſey gegrüßet in Gottes Namen! Ueberhaupt
ſind ihre Höflichkeitsbezeigungen alt und ungekünſtelt:
das Bücken iſt bey den Ehſten, wenn er es nicht wie das
Händeküſſen, von Deutſchen entlehnt, ſeltner als bey
den Letten; beyde pflegen bey ihrem Abſchiednehmen,
Grüßen und Bitten, die Kleider und noch mehr die Knie,
derer die ſie ehren wollen, zu berühren; bey dringenden
Bitten ſtreichen ſie oft, mit ſehr ſchmutzigen Händen,
längs den Kleidern und Füßen des Geehrtern, bis zur
Erde

Erde herunter, oder sie umfassen die Füße und küssen
sie *). Ihre Danksagung müßte man eigentlich über-
setzen: seyd gesund! Ihr Bitten und Ansuchen begleiten sie gemeiniglich mit allerley Schmeichelworten: sie
nennen den von welchem sie etwas wünschen, Gold, Zucker, Groß, Theuer u. d. gl. auch unter sich selbst haben
sie dergleichen Liebkosungen und Schmeicheleien: der Ehste nennt ohne daran zu denken, fast Jederman Goldchen,
und seinen Feind mitten im bittersten Zank: lieber Bruder, liebe Schwester. Man kann leicht erachten, daß es
ihnen auch nicht an schändlichen und niederträchtigen
Scheltworten fehlt, die sie sogar ohne Unwillen, oft im
Scherz, einander beylegen, z. B. das Wort Schwein-
igel. Am empfindlichsten schelten sie eine Weibsperson,
wenn sie dieselbe für eine die sich an Wegen aufhält (für
die öffentlichste Hure) erklären. Eltern schelten, ihnen
das Brod vorwerfen wenn sie kränklich sind, sie wohl
gar in eine Badstube verstoßen wo sie sich mit ihren Händen kümmerlich nähren müssen, sind gewöhnliche Vorfälle: aber selten legt ein Kind seine Hand an sie, vielleicht mehr aus Furcht als aus Ehrerbietung.

Ihre Sprichwörter sind aus ihren Sitten und ihrer Lebensart hergenommen: viele haben Ehsten und Letten gemeinschaftlich; die ersten haben deren mehrere.
Zur Probe will ich einige anführen: Gieb den Dudelsack
in eines Narren Hände, er sprengt ihn entzwey. Schätze
den Hund nicht nach den Haaren, sondern nach den Zähnen. Die Schönheit legt man nicht in Grapen, noch
in den Kessel. Ein nasses Land bedarf keines Wassers;
d. i. betrübe die Betrübten nicht noch mehr. Niemand
hält

*) Das Berühren der Knie scheint ihre eigentliche alte Gewohn-
heit zu seyn. (Wem fallen nicht hierbey Homers Helden
ein, die bey ihrem Bitten sagen: ich komme zu beinen
Knien.) Einige legen sich an die Erde: aber das haben sie
von den Russen entlehnt.

hält mich bey meinen Rockzipfel; d. i. ich bin keinem etwas schuldig. Im Krieg ist mehr als eine Blässe (ein Pferd mit einer Blässe). Wer bittet den Armen zur Hochzeit? Der Stumme (das Thier) muß wohl ziehen was der Unvernünftige auflegt. Des Müllers Schweine und des Amtmanns Pferde sind immer fett. Sey selbst ein Kerl, aber achte einen andern Kerl auch für einen Kerl. Von des Reichen Krankheit und des Armen Bier hört man weit. Die Noth treibt den Ochsen in den Brunn u. a. m. Die Räßel unsers Landvolcks verdienen kaum einer Erwähnung: einige haben sie von Deutschen gelernt; andre sind für gesittete Ohren beleidigend, weil sich der Bauer um den Ausdruck wenig bekümmert; die wenigsten verrathen etwas Salz. Zur Probe führe ich nur ein Paar an: Für sich stumm und dumm, gleichwohl aller Welt Ausflicker? Antw. eine Nähenadel. Es läuft ohne Füße bis an der Welt Ende? Antw. die Wolken. König, Edelmann und Bauer essen es, wird doch niemals auf den Tisch gesetzt, noch mit Messern geschnitten? Antw. die Muttermilch.

Viele haben einen großen Hang zur Dichtkunst aus dem Stegreif, die freilich nie mit dem elendesten italiänischen Improvisatore eine Vergleichung aushält. Sie dichten blos zum Gesang: ein abermaliger Beweis, daß Poesie und Musik bey unausgebildeten Völkern unzertrennlich sind. Der Stegreifdichter singt einen Vers vor; sogleich wiederholt ihn die ganze Versammlung: daß viele müßige Worte darin vorkommen, ist leicht zu erachten. Sehr sind sie geneigt in ihren Liedern bittre Spöttereien anzubringen, vor welchen auch kein Deutscher, denen sie ohnehin allerley Spottnamen beylegen, sicher ist. Wie beissend zieht oft ein Gebiet das andre durch: am heftigsten greifen sie die an, welche bey einem Hochzeitschmause Sparsamkeit äussern: leicht pressen sie Scham und Thränen ins Gesicht. Ihre Lieder sind ge-
meint:

meiniglich reimlos: die Ehsten haben etliche gedanken-
lose Endwörter, die sie in etlichen Liedern an jeden Vers
hängen. Des Rassike Ranike in Hochzeitliedern wurde bereits gedacht: im Fellinschen u. s. w. wird es sehr
lang gedehnet, im Dörptschen hurtig ausgesprochen,
daß es fast wie Rasske Rannke klinget. Bey den
Schaukeln hängen sie in einigen Gegenden an jeden Vers
Rike älle, und im Fellinschen an ihre Arbeitslieder auf
dem Feld Belelele. Beym Schmause besingen sie das
Lob ihres freygebigen Wirthes, des Kochs, des Bier-
brauers u. d. g. Aus dem Stegreif gemachte Gesänge
versteht selten ein Deutscher völlig, wegen der darin sehr
gemißhandelten Wörter: oft gehörte Lieder lernt man
endlich verstehen. Von solchen will ich ein Paar ehstnische zur Probe mittheilen:

Wenn die Braut gehaubt wird.

„Ebhi, ebhi neitsikenne!
„Ebhi neile ehtele,
„Mis so emma enne ehtis;
„Panne neile paeludele
„Mis so emma enne pannub.
„Pähhä panne murrede perga;
„Otsa ette hole perga;
„Laggi pedle leina lindi.
„Ebhi walmis, walge wäljas;
„Sea korrad, koido oues:
„Sawad sanid soitama,
„Ree tallad tansima."

d. i. „Schmücke dich, Schmücke dich Jungferchen!
„Schmücke dich mit dem Schmuck wormit sich vormals
„deine Mutter schmückte; lege solche Bänder an, wie
„vormals deine Mutter anlegte. Auf den Kopf lege das
„Kummerband; vor die Stirn das Sorgenband; auf
„den Scheitel das Trauertuch. Bereite dich, es wird
„drauß

„draussen hell; bringe alles in Ordnung, die Morgen-
„dämmerung ist da: die Schlitten fangen an zu fahren,
„die Kufen der Bauerschlitten zu tanzen." — Das
Lied beziehet sich auf die ehstnische Weiberkleidung, und
auf die Gewohnheit die Braut des Nachts aus dem ihrigen in des Bräutigams Haus zu bringen, welches größtentheils im Winter mit Schlitten geschiehet.

Das Lied eines Liebhabers liefere ich blos in der
Uebersetzung: „Einstmal war schön Wetter; warm war
„es, nicht kalt, da meine Geliebte vorbey ging mit ei-
„nem kleinen schwedischen Boot (oder: gelben Pferd, es
kan beydes anzeigen.) „Der Himmel bewegte sich, die
„Hunde bellten; alles Volk war frölich: mein Herz war
„in mir kalt. Lieber junger Kerl gehe mit dem Freyer
„nicht zum Reichen: der trotzet auf sein Geld und lacht
„bey seinem Gut — — damit seine Tochter mir zu Theil
„werde. Gehe mit dem Freyer zum Armen: dieser freuet
„sich wenn seine Tochter einen Mann kriegt; er schlach-
„tet Hähne und Hüner, macht Hochzeit u. s. w."

Noch ein Fragment von einem Liede, darin sie
über den schweren Frohndienst klagen: „Frau (Erbfrau
des Gebiets) „stehe auf vom Stuhl, blicke auf dein ar-
„mes Gebiet, wie es geplagt wird: die Kleinen werden
„gepeiniget, die Erwachsenen getödtet (scharf gezüchtiget).
„Der Teufel wurde zum Aufseher gesetzt, ein Dieb zum
„Befehlshaber des Gebiets, Steine und Klötze zu Un-
„teraufsehern. Hätte ich nur Macht zu befehlen, die
„Rothröcke würde ich Holz spalten, die Blauröcke Mist
„ausbreiten lassen." u. s. w.

An diesen Proben mag es genug seyn: unter allen
elenden Liedern habe ich die erträglichsten gewählt. Viele
sind unausstehlich kindisch, wenn sie z. B. erzählen: die
Schwalbe habe Bier gebrauet, die Lerche Holz darzu getragen, der Zaunkönig Hopfen eingelegt u. s. w. — Die
geistlichen Lieder in den undeutschen Gesangbüchern sind
größten-

größtentheils Uebersetzungen: oft haben sie etwas vor dem
Deutschen Original voraus. Beyde undeutsche Sprachen
sind auch biegsam genug, aller Orten richtiges Sylben«
maaß und reinen Reim zu erhalten.

## Verschiedenheiten zwischen Ehsten und Letten.

Gelegentlich sind bisher einige bereits angemerkt
worden: jetzt fasse ich mehrere, die wichtigsten zusam«
men. Beyde Völker sind unterschieden:
1) in ihrer Abstammung. Daß die Ehsten ein Zweig
der großen und weit verbreiteten finnischen Nation sind,
bedarf keines Beweises; Niemand zweifelt daran. We«
gen der Letten ist man noch nicht einig. Die Kuren und
Litauer sind ihre Brüder: aber welches ist ihr gemein«
schaftlicher Stamm? Herr Schlözer (allg. Nordische
Geschichte S. 316) erklärt sie für ein besonderes Volk:
nach ihrer jetzigen Beschaffenheit kan man sie so nennen.
Herr Thunmann (Alte Geschichte einiger Nordischen
Völker S. 69 u. f.) läßt sie von Gothen, Finnen und
Slaven abstammen: den Beweis nimmt er aus ihrer
Sprache. Die Liefländische Geschichte lehrt uns, daß
sich wirklich Zweige des finnischen Volks, Liwen und
einige Ehsten, unter die Letten gemischt haben und mit
ihnen zu einem Volk zusammen geschmolzen sind, aber
nicht eher als nach dem zwölften Jahrhundert, da Kriege,
Druck u. d. g. diese allmähnige Vereinigung veranlaßten
und erleichterten. Aber die Letten waren ja schon vor«
her ein besonderes, von den Liwen und Ehsten gehaßtes
Volk. Eine weit frühere Vermischung als die angeführte,
ist noch unerwiesen, und kann aus der jetzigen lettischen
Sprache gar nicht erwiesen werden, von deren vormali«
gen Beschaffenheit uns die Nachrichten gänzlich man«
geln. Die kleine Anzahl von finnischen und ehstnischen
Wörtern die man jetzt darin findet, und von deren vie«

len noch zweifelhaft iſt ob ſie wirklich finniſchen Urſprungs
ſind, haben die Letten durch die Nachbarſchaft, Umgang, durch einige von den Ehſten und Liwen angenommene Gebräuche, durch die nach dem 12ten Jahrhundert allmählig bezogenen liwiſchen Wohnplätze und ſonderlich durch die erwähnte Vereinigung, erhalten: der
Letten urſprüngliche Abſtammung kan dadurch nicht entſchieden werden. In der ehſtniſchen Sprache finden ſich
ruſſiſche, lettiſche und deutſche Wörter: Niemand wird
deswegen die Ehſten für eine Miſchung von Ruſſen, Letten und Deutſchen erklären, oder gar ihren Urſprung
aus dieſen dreyen Völkern und den Finnen herleiten.
Herr Thunmann irret nicht wenn er die jetzigen Letten
für eine Miſchung aus mehrern Völkern hält, ihre Sprache und die Geſchichte geben Beweiſe: aber ihr erſter Urſprung iſt dadurch noch lange nicht entſchieden. Vermuthlich war der eigentliche Stamm ſlaviſch: Wande-
rungen, Vorfälle, Vermiſchungen, Länge der Zeit u. d.
gl. haben Sprache und Urſprung unkenntlich gemacht;
und in ſo fern können ſie nach Hrn. Schlözers Meinung ein beſonderes Volk heißen. Schwerlich hätten ſie
ſich mit den Ehſten und Liwen, oder dieſe mit jenen,
vermiſcht, wenn nicht Krieg und Druck darzwiſchen gekommen wären: Abneigung, gegenſeitiger Haß und Ge-
ringſchätzung waren wichtige Hinderniſſe Hierzu kommt
noch ein Unterſchied den die Letten mitten in Lettland,
ſelbſt unter ſich machen: die welche von uralten Geſchlechtern abſtammen, die ſchon längſt und von (ihnen) undenk-
lichen Zeiten hier gewohnt haben, nennen ſich vorzugs-
weiſe Senſis; diejenigen welche als Ankömmlinge aus
Polen und Ehſtland ſich unter ihnen niedergelaſſen haben,
nennen ſie Damalli oder Malleneeſchi; jene verheyrathen ſich nicht leicht mit dieſen. Ein nicht ganz ſchwa-
cher Beweis, daß die Letten vor der Vermiſchung mit
Finnen und Ehſten ein eignes Volk mögen geweſen ſeyn.

Sie

Sie schätzen die Ehsten etwas gering; und diese verspot-
ten jene gern.

2) In der Sprache. Beyde Völcker verstehen
einander gar nicht wenn sie nicht durch den Umgang die
gegenseitigen Sprachen lernen, welches beyden viel Mühe
kostet. Der Letten häufiges Sch kan kein Ehste ohne lange Uebung aussprechen: des letzten seine häufigen Doppellauter sind jenem eben so beschwerlich. Dreist konnte
daher Herr Schlözer (Probe russischer Annalen) behaupten, die lettische Sprache habe mit der finnischen nichts
gemein; etliche allmählig aufgenommene Worte machen
keine Instanz: warum nahm Er (in der Isländischen
Litteratur und Geschichte) jene Behauptung sobald
zurück? Die Deutschen haben viele Wörter in die ehstnische Sprache gemischt, und diese hat doch mit der deutschen nichts gemein. Die meisten lettischen Wörter
scheinen aus dem Slavonischen zu stammen: daß nach
Hrn. Gatterers Einleitung in die synchronistische Uni-
versalhistorie, die lettische, zu den europäischen Haupt-
sprachen gehöre, möchte schwerlich zu beweisen seyn.

3) In ihrer Kleidung. Die eigentliche ehstnische
Tracht ist braun, die lettische grau: etliche Inseln und
kleine Distrikte wo auch Ehsten graue Röcke tragen,
machen eine unbedeutende Ausnahme. Der Zuschnitt
eines Mannsröckes ist bey beyden Völkern gleich: er besteht aus einem Hinter- und 2 Vordertheilen, hat lange
spitzige Ermel, und ist von groben wollenen Tuch ohne
Ausfütterung: ein solcher Rock kostet ungefähr 80 Kopek.
Die größte Verschiedenheit äussert sich in der weiblichen
Kleidung: die Ehstinnen tragen eben solche Röcke wie die
Mannspersonen; die Lettinnen haben ein kurzes fest am
Leibe liegendes und nach demselben gemachtes Kamisol
und ordentliche gefaltete Unterröcke; beydes tragen sie in
und ausser dem Hause; über ihren weissen Hauben haben
sie eine Mütze die 2 bis 3 Thaler kostet; der Ehstinnen

Kopf-

Kopfschmuck weicht davon ganz ab. Diese lieben an ihrem Kopf und vor der Brust viel Flitterstaat und silber-
nes Klapperwerk; nemlich allerley Spangen, Platten,
Krellen, Blätter, Pater *) u. d. g. so daß manche mehr
als für 40 Rubel Silber an ihrem Halse und vor der
Brust trägt, welches sonderlich im Oberpahlschen und
Fellinschen sehr weit getrieben wird: ihre Fingerringe sind
oben sehr breit. Das Silberwerk einer Lettin besteht in
einer Platte mit verschiedenen in Gestalt eines Fingerhuts
darauf stehenden Puckeln; in einer mit rothen Glasstei-
nen oder Perlen besetzten Spange; und in etlichen silbernen Blättern, alles vor der Brust: ihre Fingerringe
sind nach deutscher Art gemacht. Sie tragen Schürzen,
ordentliche Strümpfe, und sonderlich an Sonntagen Hüte
die mit Spargel geziert sind, denselben ziehen und verwahren sie sorgfältig; kein junger Freyer kan ohne Spargel an seinem Pferde, reiten. Die Ehstinnen wissen weder vom Hut noch vom Spargel; die meisten tragen ungemein kurze Strümpfe, ausser in einigen Gegenden wo
sie vermuthlich von den Deutschen und Schweden bessere

zu

*) Die Spange ist eine Schnalle, das vorn über der Brust bey
Manns- und Weibspersonen weit herunter aufgeschlitzte
Hemd zusammen zu halten: Man hat sie von verschiedenen
Gestalten. Die Platte (das große Pres ehstnisch Sölg)
gehört nur für Weibspersonen zu eben dem Endzweck: reiche haben zum Staat mehrere Platten und Spangen vor
der Brust. Die Krellen (silberne Kugeln von allerley Gestalt) hängen vom Hals über die Brust in langen Schnu-
ren; darzwischen allerley angeöhrtes Geld, sonderlich alte
Thaler und Rubel. Arme haben am Halse messingene Zahlpfennige, oder bleyerne Thaler welche sie selbst gießen. Der
Pater ist eine dünne runde Platte, in deren durchbroche-
nen Mitte eine Kreutzigung vorgestellt wird: er hängt an
einer langen Schnur von silbernen Krellen, fast auf dem
Bauche; sein Name stammt wohl aus den Zeiten vor der
Reformation, da man ihn am Paternoster trug. Jetzt
haben die Ehstinnen auch allerley Glaskorallen und Perlen
um den Hals, die in einigen Gegenden weit herunter hängen.

zu ſtricken gelernt und entlehnt haben; welches ich auch
von den Schürzen wo ſie gebräuchlich ſind, vermuthe.
Die ganze ehſtniſche Nation beyderley Geſchlechts geht
gern mit 2 Röcken über eina  r: viele tragen mitten in
heiſſen Sommer einen Pelz und den Rock noch darüber.
Das letzte thut der Lette nur im Winter, das erſte nicht
leicht: bey der Arbeit läßt er wie der Ruß, ſein Hemd
über die Unterkleider herabhangen.

4) Auch in der Wohnung findet ſich ein Unterſchied. Die Letten wohnen zerſtreut: die meiſten haben
neben ihrer Rauchſtube (Riege wo ſie das Korn dörren,)
eine warme reinliche Kammer mit 2 bis 3, wenigſtens mit
einem kleinen Glasfenſter, in welcher ſie ſich gewöhnlich
aufhalten. Bey ihnen findet man mehrere hölzerne, auch
wohl irdene Tiſchgeräthe, beſondre Schlafdecken, Obſt-
gärten; in ihren Stuben dulden ſie keinerley Thiere,
höchſtens im Winter etliche Hüner, Hunde und Katzen.
Von allem iſt bey dem Ehſten das Gegentheil: er lebt
ſehr unreinlich; hat immer einen üblen Geruch bey ſich;
ſeine finſtre Rauchſtube iſt ohne Fenſter, voll Thiere,
ſonderlich Schaafe u. d. g , die daran befindliche Kammer iſt kalt, finſter und ein bloßes Magazin.

5) Noch größere Verſchiedenheit äuſſert ſich in den
Neigungen. Die Letten ſind verträglich, viele Weiber
leben in einem Hauſe friedlich beyſammen; fleißig in der
Wirthſchaft; höflich und ehrerbietig wie die Ruſſen; ungemein ſchamhaft, die Lettin läßt ſich nie zu Hauſe oder
auf dem Felde mit bloßen Hemd, vielweniger nackend ſehen.
Darbey ſind ſie etwas einfältig, äuſſerſt abergläubiſch,
gegen den Religionsunterricht gleichgültig. Die Ehſten
hingegen liſtig, falſch, zankſüchtig (ſelten vertragen ſich
2 oder 3 Weiber in einem Hauſe,) rachgierig, wider-
ſpenſtig, naſeweis; freuen ſich wenn ſie Andre, ſonderlich
Deutſche, beleidigen können; unhöflich, ſelten ziehen ſie
den Hut ab; unbarmherzig gegen Jedermann, nur nicht

L 3 gegen

gegen eigentliche Bettler; herzhaft; ohne Eckel und ohne deutſche Schamhaftigkeit; ſie gehen vor aller Menſchen Augen ohne Scheu entblößt, und folgen der Natur mitten auf der Landſtraße ohne ſich an Vorbeygehende zu kehren; d. Weibsvolk, ſelbſt Dirnen, gehen zu Hauſe und auf dem Felde mit bloßem Hemde, höchſtens haben ſie eine Art von Unterrock, die Brüſte bedecket das Hemd gemeiniglich nur halb; aus der Badſtube gehn ſie ganz nackend ſich abzukühlen; ältere Weiber halten nicht ſelten, ohne ſich ihrer Blöße zu ſchämen oder irgend einen Theil des Leibes zu verbergen, mit ganz fremden Mannsperſonen lange Geſpräche; beyde Geſchlechte baden ſich zugleich, (keine Lettin wird ſich leicht dazu entſchließen;) des Sommers kommen die Weibsperſonen oft mit dem bloßen Hemde das nur von oben der lange Rock bedeckt, in die Kirche, wo manche bey der Hitze ohne Umſchweif den Rock ablegt und im Hemde daſitzet.

6) Beyde Völker haben einige Gebräuche, deren im Vorhergehenden gedacht wurde, gemein; in andern weichen ſie von einander ab, z. B. die Letten ärndten ihr Korn mit kleinen Senſen, die Ehſten mehr mit der Sichel; jene brauchen lauter Pferde, dieſe auch Ochſen zur Feldarbeit. Eigentliche Amulete habe ich bey beyden nie bemerkt: bey ehſtniſchen Weibern vertritt Teufelsdreck den ſie an ihren ſilbernen Bruſtſchmuck tragen, die Stelle eines Amulets; die Letten bedienen ſich deſſelben blos zur Arzney. Dieſe machen zur eignen Feſtſpeiſe, auch zum Verkauf, große Käſe, welche ſie auch mit Eiern vermiſchen; geronnene Milch mit Salz, Schmant (Sahne) und Lauch vermiſcht eſſen ſie des Sommers täglich: der Ehſte macht keine Käſe, ſeine ſaure Milch iſſet er unvermiſcht, oder mit einem Zuſatz von gekochten Mehl, auch wohl von kalten Waſſer. Alle verheyrathete Ehſten tragen lange Bärte: die Letten, nur ganz
alte

alte ausgenommen, balbiren sich. Jene kennen bey ihren Tänzen und Lustbarkeiten kein vortreflicheres Instrument als den Dudelsack; diese hören ihn gern, aber bey ihren Hochzeiten haben sie 3 bis 4 Violinen, die sie vielleicht den Deutschen abgeborgt haben, und nicht ganz unerträglich spielen lernen. Die Verschiedenheit ihrer Hochzeitgebräuche liefern die gleichfolgenden Aufschriften.

## Von den Ehsten insonderheit.

Herr Herder (Abhandl. über den Ursprung der Sprache S. 15) rechnet ohne Umschweif die Ehsten (vermuthlich versteht er blos diese unter seinen Ehstländern, sonst müßte er auch Edelleute und Gelehrte darunter begreifen,) nebst den Lappen zu dem kleinen Rest von Wilden in Europa. Das geht zu weit. Warum die Ehsten? Sie haben ihre Fehler; aber sie sind Sklaven: Letten, Finnen, gemeine Russen und Polen, haben vor ihnen nichts voraus; und sollen diese alle Wilde heißen, so ist der Rest gewiß nicht klein. Die Ehsten die Herr Herder kennen zu lernen keine Gelegenheit gefunden, die er nur zuweilen in Riga gesehen hat, unter denen ich jetzt seit 18 Jahren wohne, verdienen durchaus nicht den Namen der Wilden: ihre Sitten sind einfacher und ihre Erkenntniß hier und dar vielleicht etwas geringer als der wohlunterrichteten Bauern mitten in Deutschland: aber sie treiben seit Jahrhunderten Ackerbau, Viehzucht, Fischerey, Künste und Profeßionen, und darunter theils solche die keinen Wilden vermuthen lassen, theils solche die sie schon vor der Ankunft ihrer jetzigen Beherrscher kannten, z. B. Silberarbeit, Büchsenschäfterey, Schiffahrt u. d. g. Die Oeseler waren Freybeuter, sollen weite Seereisen und in Schweden Einfälle gewagt haben ehe noch ein Deutscher den Fuß ins Land setzte; damals haben Ehsten nach des Hiärne

Bericht

Bericht unter der schwedischen Armee, vermuthlich als
Bundesverwandte und als gute Soldaten, gegen die Dänen gefochten. Hr. Pallas (Reise durch verschiedene
Provinzen des russischen Reichs 1 Th.) versichert, daß
sich auf allen erzreichen Strecken am Uralschen Gebirge,
alte von einer unbekannten Nation, welche den Bergbau
sehr fleißig muß getrieben haben, herrührende oft ziemlich tief getriebene Schachte, Stollen und Schürfe finden, die Starie oder Tschudskie Kopi heißen.
Koop, Kopa ein reines ehstnisches Wort, bezeichnet
ein unterirdisches ausgegrabenes Behältniß, dergleichen
die Ehsten zur Aufbewahrung ihrer Rüben machen.
Tschud, davon das Beywort Tschudskie stammt, bezeichnet überhaupt die weit ausgebreitete finnische Nation,
oft besonders die Ehsten: in der letzten Bedeutung brauchen es Nestor und sein Fortsetzer bey den Jahren 1030
und 1191, wo von Erbauung und Einnahme der Stadt
Jurjew d. i. Dorpat, mitten unter den Tschuden Mel-
dung geschiehet. Das russische Wort Starie zeigt nur
das hohe Alter dieses ehemaligen Bergbaues an. Eine
Vermuthung daß die unbekannte Nation welche denselben getrieben hat, unter den Ehsten oder einem andern
Zweig des ausgebreiteten finnischen Volks zu suchen sey,
wäre wohl kein bloßes Hirngespinst. Haben die Ehsten,
oder überhaupt das Volk zu dem sie gehören, und davon
kein Zweig vor ihnen etwas voraus hat, sondern unter
welchem der ehstnische Zweig mit oben an steht, schon
vor Alters den Bergbau getrieben, mit welchem Recht
will man sie unter die Wilden setzen? Die weite Entfernung bis zum Uralschen Gebirge, macht bey denen die
in der russischen Geschichte nicht fremd sind, keine Instanz:
Macht, Ansehn, Einfluß und große Ausbreitung der
Tschuden gegen Norden und Osten, sind längst erwiesene
Dinge. Recht hat hingegen Herr Herder, wenn er be-
hauptet daß die Ehsten (wie die Russen, Polen, Engländer,

ber, Finnen, Letten u. a. m.) in ihrer Sprache unschreib=
bare Schälle haben: Hunt der Wolf, Kôht der Bauch,
Sôawäggi das Kriegsheer und viele andre, geben Be=
weise: selten lernt ein Ausländer sie recht aussprechen.
Die ehstnische Sprache ist jetzt in andern Gegenden
nicht ganz unbekannt, da gedruckte Sprachlehren ans
Licht getreten sind. Etwas will ich erwähnen, aber
Weitläuftigkeit zu meiden, blos vom revalschen als dem
allgemeinern Dialekt, welcher in Ehstland, auf Oesel,
im pernauschen und im dritten Theil des dorptschen Krei=
ses geredet wird. Die Verfasser der ersten ehstnischen
Bücher führten die deutschen Buchstaben ein; c, f, q,
v, x, y, z, wurden als unnütz verworfen, nur in alten
Büchern findet man noch das y, und in den dorptschen
das z. F, ph, v und sch kan kein Ehste ausser nach
langen Umgang mit Deutschen oder Russen, ausspre=
chen; an statt der 3 ersten braucht er p oder w, das sch
muß er durch s ausdrücken. Auch fängt er kein Wort
mit b, d, oder g an, sondern mit p, t, k. Die
Zahl seiner oft schwer auszusprechenden, Doppellauter
ist groß, z. B. aa, à, ae (welches ganz anders als à
klingt) ai, au, àe, ài (auch àu im dorptschen Dialekt,)
u. s. w. Das besondere in der ehstnischen Sprache wel=
ches derselben Erlernung eines Theils sehr erleichtert, be=
steht darin, 1) jedes Wort hat wie im Finnischen den
Accent oder Ton auf der ersten Sylbe; 2) der Ehste kennt
nicht mehr als ein Geschlecht: Temma heiß er und sie;
3) alle Haupt= und Beywörter verändern ihre Abfälle
nach einer einzigen Hauptform (Declination,) freylich
giebt es noch gegen 80 Abweichungen von der allgemei=
nen Regel. 4) Auch die Zeitwörter werden alle nach
einer Hauptform verändert, von der nur wenige abwei=
chen. Die Conjugation hat keine künftige Zeit (Futu=
rum,) sie wird durch Hülfswörter ausgedruckt, z. B. ich
gehe es thun, an statt ich werde es thun; hingegen hat sie

L 5                                                    zween

zween Infinitife deren richtiger Gebrauch den Anfängern
viel Mühe kostet, der erste endigt sich auf ma, der zweyte
auf da oder ta, armastama, armastada lieben.
Die leidende Art ist in Ansehung der Personen unveränderlich, nur nimmt sie allezeit den Klagefall zu sich; eben
so unveränderlich sind die Zeitwörter sobald eine Vernei-
nung hinzu gesetzt wird: die Fürwörter müssen in beyden
Fällen alles entscheiden. 5) Das Zeitwort in der thäti-
gen Art (Actif) kan oft das Hauptwort so gut im Zeugefall als im Klagefall zu sich nehmen, und in der vielfachen Zahl gar im Nennfall. 6) Die Vorsetzworte (Prä-
positionen) stehen höchst selten vor, fast immer nach dem
Hauptwort, und haben fast durchgängig den Zeugefall
vor sich. 7) Der Ehste braucht wie der Franzos allezeit
2 Vereinigungsworte ei und mitte u. s. w. —— Auch
an Zierlichkeit fehlt es dieser Sprache nicht: noch mehr
verdient der Unterschied bemerkt zu werden den der Ehste
bey vielen Worten nach der Natur der Sache macht,
wo der Deutsche und manche andre Völker sehr verschiedene Gedanken, ohne darauf zu merken, durch einen einzigen Ausdruck bezeichnen. Ein Beyspiel giebt das
Wort Riechen: es riecht schon, ich kan nichts riechen,
ich will daran riechen, (durch das Riechen erforschen;)
für 3 verschiedene Gedanken hat der Deutsche nur einen,
der Ehste mit Recht drey besondere verwandte Ausdrücke:
haisema, haistma und haisutama. Mit den Wörtern Brennen, Verlieren, Ermüden, Speisen, Dehnen, Bewegen, Verweilen und noch vielen andern, hat
es gleiche Bewandniß. Hier zeigt sich Reichthum der
Sprache; auf der andern Seite Armuth bey Dingen die
der Ehste weder kennt noch denkt, bey Ausdrücken die
unser verwöhntes Ohr, aber nicht das seinige, beleidigen,
und endlich wo die ehstnische wie andre arme Sprachen
bilderreich ist, z. B. von Sant ein Bettler, macht der
Ehste Sant pea Bettlerkopf, wodurch er Leute bezeichnet

net die entweder nicht viel trinken, oder nicht viel begrei=
fen können. —— Das Wort Haben kan er nicht an=
ders als durch Seyn ausdrücken; mir ist Geld, an statt:
ich habe Geld. Die Grácismen will ich nicht erwähnen,
aber einige sonderbare Ausdrücke als Last pólwede
pedle röstma ein Kind auf die Knie heben, d. i. zur
Welt bringen; pdáw súckse ärra die Sonne wird weg=
gefressen, d. i. Sonnenfinsterniß; pedlt nähha von
oben zusehen, d i. dem Anschein nach u a. m.

Viele ehstnische Wörter scheinen aus andern Spra=
chen entlehnt zu seyn: wie unsicher wäre der Schluß,
wenn man nach Art eines noch lebenden Geschichtfor=
schers, hieraus eine Vermischung mehrerer Völker zu
Einem, beweisen wollte. Schon in der ehstnischen Gram=
matik werden etliche Wörter angeführt, die mit hebräi=
schen eine große Aehnlichkeit haben, z. B. Naesed die
Weiber, Tal das Lamm, Emma die Mutter, Pallu=
ma bitten u. d. gl. Weit mehrere sind offenbar deut=
schen Ursprungs, z. B. Adrie die Adern, Aekke die
Egge, Wäärt werth, Kärner der Gärtner, Müts
die Mütze, Tener der Diener, Ankur der Anker, Klaas
oder Laas das Glas, Pant ein Pfand, und viele an=
dre. Ob die Russen oder überhaupt die Slaven, inglei=
chen die Schweden, den Ehsten, oder diese jenen bey=
den manche Ausdrücke mitgetheilt haben, würde eine be=
sondre, vielleicht unmögliche, Untersuchung erfordern.
Nur etliche führe ich zur Probe an.

| Ehstnisch. | Russisch. | Deutsch. |
|---|---|---|
| Merri | More | das Meer. |
| Sirb | Serp | die Sichel. |
| Ulits | Uliza | die Gasse. |
| Turro | Torg | der Markt. |
| Kel | Kolokol | die Glocke. |
| Kap | Skap | der Schrank. |

Ehst=

| Ehſtniſch. | Ruſſiſch. | Deutſch. |
|---|---|---|
| Wiin, Wina | Wina, Wino | der Wein. |
| Näddal | Neddäl | die Woche. |
| Tedder | Tetera | das Birkhuhn. |
| Saan | Sani | der Schlitten. |
| Us | Uſch | Wurm, Schlange. |
| Meſſi, Met | Met | Honig. |
| Kapstas | Kapuſta | Kohl. |
| Labbidas | Lopata | die Schaufel |
| Leib | Gleeb | Brod |
| Mois | Müiſa | der Hof |
| Lusſikas | Loſchik | der Löffel, u. a. m. |

Aus dem Schwediſchen nenne ich blos Säng das Bett,
Byror die Hoſen, Humble der Hopfen, Nådl die
Nadel, welche mit den ehſtniſchen Säng, Pikſid,
Hummal und Nöål völlig übereinſtimmen.

Die beyden Hauptdialekte, der revalſche und der
dorptſche, haben eine große Menge Wörter gemeinſchaftlich, ſo daß die Leute einander ziemlich verſtehen: in einigen weichen ſie von einander ab, ſowohl in Anſehung
der Beugungen und einzeler Buchſtaben, als in ganzen Wörtern. Z. B.

| Revalſch. | Dorptiſch. | |
|---|---|---|
| Nehda | Ninda | alſo. |
| Süa | Süwwa | eſſen. |
| Olnud | Olnu | geweſen. |
| Reik | Rik | alles. |
| On | Om | er iſt. |
| Ueks | Uets | eins. |
| Raks | Rats | zwey. |
| Kolm | Kolm | drey. |
| Kabbekſa | Katteſa | acht. |
| Uebbekſa | Uetteſa | neun. |
| Kes | Kå | wer. |

| Revalsch. | Dorptisch. | |
|---|---|---|
| Roer | Penni | der Hund. |
| Jure | Mannu | bey. |
| Waid | Enge | sondern. |
| Wagen | Liud | die Schüssel. |
| Surrema | Koolma | sterben, u. s. w. |

Beyde Dialekte sind Kinder oder Schwestern der heutigen finnischen Sprache. Andre haben es längst bewiesen; ich gebe nur eine kleine Probe.

| Finnisch. | Revalsch. | Dorptisch. | |
|---|---|---|---|
| Ensimäinen | Esimenne | Eesmänne | der erste. |
| Toinen | Teine | Töine | der zweyte. |
| Colmas | Kolmas | Kolmas | der dritte. |
| Neljäs | Neljas | Neljäs | der vierte. |
| Wijdes | Wies | Wijes | der fünfte. |
| Cuudes | Kues | Kuwes | der sechste. |
| Seitsemäs | Seitsmes | Säitsmes | der siebente. |
| Cahdexas | Kahheksas | Kattesas | der achte. |
| Yhdexäs | Uehheksas | Uettesäs | der neunte. |
| Kymmenes | Kümmnes | Kümnes | der zehnde. |

Jeder Hauptdialekt hat nach Verschiedenheit der Gegenden und Nachbarn hin und wieder kleine Abweichungen: im Helmetschen ist die Kirchensprache revalsch, im gemeinen Leben hört man viel dorptsche Worte und Beugungen; im Rapinschen klingt die dorptsche Sprache ganz anders, als im Odenpäischen, wo sie am reinsten gesprochen wird, dort spricht der Ehste das H am Anfang der Wörter scharf aus, im Revalschen hört man es kaum, im Koddaferschen klingt es in der Mitte fast wie S; im Revalschen beynahe wie Ch; im Oberpahlschen wird das A selten anders als ein kurzes Oa ausgesprochen; in der Wiek hört man etliche den Harrischen und Jerwenschen ganz unbekannte Worte.

Ehstni-

## Ehſtniſche Hochzeitgebräuche.

Sie ſind nicht aller Orten gleichförmig: ohne auf kleine Verſchiedenheiten zu achten, will ich nur das Allgemeinere anzeigen. Auf gute Gerſtenärnden folgen allezeit
viele Hochzeiten; die meiſten werden kurz vor Weynachten gehalten. Die Anſprache geſchiehet durch Brantewein, allezeit in der Nacht, gemeiniglich im neuen Licht.
Die Braut, welche durch ein altes Weib von der Ankunft der beyden abgeſchickten Freywerber, Nachricht erhalten hat, verſteckt ſich: ſo bald die Eltern getrunken
und dadurch ihre Einwilligung erklärt haben, wird ſie
aufgeſucht, und wenn ſie trinkt, der mitgebrachte Bran-
teweinvorrath gemeinſchaftlich genoſſen. Oft heyrathen
ſie ohne beſondre Neigung: doch hört man zuweilen die
Verſicherung: mein Herz verträgt dieſe Perſon nicht.
Zum zweytenmal bringt der Bräutigam ſelbſt den Brantewein nebſt einigen Geſchenken an Silber; ſie wechſeln
Ringe; legen ſich auch wohl zuſammen. Nun ſind ſie
verlobt. Bey dem dritten Branteweintrinken, wo ſie
recht ſaufen, bringt der Bräutigam abermals Geſchenke,
ſonderlich die Haube und Kopfſchmuck; der Tag zur
Hochzeit wird beſtimmt. Sie melden ſich bey dem Pa-
ſtör zur Brautlehre und Proclamation: die Hochzeit wird
zuweilen erſt 2 bis 3 Wochen nach der Trauung vollzo-
gen, doch geht die kopulirte Braut bis dahin nicht mehr
mit bloßen Kopfe, ſondern mit einer Müße; wie ihr
denn gleich nach der Trauung eine wollene Decke auf den
Kopf gelegt wird. Die Hochzeit fängt an in dem Hauſe
der Braut, und endiget ſich in des Bräutigams ſeinem:
das Eſſen darf die ganze Zeit nicht vom Tiſche kommen.
Der Braut Freunde ſind bey ihr verſammelt, wenn der
Bräutigam gegen Abend mit ſeinem Gefolge ankommt,
wozu ſonderlich ein verheyratheter Kerl unter dem Namen des Bräutigamsvaters (ehſtn. Iſſa mees Vater-
kerl),

kerl), und ein lediger (ehstn. Peiepois), als ein rei-
tender Herold, gehören. Diese beyden, nebst dem Bräutigam, haben Gürte, (an etlichen Orten weisse Tücher,
oder beydes,) wie Ordensbänder über die Schultern gebunden: alle 3, wenigstens drr Bräutigam und sein
Peiepois, haben bloße Degen. Der lezte reitet voraus: im Dorptschen muß er dreymal um das Braut-
haus herumreiten und in das Dach schlagen: läßt er sich
darbey erhaschen, so muß er etwas bezahlen. Im Revalschen sind deren zween, auch Brautmägde: im Dorptschen hält man es für Dirnen unanständig, auf einer
Hochzeit zu erscheinen. An dem Degen, der mitgebrachten Pfeifkanne (denn auch unter Weges wird getrunken und Vorbeyfahrenden gereicht), und am Dudelsack sind Gürte. Zu der Braut ihrem Staat gehört ein
Brautvater, eine Brautmutter und etliche Weiber zum
Singen, die man Kasikad nennt, vermuthlich wegen
des vorher erwähnten, in den Hochzeitliedern häufig vorkommenden Kassike Ranike. Im Oberpahlschen ist
die Braut am Hochzeittage mit einem Mannsgurt um-
gürtet. Anfangs ist sie versteckt, sie wird aufgesucht und
dann gleich getanzt. Bisher standen kalte Speisen auf
dem Tische, nemlich Roggen- auch Weißenbrod, Butter, Würste, Fleisch, eine Art Kuchen (eigentlich Weißenbrod mit Eiern und Sahne bestrichen); jezt nach
dem Tanz werden Suppen, warmes Fleisch, auch Bra-
ten aufgesezt. Nach dem Essen tritt an einigen Orten
der Bräutigam seinen und seiner Braut Löffel entzwey *).
Mit Essen und Tanz wird ein großer Theil der Nacht
verbracht; gegen Morgen ziehen sie mit der Braut weg,
ihr folgen so viel von ihren Freunden als der Bräutigam
Personen mit sich brachte. Vorher wird ihr bey Tische
die wollene Decke auf den Kopf und das Gesicht gelegt,
und so mit Presen, (silbernen Spangen) befestiget, daß
sie

---

*) Beydes vielleicht um befürchteter Verhexung vorzubeugen.

sie gar nichts sehen kann; in der heissen Stube geräth
sie darunter in ungeheuren Schweiß. Der so genannte Brautvater steckt ihr etliche Bissen unter der Decke in
den Mund. Um die vor der Thür versammelten Schlitten reitet der Peiepois dreymal herum, dann eröfnet er
den Zug: die Braut hat ihren Bruder, oder unter dessen Namen einen Fremden, zum Kutscher; ihr Kasten
und etliche angefüllte Trinkgeschirre folgen der Gesellschaft, selten die beyderseitigen Eltern. In des Bräutigams Hause wird sie gehaubt; zu diesem Ende muß sie
sich auf ihres Bruders Schooß setzen, der Bräutigam,
sein so genannter Vater und der Peiepois tanzen mit
aufgehobenen Degen, deren Spitzen zusammen stoßen,
um sie herum; man wirft ihr ein Kind in Schooß, dem
sie ein paar Strümpfe schenken muß; eine Mannsperson
bindet ihr die Schürze vor und reicht ihr für diese Ehre
ein Geschenk an Geld; nun sezt ihr eins von den ange-
sehensten Weibern mit Beyhülfe andrer, die lange Haube auf, nebst den darzu gehörigen Tüchern, und giebt
ihr eine Maulschelle; die Kaſikad schreien ihre Lieder
mit weiten Kehlen; die Braut giebt jedem Gast ein
Stückchen Butterbrod. Nun wird gegessen und getanzt.
Am Abend theilt die Braut an jeden Hochzeitgast durch
den Bräutigamsvater Geschenke aus, die in einem Kor-
be aufgetragen werden. Der jezt genannte, nebst dem
Peiepois und den Gästen von der Braut Seite, bekommen Hemde, Gürte und Strümpfe; die andern
Gürte, Strümpfe und Handschuhe. Der Austheiler
wirft in den ausgeleerten Korb ein Geschenk an Geld,
alle Gäste folgen ihm nach, und versprechen darbey Geschenke an Bienenstöcken, großen und kleinen Vieh,
welche sie nach der Hochzeit richtig abliefern. Bey Armen fallen die Geschenke, die immer wieder müssen erse-
zet werden, ganz weg. An einigen Orten tragen die
Kaſikad Bier mit Honig vermischt, herum, und nöthigen

thigen durch ein Lied, deſſen Inhalt iſt: Koſte, ſchmecke,
bezahle! jeden Gaſt davon zu trinken; worbey abermals
für die Braut Geldgeſchenke geſammelt werden. Endlich bringt man das Brautpaar zur Ruhe in den Vieh-
ſtall, wo die Braut beym Aufſtehen ein Geſchenk auf
ihrem Lager hinterlaſſen muß. Gleiches thut ſie wenn
ſie am Morgen im Haus herumgeführt wird, und zum
erſtenmale als junges Weib den Ofen fegt. Und nun
ſetzet man ihr die kleine oder tägliche Haube auf. Während der ganzen Hochzeit ſitzet ein Kerl beym Ofen, auf
die darin bratenden Würſte und auf das Feuer Acht zu
haben. In einigen revalſchen Gegenden haben ſie beſondere Hochzeitkleider von weiſſer Wolle. An dem Peipusſee, ſonderlich im Kobbaferſchen, gehen alle Weiber mit kurz verſchnittenen Haaren; dort wird daher am
Morgen dem jungen Weibe das Haar abgeſchnitten, und
ihr ein beſonderes Band vor die Stirn gebunden, daran
Geld oder Zahlpfennige hangen; dieß darf ſie ein Jahr
tragen: befindet man ſie zu früh ſchwanger, ſo wird ihr
dieſer Klapperſchmuck abgeriſſen. Bey Hochzeiten an
Höfen, geſchiehet das Hauben gemeiniglich früher, um
von der Herrſchaft oder den anweſenden deutſchen Gä-
ſten Geſchenke zu erhalten; gemeiniglich muß dann der
Herr die Schürze vorbinden, die Frau aber die lange
Haube der Braut aufſetzen. — Die in den Landesver-
ordnungen beſtimmte Dauer der Hochzeit, und das Verbot, keine Gaben an Speiſen und Getränk dahin zu bringen, werden vermuthlich nur an wenigen Orten, oder
blos von Armen, beobachtet.

## Die Kleidung.

Das Allgemeinere wurde im Vorhergehenden angezeigt: jetzt etliche kleine Verſchiedenheiten; alle zu nennen wäre weitläuftig und überflüſſig. Jede Gegend

hat in der Tracht kleine Besonderheiten, dadurch sie sich
unterscheidet: beynahe möchte man vermuthen, daß dieß
ein Werk ihrer vormaligen Aeltesten gewesen sey, um
die Leute ihres Gebiets leichter zu unterscheiden, so wie
bey dem Kriegsheer ein Regiment von dem andern, durch
kleine Abänderungen unterschieden wird.

Die Röcke sind im Dorptschen weit wie Kutten,
unten aufgeschlißet, Ermel, Kragen und Vordertheile
mit rothen Tuch und Schnüren besezt; im Oberpahlschen
ohne Schnur, mit blauen Tuch; an andern Orten mit
Glanzlein; im Revalschen sind sie mehr nach dem Leibe
gemacht und unten gefaltet. In Jerwen werden sie mit
vielen messingenen Haken, im Dorptschen mit wenigern,
in Harrien mit Schnur und kleinen selbst gemachten
bleyernen Knöpfen, zugeknüpfet. — Zu einem Pelz
brauchen sie 7 bis 8 Schaaffelle; Kerl und Weiber haben sie fast nach einerley Form; im Dorptschen werden
sie mit weißen, in Harrien mit rothen, in Jerwen mit
schwarzen Leder besetzt.

Die Weiberkleidung ist noch verschiedener. Alle
Dirnen gehen mit bloßen Kopfe, (nur die in Harrien
nicht an Sonntagen); bey Dorpt und bey Reval flechten sie die Haare wie in Lettland, in zween Zöpfe, die
sie um den Kopf binden; an andern Orten lassen sie die
Haare längs den Schultern und Rücken herunterhän-
gen: die lezten haben um den Kopf ein Band, das sie
Perg nennen, es mag ein seidenes, oder wollenes, oder
eine unächte Tresse seyn, die sie sehr lieben; an den lezten befestigen sie zum Sonntagsstaat lang herabhängende
seidne Bänder. Ein Band von Stroh oder von Baumrinde, flechten sie zum täglichen Gebrauch. Wie die
Dirnen, tragen auch die Weiber ihre Haare unter den
Hauben herabhängend, oder geflochten. — In Harrien trägt das Weibsvolk ordentliche meist rothe, Strümpfe, gefaltete Unterröcke, Schürzen und deutsche Mä-
ßen

ßen mit Spitzen, wohl gar mit Gold und Silber besezt;
die Dirnen tragen nur des Sonntags Mützen, aber ohne
Spitzen. In Jerwen tragen sie auch Strümpfe aber
keine Unterröcke, sondern an deren Statt ein Stück di-
ckes wollenes Zeug, oder im Sommer dicke Leinwand,
welches sie mit einem gewirkten Gurt um den Leib befestigen, den Gurt wickeln sie bis unter die Brust um sich, daher sie ungemein schmal aussehen. Hinten auf dem Gesäß
tragen sie eine lang herabhängende messingene Kettenarbeit,
wie einen Panzer, die sie **Röhhud** nennen, um den
Leib befestigen, und mit 4 bis 5 Rubeln bezahlen. (Hr.
**Arndt** Chron. 2 Th. S. 210. glaubt, diese **Röhhud**
wären messingene Ketten, woran ihre Messer hängen;
er irrt, die lezten heißen **Wast wö**, und werden im
Dorptschen und andern Orten, von Armen, eiserne Ketten, um den Leib getragen.) Ihre Hemde sind ohne
Aermel, daher haben sie besondere Obertheile. Keine
Dirne trägt hier Schürzen. Im Dorptschen gehen
die Weiber beynahe wie in Jerwen, nur haben sie keine
Strümpfe, sondern Socken; um die Schinbeine wickeln
sie dicke sehr breite Bänder; ihre Hemde haben Aermel,
und einige tragen Leibstücke von wollenen Zeug. Im
Helmetschen ist gemeiniglich weder das Untertheil der
Weiberhemde, noch das Tuch welches sie anstatt des Un-
terrocks tragen, zusammengenähet: durch die Gewohnheit ist das Weibsvolk sehr gleichgültig, wenn sich bey
ihrer Arbeit und im Gehen ihre Lenden ohne Bedeckung
zeigen. Im Dorptschen und in Jerwen besetzen sie
das wollene Zeug, welches den Unterock bey ihnen vorstellt,
unten mit allerley Glaskorallen; ein solcher Festbesatz,
wenn er Blumenweise auf rothes Tuch genähet ist, (welches für arme Deutsche ein Mittel des Erwerbs giebt,)
wiegt sehr schwer, und kostet 3 bis 5 Rubel. Die lange
Haube im Dorptschen, Fellinschen und in Jerwen, bestehet aus einem Stücke weissen Leinwand, das vermit-

telst eines Pappenstreifen, auf dem Rücken glatt,
fast eine Elle lang herunter hängt, breit und unten mit Fransen, Tressen und Flittern besezt ist. Hierüber binden sie einen langen schmalen Streifen Leinwand
so um den Kopf, daß ein Theil davon los herabhängt;
hierüber zuweilen noch ein kleines viereckichtes Tuch, und
vor die Stirn eine unächte Tresse. Das ist ihr Staat
in der Kirche und auf Hochzeiten: zu Hause tragen sie
kleine Hauben, die aus einem viereckichten Stück Leinwand, oben über dem Kopf spißig zusammengenähet und
hinten gebunden werden, über der Stirn sind sie mit
Seide oder Zwirn gestickt und mit Flittern besezt. Auch
hierdurch ernährt sich manches arme deutsche Frauenzimmer. Die lange Haube kostet 3 Rubel, die kleine
30 bis 70 Kopek. In einigen Gegenden wickeln sie anstatt der langen Haube, ein Stück Leinwand um den
Kopf: des Winters tragen alte Weiber Pelzmützen.
Ihre großen Presen auf der Brust, sind rund, in der
Mitte ein wenig erhoben, mit Blumenwerk geziert, und
kosten nach ihrer Größe 2 bis 5 Rubel. In einigen
Gegenden haben sie ziemlich starke silberne Ketten und
daran alte Thaler mit Henkeln, um den Hals, ausser
dem vorher angezeigten silbernen Hals und Brustschmuck.

Alles dieß halte man gegen Hrn. Pallas Nachrichten
von den Morduanerinnen: welche Aehnlichkeiten! Die
bunt ausgenähete Mütze (Haube), hinten mit einer kleinen
Schleppe und vielem Klapperwerk; mit bunter Wolle ausgenähete Hemden, welche auch viele Ehstinnen, und in etlichen Gegenden alle durchgängig, lieben: die Leibbinde
(Gurt); das Schurzfell hinten mit Klapperwerk; das Hemde, welches am Halse mit einer kleinen, und auf der Brust
mit einer großen, Spange zugeheftet wird; das Geklap-
per, die Zahlpfennige auf der Brust; der Mädchen ihre
geflochtenen Haare, Quasten und Bänder darin, (sonderlich

derlich im Fellinschen, in Ansehung der Quaften ); auch
der mokschanischen Morduanerinnen ihre Mützen, Kopf-
binden, Leinwandftreifen um den Kopf, deren hinten
zusammengeknüpften ausgenäheten Enden über den Rücken herabhangen; die Glaskorallen um den Hals; der
Schlier oder das ausgenähete Tuch, welches der Braut
vor das Geficht gehängt wird u. d. g. zeigen die große
Aehnlichkeit zwischen Morduanen und Ehften eben so
deutlich, als etliche andere Gebräuche, Sitten und Eigenschaften, z. B. ihre Unreinlichkeit; Liebe zu Ackerbau, Bienenzucht und Wildfang; ihre Kenntniß von
Kräutern zur Färberey und Arzney; die Gewohnheiten
in ihren Vorhäusern getrocknete Kräuter zu halten; ihren
Brodteig ftark zu fäuern; ihre Butter nicht im Ofen wie
die Ruffen und Tatarn, fondern durch Klopfen, zu
machen: ihren Ofen im Winkel, und die Thür gegen
Often anzubringen, ( das lezte geschiehet nur von einigen
Ehften;) Häufer ohne Rauchfang zu bauen; endlich die
Bemerkung, daß fie felten helle oder röthliche Haare
haben; und andre bereits im Vorhergehenden namhaft
gemachte Aehnlichkeiten.

## Von etlichen abweichenden Gebräuchen.

Vielleicht würde es für manchen Lefer unterhaltend
feyn, wenn ich mich hier über mehrere Gegenden ver-
breitete; ich will aber, da das Kapitel schon ohnehin
lang genug ift, des Raums und meiner Lefer Geduld
schonen, und mich blos auf die Kobbafersche Gegend
am Peipussee einschränken, wo man in Ansehung der
Sprache, Kleidung und Gebräuche große Verschiedenheit wahrnimmt. Vielleicht liegt der Hauptgrund in der
Mischung. Von jeher hat der Fischfang vielerley Leute
dahin gezogen: viele Ruffen find schon längft hier wohnhaft. Wie leicht hat dieß eine allmählige Veränderung

in

in Gebräuchen veranlaſſen können, welche durch die Armuth der daſigen Einwohner begünſtiget wurde. Nur
etwas will ich anführen.

Manns- und Weibsperſonen tragen graue Röcke,
doch nicht völlig von einer Farbe; die Aermel ſind ohne
Aufſchläge mit einem ſchmalen ledernen Streifen beſezt.
Das Weibsvolk trägt anſtatt des ſilbernen Halsſchmu-
ckes, viele Korallenſchnüre mit Zahlpfennigen; die Dirnen haben kein Band um den Kopf, und die Weiber,
anſtatt der Haube ein Tuch, 5 Ellen lang, von der
Breite eines Handtuches, welches ſie beſonders dazu mit
rothen Streifen wirken. Zweimal wickeln ſie es um den
Kopf, die Enden hangen herunter. Alle die zum Abendmahl gehen wollen, erkennt man in der Kirche durch ein
ſolches über die Schultern geworfenes Tuch. Ihre
Füße umwickeln ſie ſehr dick; ihren Unterrock tragen ſie
ſo, daß er jede Schwangerſchaft verbirgt; ſie binden ihre
Gürte etwas beſonders, und gehen mit eingezogenen
Unterleibe. Sie tragen Ohrgehänge die aus einem Ring
mit daran hangender Kette beſtehen; doch gemeiniglich
nur in einem Ohre.

Zur Hochzeit kommen ſie ſchon des Morgens in der
Braut Hauſe zuſammen; des Abends ziehen ſie wieder
davon. Die Braut ſizt hinter einem Stück Leinwand
im Aſchenloch vor dem Ofen, mit einem ſchmutzigen
Hemde. Vor dem Abzuge wird ſie angekleidet; nun
muß ſie laut heulen, von allen, auch von Tiſch und
Bänken kläglichen Abſchied nehmen. Den folgenden
Nachmittag wird ſie im Bräutigamshauſe herumgeführt;
auf jede Thürſchwelle muß ſie einen Gurt legen, auch an
jedes Stück Vieh einen hängen, welche ſämmtlich die
älteſte Magd im Geſinde für ſich nimmt.

Aller Orten dienen Knechte und Mägde jahrweis;
im Kobdaſerſchen gemeiniglich nur von St. Jürgen bis
Michaelis: ſo lange trägt die Magd ihrer Wirthin Kleider,

der, und erhält von ihr beym Weggehen zum Lohn Korn, Flachs, Wolle u. d. g. wovon sie den Winter hindurch zehret. Im Frühjahr geht die Wirthin mit einer Flasche Brantewein und einem Gurte aus, eine neue Magd zu suchen. — Etliche andre hier abweichende Gebräuche wurden vorher bereits angezeigt.

### Etwas von den Liwen.

Sie gränzen an die Ehsten, deren Brüder sie sind, und an die Letten, deren Sprache und Gewohnheiten sie allmählig annehmen mußten. Schon hieraus läßt sich vermuthen, daß der in Liefland noch vorhandene Ueberrest dieses alten Volks, (1 B. S. 135.) seine alte Sprache, die er noch unter sich redet, schwerlich ganz rein erhalten habe. Sie aus ihrer jetzigen Beschaffenheit völlig erforschen zu wollen, ist eine undankbare Mühe: wer kann unterscheiden was die Liwen neuerlich von den Ehsten angenommen haben? Ihre Nachbarn geben ihnen den Namen, **Liwi rahwas**, das liwische Volk; doch weis ich noch nicht ob sie durchgängig also, oder auch **Liwa rahwas**, heißen. Der erste scheint mehr für den aus ihren Setznetzen zur Benennung genommenen Anlaß zu zeugen (1 Band S. 69,) wenn nicht die lange Zwischenzeit in der Aussprache Aenderungen veranlaßt, und jede Untersuchung unsicher gemacht hat: vielleicht wurde das i mit dem a aus guten Vorbedacht verwechselt, um in der vielfachen Zahl **Liwid**, die Liwen sagen zu können, weil **Liwad** von **Liwa** ein schlechterdings ungewöhnlicher Ausdruck wäre. Von ihrer alten eigentlichen Sprache finden sich noch mitten in Lettland an ihren vormaligen Wohnsitzen, Spuren: Hölen, Güter, Dörfer und Gewässer führen noch jetzt die Namen, welche ihnen die Liwen beylegten; sie klingen rein ehstnisch: und das ist der sicherste Beweis für die Schwesterschaft der ehstnischen und liwischen Sprache.

Hr. Schlözer liefert (in Halgolds Beylagen zum Neuveränderten Rußland 2 Theil), Nachrichten von den Liwen und ihrer Sprache. Eine gute Anzahl aufgesammleter Wörter, erhielt er vom rigischen Oberpastor, Hrn. von Essen, der eine Vergleichung mit den ehstnischen Wörtern angestellt und beygefügt hatte; Hr. Schlözer ließ die letzte nicht mit abdrucken, sondern versparte sie bis zu einer künftigen kritischen Abhandlung. Bis jetzt habe ich von deren Ausgabe nichts erfahren: zum Beweis wie nahe beyde Sprachen verwandt sind, will ich nur etliche von jenen bereits bereits bekannt gemachten liwischen Wörtern neben die ehstnischen setzen. Man muß aber nicht vergessen, daß die Liwen vielleicht manches durch den Umgang neuerlich aus dem Ehstnischen angenommen haben, und daß bey der Sammlung manches Wort falsch gehört, falsch geschrieben, wenigstens falsch gedruckt worden. Daß dieß keine bloße Vermuthung sey, erhellet schon daraus, weil die Herren Sammler in ihren Nachrichten nicht übereinkommen: nach dem Einem soll im Liwischen das Weib Neine, das Pferd Uebbi heissen; der Zweyte schreibt N:in und Jbbi, der Dritte Obboni; wo gehst du hin? soll Kussa leede, an einem andern Ort Kussa lehd heissen. Ich schreibe etliche liwische Worte unverändert ab.

| Liwisch. | Deutsch. | Ehstnisch. |
|---|---|---|
| Jummal | Gott | ist rein ehstnisch. |
| Pehwa | Sonne | rev. ehstn. Pääw, Genit. Päwa. |
| Kuh | Mond | Ku. |
| Tehd | Stern | Täht. |
| Pillud | Wolke | Pilw, plur. Pilwed. |
| Wihkne | Regen | Wihm. |
| Wickerkahr | Regenbogen | Wikkerkaar. |

Liwisch.

| Liwisch. | Deutsch. | Ehstnisch. |
|---|---|---|
| Mah | Erde | Mä. |
| Jenge | Seele | dorpt. ehstn. Heng, reval. Hing. |
| Peh | Kopf | d. ehstn. På, reval. Pea. |
| Kehse | Hand | Kässt. |
| Jalge | Fuß | Jalg. |
| Ossa | Fleisch | dorpt. ehstn. eben so. |
| Luh | Knochen | Lu. |
| Kiulla | Dorf | Külla. |
| Ohne | Haus | Hone, das H wird wenig gehört. |
| Poe Kodda | Kirche (heiliges Haus) | Pühha Kodda. |
| Paep | Prediger | Pap (ist jezt gar nicht gewöhnlich, sondern Kirk iosand d. i. Kirchen-Herr, oder Kirk (Kirko) Herra, auch Oeppetaja Lehrer.) |
| Mehs | Mann | Mees. |
| Kihw | Stein | Kiwwi. |
| Lebe | Brod | Leib. |
| Wuit | Butter | Woit |
| Odred | Gerste | Oddrad. Ohrad. |
| Rugid | Rocken | Rukkid. |
| Kabrd | Haber | Kaerad. |
| Nissud | Waitzen | } rein revalsch ehstnisch |
| Linnad | Flachs | |
| Uck | Thür | Uks. |
| Neine | Weib | Naene, dorpt. Naine. |
| Lapse | Kind | Laps, Genit. Lapse. |
| Tuhta | Tochter | Tüddar. |
| Pohge | Sohn | Poeg. |
| Jsa | Vater | rein ehstnisch. |

| Liwiſch. | Deutſch. | Ehſtniſch. |
|---|---|---|
| Jemmad | Mutter | Emma. |
| Uebbi | Pferd | Hobbone. |
| Wahrſe | Füllen | Wars. |
| Ehrge | Ochs | Härg. |
| Waiſkas | Kalb | Wasſikas. |
| Ohnis | Schöps | Oinas. |
| Lammaſe | Schaaf | Lammas. |
| Orkas | Eber | Orikas. |
| Puhl | Ente | Part, (Pihl pihl iſt die gewöhnliche Lockſtimme, Enten zuſammen zu rufen.) |
| Kanna | Huhn | ⎫ |
| Kallad | Fiſche | ⎬ rein ehſtniſch. |
| Wirge | Netz | Wörk. |
| Schilde | Brücke | Sild. |
| Lodhub | hoffen | Lodab. |
| Kuleb | hören | Kuleb., dorpt. Kulep. |
| Neeb | ſehen | Nääb. |
| Aiſtab | riechen | Haistab. |
| Leeb | gehen | Lädb, Lähhäb. |
| Mütleb | denken | Mörleb, Motleb. |
| Uetlub | ſagen | Uetleb. |
| Wannub | fluchen | rein ehſtniſch. |

Dieſe 8 lezten ſind nicht, wie man aus dem Deutſchen ſchließen ſollte, der Infinitif, welcher Lootma, Kuulma, Näggema, Haiſtma, Minnema, Mötlema, Uetlema und Wandma heißt; ſondern die dritte Perſon des Präſens, daher müßte es heiſſen: er hofft, er hört u. ſ. w.

| Jeed ten | bleibt hier | jä oder jäge tenna. Jädd heißt du bleibſt. |

Liwiſch.

| Liwiſch. | Deutſch. | Ehſtniſch. |
|---|---|---|
| Temma om | er iſt | rein ehſtniſch nach dem dorptſchen Dialekt. |
| Minna oll | ich war | Minna ollin. |
| Suhr | groß | Suur. |
| Jens | Haſe | Jännes. |
| Pin (S.370) }Hund | | Penni ( nach dem dorpt. |
| Ping (S.357) } | | Dialekt.) |

Mehrere anzuführen wäre leicht, aber ermüdend. Die Anmerkung in dem angeführten Buche S. 373, welche der Paſtor zu Salis ſeinen Nachrichten von den Liwen beygefügt hat, verſtehe ich nicht; in meinen Augen ent= hält ſie einen Widerſpruch: die Liwen ſollen nichts von den Conjugationen verſtehen, ( vielleicht nicht wie ein Grammatiker?) nicht einmal mit dem Präſens zurecht kommen; ich, du, er, zur Noth conjugiren, aber we= der vom Pluralis, noch dem Imperfectum u. ſ. w. et= was wiſſen wollen. Gewiß eine unerhörte Nachricht!

Jezt werden die Liwen zu den Letten gerechnet, und in ſo fern kounte Hr. v. Wiedow ( in Hrn. Müllers Samml. ruſſiſ. Geſchichte 9 B. S. 395.) die Letten und Liwen für einerley Nation erklären.

## Von den Letten inſonderheit.

Woher ſie ihren Namen erhalten haben, iſt wie bey den meiſten Völkern ungewiß. Herr Thunmann ( Un= terſuchung über die alte Geſchichte einiger Nordiſchen Völker) will ihn von Lieds oder Lihdums, Lata oder La= da, herleiten; Lietuwnikai, Latwi, Latweti, Latweſchi, ſollen Bewohner ausgereuteter Gegenden ſeyn. Viel= leicht. Aber das waren die Letten nicht allein; Liwen, Ehſten, Finnen u. a. m. machten ungeheure Wälder durch Röhdungen zu Feldern und Wohnplätzen. Und wer ſoll den Letten dieſen Namen beygelegt haben? nicht
ihre

ihre Nachbarn die von Lieds und Lata nichts wußten; nicht sie selbst, die ehe sie Gegenden ausreuteten, vermuthlich schon einen Namen führten. Wortforscher mögen indessen auf Muthmaßungen so lange bauen, bis man eine genugthuendere Erklärung findet: ich weis keine; der Ursprung des Namens ist fast durchgängig ungewiß.

In ihrer Sprache haben sie kein C, F, Q, X, Y; das H und Ch hat man, die Aussprache zu erleichtern, aufgenommen. Alle lettische Bücher sind mit deutschen Buchstaben gedruckt: aber diese reichten nicht hin, jede für Ausländer ungemein schwere Modification der Aussprache auszubrücken: man nahm seine Zuflucht zu Zeichen; daher hat man im lettischen Alphabet auch mit einem Querstrich bezeichnete G, K, L, N, R, S, die eine ganz eigne Aussprache erfodern. B, M, P und W, sind undurchstrichen, ihre feinere Aussprache wird durch ein beygefügtes j angedeutet. Die erste Sylbe spricht der Lette allezeit lang aus. Von Verringerungsworten (Diminutiven) sind sie übertriebene Liebhaber; selbst Gott Deews nennen sie am liebsten Deewinsch *) Gottchen; das geht so weit daß sie Diminutive noch einmal verringern, Dehls der Sohn, Dehlinsch Söhnchen, Dehlulinsch ein klein Söhnchen, Dehlulitis ein ganz klein Söhnchen. Diese Sprache hat 6 Declinationen, 3 für das männliche, und 3 für das weibliche Geschlecht, das ungewisse ist ihr unbekannt; ausser den 6 gewöhnlichen Abfällen, ist noch ein siebenter, den die Grammatiker den Localis nennen. Wie der Ehste, muß auch der Lette das Wort haben allezeit durch seyn ausdrücken.

Die Aehnlichkeit zwischen der lettischen und andern Sprachen haben Viele, unter andern Herr Schlözer (allg. Nordische Geschichte S. 316) gezeigt. Daß der größte

*) Wie im ersten Bande, sind auch hier die lettischen Wörter nicht mit durchstrichenen Buchstaben geschrieben.

größte Theil aus wahren slawischen Wörtern bestehe, ist längst erwiesen und keinem Zweifel unterworfen. Herr Thunmann hat sich in dem vorher angeführten Buche bemühet, gothische und finnische (sonderlich ehstnische) Wörter aufzusuchen, die der Lette in seine Sprache aufgenommen hat: man könnte deren noch mehrere hinzusetzen, zumal wenn man wie Er auf kleine oft sehr zweifelhafte Aehnlichkeiten bauen will. Leicht könnte man auch Worte aufbringen, bey denen schlechterdings nicht zu entscheiden ist, ob sie aus der slawischen, deutschen, schwedischen, ehstnischen oder gar aus der lateinischen Sprache genommen sind: vielleicht aus keiner genommen, aber mehrern gemein. Nur eine kleine Probe:

| lettisch. | deutsch. | schwedisch | ehstnisch. | japonisch ruſſiſch | lateinisch. |
|-----------|----------|-----------|-----------|-----------|-------------|
| Saule. | Sonne | Sool | | solnze | sol |
| Sneegs. | Schnee | Snid | | snæk | |
| Tohrnis. | Thurm | Torn | Torn | | turris |
| Skohle. | Schule | Schola | Kool | skola | scholä |
| Waskis | Wachs | Wax | Wahha | wosk | |
| Mubris | Mauer | Muur | Müür | mur | murus |
| Sahls | Salz | Salt | Sool | sool | sal |
| Renne | Rinne | Ränna | Ren | ryna | |
| Nakts | Nacht | Natt | | notsch | nox |
| Mahte | Mutter | Moder | Mäm | mat matka | mater |

und viele andre, die ich stillschweigend übergehe. Einige die ganz lateinisch klingen, will ich noch hersetzen:

| lettisch. | lateinisch. | deutsch. |
|-----------|-------------|----------|
| Deews | Deus | Gott |
| Muscha | musca | Fliege |
| diwi | duo | zwey |
| trihs | tres | drey |
| sesch | sex | sechs |
| septim | septem | sieben |
| ehdu | edo | ich esse |
| tu | tu | du |

lettisch.

| lettiſch. | lateiniſch. | deutſch. |
|---|---|---|
| bahls | { pallens / pallidus } | bleich |
| ſewis | ſuus | ſein |
| dahd | dar | er giebt |
| lehni | lenis, lene | langſam, ſacht |
| Mehneſis | menſis | Monat u. ſ. w. |

Der Schluß daß die lettiſche Nation auch eine Miſchung mit alten Römern enthalte, würde zu weit gehen: ſollte denn der, daß wegen der vorkommenden finniſchen oder ehſtniſchen Wörter, die Letten urſprünglich aus Slaven, Finnen und Gothen beſtehen, ſicherer ſeyn?

Die lettiſchen Weibsperſonen, ſonderlich Dirnen, ſchmücken ſich und ihre Hüte des Sommers gern mit allerley Kräutern und Blumen, mit Spargel, Mohnen, Ringelblumen, Salbey, Krauſemünze u. d. g. die ſie daher in ihren Gärten ſorgfältig ziehen. Wohlhabende Weiber, vornemlich bey Riga, tragen ſilberne, ärmere meſſingene, Gürtel von Kettenarbeit, an welchen ſie ihre Meſſer befeſtigen.

So lange eine Leiche im Haus iſt, vermeiden ſie alles Kleiderwaſchen: kein Waſchholz muß man hören. Sobald die Leiche angekleidet iſt, legen ſie in etlichen Gegenden, auf deren Bruſt ein Tuch, auf welches alle ankommende Freunde etwas Geld zum Geſchenk für die Betrübten werfen. Einige erbitten Weiber, die bey der Leiche im Hauſe ſingen und weinen. — Aus Aberglauben trachten ſie ſehr nach dem Wachs von Altarleuchtern, woraus ſie Kugeln machen die ſie Dimpolis nennen; durch deren Hülfe wollen ſie wahrſagen.

In vielen Gegenden verſammelt ſich das ganze Gebiet am Tage vor Johannis auf den Höfen, bringt Johanniskraut und Beeren, reiniget das Gehöft, und umzieht dann das Roggenfeld dreymal mit Geſang, und
zwar

zwar in 4 besondern Haufen, so daß Männer, Weiber, ledige Kerls, und Dirnen, abgesondert gehen: die letzten tragen auf ihren Köpfen Blumenkränze. Am Abend werden sie traktirt und tanzen aller Ermüdung ungeachtet.

## Lettische Hochzeitgebräuche.

Auch hier sind sie nicht an allen Orten völlig gleich: das Merkwürdigste und Allgemeinere zeige ich an. Zuerst von der Verlobung. Sie geschiehet in Abwesenheit des Bräutigams, der durch seinen angenommenen Brante- wein bereits das Jawort erhalten hat. Zur Verlobung sendet er einen Kerl als Anwerber, nebst einem Weibe, an einem bestimmten Tage: vor deren Ankunft alles fer- tig gehalten, sonderlich eine große bedeckte Kanne mit Bier und Honig vermischt, auch Brantewein, auf den Tisch gesetzt wird. Von Seiten der Braut ist ein Kerl der sie herbeyführt, einer der für sie spricht, und ein Weib bestellt. Sobald der Anwerber kommt, wird sie von einem der geehrtesten aus einer Kammer gebracht, viele Dirnen begleiten sie; vor ihr werden 2 Lichte getra- gen, und eben so viel hinter ihr, ob es gleich am Tage geschiehet; auf dem Kopf hat sie eine Krone, die in Ge- stalt eines Daches, mit Marienglas besetzt, sehr glän- zend und schwer ist, und 4 Thaler kostet. Der Anwer- ber ein Redner, sagt: er sey einer Spur nachgegangen die ihn bis in dieses Haus geführt habe. Der Braut- führer fragt was er denn suche. Jener antwortet, er suche Jemand zum Kleiderwaschen, Strumpfstricken u. d. g. Der Führer: Suche dir aus, hier sind Dirnen genug! Der Anwerber: Nein, gieb du mir selbst! Der Führer giebt ihm die Braut. Sogleich tritt der Redner von der Braut Seite herzu, und führt dem An- werber in einer ziemlich zusammenhangenden und zweck- mäßigen Rede zu Gemüthe, ob er (eigentlich der Bräu- tigam für den geworben wird,) ordentlich und gebührlich

mit

mit ihr leben, fie ernähren, lieben wolle u. d. g. Welches jener verfpricht: worauf fich beyde, der Anwerber
und der Redner, von der Braut Seite, zur Verficherung
die bloßen Hände geben, zwifchen welche ein Dritter mit
feiner Hand fanft fchlägt. Nun wird die Braut hinter
den Tifch geführt: die 2 Weiber, eine von des Bräutigams, die zwote von der Braut Seite, nehmen die
Kanne mit Honigbier und trinken, dann trinken die
Braut, ihr Führer, ihr Redner (Fürfprecher), der Anwerber, und hierauf alle Anwefende: alle geben fich einander die Hände, doch nicht bloß, fondern mit einem
Schnupftuch bedeckt. Die Braut wird wieder, jedoch
von der andern Seite des Tifches, herausgeführt, ihr die
fchwere Krone abgenommen, ein Band um den bloßen
Kopf gelegt, fie wieder zurück an den Tifch gebracht:
alle fetzen fich und effen.

Die Hochzeit wird gemeiniglich am dritten Tage
nach der Trauung gehalten. In einigen Gegenden hat
der Bräutigam zween, in andern einen Bräutigams-
kerl. Diefe und jener haben über die eine Schulter einen
Gurt, über die andre ein weißes Tuch kreuzweis wie
Ordensbänder gebunden; der Bräutigam hat noch über
den Tuch ein feidenes Band, und gemeiniglich einen be-
fondern Bräutigamsrock von blauer und grauer Wolle.
Degen find nicht aller Orten gewöhnlich. Die Braut,
in deren Haufe die Hochzeit anfängt, und einen bis 2
Tage dauert, hat abermals die Krone auf dem Kopf, bis
fie in des Bräutigams Haufe gehaubt wird. Sie wird
weder nach ehftnifcher Art bey der Gäfte Ankunft ver-
fteckt, noch beym Wegfahren bedeckt; fie fahren in der
Nacht, beym Mondfchein erkennt man die Braut von
weiten durch die glänzende Krone. Alle Verwandten
der Braut reiten paarweife voraus; fie fährt und fitzet
ihrer Schwiegermutter, oder unter deren Namen einer
Fremden, im Schooß; des Bräutigams Anverwandten
folgen

folgen ihr. Wenn sie nahe an sein Haus kommen, reiten ein Paar von den letzten zu ihrem Empfange schnell voraus, und wollen sie vom Wagen oder Schlitten abheben, welches sie durchaus nicht muß geschehen lassen, sondern hurtig selbst abspringen. Bey der Ankunft wird viel geschossen. Die Schwiegermutter setzt ihr die Haube auf und giebt ihr dabey eine Maulschelle, die sie aber sogleich ihrem Bräutigam ziemlich hart wieder abgiebt. Nun muß sie zum ersten Male Wirthin vorstellen, Brod auftragen und den Gästen Brantwein reichen. An einigen Orten wird ihr bey den Hauben nach ehstnischer Art ein Kind in den Schooß geworfen. Die Brautkammer ist allezeit, selbst bey der strengsten Kälte, die kalte Kleete; dahin werden beyde gebracht, aber nach etlichen Minuten schon wieder geweckt, da sie sogleich fertig da stehen müssen. Nun giebt man ihnen eine Spanne mit Wasser, beyde waschen sich, und werfen sich wechselsweise ein Schnupftuch zum Abtrocknen zu. Einer von den Gästen stößt sogleich die Spanne um. In einigen Gegenden werden 2 Spänne hingesetzt; deren eine der Bräutigam, die zwote die Braut mit dem Fuß umstößt: der hurtigste hierbey erhält den Ruhm eines fleißigen Arbeiters: auch muß der Bräutigam eine von 2 Mannspersonen wagrecht gehaltene Stange zerbrechen, zum Zeichen, wie sie vorgeben, daß wer zwischen beyden Eheleuten Uneinigkeit stiftet, eben so soll zerbrochen werden.

Doch es ist endlich einmal Zeit dieses lange Kapitel zu schließen: ich thue es mit einer Bitte an meine Landesleute, nemlich daß sie nicht gleich alles für Irrthum und Versehen erklären, was nicht genau mit den Gebräuchen übereinstimmt, die sie in der Gegend gesehen haben wo sie wohnen, oder wo sie sich eine Zeitlang aufhielten. Der Schluß von einem Gut oder Kirchspiel auf das ganze Volk, ist sehr schief, aber nicht ganz ungewöhnlich.

# Das zweyte Kapitel.
## Von ökonomischen Sachen.

## Erster Abschnitt.
### Die Haaken-Berechnung.

Viele machen sich von unsern Haaken falsche oder un-
vollständige Begriffe; sogar manche Liefländer ir-
ren hierin: eine kurze Bestimmung und Auseinandersetzung ist nothwendig. Die alten ungewissen Maaße,
da der Haaken ein Stück zu Aeckern taugliches Land begrif, wovon man unter andern bey Arndt Chron. S.
43 u. f. eine Anzeige findet, übergehe ich stillschweigend: meine Leser erwarten mit Recht blos die Nachricht von der jetzigen Berechnungsmethode.

Bey dem Kaufe eines Guts sieht man vornemlich
auf dessen Haakenzahl, und die ersten gewöhnlichen Fragen sind: was fodert er für den Haaken? oder, wie
theuer hat er den Haaken bezahlt? Freylich läßt sich weder die Menge der wöchentlichen Arbeiter, noch des
brauchbaren Landes, am allerwenigsten der Ertrag des
Guts, aus dessen Haakenzahl mit Gewißheit bestimmen;
sondern allein die Größe der öffentlichen Abgaben: gleichwohl müssen wir in Ermangelung eines zuverlässigern,
diesen etwas unsichern Maaßstab beybehalten, dessen
Unvollkommenheit schon mancher mit seinem Schaden
zu spät erkannt hat. Ein Gut von 10 Haaken kan weit-
läuftigere Gränzen, mehr brauchbares Land, und bessere Appertinenzien, auch wohl mehrere Menschen haben,

ben, und daher weit einträglicher seyn, als ein anderes von 15 Haaken in eben der Provinz.

Die Revisions Kommiſſion (S. 1 Band S. 453 u. 470.) beſtimmt eines jeden Guts Haakenzahl, welche nach der Menge der dazu gehörenden Menſchen, oder des von ihnen bearbeiteten Landes, ſteigen oder fallen kann. Das Gut Allenküll in Jerwen hielt bey der lez̄ten ſchwediſchen Reviſion 30; nach der Peſt und dem Krieg i. J. 1726 nur 10; i. J. 1739 ſchon 17, und i. J. 1751 bereits 21 Haaken. Das gilt von allen Kreiſen. Die Größe, welche ein Gut bey der lezten zur ſchwediſchen Regierungszeit gehaltenen Reviſion hatte, heißt die ſchwediſche Haakenzahl: ſobald ein Privatpoſſeſſor dieſe annimmt, glaubt und ſagt man, das Gut bedürfe keiner fernern Reviſion, es könne nicht höher ſteigen, wegen gewiſſer Beſtätigungen, indem bey Uebergabe dieſer Herzogthümer an Rußland, die ſchwediſche Berechnung zur Norm angenommen, von den Schweden aber das Land aufs genaueſte ſey unterſucht, ausgemeſſen und angeſchlagen worden. Einige ſetzen noch hinzu, bey einer ſteten Erhöhung möchte der Fleiß und die Begierde ein Gut zu verbeſſern, leicht erſtickt werden. Andre meinen, es ſey billig daß jedes Gut nach ſeiner wahren Größe berechnet werde und die öffentlichen Abgaben entrichte; da die Krone von wüſten Haaken nichts fodert und erhält, ſo könne ſie mit Recht eine verhältnißmäßige Abgabe von Verbeſſerungen erheben, durch welche das Gut über die ſchwediſche Haakenzahl geſtiegen iſt; bey gleicher Beſchaffenheit müßten auch die Unterthanen ſo viel möglich gleiche Laſt tragen; der Fleiß werde dadurch eben ſo wenig erſtickt, als ſich bisher Jemand hat abſchrecken laſſen ſeine wüſten Haacken nach und nach zu beſetzen; manches brauchbare Stück Land ſey von den Schweden gar nicht, oder als unbrauchbar angeſchlagen worden u. d. g. Die Entſcheidung gehört

N 2

niche

nicht für mich: inzwischen sind bereits etliche Güter über die schwedische Haakenzahl gestiegen.

Bey der Revision werden die Wackenbücher (das sind die Verzeichnisse von der Beschaffenheit des Guts, der darzu gehörenden Bauerschaft, deren Gehorch und Abgaben), und aus deren Hauptinhalt die Landrollen, verfertiget. Die lezten nennen eines jeden revidirten Guts, schwedische und jetzige Haakenzahl, und desselben Besitzer. Nur muß man darin weder die eigentliche Größe eines Kirchspiels, wie schon im ersten Band erinnert wurde; noch die wahre Anzahl aller wirklich vorhandenen und bearbeiteten Haaken des Kreises, der Provinz oder des ganzen Herzogthums, suchen, weil einige Güter, vermöge ihrer Privilegien, gar nicht revidirt werden, z. B. die Pastoratsländer und Bauern in Ehstland, etliche Patrimonialgüter die keine Abgabe an die Krone entrichten; ingleichen kleine Güter, die keine angeschlagene Bauerländereyen haben; und weil etliche Güter aus Bequemlichkeit die schwedische Haakenzahl angenommen haben, die sie gleichwohl noch nicht völlig halten. Die Landrollen von beyden Herzogthümern sind bereits im Druck erschienen, indem sie Hr. D. Büsching in seinem Magazin neuerlich mitgetheilt hat: die ehstländische ist schon seit etlichen Jahren bekannt: die noch nie gedruckte öselsche liefere ich an ihrem Orte.

Jedes der beyden Herzogthümer, und auch die Insel Oesel, hat eine eigne Art der Haakenberechnung: alle drey werde ich besonders anzeigen.

## I. Ehstländische oder revalsche Haaken.

Hier geben die vorhandenen zum Gute gehörenden arbeitsamen Mannspersonen den Maaßstab. Erbleute allein, wenn Jemand auch deren hundert zu seiner Bedienung hielt, machen keinen Haaken, und sind kein

Gegen-

Gegenstand der Revision, wenn sie nicht zu einem Gute
gehören und Land bearbeiten. Unter den arbeitsamen
Mannspersonen versteht man Leute von 15 bis 60 Jahren: jüngere Kinder, ältere Greise, alle Gebrechliche,
und überhaupt alle Weibspersonen, kommen gar nicht
in Anschlag. Einem größern Gute wird ein Kubjas
und ein Hüter, dem kleinern nur ein Kubjas, zu
gut gerechnet. Jede 5 arbeitsame Mannspersonen
geben einen Haaken; am Seestrande, wo die Bauern
kleine und elende Felder haben, und daher mehr vom
Fischfang leben müssen, werden auch wohl 10 Kerl auf
einen Haaken gerechnet. Hieraus ergiebt sich, daß man
niemals aus der Haakenzahl die Summe aller in Ehstland befindlichen Menschen bestimmen könne, welches
bereits im ersten Bande wider eine versuchte Berechnung in einer neuen Erdbeschreibung, erinnert wurde.
Denn ausser vielen Bedienten, kränklichen und gebrech-
lichen Leuten, stehen auch alle mit Menschen besezte Pa-
storats-Ländereyen in gar keinem Anschlage: und auf
Gütern welche die schwedische Haakenzahl angenommen
haben, kommen auch wohl mehr als 5 Mannspersonen
auf einen Haaken.

Gütern, die kleine Gränzen und wenig bearbeit-
bares Land haben, fällt eine glückliche Bevölkerung zuweilen zur Last. Die steigende Haakenzahl vermehrt
ihre öffentlichen Abgaben, aber nicht verhältnißmäßig
den Ertrag des Guts; sonderlich wo es an Gelegenheit
mangelt die überflüßigen Menschen gehörig zu nußen.
Hingegen kann der ehstländische Possessor seiner Bauern
Ländereyen in die Hofsfelder ziehen, ein Dorf sprengen
und es zu einer besondern Hoflage errichten, die Bauern
in dem Wald auf wüste oder vorher nie bebauete Stellen verpflanzen: seine Haakenzahl leidet hierdurch keine
Veränderung, weil sie sich blos auf die vorhandenen
Menschen gründet. — Etliche kleine Privatgüter be-

N 3                                                    stehen

stehen blos aus Hofsfeldern und Heuschlägen; sie haben keine Bauerländer und Gesinder, folglich keinen Haakenanschlag, und sind eben daher von allen öffentlichen Abgaben frey: dahin gehört unter andern das Gütchen Tilp, nahe bey Weissenstein, dessen Feldbau blos durch Hofsgesinde und Taglöhner bestritten wird. — Bey publiken Gütern rechnet man 4 Tonnen Aussaat von jeglichem Korn auf einen Pflug, und das dritte Korn über die Aussaat wird angeschlagen. Da nun in Ehstland ein wöchentlicher Pflug ungefähr einen Haaken ausmacht; so berechnet man davon 12 Tonnen Roggen und eben so viel Gerste, jede Tonne zu 1 Rubel; eben so hoch die Bauergerechtigkeit, nemlich 4 Tonnen Roggen und eben so viel Gerste: als wodurch auf den Haaken 32 Rubel kommen. Im Sommer 1774 wurde die Revision abermals nach gewöhnlicher Art in Ehstland gehalten: das Gerücht als würden dabey verschiedene Veränderungen vorfallen, war ungegründet.

## II. Lieflündische oder rigische Haaken.

Hier kostet die Berechnung schon weit mehrere Mühe, weil der ganze Ertrag des Gutes nach einer gewissen festgesezten und bestätigten Norm muß ausfindig gemacht und dann mit 60 dividirt werden: der gefundene Quotient ist des Guts Haakenzahl; und ein Gütchen, z. B. dessen Ertrag von der Revisions-Kommission auf 120 Rubel gesetzet wird, hält 2 Haaken. Das ist aber bey weiten nicht der wahre Ertrag: ein solches Gütchen sieht man wohl für 8 bis 400 Rubel verarendiren, oder für 6 bis 10,000 Rubel verkaufen.

Bey der Berechnung wird zwischen publiken und privaten Gütern ein Unterschied beobachtet: bey den ersten kommt alles, die Arbeit und Gefälle von den Bauern, die sämmtlichen Appertinenzien, selbst das Hofsfeld, in Betracht;

Betracht; bey den lezten, das eigentliche alte Hofsfeld gar nicht, sondern die Arbeit und Abgaben der Bauerschaft. Das Wichtigste will ich anführen. Zu einem rigischen Haaken, er werde von einem oder mehrern Bauern bewohnt und bearbeitet, gehören ungefähr:

1) Zwey wöchentliche Arbeiter das ganze Jahr hindurch zu Pferde, oder mit Anspann; man nennt sie auch 2 wöchentliche Pflüge. Wenn daher 4 Bauern auf dem Haaken wohnen, so muß jeder (nach dem Wackenbuche) dem Hofe 3 Tage hindurch einen Arbeiter mit einem Anspann (d. i. ein Pferd oder ein Paar Ochsen,) mit allem zur vorfallenden Arbeit nöthigen Geräthe, ingleichen mit dem gehörigen Unterhalt für beyde, stellen. Für einen wöchentlichen Arbeiter mit Anspann rechnet die Krone des Jahrs $10\frac{2}{3}$ Thaler, oder täglich 4 Groschen.

2) Zwey Otternecken oder Fußarbeiter, die nur im Sommer zu Handdiensten gestellet werden. Stehen sie wie gewöhnlich von St. Jürgen, (Georgentag den 23 April) bis Michaelis, so wird jeder für den ganzen Sommer zu $3\frac{1}{2}$ Rthl. berechnet. Auf einigen Gütern kommen sie nur von Johannis bis Michaelis, und dann rechnet man für jeden 2 Rthlr.

3) Hülfstage zu Fuß, im Sommer sonderlich zur Heu- und Kornärndte, deren man auf jeden Haaken ungefähr 80, jeden zu 3 Gr. folglich alle 80 zu 2 Rthlr. 60 Gr. rechnet. Ein Fußarbeiter hingegen, der das ganze Jahr hindurch ausstehet, wird zu 8 Rthlr. angeschlagen.

4) Allerley Abgaben an Geld, Korn und andern Produkten, welche der Bauer an den Possessor jährlich liefern muß. Den lezten legt die Krone folgenden Werth bey:

| | | |
|---|---|---|
| 1 Loof Winterweitzen — | — | $\frac{2}{3}$ Thaler |
| 1 — Roggen, Gerste oder Sommerweitzen | $\frac{1}{3}$ | — |
| 1 — Leinsaamen — | = | 1 — |

N 4        1 Loof

| | | |
|---|---|---|
| 1 Loof Haber — — | $\frac{1}{4}$ | Thaler. |
| 1 — Buchweitzen, Erbsen oder Hanfsaamen | $\frac{1}{3}$ | — |
| 1 Ließpfund (d. i. 40 Pfund) Butter — | $\frac{5}{6}$ | — |
| 1 — Honig — — | $\frac{1}{2}$ | — |
| 1 — Wachs — — | $3\frac{1}{3}$ | — |
| 1 — Wolle — $\frac{3}{4}$ bis | $1$ | — |
| 1 — Hanfgarn oder Heedengarn — | $\frac{2}{3}$ | |
| 1 — Flachs, ungehechelt $\frac{1}{3}$, gehechelt | $1$ | — |
| 1 — flächsen Garn — | $1\frac{1}{3}$ | — |
| 1 — Hopfen — — | $\frac{1}{2}$ | — |
| 1 — Hanf — — | $\frac{1}{4}$ | — |
| 1 Schaaf, oder 3 Lämmer — | $\frac{1}{2}$ | — |
| 1 gemästetes Schwein — | $2\frac{1}{2}$ | — |
| 1 Fuder Heu von 30 Ließpfund — | $\frac{1}{4}$ | — |
| 1 Faden Brennholz — $\frac{2}{3}$ auch | $\frac{1}{2}$ | — |

Die Strand-Bauern bezahlen ihre Gerechtigkeit großen Theils in Fischen, nach folgender Schätzung:

| | | |
|---|---|---|
| 1 Ließpfund Netz — — | $1$ | Thaler. |
| 1 — trockene Hechte, oder Barse — | $\frac{1}{2}$ | — |
| 1 — — Brächsen, oder Jas — | $\frac{2}{3}$ | — |
| 1 — — Bleier — | $\frac{1}{6}$ | — |
| 1 Tonne gesalzene Rebse, oder Strömlinge | $2$ | — |
| 1 — — Dorsch, Brächsen oder Jas | $3$ | — |
| 1 Ließpfund Sähl- oder Seehund-Speck — | $\frac{1}{5}$ | — |
| 1000 Stück trockne Strömlinge — | $\frac{1}{2}$ | — |

Das Albertsgeld gilt nur in den beyden lettischen Kreisen, und da rechnet man auf jeden Thaler 90 Groschen, oder 80 Ferding: in den beyden ehstnischen Kreisen wird 1 Rubel anstatt eines Thalers gesetzet. — Bey dem Empfange des Korns kann der Herr von seinen Bauern auch Spillkappen nehmen die nicht in Anschlag kommen, nemlich auf jede Tonne Roggen oder Gerste $1\frac{11}{18}$ Stoof, vom Haber etwas mehr. — Zuweilen werden auch Heukujen in dergleichen Berechnungen gebracht, sie sind aber

aber ein etwas unsicherer Maaßstab; für eine Kuje die
10 Faden im Umkreise hält, rechnet man· 6⅔, nemlich
für jeden Faden ⅔ Thaler. Noch ist es bey uns hin und
wieder gebräuchlich, nach einer solchen unsicheren Schätzung Heu zu kaufen.

Auf publiken Gütern, wo das Hofsland mit in Anschlag kommt, wird auf die Verschiedenheit desselben in
Ansehung der innern Güte gesehen, und die Fruchtbarkeit nach drey Graden berechnet, nemlich:

Der erste Grad, für 1 Tonne bestes Acker-
land — 2½ Thal. —
Der zweyte — mittel 1 Thal. 85 Gr.
Der dritte — schlechtes 1 — 50 —

Einige setzen noch das öde Ackerland darzu, da man für
eine Tonne vom zweyten Grade 87½, und vom dritten
70 Groschen rechnet. Auf eine Tonne oder 2 Löfe
rigisch, pflegt man 14,000 Quadratellen zu rechnen:
auch dieses Maas hat nicht die genaueste Richtigkeit;
Einige säen dick, Andre weit dünner; der Bauer
braucht niemals zu einer Tonne Aussaat so viel Land,
sondern ungefähr ein Stück 120 Schritte lang und 60
breit. Alte erfahrne Landwirthe besäen auf ihren Höfen
mit einer Tonne Roggen, ungefähr 8000 Quadrat-
schritte. Auf unsern besten Aeckern baut man gemeiniglich von Roggen das 10te bis 12te, auf dem mittelmäßigen das 6te bis 8te, auf den schlechten das 4te oder fünfte
Korn (d. i. von einem Loose Aussaat ärndtet man 4 bis
5 Loof.) Freilich laufen Mißjahre mit unter; auch hängt
die Fruchtbarkeit nicht ganz von der Beschaffenheit des
Bodens selbst ab: es ist bekannt, daß nahe liegende Moß-
moräste oder Wälder der Fruchtbarkeit schaden; hingegen läßt sich ein schlechtes Land durch Fleiß und Arbeit
sehr verbessern. — Mühlen, Krüge u. d. g. werden
wohl den publiken, aber nicht den Privatgütern ange-

N 5 schlagen

schlagen und mit einer Abgabe an die Krone belegt. Jagd, Fischerey in kleinen Seen und Flüßen, Wald, haben beyde; die lezten auch alle angelegten Fabriken, z. B. Glashütten, Kalk- und Ziegelbrand u. s. w. ganz frey.

Alle Abgaben und Arbeit der Bauern welche sie nach dem Anschlage im Wackenbuch, dem Hofe entrichten sollen, werden nach der vorhergehenden Schätzung berechnet: so vielmal sie 60 Thaler oder Rubel betragen, aus so vielen Haaken besteht das Gut. Zu den alten Hofsfeldern die schon in der schwedischen Zeit von allen öffentlichen Abgaben frey waren, gehören nicht die neuerlich aus Bauerländereyen errichteten Hoflagen: solche werden, wenn man auch einen ganz besondern Hof daraus macht, allezeit so berechnet als wenn sie noch mit Bauern besetzt wären, und alle öffentliche Gefälle davon entrichtet; welches auch von den wüsten Ländereyen geschiehet, auf welche des gesprengten Dorfs Bauerschaft verpflanzet wurde. Bey manchem Privatgute von 10 Haaken findet man daher nicht mehr als 7 besetzte Bauer-Haaken, weil das Hofsfeld oder ein Theil desselben aus Bauerländereyen besteht. Von einem solchen sagt man es sey gravirt: es hat weniger Arbeit und Gefälle von seiner Bauerschaft, als ein anderes von gleicher Haakenzahl, und muß auch für sein hinzugekommenes Hofsfeld Station, Roßdienst, Brückenbau, Ladengelder, Bewilligungen, Schüße, Postfourage u. d. g. tragen; daher es in zweyfachen Betracht weit weniger werth ist, als ein ungravirtes von gleicher Haakengröße. Vielleicht könnte manche Hoflage, wenn derselben Anlegung unumgänglich nöthig scheint, errichtet werden, ohne dadurch das Gut zu beschweren, und ohne manchen Nachtheil oder üble Folge in Ansehung der versetzeten Bauern zu veranlassen; jedoch hiervon an einem andern Orte. — Ein Stück Land für den Kubjas oder Starosten wird bey publiken sowohl, als bey Privatgütern freygelassen; bey

den

den erſten auch auf den Lohn eines Amtmanns Rückſicht
genommen. — Einzele Bauern, gar kleine Dörfer,
wohnen auf Hofslande, d. i. auf ſolchem welches der Hof
frey von Abgaben nutzen könnte. Der Frage, ob ſolche
im Wackenbuche angeſchlagen und mit Abgaben an die
Krone, belegt werden können, wurde ſchon im erſten
Bande gedacht. Wenn müſte Länder beſetzet, oder auch
wenn ſolche im Wackenbuch aufgenommen werden, die
vorher niemals angeſchlagen waren, ſo ſteigt das Gut in
ſeiner Haakenzahl; welches auch geſchiehet wenn der Gehorch und die Abgaben der Bauern im Wackenbuche höher als vorher, angeſetzet werden. Wenn hingegen der
Erbherr ſeine Bauern mit mehrerer Arbeit belegt als ſie
nach dem Wackenbuche leiſten ſolten, ſo wird dadurch
nach der jetzigen Einrichtung die Haakenzahl nicht
erhöhet, weil blos der Anſchlag im Wackenbuche, des
Gutes Größe beſtimmt. Im Folgenden wird dieſe Anmerkung mehrere Deutlichkeit erhalten.

Hieraus laſſen ſich einige Schlüſſe ziehen und Dun-
kelheiten erklären, die ſelbſt mancher Liefländer nicht hinlänglich auseinander ſetzen kan; nemlich 1) Ein Gut
kan wirklich weniger Haaken halten, als ihm die Revi-
ſions-Kommiſſion im Wackenbuche zuſchreibt; es ſey nun
wegen einer aus Bauerländern gemachten Hoflage; oder
wegen angeſchlagenen mit Bauern beſetzten Hoflandes;
oder wegen erhöheten Gehorchs; oder weil angeſchlagene
Länder aus Mangel an Menſchen, oder wegen deren Armuth nicht gehörig genutzet werden u. ſ. w. 2) Ein Gut
kan mehrere Haaken wirklich halten, als wofür es öffentliche Abgaben trägt; wenn es z. B. Hofsländer mit
Bauern beſetzt die nicht im Wackenbuche angeſchlagen
werden; oder wenn die vorhandene Menge arbeitſamer
Hände große Verbeſſerungen, neue Anlagen u. d. g. ge-
ſtatten; oder wenn der Erbherr ſeinem Gebiete mehrere
Abgaben und Arbeit auflegt, als ſie nach dem Wackenbuche

buche leisten solten.    3) In einigen Gegenden ist ein
großer Unterschied zwischen einem Revisions- und einem
Bauerhaaken. Vier Viertel, oder 8 Achtel geben sonst
allezeit ein Ganzes; und im Dorptschen rechnet man gemeiniglich 4 Viertler oder 8 Achtler (Bauern) auf einen
Haaken: im Oberpahlschen hingegen, geben schon 5,
höchstens 6 Achtler einen Revisions-Haaken, weil hier
ihre Abgaben und Gehorch wegen der Güte oder Viel-
heit des Landes etwas größer sind als im Dorptschen.
4) Aus den Landrollen läßt sich nicht genau die wahre
Anzahl aller besetzten Haaken und noch weniger der vorhandenen Menschen genau bestimmen; u. s. w.

Kleine Kronjüter zu denen keine Bauern gehören,
werden mit einer kleinen dem Hofsfelde angemessenen
Abgabe, aber mit keinem Haakenanschlage; Pastorate
hingegen die Feld, aber keine eigne Bauern haben, mit
gar keiner Abgabe belegt. — Auf jeden Haaken sollen
die Arendatores der Kronzüter 10 Stück Hornvieh halten: und bey den Bauern müßte man billig wenigstens
12 Pferde und 8 Paar Ochsen finden; manches Gebiete
kan kaum auf 3 Haaken so viel aufbringen.

## III. Oeselsche Haaken.

Hier hat die Berechnung mancherley Veränderungen erlitten.  Eine Zeitlang rechnete man einen wöchentlichen Arbeiter zu Pferde nebst einem Hülfsarbeiter zu
Fuß, für 10 Thl. cour. oder 8 Rubel; und deren zween
auf einen Haaken; damals war die Kornarende 32
Thl. cour. zuweilen erforderte man 12, zuweilen nur 8
arbeitsame Mannspersonen auf einen Haaken.  Einstmal rechnete man 4⅕ öselsche Haaken auf einen rigischen;
jetzt deren nur drey: der Vergleich ist aber eben so unsicher, als wenn man 2 ehstländische für einen rigischen
Haaken rechnet.

Vor

Vor einigen Jahren wurde auf Oesel eine Revision nach einer neuen von der Kaiserin eigenhändig genehmigten, Norm gehalten. Eine Abschrift davon ist mir zu Gesicht gekommen, welche, wie versichert wurde, richtig, und von den Grafen Tschernitschew und Münnich, dem Senateur Teplow, dem Generaldirecteur von Stackelberg, und dem Kammerier Hoffmann unterschrieben seyn sollte. Fur ihre völlige Richtigkeit kan ich nicht stehen: einen kurzen Auszug will ich daraus liefern.

„1) Von der Schätzung des Landes.

„Den Acker theilt man in 4 Grade; zum ersten gehöret „das Land welches in einem mittelmäßigen Jahre das „sechste Korn giebt; zum 2ten welches das 5te; zum „dritten welches das 4te; und zum 4ten welches das dritte „Korn trägt. Was schlechter ist als der 4te Grad, soll „nicht zu Ackerland gerechnet werden. Hingegen wenn „ein Land an Güte und Fruchtbarkeit den ersten Grad „übersteigt, so soll ein solches ausserordentlich gutes Land „nach der vorgeschriebenen Methode höher geschätzet wer„den. Bey der Schätzung werden beeidigte Landesein„wohner und Bauern befragt. — — Zur Aussaat „einer Tonne Getraides rigischen Maaßes *), soll man „in allen Graden 16,000 Quadratellen rechnen. — — „Im ersten Grade rechnet man die Aerndte von einer „Tonne Aussaat 6 Tonnen **). — — Wenn Jemand „sein Land künftig nach der Revision meliorirt, so be„zahlt er deswegen nicht mehr Renten, als was jetzt fest„gesetzet wird.

2) Bauer-

---

*) Das ist wohl nur vom Winterkorn zu verstehen: denn ein Loof Gersten- oder Haber-Saat nimmt bey weiten nicht so viel Land ein als ein Loof Roggensaat.

**) In Liefland bauet man auf Brustäckern auch wohl das 12te Korn; von Küttissen das 20ste in guten Jahren.

## 2) Bauer = Schätzung.

„Die Grund = Rente der Bauern, sowohl der Krons als
„Privatgüter, rechnet man nach der Aernde der zu be=
„säenden Aecker, der Menge des Viehes und andrer Ap=
„pertinenzien die der Bauer besitzt und zum Landbau
„braucht. — Von einer Tonne ausgesäeten Getraides
„rechnet man in allen Graden ein Korn zur Saat; ein
„Korn zu des Bauern extraordinären Abgaben, als Sta=
„tions = Renten, Priester = Gebühr, Bauergeräthschaft
„u. d. g. Von dem übrigen läßt man dem Bauer die
„eine Hälfte zu seinem Unterhalt; die andre legt man zur
„Rente nach der Tara: so bezahlt er von jeder in zween
„Aeckern jährlich auszusäenden Tonne im ersten Grade 2,
„im zweyten $1\frac{1}{2}$, im dritten einen, im 4ten einen halben
„Rubel. Weil aber die Grade sowohl auf Krons = Hof=
„lägern, als auf den Ländereyen der Kron= und Privat=
„bauern in allen 3 Feldern zusammen bestimmt werden
„müssen, so soll die Tara so eingerichtet werden, daß
„man von einer jeden Tonne Ackerlandes so der Bauer
„gemeinschaftlich besitzet, im ersten Grad $1\frac{1}{3}$, im zwey=
„ten ein, im dritten $\frac{2}{3}$, und im vierten $\frac{1}{3}$ rechnet. Aus=
„ser diesem ist der Bauer schuldig Station und Grund=
„geld zu zahlen; (die letzte rechnet man nach dem mitt=
„lern Werth der Grade zu $1\frac{1}{4}$ Rubel für eine Tonne
„Landes, worauf er seinen Bau und Garten hat;) in=
„gleichen andre Stationen für Viehzucht und andre Ap=
„pertinenzien nach der Tara, als Talg, Schaafe, But=
„ter, Speck, Hopfen u. d. g. wobey folgende Ausrech=
„nung zum Grunde genommen werden muß, nemlich
„wenn der Bauer so viel Ackerland hat, daß er in 3
„Aeckern 18 Tonnen Korn aussäen kann, so soll er 1 Ru=
„bel Station abgeben, und von den übrigen Rente=Sta=
„tionen 1 Ließpfund Talg, 2 Schaafe, 1 Ließpfund
„Butter, 1 Bolt Speck, 4 Fuder Heu, 2 Gänse, 4
„Hüner, 40 Eier, 1 Ließpfund Hopfen bezahlen. Nach
„eben

„eben dem Verhältniß bezahlen die kleinern Bauerhöfe. —
„Ueberhaupt bezahlt ein Bauer von einem ganzen Hof
„(oder Haaken) 6 Küllmet Priester-Gebühr, Roggen und
„Gerste auf die Hälfte; die kleinern nach Proportion:
„jedoch wird diese Abgabe zu der Haakenrente nicht ge-
„rechnet. — Wo mehr Heuschläge als zur Wirthschaft
„nöthig sind, da sollen sie besonders angeschlagen, oder
„solchen auf Rente ausgegeben werden die sie nehmen
„wollen. Von der Hofs-Fischerey wird der 10te Theil
„des Jahrsfanges zur Arrende angeschlagen. Auf die
„Mühlen der Bauern legt man die Rente nachdem die
„Unkosten abgerechnet worden, nemlich die Hälfte von
„dieser übrig gebliebenen Summe. Steinbrüche, Zie-
„gel- und Kalkhütten werden besonders taxirt.

„Der Bauer muß seine Rente die aus seinen ihm
„Vortheil bringenden Appertinenzien angeschlagen wor-
„den, theils mit Gelde theils mit Produkten abtragen.
„Die Grundgelder sind davon ausgenommen die er baar
„bezahlen muß. Auf eine Rente von 24 Rubel die auf
„einen öselschen Haaken gesetzet wird, rechnet man in
„der Woche das ganze Jahr durch zu der Arbeit 6 Tage
„mit Anspann, und von Jacobi bis Michaelis 6 Arbeits-
„tage in der Woche zu Fuß. Für die Arbeit mit An-
„spann rechnet man den Tag 4¼ Kopek; für Fußarbeit
„hingegen 3½ Kop. zusammen für alle Arbeitstage eines
„Jahrs 15 Rubel 93 Kop. die übrigen 8 Rub. 7 Kop.
„worunter auch die Grund- und Stationsgelder begrif-
„fen sind, werden auf Getralde und Rente-Station ge-
„rechnet, welches in den Wackenbüchern muß angezeigt
„werden. — Wo der Hof die Arbeit nicht braucht,
„oder der Bauer sehr entlegen ist, daß er von Arbeits-
„tagen muß befreyet werden, da soll ihm eine Geldrente
„aufgeleget werden. — Die Schätzung der Güter und
„Bauern soll bis zur Uebermessung, nach eidlicher Aus-
„sage der Bauern geschehen.

„3) Ein-

„3) Einrichtung der Höfe des Kronsbauern.

„Zu einem ganzen Bauerhof von Krongütern, soll zur
„Wohnung und Garten 24,000 Quadratellen, und in
„allen 3 Feldern zu 18 Tonnen rigisch, zu einer jeden
„18,000 Quadratellen Ackerland, von welchem Grad es
„auch sey, und also in jedem Acker 6 Tonnen gerechnet
„werden. Die Bauerhöfe sollen nicht unter 9 Tonnen
„Ackerlandes oder ½ Haaken halten, es sey denn daß eine
„abgelegene Stelle es nicht anders erlaubte, dann kan man
„weniger als ½ Haaken geben. Zur Bearbeitung des
„Landes und Bestreitung der Oekonomie soll man auf
„jeden ganzen Hof 4 Pferde und 1 Paar Ochsen, oder
„3 Pferde und 2 Paar Ochsen, 12 Hornvieh und 6 von
„andern Vieh, wie auch 12 Schaafe rechnen, und zum
„Unterhalt dieses Viehes einem ganzen Bauerhof nöthige
„Heuschläge anweisen, doch nicht mehr als 60 Fuder;
„den kleinen nach Proportion. Viehweide und Holzung
„wird (ohne Zinse) angewiesen. Ueberflüßige Heuschlä-
„ge schlägt man dem Bauer zur Rente, mangelnde rech-
„net man nach Gutbefinden von derselben ab. Auf ei-
„nen ganzen Bauerhof müssen 4 vollkommene Arbeits-
„kerl seyn; auf den kleinen nach Proportion. — Keine
„gemeinschaftliche Länder werden verstattet, sondern je-
„dem sein Theil eingewiesen.

„4) Ausrechnung der Haaken und Wardirung
der Güter.

„Die summarische Haakenzahl und Egalisirung der Krons-
„und Privatgüter soll man nach der schwedischen Metho-
„de bestimmen, und nach der Quantität der Bauerren-
„ten so einrichten, daß die im Wackenbuche ausgesetzten
„Arbeitsrenten und Stationsabgaben nach der Taxa zu
„Gelde gerechnet und diese Summe durch 24 Rubel auf
„revalsche Haaken vertheilt werde, und zu Folge selbiger
„Methode die G    nach der Haakenzahl eintheilen,
„nach welcher die Abgaben überhaupt, insonderheit von

„den

„den Privatgütern der Roßdienst und Stationsgelder be-
„zahlt werden müssen.

„5) Arrende-Ausrechnung der Kronshofläger.
„Alle Ländereyen, Aecker, Heuschläge, Viehweide u.
„d. g. sollen eingemessen, und die Arrende von den Fel-
„dern, so wie die Bauerländer berechnet werden, wel-
„che Arrende zusammt der Bauerarbeit soviel davon auf
„dem Hoflager nach den Umständen nöthig seyn wird
„und im Wackenbuche angesetzt worden, der Arendator
„apart bezahlen und solches ihm auf die Arende gerech-
„net werden soll. — — Heuschläge, Viehweide und
„Wald werden von der Kommißion nach Beschaffenheit
„des Landes angewiesen, so viel nöthig ist; überflüßige
„Heuschläge setzet man zur Rente. Die übrigen Apper-
„tinenzien als Mühlen, Krüge u. s. w. legt man nach
„der geschehenen Beprüfung besonders zur Rente, und
„zwar von jeder Tonne Bier $\frac{1}{2}$ Rubel; vom Brante-
„wein nachdem man dasjenige abgezogen was zur jährli-
„chen Unterhaltung des Krugs nöthig ist, von jedem
„Stoof 6$\frac{2}{3}$ Kopek. Von Mühlen, Fischereyen u. d. g.
„nimmt man die Rente nachdem die Unkosten abgezogen
„worden. Auf Bauholz wird keine Rente gesetzet, weil
„der Arrendator davon keinen Genuß hat. — — Zu
„obigen Arrendeabgaben legt man nach dem Wacken-
„buche die Bauerrente-Station, welche der Arrendator
„nach der Tara zu bezahlen hat. — Zur Salarirung
„des Amtmanns und Kubjas wird dem Arrendator von
„der Arrendesumme 10 procent zu gut gerechnet. Die
„Arrende wird halb in Korn, halb in Geld bezahlt. —
„Es sollen keine neuen Hofläger auf wüstes Land errich-
„tet werden.

„6) Von Priesterhaaken.
„Die Kommißion soll die Kirchspiele egalisiren. Die
„Pastorate sollen schwedische Haakenzahl behalten. Zum
„Unterhalt der Priesterwitwen wird ein Gnadenhaaken

„bestanden. Den Schulmeistern soll ein halber Haaken
„ohne Bauern gegeben werden.

„Taxa.     1 Loof (Winter-) Weißen     1 Rubel.
„1 — Sommerweißen, Roggen, Gerste,
          güne Erbsen, oder Malz 50 Kopek.
„1 — Haber, oder Buchweißen 25 Kopek.
„100 Stück Eier 20 Kopek.„

Meinen Lesern, sonderlich den Liefländern welche viel
von der neuen öselschen Methode gehört, aber sie nicht
gekannt haben, wird dieser Auszug nicht unangenehm
seyn. Die ganze Instruction aus welcher ich ihn gemacht habe, enthielt 46 Paragraphen, aus denen ich
das Wichtigste fast durchgängig abgeschrieben habe. Diese
Methode wird für sehr genau und bestimmt gehalten, bey
der aber die Arrendatores publiker Güter wenigere Vortheile finden sollen, als in den beyden Herzogthümern
Lief- und Ehstland.

## Von den sogenannten polnischen und von Tillhaaken.

Beyde Ausdrücke hört man noch zuweilen, ob sie
gleich keine jetzt gewöhnliche Art der Haakenberechnung
anzeigen. So gern ich davon eine hinlängliche Beschreibung liefern wollte, muß ich doch bekennen, daß mir
selbst manches darbey unerklärbar ist: was ich erfahren
habe, will ich kürzlich melden.

Im Herzogthum Liefland giebt es kleine Gü-
ter die unter polnischer Regierung einen oder zween Haaken hielten: nach der jetzigen Berechnung beträgt ein
solcher polnischer Haaken, welcher allezeit weit theurer
verkauft wird, wohl so viel als drey gewöhnliche.

Tillhaaken giebt es in Ehstland: sie sollen, wie mir
ist versichert worden, bey der ehemaligen schwedischen
Reduction entstanden seyn, indem man die Kroneins-
künfte

künfte zu erhöhen, einigen Gütern mehr Haaken auf=
bürdete oder anrechnete als sie wirklich hatten, so daß
ein Gut von 10 Haaken, für deren 15 die öffentlichen
Abgaben entrichten mußte. Von dem schwedischen
Wort Till zu, sollen Tillhaaken hinzugekommene Haa=
ken anzeigen. — Mancher kauft ein Gut und bezahlt
es nach der Haakenzahl, ohne genau zu prüfen, ob es
lauter wirkliche oder einige darunter blos gravirende,
Haaken sind.

## Von Bauerländern, der Bauern Gehorch und Abgaben.

Von Oesel wurde das Nöthigste hierüber kurz vor=
her angezeigt: von den beyden Herzogthümern soll es
hier geschehen, doch so, daß mehr auf das Allgemeinere
als auf einzele Gegenden, gesehen wird. Die Frage:
ob nicht mehr Korn könnte gebauet, und die Arbeit weit
höher genützet werden, wenn anstatt des bisherigen Frohn=
dienstes, ein schickliches Mittel erfunden würde, alle
Hände zu ihrem eigenen Vortheil zu beschäftigen; über=
lasse ich andern zur Prüfung und Beantwortung.

Gehorch und Abgaben der Bauern bestimmt das
Wackenbuch, nach welchem auf Krongütern streng muß
verfahren werden: bey dem geringsten Versuch des Aren=
dators davon abzuweichen, verstehen die Kronbauern
schnell von dem Kreißkommissär, der Oekonomie, oder
gar vom Generalgouvernement Schutz zu suchen, wel=
chen sie auch gleich finden. Auch binden sich viele Erb=
herrn in beyden Herzogthümern genau an das Wacken=
buch, und lassen ihre Bauern nach der darin schon un=
ter schwedischer Regierung festgesezten Vorschrift arbei=
ten: Andre haben Aenderungen gemacht. Billig folge
ich in meiner Anzeige blos demselben als dem einzigen
Maaßstabe, welcher aus der Bauern Gehorch und Ab=
gaben, unsre Haaken und öffentlichen Gefälle bestimmt.

Lostreibern, denen kein Land zur Bearbeitung angewiesen ist, sondern die sich durch Handarbeit ernähren, schreibt das Wackenbuch keinen bestimmten Gehorch vor; der Possessor braucht sie nach Gutbefinden wöchentlich einen oder 2 Tage zu Fußarbeit, auch wenn sie Pferde haben zum Verschicken, ihre Weiber zum Kleiderwaschen, Gartenreinigen u. d. g. Andre lassen sie den ganzen Sommer hindurch bey ihrem Bau, Ziegelofen u. d. g. für einen festgesetzten Proviant, der etwa des Monats einen Rubel beträgt, arbeiten.

Die eigentlichen Bauern, (Wirthe, Bauerhöfe,) werden nach der Größe ihres bearbeitbaren, bereits unter schwedischer Regierung eingemessenen, Landes in Häkner (Häkler,) Halbhäkner, Viertler, Achtler und Sechzehntheiler getheilt: nicht an allen Orten haben sie gleich große Länder, oder einerley Abgaben; die letzten richten sich zuweilen nach der Beschaffenheit des Bodens. Nur in einigen Gegenden giebt es Zweyunddreißigtheiler, auch Popollen oder Soldatenländer, die den ehemaligen zur Adelsfahne gehörenden Soldaten, anstatt einer Löhnung zur Benutzung angewiesen waren, und jetzt mit Bauern besezt sind. Man rechnet sie nach Tagen, z. B. der drey Tags-Popolle muß nach dem Wackenbuch wöchentlich 3 Tage mit Anspann am Hofe arbeiten: einige bezahlen gar keine Gerechtigkeit; andre nur Korn. Im Fennerschen nennt man dergleichen kleine Gesinder, Lostreiberländer.

In Ehstland findet man gemeiniglich nur Halbhäker und Viertler. Der lezte säet in Jerwen auf sein Brustfeld jährlich etwa 3 Tonnen Roggen, ohne was er im Sommerfelde und auf Buschländern von allerley Getraide, säet: in der Wiek hingegen, wo das Ackerland hin und wieder seltner ist, säet ein Halbhäkner nur so viel aus. Nach dem Wackenbuche soll ein Halbhäkner das ganze Jahr hindurch wöchentlich 3 Tage mit An-

spann

spann, und des Sommers von Georgentag bis Michae=
lis auch 3 Tage zu Fuß am Hofe arbeiten. An einigen
Orten stellen sie von Johannis wöchentlich 6, und in der
Aerndte 9 Tage den Fußarbeiter, so daß sie mit Einbe=
rechnung der Anspanntage, alsdann 2 wöchentliche Ar=
beiter ausgeben. Im Winter müssen sie anstatt der
Fußarbeit ebenfalls, bey ihrem eignem Brode, 6 Wo=
chen hindurch am Hofe spinnen. Der Viertler thut die
eine Woche einen, die andre Woche 2 Tage mit An=
spann; eben so stellt er keinen Fußarbeiter. Die jähr=
liche Abgabe des Halbhäkners, beträgt ungefähr 3 Ton=
nen Roggen, eben so viel Gerste, an den Herrn; 1 Loof
Roggen und 1 Loof Gerste Zollkorn für die Krone; über=
haupt 5 Löfe Haber, 1 Schaaf, 2 Hüner, 15 Eier,
1 Fuder Heu, 1 Fuder Stroh; an einigen Orten auch
1 Sack, 2 Pfund Garn, 2 Pfund Hopfen. Der Viert=
ler bezahlt von allem die Hälfte. — Auf Dagen prä=
stiren die Kornbauern alle gleich, nemlich der Halb=
häkner das ganze Jahr hindurch 6 Tage zu Pferd, und
eben so viel des Sommers zu Fuß. Von jedem Haa=
ken bezahlen sie mit Einberechnung des Zollkorns 4 Ton=
nen Roggen, 4 Tonnen Gerste, 1 Tonne Haber, 1 Kül=
met Waitzen, an Geld 2 Thaler Kupfermünz, 1 Ließ=
pfund gesalzene und 10 Pfund getrocknete Fische, 1 Pf.
Hopfen, 10 Pf. Butter, 2 Schaafe, 2 Gänse oder da=
für 12 Weissen (18 Kopek,) 4 Hüner, 20 Eier, 2 Fu=
der Heu, 8 Bünde Stroh, 4 Faden Gerechtigkeitsholz,
20 Dachbretter, 40 Stacketen wenn sie zur Hofsnoth=
durft gebraucht werden. — Die schwedischen Bauern
auf Nuuk, die wegen des sparsamen Kornlandes sich
großentheils wie die Dagenschen, vom Fischfang ernäh=
ren, leisten wöchentlich vom Haaken überhaupt nur 6
Tage zu Pferd oder zu Fuß, und bezahlen jährlich 7 Ton=
nen hart Korn (Roggen und Gerste), 1 Rubel 90 Kopek
Geld, und etliche kleine Gerechtigkeiten an Fischen u. d. g.

O 3 — In

— In Ansehung der Arbeit sind viele Possessoren ganz von dem Wackenbuche abgewichen; die Bauern arbeiten sehr viel an ihren Höfen, so daß in mancher Gegend, auf einem sonst für klein geachteten, ehstländischen Haaken, eben so viel als auf einem liefländischen, gearbeitet und geärndtet wird. Oft muß man sich wundern, wie ein Kerl nebst seinem Weibe alle gefoderte Arbeitstage und auch zu Hause die eigne Wirthschaft, bestreiten kann. Die Leute zeigen mehr Emsigkeit, als die Ehsten im Herzogthum Liefland. Wie viel müssen die Weiber in einigen Gegenden des Winters für ihren Hof spinnen!

Nun das Herzogthum Liefland. In den lettischen Kreisen giebt es noch Halbhäkner, selten Häkner: im Dorptschen und Pernauschen nur Viertler, die meisten sind wegen des überhandnehmenden Theilens, Achtler. Ein Viertler (oder zween Achtler zusammen) kann gemeiniglich in jedes seiner 3 Brustfelder 15 rigische Löfe (beynahe 8 Tonnen) Roggen säen, ausser dem was er in seinen weitläuftigen Buschländern säet. (In etlichen Gegenden säet ein Viertler weit weniger wenn das Ackerland selten ist; hingegen säet mancher Achtler, z. B. im Sagnitzischen, wo man vieles aber schlechtes Land sieht, auf sein Brustfeld gegen 8 Tonnen Roggen). In seinem Gesinde muß er wenigstens 3 arbeitsame Mannspersonen ohne die Weiber, Kinder und Abgelebten, und 3 bis 4 Anspann haben; bey Armen findet man weniger. Nach dem Wackenbuche soll er das ganze Jahr hindurch wöchentlich 3 Tage einen Arbeiter zu Pferde, und des Sommers den zweyten 3 Tage zu Fuß stellen; auch in der Heuärndte 12 bis 20 Hülfstage thun. Im Pernauschen giebt es Viertler, die wöchentlich 4 Anspanntage thun müssen, aber dagegen eine kleinere Gerechtigkeit bezahlen. Ueberhaupt sind die Abgaben fast bey jedem Gut, oft in einem Gebiete bey jedem Dorf, verschie-

verschieden. Ungefähr bezahlt ein Viertler jährlich 7
bis 12 Löse Roggen, 6 bis 9 Löse Gerste, 3 bis 5 Löse
Haber und überdieß 2 Löse Postirungshaber, 50 bis
150 Kopek Geld, 10 Pfund langen und 2 Pfund ge=
hechelten Flachs, 3 Pfund flächsen Garn, 1 Schaaf,
1 bis 3 Fuder Heu, 3 Pfund Butter, 1 Sack, 2 Vieh=
stricke, 3 Hüner, 15 bis 30 Eier, 2 bis 6 Pfund Ho=
pfen: die 5 lezten Perselen werden im Wackenbuche nicht
sonderlich geachtet. Unter einigen Gütern bezahlen sie
auch Honig, Wachs u. d. gl. In etlichen lettischen
Gegenden bezahlt ein Halbhäkner 8 Löse Roggen, eben
so viel Gerste, ⅓ Loof Waitzen, 7 Löse Haber, ⅓ Loof
Leinsaat, 10 Pf. Hopfen, 10 Pf. Hanf und auch so
viel Flachs, 2 bis 3 Thaler Geld und verschiedene an=
dre kleine Abgaben, die nebst der Arbeit nach der Kron=
schätzung überhaupt 30 Thaler ausmachen. Nahe bey
Riga und wo schlechte Länder sind, bezahlt der Bauer
weit weniger.

Ausser der wöchentlichen Arbeit und den gewöhnli=
chen Abgaben, giebt es noch andre die in keine Berech=
nung kommen, welche man von den Bauern in beyden
Herzogthümern, doch nicht aller Orten auf gleiche Art,
fodert; z. B. der Bauer muß das Hofs=Korn nach den
Städten verführen, einige Possessoren sind mit den ge=
wöhnlichen 3 Freyfuhren zufrieden, andre nehmen meh=
rere und erlassen dafür etliche Arbeitstage; ferner muß
er Wege und Landstrassen in Besserung unterhalten;
Materialien anführen und Arbeiter stellen zu Hofs=Kir=
chen= Pastorats= Schul= Postierungs= auch zuweilen zu
andern Krongebäuden, und zu Krügen; des Winters
muß er zur Wartung des Hofsviehes Mägde (Korden),
geben; das Hofskorn abschneiden, und ausdreschen;
das Stationskorn und die Fourage an Regimenter, und
nach den Postirungen, verführen; Brantewein brennen,
was an dem verlangten Maaß fehlt, ersetzen, wohl das

Korn

Korn dazu selbst mahlen; beym Ausführen der Düngung, Küttisbrennen, Kleiderwaschen, und bey der
Bearbeitung des Flachses die erfoderlichen Leute stellen;
den Hofswachkerl besolden; die Habsucht des Amtmanns
befriedigen, und sein Korn mit gehäuften Maaß bezahlen; seinen einquartirten Soldaten aus Höflichkeit und
um der Ruhe willen, mit warmer Kost unterhalten;
auch wohl allerhand Kleinigkeiten, als Beeren, Morcheln u. d. g. sammeln und an den Hof liefern ꝛc. ꝛc. Doch
kann ein liefländischer Viertler bey gehörigen Fleiß und
Sparsamkeit, wenn er hinlängliche Menschen und Anspann, auch gutes, wenigstens reichlich, Land hat, und
von seinem Herrn nicht mit allzuvieler Arbeit beschweret
wird, sein Auskommen ohne drückenden Mangel finden.
In guten Jahren baut er 100 oder gar mehrere Löse
Roggen, ohne das Sommergetraide; im Nothfall geben ihm Vieh= und Pferdezucht, der nahe Wald u. d. g.
Unterstützung und Ausflucht. Ich kenne Viertler die
jährlich 22 Löse Roggen aussäen, und aus Vieh, Pferden, Hopfen u. d. g. etwas beträchtliches lösen. Freilich leben nicht alle in solchem Wohlstande, viele in äusserster Dürftigkeit; es fehlt ihnen am Anspann, und im
Frühjahr oft an Saatkorn; wenn der Hof nichts vorstrecken kann noch will, dann bleibt manches bearbeite-
tes Feld unbesäet liegen. Oder der Bauer fällt durch
allerley Ursachen so tief in Schulden, daß er den größten Theil seiner Aerndte nach den Hof bringen, wohl
gar sein Feld durch Hofsarbeiter abärndten, und in den
Hofsriegen ausdreschen sehen muß.

Bey vielen Dörfern findet man so weitläuftige
fruchtbare Buschländer, daß bey einer glücklichen Menschenmehrung füglich mehrere neue Dörfer darauf könnten angelegt werden. Eines liefländischen Viertlers
Buschland beträgt zuweilen mehr als zu 40 Löfen Aussaat; daher rechnet man für jeden ungefähr zu 70 bis
90 Lö=

90 Lösen Ackerland. Nach der jetzigen Art zu wirth=
schaften sind solche große Strecken Buschland nöthig,
weil jedes Stück nach 4 gewonnenen Aerndten mehrere
Jahre ruhen und wieder Strauch hervortreiben muß.
Dasselbe wird durch Brennen, selten durch Säuern, frucht=
bar gemacht, und leistet sonderlich alsdann eine unge=
meine Hülfe, wenn öfters sich ereignende Viehseuchen
einen Mangel an Düngung veranlassen, als ohne wel=
che unsre Brustäcker keine beträchtlichen Aerndten geben.
Ausserdem muß der Viertler auf seinen Heuschlägen 60
bis 80 Saden, d. i. ungefähr 20 Fuder Heu ärndten;
mancher bringt weit mehr zusammen. In seines Herrn
oder dem Dorfswalde, wenn einer vorhanden ist, hauet
er alles erforderliche Bau= und Brennholz, ohne dafür
etwas zu bezahlen: mancher verkauft wohl noch daraus
Holz und Balken; sogar auf einigen Krongütern haben
die Bauern Freyheit, eine festgesezte Anzahl Balken zum
Verkauf auszuführen. Wo gar kein Wald ist, behilft
sich der Bauer mit Strauch; etwas grobes Holz kauft
er aus benachbarten Wäldern, und noch mehr stielt er.
Kubjasse und Krüger haben gemeiniglich zu ihrem
Unterhalt ein Stück Land zu nutzen. Einem Hofs=
Schmid, Kutscher, Koch u. d. g. anstatt des Lohns
dergleichen anzuweisen, ist in unsern wirthschaftlichen
Zeiten nicht sonderlich mehr gebräuchlich, nachdem man
gelernt hat, wie gut man ein beseztes Bauerland nutzen
kann. — Zuweilen pflegt man wohl von einem sehr
weit abgelegenen Bauer, anstatt der Arbeitstage, Geld
zu nehmen, welches, wenn es anders nicht zu hoch an=
gesetzet wird, ihn bald in Wohlstand setzet. Nur ein
Gut ist mir bekannt, wo die Bauern ihres Erbherrn
Arrendatores sind, wöchentlich, oder so oft es nöthig ist,
mit Zuziehung des Kirchspiels Predigers und eines von
ihnen besoldeten Schreibers, Gerichtstag halten, und
für ihre und die Hofsländer eine bestimmte Summe jähr=

ich

sich abtragen. Dieser und ähnliche rühmliche Schritte lehren den Bauer seinen eignen Werth einsehen.

Unter der schwedischen Regierung welche sich der Bauern ungemein annahm, mußten dieselben mit vieler Schonung behandelt, und durften nie über das Wackenbuch angestrengt werden: daß sie jener Tage noch jetzt sich freudig erinnern, zeigen sie zuweilen ganz unerwartet. Sonderlich wurden die von publiken Gütern sehr geschonet: ein Bauer der nur wöchentlich 3 Tage thun sollte, konnte nicht zum Riegenkerl bestellt werden, weil er alsdann die ganze Woche hindurch bey der Hofsriege zubringen muß; oder alle während der Dreschzeit zuviel geleistete Tage mußten ihm hernach vergütet werden. Aus dergleichen Gründen waren damals die Kronarenden nicht sehr begehrig. Von jener Zeit ist es wohl auch blos zu verstehen, wenn Herrn. Becker in einer seiner Dissertationen versichert, die Deutschen wären vormals härter mit den Bauern umgegangen als jetzt: allezeit sind gelinde, und auch strenge, Herrn zu finden gewesen. Wenn jetzt ein Bauer seinen Herrn streng nennt, so geht das nicht auf das Strafen, welches nur einige zu weit treiben; sondern auf die Vermehrung und Erhöhung der Arbeitstage, die auf etlichen Privatgütern über die Vorschrift des Wackenbuches gefodert werden. Vor 20 Jahren hörte man davon noch selten; bey dringender Arbeit nahm man mehrere Menschen aus den Gesindern, und gab ihnen dafür einen Talkus, d. i. Essen und Trinken, und des Abends einen Tanz nach der sehr beliebten Sackpfeiffe. Eben das geschiehet noch jetzt von einigen Erbherrn und durchgängig auf den Krongütern, wenn die wöchentlichen Arbeiter zur Bestreitung der Arbeit, sonderlich in der Aerndte, nicht hinreichen. Ueberhaupt lassen jetzt einige Erbherren den Bauer zuweilen nach ihren eignen Wohlgefallen arbeiten, und nehmen aus seinem Gesinde so viel Anspann und Menschen, als

er

er aufbringen kann. Einige erlassen ihm die wöchent=
liche Arbeit, wenn er Brantewein brennen oder öfters
zur Fuhre gehen muß; Andre thun dies nicht. Es ist
gewiß, daß der im Wackenbuche angesezte Gehorch et=
was gering ist, und daß der Bauer ohne Beschwerde
mehr leisten kann: bey einer gar zu vielfältigen Ver=
doppelung wäre Armuth und Elend unvermeidlich, wel=
ches man auch da merkt, wo der Bauer stark angegrif=
fen und wenig unterstüzt wird. Ich sage unterstuzt:
denn einige Erbherren die ihr Gebiet etwas stark angrei=
fen, bewahren dasselbe dadurch vor einer gänzlichen Ar=
muth, daß sie dem Bauer etwas von seinen Korn= und
übrigen Abgaben erlassen, zuweilen ein Pferd schenken,
dem ärmern durch Hofsarbeiter sein Feld aufpflügen las=
sen u. d. g. — Hier führe ich jezt an, was von dem
Adel auf einem im J. 1765 zu Riga gehaltenen Land=
tage wegen der Bauern Arbeit und Vermögen, beschlos=
sen, vom Kaiserl. Generalgouvernement bestätigt, und
von diesem durch gedruckte Patente in deutscher und un=
deutscher Sprache bekannt gemacht wurde; welches ver=
muthlich großen Theils wird beobachtet werden; ich
schreibe es wörtlich ab.

## Publication.

"Auf dem in Riga gehaltenen Landtage haben die
"Erbherren der sämmtlichen Güter in Liefland aus frey=
"williger christlicher Bewegung und wahrer Menschen=
"liebe gegen ihre Erbunterthanen, den Zustand ihrer
"Bauern beherziget, und zu ihrem Besten und Auf=
"nehmen folgendes festgesetzt.

"Erstlich, obgleich alles, was der Bauer hat, so
"wie er selbst, des Herrn wahres Eigenthum ist, mit
"welchem sein Erbherr in allem nach seinem eigenen Ge=
"fallen schalten und walten kann: so wollen doch die
"Erb=

„Erbherren in Liefland, daß ihre Bauern künftig ihr
„besonderes Eigenthum haben sollen, an welchem der
„Erbherr nichts prätendiren will, nemlich:

„Wenn ein Bauer seinem Herrn nichts an Arbeit,
„Gerechtigkeit und Vorstreckung schuldig ist; so soll er
„eigenthümlich behalten: sein Vieh, seine Pferde, sein
„Geld, sein Getreyde und Heu, und alles was er er-
„werben kan, oder von seinen Eltern ererbet.

„Hiemit soll der Bauer nach eigenem Gefallen
„schalten und walten können, und wird der Herr nie-
„mals solches sich zueignen oder von ihm nehmen, auß-
„ser durch einen freyen Verkauf. Nur ist der Bauer
„schuldig, wenn er von seinem Vieh und Pferden etwas
„verkaufen will, solches vorher dem Hofe zu melden,
„damit das Gesinde durch den Verkauf des Viehes und
„der Pferde nicht ruiniret werde, und der Erbherr nicht
„zu leiden komme.

„Wenn der Erbherr Bauern gepflanzet hat, oder
„künftig pflanzet, so ist dasjenige, was sie in ihrem Ge-
„sinde beym Antritt vor sich finden, nicht als ihr Eigen-
„thum anzusehen, sondern als Stücke, die dem Gesinde
„gehören; es wäre denn, daß sie solches dem Hofe be-
„zahlten.

„Zweytens, die Gerechtigkeit, welche die Bauern
„jetzo geben, wollen die Erbherren niemals verhöhern:
„es sey dann daß das Gesinde an Land und Leuten ver-
„stärkt werde; gleichwohl bleibet den Erbherren frey,
„eine Gerechtigkeit-Persehle gegen die andere zu vertau-
„schen, jedoch nur mit der Bauern guten Willen, und
„zu einem mit den Bauern auszumachenden Preiße, der-
„gestalt, daß der Bauer in Vertauschung einer Waare
„gegen die andere, in dem Preiße nicht lädiret werde.

„Drittens, obgleich ein jeder Erbherr seine Erb-
„leute zu alle der Arbeit, die er nöthig hat, zu
„brauchen berechtiget ist; so wollen doch die Erb-
„herren

„herren von nun an was gewisses festsetzen, wie viel der
„Bauer an Arbeit und Fuhren prästiren soll, nach dem
„Vermögen und Kräften der Bauern, und nach den
„Umständen des Gutes. Dieses wird den Bauern von
„dem Erbherrn ehestens selbst bekannt gemacht werden,
„und so beschaffen seyn, daß die Menschen, Pferde und
„Vieh solches werden prästiren, und ihren Unterhalt
„dabey gewinnen können. Ausser dieser festzusetzenden
„Arbeit, wollen die Erbherren ihren Bauern nichts
„mehreres auflegen, und wenn ja noch einige Arbeit
„unumgänglich nöthig ist, so will ihnen der Erbherr ent-
„weder dafür andere Arbeit erlassen, oder ihnen eine
„Vergütung nach Proportion der Arbeit in der Gerech-
„tigkeit oder am Gelde thun; jedoch soll dergleichen ex-
„traordinäre Arbeit nicht bey der Saat und andern
„schweren Arbeit geschehen.

„Viertens, damit die Bauern dieser ihnen erwie-
„senen Wohlthaten desto besser versichert seyn mögen, so
„erlauben ihnen die Erbherren, daß wenn sie über die
„von dem Erbherrn einmal festgesezte Arbeit und Ge-
„rechtigkeit getrieben werden, sie nicht nur ihm selbst
„deswegen bescheidene Vorstellung thun dürfen; sondern
„daß auch die Bauern, wenn der Herr hierinnen keine
„Aenderung trift, Freyheit haben sollen, ihre Noth
„beym Ordnungs-Gericht anzutragen. Dieses
„Gericht wird viermal im Jahre sitzen, und jedesmal
„in den Kirchspielen voraus bekannt machen lassen, wenn
„es sitzen wird. Jedoch muß jeder Bauer erst dasje-
„nige thun, was der Erbherr ihm befohlen hat, ehe er
„bey dem Ordnungs-Gerichte klagen gehet; ingleichen
„muß ein jeder seine Noth selbst mündlich anbringen,
„und keiner einen Advocaten oder andern Vorsprecher
„mit sich nehmen; auch müssen sich die Bauern nicht zu-
„sammen rottiren, und viele auf einmal klagen kommen,
„sondern jeder muß seine Beschwerde vor sich antragen.

„Sollte

„Sollte eine allgemeine Klage des Gebietes seyn, so „stehet den Bauern frey, daß ein paar von ihnen „die Klage im Namen aller antragen, jedoch daß der „Rechtfinder *) dabey seyn muß; der Ueberrest des Ge- „biets muß aber zu Hause bleiben bis solche vom Ord- „nungsgericht vorgefodert werden.

„Wenn aber Bauern unnütz oder ohne Grund „über ihre Herren klagen gehen, so sollen selbige das „erstemal mit zehn paar Ruthen, das zweyte mal mit „zwanzig paar Ruthen bey der Kirche gestrafet, und „wenn sie solches das dritte mal thun, auf ein Jahr zur „Vestungsarbeit abgegeben werden.

„Die Bauern werden hieraus ersehen, daß ihre „Erbherren durch dieses ihnen geschenkte Eigenthum und „festzusetzende Arbeit und Gerechtigkeit sich ihrer väter- „lich angenommen, und aus eigener freyen Bewegung „sich angelegen seyn lassen, ihren Zustand und Ver- „mögen zu verbessern; sie werden dahero auch ihrer „Seits alles mögliche thun, ihr Aufnehmen zu beför- „dern, da alles was sie erwerben, ihr und ihrer Kin- „der Eigenthum ist und bleibet.

„Die Bauern sind dabey schuldig und werden be- „flissen seyn, bey ihren Erbherren, deren Erbleute sie „nach wie vor bleiben, diese Wohlthat durch Gehorsam und „Treue zu verdienen, und sich vor aller Untreue und Die- „berey, auch vor alle auf Widerspenstigkeit und unnü- „tze Klagen gesezte unausbleibliche Strafen zu hüten. „Riga-Schloß den 12. April 1765.

(L. S.)

George von Browne.

„Ihro Kayserl. Majestät bestallter General en Chef, „General-Gouverneur über das Herzogthum Lief- „land, des St. Andreas und des weissen Adlers, wie „auch des St. Alexander Newski, und des St. „Annen-Ordens Ritter.„

Mit

*) Eine Art von Aufsehern, welche der Hof über die übrigen Bauern setzet.

Mit dem vorstehenden wurde zugleich ein anderes Patent unter eben dem Dato vom Generalgouvernement durch den Druck bekannt gemacht, aus welchem ich nur einen kurzen Auszug liefere. Den Possessoren wurde darin befohlen, daß 1) jedes Privatgut von den præstandis seiner Bauern, so wie selbige bis zur Zeit des Landtages existirt haben, eine Nachricht und Declaration bey der Ritterschafts-Kanzley einliefern und darin nur generaliter anzeigen solle, wie viel einem Achtler, Viertler u. s. w. an Arbeit, Gerechtigkeit und Fuhren, ingleichen bey der Aerndte und andrer extraordinären Arbeit obliege. 2) Daß alle über diese Præstanda gefoderte Arbeit, vergütet, nicht zur Hinderniß des Bauern in seiner nothwendigen Feldarbeit, noch zu seinem Ruin in Uebermaasse soll genommen werden. 3) Alle Hofsgefälle soll der Bauer verführen; aber ausserdem zu keinen weitern Fuhren angestrenget werden, ausser gegen Erlassung der Arbeit, oder Vergütung. Wenn die Hofsgefälle für den Viertler nicht vier Fuhren ausmachen, so steht dem Herrn frey, die übrigen Fuhren anderweit zu nutzen. 4) Leichte Verbrechen sollen sogleich mit der Peitsche; große aber, als Weglaufen, Diebstal u. d. g. zwar mit Ruthen doch niemals höher denn mit 10 Paar geahndet, und nur mit jedem Paar 3 Streiche gegeben werden. 5) Kein Bauer soll länger als 24 Stunden incarcerirt werden, es wäre dann, daß wegen der Theilnehmer die Untersuchung mehrere Zeit erfodert; den Gefangenen soll des Winters ein warmes Behältniß gegeben werden u. s. w.

Was für Regungen das erste Patent bey den Bauern da es ihnen in den Kirchen abgelesen wurde, hervorgebracht habe, kann ich so wenig sagen, als die Ursach warum sie gleich Anfangs nach dessen Bekanntmachung, häufig zu den Ordnungsgerichten eilten, ihre Klagen dort vorzubringen, welches aber, wie man leicht erwar-

tett

ten konnte, bald aufhörte. Viele bekamen dort (ob auch zu Hause? weis ich nicht,) Ruthen, vermuthlich weil sie die vorgeschriebenen Bedingungen vergessen und nicht beobachtet, oder sich nicht erinnert hatten, daß vermöge eben desselben Patents, jedem Erbherrn frey stand von seinen Bauern mehrere Arbeit als das Wakenbuch vorschreibt, zu fodern; vielleicht waren sie nicht einmal im Stande, die dürre Wahrheit ohne Zusatz vorzubringen, da sie nach orientalischer Art aus Dummheit oder Gewohnheit, gern alles, sonderlich bey ihren Klagen, vergrößern. Am meisten versahen sie es wohl dadurch, daß sie sich an das Gericht klagend wandten, ohne vorher die von ihnen geforderte Arbeit dem Herrn zu leisten; welches doch eine von den vorgeschriebenen Bedingungen war.

Mancher Erbherr hat damals vergessen die verlangte Declaration einzusenden: sein Stillschweigen wird wie der Erfolg gewiesen hat, für eine Declaration angesehen, nemlich, daß er dem Wackenbuche genau folgen wolle: Andre haben dieß mit deutlichen Worten erklärt und zur Schonung ihrer Bauern treulich erfüllt, oder im Nothfall ihnen zur Vergütung etwas von den Kornabgaben erlassen. Der Wahn, als könne jeder Erbherr noch jezt nach Gefallen seiner Bauern Gehorch erhöhen, ist bey neuerlichen Vorfällen durch gerichtliche Urtheile geschwächet worden. Nur nach dem angeführten Landtagsschluß im J. 1765 soll, wie man versichert, eine Erhöhung erlaubt gewesen; jezt jeder Erbherr bey der damals getroffenen Einrichtung zu bleiben, und so gar der Käufer eines Guts verbunden seyn, sich mit der Arbeit zu begnügen, welche der damalige Besitzer seinem Gebiet auferlegt hat. Noch jezt hört man zuweilen, daß sich Bauern mit einer Klage über allzuschwere Arbeit, an das Ordnungsgericht wenden, welches zuerst etwa ein Abmahnungsschreiben an den angeklagten Erbherrn ergehen

ergehen läßt. Inzwischen hat man bereits gesehen, daß die Klage von dort an die Ritterschaft gelangt ist, welche sie durch eine besondre Kommission hat untersuchen lassen. Noch neuerlich erhielten klagende Bauern wider ihren Herrn völlig Recht: wegen Ungehorsams wurden etliche zwar mit Ruthen gestrichen; er aber angehalten mit ihnen nach einer vorgeschriebenen Norm gerecht zu verfahren, weil ihm seine eigne i. J. 1765. eingereichte Declaration darin er das Wackenbuch für seine Richtschnur erkannt hatte, entgegen war. Was sonst noch darbey vorgefallen ist, übergehe ich, da es ganz specielle Dinge betrift, billig stillschweigend. — Zuweilen klagen wirklich Bauern aus Bosheit, ohne hinlänglichen Anlaß: andre erheben niemals Klage, wenn auch ihr Erbherr sie etwas stärker anzugreifen gezwungen ist, indem sie etwa sehen, daß er in andern Dingen mit ihnen billig verfährt, und sie bey sich ereignenden Mangel unterstüzt; auch mögen noch andre Beweggründe das ihrige darzu beytragen. Genug, dem Herzogthum Liefland gereicht es zum Ruhm, daß die Rechte des elenden Sklaven nicht ganz verkannt werden. Von Ehstland ist mir keine Verordnung oder ritterschaftliche Abrede wegen des Bauergehorchs, bekannt worden.

## Zweyter Abschnitt.
### Vermischte Anmerkungen von Landgütern. *)

In Gegenden wo Dörfer und Gesinder weit von einander entfernt, große Wälder, Moräste und Seen darzwischen liegen, beträgt der Umfang eines Haakens ansehn-

*) Auswärtige Leser können dieß uninteressante Kapitel, wenn sie belieben, überschlagen.

ansehnliche Strecken, zuweilen weit über eine Meile im
Durchschnitte: in angebaueten Gegenden erfodern 6 Haa=
ken kaum so viel Raum. Manches deutsches Fürsten=
thum hat bey weiten keinen so großen Umfang als ein
Gut von 50 Haaken, in dessen Gränzen weitläuftige
Wälder und Moräste liegen: eine Vergleichung des ge=
genseitigen Ertrags kann den etwanigen Stolz bald nie=
derschlagen. Einige Güter haben zu viel brauchbares
Land; es fehlt ihnen an Händen: andre müssen Kosten
und Mühe anwenden, durch Kanäle Graben und Aus=
rottung des Waldes, die aber nicht in jeder Gegend zu
empfehlen ist, ihren elenden nassen Boden zum Korn=
bau geschickt zu machen. Den Einfluß einer glücklichen
Menschenmehrung spürt man schon hin und wieder:
dann sieht man keine weite Strecke taugliches Ackerland,
blos zur Viehweide wüst liegen.

Bey dem Kauf eines Gutes sieht man billig dar=
auf, ob dasselbe 1) gute Rechte und sichere Dokumen=
ten habe. Auch die Richtigkeit der Gränzen ist nicht
aus der Acht zu lassen: Gränzprocesse dauern bey uns
viele Jahre und kosten nicht wenig Hunderte Rubel.
2) Ob die Hofsfelder von guter Beschaffenheit, auch in
Kultur gehalten sind; ob sie können vergrößert werden,
und ob gnugsame Buschländer darzu gehören. Hierauf
muß der Käufer vornemlich Rücksicht nehmen, weil der
größte Theil unsrer Einkünfte aus den Hofsfeldern fließen
muß. 3) Ob das Gut viele und wichtige Appertinen=
zien habe: dahin rechnet man Wassermühlen (Wind=
mühlen kann jeder Hof anlegen,) Krüge, weitläuftige
gute Heuschläge, vornemlich Wald, Fischerey, hin=
längliche Viehweide, Kalk= und Ziegelhütten: die bey=
den ersten sind zuweilen sehr einträglich; ein gut geleg=
ner Krug kann über 1000 Rubel Absatz, und 200 auch
wohl weit mehrere Rubel wahren Gewinnst jährlich ge=
ben. Wunderbar ist es, daß mancher Erbherr bey einer
frem=

fremden und in dürren Jahren gar bey einer weit entfernten Mühle, Metzen bezahlt, ſeine Leute dort lange halten, und wegen eines Brantweinbrandes oft dahin ſenden
muß: da er ſich für 2 bis 300 Rubel eine Windmühle bauen
könnte die ſich in kurzer Zeit bezahlt macht.   Erſt ſeit
etlichen Jahren fangen Einige an, ernſtlich an eine ſolche nothwendige Appertinenz zu denken.   In einigen
Gegenden behilft ſich der Bauer mit Handmühlen; in
andern ſteht er lieber 8 oder mehrere Tage bey einer Waſ-
ſermühle, und wartet bis ihn die Reihe trifft.   Der
Ehſte führt im Herbſt einen Theil ſeines Roggens zum
Vorrath dahin; daher bey einer Feuersbrunſt in einer
Mühle, gemeiniglich viele hundert Löfe verlohren gehen.
Der gewöhnliche Hang zum Stehlen, äuſſert ſich ſelten
bey dergleichen daſelbſt zuſammengeführten Korn.   4) Ob
das Gut könne größer werden, d. i. ob noch wüſte Bauerländer vorhanden ſeyn, auf welchen man die eingegangenen Geſinder nach und nach wieder herſtellet.   5) Ob
es viele Menſchen habe.   Wie ſoll der Bauer für ſich
und den Hof arbeiten, wenn es ihm an Knechten und
Mägden fehlt: mit den vorhandenen Lostreibern, wenn
deren viele ſind, kann manche Arbeit, ſonderlich in der
Heu- und Korn-Aerndte, bey Küttiſſen, Heuſchlagrei-
nigen, Ziegel- und Kalkhütten, Bauen, Fiſchereyen u.
d. gl. beſtritten werden.   Der Ueberfluß an Menſchen
würde uns niemals zur Laſt fallen, wenn wir ſie gehörig zu nutzen, oder mit Vortheil andern zu überlaſſen,
verſtünden.   6) Ob die Bauern wohl behalten ſind.
Hierauf ſehen nur die wenigſten Käufer, aber zu ihrem
großen Nachtheil.   Der arme Bauer kann weder gehörig arbeiten, noch bezahlen.   Die Ausflucht, daß man
einem heruntergekommenen Gebiete bald, mit 2000 Rubeln viel, aufhelfen kann, wird nicht Jeden blenden.
Freylich, wenn ich einem armgewordenen Wirth für 12
Rubel ein Haus baue, ein Pferd für 7 Rubel, und et-

was Saat und Brod gebe, so ist er ein Bauer, und leistet Gehorch: aber wie unsicher, wie elend ist sein Zustand! Sein Feld ist ausser Kultur, es trägt wenig; die durch den Vorschuß auf seinem Gesinde haftenden Schulden benehmen ihm allen Muth; sein Pferd stirbt, oder es begegnet ihm ein andrer kleiner Zufall: er denkt an die Flucht, wo er für seine Arbeit wenigstens Unterhalt findet, da er zu Hause mit seinen Kindern oft hungern muß. Aus Armuth kann er seinem Knechte weder Lohn noch gehörigen Unterhalt geben; die Hülfe vom Hofe verbessert seinen Zustand nicht. — Mancher Erbherr merkt mit Reue, daß er bey seinem erhandelten Gut mehr auf die Beschaffenheit der Bauern als auf die Haakenzahl hätte sehen sollen. Ein Glück ist es, daß man jezt immer wieder Liebhaber findet; man darf nur in der Geschwindigkeit die Aussaat vergrössern und sein Gut mit zuversichtlichen Tone rühmen, so kann man es bald mit Vortheil wieder loswerden. Junge Herren, denen ihr kurzer Kriegsdienst sehr zur Last fiel, wollen in der Landwirthschaft ihr Heil versuchen; ein gerühmtes aber nicht ausgebotenes Gut, von dem der Besitzer gar versichert, daß es ihm nicht feil sey, wird theuer bezahlt, zumal da man einen Theil des Kauffschillings leicht, nemlich mit sehr wohlfeilen Papier zu bezahlen gewohnt ist. Durch öfteres Handeln hat mancher aufmerksamer Mann in kurzer Zeit, ein ansehnliches Kapital gewonnen. 7) Endlich muß man sehen ob die Hofsgebäude in guten Stand sind. Auch hiernach fragen Einige gar nicht, und denken, sie können bald selbst bauen, weil sie nicht wissen, wie viele Kosten und Beschwerde ein Bau in Liefland verursachet, sonderlich wo man mehr mit deutschen Handwerkern, als mit eignen Leuten oder mit Russen, bauen muß. — — Je mehr ein Gut von den angeführten Eigenschaften hat, desto vorzüglicher ist es: gleichwohl werden noch manche Güter unbesehen blos

nach

nach der Haakenzahl verkauft, wobey man höchstens
nach der Größe der Hofsaussaat fragt. Wo Holz,
Krüge, wohl gar Wasser, Heuschläge u. d. g. mangeln,
da können die gehoften Einkünfte nicht erhoben, nicht
einmal die Wirthschaft bequem bestritten werden.

Vom Preis der Güter ist schon im ersten Bande et=
was erwähnt worden. Jetzt da ich dieses schreibe (im
Jahr 1775) hört man zwar auch noch dann und wann
von 3000 Rubeln für jeden rigischen Haaken; aber der
gewöhnliche Preis ist 4 auch wohl 6000; und für einen
ehstländischen gemeiniglich 3000 Rubel auch wohl etwas
daruber, sehr selten und nur bey ganz großen Gütern
wird weniger bezahlt. Die angeführten Preise muß man
überhaupt nur von großen und mittelmäßigen Gütern
verstehen: die kleinen werden unerhört theuer bezahlt.
In Ehstland ist neuerlich ein Gütchen von 3 Haaken,
dem die nützlichsten Appertinenzien nemlich Wald und
Wasser mangeln, für 15,000 Rubel verkauft, und für
ein anderes von 1½ Haaken sind seit 2 Jahren schon
8000 Rubel geboten worden. Eben so ist es im Herzog=
thum Liefland, wo man noch neuerlich ein Gütchen von
⅝ Haaken für 6500, und ein anderes im Fellinschen
von ⅝ Haaken für 5000 Rubel verkaufte. Zwo Ursa=
chen erhöhen seit einiger Zeit den Preis der kleinen Gü=
ter: erstlich, die Menge der Käufer; viele suchen ein
Eigenthum, aber ihr Kapital, oder ihr Kredit, oder
ihre Bescheidenheit und Furcht, erlaubt ihnen nicht mit
einem großen Gut den Versuch zu machen. Zweytens,
alle kleine Güter tragen verhältnißmäßig ungemein viel
mehr ein, als die größern. Es sey aber ein Gut noch
so theuer bezahlt, wenn es von den Kreditoren, selbst
vom Verkäufer, durch Immission weggenommen wird,
berechnet man nach der gerichtlichen Taxe den liefländi=
schen Haaken für 1000, und den ehstländischen für 500
Rubel. Der Gläubiger nutzet oder verarrendirt die ihm

zu seiner Sicherheit statt der Interessen eingewiesenen Haaken, bis ihn der Schuldner befriediget. Ob ein Bruder seine Schwester im Herzogthum Liefland zwingen könne, ihm das ererbte Gut für eben denselben, nemlich den Immissions-Preis, bey einer Theilung zu überlassen, ist noch nicht entschieden; vielleicht wird es wegen einer bereits darüber erhobenen Klage, bald entschieden werden.

Daß kleine Güter verhältnißmäßig weit einträglicher seyn sollen als große, wird Manchen befremden; selbst einige Liefländer lachen darüber, wenn sie nemlich nicht gewohnt sind auf alles genau zu achten und die nöthigen Vergleichungen anzustellen. Nur was jeder Liefländer weis oder wissen kan, will ich anführen. Ein Gütchen von einem rigischen Haaken oder noch weniger, säet 30 bis 40 zuweilen noch mehrere Löse Roggen. Ein anderes von 4 Haaken säet vielleicht nur 6c; und eine gute Aussaat für 6 Haaken sind 100 Löse; aber ein großes Gut von 25 bis 30 Haaken säet vielleicht nur 300, höchstens 380 Löse. Eben so fällt die Aerndte aus, das Gütchen von 1 Haaken bauet 2 auch wohl 300, das von 6 Haaken 1000, und das von 30 Haaken gemeiniglich 2500 bis 3500 Löse, selten beträchtlich mehr; in eben dem Verhältniß stehet die Weitzen- Gersten- und Haber-Aerndte. Auf dem 1 Haaken habe ich oft 30 Löse Haber, auf dem von 4 Haaken 50, und auf dem von 30 Haaken 300 Löse aussäen gesehen: die Aerndte gab dem ersten 180, auch wohl noch mehr; dem zweyten etwas über 200, und dem dritten höchstens 1000. Eben so verhält es sich in Ehstland, wovon ich, Weitläuftigkeit zu melden, nur ein Gut von 7 Haaken in Jerwen * anführe,

*) In Wierland säet manches Gut von 13 Haaken über 200 Tonnen Roggen: aber wie lange dauert die Aerndte! Gerste schneiden sie noch unter dem Schnee: wenn soll der Bauer sein eignes Korn ärndten?

führe, das gewöhnlich 450 Tonnen Roggen und 300
Tonnen Gerſte jährlich ärndtet. Manches Gut von 12
Haaken bauet nicht mehr, und ein großes von 30 Haaken hat zuweilen großes Glück, wenn es etwas mehr als
doppelt ſo viel zuſammen bringt. Doch ich rede hier nur
von der gewöhnlichen Art zu wirthſchaften: es giebt hin
und wieder große Wirthe die ihre Aerndten weit höher
treiben; aber eben dieß gilt auch von kleinen Gütern,
die allezeit, man beſtrebe ſich noch ſo ſehr, im Verhältniß mehr eintragen. Etliche Wirkurſachen will ich nennen. 1) Selten, ja man kann ſagen niemals, hat ein
großes Gut verhältnißmäßig ſo viele Appertinenzien als
manches kleine; z. B. das von 1 Haaken hat etwa eine
einträgliche Mühle, einen Krug, 6 bis 900 Saden
Heu (d. i. 2 bis 300 Fuder) einen See, Wald u. d. gl.
Das große von 30 Haaken hat höchſtens 3 bis 6 Krüge,
1 oder 2 Mühlen, 3 bis 5000 Saden Heu, 2 oder 3
Seen u. ſ. w. Wo iſt hier nur einigermaaßen das Verhältniß? und ich habe gewiß nicht das beſte unter den
kleinen Gütern, dem ſchlechteſten unter den großen entgegen geſetzt. 2) Die Aufſicht wird bey dem kleinen wo
alles näher und enger beyſammen iſt, viel leichter; es
wird mehr gearbeitet: ohne genaue Aufſicht iſt unſer
Bauer faul. Das Gut von 1 Haaken hält einen Auf-
ſeher, das von 30 Haaken hat deren nicht 30, ſondern
etwa 4. 3) Bey dem kleinen werden aus eben dem
Grunde die Arbeiter beſſer genützet. Das große ſtellt an
ſeinen Kuttis 80 Menſchen: man kan dreiſt wetten, daß
deren 50 bey genauerer Aufſicht eben ſo viel arbeiten würden; ein großer Theil gehet fleißig (wie man es in Liefland ausdrückt) nach dem Buſch, ſchläft und verbringt
die Zeit in Faulheit; bey der Menge vermiſſet man ſie
kaum. Eben ſo gehet viele Zeit blos durch das Anord-
nen und Anſtellen ſo vieler Menſchen verlohren: oft ſtehen
die Arbeiter zu halben Tagen bis ſie abgefertigt werden;

P 4         wie

wie lange dauert es, bis das Feld zum Aufpflügen oder
Abschneiden eingetheilt wird. Oder, 10 Menschen sollen mit 20 Pferden eggen; einer der ersten bleibt stehen
und thut als wolle er seinen Paßel veftbinden, und da sie
alle hinter einander folgen, so stehen wegen des einen 10
Menschen und 20 Pferde, ohne daß einmal der Auffe-
her deswegen schelten darf. Wolte man diese Leute in
etliche Haufen vertheilen, so würde man bald eben so
viele Aufseher nöthig haben als Arbeiter da sind. 4)
Auch die Weitläuftigkeit des Raums macht bey dem
großen einen beträchtlichen Zeitverlust; z. B. das Ausführen der Düngung nimmt 2 auch 3 Wochen hinweg,
weil die Felder sich zuweilen drey oder mehrere Werst weit
erstrecken; mit seinen wenigen Arbeitern braucht das kleine nicht die halbe Zeit. Eben so in Ansehung der Heuschläge, die zuweilen etliche Meilen weit vom Hofe entfernt sind: mancher Tag gehet blos durch das Hin- und
Hergehen verlohren. 5) Auf dem kleinen Gute haben
der Hofsanspann und die Hofsknechte einen weit sichtba-
rern Einfluß als auf dem großen. Der Besitzer eines
Guts von 1 Haaken hält 6 Pferde die er eggen läßt,
auch etwa 3 Paar Hofsochsen zum Pflügen; seine Knechte
und Mägde helfen bey dem Küttis, bey der Aerndte, auf
den Heuschlägen u. s. w. Vier Hofsknechte mit Anspann sind so gut als vier starke Bauergesinder; durch
dergleichen Hofsanspann wird viel Arbeit verrichtet, aber
nie die Haakenzahl vermehrt. Kaum bemerkt man es,
wenigstens bleibt gar kein Verhältniß, wenn das große
Gut von 30 Haaken 6 Hofsknechte zur Arbeit hält, oder
20 Hofspferde vor die Eggen spannen läßt. 6) Gemeiniglich hält das kleine Gut seine Felder in besserer
Kultur als das große. Güter von einem, gar von $\frac{1}{2}$
Haaken, halten 30 bis 60 Stück Hornvieh, eben so
viel Schafe u. s. w. Auf Gütern von 30 Haaken zählt
man selten mehr als 250 höchstens 300 Stück Hornvieh,

vieh, und eben so viele Schaafe. 7) Auf großen Gütern drischt man, obgleich die Felder verhältnißmäßig
klein sind, sehr lange, dadurch geht ungemein viel Korn
verlohren, weil es den größten Theil des Winters unter
freyen Himmel steht. Das Gut von ½ oder 1 Haaken
drischt mit einer, das von 3 Haaken mit 2, und das
von 30 Haaken mit 6, höchstens mit 8 Riegen. 8)
Auf großen Gütern wird es dem Bauer leichter zu stehlen und zu betrügen. Andre Ursachen zu geschweigen.
Leute die 50 oder mehrere Haaken haben, wundern sich
zuweilen sehr, wenn ein Erbherr oder gar der Arrendator eines kleinen Gütchens reich wird. Als es noch un-
verboten war im Herbst von fremden Bauern Korn aufzukaufen, sammlete Mancher bey seinem Arrendegut von
2 Haaken in kurzer Zeit ein artiges Kapital.

Ein großes Gut in viele kleine zu zerstücken, würde
dennoch nicht durchgängig rathsam seyn: die Anlegung
der Hoflagen macht große Kosten und Arbeit; und wie
viel Amtleute würde man alsdann zur Oberaufsicht nöthig
haben, ohne dadurch der begünstigten Dieberey nachdrücklich begegnen zu können! Ein schlechtes Gut in viele
besondere kleine Güter abgetheilt und einzeln verkauft,
würde immer beträchtlichen Vortheil bringen. Nur verbraucht der Besitzer eines kleinen Gutes zur Heitzung seiner Zimmer eben so viel Holz, und für seine 6 Kutschpferde eben so viel Heu, als der von einem großen: dem
letzten wird das Anschaffen und Herbeyführen weit leichter, welches auch von Anlegung der Fabriken, sonderlich vom Branteweinbrand, gilt. Doch weiß ich Güter
von 1 bis 2 Haaken, wo den ganzen Winter hindurch
mit eignen Gebietsleuten durch eine gute Einrichtung
wöchentlich 2 bis 4 Fässer gebrannt werden.

Mancher Landedelmann disponirt sein kleines Gut
ohne Amtmann, weil dergleichen Leute viel kosten, und
nicht allezeit gehörige Kenntniß, Treue und Eifer be-

P 5

weisen:

weisen: dann vertritt der Kubjas die Stelle des Amtmanns; die Kleete wird einem ordentlichen Bauer übergeben, der nicht selten ohne schreiben und rechnen zu können, von Ausgabe, Einnahme und Vorrath, durch
Hülfe etlicher bezeichneten Stöcke richtige Rechenschaft
ablegt. Dieses geschiehet in Ansehung der Kleete und
des Brantewein=Kellers sogar auf manchem großen Gute,
wo ausser dem Amtmann noch ein Unteramtmann gehalten wird. Jener bekommt jährlich 50, auch wohl 150
Rubel, Deputat an allerley Korn, einen gemästeten
Ochsen, Schaafe, Butter, Flachs, freyes Futter für
etliche Pferde und Kühe. Mancher Amtmann hält für
seine Kinder einen Hausinformator dem er jährlich 50
Rubel bezahlt, und wird doch dabey reich, so daß er nach
etlichen Jahren ein Gut arrendirt, oder gar zu kaufen
im Stande ist. Tausend Vortheile tragen hierzu etwas
bey, sonderlich wo dem Amtmann die Disposition völlig
überlassen wird: Pferdehandel, Geschenke von Bauern,
Uebermaaß bey dem Empfang u. d. gl. Unser sehr aus-
getrocknetes Korn quillt in der Kleete; vieles wird gehäuft empfangen, und gestrichen ausgemessen: nur äuß-
serst gewissenhafte Amtleute berechnen ihrem Herrn alles
Quellkorn und Uebermaaß. Sonderbar genug ist es,
daß allerley Leute aus dem niedrigsten Pöbel die gar
nichts gelernt haben, verunglückte Krämer oder faule
Professionisten die ihr Handwerk nicht treiben wollen,
sich darmit trösten, daß sie durch einen Amtmannsdienst
ihren Unterhalt, und wenn sie nicht höchst lüderlich sind,
gewiß eine Stelle finden. Das Land wimmelt von Amtleuten. — — Ein Zehendner disponirt auch eines andern Gut, legt von den Einkünften Rechnung ab, und
fragt auch wohl den Erbherrn bey Vorfällen um Rath,
oder befolgt dessen erhaltene Vorschriften. Bey kleinen
Gütern bekommt er von Allem, dem Hofsfelde, den
Bauergefällen, dem Zuwachs des Viehes u. d. gl. den
zehnten

zehnten Theil; auf größern Gütern blos von den Hofsfeldern. Auch Edelleute übernehmen die Disposition
auf den Zehnden wenn sie keine eigne oder Arrendegüter
haben.

Seit einiger Zeit sind die Arrenden unerhört gestiegen. Hin und wieder hört man wohl noch von 100 Rubeln für jeden Haaken, auch von noch wenigern, wenn
das Gut von schlechter Beschaffenheit ist: die gewöhnlichste Arrende ist für jeden rigischen Haaken 150 bis
200 Rubel; in der Noth, oder um eignes Dach und
Fach für die Familie zu haben, oder für vorzüglich einträgliche Güter, giebt mancher schon 250 bis 300 Rubel; doch geschiehet dieses nur sparsam. Billig sollte der
reiche Adel, der nicht selbst disponiren, sondern seine
Einkünfte ohne alle Sorge erheben will, lieber seinen armen Mitbrüdern ein Arrendegut gönner, als gemeinen
Leuten die auf andre Art ihren Unterhalt finden, aber
weil sie keinen Aufwand machen dürfen, immer eine höhere Arrendesumme bieten können. Auch würde es gut
seyn, wenn wir mit mäßigen Summen zufrieden wären,
weil sonst öfters der Bauer dabey sehr leiden möchte; es
wäre dann, daß wir dem Arrendator in dem errichteten
Kontrakt genaue Gränzen setzeten und auf deren strenge
Beobachtung ein wachsames Auge hätten.

Die Frage, wie viel Procent unsre Güter einbringen, ist viel zu unbestimmt, als daß sie sich allgemein
entscheiden ließ. Wer sein Gut noch in der wohlfeilen
Zeit vor 20 Jahren kaufte, oder ein vorzüglich schönes
mit allen Appertinenzien reichlich versehenes Gut besitzet,
und selbst disponiret, kann sich wohl rühmen, daß er zehen oder noch mehr Procent erhebt. Die meisten Güter tragen nur 6 Procent ein; etliche noch weniger.
Viele die sich großer Einkünfte rühmen, vergessen den
Amtmannslohn, den Vorschuß und die nöthige Unterstützung der Bauern, Mißjahre, den niedrigen Preis
des

des Korns oder Branteweins u. d. g., in die Rechnung
zu bringen. Ein mit 4000 Rubeln bezahlter Haaken
mag immer 200 Rubel Arrende einbringen: leicht läßt
sich berechnen, wie viel Procent nach Abzug der öffentlichen Abgaben ihm übrig bleiben. Doch giebt es auch
kleine Güter von 1 Haaken, die jährlich 500 Rubel reinen Ertrag liefern. Hieraus erhellet zugleich, daß
unsre öffentlichen Abgaben sehr mäßig sind. Gesezt,
man wolle die ganze Lieferung von einem rigischen Haaken nach den jetzigen Preisen zu 22 Rubeln berechnen;
so geben wir dieß nicht von 60 Rubeln Einkünften, sondern von einem Haaken der vielleicht weit mehr als 200
Rubel einbringt. Was die Krone ausser der Station
und dem Zollkorn für ihre im Lande stehenden Truppen,
oder für andre Provinzen, braucht, wird zu billigen
Preisen bedungen und baar bezahlt. So machte sich
der rigische Adel im J. 1772 anheischig von jedem Haaken 8 Löfe Haber, den Loof für 50 Kop. zu liefern; und
im J. 1774 wurden von jedem Haaken 33⅓ Löfe Roggen, jede rigische Last von 45 Löfen für 28 Albertsthaler, welche gegen 35 Rubel betragen, bewilliget.

Nach unsrer jetzigen Verfassung sieht sich ein Erbherr als Eigenthümer aller zu seinem Gut gehörenden
Erbleute und Ländereyen an. Ueber die ersten übt er,
ein Arrendator, auch wohl blos der Amtmann, eine
häusliche Gerichtsbarkeit, und bestraft, weil es uns
ganz an häuslichen Strafgesetzen fehlt, nach Befinden,
in welches sich zuweilen menschliche Schwachheiten mischen können, alle Verbrechen, die nicht vor Richterstühle gehören, oder denselben nicht angezeigt werden.
Er erläßt oder erhöhet die Arbeit, und die Bauern müssen jedes Geschäfte, das er ihnen auflegt, zu jeder ihm
beliebigen Zeit verrichten. Eltern die viele Kinder, und
Wirthen die mehrere Knechte und Mägde haben, nimmt
er nach eignen Gefallen etliche weg, braucht sie zu seiner

ner Bedienung, oder giebt ſie an andre die daran Mangel leiden. Er verkauft, vertauſchet und verſchenkt die
Leute an wen er will. Er ſetzet Wirthe ein oder ab, ſo
oft er will: dieß thut auch wohl ein Arrendator; nur
auf Kron-ütern muß vorher Erlaubniß darzu erbeten
werden. Man hat Beyſpiele, daß auch auf Privatgütern Bauer, die von ihrem Lande geſetzet wurden, wider ihren Erbherrn weitläuftige Klagen erhoben haben:
dieſer aber iſt allezeit bey ſeinem Rechte geſchützet worden. Es ſcheint als kommen diejenigen Bauern am beſten fort, und als wären ſie gleichſam darauf ſehr vortheilhaft ſtolz, die ſeit einer langen Reihe von Jahren
ihr Geſinde beſeſſen und von ihren Voreltern ererbt haben. Die angenehme Täuſchung, a's ſey dieß Land in
einigen Betracht ſein Eigenthum, belebt ſeinen Fleiß:
und der Erbherr handelt weislich, welcher ſich ſelbſt die
Verbindlichkeit auflegt, nie, oder nur im äuſſerſten
Nothfall, einen Bauer abzuſetzen; am allerwenigſten
wider des Bauern Willen; ein einziges Beyſpiel ſchreckt
in der ganzen Gegend den Fleißigen ab: was ſoll ihn ermuntern auf Verbeſſerungen zu denken, wenn er täglich
befürchten muß, daß der Hof oder ein andrer Wirth,
aus demſelben die erwarteten Vortheile ziehen werde?
Der Fall, daß ein Beſitzer einem neidiſchen Bauer Gehör giebt, den verleumdeten abſezt und das Geſinde dem
Angeber oder deſſen Freunde überträgt, iſt vermuthlich
ſelten: vier andre Fälle ſind gewöhnlicher; 1) wenn der
Wirth durch Unglücksfälle in Armuth fällt, oder durch
Lüderlichkeit das Geſinde zu Grunde gehen läßt, den
Vorſchuß und die gewöhnlichen Abgaben nicht bezahlt,
auch ſeinen Gehorch nicht ordentlich leiſtet. Ein ſolcher
wird Loßtreiber, oder der Herr ſezt ihn als Knecht bey
einen andern; ſeine zur Arbeit tüchtigen Kinder bleiben
bey dem neuen Wirthe, oder werden an andre als Knechte und Mägde vertheilt; die kleinern Kinder muß die

Mutter

Mutter durch ihrer Hände Arbeit ernähren, auch Los-
treibertage thun, wovon auf manchen Gütern nicht einmal die Weiber der blinden Kirchenbettler befreyet sind.
Der neue Wirth erhält was im Gesinde an Pferden,
Vieh, Saat, Geräthe, vorhanden ist, und muß für
seines Vorgängers Schulden aufkommen. 2) Wenn
der Wirth stirbt, und eine Witwe mit unerwachsenen
Kindern nachläßt, von der man nicht vermuthet, daß
sie dem Gesinde vorstehen könne. Witwen, die sich vor
dem Absetzen fürchten, suchen sich daher bald einen frischen Knecht, und erklären, daß sie ihn, so bald es nur geschehen kann, heirathen wollen Einer abgesetzten Witwe
wird man wenigstens im Rigischen, nach dem im Vorhergehenden angeführten Patent, vermuthlich einen Theil
ihres beweglichen Eigenthums, oder eigentlich dasselbe
ganz, lassen. 3) Wenn ein Wirth wegen Alters, oder Kränklichkeit, oder Armuth u. d. gl. selbst um seine Erlassung bittet. Zuweilen williget der Herr nicht ein: er könnte es
ohne Bedenken, wenn er gleich einen andern zum Wirth
findet; und hieran wird es ihm nicht fehlen, wenn er
mit seinem Gebiete billig verfährt, und es nie an der
gehörigen Unterstützung mangeln läßt, die ihm der auf-
geholfene Bauer bald wieder ersetzet. Auf solchen Gütern mangelt es selten an Menschen: des Herrn Güte
und Ermunterungen laden junge Leute zum Heirathen
ein; die Bevölkerung geht glücklich von statten: der
Herr und der Staat gewinnt. Bey einem mäßigen Gehorch sieht sich der Wirth, der Knecht, und der Lostreiber, im Stande, seine Kinder gemächlich zu ernähren; auch die beyden letzten sind nicht ganz ohne Pferde
und Vieh; mit Freuden und ohne Weitläuftigkeit treten
sie ein erledigtes Gesinde an; wohl gar eine wüste Stelle,
wenn sie nur einige Unterstützung erhalten. Etliche
Erbherren schenken daher jedem neugesetzten Bauer auf-
ser einem Pferd, etliche Rubel Geld, zur Anschaffung

der

der nöthigen Geräthe; bey Mißjahren erlaſſen ſie einen
Theil der aufgelegten Abgaben; den armen unterſtützen
ſie mit Brod und Anſpann; die Schulden treiben ſie
nicht mit heftiger Strenge ein; laſſen weder im Herbſt
das Korn von des Bauern Feld nach der Hofsriege füh‐
ren, noch in ſeinem Hauſe alle 4 Wochen eine Beſichti‐
gung anſtellen und das vorgefundene für allerley Schul‐
den, ſonderlich wenn der unwiſſende Bauer bey dem
Brantweinbrande zu kurz kam, mit Gewalt wegſchlep‐
pen: mit einem Worte, ſie verhalten ſich als Väter ge‐
gen ihre Bauern, die eben daher glücklich und zufrieden
leben, ihre Leibeigenſchaft nicht fühlen, ihren Herrn,
ſelbſt deſſen Aſche noch ſpät, ſegnen, und wenn er ſie
einmal bey einem Bau oder ſonſt wo, etwas ſtärker an‐
zugreifen gezwungen iſt, daſſelbe ſich willigſt gefallen
laſſen, weil ihr Wohlſtand dadurch nicht gleich erſchüt‐
tert wird. Hingegen wo ein übertrieben ſtrenger Ge‐
horch, Armuth und Kummer verbreitet, was ſoll dann
den Sklaven ermuntern ſein Geſchlecht fortzupflanzen?
die Vermehrung ſeiner Familie iſt die Vermehrung ſei‐
ner Leiden und Sorgen. Er fliehet die Heirath; ſo lan‐
ge er ledig iſt, kann ihn der Herr nicht zum Wirth ein‐
ſetzen; als Knecht muß ihm der armſelige Wirth Brod
und Lohn beſorgen, er ſieht etwa daß jeder beweibte mit
bloßer Hand eine Wirthſchaft anzutreten gezwungen
wird, in welcher ſeit kurzer Zeit mehrere aufeinander
folgende Wirthe äußerſten Mangel litten, und das Lezte
zuſetzeten; er ſieht, die geringe vom Hof ertheilte Hülfe
ſchlägt nicht vor; das ihm gegebene Pferd hat keine Zeit
für ihn zu arbeiten, es fällt unter der ſchweren Hofs‐
Arbeit um, er ſoll es bezahlen; ſeine Aerndte reicht nicht
hin zur Tilgung der Schulden: ein ſtetes Laufen der
Bauern, viele wüſte Geſinder, Wirthe die weder für
ſich noch den Hof arbeiten können, gehaßter Eheſtand,
Menſchenmangel u. d. g. müßten die gewiſſen Folgen
ſeyn:

seyn: wer würde dann gutwillig ein Gesinde übernehmen? — den Wirth wider seinen Willen zur Fortsetzung seiner Wirthschaft zwingen, ist nicht immer rathsam; er wird nachläßig seyn, oder gar entweichen: jedem, sobald er will, erlauben seine Wirthsch ft zu verlassen, kann, wo man die Lostreiber wenig anstrengt,
die Folge haben, daß jeder wünscht Lostreiber zu seyn,
worzu der träge Ehste ohnehin einen Hang hat; er findet leicht etwas brauchbares Land in Wäldern, und arbeitet nur wenn es ihm beliebt, oder der Hunger darzu
treibt.

Der vierte Fall, da man einen Wirth absetzet, ist
noch übrig, nemlich wenn man aus seinem Lande eine
Hoflage macht. In einem Dorfe das man zu solchem
Ende sprenget, sieht es alsdenn kläglich aus, sonderlich
wenn der fleißige Bauer das nicht ärndten darf was er
gesäet hat, wenn er seine in guten Stand gesetzten Gebäude und Felder mit den Rücken ansehen, ein wüstes
oder ganz heruntergekommenes Gesinde antreten muß;
wo er nun mit Thränen beklagt daß er seine Heuschläge
durch Kosten und Mühe erweitert, seinen Wald, Gehege und Buschländer geschonet hat. Vielleicht erfodert
des Besitzers Vortheil durchaus eine solche Hoflage, weil
die Hofsfelder zu klein sind, das ausgewählte Dorf aber
darzu die allererwünschteste Lage hat. Dann solten wir
billig den dort wohnenden Bauern mehr als Jahresfrist
gestatten, ehe wir sie versetzen, damit sie sich nach und
nach ohne gar zr großen Verlust auf den neuen Stellen
einrichten könnten, und ihnen noch überdieß eine wirkliche Schadloshaltung zugestehen. Oft könnten wir im
Walde eine Hoflage errichten, die im Rigischen General-
Gouvernement dadurch den Vorzug verdient, daß sie das
Gut nicht in der Haakenzahl gravirt. Zuweilen sind die
Hoflagen schädlich, wenn man nemlich die abgesetzten
Bauern zu bloßen Lostreibern machen muß: dann haben
wir

wir unſre Wirthſchaft weitläuftiger gemacht und den Bauer-Gehorch verringert; nun müſſen wir die übrigen Wirthe deſto mehr anſtrengen; etliche auf der Hoflage unterhaltene Knechte werden und können nicht alle Arbeit verrichten, die vorher ein ganzes Dorf beſtritt. Mancher thät weit beſſer, wenn er anſtatt einer Hoflage, das Hofs- buſchland zu Bruſtäckern machte, oder die letzten in beſ- ſerer Kultur unterhielt. Viele Güter haben bey einer großen die Kräfte ihres Gebiets weit überſteigenden Aus- ſaat viele Arbeit, werden nie zur rechten Zeit fertig, müſ- ſen alles in größter Eilfertigkeit ſchlecht genug bearbeiten; und erhalten ſchlechte Aerndten. Aber in Liefland fragt man ſelten nach der Aerndte, ſondern immer nach der Ausſaat. — — Einige beſetzen die ausgebrauchte Hof- lage nach einiger Zeit abermals mit Bauern, die lange Zeit brauchen, ehe ſie die Felder wieder in gehörigen Stand bringen.

Die Ehſten, ſonderlich im Dorptſchen und Pernau- ſchen, denen nun auch die Letten zu folgen anfangen, ſind ſeit geraumer Zeit auf die Theilung ihrer Länder ge- fallen. Kaum iſt der Vater ein Viertler, todt, oder hat ſich wegen Alters zur Ruhe in eine Badſtube begeben und einem ſeiner Söhne die Wirthſchaft übertragen, ſo äuſſert ſich unter den im Geſinde befindlichen Weibern Uneinigkeit, die ſich durch Theilung des Landes endiget. Auch pflegt mancher Bauer aus Armuth oder Faulheit einen andern willig zu machen, daß er die Hälfte des Landes als Wirth antritt. Solche zween abgetheilte Bauern auf einem Lande nennt man Halbner, ehſtniſch Leute des halben Landes, wodurch man gemeiniglich Achtler verſteht. In ſehr volkreichen Gegenden z. B. im Anzenſchen, haben ſich öfters ihrer zween in ein Sech- zehntheil getheilt Bey der Theilung bedürfen ſie ſelten eines Schiedsrichters; Gehöft, Aecker und Heuſchläge theilen ſie in zween gleiche Theile; nur muß ſich einer ein

Haus bauen und die nöthigen Geräthe anschaffen. Auf einer Seite ist das Theilen gut; der Viertler hatte drey arbeitsame Kerl; bey beyden Achtlern zusammen zählt man deren vier: es kan mehr Land bearbeitet und die Bevölkerung dadurch befördert werden. Auch der Hof leidet dabey nicht; beyde Achtler leisten zusammen den Gehorch und die Bezahlung, welche vorher vom Viertler gefordert wurden; vielleicht gar noch mehr, so daß der Herr dabey gewinnt: denn nun nimmt er 2 Arbeiter von dem Lande das vorher nur einen stellte; auch 2 Fuhren wenn er nach der Stadt sendet u. d. gl. Aber dem Staate der auf den Wohlstand seiner Unterthanen sehen muß, und dem Bauer scheint das Theilen nicht immer zuträglich zu seyn: oft werden aus einem wohlbehaltenen Gesinde 2 schlechte, denen es an Anspanne, Menschen und Brod fehlt. Vorher heitzte der Viertler nur eine Stube; jetzt muß der ärmere Achtler eben so viel Holz für sich anführen; und wie schwer fällt es oft dem Bauer, einem nach dem Hofe gehenden Arbeiter, dem Otternek, dem Hülfsarbeiter, dem zur Fuhre ausgetriebenen Knechte, jedem einen besondern Brodsack (der zwar nur aus Brod, Fisch, oder Butter, oder etwas Fleisch, und im Sommer aus Milch bestehet,) mitzugeben: und jetzt müssen alle solche Brodsäcke doppelt besorgt werden. Doch zuweilen befinden sich auch abgetheilte Bauern sehr gut.

Jeder Bauer der nicht durchaus lüderlich ist, wird fortkommen, wenn man mit Güte, wenigstens mit Ordnung ihn zur Frohnarbeit treibt. Immer mag man ihm dann etwas mehr Arbeit auflegen: er richtet sich sogleich darnach ein, weis wie viele Arbeiter er geben, und wie lange er sie am Hofe halten muß; weis aber auch darbey wenn er sie und sein Anspann sicher wieder zu Hause erwarten kan. Hingegen wenn alle Tage neue Befehle vom Hofe kämen; wenn sehr oft der letzte Mensch

aus

aus dem Geſinde zur Hofsarbeit getrieben würde; wenn
der Achtler den halben Sommer hindurch und bis in ſpä-
ten Herbſt, 4 Menſchen täglich ſtellen ſolte; wenn der
Wirth für Werthstage bey dem Bau, der Sohn zur
Fuhre, der Knecht zum Pflügen, die Magd zur Korde
oder Fußarbeit, der kleine Sohn zum Küttisbrennen, die
Wirthin zum Waſchen oder Hecheln, des Knechts Weib
zur Reinigung des Gartens, ausgetrieben würden; ſo
daß Niemand zu Hauſe bleiben dürfte, um vom eigenen
Korn das Vieh, oder vom Hauſe Diebe und andere Nachtheile abzuhalten: wie ſolte der Bauer an ſeine eigne Arbeit denken? Noch ſonderbarer wäre es, wenn er des
Winters von ſchlechten Korn viel Brantewein liefern,
die darzu nöthigen Heſen mit vieler Mühe, Bezahlung
und langen Suchen ſelbſt ſchaffen, und dann noch den
fehlenden Brantewein theuer bezahlen ſolte: wenn
er gezwungen würde, ſeine Gerechtigkeits-Eier um Weynachten nach der Stadt zu bringen und für jedes dem
Herrn einen Kopek zu liefern; wenn man ihm Milch,
Butter, gemäſtete Gänſe, Kalkunen u. d. gl. nach der
Stadt zu führen befehlen und zugleich den Preis beſtimmen wolte, den er ſchaffen muß, es mögen ſich Abnehmer finden oder nicht; wenn man ihm auflegte allerley
Beeren zu ſammeln und ſelbige für einen hohen Preis zu
verkaufen. — — Doch ich höre auf ſolche wider Recht-
ſchaffenheit und Gewiſſen ſtreitende, die Menſchheit ent-
ehrende Bedrückungen zu nennen; hoffentlich giebt es
keinen ſolchen Erbherrn. Oft reden die alten Bauern
von ihren Reichthümern, die ſie im vorigen Jahrhundert
beſaßen. Hin und wieder findet man noch etliche wohlhabende, ſonderlich unter Krongütern, oder unter ver-
nünftigen und gelinden Erbherrn.

Der Lohn eines Knechts, der öfters von ſeinem
Wirth überdieß Erlaubniß bekomt ſich ein Pferd zu erziehen, möchte an Korn und Kleidern jährlich etwa 9

Rubel

Rubel betragen: Mägde bekommen weit weniger, und wenn der Hof nicht dafür sorgt, von lüderlichen Wirthen gar nichts; ihr gewöhnlicher Lohn besteht blos in täglichen Kleidern, und für etliche Jahre Dienst höchstens in einer kleinen Hochzeit.

In jedem Gebiet, sonderlich wo sehr arme oder lüderliche Bauern sind, kan man eigentlich nur einen einzigen, nemlich den Herrn des Guts, den Wirth nennen; alle Gesindewirthe in den Dörfern sind seine Knechte, das ihnen angewiesene Land ist ihr Lohn. Der Herr muß nicht blos für seine eigne Hofswirthschaft, nein, auch für seiner Bauern ihre, sorgen, ihnen wenn er sein Gebiet erhalten und seine Arbeit fortsetzen will, den nöthigen Anspann geben; darauf sehen daß ihre Felder gehörig bearbeitet und besäet werden; ihnen Saat und Brod vorstrecken, und Acht haben daß sie die erhaltene Saat weder verkaufen noch verbacken; den Kranken Arzney reichen u. s. w. Bey wohlhabenden und ordentlichen Bauern ist die Sorge geringer; doch allezeit die Landwirthschaft beschwerlich. Sie würden aufhören es zu seyn, mancher Possessor sich als einen kleinen Fürsten ansehen, wenn unsre Bauern ein unbewegliches, wenigstens ein sicheres, Eigenthum, und eine bessere Einrichtung bekommen könnten: jetzt ist schwerlich daran zu denken. — Die Sorgen gehen nicht blos den Herrn des Guts an, sondern auch die Frau, welche wenn sie sich nicht völlig auf ihre Bedienten verlassen kan und will, tausend Dinge besorgen muß, um die sich schwerlich jemals eine adeliche Dame in andern Ländern bekümmern darf. Ausser den Angelegenheiten ihrer innern Wirthschaft, da sie auch das Schlachten, Backen, Seifekochen, Lichtziehen, Spinnen, Weben, Kleidung der Hofsbedienten, Krügerey ꝛc. ꝛc. auf dem Hofe durch eigne Leute muß besorgen; macht ihr der richtige Empfang aller kleinen Gerechtigkeitspersehlen von den Bauern, manche Mühe

und

und Verdruß. Wer bey ſeinem Landgut Ruhe und Bequemlichkeit genießen will, muß keine Schulden oder
große Einkünfte haben; ſonſt ſteht er in Gefahr, bald aus
aller Sorge und zugleich aus ſeinem Gut, ſich geſetzt zu
ſehen. Große Wirthe ſorgen für Alles.

Durch kleine Belohnungen haben es etliche Poſſeſſoren ſo weit gebracht, daß ihre Bauern das ganze Jahr
eignes Brod eſſen. Andre haben mit Vortheil in ihrem
Gebiet ein Untergericht eingeführt, ſo daß der ſchuldige
Bauer von ſeinen Brüdern gerichtet wird; worbey der
Herr allezeit der Oberrichter bleibt, der ſich manches
Verdruſſes entledigt, und ſeine Sklaven zum Nachden-
ken und zur Gerechtigkeit leitet. Möchten nur Mehrere
ſolchen Beyſpielen folgen! Wenn man aber, wie jener
ehſtländiſche Poſſeſſor, ſtatt aller Ermunterung, dem
ordentlichen Bauer blos erlauben wolte, ſeinen gewöhnlichen Wagen den er ſelbſt macht, oder für einen Rubel
kauft, mit einem theurern Korbwagen (mit welchem
deutſche Handwerker fahren) zu vertauſchen, ohne zugleich ſeinen Zuſtand zu verbeſſern; ſo macht man ſich
vor allen Bauern lächerlich.

---

## Dritter Abſchnitt.

### Von zahmen oder Haus-Thieren.

---

Unſere Aecker erfordern reichliche Düngung, an Weide
und an Heuſchlägen haben wir keinen Mangel; eben
daher iſt hier allezeit die Viehzucht ſtark, obgleich mit
mancherley Fehlern, getrieben worden. Bey öftern
Vieh- auch Pferde-Seuchen, die große Verwüſtungen anrichten, findet man noch eine unglaubliche Menge Haus-

Thiere

Thiere von allerley Art im Lande: man findet nicht leicht einen beweibten Bettler der nicht eine Kuh haben solte. Eben so in Ansehung der Pferde: Auf dem kleinsten Pastorate, auf einem Gütchen von einem halben Haaken werden mehr zum Herumfahren als zur Feldarbeit, 6 auch wohl weit mehrere Pferde gehalten. Bauern die gar keinen Ackerbau treiben, Lostreiber, jeder Handwerksmann in der Stadt und auf dem Lande, fast jeder Bauerknecht und Bettler hat sein Pferd. Große Güter halten im Verhältniß weniger Vieh und Pferde als die kleinern: jene reichen gleichwohl mit dem Winterfutter nicht weiter als diese; bey lang anhaltenden Wintern decken beyde ihre Strohdächer ab; das elende Stroh, welches ohnehin bey dem Dreschen durch das Dörren seine Mahrhaftigkeit verlohr, ist nebst kalten reinen Wasser der einzige Unterhalt des Rindviehes in den Ställen armer Bauern und genauer Landwirthe. Salz, die große Erquickung für das Vieh, ist theuer; Mehl schont man; den Brantweinbrak, Kaf (Spreu) und Heu fressen die zum Verkauf aufgestellten Mastochsen, die Pferde, Schafe und Schweine. Man ist zufrieden, wenn man im Winter von dem Rindvieh, das des Frühjahrs kaum gehen kan, nur Düngung erhält: wir wissen daß es sich auf der Weide bald erholet und Nutzung giebt. Nicht alle denken auf einerley Art: aber die an andern Orten z. B. in Sachsen, gewöhnliche Pflege des Viehes ist hier unerhört, wenn man etwa die Bürger ausnimmt, die von ihrer einzigen Kuh durch gute Pflege reichlichern Nutzen erwarten. Die Größe unsrer Heerden und die angeerbten Sitten erlauben uns nicht ernstlich auf eine vortheilhaftere Einrichtung dieses wichtigen Wirhschaftsartikels zu denken. Wir glauben unser Vieh recht gut zu pflegen, wenn wir ihm ausser dem vorgeworfenen elenden Stroh, etwas Heu, und ausser dem kalten Wasser zuweilen ein wenig Mehl, Salz oder Brantweinbrak geben.

Auch

Auch die Menge hindert auf den Höfen, und bey
dem Bauer eine angeerbte Trägheit, den Pferden gehörige Wartung zu geben, welche sie nur von eigentlichen
Liebhabern erhalten. Das Bauer-Pferd wird nie gestrie-
gelt, und befindet sich dabey und bey seinem elenden Futter, bey bloßen Heu, zum Erstaunen munter und stark.
Alle unsre Hausthiere sind kleiner als die in Deutschland, Dännemark, und in manchen russischen Provinzen; wahrscheinlich trägt Witterung und Klima etwas
bey, noch mehr die schlechte Wartung: hingegen sind sie
von Natur stark und bey der Arbeit ausdauernd. Fremde
Rassen arten bald aus, wie man an Pferden, Kühen
und Schafen wahrnimmt: vielleicht fällt der größte Theil
der Schuld auf unsre Wartung. Was Engländer und
Schweden wider das Ausarten sagen, sind wir noch nicht
geneigt ganz zu glauben. — Im April oder May fangen wir an das Vieh auf die Weide zu treiben, welche
bis in den September, selten bis gegen das Ende des
Octobers dauert.

Pferde erziehen wir von verschiedenen Werth und
Größe, worzu Mischung mit ausländischen, Wartung,
Weide, Schonung u. d. gl. das ihrige beytragen. Aechte
liefländische Pferde sind stark, bis ins hohe Alter dauerhaft, weder vorzüglich schön, noch groß; haben ein brei-
tes plattes Kreutz, eben eine solche Brust, geschlossene
Seiten, einen geraden starken Rücken, gedrungenen Körper, mäßig langen guten Hals, dicke Kinnbacken, überhaupt eine gute Proportion, hartes festes Fleisch, mäßig
dicke nicht sehr mit Haaren behangene Füße. Diese gute
Rasse findet man jetzt nicht mehr bey uns durchgängig;
nicht sowohl wegen der Vermischung mit ausländischen
Pferden, als vielmehr wegen der schlechten Wartung und
des elenden Futters, sonderlich weil der Bauer sein Pferd
viel zu früh ehe es noch die gehörige Stärke erlangt, an-
spannet. Die besten muß man bey Deutschen, bey rei-

chen

chen Bauern, noch mehr bey deren Knechten, suchen: im Oberpahlschen, auf Moon, auch in etlichen andern Gegenden, findet man noch manche gute, auch theils ächte liefländische Pferde. Tief in Rußland sieht man deren mehrere bey drey Völkern die zum großen finnischen Stamm gehören, sonderlich bey Archangel, in Siberien und wo ich nicht irre im Orenburgischen: von denen am ersten Ort, hat man mich versichern wollen, sie wären als eine Kolonie schon vor langer Zeit aus Liefland dahin verpflanzet worden. Unsre jetzigen Pferde sind von sehr unterschiedener Größe; ich bringe sie füglich unter 4 Klassen: 1) Doppelklepper unsre gewöhnlichen Kutschpferde, sind etwas über 2 Arschinen oder gegen 11 Viertel hoch, und werden mit 20 bis 60 Rubeln bezahlt. In St. Petersburg, auch in Polen, finden sie viele Liebhaber, und geben sehr gute Dragonerpferde. 2) Die kleinern heissen Klepper und sind am dauerhaftesten. 3) Die Cuirassierpferde sind 2 bis 4 Werschock höher als die ersten, aber nicht eine eigentlich inländische, sondern durch ausländische Hengste erzeugte Rasse. 4) Die allerhäufigsten sind die so genannten Bauer-Pferde, meistentheils überaus klein und unansehnlich, die lettischen noch etwas schwächer als die ehstländischen. Der arme Bauer spannt sie schon im zweyten, höchstens im dritten Jahr vor die Egge, und giebt ihnen selten gehöriges Futter. Gleichwohl zieht ein solches elendes ausgemergeltes und halb verhungertes Thier ein Winterfuder von 800 Pfunden nach der entlegenen Stadt, eben so viel Rückfracht, nebst seinem Futter auf die ganze Reise, und dem Brodsack seines Treibers, der aus Trägheit die Last noch durch seinen Körper vermehrt. Den Sommer hindurch arbeitet es unbeschlagen; sein ganzes Futter besteht darben in Gras, welches es des Nachts, und am Tage so lange der Arbeiter zweymal isset, auf dem Felde selbst suchen muß.

Im

Im Herbst hat es nicht einmal des Nachts Ruhe, weil
wir vieles Korn durch Pferde dreschen oder eigentlich
austreten, lassen. Des Winters giebt man ihm Heu,
oft mit magern Stroh vermischt, selten Haber. Doch
arbeitet es täglich, und führt noch des Sonntags seinen
Besitzer im vollen Trapp zur Kirche. Ein solches Thier
kostet 4 bis 10 Rubel — Auch Kutschpferde gehen des
Sommers auf die Weide; nur nicht die eines Liebhabers, noch die ganz großen, denen es zu beschwerlich
fällt; solche füttern wir in Ställen etliche Monate mit
Gras; die übrige Zeit rechnet man auf jedes monatlich
20 Ließpfund Heu und 3 Löfe Haber: sparsame Wirthe
geben 2 Pferden kaum so viel Haber. — Viele Höfe
haben eine kleine Stuterey; selten ziehen sie recht gute
Pferde: Wartung und Futter des Winters, sind zu
elend; anstatt des Habers müssen sie sich mit Kaff und
dann und wann mit etwas Brantweinbrak behelfen,
wohl gar vor den Viehställen ihre Nahrung suchen; ge-
striegelt werden sie gar nicht: und zu einer solchen wenig einträglichen Stuterey verschreibt man wohl gar
einen ausländischen Hengst für 100 Dukaten! Weit höher könnten und sollten wir die Pferdezucht treiben; aber
ihr stehen viele Hindernisse im Wege, über deren Anzeige ich mich um so weniger verbreiten kann, da die Mittel ihnen abzuhelfen, schwer oder manchem Widerspruch
unterworfen sind. Unsre Stuten werfen ohne Nachtheil
vor dem Pfluge oder der Egge, und werden bald hernach wieder angespannet. Der Bauer würde mehrere
Pferde erziehen, wenn er sich abgewöhnen wollte sie ohne
Hüter frey herumlaufen zu lassen: viele Füllen werden
eine Beute der Wölfe. Aufmerksame Herren lassen alle
junge Pferde in ihrem Gebiet des Sommers zusammenbringen, und unter Aufsicht auf die Hofsweide treiben. —
Die Pferdeseuche ist oft blos die Folge einer Nachlässigkeit: der Bauerknecht versäumt bey der Hitze sein Pferd

Q 5                          gehö-

gehörig zu tränken, oder er bringt es höchstens an eine
in der Nähe befindliche faule Pfütze: einen Beweis gab
das Jahr 1774. — Ein neuer französischer Schriftsteller hält die Pferde in mittägigen Gegenden für stärker,
als die in den nördlichern: durch Liefland wird er widerlegt; in dem schwersten und härtesten Lande, wenn es
gleich voll Baumwurzeln ist, und zum ersten male auf-
gebrochen wird, spannen wir niemals mehr als ein Pferd
vor den Pflug; wir lachen, wenn wir von Gegenden hören, wo 4 Pferde einen Pflug ziehen. Auf der Post
muß unser kleines elendes Pferd in einer Stunde 10
Werst laufen; selbst der Bauer fährt immer gern im
Trapp; ohne unsre Pferde hinzurichten, reisen wir täglich 8 bis 10 Meilen. Das russische hält blos alsdann
mehr aus, wenn es vollauf Haber bekommt. Die unsri-
gen, bey denen Stärke und Größe in keinem Verhältniß
stehen, wurden unter der schwedischen Regierung sorgfältig für die Cavalerie ausgesucht. Schwerlich möchten angestellte Wettläufe auf die Pferdezucht im ganzen
Lande, bey unsrer jetzigen Verfassung, wie in Engelland, merklichen Einfluß äussern.

Hornvieh ist in Lettland etwas kleiner als in Ehstland. Lange Erfahrung und angeerbter Aberglaube haben den Bauer allerley Merkmale, Vorsichtsregeln und
Hülfsmittel zu einer glücklichern Viehzucht gelehrt, von
denen ich nur ein Paar nenne: er will genau wissen ob
ein Kalb zum Erzug tauge, oder ob man es zum Schlachten bestimmen müsse; vermuthlich leiden seine vermein-
ten sichern Kennzeichen große Ausnahmen; inzwischen
gilt der Ausspruch des Viehweibes in den meisten deutschen Wirthschaften. Aus den Hörnern beurtheilt er
den Werth einer Kuh, nicht blos in Ansehung ihres Alters durch die daran befindlichen Ringe, sondern auch in
Ansehung der Milch die er von ihr zu erwarten hat: die
mit einwärts gebogenen Hörnern sollen wenig Milch geben. —

ben. — Für unsern Bauer scheinet ein paar Ochsen vortheilhafter zu seyn, als ein Pferd: dieses muß oft in Küttissen und Röhdungen, wegen der vorhandenen vielen
großen Baumwurzeln, ohne Erfolg, seine Kräfte anstren-
gen; die langsam ziehenden Ochsen brechen das Land mit
geringerer Beschwerde auf, und heben sogar manche
Baumwurzel aus: sie behelfen sich des Winters mit
elenden Futter bey ihrer Arbeit, und werden zulezt zur
Mastung verkauft. Gemeiniglich werden sie im fünften Jahre gewallachet: früher ausgeschnittene werden
zwar fetter und haben zärteres Fleisch, bekommen aber
weder so starke Hälse zum Ziehen, noch ein rechtes Ansehen. Das Wallachen geschiehet entweder durch Aus-
schneiden, oder durch Klopfen, indem der Hodensack ein-
geklemmt und die Hoden mit hölzernen Hämmern zerschlagen werden. Auf eine so grausame Art behandeln viele Bauern ihre Ochsen und Pferde, die aber, wie
man will bemerkt haben, immer etwas geil bleiben wie
die so genannten Klopfhengste: auch sollen dergleichen
Ochsen sich nicht so leicht mästen lassen. Der Lette
braucht zur Feldarbeit selten Ochsen. Sie wachsen bis
ins achte Jahr: ein ungemästeter kostet 5 bis 10, ein ge-
mästeter 12 bis 16 Rubel, und ein solcher wiegt 4 bis
500 Pfund. Jährlich werden sehr viele ukrainische aus
Petersburg zur Mast hieher gebracht; dort kostet jeder
13 bis 16 Rubel, für die Mastung rechnet man den
Winter hindurch etwa 7 Rubel; sie erfordern aber weit
sorgfältigere Pflege als die inländischen. Gemästet rechnet man ihr Fleisch über 600, und den Talg auf 90
Pfund.

Von jeder Kuh fodert man auf den Höfen im Sommer 40 Pfund Butter: bey besserer Pflege würde unsre
Milch weit fetter seyn; unsere Käse sind äußerst zähe
und mager, daher kommen auf unsre Tafeln meistentheils ausländische. Die wenigsten Landwirthe lassen
die

die Kälber unter ihren Müttern saugen, sondern anfangs mit Milch, dann mit Habermehl tränken, damit sie, wie man sagt, die Kühe in der Weide nicht aussaugen lernen. Die eigentliche Ursach ist vielleicht in einer kleinen Ersparung des Schmants (Raams) und der Milch zu setzen, die in vielen Häusern mit zu den gewöhnlichen Abendspeisen gehört und im Winter eben so selten als begehrig ist. Ein sehr gut gemästetes Kalb kauft man in den Städten für 2 bis 3 Rubel: des Bauern Kälber sind nicht so fett, er verkauft eins von etwa 6 Wochen für 30 bis 60 Kopek. Eine Kuh kostet 3, und wenn sie groß ist, 5 Rubel: Nur nach der Viehseuche im J. 1773 war alles Vieh etwas theurer. Selten tragen unsre Kühe Zwillingskälber. Die erste Milch, gleich nachdem die Kuh gekalbet hat, wird in einigen Häusern zu einer dicken Speise unter den Namen Kälbertanz, gekochet. — — Der Drachenschuß, eine Art von plözlicher Krankheit, tödtet das Vieh wenn man ihm nicht schleunige Hülfe schaft, die man gemeiniglich im Schießpulver, Brantewein u. d. g. findet; der Bauer ruft seinen Weisen der diese Arzneyen durch die Kraft geheimer Worte verstärkt. Die eigentliche Beschaffenheit dieser Krankheit ist vielleicht uns noch ganz unbekannt. Einige reden von einer Oefnung oder einem Loch im Fleisch, als einer Folge derselben. Auch gemeine Leute nennen eine gewisse ihnen plözlich zustoßende, mit einer gänzlichen Entkräftung verknüpfte Krankheit, den Drachenschuß. — Ein großer Theil unsrer hier gemästeten Ochsen geht im Frühjahre nach Petersburg. Eine rohe Ochsenhaut kauft man für 120 bis 180 Kopek; zubereitet kostet sie 3 bis 5 Rubel; ein Kalbfell roh 20, zubereitet 50 Kopek.

Schaafe werden hier in großer Menge gehalten, weil sie den Bauern die ganze Kleidung verschaffen, die jede Hauswirthin mit ihren eignen Händen zubereitet.

Eigent-

Eigentlich so genannte Schäferepen kennt man hier nicht.
In Lettland und auf den Inseln, wo das Landvolk lauter graue Kleider trägt, sieht man fast lauter weisse und graue; in den übrigen Kreisen wo die braune Farbe gewöhnlich ist, fast lauter schwarze Schaafe. Die meisten sind gehörnt, und werfen gemeiniglich zwey Lämmer, selten drey auf einmal; viele werfen sowohl im Herbst als im Frühjahr. Sie zu melken und aus der Milch Käse zu machen, oder sie des Nachts in Hürden auf dem Felde zu halten, hat man hier nicht vortheilhaft befunden. Sechs Monate, öfters noch darüber, müssen wir sie in Ställen füttern; mit Baumblättern und Stroh ist hier nicht gewöhnlich; auf jedes rechnet man 1 Fuder (600 Pfund) Heu. Salz bekommen sie zuweilen; wenn sie husten, giebt man ihnen gekochten Hopfen. Bey nassen Jahren leiden sie, doch hört man nicht von grossen und allgemeinen Seuchen. Das sogenannte Schmiervieh ist hier unbekannt. — Dreymal scheeren wir sie jährlich: zuerst im Frühjahr, da ist die Wolle am schlechtesten; dann in der Gersten-Aerndte, wo wir die beste Wolle erhalten; und endlich im November: bey jeder Schur rechnet man von einem alten Schaafe ein Pfund. Die Wolle ist sehr grob und haarig, woran nicht nach dem gemeinen Vorgeben die Weide, oder das Klima, oder die Gewohnheit an etlichen Orten, Schaafe und Ziegen zusammen zu weiden, sondern wohl unsre Sorglosigkeit mehr Schuld ist: wir suchen nicht gehörig die Schaafzucht aufzubringen und die Wolle zu verbessern. Wir haben zweyerley Schaafe: die eigentlichen inländischen mit grober Wolle, machen den grössten Haufen aus; dann die so genannten deutschen, die etwas grösser sind und weichere Wolle geben, man findet sie auf Höfen, und noch mehr auf den Inseln; durch Vermischung mit den inländischen und durch schlechte Wartung, arten sie nach und nach aus. Warum sollte es
uns

uns nicht eben so gut als den Schweden und Englän=
dern glücken, durch Herbeyschaffung guter fremder Bö=
cke, eine für Fabriken bräuchbare Wolle zu erhalten?
aber der Deutsche achtet dergleichen ihm sehr unbedeutend
scheinende Vortheile zu wenig, oder stellt sich die Ver=
besserung zu schwer vor; der Bauer kennt und verlangt
keine feine Wolle. Von der groben kostet das Pfund
8 bis 16, und die so genannte deutsche 20 bis 25 Kop.
Zum Spinnen werden beyde Arten nicht mit Fett zube=
reitet; sondern blos mit den Fingen auseinander gerissen,
dann mit einer Schnur geschlagen, oder gekratzet (Liefl.
gekraset.) — Die Felle bereitet der Bauer selbst mit
Roggenmehl und Salz, zu seiner Kleidung. Auf man=
chem großen Hofe werden des Winters höchstens 00.
Schaafe gehalten, und alle zween Tage einmal getränkt;
viele im Herbst von der Weide geschlachtet und geräu=
chert.

Ziegen werden fast von Jedermann gehalten; die
meisten sind gehörnt: zuweilen werfen sie des Jahrs wie die
Schaafe, zweymal, meistentheils 2 auch wohl, Junge zu=
gleich, die wir hier so gut als in Neapel, sehr schmack=
haft finden. Bey drückenden Heumangel sucht man sie
mit Strauch zu unterhalten. Ihre Milch vertritt bey
den Suppen des Bauern, der Butter Stelle; Deutsche
machen Käse daraus. Mit dem Ziegenfell besetzet der
Bauer seinen Pelz; das Bockfell verkauft er ungefähr
für 60 Kop. an Gerber, welche die Hörner an Russen,
die Haare zum Verschiffen für 5, und die an Parrücken=
macher für 25 Kop. ein Pfund, verkaufen. Zuweilen
mischt der Bauer dergleichen Haare unter seine Wolle,
und verarbeitet sie zu Strümpfen oder Handschuhen. Die
durch Kämmen von Böcken und Ziegen gewonnene zarte
Wolle ist nur in wenigen Häusern bekannt; dem Bauer
fehlt zu solchen kleinen Vortheilen Lust und Aufmunte=
rung.

Schweiz

Schweine verrathen bald durch ihre Größe das schlechte Winterfutter und die wenige Sorgfalt, welche man auf sie wendet. Der Bauer, der sie des Sommers ganz frey ohne Hüter herumlaufen läßt, leidet auf seinem Felde durch sie beträchtlichen Schaden: sie springen sogar über Zäune. Gemeiniglich mästet man sie mit Branteweinbrak; dann kostet eins der größten höchstens 5 Rubel. Die halbjährigen werden häufig zu Sülze gekocht und mit Essig genossen, noch häufiger die Spanferkel gebraten. Von den Borsten macht jeder Bauer selbst eine ihm unentbehrliche Kopfbürste. — In einigen Häusern steht das Schwein mit in der Zahl der Hausarzeneyen für Bauern; dessen frischen zu Pulver gebrannten Koth vermischt man mit Siegellack; oder den gebrannten Kinnbacken mit Rhabarber: beydes hält man für ein zuverlässiges Mittel wider die Ruhr und heftige Durchfälle.

Hunde hält jeder Bauer, nicht sowohl sein nie verschlossenes Haus, als vielmehr seine Viehheerde auf der Weide gegen die Wölfe zu beschützen. Einige von solchen einländischen oder Bauerhunden, lassen sich ohne sonderliche Mühe, auf der Bärenjagd gebrauchen. Im J. 1774 äusserte sich unter ihnen eine Seuche.

Katzen müssen wir wegen des häufigen Ungeziefers in allen Häusern halten.

Gänse hält auch der Bauer, ob er gleich weder ihr Fleisch noch die Federn nutzet, denn er schläft auf Stroh, oder auf der bloßen Erde, die er, um weich zu liegen, mit seinem Rock bedeckt. Eine Gans kauft man von ihm ungemästet für 10 bis 15 Kop. Zur Mastung rechnet man auf jede ¼ Loof Haber; lebend wiegt sie alsdann ungefähr 11 Pfund, sie giebt selten mehr als ½ Stoof Fett. Billig sollten sich Deutsche und Bauern sorgfältiger auf das Anziehen eines so nutzbaren Geflügels legen, dessen Unterhaltung wenig kostet. Jährlich
werden

werden eine Menge Federn aus Rußland gebracht. Ein großer Theil von den jungen Gänsen kommt durch Blutigel um.

**Enten** sieht man selten bey einem Bauer.

**Kalkunen** (Truthüner) hält jeder Hof. Ein alter kalekutischer Hahn kostet 1 Rubel: ein übertriebener Preis gegen Auerhähne und Gänse. Im Winter unterhält man sie durch Spreu mit Branteweinbrak vermischt.

**Hüner** erzieht der Bauer häufig; ein junges sowohl als ein altes kostet im Sommer 2 bis 4 Kop.

**Tauben** werden nur in wenigen Häusern gehalten: nicht aus wirthschaftlicher Furcht, sondern weil man sie nicht achtet.

# Vierter Abschnitt.
# Oekonomische Gewächse.

Seit langer Zeit führt Liefland den Namen einer Kornkammer, und dieß nicht ohne Grund: eine ungemein große Menge Korn von allerley Art wird jährlich gebauet, nemlich von Winter- und Sommer-Roggen, Winter- Sommer- und Buchweißen, Gerste, Haber, auch Erbsen, Bohnen, Lein- und Hanfsaat; vielleicht könnten wir bey einer größern Bevölkerung unsre Aerndten bald verdoppeln, wenn wir die weitläuftigen Buschländer und andre zum Ackerbau taugliche Stücke in Brustfelder verwandelten. Die Größe unsrer Aerndten ist nicht alle Jahre gleich; es fallen darzwischen Mißjahre vor, die bald das ganze Land, bald einzele Provinzen treffen, welches unter andern im Jahr 1773 die Insel Oesel und Dagen erfuhren: das Sommerkorn, sonderlich

derlich die Gerſtenärndte mißlingt am öſterſten. Wie
viel beyde Herzogthümer nebſt Oeſel, jährlich an allerley
Korn bauen, läßt ſich nicht genau beſtimmen; am wenigſten durch die Verzeichniſſe, welche jedes Gut jährlich
von der Größe ſeiner Aerndte auf dem Hofe ſowohl als
bey den Bauern, dem General Gouvernement übergeben
muß (S. I. B. S. 545 u. f.) vermuthlich zeigen die
meiſten Beſitzer ihre Hofsärndte treulich an: von den
Bauern darf man dieſes gar nicht erwarten, aus mancherley Furcht verhehlen ſie was ſie gebauet haben, es
fehlt ihnen ein richtiges Maaß, einiges Korn reinigen
ſie nicht ganz von Spreu, was ihre Söhne für ſich zu
kleinen Ausgaben, ihre Knechte anſtatt eines Lohns,
ihre Loſtreiber und Witwen ſäen, auch was ſie bey der
Aerndte an ihre Taglöhner und Schnitter abgeben, kommt
gar nicht in Rechnung. Nach ihrer Angabe würden ſie von ihrer Aerndte kaum die Ausſaat, die
nöthigſten Abgaben, und den Unterhalt für ihr
Geſinde auf ein halbes Jahr, beſtreiten; für die übrige
Zeit und zum Verkauf gar nichts übrig behalten: gleichwohl erhandeln ſie ihre Fiſche, Salz und andre Bedürfniſſe gemeiniglich gegen Korn. Von 1768 bis 1771
ſollen nach den eingeſandten Anzeigen in Ehſtland jährlich ungefähr 9800, und einmal 11000 Laſten Roggen
geärndtet ſeyn: ohne Bedenken könnte man höchſt wahr-
ſcheinlich annehmen, daß die Bauern allein ſo viel gebauet haben, ohne was auf den Höfen iſt geärndtet worden. — Nur durch eine genaue Bekanntſchaft mit dem
Lande und deſſen gewöhnlicher Fruchtbarkeit nach den
verſchiedenen Graden; durch eine Berechnung der in
jeder Gegend wirklich beſäeten Hofs- und Bauerländer,
deren Belang man in Privatunterredungen allein erfährt;
durch eine Gegeneinanderhaltung des Kornverbrauchs in
einzelen Wirthſchaften, und des Ueberſchuſſes zum Verkauf: mit einem Wort durch mancherley Berechnungen

nach der Menge und Güte der Aecker, und durch Schlüsse,
läßt sich die Größe der ganzen liefländischen Aerndte in
gewöhnlichen Jahren, muthmaßlich bestimmen; und da
kan man, ohne einen allzugroben Fehler zu begehen, ungefähr 200,000 Lasten annehmen: das worauf sich diese
Rechnung gründet, habe ich im Vorhergehenden angegeben; eine specielle Berechnung und Auseinandersetzung
würde große Weitläuftigkeiten veranlassen, und dennoch
keinen Zweifler überzeugen. Viele Liefländer werden die
Summe für übertrieben halten; nur müssen sie nicht vergessen, daß alle Arten von Korn, die in zwey weitläuftigen Herzogthümern und einer ansehnlichen Provinz gebauet werden, darunter begriffen sind.

Eine genaue Bestimmung, zu welchem Gebrauch
diese große Menge Korn jährlich verwandt werde, ist mit
eben so vieler Weitläuftigkeit verknüpft: nur etwas will
ich nennen. 1) Einen beträchtlichen Theil nimmt die
Aussaat weg; und einen noch weit größern 2) der Unterhalt für alle Einwohner. Weder der gemeine Mann
unter den Deutschen in kleinen Städten, noch der Bauer,
isset zwar gebeuteltes Brod; der letzte mischet nach der
Beschaffenheit seines Vermögens sogar viel oder weniger
Spreu, zuweilen ganze Kornähren darunter, welche auf
der Mühle nebst den Körnern zermalmet werden; aber
er braucht zu seiner Sättigung bey einer schweren Arbeit,
sehr viel Brod, sonderlich wenn er am Hofe arbeitet,
oder zur Fuhre geht, wo er nie warme Suppen oder Zu-
gemüse hat. 3) Die gewöhnlichen Kornabgaben an die
Krone, ingleichen die Lieferungen welche vermöge ge-
schlossener Kontrakte geschehen, betragen etliche Tausend
Lasten. 4) Noch mehr wird jährlich verschiffet; aus
Riga geht zwar auch viel polnisches und ander fremdes,
aus unsern übrigen Häfen aber lauter liefländisches Korn. 5)
Einen wichtigen Artikel macht der Branteweinbrand,
der zwar nicht auf jedem Hofe, von manchem aber desto
stärker

ſtärker getrieben wird. Kleine Güter von 2 Haaken haben zuweilen einen Brand, der den Winter hindurch 50
bis 80 Fäſſer liefert. Auf Gütern von 8 Haaken ſonderlich im Dorptſchen, iſt es nicht ungewöhnlich 200,
auf großen auch wohl gegen 1000 Fäſſer jährlich zu brennen. Vielleicht iſt es nicht zu viel, wenn man annähme,
daß überhaupt jährlich 90,000 Fäſſer, auch wohl darüber, gebrannt werden. Ein beträchtlicher Theil davon
geht vermöge der geſchloſſenen Kontrakte nach St. Petersburg und andre ruſſiſche Städte; in unſern eigenen
Städten, für die in Reval liegende Flotte, und am meiſten in unſern Krügen wird eine große Menge abgeſetzet.
Vor 30 Jahren wußte man noch auf keinem Hofe von
ſolchen großen Brennereyen; wir hatten aber damals
keine Lieferungen, die Höfe auch keine ſo große Felder
als jetzt, und faſt jeder Bauer brannte damals für ſich Brantewein. 6) Zu Bier werden viele Tauſend Laſten Malz
verbraucht: der Abſatz in den Krügen iſt ungemein groß;
in einem mittelmäßigen Kruge ſchlägt zuweilen des Tages
ein Faß nicht vor, obgleich jeder Bauer für ſich ſelbſt
jährlich etwas brauet. 7) Die Unterhaltung einer ungeheuren Anzahl von Pferden im Lande, bey Deutſchen
und Undeutſchen erfordert eine große Menge Korn: ſo
lange es des Bauern Vermögen erlaubt, giebt er ſeinem
Pferde wo nicht Haber, doch Mehl. 8) Eben ſo wird
das große und kleine Vieh auf den Höfen wo kein Branteweinbrak iſt, und bey allen Bauern, mit etwas Mehl
gefüttert. 9) Etliche Tauſend Laſten bleiben jährlich auf
den Höfen nach der ergangenen Verordnung zum etwanigen Vorſchuß für die Bauern, oder auch wohl aus
wirthſchaftlicher Vorſorge; ingleichen zuweilen in den
Städten unverkauft liegen. 10) Auch an die Poſtierun-
gen werden jährlich etliche Hundert Laſten geliefert u. ſ. w.
Unſer Korn erhält durch das Dörren in Riegen einen erhöheten Werth; kein Wurm erzeugt ſich darin,

wenn

wenn es auch viele Jahre ungerührt auf einem Haufen liegt. Ob durch die Hitze alle vorhandene Insekteneier völlig zerstört werden, will ich nicht entscheiden; wenn unser Mehl, sonderlich das gebeutelte, etwas feucht ist und lange unverbraucht steht, findet man darin eine Menge kleine milbenähnliche Würmer; und in den Mühlen sieht man auch die gewöhnlichen langen Mehlwürmer. Hingegen mag unser Korn immer einige Feuchtigkeit in unsern Kleeten an sich ziehen, es wird muffig riechen, doch keine Würmer erzeugen. Daher ist es zur Aufbewahrung in Magazinen vortreflich. Der Verkäufer verliert am Maaß; durch die Hitze ziehen sich die Körner zusammen, aber sie bleiben mehlreich: der Käufer gewinnt, das Mehl quillt beym Backen sehr auf.— Etliche denen die Riegen nicht zeitig genug den nöthigen Saatroggen liefern, lassen auch wohl etwas windtrocken dreschen: bey der Aerndte hat man keinen Unterschied bemerkt. Andre nehmen zu ihrem gebeutelten Brode lauter windtrockenen Roggen, und versichern, das Mehl davon falle weisser aus. Im Journal encyclopédique vom 15 Sept. 1771 wird unter den neuen Erfindungen versichert, daß das Trocknen des Korns, sonderlich des Roggens durch Feuer, in Lief: Ehst: und Kurland, auch in Rußland ein sicheres Mittel sey, das noch nicht völlig reife Korn zum Genuß unschädlich zu machen. Das ist ein Irrthum. Zufrüh geschnittenes Korn verursachet auch bey uns Krankheiten; und kein vorsichtiger Herr wird seinen Bauern das frühe Abschneiden gestatten. In Rußland trocknet man nur an einigen Gegenden das Korn, und zwar mehrentheils auf andre Art als bey uns, nemlich wenn es schon ausgedroschen ist.

Einige reden bey uns von einer Verwandelung des Korns. Hanway, dessen Reisen auch in der Sammlung der besten und neuesten Reisebeschreibungen in einem ausführlichen Auszuge, einen Platz erhalten

halten haben, übertreibt die Sache, indem er die Einwohner der dorptschen Gegend der lächerlichen und unerhörten Einbildung beschuldigt, als verändre sich ihr
Weitzen in 3 Jahren in Reis; er setzet hinzu: „das We-
„sen und die Größe des Korns soll in der That schlechter
„werden.‟  Von beyden Verwandlungen weis man
hier nichts.  Der Bauer glaubt wohl wenn die schlechte
Frühjahrswitterung sein Roggengras verwüstet, und an
den ausgefaulten Stellen Drisp oder Thaugras wächst,
daß sich der Roggen in Unkraut verwandelt habe.  Auch
Leute von bessern Einsichten berufen sich auf vielfältige
Erfahrungen, darwider sich gleichwohl noch Zweifel erheben lassen.  Der Roggen den man zuweilen häufig im
folgenden Jahre auf dem ungepflügten Haberfeld findet,
wird nicht Jedermann von einer vorgegangenen Verwandelung überzeugen.  Eben so der schwarze Haber unter
den weissen.  Einer meiner Freunde säete vor ein paar
Jahren Leinsaat: von dem Brustacker erhielt er Flachs,
von etlichen darneben liegenden gebrannten kleinen Stellen aber lauter Dotter.

Einige Liefländer hören noch nicht auf sich zu verwundern, warum wir nur 5 bis 12 fältig, auf ausserordentlich guten Lande 20 fältig ärndten, da wir doch
auf jedem Halme mehrere Aehren, und in deren jeden
viele, bey Roggen sogar 60, und folglich auf mancher
Wurzel 1000 oder mehrere Körner finden.  Man darf
nicht mit Hrn. Schlettwein die Ursache in einer Zer-
quetschung der Samenkörner durch den Dreschflegel, suchen: man findet viel nähere und sichere, die in der neuerlich ans Licht getretenen Schrift: Vermischte Aufsäße,
und Urtheile über gelehrte Werke von unterschie-
denen Verfassern in und um Liefland 1 B. 1 St.
S. 140 u. f. angezeigt werden, als wohin ich den Leser
verweise.

Nach

Nach des Prokanzlers Pontoppidans dänischen Atlas brauchet in Dännemark der Roggen 316, die Gerste 102, der Haber 119 Tage, bis zu seiner Reise; in Norwegen und Schweden wird noch kürzere Zeit erfodert. Bey uns kommt freilich vieles auf die Witterung an, doch kan man im Durchschnitt genommen, sagen, daß in Liefland das Winterkorn mehrere, das Sommergetraide weit weniger Zeit bis zu seiner völligen Reife bedürfe; als welches bey jeder nun einzeln anzuzeigenden Getraideart soll näher bestimmt werden.

Roggen ehstnisch Rukkis, lettisch Rudsi, scheint für unser Klima das vortheilhafteste und sicherste Korn zu seyn, welches auch auf mittelmäßigen, gar auf magern Ländern die angewandte Mühe nicht ganz unbelohnt läßt. Am gewöhnlichsten ärndten wir das achte Korn (d. i. von jedem ausgesäeten Loof ärndten wir 8 Löfe;) auf schlechten Ländern und in schlechten Jahren muß man sich auch wohl mit dem dritten oder fünften Korn begnügen; hingegen geben gute Länder das zwölfte, und auf kleinen in guter Kultur gehaltenen Stücken, ingleichen in Küttissen auch wohl das zwanzigste. Ein rigisch Loof Roggen wiegt 108 bis 115, von den Inseln und guten Sandländern auch wohl gegen 120 Pfund. — Bey dem Staubroggen gewinnt man an der Saat; aber er hat nur wenige Liebhaber gefunden, weil er gutes Land erfodert, und leicht mißlingen kan. — Mancherley Gefahren ist unser Roggen unterworfen: viele Nässe in der Saatzeit und große Dürre, verzögern die Aussaat, das Roggengras erhält nicht die gehörige Stärke vor des Winters Eintritte; Schnee ohne Frost veranlaßt ein Ausfaulen; eben das kann leicht durch starkes Thauwetter mitten im Winter entstehen; im Frühjahr die rauhen Nordwinde, stehenbleibendes Wasser, anhaltende Nachtfröste welche die Roggenpflanzen in die Höhe ziehen, wodurch sie verwelken; in der Blühzeit ein Frost oder starke

Stürme;

Stürme; und bey dem Reifen anhaltender Regen, richten oft viel Unheil an; aber ein noch größeres die ver-
wünschten Kornwürmer welche das Roggengras über der
Erde, oder gar bey der Wurzel abfressen; das letzte ist
das ärgste. Mit einemmal werden die grünen Felder
schwarz und kahl; man säet zum zweyten auch wohl zum
dritten Mal, gleichfals ohne Vortheil, wenn nicht der
einfallende Frost die Würmer tief hinunter treibt. Gar
zu späte Saat gelingt sehr selten. Kein Mittel hat bisher wider dieses Uebel, das bald einzele Gegenden, bald
ganze Provinzen, bald mit mehr bald mit weniger Wuth,
seine Verwüstungen verübt, können erfunden werden.
(Mehreres von diesen Würmern kommt im Folgenden
vor.)

Einige künsteln und säen ihren Roggen schon im Julius, mit Recht finden sie selten Nachfolger: das Roggengras wächst leicht zu groß. Die gewöhnlichste Zeit
der Saat, wenn man alten Roggen, das ist vom vorigen Jahr, säet, ist um Laurentius den 10 August;
neues d. i. erst kürzlich ausgedroschenes Saatkorn, wird
um Bartholomäi den 24 Aug. gesäet. Die Bauern
säen auch wohl später, noch im Anfange des Septembers,
sonderlich wenn es ihnen an Zeit und Anspann mangelt.
Zweymal wird im Sommer das Land gepflüget und geegget, dann die Saat untergepflüget, und zum dritten
Mal geegget; zuletzt zieht man zur Ableitung des Wassers mit dem Pfluge etwas tiefe Furchen hin und wieder
über das Feld, an niedrigen Stellen desto mehrere. Ver-
meinte große Wirthe machen zuweilen ihre Felder so groß,
daß der wenige Baueranspann, man halte ihn noch so
lange am Hofe, nicht hinreicht, dieselben bey großer
Dürre und Härte des Landes, vor der Saat zweymal zu
pflügen. Es geschiehet dann nur einmal; die schlecht
ausfallende Aerndte hätte sie eines bessern belehren können, wenn nicht zu ihrem Glücke die Kornwürmer in dem

R 4 schlecht

schlecht bearbeiteten harten Lande das Roggengras nur wenig beschädigten. — Die Blühzeit richtet sich nach der Frühjahrswitterung; gemeiniglich fällt sie in Junius. Die frühe anhaltende warme Witterung i. J. 1774 brachte den Roggen schon am 13 May in Schuß, am 15ten sahe man Aehren und am 28sten blühete er über und über. Welcher schöne Anblick, wenn man dann des Morgens und Abends den Blütenstaub gleich einem dicken Rauche sich über die Felder hinwelzen sieht! Einige rechnen 9 Tage zur Blüte, 9 Tage zum Ansetzen des Korns, und 9 Tage zum Reifen: diese Rechnung trift selten ein: etwas sicherer ist, daß der Roggen 4 Wochen nach der Blüte des Faulbaums, seine Blüten hervortreibt. Unsre Aerndte fällt gemeiniglich in den Ausgang des Julius oder Anfang des Augusts; zuweilen können wir nicht eher als am 6ten Aug. anfangen. Im Jahr 1773 und 1774 sahe man schon Etliche am 7ten, allgemein aber am 15ten Jul. und im Jahr 1775 die meisten am 27 Jul. auch etwas früher, schneiden. Die Zeit von der Aussaat bis zur völligen Reife beträgt ungefähr 318 bis 333 Tage. Sobald der Roggen reif ist, fällt er bey der geringsten Bewegung häufig aus: doch scheint die Hülse nach einiger Zeit sich wieder zusammen zu ziehen; denn der Bauer der vorher das Hofsfeld, dann erst sein eignes ärndtet, verliert nicht viel mehr als diejenigen welche zu rechter Zeit schneiden. — Niemand sondert das häufige Mutterkorn von dem Roggen ab; beydes isset man ohne Sorge; und Niemand kennt bey uns die Kriebelkrankheit. Solte das Mutterkorn durch die Riegenhitze seine Schädlichkeit verlieren; oder an sich weniger schädlich seyn als Einige seit etlichen Jahren behaupten wollen?

Weitzen ehstnisch Niso, lettisch Kweeschi, erfodert etwas niedrig liegendes gutes settes Land, dennoch will er nicht jährlich gerathen; das 5te höchstens das 7te

Korn, ist eine gewöhnlich gute Aerndte; nur auf ge=
brannten Lande und in der Wiek kan man auf größere
Ausbeute sichre Rechnung machen. Gemeiniglich säet
man ihn zu Anfange des Septembers, auch wohl etwas
früher, das Land wird darzu wie zu Roggen verbreitet,
und eben so viel Zeit als dieser braucht er zur Reife. Im
Jahr 1773 fing er an zu blühen am 10ten Jun. Der
englische wird hier am wenigsten gesäet, er fodert zu gutes
Land; der mit glatten Aehren wird von vielen dem ge-
wöhnlichern mit stachelichten Aehren vorgezogen. —
Gemangkorn d. i. Weitzen mit Roggen vermischt, säen
wir nicht; in unsern Kleeten und Riegen mischt sich ohne=
hin immer etwas Roggen ein, den man, um reinen Wei=
tzen zu haben, im Frühjahr sobald er schosset herunter
schlagen, oder bey der Aerndte absondern läßt. Das
Schrappen ist nur bey Wenigen im Gebrauch.

Gerste ehstn. Oddor, lett. Meesche, unser vor=
züglichstes Sommerkorn, welches der arme Bauer oft
unter seinen Brodroggen mischet, braucht ungefähr 80
bis 90 Tage zu ihrer völligen Reife, und wenn sie früh
noch im April gesäet wird (liefl. St. Jürgens Gerste)
noch weniger. Gemeiniglich wiegt ein rigischer Loof 90
bis 100, aber wenn sie bey großer Dürre oder vielmehr
Nässe wächst, oder von früh einfallenden Frösten leidet,
nur 80, die öselsche und andre recht schöne Gerste aber,
wohl 108 Pfund. Selten erhebt sich die Aerndte über das
Mittelmäßige d. i. über das sechste Korn, oft bauet man
kaum das dritte, auf gebrannten Lande hingegen das 12
bis 20ste. — Sie erfodert gutes fettes, aber nicht all=
zu leichtes, Erdreich, und verträgt nicht gar zu große
Dürre. Oft liegt sie lange in der Erde ungekeimt; im
Jahr 1774 sahe man noch am 18ten Jun. viele Körner
keimen. Küttisse besäet man in der 6ten auch wohl noch
in der 4ten Woche (vor Johannistag; diese Art der Zeit=
rechnung gilt in ganzem Lande vom Sommerkorn;) das

R 5       Brust=

Brustfeld fängt man in der fünften Woche an zu besäen und endiget in der dritten. Im August zuweilen schon am 6ten oder noch früher, wird geschnitten. Auf den Inseln, sonderlich auf Oesel, muß man sehr früh Gerste säen, nicht sowohl wegen des Landes das bald hart wird, als weil die Art des Korns es verlangt, selbst wenn man sie auf dem festen Lande säet, wo frühe Saat zwar allezeit reif wird, aber bey der gewöhnlichen Dürre vor Johannis viel leidet; die spate Saat hingegen bessere Halmen und Aehren treibt, aber bey früh einfallenden Frösten kleine untaugliche Körner giebt. — Die gewöhnliche 4 kantige Landgerste hat sich noch immer bisher in Ansehn erhalten, die deutsche und moonsche 6 kantige und die kahle, werden weit weniger gesäet, weil sie sehr gut Land erfodern. Das Gerstenstroh ist unser gewöhnliches und bestes Winterfutter für das Rindvieh.— Man verwahre die Saat wie man will, allezeit findet man etwas Haber unter der Gerste, welches bey unterlassener gehörigen Absonderung nach etlichen Jahren bis zur Hälfte steigt. Der Grund liegt wohl in unsern Riegen, Kleeten und Unachtsamkeit; keinesweges in einer Verwandelung. — Aus Mangel des Anspanns und der Zeit pflügen Viele das Gerstenland im Frühjahr zum ersten Mal auf, beeggen und besäen es, und pflügen dann die Saat unter; die Erdklöße läßt man durch Fußarbeiter die uns kein Geld kosten, zerschlagen, und die Graswurzeln in Haufen werfen, wodurch viele Saat bedeckt und erstickt wird. Andre pflügen lieber das Land schon im Herbst, und lassen es gleich, oder erst im Frühjahr eggen; beydes scheint keinen Unterschied zu machen; ungeeggtes Land verschaalet nicht wie Einige ohne Grund befürchten, nur muß man es gleich im Frühlinge beeggen ehe das Gras überhand nimmt, weil sonst unsre gewöhnliche elende Egge nichts ausrichtet.

Haber

Haber ehstn. Kaer, lett. Aufas, braucht gemei=
niglich bis zu seiner völligen Reife 80 auch wohl 100
Tage; wir säen ihn auf die magersten Länder, in der
siebenten und sechsten Woche, und ärndten das fünfte
Korn, auf guten Ländern auch wohl über das achte.
Der gewöhnliche Landhaber wächst selten viel über eine
Elle hoch; ein rigischer Loof wiegt 60 bis 70 Pfund.
Viele säen lieber den kurischen, welcher zwar etwas bes=
seres Land verlangt, aber ungemein schwer und mehl=
reich ist, auch gegen 2 Ellen hoch wächst, wodurch das
höchstnöthige Winterfutter für das Vieh eine ansehn=
liche Vermehrung erhält: nur muß dieser Haber in der
achten oder neunten Woche gesäet werden, damit er ge=
hörig reife; welches auch von dem moonschen gilt. Die
Bearbeitung des Landes zur Habersaat ist genau wie bey
der Gerste, und läßt man jenen, wenn er eingepflügt
ist, etliche Tage ungeegget stehen, damit nicht die leich=
ten Körner oben liegen bleiben und Vögeln zur Beute
werden. Einige eggen ihn erst wenn er schon ziemlich
lange Keimen ausgetrieben hat, wobey er keinen Scha=
den leidet: man kann ihn sogar alsdann noch umpflü=
gen, und auf eine gute Aernote hoffen. Ein Gleiches
haben Etliche mit der Gerste versucht, auch mit Erbsen,
die, wenn sie ziemlich lange Keime ausgetrieben haben,
wieder umgepflüget werden, und nichts destoweniger gut
gerathen. Die Hofnung durch das spate Eggen oder
Umpflügen etliche Tage nach verrichteter Saat, das
Sommerfeld vor den so genannten gelben Blumen oder
wilden Senf zu bewahren, der in manchem Jahre das=
selbe gleichsam bedecket und viel Korn ersticket, geht,
wie ich zuverlässig weis, wenigstens nicht allezeit in Er=
füllung; ob es gleich ausländische Landwirthe in Anse=
hung des Hederichs versichern. (S. Berliner Beyträge
zur Landwirthsch. Wissenschaft 1 B. S. 356.)

Sommerroggen wird nur in etlichen Gegenden gesäet.

Sommerweißen erfodert gutes Land und muß früh gesäet werden, damit er Zeit zur Reife habe ehe die Nachtfröste einfallen; von gebrannten Land erhält man die sichersten und besten Aerndten. Auf vielen Höfen, und noch mehr bey den Bauern, findet man diese Art von Getraide.

Buchweißen, (welchen Einige Kricken nennen,) ehstn. Tatrad, lett. Grikki, gelingt nicht in allen Gegenden; doch wird jährlich eine beträchtliche Menge gebauet, und theils zum Branteweinbrand, theils mit Haber oder Gerste vermischt zum Pferdefutter, theils zu einem wohlschmeckenden Grütz, verbraucht. Den lezten verstehen einige Bauern auf ihren Handmühlen so fein und rein zu mahlen, daß er füglich dem Reismehl und Mannagrütze kann an die Seite gesetzet und anstatt derselben zu allerley Speisen und Gebackenen gebraucht werden. — In etlichen lettischen Gegenden säet man ihn mit Gerste vermischt zu Brod und andern Speisen. Das Land zu den drey vorhergehenden Getraidearten wird wie zur Gerste zubereitet.

Erbsen ehstn. Herned, lett. Sirni, säet Jedermann, aber nicht viel, mancher Bauer höchstens einen, und ein großes Gut kaum 6 Löse, es wäre denn daß man in der nahen Stadt leichten und vortheilhaften Absatz finde; wegen ihrer Schwere werden sie selten von weiten zugeführt. Gemeiniglich säet man sie um den ersten May; ihr Reifen richtet sich nach der Witterung, und fällt größtentheils in den August: bey anhaltender Nässe oder frühen Nachtfrösten sieht man sich auch wohl gezwungen sie grün und in voller Blüte aufzureißen. Gewöhnlich bauet man das 4. bis 7te Korn, auch wohl das zwölfte. Das Land wird zweymal gepflüget und geegget, dann die Saat eingepflüget; Einige lassen sie darauf

darauf nicht mehr eggen, damit nicht die Körner oben
liegen bleiben, und von Vögeln verzehrt werden; Andre lassen sie mit Stroh bedecken, damit sie gegen Vögel
und gegen große Dürre Schutz haben; noch Andere lassen Strauch darauf führen, damit sie bey der Nässe sich
aufrecht erhalten und nicht auswachsen oder faulen. Wir
haben vielerley Arten von Erbsen, kleine weisse die wie
die grünen auf vielen Ländern die beste Aerndte geben;
große weisse, welche gutes Land erfodern; Spirren (große
sprenglichte) die am wenigsten gesäet werden u. s. w.
Das Stroh wird gemeiniglich den Schaafen vorgewor-
fen, der Bauer giebt es auch wohl seinem Pferde: oft
verdirbt es unter freyen Himmel ehe wir die Erbsen ausdreschen können, so, daß es kein Thier in den Mund
nimmt.

Linsen ehstn. Läätsed, lett. Letzas, werden
weit weniger als Erbsen gebauet, und gerathen auch
nicht aller Orten. Gemeiniglich werden sie etwas früher reif als Erbsen.

Flachs ehstn. Linnad, lett. Linni, wird bey-
weiten in Liefland nicht so viel gebauet als wir bauen
könnten und sollten; alle Höfe und Bauern säen etwas,
aber kaum zur höchsten Nothdurft; nur etliche Gegenden treiben damit einen Handel, z. B. das Marienburg-
sche in Lettland, das Rappinsche im Dorptschen, Fickel
in der Wiek, Tarwast im Pernauschen u. s. w. Es ist
wahr, Flachsbau erfordert Zeit und Arbeit; die lezte
kann im Winter größtentheils verrichtet werden, und es
wären wohl Ermunterungen nöthig, wodurch die Einwohner und der Handel gewinnen würden: jede Gegend
beynahe ist zum Flachsbau geschickt. Nicht aller Orten geschiehet die Zubereitung und Behandlung auf einerley Art; doch will ich etwas davon anführen. Man
säet ihn wie die Gerste, und er fodert eben so viel Zeit
als diese zu seiner völligen Reife. Schönen Flachs zu
bekom-

bekommen, lassen ihn Einige aufreißen, ehe die Saat
völlig reif ist. Gemeiniglich säet man ihn auf Brust=
äcker in das Sommerfeld; Einige säen ihn auf neues
Land das durch Säuren soll mürbe werden: wenn es
zum erstenmale gepflüget und die aufgebrochenen Rasen=
stücke gut umgewandt worden, so streuet man den Saa=
men darauf, und ziehet ganz leicht mit der Egge darü=
ber; ein von Natur gutes Land giebt dann ganz guten
und reichlichen Flachs: aber es erfodert Düngung, wenn
es fernerhin Korn tragen soll. — Nur auf wenigen
Höfen ist der sogenannte Flachsreffel (eine Art von gro=
ber Hechel oder eisernen Kamm) zum Abstreifen der
Knoten (Saamenbehälter), bekannt; man schneidet sie
mit der Sense, oder haut sie mit einem Beil ab, wo=
durch der Flachs von seiner Länge verliert und auch ein
Theil des Saamens verlohren gehet. In der Wahl des
Wassers zum Einweichen oder Rösten, sind wir nicht
sehr vorsichtig: das nächste das beste. Im stehenden
Morastwasser wird er bald etwas schwarz oder gelb, aber
zärter; im Flußwasser weisser, aber härter von Haaren.
Die Länge des Röstens richtet sich nach der wärmern
oder kältern Luft: wir nehmen den Flachs aus dem Was=
ser, sobald er sich leicht von Schäwen ablösen läßt; oft
ist hierbey der Ehste zu seinem großen Schaden nach=
läßig. Nun wird er auf dem Felde ausgebreitet, da=
mit er trockne, bleiche und noch an der Luft röste; bey
nasser Witterung leidet er bald; daher hängen ihn
viele Bauern lieber auf ihre Zäune. Hierauf bringt
man ihn in die Riege zum Trocknen, wo er, wenn er in
die Höhe auf die Querlatten wie das Korn, gelegt wird,
leicht verbrennt, und dann die Breche nicht aushält;
am sichersten ist, wenn man ihn unten an den Wänden
herum in der warmen Riege allmählig trocknen läßt.
Das Bläuen ist hier nicht im Gebrauch; er wird gleich
gebrochen, (liefländisch gebracket); ohne Kunst macht
jeder

jeder Bauer seine Flachsbreche selbst aus dünnen mit in einander greifenden Zähnen versehenen Balken. Die Schäwen haben wir bisher ungenuzt weggeworfen; jezt fangen einige an sie mit Leimen zu vermischen und die Ziegeldächer inwendig damit zu verschmieren. Aus einem Ließpfund ungebrochenen Flachs, bekommt man 3 bis 5 Pfund gebrochenen. Wenn er geschwungen ist, heißt er Langflachs, weil er dann nach seiner ganzen Länge zusammengebunden wird; und so muß er in die Städte zum Verkauf gebracht werden. Der gehechelte hingegen wird zusammengedrehet, und heißt Knuckenflachs: solchen in der Stadt feil zu bieten ist verboten, wegen des darbey öfters unterlaufenden Betrugs, indem der Bauer entweder schlecht- oder ganz ungehechelten knucket, oder gar Schäwen, Heede u. d. gl. zur Vermehrung des Gewichts hineindrehet. Im Fickelschen wird aller Flachs nach dem Schwingen durch eine hölzerne Hechel (viele Bauern machen sie von Striesenholz), gezogen, und dann mit einer Kopfbürste gebürstet, welches nicht Weiber, sondern gemeiniglich Mannspersonen verrichten. Aus einem Ließpfund langen oder schlecht gehechelten Flachs, bekommt man, nachdem er gut ist, 5 bis 8 Pfund brauchbaren: recht feinen auf 3 Hecheln bearbeiteten, selten mehr als 2 Pfund. — Wir haben keine Oelmühlen: Lein- und Hanföl kaufen wir wohlfeil aus Rußland: unsre übrig behaltene Leinsaat wird verschiffet. — Den beständigen sibirischen Flachs ( Linum peren. sibiric. ) haben ein paar Männer zu säen versucht; er soll bekommen seyn: hätte der Vortheil der Erwartung entsprochen, so würden sich vermuthlich mehrere auf dessen Anbau legen.

Hanf ehstn. Kannepid, lett. Kannepes, wird gemeiniglich sonderlich in Ehstland in besondern Gärten, seltner auf Feldern gesäet, weil er sehr gutes fettes Land erfodert. Die Saat geschiehet im May, zu seiner Reife braucht

braucht er 16 bis 19 Wochen. Das Abschneiden der
Saat, und das Einweichen, wird wie bey dem Flachse
verrichtet. Jeder Bauer, der sein eigner Seiler ist,
bauet etwas, um die unentbehrlichen Stricke und Bän=
der daraus zu machen: nur die wenigsten Gegenden ha=
ben sich bisher so auf dessen Anbau gelegt, daß der Hand=
lung daraus ein Vortheil erwachsen könnte; welches wo
nicht Tadel, doch Verwunderung verdient, indem der
nordische als der beste Hanf, allezeit Abnehmer findet —
In Ermangelung der Milch stossen etliche Bauern Hanf=
saat und legen sie in ihre Suppen.

Bohnen. Die welche von Deutschen in Küchen=
gärten gezogen werden, gehören nicht hieher. Der
Bauer kennt und säet in seinem Garten nur die, welche
den sächsischen so genannten Pferdebohnen ähnlich sind.
Sie werden früh wie die Erbsen, gesäet, im August ab=
geschnitten, auf ein Gerüst in freyer Luft zum Trocknen
gelegt, gedroschen und in Suppen gekocht. Man ärnd=
tet gemeiniglich das 6 bis 11te Korn.

Kohl ehstn. Kapstad, lett. Kahposti, zieht
Jedermann in besondern Gärten; der Deutsche alle ge=
wöhnliche Arten; der Bauer nur den weissen oder Kopf=
kohl, und die Kohlrüben (liesl. Kohlrabi unter der Erde).
Dieser säet seinen Kohlsaamen etwas spät, gemeiniglich
auf gebranntes Land, und erhält dadurch guten Kohl.
Die meisten Deutschen säen früh, viele an Mariaver=
kündigungstage, (welcher daher auch Kohlmarien heißt)
auf Mistbeeten, welche aber bey Kälte und Schnee gute
Aufsicht erfodern. Den Kohl schneidet man am lieb=
sten ab, wenn ihn schon ein paar Herbstfröste gerührt
haben, dadurch wird er schmackhafter: sehr starke Fröste
setzen auch wohl manche Hauswirthin alsdann in Verle=
genheit, und noch mehr ein unvermutheter Schnee.
Der meiste Kohl wird gesäuert: die Bauern, welche ihn
als eine unentbehrliche Winterkost ansehen, kochen ihn
ein

ein wenig, stampfen ihn ohne Salz oder irgend eine andre Zuthat, in Gefäße, und laſſen ihn gefrieren; ſo oft
ſie davon kochen wollen, hauen ſie mit einem Beil das
benöthigte heraus. — Daß man im Frühjahre auf den
im Keller verwahrten Kohlköpfen hin und wieder in den
Blättern Saatkörner finde, iſt kein Mährchen; ob man
ſie blos um Kohlmarien finde, kann ich aus Mangel der
Erfahrung nicht ſagen. Kohlſaamen ziehen viele Bauern;
der vom Blumenkohl will in Liefland nicht gelingen, daher wird er theuer, ein Loth mit 50 bis 70 Kop. bezahlt.

Rüben ehſtn. Naered, lett. Rahzini, gerathen
am beſten auf Küttisland, wo man ſie um Johannistag ſäet. Auf Bruſtäckern und in Gärten, überhaupt
auf ungebrannten Lande, werden ſie kleiner, unſchmack-
hafter und bitter.

Tartüffeln, Kartoffeln (Solanum tuberoſum
eſculentum, Papas peruanorum) findet man wohl in
unſern deutſchen Gärten; den Bauern würden ſie ſehr
vortheilhaft ſeyn, aber ſie wollen ſich nicht damit beſchäftigen, achten ſie auch nicht, nur an den gebratenen finden ſie einen Geſchmack. Einige Herren ſuchen ihr Gebiet an deren Pflanzung zu gewöhnen. Zur Maſtung
werden ſie hier gar nicht, blos für den Tiſch gebauet;
Etliche machen Stärke (lieſl. Stärklis, davon, woraus
ſie Kiſell und andre Speiſen zubereiten.

Hopfen und
Senf kommen im Folgenden vor.

Anmerkung. Da wir keine Futtergräſer ſäen, unſer
Sommer kurz, und die Arbeit dringend iſt; ſo fällt
es uns unmöglich das Vieh des Sommers in Ställen mit Gras zu füttern: wir müſſen es auf die
Weide treiben. Die Arbeit würden wir abermals mit Nachtheil vermehren, wenn jeder ſein
eignes Stück der Viehweide umzäunen ſollte: lieber

übergiebt ein ganzes Dorf sein Vieh der Aufsicht eines
einzigen Hüters, der es auf die gemeinschaftliche Weide treibt, die wir aller Orten hinlänglich finden.  In
andern Ländern mag die Abschaffung der Gemeinhei-
ten vortheilhaft seyn: bey uns ist jetzt noch nicht daran zu denken.

## Fünfter Abschnitt.
### Von einigen wirthschaftlichen Geschäften.

Zuerst ein kurzer Abriß unsrer auf einander folgenden
Arbeiten: den Anfang mag der April machen. So
lange die Erde nach abgegangenen Schnee noch hart gefroren ist, lassen wir Küttisstrauch hauen, Heuschläge
reinigen d. i. den darauf wachsenden Strauch abhauen,
bauen und Gebäude verbessern, Pergelholz schälen, die
Zaunstacken unten spitzig hauen; Einige setzen noch den
Branteweinbrand fort; der Bauer bereitet seine Som-
mergeräthschaft u. s. w.  Der Frost verliert sich: wir
fangen an zu pflügen, zu eggen, Zäune zu machen,
Erbsen, Frühgerste u. d. gl. zu säen.  Dieß setzen wir
im May fort, verrichten die Habersaat, brennen Küttis und Röhdungen, welche nun auch besäet werden, bereiten das Land völlig zur Gerstensaat und verrichten sie
größtentheils.  Im Anfange des Junius wird sie geendiget; dann die Düngung ausgeführt, das Brachfeld
gepflüget, Rüben-Küttis gebrannt und besäet, der Anfang mit der Heuärndte gemacht, auch die Verbesserung
der Strassen besorgt.  Heu und Brachfeld beschäftigen
uns im Julius bis zur Roggenärndte; beym Regen läßt
man auch wohl Küttis oder Röhdung zur Wintersaat
hauen.

hauen. Dieſe beſchäftiget uns im Auguſt; wir ärnd=
ten, fangen an zu dreſchen. Im September wird die
Winterſaat und die Aernbte geendiget; Flachs und Kohl
geben Geſchäfte; Einige ſuchen bey erträglichen Wege
etwas Korn zu verführen, der Branteweinbrand nimmt
ſeinen Anfang, das Dreſchen geht ununterbrochen fort
bis die Felder leer ſind, welches auf großen Gütern zu=
weilen bis lange nach Weynachten dauert. In einigen
Gegenden werden im Auguſt und September auch die
Roggenſtoppeln zur künftigen Sommerſaat umgepflü=
get; dann Küttioſtrauch gehauen und das Land darzu
gepflüget; Heuſchläge gereiniget, Holz zur Riege (wo
man es nicht im vorhergehenden Winter beſorgt hat,)
und zur Branteweinküche geführt, Dächer und Ge=
bäude ausgebeſſert u. d. gl. Im October geben Flachs,
Branteweinbrand, Aufpflügen neuer Länder und einige
andre noch nicht geendigte Arbeiten genugſame Geſchäf=
te, bis der Winter uns eine gute Schlittenbahn bringt,
durch deren Hülfe wir unſre Produkten verführen, unſre
Lieferungen thun, und das benöthigte Holz, Balken u.
d. gl. anführen. Das iſt das Allgemeinere welches von
den meiſten Gegenden gilt; einige Dinge verdienen eine
nähere Anzeige.

## Das Pflügen.

Unſer ganz einfacher Pflug ohne alle Kunſt, den
jeder Bauer ſelbſt verfertiget, (nur das wenige daran
befindliche Eiſen ausgenommen) der in Lettland etwas
ſchwerer und anders geſtalltet iſt als der Ehſten ihrer,
den ich hier genau beſchreibe, ſcheint für unſre Landes=
art ſehr gut, vielleicht unverbeſſerlich, zu ſeyn: er iſt
leicht, das elende Bauerpferd zieht ihn ohne Beſchwerde;
er zermalmt die Erde hinreichend; in jedem Acker, er ſey
noch ſo voll großer Steine oder Baumwurzeln, kann

man darmit pflügen, man hebt ihn so oft man will in
die Höhe, und stößt ihn gleich wieder ein, oder man
pflügt um den großen Stein herum. Das daran befindliche Eisen beträgt 15, und seine ganze Schwere überhaupt 53 Pfund russisches Gewicht. Er besteht 1)aus
2 dünnen Latten die gemeiniglich hinten aufwärts gebogen sind, damit man den Pflug bequemer halten könne:
sie werden durch 4 Querhölzer verbunden, das hinterste
dient zur Handhabe, zwischen den beyden mittelsten wird
das Pflugbrett schräg eingeschoben, an dem vierten wird
das Eisen welches das Pflugbrett hält, vermittelst gedreheter Ruthen befestiget; 2) aus dem genannten Pflugbrett, welches breit und unten gabelförmig gehauen ist;
3) aus 2 Pflugeisen die man an das Brett stecket, jedes ist 2 Spannen lang, 3 Finger breit und unten spißig: diese beyden Eisen brechen das Land auf; 4) aus
einem schmalen Eisen einer Spanne lang, an beyden
Seiten unterwärts gebogen und mit einem Kettengelenk
versehen, durch beyde geht ein kleines Querholz welches
das Pflugbrett trägt und in der gehörigen Richtung erhält, die ihm durch einen Keil gegeben wird. Dieß Eisen wird vermittelst gedreheter Ruthen,wie vorher erwähnt
wurde, an die Latten befestiget; 5) aus einem kleinen
schräg liegenden Stocke, der die aufgebrochene Erde ein
wenig an die Seite stößt; oben über dem gleich vorher beschriebenen Eisen wird er durch eine kleine Ruthe gehalten,
unten giebt ihm eine kleine 4 Finger breite auf dem einen Pflugeisen ruhende, eiserne Schaufel seine Richtung; so oft der Pflug umgewandt wird, muß die Schaufel auf das andre Pflugeisen gelegt werden. Alle Pflüge haben einerley Zusammensetzung und fast alle einerley Gestallt; nur leidet die Lage der Latten eine Aenderung. Sie stehen vorn so breit von einander daß man
ein Pferd darzwischen stellen kann, welches auf jeder
Seite vermittelst eines Riemens oder Bandes zum Ziehen

hen, daran gebunden wird. Hingegen laufen die Latten vorn zuſammen wenn man mit Ochſen pflügen will,
deren Joch aus einem geraden Holze beſtehet, welches
vermittelſt weener Riemen hinter die Hörner der beyden
Ochſen gebunden wird: mitten am Joch iſt ein dritter
kurzer Riemen, durch welchen die Ochſen den Pflug
(oder einen Wagen) zwiſchen ſich fortſchleppen. Auf
Dagen und in der Wiek hat man einen andern weit elen-
dern, Pflug der von ſeiner Geſtallt Schweinsnaſe heißt:
anſtatt des Pflugbrettes hat er ein etwas krum geboge-
nes Holz mit einem einzigen kleinen kaum 2 Pfund ſchweren Eiſen; er macht kleine Furchen, daher das Pflügen
dort mehrere Zeit koſtet; auch fehlt daran der Stock mit
der Schaufel. Die daſige Gewohnheit daß die Hofsarbeiter einer hinter dem andern pflügen, verdient wegen
des Zeitverderbs, Tadel. — In Ehſtland, auch in
einigen andern Gegenden wo es an Menſchen mangelt,
nur nicht in Lettland, ſieht man Weibsperſonen, auch
Knaben von 12 bis 14 Jahren, pflügen: es gehört weder große Stärke noch Geſchicklichkeit darzu; der Pflüger muß nur den Pflug gerade halten, ihn bey großen
Steinen aufheben oder ſeitwärts richten, damit die Pflug-
eiſen nicht brechen, und ſich hüten, daß er mit dieſen den
Fuß ſeines Anſpanns nicht beſchädige, welches bey der
geringſten Unvorſichtigkeit leicht geſchiehet, weil der ganze
Pflug ſehr kurz und des Pferdes Fuß immer nahe vor
den Eiſen iſt; und endlich muß er die Furchen dicht an
einander ziehen, damit nichts ungepflüget bleibe. Das
lezte deſto ſorgfältiger zu verhüten und das Land genug-
ſam zu zermalmen, iſt hier der Gebrauch, niemals zweymal hinter einander nach einerley Richtung zu pflügen,
ſondern bald in die Länge bald in die Quere, und wenn
das Feld auch nur 5 Schritte breit wäre. Ueberhaupt
pflüget Niemand in einem Striche über ſein Feld; höchſtens 50 Schritte lang, dann wird zum wahren Zeitver-

luſt

luſt der Pflug umgewandt. Selten kann man bey einem zum erſten male gepflügten Brachfeld die Furchen von einander unterſcheiden und zählen: die Erdſtücke fallen verwirrt durch einander, die größern ſtößt der Pflüger mit ſeinem Fuß an die Seite. Jeder Arbeiter am Hofe bekommt des Tages 3 Stücke zu pflügen, nemlich zwiſchen jeder Fütterung eins, von 3 oder 4 bis 8 Uhr des Morgens, dann iſt Mitmorgen; von 11 bis 2 Uhr, dann iſt Mittag; das dritte von 5 Uhr bis zu Sonnenuntergang: wenn der Acker zum erſten male gepflügt wird, iſt jedes Stück 40 Schritte lang und deren 30 breit, folglich muß dann das ſchwache Bauerpferd täglich 3600 Quadratſchritte aufpflügen; aber noch weit mehr, wenn das Land zum zweyten male gepflügt wird, da es leichter und mürber iſt. Ein ſehr mattes Pferd, ſonderlich im Frühjahre, oder bey ſehr harten ſchweren Lande, kann ein ſolches Stück nicht bearbeiten; es kommt alsdann auf den Herrn an, ob er etwas erlaſſen, oder den Bauer zwingen will das in 2 Tagen zu verrichten, was er mit ſtärkern Anſpanne in einem hätte können leiſten. Im leichten, ſonderlich im ſandigen, Lande endiget der Arbeiter ſeine 3 Stücke täglich ohne Beſchwerde. — Selten geht unſer Pflug tiefer als 2 höchſtens 2½ Zoll; Einige haben ihre Bauern gezwungen tiefer einzuſtoßen und ihn zu dieſem Ende etwas anders zu ſtellen: der Erfolg iſt gemeiniglich etliche Jahre hindurch eine ſchlechtere Aerndte geweſen. — Fleißige Bauern fangen im Frühjahre an ihr Land zu pflügen, ſobald es ſich thun läßt, wo möglich noch vor St. Jürgen; zuweilen verbietet es die Witterung und der anhaltende Froſt. Welche Verlegenheit bey denen, die nicht ſchon im Herbſt das Land zur künftigen Sommerſaat aufzupflügen einen Anfang gemacht haben! Mit einem ſtarken

ken Anspann kann man täglich 1 Loof Roggen, oder 2 Löse Haber einpflügen *).

## Das Eggen.

Die in Sachsen und andern Ländern gewöhnlichen eisernen Eggen, braucht kein Bauer, und vielleicht brauchen in ganz Liefland kaum 10 Höfe dieselben. Der Bauer macht für sich und den Hof die Eggen selbst, kein eiserner Nagel ist daran zu finden. Wir haben deren zwo Arten: die erste besteht aus 2 oder 3 Reihen Hölzern, jedes ungefähr eine Elle lang, die vermittelst durchgesteckter Ruthen verbunden werden; in jedem Holze sind 2 bis 3 hölzerne Pflöcke (liefl. Pflücken). Eine solche ist schwer, zermalmet aber das Land ziemlich gut: viele Höfe halten eigne Pferde zum Eggen, deren eins mehr als drey matte Bauerpferde, in einem Tage verrichtet. Die zweyte Art heißt in Ehstland Karro-Eggen: man spaltet dünne Gräenbäume mitten von einander, läßt die fingerdicken Zweige einer Ellenlang daran; bindet die Stücke vermittelst 2 Querhölzer zusammen, so daß die verwirrt unter einander zusammengebrachten unterwärts stehenden Zweige, die Erde auseinander reißen. Diese Eggen sind leicht, in Küttissen, Röhdungen und steinigten Aeckern am bequemsten **). Daß eine eiserne Egge sehr verwachsene und begraste Felder besser zermalme als 6 hölzerne, haben manche Höfe zu ihrem größten Vortheil erfahren; aber noch sehr wenige Nachfolger gefunden.

## Das Walzen.

Kennt der Bauer gar nicht; nur wenige Höfe haben es versucht, oder eingeführt. Man will aber bemerkt

S 4

merkt

---

*) Nemlich rigisches Maaß: in sehr leichten Lande pflügt man noch mehr ein.

**) In Lettland sieht man fast keine andre als solche leichte Eggen.

merkt haben, daß es keinen merklichen Vortheil schafft. Vielleicht kan man dadurch bey dürren Jahren ein leichtes Gerstenland wenigstens gegen das gar zu schädliche Austrocknen schützen.

## Das Säen.

Etliche Höfe und fast alle Bauern säen ihre Saat sehr dick: die Furcht, daß dadurch die Aerndte wenig und leichtes Korn gebe, scheint wenigstens oft, ungegründet zu seyn. Etliche säen auf eine russische Desätine (die 80 Faden lang und sonst 40, seit 1756 aber nur 30 Faden breit ist, jeder Faden zu 7 Fuß gerechnet,) 3 bis gegen 4 rigische Löfe Roggen; und wenn es Küttis ist, nur 2 Löfe: andre weit mehr. Vornemlich kommt es wohl hierbey auf die Beschaffenheit des Landes an, welche Jeder kennen muß. Auf ein Stück in welches man 1 Loof Roggen säet, rechnet man 1½ Loof Gersten- oder 2 Löfe Haber-Saat. — Der Brachacker wird hier nicht besömmert, und die es versucht haben, finden keinen Vortheil darben, weil man ein solches Stück nicht mit Roggen im Herbst besäen kann: Erbsen, Flachs u. d. gl. kommen ins Sommerfeld. — Alle Saat wird untergepflüget, und dann geegget: unter die Egge zu säen hat selten recht glücken wollen.

## Die Düngung.

Ein an sich gutes, oder lange in Kultur gehaltenes Feld, bringt auch ohne Düngung viele Jahre hindurch ergiebige Aerndten; an schlechtern Ländereyen merkt man den Mangel der Düngung bald. Wir bedüngen eigentlich nur den Brachacker zur Wintersaat; etliche kleine Güter die große Viehzucht halten, über und über; die

die meisten Höfe kaum die Hälfte, man ist sehr zufrieden, wenn in 6 auch wohl in 9 Jahren alle drey Felder über und über Düngung empfangen haben. Auf den wenigsten Höfen steht die Größe der Felder im rechten Verhältniß mit der Anzahl des vorhandenen Viehes; gleichwohl hören wir noch nicht auf unsre Felder zu vergrößern; Mancher säet jetzt doppelt so viel als vor 20 Jahren, und ärndtet nicht viel mehr als damals. Maschländer haben wir nicht, und künstliche Düngung lieben wir nicht; auch ist der Kleebau, durch dessen Hülfe man Felder dünget, hier unbekannt. Etliche haben einen Versuch mit Buchweitzen gemacht, den sie, wenn er in der Blüte stand, zur Düngung umpflügten: sie haben wenige Nachfolger gefunden, vermuthlich weil der Entschluß ein dastehendes Getraide zu verderben, viele Ueberwindung kostet. Der Vorschlag der Kön. Großbrit. kurfürstl. braunschw. lüneb. Landwirthsgesellschaft in ihren Nachrichten von Verbesserung der Landwirthschaft, auch mit Erbsen auf solche Art zu düngen, würde den meisten Liefländern sehr sonderbar vorkommen. — Andre führen Mergel, den man in vielen Gegenden findet, auf ihren Acker: auch dieß findet wenige Liebhaber; es nimmt viel Zeit hinweg, weil man nur wenig auf unsre kleinen elenden Bauerwagen laden kann; man kennt ihn nicht genau; Mancher steht in Gefahr sein Feld zu verderben, und anstatt einer Düngung untauglichen Leimen darauf zu führen. — Am besten scheinen diejenigen zu thun, welche ihr sandiges, leimichtes, oder schlechtes Land durch Erde verbessern, die sie aus den Teichen gerade darauf, oder aus den Morästen in den Viehgarten (den freyen Raum zwischen den Viehställen) führen, mit Stroh und Mist vermischen, und wenn sie eine Zeitlang da gelegen hat, den Acker dadurch verbessern. Der Bauer kennt und gebraucht keine andre Düngung als die allgemeine, den

S 5                                     Mist.

Mist. Wo nur Vieh vorhanden ist, sammelt man freilich den langen Winter hindurch eine große Menge, der in allen Viehställen ungerührt liegen bleibt, bis man ihn im Junius auf das Feld führt: nur die Pferdeställe werden täglich, und der Mastochsenstall des Winters ein oder zweymal gereiniget; das Bauerpferd steht den ganzen Winter hindurch, so wie das übrige Vieh, vermuthlich aus Furcht vor einer Mühe und zu mehrerer Wärme, auf seinem Miste. Nur in einigen Gegenden pflegen Höfe und Bauern das Feld erst zu pflügen und zu eggen, dann die Düngung darüber auszustreuen, und sie erst nach etlichen Wochen einzupflügen: man bemerkt darbey keine Verringerung der Aernöte, ob gleich der Mist durch und durch austrocknet.

## Von neuen oder Buschländern.

Kein lange ausgeruhetes Land giebt durch bloßes Pflügen gleich gute Aernöten; Wälder die seit Jahrhunderten durch ihre abfallenden Blätter und Zweige ihre Boden düngten, haue man ab und besäe das sehr fruchtbar scheinende Erdreich: der Vortheil entspricht der Erwartung niemals oder selten ohne gehörige Düngung. Diese geben wir dem neuen oder Buschlande nicht leicht aus den Viehställen, die nicht einmal für unsre Brustäcker hinreichen; sondern durch Säuren oder durch Brennen; das letzte begreift den Küttis und die Röhdung in sich: Jedes verdienet eine nähere Anzeige.

Säuren heißt das Land ein auch wohl 2 Jahre hindurch zuweilen pflügen und eggen, damit die Rasenstücke und Graswurzeln zermalmet werden, faulen und dadurch sowohl als durch die Witterung gehörige Fruchtbarkeit erlangen. Für lange und viele Arbeit erhält man gemeiniglich eine sehr mittelmäßige Ausbeute, es wäre denn daß häufig auf der Stelle Vieh geweidet worden

und

und sie fruchtbar gemacht hat. Gesetzt die erste Aerndte
fällt erträglich aus; die zweyte ist gewiß schlecht; an die
dritte darf man nicht denken, wenn man nicht vorher das
Land bedüngen kan. Gegenden die wegen Holzmangels
oder eines Verbots ihr Land nicht brennen dürfen, kön=
nen ihr Buschland nicht anders nutzen, als daß sie es
säuren, oder durch Düngung in Brustäcker verwan=
deln. Im rigischen Generalgouvernement ist den Kron=
gütern sowohl Höfen als Bauern, erlaubt die Buschlän=
der zu säuren, und Röhdung darauf zu machen; die Küt=
tisse sind ihnen schlechterdings seit etlichen Jahren unter=
sagt, weil dadurch das Land auf immer soll unbrauch=
bar werden.

Röhdungen machte man sonst auf zweyerley, jetzt
auf dreyerley Art, alle 3 kommen in der Hauptsache über=
ein. Die gewöhnlichste im Dorptschen und Pernauischen
ist: man hauet im Walde oder wo viel hoher Strauch
dicht beysammen stehet, alles kahl nieder, läßt die Bäu=
me verwirrt liegen, eine Zeitlang trocknen, zündet sie an,
räumt das unverbrannte grobe Holz an die Seite, säet so
lange das Land noch etwas warm ist, pflüget die Saat
unter, und beegget sie. Wo viele große Wurzeln sind,
sehen sich die Leute zuweilen genöthiget mit dem bloßen
Pflugbrett ohne die Eisen zu pflügen. Das Land ist an
sich mürbe, durch die darauf liegenden Bäume und das
Brennen wird es noch mürber, die Asche giebt eine schöne
Düngung, und das Feuer eine Wärme, man ärndtet
daher gemeiniglich das 9 bis 12te Korn. Da das Land
nur bey der Saat, vorher gar nicht, gepflüget wird, so
macht eine solche Röhdung keine sonderliche Mühe. Das
Abhauen der Bäume im großen Walde verursacht die
meiste: das Abbrennen geht bey trocknen etwas windigen
Wetter sehr leicht von statten; bey anhaltender Nässe ist
nichts auszurichten, manche Röhdung muß bis zum fol=
genden Jahre liegen bleiben, weil die Saatzeit bereits
vor=

vorbey ist. Durch eine im oder nahe am Wald ange:
zündete Röhdung kan ein unersetzlicher Schade entstehen,
daher sind neuerlich viele gute Verordnungen zur Vor:
sicht bey dem Anzünden gegeben worden. (S. 1. Band.
S. 588.) Nach 3 höchstens 4 gewonnenen Aerndten
muß man das nun erschöpfte Land liegen lassen; es treibt
nach und nach wieder Strauch hervor, und wird nach
mehrern Jahren auf eben die Art geröhdet. Mancher
schöne Baum der zu seinem Wachsthum mehr als 40
Jahre brauchte, geht dabey verlohren, höchstens braucht
man ihn zur Umzäunung. In Waldgegenden sind Röh:
dungen oft eine Verbesserung der Brustäcker, die den
Einfluß der Luft und Sonne vortheilhafter empfinden,
wenn der nahe Wald ausgerottet ist. Die Krongüter
im rigischen Generalgouvernement welche Röhdungsland
haben, können nach der ihnen ertheilten Erlaubniß jähr:
lich den 24sten Theil desselben nutzen, als in welcher Zeit
der hervorgetriebene Strauch zu einer abermaligen Röh:
dung anwächst. Wo gar zu wenig Strauch steht, muß
man noch anderwärts hauen und zuführen, sonst läuft
man Gefahr schlecht oder gar nichts zu ärndten.

Die zweyte Art kommt mit der vorhergehenden in
allein überein, nur werden Strauch und Bäume nicht
über das ganze Land, sondern reihenweis in lange ziemlich hohe Haufen wie Wälle geworfen. Den ersten zündet man an, und wenn er in vollen Flammen steht, rol-
let man ihn über das unbedeckte Land bis zu dem folgenden Haufen und so fort, damit das Land über und über
Wärme und Asche erhalte. Von dieser etwas beschwerlichen Arbeit sagt Hr. von Fischer, der Bauer wandere
als ein Salamander im Feuer. Unvorsichtige können
dabey leicht zu Schaden kommen, sonderlich wenn große
brennende Balken müssen fortgewelzet werden. Einige
pflügen vorher das unbedeckte Land zwischen den Haufen.
In Lettland, in etlichen dörptschen Gegenden z. B. bey

Allatz-

Allaßkiwwi, und an andern Orten, ist diese Art der Röhdung gewöhnlich.

Die dritte ist erst neuerlich aufgekommen. Die Bauern auf Krongütern, die zwar Kuttis= aber kein Röhdungsland haben, sollen sie erfunden haben, nachdem sie sahen daß man eidliche Aussagen ob sie nicht Kuttis gebrannt haben, und eine Bezahlung des vom Kuttis geärndteten Korns, von ihnen obrigkeitlich foderte. Sie soll nach der erhaltenen Beschreibung ein Mittelding zwischen Kuttis und Röhdung seyn, indem sie den fehlenden Strauch von Heuschlägen und Morästen sammeln, und das Land so gut es sich thun läßt damit fruchtbar machen.

Die Stoppeln auf dem Felde zu einer Düngung anzuzünden, ist bey uns nicht gewöhnlich; man merkt auch keinen Vortheil davon, wenn durch Unvorsichtigkeit der Arbeiter, die sich gern bey ihren Mahlzeiten um ein Feuer setzen, die Flamme sich über das Feld ausbreitet. Besser passet auf unsre Röhdungen jenes Dichters Bemerkung:

Sæpe etiam steriles incendere profuit agros,

—— —— —— —— —— ——

Siue inde occultas vires, & pabula terræ
Pinguia concipiunt, siue illis omne per ignem
Excoquitur vitium.

Virg. Georg. L. I. 84 seq.

Kuttis eine von Einigen als höchstschädlich verworfene, von Andern als sehr unschädlich und vortheilhaft angepriesene Bearbeitung des Buschlandes. Ohne mich in die Untersuchung einzulassen, will ich die Arbeit beschreiben und die gegenseitigen Gründe kurz anführen. Alle unsre Bauern sind sehr dafür eingenommen, berufen sich auf ihre eigne und ihrer Väter Erfahrung, und sehen es als einen beträchtlichen Nachtheil an, wenn sie wegen Holzmangels oder eines Verbots ihrer

Herr=

Herrschaft, keinen Küttis brennen dürfen. Mancher
Hof macht jährlich mehr als 30 Löse Küttis. Etliche
Possessoren verbieten es bloß in Ansehung des Brustackers,
oder des groben Holzes, und erlauben es ohne Einschränkung auf Buschländern, oder wenn es mit Strauch geschiehet: Andre geben gar kein Verbot, brennen selbst
mit groben Holtz, und ziehen einen nahe gelegenen Küttis,
nachdem sie drey Aerndten darauf gewonnen, und ihm
dann Düngung gegeben haben, in ihre Brustfelder.
Ueberhaupt kan man sagen, daß ein großer Theil der jetzigen Hofsäcker durch Küttis ist darzu gemacht worden.

Nachdem man den vorhandenen Strauch abge-
hauen und in Bünde gebunden hat, pflügt man das
Land zweymal auf, und egget es einmal darzwischen;
den fehlenden Strauch holt man von Morästen, gerei-
nigten Heuschlägen, oder aus dem Wald. Die Bünde
legt man reihenweis jedes 2 bis 3 Schritte von dem andern, bedeckt sie mit den aufgepflügten unzermalmten
Rasenstücken, und wenn deren wenig sind, mit Erde,
zündet sie an, streuet die Asche umher, besäet das Land
und sammlet zuletzt die unverbrannten Holz- und Erd-
stücke in kleine Haufen. Eine weit mühsamere und lang-
wierigere Arbeit als bey Röhdungen: Hingegen giebt sie
große Aerndten; man bauet das 12 bis 20ste Korn;
man kan sie zu jeder Jahreszeit, etliche Wochen vor der
Saat verrichten, von dem Lande 4 auch 5 Aerndten
nehmen: dann läßt man es wieder ruhen und braucht
es zur Viehweide, bis nach 16 bis 20 Jahren der nachge-
wachsene Strauch, oder die Hofnung daß sich das Land
völlig erholt hat, zu der abermaligen Unternehmung dieser Arbeit einladet. Auf solche Art brauchet der Bauer
die ihm angewiesenen Buschländer nach und nach bis die
Reihe herum kommt: eben so machten es seine Väter.
In den Waldgegenden zündet man anstatt eines Strauch-
bundes etliche langgespaltene gut getrocknete Stücke Grä-
enholz

enholz an: das Land giebt durch die vermehrte Hitze und
Aſche eine beſſere Aerndte; aber Viele behaupten, daß
es dadurch deſto mehr leide, und für die Zukunft un-
fruchtbarer werde. Auf ein Stück in welches 3 rigiſche
Löfe Gerſte ſollen geſäet werden, etwa 117 bis 118000
Quadratfüße, rechnet man gegen 1000 gute reichlich 1
Faden lange Stauchbünde. Weißen, Gerſte und Rüben,
ſeltner Roggen, werden in Küttis geſäet; und ſelbſt in
Mißjahren kan man gewiß, wenigſtens auf eine mittelmäßige Aerndte Rechnung machen. Es kommt hier viel
zuſammen, was die Fruchtbarkeit vermehrt: Wärme,
Aſche, gute Bearbeitung, Zermalmen der Erdſtücke,
ſelbſt die Graswurzeln verbrennen zu einer guten Düngung. — Die zwote Art der kurz vorher beſchriebenen
Röhdungen, nennen einige in Lettland auch Küttis. —
Im Journal Encyclopédique vom 15ten Sept 1771
ſteht S. 447 unter den neuen Erfindungen die Anzeige,
daß man Raſen verbrennen und auf dem Feld zur Düngung ausbreiten ſoll. Welch ein Irrthum, wenn ſie
das für eine neue Erfindung ausgeben! Seit Jahrhunderten iſt es bey unſern Küttiſſen geſchehen, und wer die
engländiſche Landwirthſchaft kennt, wird wiſſen, daß
man dort jährlich viel gut getrockneten Raſen verbrennt
und zur Düngung auf die Felder ſtreuet. Die beygefügte Anmerkung, daß wenn das Feuer 24 bis 30 Stunden gebrannt hat und auslöſcht, man an der Oberfläche
des Raſens Salz und Schwefeltheilchen finde, hat vielleicht eben ſo wenig Grund. Das Weiſſe und Gelbliche
iſt wenigſtens nicht allezeit Salz und Schwefel; die Erde
färbt ſich durch die Hitze, und die verbrannten Wurzeln
geben Aſche und Farbe.

Man will bemerkt haben, daß Sandland durch
Küttisfeuer zu leicht werde und ſeine Fruchtbarkeit ver-
liere. Einige dehnen dieß auf alle Arten von Land aus;
ſie behaupten, es zeige nur ſo lange eine Fruchtbarkeit
als

als die hinzugekommene Asche kräftig ist, an sich sey es durch das Feuer in eine todte unfruchtbare Erde verwandelt, die nicht einmal Gras hervortreiben könne. Die Schweden wollen dieß durch große ganz unnütze Flächen beweisen, die vormals Wälder trugen, jetzt kahl ohne Gras stehen, weil sie wiederhohlte Male gebrannt wurden. Sie setzen hinzu, in der Zeit der Unwissenheit habe man es für nützlich gehalten, in aufgeklärten Zeiten müsse man sich dessen schämen. Hierauf antworten die Vertheidiger der Küttisse: „das ganze Vorurtheil werde „durch die lange seit Jahrhunderten in Liefland gemachte „Erfahrung widerlegt; man sehe auf jedem Küttisland „kurz nach dem Brennen Strauch und Fahrenkraut (Fi„lix) hervorwachsen, folglich könnten nicht einmal alle „Graswurzeln, vielweniger die ganze Erde, verbrannt „seyn; alle Küttisländer wären nach dem Gebrauch be„kanntermaaßen gute nahrhafte Viehweide, und wür„den seit undenklicher Zeit, nach etlicher Jahre Ruhe „allezeit mit gleichen Vortheil wieder zu Küttissen ge„brannt; das Brennen könne nicht schädlich seyn, da es „die Erde nicht todt und glasartig mache, sondern nur „erwärme, dünge und mit Asche als einer neuen Erde „vermehre, die Rasenstücke würden bey weiten nicht so „stark als in England gebrannt, indem sie dort sehr tro„cken, bey uns aber allezeit etwas feucht sind; die Strauch„bünde seyen zu weit von einander entfernt und zu unbe„deutend, als daß durch deren Feuer die vorgegebene „große Verschlimmerung könne bewirkt werden; man „sähe ja, daß sobald ein Küttis Düngung bekommt, er „ein fruchtbares Brustfeld abgebe, das seine Kraft bis „ans Ende der Dinge äussert wenn es in Kultur gehal„ten wird: nur müsse man dieß nicht auf Sandland, „sondern blos auf Erd- und Leimland einschränken" u. s. w. Buschland ohne Strauch, läßt sich wohl zu Küttis, aber nicht zu Röhdung machen: die letzte erfodert viel Holz.
* Die

## Die Aerndte.

Auf Krongütern wo der Arrendator von seinen Bauern
nicht mehr als die im Wackenbuche bestimmten wöchent=
lichen Arbeiter fodern darf, müssen die zum Abärndten
des Hofsfeldes darüber ausgetriebenen Menschen beköstit=
get werden: der Privatpossessor läßt zur Beschleunigung
des Abschneidens sein ganzes Gebiet alt und jung, aus=
treiben, ohne dafür etwas zu vergüten: nur Einige ge=
ben nach geendigter Aerndte einen Talkus, wobey sie
alle an den vorhergehenden Tagen gehabte Mühe durch
Trinken und Tanz versüßen. Welche Beschwerde und
Zeitverderb verursachen öftere Regen mitten in der Aern=
de: Leute die aus ihrem Dorf 2 auch 3 Meilen weit
nach dem Hofe kamen, müssen müssig, dem Regen aus=
gesetzt stehen, ohne für den Hof noch für sich in einer so
dringenden Arbeitszeit etwas verrichten zu können: viel=
leicht verwüstet gar indessen das frey herumstreifende Vieh
des Bauern eignes Korn, wobey dieser eine tadelnswer=
the Gleichgültigkeit verräth; beym Schneiden, Einfüh=
ren, Dreschen und Windigen sieht er gelassen sein Vieh
einen Theil voraus dahin nehmen, und sagt wohl kalt=
blütig dabey: Gott hat es gegeben, warum soll ich es
dem Vieh nicht gönnen. — Nicht auf allen Höfen
sieht man eine gute Einrichtung zur Beschleunigung des
Einärndtens, daher dauert der Roggenschnitt bey eini=
gen nur wenige Tage, bey andern 2 bis 3 Wochen, wo=
bey der Hof und der Bauer leidet. Jetzt wird gemeinig=
lich jedem Gesinde nach der Größe seines Landes ein Stück
angewiesen: der fleißige treibt sich selbst, miethet noch
Lostreiber zur Hülfe, und eilt zu seinem eignem Felde;
nur der arme dem es an Menschen fehlt, leidet dabey;
ein aufmerksamer Possessor kan ihm Hülfe geben, damit
er zeitiger nach Hause komme. Nur an wenigen Orten
ist das Feld überhaupt in bezeichnete Stücke getheilt, da=

von jedes Gesinde ein ihm einmal angewiesenes pflügen,
eggen und abschneiden muß: die Eintheilung geschiehet
mehr blos zur Aerndte, entweder gleich bey der Saat
durch ausgesteckte Zeichen, oder wenn das Korn reif ist.
Einige stellen alle vorhandene Menschen zusammen, damit der reichere Bauer des ärmern Last erleichtern helfe:
der faule thut dann wenig, geht fleißig nach dem Busch,
und ruht viel; der fleißigere wird unwillig und strengt
sich nun auch nicht an; die zur Aufmunterung hinzuge-
setzten Dudelsäcke ermuntern höchstens nur etliche Dirnen.

Das meiste und in etlichen Gegenden alles, abge-
schnittene Korn bleibt auf dem Felde stehen, bis wir es
nach und nach ausdreschen. Wir verwahren es sonderlich auf den Höfen, ziemlich gut gegen die Nässe; doch
wächst bey anhaltenden Regen vieles aus, Mäuse und
Vögel verzehren einiges, das auf dem Felde geweidete
Vieh reißt an den Haufen und thut Schaden, im Winter muß manches mit Beilen aus dem Schnee und Eis
ausgehauen werden, bey anhaltender Nässe kostet das
Dörren in der Riege Zeit und viel Holz. Diesen Unbequemlichkeiten auszuweichen, haben Einige Scheunen
bauen lassen, in welche sie wenigstens einen Theil der
Aerndte bis zum Ausdreschen verwahren. Auch hier
äussern sich Unbequemlichkeiten. Oft haben wir im Sommer so wenig trockene Tage, und die uns so theuer sind, daß
wir keine Zeit finden das Korn in die Scheunen zu führen; diese zu erbauen ist in mancher Gegend wo es an
Holz fehlt sehr beschwerlich, und wie viel solcher Gebäude
bedarf ein großer Hof ausser seinen Riegen! die geringste
Feuchtigkeit kann uns darin viel Korn verderben ohne
daß wir es gewahr werden, wenn man bey dem Einfüh-
ren nicht alle Vorsicht anwendet; die Mäuse richten darin ungestört große Verwüstungen an, und ein einziger
unvorsichtiger, boshafter oder auf seinen Herrn erzürnter
Bauer kan, da dergleichen Scheunen entfernt mitten im

Felde

Felde liegen, durch Feuer beträchtlichen Schaden thun.
— Selten hört man daß ein Kornhaufen auf dem Felde
beſtolen wird; man bemerkt es gleich, und gemeiniglich
wird es bald durch die Spur u. d. gl. entdeckt: große
Höfe halten noch zu mehrerer Sicherheit vor Dieben und
Vieh, Feldwächter: kein Bauer beſtielt des andern Feld,
durch ein ihm ehrwürdiges Naturgeſetz; aber im Herbſt
pflegt jeder ſeinen noch ungedroſchnen Roggen nach Hauſe
zu führen, damit das Vieh deſto freyer auf dem Felde
weiden könne; das Sommerkorn driſcht er wie die Höſe,
nach und nach vom Acker.

Der Verſuch, durch große mecklenburgiſche oder
ſächſiſche Senſen das Abärndten zu beſchleunigen, hat
noch nicht glücken wollen; es ſey daß unſer Bauer zu
ſchwach, oder zu ungeſchickt iſt, oder daß er ſich aus
Trägheit und aus Abſcheu gegen neue Gebräuche, nur
ungeſchickt dazu anſtellt. Die gewöhnlichen kleinen Heu=
ſenſen werden häufig gebraucht, von den Ehſten ſonder=
lich in der Gerſtenärndte; ſie verſtreuen das Abgemähete,
daher wird es zuerſt mit dreyzackigen hölzernen Gabeln,
dann hinterher mit Harken über das ganze Feld, aufge=
ſammelt. Roggen, Weißen, Sommerroggen, Som=
merweißen, Haber und Bohnen ſchneidet der Ehſte ge=
meiniglich mit der Sichel; Buchweißen und Linſen wer=
den gemähet; Hanf, Flachs und Erbſen mit den Wur=
zeln aufgezogen, die letzten je 2 Hände voll an den Wur=
zeln zuſammengedrehet; Gerſte wird theils gemähet,
theils geſchnitten. In Lettland wird das meiſte Korn mit
kleinen Senſen gemähet; der Schnitter faßt mit einem
kleinen Harken etliche Roggenhalmen, drehet ſie ein wenig
zuſammen, ſchlägt ſie mit der in ſeiner andern Hand befind=
lichen Senſe herunter; hinterher gehen Leute zum Aufneh=
men und Binden. Eine Loofſtelle rigiſch Maaß, ſchneidet
ein Menſch mit der Sichel ganz bequem in 3 Tagen herunter;

ein

ein solcher bekommt von dem Bauer anstatt des Lohns
täglich ⅓ Loof reines Korn.

Den Roggen binden wir in kleine Bünde, jedes etwa 3 Spannen im Umkreis; etliche volle lange Halmen
geben das Seil. Wenn er noch nicht recht reif, feucht
oder sehr mit Gras gemischt ist, setzen wir die Bünde
nur in kleine hohle Haufen, damit der Wind hindurch
streiche; den trocknen legen wir in Kujen (große Haufen)
von 2 bis 300 Bünden: man stellt nemlich etliche Bünde mit aufwärts gekehrten Aehren schräg zusammen, um
diese herum in einen sich immer mehr verbreitenden Zirkel Bund an Bund und Schicht auf Schicht, so daß
keine Aehre die Erde berühre. Oben läßt man den Haufen spitzig zulaufen, füllt die obern Zwischenräume sorgfältig mit kleinern oder halben Bünden, deren Stroh man
ein wenig verbreitet; zuletzt bedeckt man alles mit einem
recht großen Bunde, dessen Aehren unterwärts hangen,
und dessen Halmen wir rund umher verbreiten, damit
der Regen ablaufe: gegen die Sturmwinde wird es mit
Ruthen und hölzernen Haaken befestiget. Bloße An-
hänglichkeit an angeerbte Gebräuche bey dem Bauer,
und auf den Höfen Unachtsamkeit auf wahre Vortheile,
machen daß man noch nicht allgemeiner anfängt die Rog-
genkujen mit ausgedroschenen Stroh zu bedecken, wie
wir bey Gerste und Haber pflegen; Große Höfe verlieren durch die ungedroschenen Köpfe gewiß viele Löfe.
Der Vorwand als sey ausgedroschenes Stroh zu leicht,
ist nichtig. Die Körner im obersten Bunde und in her-
vorragenden Aehren, sind dem Auswachsen und den Vögeln, ausgesetzt: alles übrige hingegen hat von der üblen
Witterung nichts zu fürchten. — Weitzen, Sommer-
roggen und Sommerweitzen werden in ähnlichen, nur
kleinern Kujen verwahrt.

Gerste wird auf den meisten Höfen mit Sicheln geschnitten, damit die Aehren nicht so sehr abbrechen, welche
gleich-

gleichwohl der Hofsschnitter sorgsam aufsammeln muß.
Selten wird sie in Bünde gebunden. Der Bauer mä-
het die seinige, und gewinnt dadurch am Viehfutter,
weil er den Halm mit der Sense nahe an der Erde und
zugleich das darzwischen stehende Gras, herunterschlägt;
(Gras für Vieh aus Kornfeldern wie in Sachsen, sammeln, würde hier Gelächter erregen.) Einige legen die
Gerste in kleine Kujen; andre in Rauken die man auf
zweyerley Art macht. Der Ehste wirft seine gemähete
Gerste durcheinander in lange unbedeckte Haufen, höchstens schlägt er zur Haltung Pfähle darzwischen: bey den
kühlen Nächten richtet der Regen an freyliegenden Aehren wenig Schaden an   Auf vielen Höfen werden hohle
Rauken gemacht, die durch schräg eingeschlagene oben
verbundene Pfähle und darauf liegende Latten, niedrigen Dächern ähnlich sehen: die Gerste wird mit auf- und
einwärts gekehrten Aehren schräg daran gelehnt und oben
mit Stroh bedeckt. Der stärkste Regen schadet ihr nicht:
darzwischen hindurch und von aussen wehender Wind
trocknet die nasse Oberfläche bald ab. Auf solchen Rauken reifet zufrüh geschnittenes Korn in sich selbst.

Haber wird selten gebunden, gemeiniglich in kleine
Kujen, oder in hohle Rauken gelegt. Eben so Buchweitzen und Linsen. Für die Erbsen macht man an einigen Orten pyramidenförmige Gerüste von 4 Balken,
auf deren Querlatten die Erbsen mit auswärts gekehrten
Wurzeln den Regen nicht fürchten und völlig trocknen.
Andre setzen lange Balken in einer Reihe gerade in die
Erde, legen die Erbsen auf die darzwischen befestigten
Querlatten und bedecken sie oben mit Stroh: nur wirft
sie der Sturm hier bald herunter; bey anhaltenden Regen wachsen sie aus; das Erbsenstroh fault oder schimmelt.

Das

## Das Dreschen.

Zuerst die Beschreibung unsrer Riegen, die alle im We=
sentlichen einander ähnlich sind.   Selten baut man sie
von Stein oder Fachwerk, gemeiniglich von bloßen Bal=
ken: das Gebäude (auf Höfen; der Bauern ihre Riegen
oder Wohnhäuser sind weit kleiner,) ist etwa 8 Faden
breit und über 20 Faden lang; es besteht aus einer oder
zwo warmen Riegen (des Ehsten einziges Wohnzimmer;)
und aus einer Vorriege oder Tenne wo gedroschen wird,
sie liegt zwischen jenen in der Mitten, (bey armen Bau=
ern dient sie des Winters zum Vieh= und Pferdestall;)
gleich daran ist die weit hervorspringende Windkammer
mit 4 Pforten (Thoren), in welcher das ausgedroschene
Korn durch den Zugwind vom Kaf gereinigt wird.  Hin=
ter jeder warmen Riege ist ein Behältniß für den Kaf,
oder zur Niederlegung des vom Feld eingeführten Getrai=
des, bis es in der folgenden Nacht zum Dörren aufgesteckt
wird.  Selbst in steinernen Gebäuden ist die warme Riege
allezeit von Balken aufgehauen, 4 bis 5 Faden ins Qua=
drat, ungefähr 2 Mann hoch, mit einer festen Lage von
Balken  Der Ofen steht in einer Ecke, etwa 2 Fuß tief in
der Erde, hat 2 Gewölbe (in Bauerriegen nur eins) auf
deren untersten viele losliegende kleine Feldsteine die Hiße
unterhalten: er wird inwendig geheißet und ist ohne Schorn=
stein; so lange das Feuer brennt, erfüllt ein höchst be=
schwerlicher Rauch die ganze Riege, bis er durch die
geöfneten Thüren und durch ein Paar kleine Zuglöcher,
sich vermindert.   Wo man mit Strauch heißet, muß,
eine Entzündung zu verhüten, das obere Gewölbe weit
über das Ofenloch hervorragen. — Mitten durch die
warme Riege etwa Manneshoch von der Erde, gehen
Querbalken auf welchen starke Latten liegen, die das zum
Trocknen aufgesteckte Getraide halten: nur nahe an den
Ofen legt man aus Vorsicht nichts. — Das Dach ru=
het

het nicht auf der hohen warmen Riege, die gemeiniglich
in der Mitten ganz frey steht, sondern auf rings umher
gehenden Wänden, oder zur Schonung der Balken,
gegen die beyden Enden auf einzelen Pfosten.

In jeder warmen Riege wird wöchentlich zweymal
frisches Getraide etwa 5 bis 10 Fuder zugleich aufgesteckt:
Einige machen das Fuder 7 Fuß groß in Quadrat; An=
dre rechnen darzu 100 gewöhnliche kleine Roggenbünde.
Täglich muß der Riegenkerl der zugleich die Aufsicht über
das Feuer hat, und das Windigen verrichtet, zweymal
heitzen, und das aufgesteckte Getraide zuweilen mit einer
starken Latte durchstoßen, damit die Hitze hindurchdringe.
Gegen Abend versammeln sich die Riegendrescher aus
jedem Gesinde 2 oder 3, dreschen die Nacht hindurch das
trockne Getraide und stecken gegen Morgen wieder frisches
auf. Brennender Pergel vertritt darbey die Stelle des
Lichts; zur Verhütung eines Unglücks ist gemeiniglich
darzu ein kleines Behältniß gemacht: auf etlichen Höfen
werden Lampen gegeben.

Der heruntergestürzte Roggen wird zuerst in der
warmen Riege gegen die Wände oder eine Bank, ge=
schlagen, damit die schwersten Körner herausfallen, von
welchen man auch die Saat nimmt: dann werden die
Bünde auf der Vorriege zum völligen Ausklopfen mit
dem leichten Dreschflegel, ausgebreitet. Dirnen, auch
14jährige Kinder dreschen mit, weil bloß eine starke Er=
schütterung nöthig ist. Weitzen, Gerste und Haber wer=
den nicht in der warmen Riege ausgeschlagen, sondern
gerade in der Vorriege dick übereinander ausgebreitet,
und durch Pferde ausgetreten, darzwischen mit hölzer=
nen Gabeln umgewandt, und das längste Stroh abge=
sondert. In einigen Gegenden geschiehet das Austreten
durch Menschen, welche dabey eine Art von Tanz mit
Gesang anstellen. Drey= bis viermal stellt der Bauer
wöchentlich seine Leute zur Hofsriege; der gewöhnliche

Hofs=

Hofsarbeiter drischt mit, und muß am folgenden Tage seine
Arbeit unverdrossen verrichten. Auch das eigne Korn
drischt der Bauer des Nachts auf eben die Art. — Die
Nacht, die Menge der Menschen, das stete Hin- und
Hertragen u. d. gl. begünstigen das Stehlen, welches alle
darbey stehende Aufseher nicht völlig abwenden können: dem
Riegenkerl fällt es bey dem Windigen, und vorher bey
dem Durchstoßen, am leichtesten. — Bey den Ehsten
ist das Windigen durchgängig im Gebrauch: in Lettland
wird vieles durch Werfen gereiniget. In der Pforte
durch welche der Wind einstreicht, hängt der Riegenkerl
ein großes Sieb auf, durch welches er das Ausgedroschene laufen läßt: schwere Körner fallen gerade herunter; leichtere (Unterkorn) etwas weiter; Spreu, Stroh
und Staub treibt der Wind weit weg. Gerste, Haber
und Weißen, werden wegen des vielen darunter befindlichen Strohes und Pferdemistes zweymal, erst durch ein
weites, dann durch ein engeres Sieb, gewindigt. Bey
langer Windstille häuft sich das ungereinigte Korn an;
oder man muß zu Wurfschaufeln seine Zuflucht nehmen,
worzu aber der Ehste wenig Lust und Geschicklichkeit
zeigt. — Kaf und Kurzstroh werden in besondern Be-
hältnissen zu Viehfutter, das letzte auch wohl unter freyen
Himmel in Kujen, verwahrt. Scheunen für das un-
gedroschene Korn baut man nicht gern nahe bey der Riege, die leicht in Brand geräth; wodurch ausser dem Gebäude und darin befindlichen Korn ohnehin das Viehfutter in den nahen Kujen oder Scheunen zugleich verzehrt
wird.

Aus einem Fuder Roggen, Weißen und Gerste bekommen wir gemeiniglich 2 auch wohl über drey; vom
Haber 4 bis 6 rigische Löfe. Seinen Brodroggen win-
digt der Bauer nicht: er verwahrt ihn mit der Spreu
so wie er ausgeschlagen ist: eben das thun etliche Höfe
mit dem für ihre Bauern verwahrten Vorschuß. — Der

schwere in warmen Riegen ausgeschlagene Roggen wird
nicht, wie vor einiger Zeit ein noch lebender Lieständischer
Schriftsteller aus einem kleinen Irrthum versichern wolte, blos zur Saat gebraucht: er macht den größten Theil
unserer Roggenärndte aus, und wird verkauft, verbacken u. d. gl. Einige Riegen sind ohne Windkammer:
dann behilft man sich mit den in äussern Riegenwänden
einander gegenüber angebrachten Pforten. Viel Spreu
geht bey dem Windigen verlohren: übrigens kan ein Kerl
nebst seinem Handlanger bey mittelmäßigen Winde täglich 20 bis 30 Löfe füglich reinigen. Das lange in Bünde
gebundene Roggenstroh bleibt den Winter hindurch in
großen Kujen, unter freyen Himmel neben der Riege
stehen. Das sehr ausgedörrete Stroh muß wohl nicht
alle Kraft verlohren haben, weil es, sonderlich das von
Gerste und Haber, unsers Hornviehes gewöhnliches,
auf vielen Höfen gar das einzige, Winterfutter ist: daß
der Rauch dasselbe schädlich mache, wollen Viele aus langer und allgemeiner Erfahrung läugnen; gewiß es verdient eine genaue Untersuchung. Mit dem feinen durch
ein Sieb von dem gröbern abgesonderten Kaf, den wir
mit heißen Wasser und Mehl oder Branteweinbrak vermischen, unterhalten wir die Schweine und das Feder-
vieh: Mastochsen oder Kühen wird der gröbere zu Theil,
den man ihnen nur trocken wie das Stroh vorzuwerfen
pflegt.

## Von Verbesserung unsrer Riegen.

Niemand wird deren Möglichkeit läugnen: wenn wir
nur einen so wichtigen Gegenstand gehörig beherzigen
möchten! Was neuerlich hierin geschehen ist, will ich
melden.

Der Herr General en Chef und Ritter von Weymarn, welcher nach ausgerichteten wichtigen Staats-

T 5

geschäf-

geschäften, für den Rest seiner Tage die Ruhe des stil-
lern Landlebens erwählt hat, bemerkte auf seinem Land-
gute die Mängel unsrer gewöhnlichen Riegen, dachte
auf Verbesserungen, machte Versuche: sie glückten.
Etliche Liefländer durch die beträchtlichen Vortheile bey
dieser neuen Einrichtung, gereizt, haben den Wunsch
geäussert eine genaue Nachricht davon zu erhalten: ich
hoffe ihnen einen Gefallen zu erweisen, und meinem Buche in meiner Landesleute Augen einen größern Werth
zu verschaffen, wenn ich die vollständige Beschreibung
wörtlich, nebst den darzu gehörigen Zeichnungen, wie
ich sie von Sr. Excellenz auf mein Ersuchen erhalten habe, einzurücken. *)

„Die Verbesserung unsrer Kornriegen zum Dör-
„ren, Dreschen und Windigen des Getraides, vor-
„nemlich des Ofens in den warmen Riegen, ist in man-
„cherley Betrachtung so nothwendig als nützlich. Die
„gewöhnliche und im ganzen Lande bisher übliche Art,
„die Oefen in den warmen Riegen zu bauen, hat fol-
„gende Beschwerlichkeiten bey sich. 1) Da sie größ-
„tentheils hoch über der Diele oder dem Fußboden ge-
„bauet, und nur sehr wenig in die Erde gesenkt sind, so
„nehmen sie einen großen Raum ein, und hindern folg-
„lich, daß nicht genugsames Korn zum Dörren auf die
„aus eben der Ursach zu hoch liegenden Streck- oder
„Querbalken (liefl. Parsen) mit einemmal kann aufge-
„stecket werden. 2) Die Oefen sind ohne Schornstein,
„und haben zur Abhaltung der Flamme nur eine ge-
„wölbte Vorhalle, die öfters höher ist als der Ofen selbst:
„daher geschiehet es oft, daß die Flamme, wenn der
„Rie-

---

*) Um Einiger willen denen man niemals eine Verbesserung zu
deutlich beschreiben kan, selbst wegen des Mäurers den man
bey dieser Arbeit anstellt, hat man sich veranlaßt gesehen
die Anzahl der Zeichnungen etwas zu vermehren. In Rücksicht auf solche muß alles beurtheilt werden.

„Riegenkerl zu viel Holz einschürret und unachtsam ist,
„das aufgesteckte Korn entzündet, mithin dasselbe nebst
„dem ganzen Gebäude, und allem was in und um sel=
„bigen aufbewahrt wird, verbrennet. 3) In diesen
„Oefen wird eine gar zu große Menge Holz verbrannt;
„und 4) wird alles, den größten und besten Theil des
„Winterfutters für das Vieh ausmachende Kurzstroh
„und der Käf, durch den aus dem Ofen in der ganzen
„Riege sich verbreitenden Rauch, bitter, berußet und
„unschmackhaft. — Diese Unbequemlichkeiten, Ge=
„fahr, und unnöthigen Aufwand so viel möglich zu ver=
„meiden, hat der Erfinder des verbesserten Ofens sich
„veranlaßt gesehen, den von ihm hierzu gemachten Ent=
„wurf wirklich auszuführen: er ist nunmehr durch die
„Erfahrung selbst von dem großen und vorzüglichen Nu=
„ßen überzeugt. Denn nach der neuen Einrichtung
„des Ofens ist 1) gar keine Gefahr einer Feuersbrunst
„zu befürchten; 2) anstatt 10 oder 12 Fuder, können
„deren 18 bis 20 zum Trocknen zugleich aufgesteckt wer=
„den. Und da die Querbalken nun weit niedriger
„als gewöhnlich, angebracht sind, auch die Wärme
„sich ohne allen Rauch, vermittelst des Wulffs (der
„Hitzröhre) in der ganzen Riege egal vertheilt, und das
„Getraide sogleich erreicht; so wird selbiges um ein merk=
„liches früher als nach der gewöhnlichen Art, und so=
„wohl Käf und Kurzstroh, als das Getraide selbst,
„ohne allen Rauch und Dampf gedörret; welches dann
„bey dem Mälzen unfehlbar das beste weiße Gersten=
„malz giebt *) 3) Die bereits gemachte Erfahrung
„be=

---

*) Viele Höfe legen sich jezt sorgfältig auf weisses Malz, wel=
ches dem Bier eine schöne anlockende Farbe, vielleicht auch
einen erhöheten Geschmack giebt. Hierzu muß man beson=
dre mit niedrigen Lagen versehene Riegen bauen; wovon
im folgenden Anzeige geschiehet. Anmerk. des Herausge=
bers.

„bestätigt, daß ungeachtet $\frac{2}{5}$, ja öfters fast die Hälfte
„mehr Getraide zum Trocknen aufgesteckt ist als in
„den alten Riegen, doch zum Heitzen wenigstens $\frac{1}{4}$ we-
„niger Holz verbrannt wird. Das Vornehmste bey al-
„len diesen an sich schon sehr erheblichen Vorzügen der
„neuen Riegeneinrichtung ist 4) daß unser gewöhnli-
„ches Viehfutter ohne Dampf und Rauch, und ohne
„die erschreckliche Menge von Kienruß, der sich an die
„Zäsern des Kafs und Kurzstrohes ansetzet, dem Vieh
„zu einem schmackhafteren und gedeilichern Winterfut-
„ter zubereitet wird.

„Es ist nicht ohne, daß der Bau eines solchen
„Ofens nebst der Hitzröhre, ungleich mehr als die alte
„Art kostet, und daß er wie die unten angefügte Be-
„rechnung zeigt, 50 Rubel oder etwas darüber, zu ste-
„hen kommen könnte, wenn man alle darzu erfoderliche
„Materialien für baares Geld erkaufen müßte: dieser
„Aufwand wird aber durch die ansehnliche Holzerspa-
„rung, durch das förderſame Dörren und Ausdreschen
„des Getraides, durch die Vorzüglichkeit des Viehfut-
„ters und durch die Sicherheit vor Feuersgefahr um so
„mehr hinlänglich ersetzet, da man in dieser neuen Art
„von Riegen die Gerste mit dem besten Erfolg vermäl-
„zen kann, und solchergestalt nicht nöthig hat eine be-
„sondere Malzriege zu erbauen; und da man überdieß
„an solchen Orten wo Holz mangelt, aber Torf zu haben
„ist, die Riegenöfen mit Torfe heitzen und davon eben
„die Wirkung im Getraidedörren als vom Holze erwar-
„ten kann; wenn man nur dabey wahrnimmt, daß der
„Spelt des Schornsteins oder Rauchfangs nicht eher
„zugestoßen, und dagegen der Spelt der Hitzröhre nicht
„zeitiger herausgezogen und desmittelst die Hitze in den
„Wulff gelassen wird, als bis der Torf vollkommen aus-
„gebrannt, und desselben schädlicher Dampf aus dem
„Schorn-

„ Schornstein hinaus gezogen ist *). — Zugeschweigen
„ daß der Riegenkerl mit weit mehrerer Lust in einer sol-
„ chen Riege seine Arbeit verrichten werde, wo er von
„ keinem Rauch beschweret und nicht der Gefahr ausge-
„ sezt ist, sein Gesicht geschwächet oder wohl gar zu
„ Grunde gerichtet zu sehen.

„ Die Einrichtung des Gebäudes und besonders
„ des Ofens, zeigen die beygefügten 5 Tafeln an, zu de-
„ ren Erläuterung folgende Beschreibung dient:

„ Tab. I. A. B. zwo warme Riegen, 5 Faden oder
„ 35 englische Füße im Gevierten, zwischen welchen die
„ eigentliche Dreschriege C. 12 Faden lang und 6½ Fa-
„ den breit; hinten ist die Windkammer D. 5½ Faden
„ lang und 4 Faden breit: an die lezte stoßen zu beyden
„ Seiten zwo kleinere Kammern E F. in der Länge von
„ 3, und in der Breite von 2 Faden, in welchen das
„ ausgedroschene Getraide in Ermangelung des Win-
„ des, zum Auswindigen unter Beschluß des Riegen-
„ kerls kann aufbehalten werden. In jeder warmen
„ Riege sind 2 Oefnungen oder Fenster mit dichten Thü-
„ ren angebracht G., durch welche das vom Felde unter
„ dem Abdache H. angefahrne Getraide, zum Aufste-
„ cken eingeworfen wird. Der Ofen I und der Wulff K
„ werden in folgenden Tafeln umständlicher beschrieben.

„ Aller durch Unachtsamkeit des Riegenkerls zu be-
„ fürchtenden Feuersgefahr vorzukommen, und desto
„ besser die Wärme in der Riege zu behalten welches
„ nach der gewöhnlichen alten Art nicht wohl möglich ist,
„ da in der Wand selbst die Ofenmauer angebracht wird,
„ auf welche die Kälte von draußen unmittelbar stößet );
„ wird der Ofen nicht nur 2½ Fuß vom Fundament der
„ Riegenwand dergestalt angelegt, daß man rund um
„ den-

* ) Wie nachtheilig das Heizen mit Torf in den gewöhnlichen
Riegenöfen für die Gesundheit des Riegenkerls werden könne, bedarf keiner Erinnerung. Anmerk. des Herausg.

„ denselben einen geräumigen Gang behalte und zu dem
„ Spelt ('Tab. III. in Profil ♂ c) der in die Röhre d ge-
„ stoßen wird, als durch welche die Hitze aus dem Ofen
„ in den Wulff e geht, kommen könne; sondern auch der
„ Ofen selbst (Tab. II. im Plane ☉ a und ☽ b; ingleis-
„ chen die Profils Tab. III. ♂ und ☿ und Tab. IV. ♃)
„ etwa 7 Fuß in die Erde versenket, so daß der Kerl sol-
„ chen zu heitzen eine aus 12 Stuffen bestehende Treppe
„ hinuntersteigen, und durch den Kamin, welcher den
„ Schornstein trägt, das Holz in den Ofen stecken und
„ Feuer anlegen muß; nachdem er zuvor den Spelt des
„ Schornsteins (im Profil Tab. III. ☿ und Tab. IV. ♃
„ f) durch Ausziehen geöfnet, den andern in der Röhre
„ zum Wulff gehenden Spelt aber (im Prof. Tab. III.
„ ♂ c) sorgfältig und dermaaßen zugeschoben hat, daß
„ während dem Heitzen nicht der geringste Rauch in die-
„ se Röhre, und aus selbiger durch den Wulff in die Rie-
„ ge kommen möge.

„ Anmerk. Der Fall, daß man nicht wenigstens 4
„ oder 5 Fuß tief im trocknen Erdreich sollte graben
„ können, kann sich nur selten ereignen: sollte aber
„ der Boden zu wässerig seyn, und keinesweges das
„ Versenken des Ofens in die Erde, gestatten; so
„ kann man denselben, da er von seiner Sohle
„ bis zum höchsten Ende der Hitzröhre nur 10½
„ Fuß hoch ist, die Riege aber 14 Fuß im Lichten
„ hat, auch über der Erde anlegen; dann muß
„ man aber den Wulff von der Hitzröhre in einer
„ schrägen Richtung von oben herunter bis zur Rie-
„ gendiele, in den horizontal laufenden, und die
„ Hitze in der ganzen Riege vertheilenden Wulff
„ leiten.

„ Der Bau des Ofens selbst besteht darinn: Im
„ Lichten enthält er im Grunde (Tab. II. ☉ a) 5 Fuß
„ Länge

„Länge auf 3 Fuß Breite; die Höhe von der Sohle
„bis zum ersten Gewölbe das ½ Fuß Dicke oder die Breite
„eines Ziegelsteins hält, ist 3½ Fuß.  Dieses erste Reif=
„oder Gürtel=Gewölbe um stark genug zu seyn, macht
„den Bogen eines halben Zirkels aus, und wird wie
„im Plan Tab. V. 2, und im Profil Tab. III. d und
„Tab IV. 4 g, deutlich angezeigt ist, in Reifen oder
„Gürteln mit Zwischenräumen von 6 bis 7 Zoll weit,
„aufgeführt.  Das zweyte oder Mantelgewölbe ist von
„dem Reifgewölbe auf 3 Fuß im Lichten erhaben, und
„geht spitzig zu; in dessen Mitte steht die ganz fest ver=
„mauerte Hitzröhre mit ihrem Spelt, in der Höhe von
„1½ Fuß im Lichten aufgeführt, und hat eine Seiten=
„öfnung von 1 Fuß im Quadrat, durch welche die Hitze,
„wenn der Spelt geöfnet wird, in den Wulff tritt. ——
„Auf das Reifgewölbe werden harte feste Feldsteine,
„dergleichen man zu Badstubenöfen oder zum Pflastern
„der Gaßen gebraucht, los über einander gelegt, und
„der ganze Raum zwischen dem Reif= und Mantel=Ge=
„wölbe darmit angefüllt.  Wenn das Feuer im unter=
„sten Gewölbe brennt, so steigt die Flamme durch die
„Oefnungen des Reifgewölbes hindurch, spielet zwischen
„die Feldsteine und erhitzet sie; der Rauch geht durch
„eben die Oefnungen zum Schornstein heraus.  So=
„bald das Holz eben Kohlen zu setzen beginnet und der
„Rauch vorüber ist, wird der Spelt im Schornstein
„zugeschoben und der in der Hitzröhre geöfnet, damit
„die Hitze in den Wulff und in die Riege sich verbreite.

„Der Wulff (ein Kanal für die Hitze) fängt an
„von der vorher genannten Seitenöfnung, und geht
„(Tab. 1. k) durch die ganze Riege.  Seine Höhe von
„der Riegendiele an ist 3, die Breite im Grunde 1¼,
„Fuß, der Kanal selbst 1 Quadratfuß; doch ist es bes=
„ser und der Verbindung zuträglicher, wenn man alle
„diese Maaße um ½ Fuß oder 6 Zoll geringer annimmt.

„In

„In der Röhre des Wulffs sind von Distance zu Di-
„stance Oefnungen, aus welchen die Hitze in die Riege
„hervordringet; damit sich diese aber allenthalben gleich
„stark ausbreiten möge, so werden die nächsten Oef-
„nungen entweder ganz, oder zum Theil, mit einzuste-
„ckenden Ziegelsteinen versetzet, und solchergestallt die
„Hitze mehr nach dem äussersten Ende des Wulffs ge-
„trieben. — Zur Verwahrung des Wulffs sowohl,
„als die gedörrten Getraidegarben darauf auszuschlagen,
„wird über den Wulff ein etwas zugespitzetes Dach von
„Brettern gemacht, wie Tab. III. ♂ und ☿ h bezeich-
„net ist. Ebendaselbst (l) sind die Querhölzer, auf wel-
„chen das Getraide getrocknet wird. Zum Mälzen wer-
„den diese Hölzer (Parsen) herabgelassen bis auf die an
„beyden Seiten der Riege angebrachten Streckbalken (m)
„ebend. Auf diese Parsen die etwa 4 bis 4½ Fuß von
„der Diele erhaben sind, werden von Strauch gefloch-
„tene Maschen und auf selbige die ausgekeimte Gerste
„zum Trocknen gelegt.

„Die Spelten, die von starken Eisenblech-Platen,
„eingefaßet und überzwerch beschlagen seyn müssen, ent-
„halten (Tab. V. ♄ ) und zwar der zum Rauchfange
„oder Schornstein (i) in der Länge 36, in der Breite
„21 Zoll; der zur Hitzröhre (k) in der Länge 28, in
„der Breite 21 Zoll. Die Falzen oder Rahmen in wel-
„chen die Spelten eingeschoben werden, haben eine
„Breite von 2 Zoll; 8 Federn ragen ausserhalb hervor,
„die blos zu derselben Befestigung in der Mauer, die-
„nen.

„Ungefährer Ueberschlag und Berechnung eines
„solchen Riegenofens, wenn er von gekauften Mate-
„rialien soll aufgeführt werden:

„6000 Ziegelsteine a 5 Rubel — 30 Rubl. —
„20 Löse Mauerkalk a 6 Kopek   1 — 20 Kop.
   Dem Mäurer      —   12 — — —
„Zu den Spelten
„2½ große Platte Eisenblech a 110 K.   3 — 19 —
„130 Pfund Eisen zu Rahmen und
       Federn a ? Kop.    — 3 — 90 —
„Dem Schlösser für Arbeit und Kohlen 7 — — —
                                    57 Rub. 29 Kop.

Vermuthlich wird diese Erfindung bald allgemeinern Beyfall finden. Wer einen solchen Ofen will bauen lassen, der findet in der vorhergehenden Beschreibung und den beygefügten Abzeichnungen alle erforderliche Nachricht. Möchten doch unsre wohlhabendern Bauern in ihren Riegen (Stuben) dergleichen Oefen anlegen, damit sie reinlicher leben, ihre Augen besser schonen, und auch so lange sie den Ofen heizen, ihre häuslichen Geschäfte ununterbrochen fortsetzen könnten. Kleine Unterstützungen vom Possessor wenigstens in Ansehung der Ziegelsteine, die er von den Bauern würde lassen anfertigen, oder in Ansehung eines gut unterrichteten Bauermäurers, könnten bald unsern Bauerhäusern einen Schornstein und von innen eine glücklich geänderte Gestalt geben. Nur müßte in solchem Falle der Wulff längs den Wänden herum gezogen werden, damit er die Leute nicht im Gehen hindert, noch den Raum zu sehr verringert. An Wänden würde er, wie jetzo jeder Bauerofen, zu erwünschten warmen Lagerstätten dienen.

## Die Heuärndte.

Heu ist bey unsern langen Wintern ein wichtiges Bedürfniß: die wenigsten Gegenden haben daran Mangel, die meisten an Heuschlägen einen Ueberfluß: aber welch

welch Elend, wenn ein für uns zu schöner warmer Früh=
ling und heißer Sommer, wie im J. 1775. wenig Gras
und schlechte Heuärndten geben! Unsre Heuschläge sind
1) in Wäldern, wo wegen der Feuchtigkeit langes un=
kräftiges Heu wächst; 2) Auf Morästen ist es nicht viel
besser; doch gewöhnen sich Vieh und Pferde endlich da=
ran. 3) Ackerland und trockne Heuschläge geben nahr=
haftes mit Klee vermischtes, aber wenig, und bey der
Dürre gar kein Heu, ausser wo Bäume gegen die bren=
nende Sonne schützen. 4) Gewöhnlicher, etwas feuch=
ter Wiesengrund, Bachufer, und durch Kanäle verbes=
serte Moräste, geben gutes Heu Auf manchen Mo=
rast, von dem das Wasser durch Graben abgeleitet wird,
wächst in trocknen Jahren gar kein Gras. 5) Das mei=
ste und sehr nahrhaftes, obgleich etwas grobes, Heu
mähen wir von Luchten, die im Frühjahr überströmt wer=
den. hier wächst es oft 2 Ellen hoch; Einige mähen sie
im Herbst zum zweytenmale, welches auf den gewöhn=
lichen Heuschlägen selten geschehen kann, weil das Gras
nicht gnugsam, wenigstens nicht zu rechter Zeit, nach=
wächst; die schlechte Herbstwitterung hindert das Trock=
nen, und die dringendere Feldarbeit beschäftiget alsdann
alle Hände vollauf.

In der Mitte des Junius fängt die Heuärndte an;
oft dauert sie bis in den Herbst hinein; gleichwohl blei=
ben jährlich manche Heuschläge, wo daran Ueberfluß
ist, ungemähet: wie soll man dann an Grummet den=
ken? — In einigen Gegenden hat man auf dem Heu=
schlage Scheunen, in welche das trockne zusammen
geführt wird: das meiste Heu bleibt in großen Kujen un=
ter freyen Himmel stehen, bis wir es im Winter bey
bequemerer Zeit, und wenn wir über die gefrornen Mo=
räste fahren können, nach Hause führen. Das Heu
sammeln wir erst in kleine runde Haufen, die Saden
auch Heurucken heißen; unten liegen 2 Baumzweige,
an

an welche man ein Pferd oder auf weichen Boden ein
paar Ochsen, spannet, um die Saden zusammenzufüh-
ren, und sie in Kujen zu schlagen. Diese sind große
zirkelrunde spitzige Haufen, die unten von eingeschlage-
nen und mit Strauch durchflochtenen Pfählen zusam-
mengehalten werden. Wo Herbst-Ueberströmungen zu
befürchten stehen, setzt man die Kuje auf ein starkes aus
vielen Pfählen bestehendes Gerüst. Es ist nicht unerhört mitten in Wasser zu mähen und das Gras zum
Trocknen auf Anhöhen zu tragen. Feucht zusammen geworfenes Heu fängt an zu rauchen, und verbrennt, wenn
die Kuje nicht bald auseinander gerissen und von neuen
getrocknet wird: Einige machen sie daher durch eingesez-
te dünne Balken lieber etwas hohl. — In sorgfältig
gemachten Kujen kann das Heu über ein Jahr stehen
ohne zu verderben; nur das äussere färbt sich bald schwarz.
Die Abzeichnung von einer Heukuje liefre ich hierbey.

Die Wenigsten wenden auf Unterhaltung, Verbesserung und Vermehrung ihrer Heuschläge gehörige
Sorgfalt: oft sehen wir ganz ruhig dieselben allmählig
zu Grunde gehen. Das überhandnehmende Moos suchen wir nicht auszurotten, manche darwider dienende
Mittel z. B. die eiserne Egge, das Pflügen u. d. g. sind
zu mühsam; lieber macht man einen ganz neuen Heuschlag. Maulwurfs- und andre kleine Hügel machen
das Mähen beschwerlich; aber wir stoßen sie nicht um.
Nur den überhandnehmenden Strauch lassen Einige abhauen, damit nicht der ganze Heuschlag verwachse: Andre vermehren ihre Heuschläge, indem sie jährlich hierzu
ein Stück Wald kahl herunter hauen lassen. Beydes
nennen wir Heuschlag reinigen: eine beschwerliche Arbeit, die wegen des Nachwuchses viele Jahre hinterein-
ander muß fortgesetzet werden. Fleißige Bauern würden viele unnütze Strecken in ergiebige Heuschläge durch
Reinigen umschaffen; nur die Ungewißheit ob es nicht

einmal

einmal dem Possessor einfallen möge, sich ihre Arbeit
zuzueignen, und sie auf die alten eingemessenen Schnur-
Heuschläge einzuschränken, hemmet die Lust. Rühmlich handeln diejenigen, welche ihre Bauern schadlos halten, und ihnen wenigstens ein ander Stück zum Reinigen anweisen, so oft sie sich veranlaßt sehen, mehrere
heimlich im Wald angelegte Bauerheuschläge zu einem
Hofsheuschlag zu vereinigen. — Das abgehauene Holz
wird zu Küttis verbraucht; der größte Theil bleibt in aufgethürmten Haufen zum Verfaulen, oder zum Anzünden, liegen, sonderlich wo kein Holzmangel ist.

Der Bauer darf Heu verkaufen; aber keinem Frem-
-ben ohne Einwilligung des Hofs seinen Heuschlag ver-
miethen, sonst hält sich der Possessor für berechtigt das
Heu abzuführen, gesezt auch der Fremde könnte beweisen, daß er den Bauer mit Saat und Brod unterstüzt
und das Gesinde hierdurch erhalten habe. Gleiche Gewohnheit beobachten wir in Ansehung des Bauerfeldes,
damit kein Fremder je in unserer Gränze einen Besiz er-
lange, und endlich daraus ein Recht mache.

## Die Zäune.

Das Zaunmachen ist gemeiniglich eine unsrer ersten
Frühlingsarbeiten. Mit lebendigen oder grünen Hecken
umzäunt hier niemand Feld oder Gärten. In Harrien,
auf Moon und in etlichen andern Gegenden, wo das
Holz seltner ist, umzäunen Höfe und Bauern so gar die
Felder mit Steinen, die sie ohne alle Befestigung über
einander legen. Die gewöhnlichste Umzäunung der Kirchhöfe im ganzen Lande, bestehet aus großen übereinander
gelegten Feldsteinen, die durch eine starke Böschung auf
beyden Seiten, und durch darzwischen gelegtes Moos befestiget werden. Auch solche Mauern sieht man um einige Felder. Andre, sonderlich in Harrien, machen ihre
Zäune

Zäune von geflochtenen Strauch; in Lettland werden auch wohl dünne Balken, oder einzele Latten wagerecht um das Feld gestellt. Die gewöhnlichsten Zäune um Häuser, Gärten und Felder, bey Deutschen und Bauern, fast im ganzen Lande, sind ein wichtiger Holzverderb; sie werden von Gräen= oder Tannenholz gemacht. Un= gefähr alle 3 Fuß werden 2 ziemlich lange Pfähle einan= der gegenüber in die Erde geschlagen, die man Stacken (Zaunstacken) nennt; schräg darzwischen lange gespaltete Balkenstücke (liefl. Schleeten) übereinander gelegt, die Stacken aber mit Weidenruthen, oder noch lieber, mit jungen in 2 Theile gespalteten Gräen, Tannen oder Wacholderbäumchen zusammen gebunden. Die Sta= cken faulen sehr bald, oft wirft der Sturm einen solchen Zaun um, daher sind öftere Verbesserungen nöthig. Sehr weislich haben Einige angefangen, zur Schonung des Holzes und der Zeit, die Zäune, welche oft durch den lange daran liegenden Schnee die Wege und das Roggengras verderben, abzuschaffen, und an deren Stelle Graben um die Felder zu ziehen, wodurch sie zu= gleich dem überflüßigen Wasser einen Abfluß verschaffen. Viele Zäune und Graben könnten wir entbehren, wenn wir den Bauern angewöhnen, oder sie zwingen würden, ihr Arbeitsvieh und die Schweine unter der Aufsicht der Hüter weiden zu lassen. (S. 1 B. S. 529 u. f.)

## Das Malz.

Wir machen es in unsern gewöhnlichen Riegen; je= der Bauer versteht es, weil jeder für sich jährlich etwas Bier brauet, wofür er keinerley Abgabe entrichten darf. Wo möglich, legen wir die Gerste mit Säcken in einen Bach, wo sie 3 Tage und 3 Nächte weicht (in Erman= gelung eines Baches wird sie in Küfen eingeweicht;) darauf lassen wir sie eine Nacht in der warmen Riege

U 3                                                            mit

mit den Säcken liegen, dann ausbreiten damit sie keime, aus einander reiben und zum Trocknen auf die mit Stroh bedeckten oben befindlichen Querlatten, bringen. In einer warmen Riege von 4 Faden ins Quadrat, kann man gegen 40 Löse Gerste auf einmal mälzen. Was nicht gleich zum Trocknen hinauf getragen wird, muß beständig gerührt werden, damit es nicht zu lang auswachse. Wenn alles völlig trocken ist, lässet man es herunterlaufen, breitet es aus, und spritzet Wasser darauf, damit es süß und mürbe werde. Einige lassen, indem das Malz herunter läuft, Wasser an den heißen Ofen sprengen, auch wohl das Malz dabey stark mit den Füßen reiben, wodurch das Anfeuchten weniger merklich, und das Malz ansehnlicher werden soll. Zuletzt wird es gewindiget. Von 10 Lösen Gerste bekommt man 11, und wenn es stark genetzet ist auch wohl 12, Löse Malz. Die ganze Zubereitung erfodert ungefähr 14 Tage Zeit.

Seit einigen Jahren lassen viele Höfe zu ihrem Tafelbier weiß Malz machen, damit es eine sehr helle, dem englischen Biere völlig ähnliche, Farbe erhalte. Hierzu hat man besondere ganz niedrige Riegen; die gekeimte Gerste wird nicht in die Höhe gebracht, damit sie der Rauch nicht durchdringe und braun färbe; sondern sie wird unten auf dem Boden getrocknet. Eine mit einem Schornsteine versehene Riege giebt vortreflich weisses Malz, ob man es gleich, wie gewöhnlich, in der Höhe trocknet: in einer niedrigen erfodert das Mälzen mehr Zeit und Aufsicht, und dennoch wird es nicht völlig weiß, wenn der Rauch nicht frey genug hinausziehet.— Die öselsche Gerste giebt das schwerste und beste Malz, welches daher in Reval allezeit theurer bezahlt wird, als das aus andern Provinzen.

Der

## Der Branteweinbrand.

Seit etlichen Jahren ist er bey uns sehr gestiegen: jeder Hof, er sey auch noch so klein, kann von eignen oder gekauften Korn so viel brennen als er will, ohne die geringste Abgabe oder Accise dafür zu entrichten; nur den Krongütern ist eine gewisse Mäßigung vorgeschrieben, sie sollen nur einen Theil ihres Korns, hauptsächlich zum eignen Verbrauch und für ihre Krügerey, verbrennen. Vormals brannte fast jeder Bauer für sich, entweder in kupfernen Kesseln, oder in seinem Grapen (einem großen eisernen Topf oder Kessel;) dieses ist neuerlich auf das schärfste verboten worden. Etliche Bürger in Riga haben die Erlaubniß zu brennen. Viele Güter brennen aus Holzmangel, oder andern Ursachen, gar keinen Brantewein; andre desto mehr: manches kleine Gut von 6 Haaken, täglich ein Faß. Dieß geschiehet nur im Winter, 6 höchstens 7 Monat hindurch, selten länger: im Sommer will der Brand nicht gelingen, weil unser warmes Wasser die Branteweinpfeifen, (Röhren,) nicht genugsam abkühlet. Wenn das Korn im Lande wohlfeil und der Brantewein theuer ist., so giebt der Brand ansehnlichen Vortheil, sonderlich weil dadurch das Verführen nach den Städten erleichtert wird; denn ein Bauerpferd führt nur 7 bis 8 Löse Roggen, hingegen 2 Fäßer Brantewein; noch größer ist der Vortheil durch die Mastung, bey welcher man ausser der guten und reichlichen Düngung, auf jeden Ochsen 5 bis 8 Rubel gewinnet. Nur wird bey einer großen Mastung gemeiniglich das übrige Hornvieh den Winter hindurch desto elender gehalten. Wer täglich ein Faß brennet, kann füglich den Winter hindurch 20 bis 25 Ochsen mästen, man giebt ihnen täglich 3 auch 4 mal warmen Brak mit Spreu, gegen das Ende der Mastzeit bekommen sie auch Heu.

Einige

Einige brennen von lauter Roggen, davon weil es schweres Korn ist das leicht in den Kesseln anbrennet, und überhaupt schwer zu bearbeiten ist, wenigstens die Hälfte muß gemälzet werden; Andre legen etwas Haber darzu; am gewöhnlichsten ist das Brennen von Gersten-malz und Roggen jedes zur Hälfte; oder Roggen, Gerste und Gerstenmalz. Auf ein Faß von 120 rigischen oder 130 revalschen Stöfen, rechnet man sonst 9 bis 11 rigische Löfe Korn; jetzt sind wir klüger: der Bauer muß aus 7 bis 9 Löfen ein Faß schaffen. Die meisten geben auf jedes Faß höchstens 45 Ließpfund Korn: eben so viel muß auf Krongütern dem Bauer nach einer neuerlich er-gangenen Verordnung bestanden werden, nach welcher zugleich der Arrendator verbunden ist, ein Paar Leute in der Kunst zu brennen gehörig unterrichten zu lassen, und wenn sie am Maaß zu kurz kommen, sie nicht zur Er-setzung zu zwingen, nur am Leibe kan er sie strafen. Privatgüter haben beständige Brenner, oder die Reihe geht im Gebiet herum; man fragt eben nicht ob der Bauer brennen kan, er muß es verstehen, und das Feh-lende mit Geld oder Korn bezahlen. Der Wirth em-pfängt das Korn, muß es mahlen, bearbeiten und den Brantewein abliefern; das nöthige Holz wird von Hofs-arbeitern zur Brantweinküche geführt; auf einigen Hö-fen muß der Bauer die erforderlichen Hefen selbst schaf-fen; auf andern werden sie gegeben, es sey nun daß man sie durch die Krügerey erhält, oder daß man künstliche Hefen macht. Dieß geschiehet auf verschiedene Art, Einige mischen nur Mehl unter die Hefen; Andre brauen sie, damit sie den ganzen Winter hindurch der Besorgung überhoben sind. Oft kommt der Bauer zu kurz, weil er nachlässig ist, oder von dem Korn stielt, oder von dem Brantewein austheilt, oder sich betrinkt und nicht gehö-rig Acht geben kan, oder weil das Korn leicht ist, (bey übel gerathenen Korn geben 35 bis 40 Ließpfund nicht genug.

genugsames Mehl,) oder weil er das Brennen nicht ver=
steht, oder weil die Gefäße nicht geräumig genug sind,
oder weil er den Brantewein zu früh abliefern muß eh=
das Mehl gehörig gähren konnte u. f. w.

Die hölzernen Köpfe, deren sich vormals Höfe und
Bauern bedienten, sind nun größtentheils abgekommen:
sie bestanden aus 2 Stücken, eins glich einem Brette,
das andre war höher und ausgehölt; im letzten wurden
die Röhren durch Teig, womit man überhaupt die Fu=
gen verschmiert, befestiget. Jetzt brauchen wir die ku=
pferne Köpfe (Helme). Neuerlich haben Einige sie inwen=
dig mit einem Trichter versehen lassen, damit keine Tro=
pfen zurück in den Kessel fallen. Diese gleichsam dop=
pelten Köpfe, sollen ein sicheres Mittel seyn, bey jedem
Faß wenigstens einen Loof Korn zu ersparen; welches
Andre aus Erfahrung läugnen wollen. In den Abhand=
lungen der freyen ökonomischen Gesellschaft zu
St. Petersburg 3 Th. S. 148 heißt es: „die Schlan=
„genröhren sind wegen vieler Ungemächlichkeit billig ab=
„geschaft." In Liefland braucht man sie noch sehr häu=
fig: sie geben wirklich mehrern Brantewein als die gera=
den, weil sie einen höhern Grad der Abkühlung anneh=
men: freilich sind sie sehr theuer, schwer zu reinigen,
vielleicht schädlich wenn sie einen der Gesundheit nachthei=
ligen Brantewein geben, der ohnehin allezeit von üblern
Geschmack ist als aus geraden Röhren, der sich auch bey
dem Abziehen nicht ganz verliert. Zum Abkühlen ver=
brauchen wir des Winters viel Eis; wo möglich legen
wir unsre Küchen so an, daß das Wasser durch einen
Damm oder durch Pumpen, die von Menschen oder Pfer=
den getrieben werden, in den Kühlküfen laufe. — Man
fängt jetzt an wegen Holzmangels mit Torf zu brennen,
doch sollen die Kessel mehr dabey leiden, die ohnehin,
sonderlich die großen welche 10 bis 12 Faß halten, einer
öftern Verbesserung bedürfen, und durch die steten großen

U 5

Aus=

Auslagen den gesuchten Vortheil sehr verringern. Wir würden gewiß weniger brennen, wenn nicht unser Bauer, der gerne Brantewein trinkt, aber wohl oft bey der Bearbeitung seufzet, sie ohne Bezahlung verrichten müßte. In mancher Küche kosten die vorhandenen Keßel 2 bis 3000 Rubel. Für jedes Pfund Kupfer bezahlen wir dem Kupferschmid 30 bis 38, und wenn es nicht mit Bley sondern mit Schlaglot gelötet ist 45 Kopek, das alte nimmt er für 20 bis 25 Kop. an.

Nicht in allen Küchen geschiehet die Bearbeitung auf einerley Art: die gewöhnlichste will ich kürzlich beschreiben. Das Mehl wird in einem Küfen mit kochenden Waßer stark angefeuchtet und so lange geschlagen bis keine Stücke zu sehen sind. Ungefähr nach 2 Stunden wird es abermals, aber weit stärker geschlagen, und dann so viel kochendes Waßer hinzugegoßen als nöthig ist. Hiervon legt man etwas in einen Zuber (hölzernes Gefäß,) vermischt es mit kalten Waßer und den Hefen, damit es gähre. Wenn aus dem Küfen ein säuerlicher Geruch zu merken ist, so gießt man kalt Waßer und die Mischung aus dem Zuber hinein, bedeckt es wohl und läßt alles so lange gähren bis die obenstehende Rinde untersinkt und oben alles klar ist; dann bringt man es in den Brakkeßel, und was man aus diesem erhält, in den Klarkeßel. Bey dem Gähren gehen manche Fehler vor: aus Mangel der Zeit kan sich das Mehl nicht genugsam auflösen; oder es ist nicht gehörig bedeckt, und steht zu lange: in beyden Fällen dünstet die beste Kraft aus. Leichtes Korn, nemlich Gerstenmalz und Haber, erfodern zum Gähren weniger Zeit als Roggen. Ein Zeichen daß die Gährung vollkommen sey, nehmen erfahrne Brenner aus dem starken Geruch wenn sie den Deckel des Küfens ein wenig öfnen, und aus einem dünnen dem Schimmel ähnlichen Schaum auf der Oberfläche: Sorgfältige bedecken den Küfen nicht blos mit Deckeln, sondern mit feuchten Säcken.                         Der

Der Brantewein wird nach der Probe aus der Küche empfangen und in Städten verkauft; gemeiniglich
muß in einem silbernen Gefäß die Hälfte abbrennen, das
nennt man Halbbrand; Einige lassen sich aus ihren Küchen ⅔ Brand liefern. Ein Faß Brantewein wird in
den Städten für 6 bis 12 Rubel verkauft; in den Krügen der rigische Stoof für 14 Kopek, wobey ein großer
Vortheil sichtbar ist. Die Lieferanten an die Krone bekommen für einen Eimer (8 Stöfe) 106 Kop.; vorher,
weil sich ihrer viele meldeten, nur 92, anfangs hingegen
115 Kop. dafür müssen sie den Brantewein nach St.
Petersburg liefern; sie können aber etwas Wasser darunter mischen, weil dort nur in einem kupfernen Geschirre
die Probe genommen, und Halbbrand verlanget wird.

Den Bauerbrantewein d. i. den wir aus unsern
Küchen erhalten, trinken nur der Pöbel, und Leute, die
durch Völlerey allen Geschmack verlohren haben:
ordentlichen deutschen Häusern wird er ein = auch zwe
mal über Kümmel u. d. g. abgezogen, und mit Wasser
und Zucker vermischt; anstatt des letzten nehmen geitzige
oder gemeinere Leute Honig. In allen auch den vornehmsten Häusern wird allezeit vor der Mahlzeit ein
Schälchen d. i. ein kleines Glas mit abgezogenen Brantewein, einem jeden auch von dem andern Geschlecht,
angeboten. Unser rauhes Klima scheint dergleichen Sitten zu rechtfertigen: doch sieht man verschiedene die gar
keinen Brantewein nehmen.

## Das Bierbrauen.

Weder in den Städten noch auf dem Lande hat
man öffentliche Brauhäuser; Jedermann muß für sich
brauen. Die Bürger in den Städten bezahlen eine kleine
Accise: auf dem Lande bezahlen Höfe und Bauern nichts.
Jeder Hof hält seinen eignen Brauer; und jeder Bauer
versteht darmit umzugehen. Man hört hier von mancherley

ley Bierarten, von Eiskeller-Krugs-Bouteillen-und Tafelbier: gemeiniglich liegt der ganze Unterscheid in der mehrern Stärcke, selten in der Zubereitung. Das Eis allein schützet das Bier nicht gegen die Säure; es muß stark und bitter seyn, sonst wird es mitten im Sommer sauer, wenn wir es gleich ins Eis verscharret hätten. Krugsbier ist das gewöhnliche, was auch jeder Bauer für sich braucht; auf ein Faß von 120 Stösen rechnet man ungefähr einen rigischen Loof Malz und 1 bis 2 Pfund Hopfen, der Stoof kostet 1 Kopck. Bouteillen-bier, ist etwas stärcker und theurer. Das Bier was im Sommer gebraut wird, hält sich nicht; daher ist in vielen Häusern des Sommers saures Bier: im März ist die beste Zeit gutes Bier zu brauen, welches wir auf den Eiskellern verwahren, und wenn es recht gemacht ist, bis weit in Herbst hinein gut erhalten.

Hauptsächlich sind in Liefland 2 Arten, nämlich die schwedische durch Kochen, und die liefländische mit Steinen, zu brauen; die letzte ist die gewöhnlichste und bequemste, deren sich auch alle Bauern bedienen, nur giebt sie etwas trübes Bier. Die schwedische bestehet darinn: Man gießt anfangs nur etwas, nach ein oder 2 Stunden das übrige, kochende Wasser auf das Malz, (welches durchaus nicht sehr fein muß gemahlen seyn) in den Küsen, und läßt es abermals ein paar Stunden stehen. Indessen wird der Hopfen mit kalten Wasser in den Kessel gelegt und so lange gekocht, bis er in der Hülse los ist. (Einige kochen den Hopfen zuerst nur ein wenig auf, und werfen das erste Wasser weg, weil es eine Säure verursachen soll.) Von diesem Hopfen nebst dem Wasser, wird ein Theil in den Boden des zweyten oder Seih-Küsens gelegt, und alles aus dem ersten Küsen darauf gegossen, nach und nach unten ausgezapft; in den Kessel geschüttet; wenn es anfangen will zu kochen, wieder zurück in denselben Küsen gegossen, bis es anfängt klar zu wer-

werden. Dann legt man in den Keſſel allezeit etwas von
dem noch vorhandenen Hopfen nebſt dem Waſſer, kocht
die Seihe damit allmählich auf Kohlen und gießt ſie in
den erſten Küfen: da ſich dann kleine Stücke als Grüß,
zeigen. Wenn es durch Umrühren laulich iſt, ſo legt
man etwas davon in einen Zuber, in welchen man die
Hefen gießt, und es eine Zeitlang gähren läßt; dann
miſcht man dieſes in den Küfen, damit die ganze Maſſe
gähre. — Bey der gewöhnlichen liefländiſchen Art werden kleine Feldſteine glüend gemacht, und in den erſten
Küfen unter das Mehl und Waſſer geworfen; aller Hopfen in den Seihküfen, und die Maſſe aus den erſten
Küfen darauf gelegt; unten ausgezapft und zurück in
den erſten Küfen gegoſſen; gut zugedeckt und die Hefen
darein gemiſcht. Auch ſolches mit Steinen gebrautes
Bier kann klar werden, wenn man es etwas im Keſſel
kocht, und mehr als einmal durch den Seihküfen laufen
läßt. — Weißen- und Haberbier findet man bey uns
vielleicht kaum in 3 Häuſern: auch braucht hier Niemand
die gepichten Fäſſer; aber jeder Bauer im Walde iſt ein
Böttcher und macht Fäſſer, nebſt andern hölzernen Ge-
fäßen. — Einige nehmen anſtatt des Hopfens Pome-
ranzenſchalen, um recht wohlſchmeckendes Bier zu erhalten; Andere laſſen es eine Zeitlang auf ihren Feldern her-
umführen, welches in der That Farbe und Geſchmack
erhöhet. Man redet ſogar von liefländiſchen Bier, das
nach Engeland verſandt, den Vorzug vor dem dortigen
ſoll erhalten haben. Leicht iſt es unſerm Bier einen
ſchönen Geſchmack und völlig die Farbe des engliſchen
zu geben, dergleichen findet man in vielen Häuſern; aber
aller angewandten Mühe ungeachtet, bleibt der Unterſcheid des Geſchmacks ſehr groß. Viele hundert Fäſſer
engliſches Bier kommen jährlich in unſern Seeſtädten an,
und werden im Lande verbraucht. — Des Bauern gewöhnliches Getränk auſſer der Milch, iſt Waſſer, welches

er auf Roggen- oder Malzmehl eine Zeitlang stehen läßt.

## Die Gebäude.

Die Wohnungen unsrer Bauern wurden schon im vorhergehenden Kapitel, auch im ersten Bande kürzlich, beschrieben: jetzt etwas von deutschen Häusern.

Die Sicherheit der ersten deutschen Ankömmlinge erforderte feste steinerne Gebäude, die nach der damaligen Art schön waren. Bey immerwährenden Kriegen wurden sie zerstört: endlich ahmte man dem Landvolk nach und bauete elende hölzerne Hütten: noch jetzt sind in Vorstädten, in Flecken und auf dem Lande die meisten deutschen Häuser von Holz. Vor 30 Jahren wohnten viele Adliche unter einem Strohdach ohne Schornstein: vielleicht findet man im ganzen Lande kaum drey Ueberbleibsel jener armseligen Lebensart. Die meisten adlichen Häuser werden zwar noch mit hölzernen Wänden, doch größer, mit mehrern Geschmack, und bequemer gebauet: nun sieht man auch schon viele schöne steinerne Gebäude auf dem Lande; möchten sie nur noch allgemeiner eingeführt werden! Unsre Wälder nehmen in einigen Gegenden ab, das Bauholz wird theurer; ein hölzernes Haus ist stets der Feuersgefahr ohne Rettung, und der Fäulniß unterworfen; auf feuchten Boden steht es kaum 30 Jahr, zumal da wir bey der Wahl und dem Fällen des Holzes, gar keine Vorsicht anwenden; bey Stürmen ist es schwer zu erwärmen; kostet aber, wenn man die Wände ausnimmt, in Ansehung der Fenster, Oefen, Thüren u. s. w. eben so viel als ein steinernes. Der Vorwand als sey jenes zum Bewohnen gesunder als dieses, ist seicht: der Hauptgrund unsers Hangs zu hölzernen Häusern, liegt wohl in der kürzern Zeit die man zum Aufbauen braucht; sonst würden wenigstens diejenigen alles von Stein bauen die selbst Ziegel- und Kalkbrand haben.

Unsre

Unsre äussern Mauern müssen wegen der strengen Kälte gegen 3 Fuß dick seyn; Fliesen und Feldsteine taugen nicht darzu, sie sind zu feucht und geben ungesunde, Fach-werk aber gemeiniglich kalte Wohnungen: zu Nebenge-bäuden haben wir weit weniger Vorsicht nöthig. Ein dauerhaftes nicht ungestaltes Dach, macht hier viel Sor-ge; folgende Gedanken sind vor einiger Zeit hierüber geäussert worden: „Ziegeln sind schwer, und bedürfen „einer steten Ausbesserung, der häufige Regen macht sie „mürbe, Frost und Hitze zersprengt sie. Stroh giebt „das wohlfeilste, festeste und leichteste, aber wegen des „Feuers ein höchstgefährliches Dach, und dem Hause „ein schlechtes Ansehn. Eben so die Lubben, die über-„dieß bald verfaulen und Wälder ruiniren. Bretter mag „man immer doppelt und genugsame Birkenrinde dar-„zwischen legen: sie werfen sich, lassen Regen und „Schnee durch, und ohne oftmaligen Anstrich faulen sie „bald. Besser sind Schindeln, die angestrichen eine Zier-„de geben: nur erfordert die mühsame Anfertigung viel „Zeit, und Tannenwald; sie muß durch eigne Leute ge-„schehen, da uns dergleichen Fabriken fehlen. Man „hat bemerkt, daß sogar eiserne Dächer, wenn sie nicht „mit der möglichsten Sorgfalt gelegt, und zuweilen an-„gestrichen werden, der darauf gewandten großen Ko-„sten ungeachtet, Wasser durchlassen.‟ Torf (Rasen) unter welchen man Birkenrinde legt, giebt ein festes aber ungemein schweres Dach. Lange neben einander liegen-de dicke Latten mit darunter befindlichen Gräenrinden, schicken sich besser auf eine Waschküche als auf ein deut-sches Wohnhaus.

Jeder Bauer versteht ein hölzernes Gebäude auf-zubauen: am zierlichsten und hurtigsten machen es die russischen Plotniken, die auch bloße Bauern sind; kein deutscher Zimmermann wird ihnen den Rang in Anse-hung der Wände abgewinnen. Zweyerley muß man

dabey

dabey beobachten, nemlich daß die Balken fest aufeinander liegen, damit kein Wind und Regen durchdringe; dann daß die Wände selbst dauerhaft mit einander verbunden werden. Drey Instrumente gehören darzu: das alles vertretende Beil, ein Meissel den man weniger braucht, eine Gabel mit 2 vorn gebogenen Zinken. Mit der letzten zieht man zwischen 2 Balken die man auf einander fügen will, so, daß ein Zinken längs dem untersten ohne einzuschneiden fortlaufe, der zweyte aber in den obersten Balken einschneide: wenn dieser auf solche Art an beyden Seiten gezeichnet ist, so wird der Zwischenraum etwas hohl ausgehauen, die Höhlung auf den untersten Balken und zur bessern Ausfüllung Moos darzwischen, gelegt: so deckt der obere den darunter liegenden und umfaßt dessen Rundung von beyden Seiten ein wenig. Die Wände werden auf zweyerley Art verbunden. Die gemeinste ist: mehr als eine halbe Spanne weit vom Ende der beyden Balken die man in einem geraden Winkel mit einander verbinden will, hauet man aus jedem nach Beschaffenheit der Dicke, etliche Finger tief aus, damit beyde in einander greifen, doch so daß der obere bey der Verbindung etwas höher zu liegen komme, weil dadurch zu stärkerer Haltung, jeder Balken von dem darunter und darüber liegenden eingeschlossen wird. Diese Art zu verbinden giebt dem Hause ein schlechtes Ansehn, aller Orten ragen Balkenenden hervor die leicht faulen: unser Bauer versteht keine andre, und bauet alles so. Die russischen Plotniken haben eine bessere: das äusserste Balkenende hauen sie als eine schräge Fläche mit einer kleinen Vertiefung in der Mitte; der obere Balken wird eben so gehauen, nur bekommt er eine Erhöhung als einen Zahn, welcher in die Vertiefung des darunter liegenden passet. So werden die Wände an allen Seiten und Ecken ohne Hervorragung ganz eben. Der Bauer bauet alles von runden Balken; der Russe behauet sie auf 2 Seiten.

ten. Ein mittelmäßiges Wohnhaus hauen 8 Plotniken ganz bequem in einem Monat auf.

Die ehemaligen, selbst in adelichen Wohnzimmern, gewöhnlichen Fliesen- und Ziegel-Oefen, deren ganze Zierde in einem Kalkbewurf bestand, sieht man jetzt nur in Krügen und andern schlechten Wohnungen. Eiserne kennen wir hier nicht: aller Orten sind hohe dicke Kachel-Oefen im Gebrauch, die wir, obgleich Thon und Holz ungemein wohlfeil ist, mit 25 bis 60 Rubeln bezahlen. Ueberhaupt machen die deutschen Professionisten das Bauen hier sehr beschwerlich, weil sie bey der besten Pflege die sich der sächsische Handwerksmann kaum an Festtagen giebt, oft Unzufriedenheit äussern, und gar zu viel Arbeitlohn fodern, ob sie gleich alle schwere Arbeit durch die ihnen zugegebenen Handlanger verrichten und sich gleichsam in die Hände arbeiten lassen. Aber oft zu ihrem Nachtheil: Unser für einfältig gehaltener Bauer lernt Vieles durch bloßes Absehn, und setzt seinen Herrn in den Stand, manchen Bau ohne deutsche Professionisten, wo nicht eben so zierlich, doch dauerhaft anfertigen zu lassen.

Fast bey jedem Hofe sieht man mehrere Wohn- und Nebengebäude; die letzten sind gemeiniglich von elenden Ansehn, durch eigne Leute ohne Kosten gebauet. Nur von weiten fällt ein solcher Hof ins Auge. Hin und wieder findet man andre, an deren Nebengebäuden sogar, und noch mehr an den Wohnhäusern, der gute Geschmack des Bauherrn sichtbar ist. Die meisten sind nur ein Stockwerk hoch, aber wegen ihres hohen Fundaments ansehnlich: auf dem Lande haben wir Raum genug, uns sern Häusern durch die Länge und Breite, in einem Stockwerk alle Bequemlichkeit zu geben. Ausser den gewöhnlichen Wirthschaftgebäuden, rechnet man in Liefland besonders

sonders zwey zu den unentbehrlichen, nemlich die Badstube, und den Eiskeller: ohne den letzten würden wir
weder unser Bier noch Fleisch u. d. gl. des Sommers
frisch erhalten. Viele sind gewohnt alles Getränk durch
Eis auf der Tafel anzufrischen, und werden darbey alt.
Auch in Städten haben die meisten Bürger ihre Eiskeller.

Das

# Das dritte Kapitel.

## Vom Handel überhaupt,

## sonderlich in unsern Seestädten.

Eine vollständige Abhandlung wird kein Leser von mir fodern; ich mache mich nicht einmal zu einer pünktlichen Vollständigkeit der Anzeigen anheischig: vermischte Nachrichten ohne ängstliche Ordnung, werden Liebhabern hinreichen, sich einen Begrif von unsern Handel und deſſen Flor zu machen.

### Erster Abschnitt.

### Vermischte Anzeigen.

Um einiger Leser willen muß ich hier auch die Dinge berühren, von denen man in bekannten Büchern Nachricht findet: doch soll es nur kürzlich geschehen. Den Anfang macht billig

### Die Münze.

Einhorn, von Ceumern u. A m. meynen, die hiesigen Bauern hätten vor Ankunft der Deutschen weder geprägte Münze noch deren Gebrauch gekannt, ihr Handel sey ein bloßer Tausch gewesen. Den Grund nehmen sie aus dem allgemeinen Stillschweigen der ältesten liefländischen Geschichtschreiber. Darwider ließen sich wohl noch kleine Zweifel erheben. Alles was der Ehste von

X 2

den

den Deutschen gelernt und vor deren Ankunft nicht gekannt hat, bezeichnet er mit fremden geborgten Namen: Geld nennt er mit einem eigenthümlichen ursprünglich ehstnischen Wort Rahha. Seine Bezeichnung der kleinsten Scheidemünze Ting hat er vielleicht von dem russischen Denga (ein halber Kopek) entlehnt. Unter dem ehstnischen Weiberschmuck steht in vielen Gegenden das Geld oben an; und viele Bauern verstehen die Kunst durch bleyerne Abdrücke von gröberer Silbermünze, bey ihrer Armuth der Weiber Eitelkeit zu befriedigen. Das letzte haben sie nicht leicht von Deutschen erlernt; und in ihren Moden sind sie sehr standhaft. Vielleicht lernten sie bey ihren Zügen, Einfällen in fremde Länder, oder durch irgend einen andern Zufall, schon in uralten Zeiten das Geld kennen. — — Nachricht von den verschiedenen eigentlichen liefländischen Münzen, die unter den Bischöfen, Ordensmeistern, polnischen und schwedischen Königen, bis zu Anfang des jetzigen Jahrhunderts, sind geschlagen worden, findet man in Arndts Chron. 2 Th. Jetzt wenn man etliche Ferdinge ausnimmt, gehören sie nicht zu den gangbaren; man sieht sie selten anders als unter dem in Klingbeutel einkommenden Geld; was zuweilen aus der Erde aufgepflüget und gefunden wird, erhandeln die Goldschmiede zum Einschmelzen: hin und wieder, sonderlich in Riga, haben Liebhaber sehenswerthe Sammlungen zusammengebracht.

In beyden Herzogthümern gilt die russische Münze; in ganz Ehstland und der Hälfte von Liefland kennt und hat man keine andre: nur in Riga und den beyden lettischen Kreisen wird das Meiste nach Albertsthalern berechnet. Beyde Geldsorten sind bekannt; nur etwas will ich davon anführen.

Die russische Münze ist eine der bequemsten in der Berechnung, weil sie aus Zehnern und Hunderten besteht. Der silberne Rubel wiegt 2 Loth; und 1 Loth

altes

altes 13löthiges Silber kostet auch hier einen halben Rubel. Von den ältern Rubeln sind wohl schon viele (heimlich) eingeschmolzen und verarbeitet worden, sie haben
gutes Silber und wiegen über 2 Loth. Die goldenen
Münzen bestehen aus Imperialen (10 Rubel-Stücken,)
halben Imperialen, Dukaten die 2 Rubel 25 Kop. gelten, Zweyrubelstücken, Rubeln, halben Rubeln, und
Quartrubeln. Die letzten sieht man selten, Hr. Büsching
gedenkt ihrer gar nicht: das ist kein Fehler; sie wurden
nicht als gangbare Münze ausgeprägt, sondern zum
Spielgeld für den damaligen jungen Großfürsten unter
der Kaiserin Elisabeth ihrer Regierung. Einer nähern
Anzeige bin ich überhoben durch das in Jedermanns
Hand befindliche Neuveränderte Rußland 2 Th. wo
man die neuen goldenen und silbernen Münzen abgebil-
det, nebst den Ukasen wegen ihrer Einrichtung, findet;
andre dergleichen Schriften zu geschweigen. — Zu den
silbernen Münzen gehört der Rubel welcher 100 Kopek
gilt, der halbe- und der Quartrubel, Griwen (10 Kop.)
und 5 Kopekstücke; die jetzige Kaiserin hat auch 20 und
15 Kopekstücke prägen lassen, die so wie die übrigen silbernen Münzen, auf einer Seite das kaiserl. Brustbild,
auf der andern den doppelten Adler und in dessen Mitte
die Zahl 20 oder 15 haben und oben herum 20 oder 15
Sterne je 5 beysammen. Auf den ersten Rubeln die
Peter I. schlagen ließ, und die 9 Quent. folglich an
Werth 112 Kopek betragen, stehen die Worte Zar und
powelitel (Befehlshaber, Herrscher,) auf den letzteren
hingegen anstatt jener, Imperator i samoderschez (Selbst-
halter.) Seine Rubel galten oft mehr und wurden für
besser gehalten als Albertsthaler. Die Kaiserin Anna
setzte den Ritter St. Georg in den doppelten Adler, welches ihre Vorgänger nicht gethan hatten; und ihre Rubel wiegen gerade 2 Loth: bey der Gegeneinanderhaltung
solte man glauben, auf denen vom Jahr 1733 stehe eine

X 3          ganz

ganz andre Person, als auf denen von 1740. Einige stehen in den Gedanken, als habe die Kaiserin **Elisabeth** die ersten Griwen schlagen lassen: aber man hat weit älte-re von 1731, gar von 1705, welche Jahrzahl nach da-maligen Gebrauch durch russische Buchstaben ausgedrückt ist. In Hrn. **Büschings Magazin** 3 Th. steht die kaiserl. Ukase wegen der sogenannten Livonesen: sie sollen nicht das einzige, aber doch lieftländisches Geld seyn; sie bestehen aus ganzen Livonesen die 96 Kopek gelten; aus halben, beyde sieht man selten, vermuthlich sind sie um-geschmolzen worden; aus Quarten (24 Kop.) aus 4 und aus 2 Kop. Stücken; die 3 letzten haben noch einen star-ken Umlauf als silberne Scheidemünze, werden aber nicht mehr ausgemünzet. Vormals hatte man in Rußland noch zweyerley silberne Münze die man jetzt selten, aber gar nicht im Handel sieht, nemlich **Altünen** die 3 Kopek galten, und 1 Kopekstücke. Auf jenen steht bald der Ritter, bald der Adler und auf dem Revers 3 Punkte mit dem Worte **Altüinik** und der Jahrzahl durch Buch-staben: neuere als von 1718 habe ich nicht gesehen: bey Kleinigkeiten rechnet der Russe noch jetzt nach Altünen. Wenn Hr. **Charpentier** in Elemens de la langue russe S. 365 dieselben eine eingebildete Münze nennt, so ist es nur von der jetzigen neuern Zeit zu verstehen. Die zuletzt geschlagenen silbernen Kopeken sind ungefähr vom Jahr 1714, rund, haben auf einer Seite bald den Ad-ler, bald den Ritter, auf dem Revers das Wort **Ko-peika**: die ältern sind alle eckig, länglich, von unglei-cher Größe und Schwere, auf einer Seite mit dem Rit-ter, auf der andern mit Buchstaben gezeichnet die man öfters kaum verstehen kan, weil dieses Geld ist unerhört beschnitten, (auch vieles von Kupfer nachgemacht) wor-den. — Die Kupfermünze ist oft verändert worden. Im Jahr 1727 wogen 5 Kop. so viel als jetzt 2 Kop. Noch haben wir zweyerley an innern Werth und Ge-wichte nicht ſehr verſchiedenes Kupfergeld. Das ſchwere nennt man auch das alte; aus einem Pud Kupfer werden jetzt 16 Rubel geprägt; es beſteht aus 5, 2 und 1 Kopek⸗ ſtücken, Denga oder Denuſchka (halbe,) und Poluſchka (Viertelkopeken;) die beyden letzten ſind nach ihrem Al⸗ ter von verſchiedener Schwere. Unter der vorigen Re⸗ gierung wurde das ſogenannte neue Geld und zwar aus einem Pud 32 Rubel geſchlagen; es beſteht in 10, in 4 und 2 Kopekſtücken, davon ein großer Theil bereits um⸗ geprägt, das übrige noch im Umlauf, aber zuweilen we⸗ gen der Umprägung etwas unkenntlich iſt.

Zu dem im Rigiſchen gewöhnlichen Albertsgeld gehö⸗ ren theils grobe, nemlich der harte Thaler, halbe Thaler und Ort ($\frac{1}{4}$ Thaler;) theils Scheidemünze, die in Fünfern (5 Ferdingſtücken,) Marken (2 Ferd.) und Ferdingen be⸗ ſteht. Am häufigſten ſieht man die neuen holländiſchen Thaler, die wegen ihres gedreheten Randes nicht können beſchnitten werden; die ältern unſichern werden gewo⸗ gen, und müſſen 9 Quent ſchwer ſeyn. Das Verhält⸗ niß eines Thalers zum Rubel, richtet ſich nach der Men⸗ ge derer, die dieſe oder jene Münzſorte ſuchen; gemei⸗ niglich werden 115 bis 130 Kopek für einen Thaler be⸗ zahlt. Er gilt 80 Ferdinge, doch rechnet man im Han⸗ del den harten Thaler ungefähr 2 bis 5 Ferdinge beſſer als Scheidemünze. Unter den Ferdingen ſieht man pol⸗ niſche, preußiſche, kuriſche, ſchwediſche, ſelbſt alte ri⸗ giſche und revalſche Münze, ſonderlich die ſo genannten Weiſſen; eben ſo unter den Marken; unter den Fün⸗ fern auch gute lüneburgiſche Zweygroſchenſtücke. Hr. Büſching ſezt den Werth eines Ferdings auf $4\frac{1}{2}$ ſäch⸗ ſiſche Pfennige; man kann füglich deren 6 dafür rech⸗ nen, weil wir gemeiniglich den Ferding mit $1\frac{1}{2}$ Kopek bezahlen. Ein Thaler alb. beträgt ungefähr 32 gute ſächſiſche Groſchen.

Auſſer

Ausser diesen wirklichen, haben wir noch etliche eingebildete Münzen, nemlich:

Albertsgroschen die oft, auch in den Kaiserl. Oekonomierechnungen, vorkommen; 90 machen einen Thaler aus, im dorptschen und pernauschen Kreise einen Rubel. In Ehstland kennt man sie nicht.

Thaler courant, war sonst in Ehstland sehr, jetzt weit weniger, im Gebrauch, wo er 80 Kopek oder 64 Weissen (Ferdinge), beträgt. Eine andere Art von Courantthalern die 52 Weissen oder 65 Kop. galten, sind jetzt unbekannt. Ein Thaler pernauisch courant, ist 60 Weissen oder 75 Kopek; doch hat man dort auch Rechnungen, da man den Thaler wie in Ehstland zu 80 Kop. ansetzet.

Carolin kommt in Oekonomieberechnungen vor: wir bezahlen an die Krone unsre Schuß- und Balkengelder in dieser eingebildeten Münze, die ungefehr 28¼ Albertsgroschen beträgt. In Riga werden die Stadt-Onera als Wach- und Wallgelder in Carolinen bezahlt; da ist ein Carolin ein Ort. Zuweilen rechnet man einen Carolin für 20 Kopek. Ein schwedischer ist 20 Weissen oder 25 Kopek.

Gulden werden in der rigischen Handlung noch jetzt bey Säesaat und Eichenholz gebraucht: 30 Albertsgroschen machen einen Gulden alb. aus.

Ein Mark pernauisch ist 3 Weissen, aber im Handel nicht mehr gewöhnlich. Lettische Marken jede zu 2 Weissen, kennt man dort noch. — Eine andre Art Marken (jede zu 6 Albertsgroschen), deren 15 einen Thaler alb. ausmachen, ist eine alte rigische Münze von des Kön. Sigismund August Zeit, die man nicht mehr im Wandel sieht; zuweilen wird sie noch aus der Erde gegraben. Im rigischen Handel bey Stürzsaat d. i. bey Schlag- und Hanfsaat, ist sie noch gewöhnlich.

Voll-

Vollwichtige, sonderlich holländische, Dukaten wer=
den mit 2 Rubel 40 bis 60 Kopek, in Riga mit 2 Tha=
ler 4 Groschen bezahlt.

Bey Rimessen machen 100 Thaler alt. ungefähr
104 bis 109 Thaler holländisch courant. Nach diesem
holl. cour. wird hernach auswärts die Zahlung berechnet:
Z. B. in Leipzig geben 134 bis 135 mehr oder weniger,
Thaler Leipz. cour. 100 Thaler holl. cour. Man wech=
selt hier auch auf Hamburg, aber dieser Wechselcours ist
mehr Veränderung unterworfen, von 107 Procent Re=
mittenten = Avance bis 104 Trasenten = Avance gegen
Hamburger Banco=Geld.

Seit einiger Zeit sind hier viel russische Banknoten
im Umlauf, die alle auf Kupfermünze gestempelt, aber
zum Versenden im Reich bequem sind. Man rechnet
sie 1 bis 2 Procent schlechter als Silber; auf eigentlich
Kupfer gegen Silber, bezahlt man gemeiniglich 3 Pro=
cent. Alle Obligationen und Wechsel, deren jährlich
selbst vom Adel, unglaublich viele ausgestellt werden,
werden auf Silbermünze geschrieben, und nie in Scheide=
münze, es wäre denn gegen gewisses Agio, bezahlt.
Auch von uns gilt was aus andern Ländern berichtet
wird: das vorhandene baare Geld reicht bey weiten nicht
hin, den zehnten Theil aller blos vom Adel ausgestellten
Obligationen und Wechsel einzulösen. Bey Aufkündi=
gungen helfen wir uns gemeiniglich durch Transportirung
unsrer Papiere von einem Schuldner auf den Gläubiger.
Für unsern Brantewein ziehen wir beträchtliche
Summen aus Rußland, die völlig hinreichen alle uns
fehlende russische Produkte und Waaren, auch die öffent=
lichen Gefälle, zu bezahlen; der größte Theil von den
letzten fließt durch allerley Besoldungen, durch die hier
stehenden Truppen, und die in Reval legende Flotte
u. d. g. zurück in unsre Hände. Bey unsern vortheil=
haften Handel mit Ausländern, erhalten wir für unsre

X 5

immer

immer begehrigen Produkte, unsers großen Luxus ungeachtet, viel fremdes sonderlich holländisches, Geld. Der
beträchtliche Antheil unsrer Seestädte an den Portorien-
zöllen, giebt unsrer klingenden Münze auch einen großen
Zuwachs. Nur der russische und polnische Handel erfordern viel baares Geld: welches aber unser Kaufmann
vom Ausländer, dem er die erhandelten Waaren überläßt, mit Vortheil wieder erhebt. Was russische und
polnische Arbeiter z. B. Plotniken, Grabenschneider
u. d. g. aus dem Lande führen, ist keine Kleinigkeit, doch
im Ganzen nicht merklich: wir verkaufen so viel Obst
nach Petersburg.

## Maaß und Gewicht.

In unsern Rechenbüchern, sonderlich dem revalschen, findet man vollständigere Anzeige: etwas muß ich
anführen; doch ohne der ehemaligen fast jeder kleinern
Stadt eignen Maaße und Gewichte zu gedenken.

Ueberhaupt hält

1 Schifpfund 20 Ließpfund.

1 Ließpfund 20 Pfund.

1 Anker 30 Stöse.

1 Faden welches so viel als Klafter ist, 3 Ellen oder
6 Fuß; einen Aeusserfaden rechnet man zu 7 Füßen.

In Riga hat

1 Last Weißen oder Gerste 48 Löfe.

1 — Roggen 45 Löfe.

1 — Malz, Haber und Erbsen 60 Löfe.

1 Tonne 2 Löfe; es wird aber selten nach Tonnen,
gemeiniglich nach Löfen gerechnet.

1 Loof 3 auch 4 oder gar 6 Külmet: Am gewöhnlichsten
rechnet man 3 gehäufte Külmet, welche 4 ge-
strichene ausmachen. Die kleinen deren 6 auf einen
Loof gehen, sind auf dem Lande selten im Gebrauch; hingegen in Riga fast durchgängig.

1 ge-

1 gehäuft Külmet rechnet man zu 20 und

1 gestrichenes zu 15 Stöfen. Einige rechnen auf den Loof überhaupt nur 54 Stöfe.

1 Last Salz ist jetzt durchgängig 18 Tonnen. Vormals ehe die neue Handlungsordnung eingeführt wurde, bekam man zwar 18 aus dem Schiff; aber aus dem Keller, wenn der Pole Salz mit seinem Fahrzeug abholte, wurden nur 16 Tonnen für eine Last gerechnet.

1 Faß Brantewein 120 Stöfe; (die betragen etwa 130 revalsche Stöfe.)

100 Ellen brabantisch, oder 120 Hamburger und lübsche Ellen, geben in Riga 130; aber 100 englische Garden, 175 rigische Ellen.

100 Pfund amsterdamer, pariser, straßburger, Markgewicht rc. geben in Riga 109 Pfund.

1 Last rechnet man zu 12 Schifpfund.

1 Viertel Butter wiegt mit dem Holz 4 Ließpfund; netto nur 65 Pfund.

In Pernau hat

1 Last Korn es sey von welcher Art es wolle, 48 rigische Löfe; das ist im ganzen Lande für den Roggen, die größte Last. Diese 48 Löfe betragen in Lübeck 92 Scheffel.

1 Last Salz 18 Tonnen, wie in Riga; doch sind die Tonnen bey dem Empfang aus dem Schif größer als in Riga. Ein Schif das hier 100 Lasten liefern kann, wird schwerlich in Pernau mehr als 82 Tonnen liefern.

1 Last Leinsaamen 12 Tonnen, und deren jede $1\frac{3}{4}$ Löfe.

1 Last Salz von Lübeck giebt in Pernau ungefähr 16 Tonnen.

100 lübsche geben 114 pernausche, und diese 98 revalsche, oder 102 rigische Pfund.

100 pernausche geben 101 revalsche, oder 103 rigische Ellen.

In

In Reval hat

1 Last Korn von allerley Art 24 Tonnen, welche in Stockholm 19½ Tonnen, in Riga 44 Löfe, betragen. Hier ist folglich die kleinste Last. Auch wird hier der Roggen nicht wie in Riga gewogen.

1 Tonne Korn 3 Löfe, deren jeder 3 Külmet, oder 36 Stöfe.

1 Last Salz 18 Tonnen. Nur das lüneburger hält hier und in Riga 12 Tonnen, doch sind die Tonnen viel größer.

1 Tonne Salz wiegt 22 Ließpfund, und beträgt 4 Löfe, nemlich 3 gestrichen, den vierten gehäuft.

1 Last Kalk oder Leinsaamen 12 Tonnen, jede von 3 Löfen.

1 Last Heringe 12 Tonnen oder 48 Viertel.

1 Faß Bier oder Brantewein 128, auch wohl 130 Stöfe.

1 Elle 2 Fuß, oder 24 Zoll; 4 revalsche Ellen betragen 3 rußische Arschinen.

100 brabantische geben 130 revalsche Ellen.

1 Centner wird zu 120, und 1 Tonne zu 240 Pfund gerechnet.

100 amsterdamer, parifer ꝛc. betragen in Reval 112½ Pfund.

38 revalsche machen 40 rußische Pfund.

77 Schifpfund Eisen, Kupfer, Stahl, betragen in Stockholm 100 Schifpfund; am Flachs wird wenig oder nichts gewonnen.

## In Narva beträgt

1 Last Korn 24 Tonnen, und deren jede 4 Viertel.

18 narvsche geben 24 revalsche Tonnen.

1 Berkowitz (d. i. Schifpfund) ist 15 Pfund leichter als das alte narvsche, auch das an andern Orten gewöhnliche, Schifpfund.

Ueber:

Ueberhaupt wird hier alles nach russischen Gewicht verkauft, und weil das auch an andern Orten in Liefland häufig geschiehet, führe ich noch an

## Das russische Maaß und Gewicht.

1 Arschien hat 16 Werschok; 80 Arschienen geben beynahe 100 lübische Ellen. 1 Arschien ist 26 Zoll 6$\frac{1}{10}$ Linien französ. Maaß.

120 russische, betragen 100 Pfund in Amsterdam.

1 Tschetwert hat 8 Tschetwerika; oder 3 rigische, oder 5 revalsche Löse; oder 64 Garniz; oder 162 rigische Stöfe.

1 Pud ist 40 russische oder 38 revalsche Pfund.

1 Sorokowoi (eigentlich sorokowaja Botschka ein Faß von 40, nämlich Eimern) beträgt 13$\frac{1}{2}$ Anker, oder 533$\frac{1}{3}$ parisische Pinten. In solchen Fässern muß unser Brantewein in St. Petersburg abgeliefert werden: in eben solchen wird viel Lein- und Hanföl aus Rußland gebracht. Die Fässer haben nicht alle einerley Größe: auf jedes rechnet man ungefähr 3 liefländische Branteweinfässer.

1 Wedro hält ungefähr 11 revalsche Stöfe.

## Von unsern Produkten als Handlungszweigen.

In einem Lande das mit Vortheil Ackerbau und Viehzucht und Fischfang treibt, auch große Wälder hat, fehlt es nicht an Produkten: ob wir dieselben nicht beträchtlich vermehren, unsern Handel weiter ausbreiten, gar durch neue Zweige bereichern könnten, ist eine andre Frage. Ohne mich in weitschweifige unnütze Untersuchungen einzulassen, will ich nur etwas anführen.

Das Korn steht als das erste und immer begehrige Bedürfniß, unter unsern Produkten billig oben an: es hat, weil wir es dörren, und dadurch zum langen Aufbewahren geschickt machen, vor dem in andern Ländern einen

einen wichtigen Vorzug. Wir überlassen den Ausländern jährlich eine große Menge, darunter aber auch fremdes, sonderlich polnisches Korn ist. Roggen verkaufen
wir am meisten; der Mittelpreis für die Last (es sey die
revalsche als die kleinste, oder die pernausche als die
größte,) ist 45 Rubel: i. J. 1771 bekamen wir 80 bis
100, hingegen i. J. 1760 da die Ausschiffung verboten
war, nur 17 bis 18 Rubel. Durch eine kaiserliche Ukase
wurde die Ausschiffung im J. 1770 auf immer erlaubt.
Unsers großen Kornverbrauchs zum Branteweinbrand,
ungeachtet, können wir diesen Handlungszweig noch sehr
vermehren, wenn wir die vorhandenen großen Strecken
von wüsten und Buschländern in Brustäcker umschaffen.
Schweden, Dännemark, Holland, Hamburg, Finnland, Lübeck und Bremen kaufen unsern Roggen. Im
Lande selbst, verkauft der Bauer einen rigischen Loof gemeiniglich für 50 bis 90 Kopek. Den Weizen verbrauchen wir größtentheils im Lande; doch gehen jährlich etliche hundert Lasten nach Holland, Lübeck, Schweden ꝛc. Der Mittelpreis ist 60 bis 70 Rubel für die
Last; oft im Lande selbst weit geringer. Gerste, Gerstenmalz, Haber und Erbsen werden im Lande verbraucht; etwas Geringes verschifft: an Erbsen und Haber haben wir zuweilen selbst Mangel. Von dem letzten
bezahlt man den rigischen Loof gemeiniglich mit 40 Kopek: Eine Last Gerste, oder Gerstenmalz aber mit 26
bis 35 Rubeln.

Balken, Bretter und allerley Holz, haben wir
in einigen Gegenden so häufig und reichlich, daß wir
ohne Nachtheil für uns, den Ausländern jährlich viel
verkaufen. Vielleicht würden wir auch hin und wieder
Masten in unsern Wäldern finden, wenn wir sie verschiffen dürften. Aus Pernau geht lauter liefländisches,
aus Narva und Riga viel russisches und polnisches,
aus Reval gar kein Holz.

Flachs

Flachs wird verschifft, aber von unserm eigenen bey weiten nicht so viel als wir billig sollten und könnten, wenn wir uns mit mehrerer Sorgfalt auf den Anbau eines so allgemein begehrigen Produks legten. In Ehstland wird sogar viel russischer Flachs verbraucht. In den Abhandl. der ökon. Gesellschaft in St. Petersburg 3 Th. wird eine in Riga aufgesetzte Nachricht von unsern Flachs mitgetheilt, daraus ich etwas hier anführe. Guter Flachs muß weiß (man hat auch sehr guten grauen Flachs,) rein, nicht flockig, nicht rauh, sondern wollig und weich seyn, und eine gute Länge haben, die in guten Jahren 1¼ bis 1½ Arschien beträgt. Den besten bauet man im Marienburgischen in Lettland, den man in Riga mit dem besten polnischen gemeiniglich zu einem Preis verkauft. Der Preis hangt von dem jedesmaligen Vorrath, und von den Kommissionen ab welche die Ausländer ertheilen. Der beste kostet in Riga 20 bis 22 Thaler; mitten im Lande ungefähr 14 bis 20 Rubel. Die Seestädte erhandeln ihn von Edelleuten nach Kontrakten, oder von Bauern auf dem Markt. Jedes Bund das gewöhnlich 1 Ließpfund wiegt, muß ein beeidigter Bracker besehen, dessen Würde und Namen bestimmen. Wenn der Flachs die Güte des marienburgischen hat, so bleibt das Band mit seiner aus 2 Streifen bestehenden Decke unversehrt. Hingegen wird eine dieser Decken zerschnitten, wenn er schlechter ausfällt; dann heißt er marienburgscher, zerschnittener oder geschnittener, und ist 3 bis 4 Thaler wohlfeiler als der gute. Ist er noch schlechter, so werden beyde Bänder des Bundes zerschnitten, heißt Risten-Dreyband, und wird um etliche Thaler wohlfeiler verkauft als der geschnittene: das Schifpfund etwa für 15 Thaler. Der gewöhnliche (oder liefländische gemeine) Dreyband, der kein besonderes Zeichen hat, wird nach der Länge mit 3 oder 4 Bindfaden zusammengezogen, und kostet in Riga 10 bis 12 Thaler. Fehlen ihm aber auch

auch die hierzu erforderlichen Eigenschaften, so wird er durch beeidigte Leute gereiniget und gehörig bearbeitet. Engländer, Holländer, Dänen, Schweden, Portugiesen, Lübecker sind unsre Abnehmer: die ersten am meisten; Franzosen kaufen nur wenig. Spanier und Italiäner haben in den letzten Jahren viel feinen Flachs gekauft. Dreyland geht größtentheils nach Portugal.

Hanf würden wir nur wenig zu verschiffen haben, wenn uns nicht die benachbarten Länder viel zuführten. Wir legen uns in der That zu wenig auf dessen Anbau, und das meiste verbrauchet Jedermann selbst: nur Lettland treibt darmit einen Handel. Engeland, Holland, Dännemark, Schweden, Spanien, Frankreich, Portugal, Lübeck, Hamburg, sind willige Abnehmer. Mit der Hanfsaat hat es gleiche Bewandtniß.

Leinsaamen verschiffen wir viel; ein großer Theil davon ist nicht auf unsern Feldern gewachsen. Ein großer Unterscheid wird zwischen Leinsaamen zur Saat, und zwischen Schlagsaat beobachtet; und in Riga wo die größte Ausschiffung ist, hierzu alle Vorsicht gebraucht. Die letzte ist 1 bis 3 Thaler wohlfeiler als die erste; sie taugt nicht zum Säen, hat keinen Glanz, ist von dunkelbrauner, oft schwärzlicher Farbe, unrein, unreif, oder hat lange an einem feuchten Ort gelegen. Damit aller Betrug und Vermischung vermieden werde, ist in Riga der Gebrauch, in letzten Tagen des Augusts ehe die frische Saat eingebracht wird, alle Bürger-Speicher zu untersuchen: aller vom abgewichenen Jahre übrig gebliebene Leinsaamen wird auf die Stadtspeicher geführt, und von da als Schlagsaat verkauft. Frische Saat wird mit einem eidlichen Zeugniß begleitet, daß sie von dem laufenden Jahre, und nicht aus Gegenden sey, die bloße Schlagsaat liefern, worzu besonders die von Polozk und gleich hinter Drujen, gehören, deren Saat bloß als Schlagsaat verschifft wird.

Häute,

Häute, Talch, geſalzen Fleiſch, Butter, wür=
den wir weit mehr verſchiffen, wenn nicht ein großer
Theil unſrer Maſtochſen nach Petersburg ginge; nicht
jeder Deutſcher Talchlichte brennte, weil wir den Ge=
brauch der Lampen hier verabſcheuen; nicht die öftern
Viehſeuchen klägliche Verwüſtungen anrichteten; und
unſer Luxus nicht ſo ſehr viel Butter verbrauchte. Für
unſern

Kalk und Gips, ſollten wir billig bey den Aus=
ländern einen beträchtlichern Abſatz ſuchen.

Steine (Flieſen) werden verſchifft: aber bey wei=
ten nicht ſo viel als wir könnten. Aus Reval gehen ei=
nige nach Lübeck; die merjamaſchen nach St. Peters=
burg: zuweilen werden welche nach liefländiſchen Städ=
ten verladen. Die Ausfuhre von liefländiſchen

Wachs und Honig iſt von keinem Belang; wir
legen uns viel zu wenig auf die Bienenzucht, ſonderlich
in Ehſtland: unſer eigner Honigverbrauch läßt wenig
zum Verſchiffen übrig. Das lifländiſche Wachs iſt übri=
gens das beſte. Der Ausländer liebt zu leichterer Ent=
deckung des Betrugs, kleine Boden. Die aus Polen
ſind groß.

Peltereyen von Bären, Wölfen, Lüchſen, Füch=
ſen, Haſen, Grauwerken (Eichhörnchen) u. d. gl. wer=
den bey uns niemals einen beträchtlichen Handlungszweig
geben; wir bedürfen ſelbſt noch viel aus Rußland; legen
uns zu wenig auf die Jagd und Fang dieſer Thiere; und
viele Felle achten wir gar nicht. Auf dem Lande verfau=
len in den meiſten Häuſern die Haſenbälge ungenutzt.

Federwild haben wir im Ueberfluß: unſer Luxus
läßt wenig zum Verſenden übrig: ein nicht eben bemit=
telter Handwerksmann verzehrt jährlich gewiß weit über
100 Birkhüner.

Federn kaufen wir jährlich aus Rußland; wir wür=
den das nicht nöthig haben, vielleicht gar einen Handel

darmit treiben, wenn wir mehrere Gänse halten, Kraniche, Schwäne und wilde Gänse schießen, und die Federn von unserm Federwild besser nutzen würden.

Hopfen solten wir verschiffen; wir legen uns zu wenig auf dessen Anbau, und müssen oft zu dem russischen u. d. gl. Hopfen unsre Zuflucht nehmen.

Seehund=Felle und Speck schlagen kaum zu unserm eigenen Verbrauch vor.

Fische gesalzene und getrocknete, werden wir nicht leicht verschiffen, da Deutsche und Bauern sie unter ihre unentbehrliche Bedürfnisse zählen: wir erhalten und verbrauchen sogar eine große Menge aus Rußland und andern Ländern. Eben so in Ansehung des

Obstes, und der Morcheln.

Schwefelkies, daraus die sogenannten Gesundheitssteine geschliffen werden, könnten wir vielleicht in ausländischen Fabriken absetzen, oder selbst vortheilhaft verbrauchen.

Bernstein finden wir viel zu wenig zu einem Handlungszweig. Unsre meiste

Wolle ist sehr grob und wird im Lande verbraucht.

Ziegenwolle wird nur in den wenigsten Wirthschaften gesammelt.

Hörner, Schweinsborsten, allerley Haare, versenden wir; die ersten sonderlich nach Rußland; sie machen keinen beträchtlichen Handel.

Kümmel und Senf könnten kleine Handlungszweige geben, wenn wir sie fleißiger sammelten, und sie auf unsern wüsten Ländern oder Heuschlägen baueten. Ob unser

Schachtelhalm und die gemeine Färberröthe Abnehmer finden möchten, weis ich nicht; vermuthe es aber.

Wie viel von den angegebenen liefländischen Produkten jährlich verschiffet werde, läßt sich nicht genau bestim=

ſtimmen. Mit dem was wir aus Rußland und Polen erhalten und dann verſchiffen, betragen die vornehmſten Zweige in allen lieſländiſchen Häven überhaupt ungefähr

20 bis 28,000 Laſten von allerley Getraide.
80 bis 140,000 Tonnen Leinſamen.
50 bis 90,000 Tonnen Hanfſaat.
50 bis 80,000 Schifpfund Hanf.
60 bis 80,000 Schifpfund Flachs.

Nur wenig wird aus dem Lande des Sommers und im Herbſt bey trocknen Wetter, nach den Seelänten verführt: bey guter Schlittenbahn wimmelt es auf den Straßen von Menſchen die unſre Produkten verführen.

## Die Zufuhre aus andern Ländern.

Bey unſrer glücklichen Lage, da uns die Oſtſee von 2 Seiten umgiebt, wird es uns leicht, aus andern Ländern alle Bedürfniſſe gegen unſre Produkten zu verſchreiben. Das Salz ſteht als das nötigſte und unentbehrlichſte oben an; ferner da es uns an eignen Fabriken fehlt, alles was zu unſrer deutſchen Kleidung gehört; auch Eiſen, Bley, Zinn, Weine, Gewürz und was unſer Luxus zu Bedürfniſſen und zu Ergötzungen gemacht hat.

Aus Rußland erhalten wir vielerley nothwendige und angenehme Waaren, die wir verſchreiben, und eines Theils von herumfahrenden Ruſſen vor unſern Thüren kaufen. Sie ſind wohlfeil, weil der ſparſame arbeitſame ſich mit wenigem behelfende und oft faſiende Ruſſe, auf ſeinen geringen Aufwand, auch auf die Fracht, wenig rechnet, weil man in Rußland Pferde genug hat; überdieß tragen die uns zugeführten ruſſiſchen Waaren einen ſehr kleinen Zoll. Dahin gehören allerley gefrorne, geſalzene und geräucherte Fiſche; Kaviar, davon wir jährlich viele hundert Pfunde verzehren; Peltereyen; gemei-

ner

ner Toback für unsre Bauern, den, wie man sagt, auswärtige Fabriken sehr zu verbessern verstehen, er wird
uns blos in getrockneten Blättern zugeführt; Hopfen;
Eisen in Stangen und Platen; Nägel; Kupfer; das
vortrefliche sogenannte moskowische Weißenmehl; Lichte;
Talch; Seife, die weit besser ist als unsre gewöhnliche;
Federwild; Federn; allerley seidene, leinene, wollene
und baumwollene Zeuge; eben dergleichen Tücher, die
moskowischen seidenen verdienen wegen ihrer Schönheit,
Größe und ihres wohlfeilen Preises einen Vorzug vor
den italiänischen; Tapeten; Blonden; Bettzeug; Leder;
Pferdegeschirre; Beschläge; Spiegel; Messinggeschirre;
Steingut; Oefen u. d. gl.; sonderlich Flachs, Hanf,
Balken und allerley Holz, verschiedene Arten von Leinwand und Drell, Segeltuch, Matten rc., als von denen der größte Theil wieder verschiffet wird. Diejenigen
welche vermöge eines Kontrakts Brantewein an die Kro-
he liefern, haben Freyheit in Rußland Korn aufzukaufen
und zollfrey einzuführen; und etliche Gegenden sonderlich
Narva und Dorpt, erhalten ihr Holz vermittelst des pleskowischen und des Peipussees auf bequeme Art aus Rußland. — Dagegen verführen wir dahin eine große
Menge Brantewein, etwas Glas, Stärke, Obst, Butter, Bockshörner, auch Pferde und viel Mastvieh; welches wir theils zu Wasser, theils zu Lande, ohne allzu-
große Unkosten thun. In Rußland, auch in Ingermanland, wird jetzt schon viel Brantewein gebrannt,
auch viel Glas gemacht: es scheint daher, als werde nach
und nach unser Absatz von dieser Seite leiden; die russischen Waaren können wir nicht entbehren.

Aus Polen, sonderlich aus den nunmehr zu Rußland gehörigen Provinzen, werden sehr viele Waaren
alle Waldwaaren auf der Düna im Frühjahr mit hohen
Wasser, nach Riga gebracht, und von dort verschiffet
nemlich Masten, Balken und allerley Holz, Korn, Hanf
und

und Leinſaat, Flachs, Hanf, Pott= und Weidaſche u.
d. gl., dagegen kauft der Pole Salz, Wein, Heringe,
Tücher u. d. gl. Wegen des Vorſchuſſes muß der pol=
niſche Handel, wenn er vortheilhaft ſeyn und durchge=
ſezt werden ſoll, von reichen Leuten getrieben werden,
weil oft viel Vorſchuß verlohren geht: welches aber der
geſchickte Kaufmann auf andre Art zu erſetzen verſteht,
in ſo fern es die Wettordnung erlaubt.

Daß von ſeewärts einkommenden Waaren nicht
in allen unſern Seeſtädten einerley Zoll bezahlt wird,
wurde ſchon im erſten Bande S. 182 gemeldet. In
Narva iſt der höchſte, dem petersburgiſchen gleich, er
wird nach einer Kaiſerl. Ukaſe vom 9ten Aug. 1762 er=
hoben. Ueberhaupt wurde 1767 ein neuer Zolltarif
ausgegeben, den man in Haigolds (Schlözers) Bey=
lagen zum neu veränderten Rußland 2ten Th. findet.
In Riga und Pernau iſt er gleich; in Reval am niedrig=
ſten. Narva würde mehr ausländiſche Waaren in Ehſtland
abſetzen, wenn dieſelben durch den hohen Zoll nicht zu
einem Preiſe ſtiegen, der mit dem revalſchen keine Ver=
gleichung aushält. Manches könnte in Reval wegen
des niedrigen Zolls noch weit wohlfeiler ſeyn. Vom
engliſchen Bier z. B. werden ungefähr 4 und von etlichen
Seidenzeugen 3 bis 4 Procent bezahlt; da man hinge=
gen in Riga im Durchſchnitt etwa 10 Procent rechnen
muß. Und gleichwohl ſind hier, gar in Dorpt, wo noch
beſondre Landfracht und Kommiſſionsprocente müſſen be=
zahlt werden, etliche Waaren wohlfeiler als in Reval.

In den oſtſeeiſchen Provinzen werden die Viktua=
lien aus einem Haven in den andern zollfrey geführt,
auch nach St. Petersburg; nur müſſen Zeugniſſe bey=
gebracht werden, und die Eigenthümer unter Bürg=
ſchaft ſich anheiſchig machen, ſelbige beyzubringen, da=
mit dergleichen Dinge nicht etwa durch Unterſchleif zoll=
frey aus dem Lande gehen. — Alle im Lande manu=

factu=

facturirte und fabricirte Waaren werden in Reval ganz
frey eingeführt; in Riga müssen sie bey dem Thor an=
gegeben, nach dem Portorium gebracht, und mit 2 Pro=
cent vom Werthe, verzollet werden. Dieß bringt der
hohen Krone sehr wenig ein. Der Bauer, welcher seine
zum Verkauf eingebrachten 1 oder 2 paar Handschuhe
oder Strümpfe, aus Leichtsinn oder aus Unwissenheit
nicht angiebt, verliert die ganze Frucht seines Fleißes
und seiner Muße durch Confiscation, und weil er wenig
nachdenkt, oft zugleich die Lust zu dergleichen kleinen
Geschäften. — Damit die in Liefland niedrig verzoll=
ten ausländischen Waaren nicht heimlich nach Rußland,
noch russische unverzollt nach Liefland, gebracht werden
mögen: stehen gegen die Gränze aller Orten Vorposten;
theils ein Officier mit 12; theils an geringern Orten, ein
Unterofficier mit 3 Mann. Nebenwege sind verhauen,
und Reisende oft gezwungen, Umwege zu nehmen. Im
Winter mag vielleicht mancher durchzuschlüpfen Mittel
finden.

Fast alle Waaren bringt uns der Ausländer in sei=
nen Schiffen; mit eben denselben holt er unsre Produk=
te ab. Nun fangen erst unsre Kaufleute an eigne Schif=
fe zu halten, doch nur etliche wenige; auch senden sie
das Wenigste auf eigne Rechnung aus. Etliche reval=
sche Kaufleute haben jezt drey eigne Schiffe. — In
Riga ist ein Schifswerft: man sagt, daß es dem Eigen=
thümer eben keinen großen Vortheil geben soll, ob wir
gleich alle zum Schifsbau gehörende Materialien den
Ausländern verkaufen, und durch Russen können wohl=
feil arbeiten lassen. Vielleicht ist der Eigenthümer zu
gelinde, bey der Nachläßigkeit seiner Arbeiter. — Ein
noch lebender Edelmann hatte ein Schif, um darmit
Steine zum Vestungsbau nach Pernau zu führen; ein
andrer verschiffte mit einem, im vorigen preussischen
Kriege, allerley Bedürfnisse an die russische damals in
Preußen

Preußen stehende Armee. Von Dagen geht noch jezt
jährlich ein eignes adliches Schif nach Lübeck. Alles
dieß hat keinen Einfluß aufs Ganze, wenn man an unsre ausgebreitete Handlung denkt. Schon in andern
Büchern, z. B. in Hrn. Büschings Magazin, liest man
davon Nachricht: sie mit einem Blick erwägen zu können, nenne ich die ungefähre Anzahl aller in liefländischen Seestädten und Häven jährlich ankommender
Schiffe:

In Riga 530 bis gegen 1000. In den Jahren da
die großen Transporte nach Colberg und zur Armee
gingen, zählte man hier 1200 Schiffe.

In Reval 90 bis 200
In Narva 60 — 170
In Pernau 55 — 100
In Arensburg 30 — 36
In Habsal 4 — 12

Riga hat viel ein- und ausgehende Waaren; Reval sezt viel ausländische Waaren ab, nur fehlt es an
Rückfracht; Narva und Pernau verschiffen viel, aber
die Schiffe kommen mit Ballast, weil beyde Städte
nicht genugsamen Absatz ausländischer Waaren haben.
Arensburg versorgt die Insel Oesel mit allen auswärtigen Bedürfnissen, sonderlich mit Salz, und verschifft
die dasigen Produkten. Habsal welches jezt aufzukom-
men scheint, kann wenig verschiffen und wenig verschreiben, da sich die meisten Umherwohnenden nach Reval
wenden.

Strandrecht darf hier unter keinerley Titel ausgeübt werden. Nach einem Kaiserl. Befehl soll nur ein
billiges Bergelohn zur Aufmunterung der herzueilenden
gezahlt werden. Ueberschrittene Billigkeit von einem
oder dem andern Theil, veranlaßt Beschwerden und gerichtliche Entscheidung. In einigen Gegenden soll, wie

Y 4 ich

ich gehört habe, ein gestrandetes Schif an den Grundherrn 48 Rubel, ausser der Belohnung für die herbey-
geeilten Leute, gezahlt haben.

## Von Fabriken und einigen damit verwandten Dingen.

In Betracht der Größe des Landes, haben wir ungemein wenig Fabriken. Das ist eben kein beträchtlicher Verlust: viele Waaren kaufen wir beynahe wohlfeiler von Ausländern, als wenn sie hier verfertigt werden; weil wir zur Unterhaltung der Fabrik allerley verschreiben müssen; oder weil der angenommene deutsche
Fabrikant bald merkt, daß es blos bey ihm steht, sein
Arbeitslohn willführlich zu erhöhen; oder weil uns die
gehörige Kenntniß zur Anlage und glücklichen Fortse-
ßung fehlt, daher wir uns oft zu sehr auf die Treue eines
gewissenlosen, faulen und stolzen Arbeiters verlassen müssen, der bey der geringsten Nachfrage die Fabrik verläßt,
und den Eigenthümer in Verlegenheit seßt. Manche
haben Versuche gemacht, sich aber bald durch den schlechten Erfolg abschrecken lassen. In Gegenden, wo wir
auf wüst liegenden Lande unsrer Bauern Hände durch
Ackerbau vortheilhafter und sichrer brauchen können, sind
Fabriken nicht sonderlich zu empfehlen, am wenigsten
solche, durch welche dem Ackerbau viele Hände entzogen
werden. Daß unsre Städte, und diejenigen Güter die
bey ihrem Ueberfluß an Menschen wenig Kornland haben, nicht sorgfältiger auf Fabriken denken, würde eine
Verwunderung verdienen, wenn wir nicht überhaupt
eine Art von Abneigung und Furcht vor dergleichen Versuchen fühlten. Nur wenige Liefländer sind in solchen
Dingen unternehmend. Der Adel hat eine Berechtigung auf seinen Gütern Fabriken anzulegen; Einige haben davon Gebrauch gemacht; ob immer mit dem gehoff-
ten

ten Vortheil, wage ich nicht zu bestimmen. Manche
Fabrik kann übrigens ohne Gefahr und mit eignen Leu=
ten unterhalten werden; auf solche sollten wir uns we=
nigstens legen: was wir hier bereiten, dafür dürfen wir
kein Geld aus dem Lande senden: vielleicht könnten nach
und nach gar neue Handlungszweige zum Vortheil des
Landes und der Städte, entspringen; wenigstens sollte
Reval auf dergleichen Mittel denken, damit ankommende
Schiffe anstatt des Ballastes eine Rückfracht, wäre sie
auch noch so geringe, einnehmen könnten. Zu allen
Zeiten hat die Krone unsre Fabriken begünstiget, und so
gar die Einführung der darzu erfoderlichen Materialien
mit geringem, oder mit gar keinem, Zoll belegt. Es
scheint als fingen unsre Städte an auf Fabriken zu den=
ken: bey einer guten Einrichtung, und wenn wir Ruf=
sen oder hiesige Bauern anstellen, müssen wir das meiste
weit wohlfeiler liefern können, als andre Länder, wo Ar=
beitslohn und Lebensmittel unerhört theuer sind. So
lange inzwischen der hiesige Sklav kein Handwerk
lernen darf, und der deutsche Professionist seine Bequem=
lichkeit und den Luxus liebt, wodurch er den Preis sei=
nes Arbeitslohns nothwendig steigern muß; werden wir
immer viel rohe Produkte versenden, Fabriken hier sel=
ten seyn und in ihrer Kindheit bleiben. Die vor meh=
rern Jahren von einem unternehmenden aber nicht hin=
länglich erfahrnen, Kaufmann in Dorpt angelegten Fa=
briken geriethen bald, wie verschiedene auf dem Lande, ins
Stecken. Tobackspinnereyen, die vor mehrern Jah=
ren in den Städten häufig von Kaufleuten, und von
etlichen Edelleuten auf dem Lande, unterhalten wurden,
haben beynahe ganz aufgehört, nachdem die Verpach=
tung des Tobacks in Rußland aufgehoben worden, wo=
durch wir jezt hier im Lande ein Schifpfund russischen
Blattoback für 10 bis 12 Rubel kaufen, und ungespon=
nen in losen Blättern an den Bauer verkaufen, der sich

Y 5                              seit

seit einiger Zeit selbst mit desselben Anbau zu beschäftigen angefangen hat. Unsre jetzigen Fabriken sind

Weberey, die allergemeinste; in jedem Bauerhaus
ist ein Weberstuhl, und jede Bäuerin webt ihre wollene
Kleidung, eine Art von Drell, und gemeine Leinwand.
Aus einem Pfund grober Wolle erhält man 1 Elle Wat-
man (grobes Tuch zu Bauerröcken,) und diese kostet gemeiniglich 12 bis 15 Kopek. Ein Pfund Wolle kostet 10,
diese zu spinnen 4, und zu wirken 2 Kopek: eine solche
Fabrik bringt demnach wenig Vortheil, gar Verlust. —
Die Höfe lassen in Gesindern ohne Bezahlung spinnen,
oder sie nehmen anstatt der Arbeiter des Winters Spinn-
mägde, welche die ganze Woche hindurch etwas Festge-
setztes müssen spinnen, gemeiniglich 2 Pfund dreyellig,
oder 1 Pfund vierellig, Garn d. i. solches davon ein
Pfund 3 oder 4 Ellen Leinwand giebt. Solche Spinn-
mägde zu halten, ist, wo man die Arbeiter besser nutzen
kann, kein Vortheil; aber gemeiniglich nimmt man sie
aus armen Gesindern die wenig Anspann haben. Von
Fremden nimmt das Bauerweib für 1 Pfund vierellig
Garn ungefähr 15, und für dreyelliges Spinnerlohn
8 Kopek: für das erste müßte sie billig, da es 6 volle
Tage Zeit erfordert, 40 Kopek bekommen. Die Höfe
berechnen das Spinnen, Wirken, Waschen und Blei-
chen, weil es kein baares Geld kostet, gering: nach einer
genauern Berechnung ist bey unsern Leinwandfabriken
zum Verkauf, kein Vortheil. — Unsre Bauern lernen
bald allerley künstliche Muster weben. Die Deutschen
verbrauchen durch häufige Gäste, und durch die Menge
ihrer eignen Bedienten jährlich sehr viel Leinwand.
Ganz feine machen wir hier selten; der Holländer versorgt uns damit, und wir verkaufen ihm darzu den
Flachs. — Knaben und kleine Mädchen, auch kränkliche
und alte Personen die des Winters nichts verdienen können,

nen, ſollten wir zwingen zu ſpinnen. Aus unſrer Leinwand möchte nicht leicht ein Handlungszweig entſtehen.

Färberey findet man beynahe in jedem Hauſe:
auch unſer Bauer verſteht ſeinem Garn allerley Farben
zu geben; aber alles nur zu eignem Verbrauch.

Branteweinbrand ſteht unter unſern Fabriken
oben an: im vorhergehenden Kapitel geſchahe hiervon
gehörige Anzeige. Ein großer Theil unſers Branteweins
geht jetzt nach St. Petersburg: vielleicht kann er einmal
als ein vortheilhafter Handlungszweig Schiffen eine gute
Rückfracht geben: es ſcheint, als denke und arbeite man
ſchon jetzt daran.

Glashütten werden angelegt, und gehen ein: in
mancher Gegend können ſie ohne Nachtheil für die Wälder unterhalten werden. Der Abſatz des Glaſes iſt jetzt
geringer als vor einigen Jahren, weil jetzt nur wenig
nach St. Petersburg geht, wo bereits verſchiedene nähere
Glashütten ihren Vortheil finden. Nach Kurland verführen wir etwas: wir ſollten auch in andern Ländern
Abnehmer ſuchen. Wir machen nur gemeines, ſchlech-
tes, weiſſes und grünes Glas: anſtatt der Soude nehmen wir blos Holzaſche. Die Steine zum Ofen, und den
Thon zu Töpfen, müſſen wir auswärts verſchreiben. Die
Fabrikanten ſind Ausländer, meiſt Meklenburger; zuweilen lernt ein hieſiger Deutſcher bey ihnen aus; der
hieſige Bauer als Handlanger, wird nie von ihnen unterrichtet. Sie bekommen jetzt ein Drittheil mehr Arbeitslohn, als vor einigen Jahren. Da wir auch das Salz
verſchreiben müſſen, ſo haben wir ſelbſt zu dieſer Fabrik
nur Aſche, Sand und Holz.

Eine Fayence-Fabrik hat der Apotheker Hr. Sick
in Reval vor einiger Zeit angelegt, ſie liefert ſehr artige
Arbeit. Den Thon fand er von ungefähr, da er eine feuer-
beſtändige Thonerde zu Schmelztiegeln ſuchte. Man
findet in Liefland mehrere Thonarten: vielleicht dereinſt
brauch-

brauchbaren Stoff zu allerley Fabriken. Eines Land-
edelmanns versuchte Porcellanfabrik erstarb in der Anlage: Eine andre, wo Dosen und Tassen von lackirter
Pappe gemacht wurden, hatte eben das Schicksal.

Stärke (Amidon, liesländ. Stärklis) und Puder
erhielten wir sonst aus Deutschland, für unsern Weitzen,
und mußten folglich dem Ausländer ausser seinem Arbeitslohn und dem Vortheil des Kaufmanns, die Aus-
lage für den aus- und eingehenden Zoll und für die doppelte Fracht, bezahlen. Nun haben wir selbst drey dergleichen Fabriken, denen es aber, ich weis nicht warum,
noch nicht nach Wunsch glücken will. Die Zufuhre aus
Deutschland hat noch nicht aufgehört. Stärke zum eignen Verbrauch macht fast jeder Hof.

Papiermühlen, die gutes, aber zu unserm Verbrauch nicht genug, Papier liefern: eine Menge wird
jährlich aus andern Ländern gebracht. Das zu Rapin
verfertigte Druckpapier ist so gut als das deutsche, und
wohlfeiler. Nur machen die Lumpen viel Beschwerde
und Hinderniß. Der Deutsche in Liesland und seine
Dienstbothen, achten und sammeln sie nicht; höchstens
werden sie zur Bedeckung armer Bauerkinder verbraucht;
die meisten ungenutzt weggeworfen. Der Bauer verträgt sie, und was nicht mehr taugt windet er um seine
Füße, wo es endlich durch die Nässe verfault. Die
meisten Lumpen werden in Rußland aufgekauft.

Pottasche wird hier gemacht, und theils nach Riga,
theils nach St. Petersburg verführt: billig sollten Mehrere dergleichen Fabriken anlegen.

Kupferhämmer, wo das aus Petersburg, auch
aus Schweden, in Stangen gebrachte Kupfer geschmie-
det wird, haben und brauchen wir bey unserm großen
Branteweinbrand. Die Anlage eines solchen Hammers
kann nicht unter 1000 Rubeln, auf dem Lande, bestritten werden: der Vortheil für den Eigenthümer, der deut-

sche

ſche Meiſter darbey halten muß, ſteigt nicht hoch. Eine
Rattenfabrik bey Riga, und
Stecknadelfabriken in einigen Städten, im
gleichen
Tapetenfabriken, und Repſchlägereyen haben
wir.
Gerbereyen ſind in den Städten, auch von etlichen Edelleuten auf dem Lande, angelegt worden. Es
iſt bekannt, daß die Lohgerber in Neapel, wo die größten
Sohlhäute 72 Pfund wiegen, zu deren Zubereitung drey,
und in Frankreich, wo ſie etwa 50 Pfund wiegen, zwey
Jahre brauchen: unſre von guten hieſigen Ochſen, wiegen höchſtens 30 Pfund, ſie werden aber in einem Jahr,
auch wohl noch früher fertig. Die rohe Haut koſtet etwa
180 Kop. das Arbeitslohn 1 Rubel: gleichwohl wird
eine fertige für 5 Rubel, und, wenn man mehrere nimmt,
das Pfund für 15 Kop. verkauft. Zur Gährung nehmen wir hier Roggenmehl; zur Farbe Birkenrinden, und
zur Garmachung Gräenrinden die freylich ſehr ſtreng
ſind, daher man ſie mit Eichenrinden vermiſcht, wo ſie
zu haben ſind. Kalk und Aſche werden hier nicht zur
Zubereitung gebraucht: es giebt ſehr dicke ruſſiſche Sohlhäute die wenig aushalten, weil ſie mit Aſche bereitet
ſind. Fett wird hier nicht, aber Gräenrinde dreymal,
die Birkenrinde noch öfter, hinzugelegt. Ein Blank-
leder von einem Ochſen wiegt 15 bis 20 Pfund, und
koſtet gegen 3 Rubel. Ein rohes Kalbfell koſtet 20, ein
gegorbenes 50 Kopek.— Die Weiß- oder Semiſchgerber
brauchen zur Zubereitung eines Bockfells etwa 7 Wochen; ihr Arbeitslohn iſt 25 bis 30 Kop. Ein großes,
das man roh vom Bauer für 60 bis 80 Kop. kauft,
wiegt zubereitet 1 bis $1\frac{1}{2}$ Pfund, jedes Pfund wird mit
90 bis 100 Kop. bezahlt. Die rohen Felle werden erſt
in Kalk gelegt, dann gewalket, endlich mit Lauge gewa-
ſchen. Ein Ließpfund Sääl- (Seehund-) Speck koſtete
vor

vor 20 Jahren 15 Kopek, jetzt wohl 1 bis 1½ Rubel;
den Thran bezahlt man mit 2 bis 2½ Rubel, aber die
Gerber schmelzen ihn selbst aus.  Ihr größter Vortheil
erwächst aus dem, was von Fellen abfällt.  Aus dem
Abgeschabten kochen sie Leim, den sie in Städten für
2 Rubel das Ließpfund, auch noch theurer, verkaufen.
Die Hörner erhandeln meistentheils die Russen für ihre
Kammfabriken; die Bockhaare werden in den Städten,
das Ließpfund für 1 Rubel, verkauft und verschifft; die
guten, langen erhandeln die Parrückenmacher, das Pfund
für 20 bis 25 Kopek.

Mauer- und Dachsteine lassen viele Höfe brennen zu eignen Gebrauch, und zum Verkauf an ihre
Nachbarn: noch jährlich bringen ausländische Schiffe
eine große Menge in unsre Städte.  Billig sollten wir
mehrere Sorgfalt auf die Zubereitung wenden, dauerhaftere Steine zu liefern suchen, die Städte selbst darmit
versorgen, und wo möglich, leer zurückgehende Schiffe,
wenigstens anstatt Ballastes, mit Steinen befrachten.
Edelleute, die gnugsames Holz und Erbleute zur Zubereitung haben, können sie wohlfeil liefern.  Das Be-
schwerlichste ist das Verführen nach der Seestadt.

Pech, Theer und Harz, könnten Handlungszweige werden; unsre großen Wälder würden dadurch
nichts leiden: genug Holz und alle Baumwurzeln verfaulen ungenutzt.  An einigen Orten wird Theer gemacht; den meisten kaufen wir selbst aus Rußland.
Auch könnten wir Dägot (ließ. Deggut) aus unsern
Birkenrinden brennen und damit handeln.

Darmsaiten haben einige zum eignen Gebrauch
versucht zu machen: bey unserm häufigen Viehschlachten
wäre es leicht, dergleichen Fabriken zu unterhalten.

Essig verschreiben wir; gleichwohl können wir aus
Birkwasser, aus Brantwein-Nachleck, aus Wasser mit
Brantewein und Honig vermischt, aus Bier, aus Aepfel-
trank,

tranf, beſſern und weit wohlfeilern machen, als gemei=
niglich der ſeewärts eingebrachte Bier= und Weineſſig iſt.

Wacholderſaft und Oel wird an einigen Orten
gemacht, aber nicht darmit gehandelt.

Salpeter zu ſieden, geſchahe ein Verſuch, der
nicht glückte: vielleicht gelingt es künftig beſſer.

Schwefelkies iſt bisher blos im baltiſchen Port
zu den ſogenannten Geſundheitſteinen geſchliffen worden:
vielleicht lernt man ihn künftig vortheilhafter nußen.

Bey unſern Zünften und Handwerksinnungen wä=
ren vielleicht etliche Verbeſſerungen nöthig und möglich.
In Engeland dürfen Lehrlinge weder zu häuslichen Ver=
richtungen gebraucht, noch in Unwiſſenheit gelaſſen wer=
den: bey uns fragt kein Menſch, ob und wie ſie Unter=
richt erhalten, vielmehr müſſen ſie ſich zu jedem niedrigen
Knechtsdienſt auf unanſtändige Art gebrauchen laſſen.
Vielleicht liegt hierinn ein Grund von der Gering=
ſchäßung, welcher zuweilen Profeſſioniſten ausgeſeßt
ſind. Die Lehrjahre ſind nicht genau beſtimmt, alles
beruht auf der Verabredung mit dem Meiſter: ſie dauern
gemeiniglich 3 Jahre, wenn der Lehrling ſeine eignen, und,
wenn er des Meiſters Kleider trägt, 5 bis 6 Jahre. ——
Meiſterſtücke, Ladengelder u. d. g. machen dem hieſigen
Profeſſioniſten oft zu thun; ſonderlich ſind die auf dem
Lande zuweilen einer Beunruhigung von den ſtädtiſchen
ausgeſeßt. Dieß gieng einmal ſo weit, daß bey einer
Verordnung nach welcher ſich alle auf dem Lande woh=
nende vertragene Meiſter, zu der Stadt ihres Kreiſes
halten ſollten, in einer gewiſſen Stadt die Zünfte forder=
ten, daß jeder landiſche, ob er gleich ſchon in einer be=
nachbarten Stadt war Meiſter worden, von ihnen einen
neuen Meiſterbrief mit 30 oder mehr Rubeln erkaufen
mußte; welche Bedrückung für arme! Da auf Befehl
des Generalgouvernements 3 Kirchſpiele vom dorptſchen
zum pernauiſchen Kreis geſchlagen, und die darinn woh=
nenden

nenden Professionisten angehalten wurden, sich zu den pernauischen Zünften zu halten, kam das Ordnungsgericht dieses Kreises allen dergleichen Bedrückungen zuvor: die Aufnahme mußte für eine geringe Abgabe geschehen. Mehrere dergleichen Vorfälle übergehe ich stillschweigend.

## Der Landhandel.

Man versteht darunter den Handel welchen der Adel, oder überhaupt jeder Possessor, auf seinen Gütern mit allerley Waaren, sonderlich mit Salz, Eisen, Toback, Heringen u. d. gl. treibt, die er theils auf dem Hofe, theils in Krügen für Geld oder Produkte, an den Bauer verkauft. Hierin wollen Einige großen Verderb, einen Schaden von großen Folgen für die Städte finden. Die Klagen sind übertrieben. Toback und Heringe kan Jedermann in seinem Kruge so gut, als Bier, Brantewein, Brod, Haber und Heu halten: die Bequemlichkeit der Reisenden erfordert es. Gesetzt, der Edelmann verkauft auch an die unter ihm wohnenden Deutschen einige Kleinigkeiten: es ist wohl für die Stadt einerley, ob der Edelmann sie gerade für den Handwerker verschreibt, oder sie auf seinen Namen bringen läßt, und wieder einem ärmern, der nicht nach der Stadt reisen oder schreiben kan, einzeln verkauft: der Absatz bleibt für die Stadt hierbey ganz gleich. Eben so ist es mit dem Salz und Eisen. Wie beschwerlich wäre es, wenn der Bauer für 10 Kop. Salz zu kaufen, 12 Meilen weit oder noch mehr, nach der Stadt reisen solte. Für den Bauer ersetzen die Höfe, in Ansehung des kleinen Handels, den Mangel an kleinen Städten: der Edelmann verschreibt alles aus den Städten, und läßt es mit seinen von dort leer zurückkommenden Fuhren ausbringen. Daß im ganzen Lande etwa 4 Edelleute etliche Waaren gerade auswärts verschreiben, hat, da sie ohnehin in

der

der Stadt Kommissionsgebühren bezahlen, im Ganzen
eben so wenig Einfluß, als daß einige ihr Eisen gerade
aus St. Petersburg bringen lassen. Bauerhändlern und
Höfern entgehen manche Vortheile durch den Landhandel: eben dieß würde geschehen, wenn wir mehrere Städte
hätten. Inzwischen ist etlichemal von Einschränkung des
Landhandels zum Vortheil der Städte, sonderlich der
kleinern und Flecken, geredet worden. Diese würden
äussersten Mangel leiden, wenn der Adel seine Bauern
zwingen wolte, sein Korn und andre Pr dukte am Hofe,
oder in der entlegenen Seestadt, zu verkaufen. Alles
kaufen kleine Städte wohlfeiler von Bauern, als von
Höfen, die, ohne sich an die Weite des Weges zu kehren,
selten unter dem in der Seestadt gewöhnlichen Preis verkaufen. Der Bauer, der einmal in der Stadt ist, kauft
da allezeit einige Bedürfnisse, und traut gemeiniglich
dem mit ihm plaudernden Bürger mehr als seinem Herrn.
Städte und Höfe müssen billig es nicht allzugenau jetzt
mit einander nehmen: diese den Bauer nicht hindern,
sein Korn, als sein beweglich Eigenthum, in der Stadt
zu verkaufen; jene nicht zu eifrig sich über den Landhandel auslassen: gemeiniglich, sonderlich in kleinen Städten, wird der Bauer bey dem Messen betrogen. Im
Herzogthum Liefland sind allerley gute Verordnungen
zum Vortheil der Bauern deswegen ergangen — Einige
Possessoren, die den Bauer wohl traktirten, am längsten
mit ihm sprachen 2c. wurden vor einigen Jahren durch
den Kornaufkauf bald wohlhabend. Nach den letzten
Befehlen und Landtagsschlüssen darf dieß jetzt im rigischen Generalgouvernement nicht mehr geschehen.
Eine andre Art von Landhandel besteht darin, daß
allerley Kramwaaren zum Verkauf im Lande herumgeführt werden. Russische und deutsche Krämer thaten
dieß vormals häufig, sonderlich die ersten; sie fanden darbey Vortheil: für die Bequemlichkeit, kleine Bedürfnisse

in ihren Häusern einkaufen zu können, bezahlen Viele die Waaren gern etwas theurer, und kauften auch wohl solche, die sie nicht aus der Stadt würden verschrieben haben. Dergleichen Landkrämerey ist vor mehrern Jahren scharf untersagt worden, weil den Städten Nachtheil daraus erwachsen kann. Arme Deutsche, die jetzt ihre Bedürfnisse mit Beschwerde aus der entfernten Stadt verschreiben müssen, auch Bauern, werden sich zuweilen der verlohrnen Bequemlichkeit erinnern.

## Die Jahrmärkte.

Im ganzen Lande verdienen nur zwo diesen Namen, nemlich der rigische und einer in Dorpt: alle andre sind unbedeutend; in Reval und Narva ist gar keiner. Der rigische fängt den 20sten Jun. alten Stils an, und dauert bis zum 10ten Jul. Auch auswärtige Kaufleute besuchen ihn. Vor etlichen Jahren erregte dort ein dorptscher Kaufmann eine große Verwunderung: seine Waaren kamen zu bequemer Zeit in Riga an, er schlug eine Bude auf, und fand Absatz. Noch nie hatte dieß vorher ein dorptscher Kaufmann gewagt.

Der dorptsche Jahrmarkt dauert vom 7ten Jan. 3 volle Wochen: rigische Kaufleute bringen die meisten Waaren dahin, und führen viele Tausend Rubel mit sich davon. Man hat gefragt, ob den dorptschen Kaufleuten ein wahrer Vortheil erwachsen würde, wenn mit Ausschließung aller andern, sie allein verkaufen dürften. Vielleicht möchten alsdenn weit weniger Käufer kommen, wenigstens die aus Rußland und Ehstland wegbleiben; es wäre denn, daß die dasigen Buden mit allen begehrigen Waaren, und überhaupt reichlicher versehen würden. Auch jetzt finden die dasigen Kaufleute im Jahrmarkt guten Absatz: sie können ihre Waaren eben so wohlfeil verkaufen als die rigischen, welche alles mit großen Unkosten

kosten müssen hin= und das Uebriggebliebene wieder zu=
rückführen. Inzwischen haben die letzten durch ein Vor=
urtheil bisher die meisten Abnehmer gefunden, und daher
schwere theure Zeuge feilgeboten, die der dorptsche aus
Furcht noch nicht wagen darf zu verschreiben.

In Pernau fängt der Jahrmarkt an 3 Wochen
nach Johannis und dauert lange; verdient aber keinen
Betracht: nur die dasigen Kaufleute halten ihn, wenn
man ein Paar Schweizerbuben, einen Glashändler, und
dann und wann einen auswärtigen Eisenkrämer aus=
nimmt.

Alle übrige Märkte die in kleinen Städten, Flecken,
und auf etlichen hierzu berechtigten Gütern, gehalten
werden, dauern nur 1 oder 2 Tage, und erstrecken sich
gemeiniglich nur auf Pferde, Vieh und allerley Produkte,
die der Bauer feil bietet. Zuweilen kommen aus den na=
hen Städten Krämer und verkaufen allerley Kleinigkeiten;
wobey sie in Gefahr stehen, eine üble Begegnung von
betrunkenen Bauern zu erdulden. Dergleichen Jahr=
märkte sind z. B. zu

Anzen im Dorptschen, auf Lichtmeß und Nikolai.

Dorpt auf Pet. Paul, Mar. Geburt und Michaelis.

Festen in Lettland, auf Mar. Heimsuchung.

Fellin 8 Tage vor Michaelis. Vormals kamen auch
aus einem andern liefl. Städtchen ein Paar Kauf=
leute hieher; dieß wurde zum Vortheil der fellin=
schen auf deren Gesuch, vom Generalgouverne=
ment verboten.

Kerstenbehm in Lettland, auf Philippi Jacobi.

Lemsal, auf Laurenti.

Marienburg, auf Philippi Jacobi.

Odensee den 15ten Jun. und 28sten Oct.

Roop in Lettland, auf Philippi Jacobi und den
Sonntag nach Matthäi.

Sei

Seswegen in Lettland, auf Mar. Himmelf., auf
Jacobi und Michaelis.

Weissenstein 8 Tage vor Michaelis, auf Lichtmeß
und Johannis.

Wenden auf Johannis und Michaelis.

Wolmar auf Annä, Matthäi und Sim. Judä u. f. w.

Eigentliche bestimmte Wochenmärkte sind in keiner
Stadt; der Bauer bringt seine Produkte, wenn er Zeit
findet; man kann täglich auf dem Markte kaufen: nur
in Fellin sind auf Ansuchen etlicher Bürger zween Tage
zum Wochenmarkt neuerlich vestgesetzt worden. Das
vormals gewöhnliche Herumfahren der Bauern durch die
Gassen, ist gleichfalls abgestellt, und durch Marktord-
nungen der öffentliche Verkauf allgemeiner geworden.

## Die Kaufleute.

Da wir mit diesem allgemeinen Namen auch alle
Krämer und Höker, sowohl Deutsche als Russen, bezeichnen, so kann man dreist behaupten, daß fast nirgends
so viel Kaufleute gefunden werden, als in den liefländischen Städten. Freilich sind darunter viele, die bey der
Handlung erzogen und unterrichtet, seit ihrer Verheira-
thung nichts, als Schenkerey, getrieben, und dadurch
ihren Unterhalt gesucht haben. Die meisten jungen Liefländer bürgerlichen Standes zeigen einen Hang zum Handel: nicht aus innrer Ueberzeugung oder besondrer Anlage, sondern durch Gewohnheit. Das Studieren verursachet Mühe und Unkosten; zur Erlernung einer Profes-
sion sind viele zu stolz; der Bürger kann kaum die Zeit
erwarten, da er sich auf eine bequeme Art der bisherigen
Sorge für seinen Sohn oder Pflegbefohlnen, entlediget;
mit Freuden nimmt der Kaufmann einen jungen Menschen auf, ohne nach seiner Fähigkeit und Neigung zu
fragen; genug er findet einen Bedienten, den er zu allerley

lerley Bestellungen, zum Aufwarten beym Tische, u. d. gl.
brauchen, in die Bude stellen, und hierdurch nun mehrere Gemächlichkeit genießen kann. Selten wird hier
Lehrgeld bezahlt; der junge Mensch muß 6 bis 7 Lehrjahre aushalten, während welcher Zeit ihn der Lehrherr
mit Kleidern und Wäsche besorgen, und wenn er ihn
zum Gesellen erklärt, mit einem Ehrenkleid beschenken
muß. Selten stellt der Vater für die Treue seines Sohnes Bürgschaft: hingegen wird der Kaufmann auch nicht
zur Rechenschaft gefodert, ob und wie er seinen Lehrling
unterrichtet hat. Vielleicht versteht mancher in kleinen
Städten, nach ausgestandenen Lehrjahren, kaum anders als an Fingern zu rechnen. Man nimmt Kinder
vom Lande, die bey ihren Eltern gar keinen Unterricht
genossen haben, und stellt sie in eine kleine Bude. Bey
der Langenweile, die der junge Mensch auch als Geselle,
in derselben findet, ist es kein Wunder, wenn ihm Heyrathsgedanken einfallen; er führt sie aus: ohne mehr, als
seines Lehrherrn Bude und seine kleine Vaterstadt gesehen,
ohne den gehörigen Fond zur Anlegung eines eignen Handels, zu haben, wird er Kaufmann, in der beruhigenden Ueberzeugung, daß, wenn alles fehlschlägt, er doch
durch Schenkerey seinen Unterhalt finden könne: und
mancher wird in der That darbey wohlhabend. Auf solche Art nimmt die Anzahl unsrer Kaufleute jährlich zu.

In den Seestädten, auch in Dorpt, giebt es geschickte Kaufleute, die mehrere Länder gesehen, und gehörige Kenntnisse sich erworben haben; in Riga findet
man auch viele bemittelte und reiche: doch sind solche,
die sich mit Londenern, Amsterdamern oder Hamburgern,
in Ansehung des Reichthums, messen könnten, selten.
Vielleicht würden sie alle schneller und leichter reich, wenn
ihre Anzahl geringer wäre. In mancher Stadt setzt ein
Krämer oder Bauerhändler seinen besten Vortheil, und
vielleicht den größten Beweiß seines kaufmännischen

Genies darin, daß er seinen Käufern auf dem Lande die verschriebene Waare zu dem höchsten Preis ansetzet, und deren Unwissenheit oder Leichtgläubigkeit misbrauchet. Wir bauen z. B. selbst keinen Wein; aber mancher Weinhändler versteht die Kunst, Weine zu verkaufen, die er nie verschrieben hat. Edelleute, welche gern ihr Korn des Winters bey dem Kaufmann aufschütten, um es bey ofnen Wasser für den besten Preis losschlagen zu können, haben öfters nach langen, 2 bis 3 jährigen, Warten, einen sehr niedrigen Preis erhalten, blos weil der Kaufmann, welcher das Korn vielleicht längst verkauft hatte, sie von Zeit zu Zeit mit der Hofnung, daß der Preis noch höher steigen werde, schmeichelnd unterhalten hatte. Doch haben wir auch viele rechtschaffene Kaufleute.

Alle unsre einkommenden Waaren müssen wir auswärts assecuriren lassen, weil kein hiesiger Kaufmann diese Art des Handels bisher gewagt hat; auch treibt keiner mit eignen Schiffen, oder blos mit Wechseln, Handlung; ingleichen haben wir keine eigentlichen Handlungsgesellschaften, obgleich zuweilen, sonderlich in Riga, ihrer zween in Gesellschaft handeln. Aus dem Geldumsetzen und Verwechseln, ziehen einige, nicht eben blos die Kaufleute, in besagter Stadt große Vortheile. Viele Großhändler haben, neben ihrem Handel im Ganzen, auch eine Bude. In etlichen Städten ist nur eine Klasse von Kaufleuten, die den Handel, welchen sie erlernt haben, treiben, und wenn es Vermögen und Kredit erlauben, den auswärtigen Handel besorgen. Was hiervon bey jeder Stadt besonders anzumerken ist, kommt im Folgenden vor.

Bauerhändler findet man in allen Städten; in mancher z. B. in Pernau, sind alle Kaufleute Bauerhändler: sie handeln auch mit Deutschen, heißen aber so, weil sie von den Bauern allerley Produkte kaufen,
und

und ſolche Waaren halten, die der Bauer unter ſeine Bedürfniſſe zählt, als Salz, Eiſen, Heringe, Toback u.
d. gl. Einige haben darbey einen Weinkeller, oder eine
Steinbude, oder nürnberger Kram u ſ. w. Vormals
hatten dergleichen Bauerhändler, ſonderlich in Riga,
unter den Bauern ihre eignen Kundleute, die in den
Landesſprachen Freunde hießen; von ſolchen durfte kein
andrer Kaufmann etwas erhandeln; ſie mußten ihre Produkte immer zu dem Einem bringen, bey dem ſie öfters
Geld in voraus erhielten. Wie größer eines ſolchen
Bauerhändlers Kundſchaft unter den Bauern war, (die
zuweilen theuer an einen Andern verkauft wurde,) deſto
mehr blühete ſein Handel. Der Bauer brachte ſeine
Produkte, mußte 1 oder 2 Tage traktirt, ſonderlich mit
ſtarken Getränken vollauf, und, wie er ſich einbildete,
frey, bewirthet werden: mitten im Taumel wurde der
Kauf geſchloſſen, das Korn gemeſſen, der Flachs gewogen u. ſ. w. Allzu gewiſſenhaft mag es nicht immer darbey zugegangen ſeyn: genug, jetzt iſt dieſe Art des Handels in Riga und andern zum Herzogthum Liefland gehörenden Städten ganz verboten. Der Bauer muß Alles
auf den angewieſenen Marktplätzen feil bieten, und nicht
mehr ſein Korn mit ungeheuer großen Külmetten, ſondern mit richtigen Löſen, abmeſſen. In Reval iſt noch
jetzt eine Art von ſolchem Bauerhandel, doch ohne eigentlichen Zwang: der Bauer geht nicht gern von dem Kaufmann ab, mit welchen ſchon ſein Vater, oder er ſelbſt,
ſeit geraumer Zeit gehandelt hat.

Daß in kleinen Städten Senſen, Ellenkram, Gewürz, Toback u. d. gl. in einer Bude neben einander liegen, iſt kein Wunder; bey dem kleinen Abſatz ſucht der
Krämer von allen begehrigen Waaren etwas zu halten:
in größern Städten ſind die Buden zum Vortheil der
Käufer und der Kaufleute, durch Handlungsverordnun-
gen auf gewiſſe Waaren eingeſchränkt.

In

In den größern Städten wohnen viel russische Kauf‑
leute, die aber keinen auswärtigen Handel treiben, son‑
dern mit allerley russischen rohen Produkten und noch
mehr mit den russischen Fabrikwaaren, handeln. Bey
ihrer mäßigen und wohlfeilen Lebensart würden sie, wenn
sie deutsche Waaren halten dürften, alles weit wohlfeiler
als die Deutschen Kaufleute verkaufen, und diese bald
zu Grund richten.

Wegen Fallimenten bedürften wir vielleicht einer
bessern Einrichtung und nachdrücklicherer Gesetze: son‑
derlich wenn in einer Landstadt der nachlässige Kauf‑
mann, der nichts als seine Verschwendung zur Ursach
angeben kann, zu bezahlen aufhört, und dem Krebit der
ganzen Stadt einen Stoß giebt. Auch in Seestädten
sind dergleichen Beyspiele nicht unerhört.

Waaren, die dem Betrug unterworfen sind z. B.
Flachs, erfordern erfahrne glaubwürdige Aufseher, da‑
mit der Krebit erhalten und der Ausländer nicht wider
des hiesigen Kaufmanns Wunsch, hintergangen werde.
Man hat daher in Seestädten, sonderlich in Riga und
Narva, viele Braker, die bey bemerkter Nachlässigkeit
ihren Dienst verlieren, oder für den Schaden haften
müssen. Zuweilen finden verunglückte Kaufleute durch
einen solchen Dienst ihr reichliches Auskommen. Das
sicherste Auge muß ein Mastenbraker haben. In den
größern Seestädten sind auch Mäkler.

Zwey‑

## Zwenter Abschnitt.
## Der Handel in Riga.

Im ganzen Lande der wichtigste und ausgebreiteste, man sehe auf die einkommenden oder auf die ausgehenden Waaren: den größten Betracht verdienen die letzten. Hr. Büsching hat im 3ten Band seines Magazins ein Verzeichniß aller im Jahr 1761 in Riga seewärts ein- und ausgegangener Waaren geliefert: ich werde nichts Ueberflüssiges leisten, wenn ich hier auch dergleichen Verzeichnisse einrücke, bey denen ich aber vornemlich darauf sehe, daß meine Leser sich von der Größe des Handels und dessen Beschaffenheit, einen hinlänglichen Begrif mögen machen. Etliche Erläuterungen und Erklärungen muß ich vorher geben; was bereits im ersten Band S. 125 bis 129, auch S. 197 u. f. unter andern von einem Projekt zur Beeinträchtigung des rigischen Handels erwähnt wurde, übergehe ich hier stillschweigend, so wie die dasige Handelsordnung und Zollberechnung, die man bereits einzeln gedruckt und in andern Büchern findet, unter andern in Hrn. Schmidts Beyträgen zur Kenntniß der Staatsverfassung von Rußland S. 87 u. f. Was ich hier liefere, habe ich meistentheils aus den zuverläßigsten Händen, unter andern von Hrn. Thom. Zuckerbecker erhalten, dessen und etlicher andern dasigen erfahrnen Männer liebreiche Unterstützung ich öffentlich rühmen kan.

Einige zählen 7 verschiedene Arten von Kaufleuten, nämlich: 1) Großhändler, 2) Polenhändler, die alles von den Polen erhandeln: wegen der unumgänglich nöthigen großen Vorschüsse erfordert ihr Handel ansehnliche

Summen. Einigen hat es darbey geglücket; Anfänger
haben manche Hindernisse zu übersteigen. 3) Mate=
rialisten, die alles Gewürz u. d. gl. im Ganzen verschrei=
ben, und eben so für den Einkaufspreis verkaufen, wor=
bey sie gewisse sichere Vortheile und Procente unter an=
dern durch den Wechselcours, gewinnen. 4) Krämer,
die Seiden= u. d. gl. Buden halten. 5) Bauerhändler,
welche die von Höfen und Bauern eingebrachten Pro=
dukte kaufen; solche sind zuweilen zugleich Polenhändler.
6) Höcker, die mit Kleinigkeiten, und 7) Heringshändler,
die mit Heringen einen Handel treiben, der auch seine
Kenntnisse und eine Erlernung erfordert.

Diesen Unterscheid kann man entbehren: die Bürger
haben Freyheit allen Handel ohne Unterscheid zu treiben,
nur den Kramhandel im Detail nicht, denn darzu müs=
sen sie sich mit der Krämerzunft abfinden; es sey denn
daß Jemand hier im Kram ausgedienet, und so durch
seinen Dienst die Vortheile eines Krämers erlangt hat. —
Ausser diesen giebt es noch engländische, lübsche, dänische,
holländische etablirte Häuser, die hier den freyen Verkauf
ausländischer Waaren an Bürger, und die Erhandlung
der einländischen von Bürgern, frey haben, ohne daß
sie zur Bürgerschaft gehören; diese passiren unter dem
Namen von fremden Kaufleuten. Herings= und Salzkrä=
mer stehen nicht in der Krämerzunft, sind aber Bürger.
Viele Kaufleute sind bloße Kommissionärs, welches nicht
eben der einträglichste, aber ein sehr sicherer Handel ist.
Ueberhaupt ist die Handlung in Riga ihrem Wesen viel
angemessener, und freyer als in manchen andern Städ=
ten, sonderlich in Reval. — Auch bey der kleinen Gilde
herrscht etwas mehr Freyheit: sie ist zwar in ihre Ge=
werke getheilt, deren jedes seine Schragen hat. Aber
unter den Schustern, Schneidern, Zimmerleuten, giebt
es Meister die nicht Bürger sind, auch nicht zur Gilde
gehören; sie unterscheiden sich durch den Namen der ein=

heimi=

heimiſchen Aemter; werden in ihrer Handthierung ge=
ſchützt; nur zu den Verhandlungen auf der Gildſtube
können ſie ihre Stimmen nicht geben.   Die Leinweber
haben kein deutſches Amt. — Auch Ruſſen haben neuer=
lich verlangt in die Bürgerſchaft aufgenommen zu wer=
den, um alle Arten des Handels treiben zu können: die
gegenſeitigen Gründe, die Nachtheile welche man be=
fürchtet, die Urtheile die darüber gefällt worden, und der
Erfolg, gehören nicht in dieſen Abſchnitt.

Im J. 1735 erhielt die Stadt durch Kaiſerliche
Gnade, ein Kapital von 100000 Thalern auf 10 Jahre
ohne Intereſſen; jährlich ſollten 10000 zurückbezahlt,
die einkommenden Renten aber zu einem immerwähren=
den Handlungsfond angewandt werden.   Dieſes Kapi=
tal iſt nach dieſem Befehl angewandt, und bereits zu=
rückbezahlt worden.   Der aus den geſammelten Inter=
eſſen entſtandene Fond wird von einigen Magiſtrats=
perſonen und von einigen aus der Bürgerſchaft, verwal=
tet.   Jeder Bürger (nur kein Fremder,) vornehmlich der
zum ruſſiſchen Handel Geld nöthig hat, kann es aus die=
ſer Kaſſe entweder gegen Bürgſchaft, oder wenn er einen
guten Namen hat, auch ohne dieſelbe, für 6 Procent
empfangen.   Auf Häuſer, und überhaupt auf unbeweg=
liches Vermögen, kann niemals aus der Kaſſe Geld gege=
ben werden, weil ſolches der hohen Verordnung zuwider=
laufen würde, als welche damit dem Handel aufhelfen
wollte.

Noch eine andre ſehr heilſame Einrichtung verdient
hier eine Erwähnung; ſie kam i. J. 1776 durch Veran=
laſſung einiger ausgebrochenen großen Falliſſements zu
Stande: von bemittelten Kaufleuten wurden nehmlich
75000 Thaler zu 5 Procent für diejenigen ausgeſetzt,
die durch dieſe Bankerots in Verlegenheit gekommen wa=
ren, und Effecten oder gute Bürgſchaft zum Unterpfand
geben konnten.

Der

Der neuen schönen Börse in dem ansehnlichen
Rathhause; der gedruckten wöchentlichen Anzeigen, oder
des sogenannten Intelligenzblattes, sonderlich zur Erleichterung des Handels; und der jährlich durch den
Druck bekannt gemachten Verzeichnisse von allen aus-
und eingegangenen Waaren, wurde schon im ersten Band
gedacht. — Zur Bestreitung der Arbeiten welche die
Handlung erfordert, sind verschiedene Aemter; als 1 Holz-
schreiber, 1 Klappholzbraker, 6 Wäger, 3 Waageschrei-
ber, 8 Braker, 1 Aschbraker, 2 Weinküfer (welche die
Weine probiren und nennen, als wornach der Zoll bestimmt wird,) 1 Heringsbraker: alle diese werden aus
der Bürgerschaft genommen, und legen den Eid bey
E. Edl. Kämmereygericht ab. Dann sind noch verschiedene undeutsche Aemter zur Bestreitung des Handels,
als Messer, Bier- und Weinträger, Hanfschwinger,
Salzträger, Transportirer (welche die Waaren von den
Böden oder von der Waage und Brake, an die Schiffe
bringen,) Stopfer, Waagknechte, Schaalknechte, He-
ringsligger, Aschligger, Uebersetzer und Piloten, Anker-
nenken, Mastenbraker, Eichen- oder Klappholzbraker.
Alle diese werden bey dem Kämmereygericht in Eid und
Pflicht genommen. Die Hanfbinder, welche bey Ankunft
der Strusen die Hanfe in ihre verschiedenen Sorten binden müssen, sind theils Russen, theils Polen, theils Undeutsche (Letten,) und werden jedesmal in Eidespflicht
genommen, wenn sie ihr Amt antreten: sie verrichten
ihre Arbeit in den Flachs- und Hanfscheunen, unter
Aufsicht der bestimmten deutschen Hanfbraker, welche
allezeit Bürger sind. Wer in ein solches undeutsches
Amt, deren jedes seinen Aeltermann hat, treten will,
muß die Art des Handels und der Waaren verstehen.
Was jedes Amt erwirbt, wird vom Aeltermann, der des
Sonntags den verdienten Lohn empfängt, unter alle
Glieder in gleichen Theilen vertheilt; hingegen müssen
alle

alle für einen haften, wenn etwas falsch gepackt, verlohren oder verdorben wird. Jede Waare, Faß u. d. gl.
hat seine bestimmte Taxe. Durch diese Leute auf welche
sich der Kaufmann verlassen kann, wird viel gewonnen:
die Gewohnheit macht sie geschickt, einer richtet mehr als
3 andre aus; sie kennen durch lange Uebung bey einerley
Waare, Vortheile die manchem jungen Kaufmann nicht
bekannt sind; Arbeiten welche in andern Städten Lehrlingen auferlegt, und wodurch Kinder aus guten Häusern bis zur Niederträchtigkeit in ihren Lehrjahren gede-
müthiget werden, verrichten in Riga diese sehr weislich
angeordneten undeutschen Aemter. — Bürger können
ihre Waaren mit eignen Pferden nach den Schiffen führen:
die vorhergenannten fremden Kaufleute müssen die darzu erforderlichen Pferde von den Bürgerwitwen miethen.

Die einkommenden Schiffe finden immer sichern
Absatz ihrer mitgebrachten Waaren, und gnugsame Rückfracht: von ihrer Anzahl ist schon an andern Orten geredet worden. Zur Vollständigkeit füge ich sie noch von
etlichen Jahren bey.

Im J. 1766. kamen an 612 Schiffe.
— 1768. — 541 —
— 1770. — 609 —
— 1771. — 752 —
— 1774. — 779 —
— 1775. — 849 —

Bey der vortheilhaften Balance kommt mit Schiffen und
landwärts viel baares Geld in Riga an, welches zum
russischen und polnischen Handel großentheils verbraucht
wird. Gleichwohl werden an jedem Posttage eine Menge Wechsel sonderlich auf Holland gezeichnet; man bestellt sie bey den Mäcklern, welche alle Posttage früh am
Markt nach der Menge der Remittenten oder Trassenten
den Cours bestimmen. Im Jahr 1774 kamen see- und
landwärts an, überhaupt 248,866 Ducaten und
862,171¾ Albertsthaler. An

## An Contanten sind eingekommen

| Im Jahr 1766. | Ducaten. | Rthlr. alb. | Rubel. |
|---|---|---|---|
| mit Schiffen — | 62,400 | 502,262½ | 12 |
| landwärts — | 172,652 | 203,125¾ | 170,717¾ |
| ingleichen an poln. Cour. u. Fünfern | — | 84,577⅛ | — |
| Summa | 235,052 | 789,965⅝ | 170,729¾ |
| Im J. 1767. | | | |
| mit Schiffen — | 58,508 | 268,055½ | 13,285 |
| landwärts — | 314,382 | 287,246¾ | — |
| ingl. an pol. Cour. und Fünfern — | — | 23,345¾ | — |
| Summa | 372,890 | 578,648 | 13,285 |
| Im J. 1770. | | | |
| mit Schiffen — | 113,526 | 62,275½ | — |
| landwärts — | 109,208 | 434,484¼ | — |
| ingl. an poln. Cour. und Fünfern — | — | 21,057 | — |
| Summa | 222,734 | 517,816¾ | — |
| Im J. 1771. | | | |
| mit Schiffen — | 60,487 | 459,057 | — |
| landwärts — | 310,492 | 406,557¼ | — |
| ingl. an poln. Cour. und Fünfern — | — | 24,521¼ | — |
| Summa | 370,979 | 890,135½ | — |

Zu zeigen, gegen wen unsre Handlungsbalance vortheilhaft ist, schreibe ich hier ein vom J. 1766 bekannt gemachtes Verzeichniß ab.

„Berechnung der Würde, der von nachbenann=
„ten Nationen seewärts ein= und ausgeführten Waaren.

| Eingegangen für | | Im Jahr 1766. | Ausgegangen für | |
|---:|---|---|---:|---|
| Rubel. | Kop | | Rubel. | Kop |
| 10,022 | 40 | Rußland — — | — | — |
| 140,031 | 5 | Engelland — — | 755,966 | 81 |
| 215,509 | 70 | Holland — — | 551,565 | 95 |
| 199,175 | 58 | Frankreich — — | 54,230 | — |
| 42,867 | 63 | Portugall — — | 69,238 | 79 |
| 21,586 | 59 | Spanien — — | 85,311 | 90 |
| 26,455 | 55 | Hamburg — — | 28,802 | 61 |
| 65,450 | 97 | Lübeck — — | 109,825 | 99 |
| 45,094 | 12 | Dännemark — | 371,381 | 93 |
| 63,772 | 26 | Schweden — — | 167,655 | 7 |
| — | — | zollfrey nach Schweden | 22,630 | 9 |
| 2574 | 69 | Danzig — — | 3262 | 82 |
| 126 | 23 | Preußisch = Pommern | 3936 | 79 |
| 2046 | 42 | Rostock — — | 2456 | 81 |
| 1705 | 55 | Bremen — — | 39,932 | 35 |
| 375,495 | 6 | Deutschland, versch. Orten | — | — |
| 1,211,914 | 26 | | 2,266,192 | 91 |

Folglich hatte Riga in diesem Jahre für 1,054,278 Ru=
bel 65 Kopek mehr verschiffet, als seewärts empfangen.
Im Jahr 1 71 betrug die Summe aller seewärts einge=
kommenen Waaren 1, 25,455¾ Thaler, und der aus=
geschifften 2,531, 60⅛ Thaler. Riga erhält seine Waa=
ren zum Verschiffen aus verschiedenen Ländern und Pro=
vinzen, theils zu Lande, theils längs der Düna, nemlich
1) Aus Liefland, sonderlich aus den beyden lettischen
Kreisen; doch führen auch die beyden ehstnischen
einen Theil ihrer Produkte dahin; darunter das
Korn den wichtigsten Artikel ausmacht: die gerin=
gern sind Flachs, Hanf, Wachs u. d. gl. In
Ansehung des ausgebreiteten wichtigen Handels,
beträgt

beträgt die Zufuhre aus Liefland nur einen kleinen Antheil. Die

2) aus Rußland ist desto wichtiger. Verschiedene russische Provinzen z. B. die welikolukische, ingleichen die neueroberten, liefern wichtige Produkten, nemlich: Hanf, Flachs, Roggen, Saat, Eisen in Stangen und gegossen, Matten, Lichte, Seife, viele Fabrikwaaren, als Segeltuch, allerhand Leinen, eiserne, messingene und Kupferwaaren, Thee, Rhabarber, Pelzwerk, irden Geschirr, Lederfabrikwaaren u. s. w.

3) Aus Polen kommen Flachs, Hanf, Holzwaaren, Getraide, Oel= Lein= und Hanfsaat, Wachs, Talch, rohes Leder, Schweinsborsten, Matten, allerhand Asche, Viktualien u. s. w.

4) Aus Kurland erhält die Stadt Flachs, allerhand Getraide, Säesaat, Holz, Wachs, verschiedene Viktualien u. s. w.

Bey der in Polen neuerlich vorgegangenen Veränderung werden die bisherigen Beschwerden und Hindernisse des polnischen Handels aufhören. Bisher behandelte man die längs der Düna kommenden Fahrzeuge auf eine unerhörte Art: aller Orten waren polnische Zollhäuser; jede darbey bestellte Person foderte Geschenke; die Waaren stiegen dadurch zuweilen 500 Procent an ihrem Werth; jeder Edelmann verlangte die Vorzeigung des Zollscheins; man hatte allerley Titel zu Gelderpressungen; man hielt die Strusen an; das hohe Wasser verlief sich, sie strandeten, und wurden beraubt. Eine zweyte Beschwerde machte der Betrug: der Pole hob sein Geld voraus, und lieferte zuweilen nichts: Riga hatte weit über eine Million in Polen zu fodern. Es war nichts Unerhörtes, daß ein zum Mahnen dahin gesandter Kaufgeselle übel behandelt, beraubt, gefangengesezt, verwundet, oder gar todt geschlagen wurde. Zuweilen

sagte

sagte der Pole ganz trozig, er habe in dieser oder jener
Stadt Geld stehen, man solle es dort suchen. Oft hat
der russisch kaiserliche Hof über dergleichen Gewaltthä-
tigkeiten bey der Republik Beschwerde geführt: Abstel-
lung wurde vergebens versprochen. Nun muß manches bisherige Hinderniß von selbst aufhören.

Jährlich wird in Riga ein gedrucktes Verzeichniß
aller verschifften Waaren, in holländischer Sprache bekannt gemacht. Ehe ich ein solches hier einrücke, bin
ich einigen meiner Leser Erläuterungen schuldig: sie sind
zuverlässig und mir von dem vorher genannten Hrn.
Zuckerbecker mitgetheilt worden.

**Hanf.** Drujaner Hanf wird im Winter auf
Schlitten angeführt, und gleich in bürgerliche Verwahrung genommen, völlig gereiniget, öffentlich gewraket,
und endlich in Bünde jegliches ungefähr von 4 Schiffpfund mit 8 Bändern gebunden. Seiner Beschaffenheit nach ist er vom Reinhanf gar nicht zu unterscheiden. Paßhanf kann weder zu Reinhanf noch zu Drujanerhanf gerechnet werden: es giebt Polnisch- und auch
Drujaner-Paßhanf. Reinhanf hat 10 Bänder. Aus-
schußhanf fällt aus dem Reinhanf und hat 8, polnisch
Paßhanf 7, und liefländisch Paßhanf 6 Bänder. Aus
dem liefländischen Hanf ist selten mehr als Paßhanf zu
bringen. Die besten Hanfe kommen aus der Ukraine,
Polen und Weißrußland: doch ist der ukrainische als der
längste und stärkste, unter allen der beste. Die Bänder
sind allezeit von derselben Beschaffenheit als die Waare.
Die Brake von Hanf wie sie jetzt existirt, ist vom sel.
Aeltermann Arend Berens eingerichtet worden. Der
Hanf bekommt ein Brett zum Zeichen worauf des Ver-
käufers, des Brakers, und der beyden Binder, Namen stehen, ingleichen die Buchstaben R oder P, je nach
dem es Rein- oder Paßhanf ist, eingebrannt werden.

Ein

Ein Schifpfund Reinhanf kostet ungefähr 12 bis **13**, Drujanerhanf 12 und Paßhanf 11 bis 1½ Thaler.

Tors ist Hanfheede (Abwerg) und wird ausser seinen 5 Bändern mit einer Gattung von Garn, das Kabelgarn heißt, umwunden: er steht auch unter öffentlicher Brake, und wird mit einem enkelten Schlüssel bezeichnet. Seit mehrern Jahren hat der ordinäre Tors ganz aufgehört, und wird nichts als gehechelter ausgeschifft. Das Schiffpf. gilt etwa 4 Thaler, auch darüber.

**Flachs.** 1) Drujaner-Rakitscher ist die reinste Sorte, kommt aus der Gegend von Sebbesch, Drujen und den benachbarten polnischen Oertern. Der Schwanz des Bundes allein ist los; der Kopf ist nicht nur gebunden, sondern auch mit dünnen Schnüren bewickelt. Jedes Bund wiegt ungefähr 20 bis 23 Pfund, und enthält meistentheils 6 Knocken. Das Schiffpf. kostet etwa 23 Thaler. 2) Was aus dieser Gattung fällt und schlechter ist, heißt Badstuben-geschnitten, und wird, weil er nicht die Eigenschaft des vorhergehenden hat, nach geschehener Brake, in Riga umgebunden. Die Bünde haben die Form wie Risten-Dreyband und Rosietsch-Flachs, doch wird er dadurch unterschieden, daß er über dem Spiegel vom Braker einen Schnitt bekommt. (Der Spiegel ist das Band unter dem Kopf vom Flachse, welches bey dieser und bey der vorhergehenden Sorte, auch bey Ristendreyband, breiter auseinander gelegt wird.) Das Schiffpf wird ungefähr mit 20 Thalern bezahlt. 3) Ristendreyband ist schlechter als der vorhergehende, und kostet etwa 15 Thaler. 4) Littauisch Rakitscher wird oft mit dem Drujaner Rakitscher gleich gehalten, nur hat er den Fehler, daß man zur Blüthzeit wohl Acht darauf haben muß, daß er nicht zu dick auf einander liege, weil er sich leicht entzündet. Die Ursache ist, weil er mit nasser Hand gebunden ist; er wird überaus heiß, und davon roth, gelb und verdirbt. Er wird wie der

Dru-

Drujaner Rakitscher gebunden, doch nicht mit so feinen
Schnüren um den Kopf. 5) Was hieraus fällt heißt
Badstuben-Paternoster, hat einen besondern Band,
indem die Enden allezeit mit einem Strick festgemacht,
und mit dem folgenden Bund zusammengehängt werden.
Von diesem kostet das Schifpf. gemeiniglich 18 bis 19,
von den vorhergehenden 22 bis 23 Thaler. 6) Marienburger Flachs ist von starken Fäden und besondrer Güte,
daher dem Drujaner Rakitscher gleich zu halten: größtentheils wird er zu Segeltuch gebraucht, und mit 22 Thalern bezahlt. Daraus fällt 7) geschnitten Marienburger oder Bauergeschnitten, welcher selten so gut
wie Badstubengeschnittener (ungefähr mit 19 Thalern)
bezahlt wird, hat aber mit demselben einerley Band und
wird auch mit einem Schnitt im Spiegel gebraket.
9) Eine gewisse Gegend im Drujenschen liefert ganz kür-
zen Flachs, welcher schon gehechelt und geflochten zum
Markt kommt, nur nach Schweden und Dännemark gekauft, und geflochtener genannt wird. Die beste Sorte
davon wird wie Drujaner Rakitscher bezahlt. 9) Hilli-
gen-Flachs kommt aus Pleskow, doch ist seit einiger
Zeit kein großer Handel darmit getrieben worden. Wenn
er gebrakt ist, wird die beste Sorte unter Marienburger,
die zweyte unter geschnitten Marienburger, die dritte
unter Risten gerechnet. 10) Liefländisch Dreyband
ist die schlechteste Sorte, und kostet etwa 11 Thaler;
doch hat man den sogenannten Gerechtigkeits- und Hofs-
dreyband auszunehmen, der wie die feinste Sorte des
Drujaner-Rakitscher bezahlt wird. Er wird mit drey
ordinären Schnüren von Flachs gebunden, wovon er
auch seinen Namen erhält. — Die Flachsheede wird
in Köpfe gebunden auch in Matten vernähet. Es giebt
littauische und liefländische Heede, jene aus polnischen,
diese aus liefländischen Flachs.

Pottasche giebt es zweyerley, die so genannte blaue, welche aus Polen kommt, in Fässern von 5 bis 7 Schifpfund; calcinirte oder Kesselasche kommt in Fässern von 2 bis 3 Schifpfund. Es giebt weisse, grüne und perlfarbene Kesselasche, die lezte wird für die beste gehalten. Von beyderley Gattungen hat man 3 Arten, die in der rigischen Pottasch-Wrake bestimmt werden: 1) Doppelt-Schlüssel die beste, hat 2 übereinander liegende Schlüssel zum Zeichen; 2) Enkeltschlüssel, hat ihren Namen von dem einfachen Schlüssel den die Brake auf die Fässer zeichnet; 3) Wrak die geringste Sorte, wird mit Wr. gezeichnet.

Weidasche wird nach Lasten gekauft deren jede aus 12 Tonnen besteht. Es giebt Kron, Bullen, Wrak und Wraksmrak. Die erste wird mit einem Zirkel bezeichnet, Bullen mit einem Kreuß, Wrak mit einem Strich und Wraksmrak wird im Boden mit einem Beil eingehauen.

Wagenschoß, Eichenholz das gespalten (nicht geschnitten) ist; wenn es für Kron passiren soll, so muß es die Länge von 14 Fuß holländisch haben, und darbey 11 Daumen hoch und 13 Daumen breit seyn. Es wird mit 2 übereinander gelegten Schlüsseln gezeichnet. Was nicht die angegebene Proportion hat, wird mit Wr. bezeichnet.

Moolenroeden bezeichnet im Holländischen Hölzer, die wegen einiger Fehler zu Masten untauglich sind, z. B. sie haben Krümmen, oder sind am Top-Ende zu dünn, oder oben zu knastig u. d. gl. Sie müssen 80 Fuß holländ. und darüber, lang seyn. Die welche in der Mitte eine starke Krümme haben, werden den geraden vorgezogen.

Spieren sind Hölzer von 7 bis 16 Palmen, 50 bis 75 Fuß lang. Sie werden zu Stengen, Raaen,

Kreuß-

Kreutzstangen, Flaggestöckern und zu Masten kleiner Fahrzeuge, gebraucht.

1. Anmerk.   Ein holländischer Fuß hat 3 Palmen.
Die Licentberechnungen nach Palmen gehen auf den
Diameter; im Handel zwischen Käufer und Verkäufer aber werden die Palmen in der Circumferenz
geschätzt: dividirt man diese mit 3, so hat man ungefähr das Licentmaaß.   Die Schätzung der Palmen geschiehet nicht am Stammende, sondern 10
Fuß davon, höher hinauf: in dieser Gegend wird
das Maaß der Palmen beym Handel mit einem
Bande von Fischbein, und bey der Krone mit einem
Tasterzirkel, gemessen.

2. Anmerk. Riga erhält seine Masten aus Polen:
der Holzhändler läßt sie durch seinen Braker auf
der Stelle besehen, und da geschiehet auch der Handel.   Die Stämme werden theuer bezahlt, und oft
mit Kosten und Beschwerde ziemlich weit bis zum
Fluß geführt: nach Riga kommen sie zu Wasser, und
bleiben auf einem Holm, oder im Wasser bis zum
Verkauf liegen.   Der Holzhändler verkauft oder
verschifft seine Holzwaaren, doch nicht eher bis sie
auf den Hölmern von den Stadtmastenbrakern ab-
gewracket, gepalmet, gemessen und zu den Sorten
gebracht sind zu welchen sie taugen.   Beym Verschiffen steht dem Käufer frey, die gekaufte Waare
so behauen zu lassen, wie er will; in dieser Beschaffenheit zeigt er sie dem Licent-Palm-Inspektor, und
entrichtet den Zoll. —   Der Holzhändler muß,
wenn der Fehler am Mast unsichtbar ist, den Schaden tragen; für sichtbare Fehler muß die Braker-
gesellschaft aufkommen; der schuldige Braker verliert nach Befinden seinen Dienst, oder wird sonst
mit Gefängniß bestraft.

3. **Anmerk.** Holzwaaren können aus Rußland (nicht aus den neuen russisch-polnischen Provinzen) nicht anders als auf specielle Erlaubniß, aus den Wäldern geführt werden.

**Raaen** sind Seegelstangen die quer am Mast hängen, und woran die Seegel aufgespannet werden.

**Stengen** heissen die Verlängerungen der Masten.

**Bortillen** sind kurze Hölzer die bey der Brake unter Masten gefunden werden, wenn man nemlich an ihnen einen Schaden entdeckt, der sie zu Masten oder Boegsprieten untauglich macht. Sie sind von verschiedener Dicke, doch nicht länger als 60 Fuß, und werden wie Masten und Spieren 10 Fuß vom Stammende gepalmet.

**Dubbelde (doppelte) Ricker.** Unter diesem Namen gehen die Bootsmasten beym Zoll. Sonst sind diese nicht von Fichten wie die Masten, sondern von Gränenholz. Die enkelten Bootsmasten sind 36 bis 40 Fuß lang und am Stammende ungefähr 4 bis $4\frac{1}{4}$ Palmen dick. Doppelte Bootsmasten sind 48 bis 50 Fuß lang, und am Stammende 5 bis 6 Palmen dick. Ricker sind auch von Gränenholz und werden mehrentheils zu Bootshakenstangen und andern kleinen Gebrauch bestimmt. Man hat sie von 12 bis 36 Fuß Länge.

**Holländisch Holz** ist Eichenholz, 5 bis $5\frac{1}{2}$ Fuß lang, zuweilen 9 Daumen dick; alles gespalten, nicht geschnitten. Eben so das

**Fransch Holz,** davon das doppelte länger (zuweilen 56 bis 58 Daumen lang,) und dicker ist als das enkelte oder kleine.

**Piepenstäbe** sind 84 Daumen lang, 4 bis 5 Daumen breit und 2 Daumen dick. Sie werden wie alle Sorten in Kron und Wrak eingetheilt, und mit dem gewöhnlichen Zeichen des Eichenholzes in der Wrake bezeichnet.

Hand-

Handspacken sind eschene und birkene junge Stämme, ungefähr 6 bis 7 Fuß lang und 3 Daumen im Viereck, womit die Schiffer ihre Anker aus dem Grunde heben.

Planken sind 2 Daumen und darüber, dick; Dielen sind dünner. Im Holländischen bedeutet das Wort Planke sowohl jene als diese Sorte von Brettern.

Brand- und Splittholz. Das erste ist Brennholz. Das zweyte ist aus Fichtenholz gespalten, mehrentheils 4 und 6 Fuß lang engl. Maaß: es wird in Engelland, nachdem es mehr gespalten worden, wie Rohr zu Gipsdecken gebraucht.

Anmerk. Der Holzhandel ist bey allem etwanigen Verlust, einer der vortheilhaftesten. Einige liefländische Güter haben weit abgelegene Wälder, die sie bisher wenig genutzet haben. Die Entfernung von der Seestadt, der Mangel eines bequemen Flusses, Gleichgültigkeit und andre Ursachen, hindern sie, sich und den Seestädten beträchtlichen Gewinn durch den Wald zu verschaffen. — Auch in liefländischen Wäldern giebt es Masten.

Raventuch ist Segeltuch von der leichtesten Sorte, wird zu Topsegeln, auch zu andern kleinen — und zu Bootssegeln gebraucht. Es hat seinen Namen von Reffen das Segel, oder kleiner machen.

Nun kan ich meinen Lesern ein vollständiges Verzeichniß aller aus Riga seewärts ausgesandten Waaren liefern: ich nehme darzu das letzt abgewichene Jahr 1774; hin und wieder werde ich kurze Anmerkungen beyfügen und auf andre Jahre Rücksicht nehmen; anstatt dasselbe in holländischer Sprache wie es gedruckt ist, abzuschreiben, liefere ich es in einer deutschen Uebersetzung. Alle ausgeschiffte Waaren betrugen in diesem Jahr 3,662,716 Rub. 64 Kop. die eingegangenen hingegen nur 1,491,691 Rub. 85 Kop.    Aa 4    Ver-

## Verzeichniß der im Jahr 1774 von Riga aus geschifften Güter.

| | | | | |
|---|---|---|---|---|
| Reinhanf a) | 50,515 | Schifpf. | $8\frac{1}{2}$ | Ließpf. |
| Drujaner u. Paßhanf b) | 16,128 | — | $18\frac{1}{2}$ | — |
| Rakitscher Flachs c) | 23,508 | — | 6 | — |
| Paternoster dito d) | 1357 | — | $6\frac{1}{2}$ | — |
| Marienburger dito | 1025 | — | 10 | — |
| Rositsch dito e) | 8719 | — | $\frac{1}{2}$ | — |
| Dreyband dito | 6047 | — | 2 | — |
| Flachsheede | 919 | — | 16 | — |
| Tors f) | 24,784 | — | $17\frac{1}{2}$ | — |
| Tauwerk | 937 | — | $\frac{3}{4}$ | — |
| Eisen g) | 1168 | — | $10\frac{1}{2}$ | — |
| Wachs | 196 | — | $7\frac{1}{4}$ | — |
| Pottasche Kron h) | 1341 | — | $15\frac{1}{4}$ | — |
| dito Wrack i) | 274 | — | $14\frac{1}{4}$ | — |
| Talch und Kerzen k) | 321 | — | $15\frac{1}{2}$ | — |
| Seife l) | 104 | — | $16\frac{3}{4}$ | — |
| Lein- und Hanföl | 924 | — | $10\frac{1}{2}$ | — |
| Flächsen Garn | 5 | — | 5 | — |
| Kraftmehl, Stärke, einländisch | 142 | — | $9\frac{1}{2}$ | — |
| Haarpuder | 79 | — | — | |

Weib:

a) Im Jahr 1770 waren nur 30,729, und im Jahr 1768 gar 15,915 Schpf.

b) Im J. 1771 nur 9175 Schpf.

c) Im J. 1767 nur 12,796 Schpf.

d) Im J. 1770 waren 3043 Schpf.

e) Im J. 1771 nur 6247, aber im J. 1770 über 11,265 Schpf.

f) In manchem Jahre nur 11 bis 17000 Schpf.

g) Im J. 1770 waren 359 Schpf. russisches und 268 Schpf. schwedisches Eisen.

h) Im J. 1770 nur 688 Schpf.

i) Im J. 1771 waren 985 Schpf.

k) Man unterscheidet den Lichttalch als den bessern, vom Seifentalch.

l) Im J. 1771 nur 67 Schpf.

| | | | | |
|---|---|---|---|---|
| Weidasche m) | 122 | Laſt | 5½ | Tönen. |
| Weitzen | 1519 | — | 4 | Löſe. |
| Roggen n) | 13,363 | — | 1½ | — |
| Gerſte | 2185 | — | 12 | — |
| Haber | 976 | — | 24 | Toñ. |
| Malz | 11 | — | 49 | — |
| Erbſen | 61 | — | 44½ | — |
| Gerſten= Haber= und Buchweitzen=Grütz | 385 | Toñ. | | |
| Weitzen= u. Roggenmehl | 2059½ | — | | |
| Geſalzen Fleiſch o) | 113 | — | | |
| Butter | 199 | — | | |
| Säeleinſaat p) | 45,520 | — | | |
| Schlagſaat | 34,397¾ | — | | |
| Gegorben Leder q) | 531 | Decher | 4 | Stück. |
| Ungegorben dito | 580 | — | 3 | — |
| Maſten | 1446 | Stück. | | |
| Spieren r) | 2250 | — | | |
| Bogſprieten | 148 | — | | |
| Bortillen, Raaen und Stengen | 648 | — | | |
| Bälken s) | 94,089 | — | | |

Aa 5                                  Boots=

m) Im J. 1770 nur 65, aber im J. 1767 über 220 Laſt.
n) Nicht alles verſchiffte Korn geht auswärts; im J. 1768 gingen von Roggen 4046 Laſt 10 Ton. auswärts, und 1147 Laſt nach den hieſigen Häven. Auch wurden damals 50 Laſten Haber nach hieſigen Häven verſchifft. Im J. 1771 wurden 16085 Laſten Roggen verſchifft.
o) Im J. 1767 nur 61 Ton. aber im J. 1771 gar 262 Ton.
p) Von Säe= und Schlagſaat iſt in dieſem Jahre ungewöhn=lich viel ausgeſchifft worden: im J. 1771 betrug beydes zu=ſammen nur 64,504⅓, und im J. 1767 ungefähr eben ſo viel.
q) Im J. 1770 waren 733 Dech. gegorben, und 632 Dech. ungegorb. Leder.
r) Im J. 1771 gar 3377 Stück.
s) Im J. 1770 waren 124,849, und im J. 1771 gar 130,481 Stück.

| | | | | |
|---|---|---|---|---|
| Bootsmasten und doppelte Ricker | 141 | Schock | 14 | Stück |
| Wagenschoß | 223 | — | 26 | — |
| Faßholz t) | 160 | — | 23 | — |
| Holländisch Holz v) | 12 | — | 25 | — |
| Doppelt Franschholz x) | 26 | — | 3 | — |
| Enkelt dito | 620 | — | 3 | — |
| Piepenstäbe y) | 698 | — | 59 | — |
| Sparren, Handspaken und Bootshakstiele | 2601 | — | 26 | — |
| Planken und Dielen | 2315 | — | 51 | — |
| Brand- und Splittholz | $3299\frac{1}{4}$ | Faden | | |
| Gips z) | $172\frac{1}{4}$ | — | | |
| Brantewein inländischer aa) | $5330\frac{3}{4}$ | Fässer | | |
| Segeltuch bb) | $843\frac{1}{4}$ | Stück | | |
| Raventuch cc) | $250\frac{1}{2}$ | — | | |
| Flamisch Linnen (Leinwand) | $172\frac{1}{2}$ | — | | |
| Linnen, verschiedene Sorten dd) | $29,854\frac{3}{4}$ | Arschin | | |
| Lacken | 366 | — | | |
| Liefländ. und poln. Linnen ee) | 296 | Ellen | | |

Pelz-

---

t) Im J. 1770 waren 262 Schock.
v) Im J. 1768 über 44 Schock.
x) Im J. 1768 waren 159 doppelt- und 890 Schock enkelt Franschholz.
y) Im J. 1768 belief sich die Anzahl auf 1527 Schock.
z) Im J. 1770 nur $9\frac{1}{2}$ Faden, und im J. 1768 gar nichts.
aa) Gehet größtentheils nach St. Petersburg.
bb) Im J. 1770 gar 1722 Stück.
cc) Im J. 1771 waren 808 Stück.
dd) Im J. 1770 betrug es 148,943½ Arschin.
ee) Im J. 1771 nur 98, aber im J. 1770 waren 1151 Ellen.

Pelzwerk, am Werth für ff) 986¼ Thaler.
Stiefeln, Schuhe und Pantof-
    feln gg) 425 Paar.
Matten (russische und polnische) 290,898 Stück.

Ausser diesen benannten Waaren sind im Jahr 1770 aus Riga auch verschiffet worden 248 Schipp. liefl. Hopfen; über 1 Schipf. Wachslichte; 395 Schock Lubben: und im Jahr 1771 über 4 Schipf. Krebssteine; 52 Schipf. Pferdehaar theils gekocht oder Krollhaar, theils unge-kocht; 502 Stück Moolen - Roeden (untaugliche Masten;) 140 Stück Segel und getheerte Decken, die man über die Oefnung des Schifs deckt; und 130 Kasten Glas.

Zu zeigen wohin die benannten Waaren aus Riga verschifft werden, will ich aus einem von dorther erhal-tenen zuverläßigen Extract, die Abnehmer nennen: Kleinigkeiten, einzele Tonnen und Ließpfunde übergehe ich, Weitläuftigkeit zu vermeiden, billig stillschweigend.

### Im Jahr 1766 wurden aus Riga verschifft,
#### 1. Nach Engeland.

| | |
|---|---|
| 359 Schpf. Pottasche. | 128 Schock Wagenschoß. |
| 2 Last Weidasche. | 118 — Faßholz. |
| 80 St. Raaen u. Stangē. | 10 — enkelt ⎫ Franz- |
| 35 — Bortillen. | 8 — doppelt ⎭ holz. |
| 3 — Bogsprieten. | 390 — Piepenstäbe. |
| 42873 — Balken. | 728 — Bretter. |
| 527 — Spieren. | 4 — holländisch Holz. |
| 29 — Masten. | 746 Schpf. Marienb. Fl. |
| 896 Schpf. Reinhanf. | 3628 — Rosiets Flachs. |
| 1744 — Faßhanf. | 194 — Dreyband — |
| 775 — Tors. | 20 Last Haber. |
| 17900 — Rakitscher Fl. | 54 Ton. Schlagsaat. |
| 657 — Paternoster. | 2484 — Säeleinsaat. |

2. Nach

---

ff) Im J. 1771 für 1607, und im J. 1770 gar für 4805 Thaler.
gg) Im J. 1771 waren 2611 Paar.

## 2. Nach Holland

| | |
|---|---|
| 896 Schpf. Reinhanf. | 120 Last Weißen. |
| 1744 — Paßhanf. | 359 — Roggen. |
| 4941 — Tors. | 25100 Ton. Schlagsaat. |
| 920 — Dreyb. Flachs. | 38779 — Hanfsaat. |
| 56 — andre Sorten Fl. | 10204 — Säeleinsaat. |
| 267 — Flachsheede. | 218 Last Weidasche. |
| 50 — Pottasche. | 46 Schock Wagens. |
| 234 — Wrak (Asche) | 76 — Faßholz. |
| 18 — Wachs. | 657 — enkelt ⎱ Fran=|
| 124 St. Raaen u. Stangen. | 204 — doppelt ⎰ holz. |
| 28 — Bortillen. | 878 — Piepenstäbe. |
| 161 — Bogsprieten. | 236 — Bretter. |
| 80430 — Balken. | 20 — holländ. Holz. |
| 854 — Spieren. | 274 — Stück Masten. |

## 3. Nach Dännemark.

| | |
|---|---|
| 3233 Schpf. Reinhanf. | 5 Last Weißen. |
| 3654 — Paßhanf. | 743 — Roggen. |
| 2291 — Tors. | 23 — Gerste. |
| 8982 — allerley Fl. | 10 — Haber. |
| 682 — Flachsheede. | 51 Ton. Schlagsaat. |
| 142 — Pottasche. | 674 — Hanfsaat. |
| 19 — Wrak. | 777 — Säeleinsaat. |
| 1 — Wachs. | 2 Last Weidasche. |
| 5 Schock Wagen= schoß. | 23 Schock enkelt ⎱ Franz=|
| | 11 — doppelt ⎰ holz. |
| 90 — Piepenstäbe. | 12 Stück Raaen u. Stan= gen. |
| 34 — Bretter. | 2 — Bortillen. |
| 842 — Balken. | 16 — Bogsprieten. |
| 124 — Spieren. | 26 — Masten. |

4. Nach

## 4. Nach Schweden.

| | |
|---|---|
| 1224 Schpf. Reinhanf. | 1929 Last Roggen. |
| 1102 — Paßhanf. | 29 — Gerste. |
| 173 — Tors. | 72 Ton. Schlagsaat. |
| 1812 — allerley Flachs. | 142 — Hanfsaat. |
| 361 — Flachsheede. | 951 — Säeleinsaat. |
| 6 — Wachs. | 5 St. Raaen u Stangē. |
| 2 Schock Bretter. | 5 — Bogsprieten. |
| 7 Stück Masten. | 28 — Balken. |
| | 29 — Spieren. |

## 5. Nach Frankreich.

| | |
|---|---|
| 1161 Schpf. Paßhanf. | 1320 Ton. Säeleinsaat. |
| 708 — Tors. | 20 Schock enkelt Franzholz. |
| 10 — Flachs. | 110 — Piepenstäbe. |
| 13 — Pottasche. | 300 — Bretter. |
| 1 — Wachs. | 149 St. Raaen u. Stangē. |
| 558 Stück Balken. | 50 — Bortillen. |
| 418 — Spieren. | 21 — Bogsprieten. |
| 225 — Masten. | |

## 6. Nach Spanien.

| | |
|---|---|
| 2031 Schpf. Reinhanf. | 18 Schock Piepenstäbe. |
| 3 — Paßhanf. | 459 — Bretter. |
| 131 — Rakitscher Fl. | 14 St. Raaen u. Stangē. |
| 5 Stück Bortillen. | 211 — Balken. |
| 18 — Bogsprieten. | 321 — Spieren. |
| 368 — Masten. | |

## 7 Nach Portugal.

| | |
|---|---|
| 21 Schpf. Reinhanf. | 1 Last Roggen. |
| 893 — Paßhanf. | 70 Schock enkelt Franzholz. |
| 218 — Tors. | 75 — Bretter. |
| 2045 — allerley Flachs. | 6 Stück Raaen u. Stang. |
| 2348 Stück Balken. | 1 — Bortille. |
| 38 — Spieren. | 3 — Bogsprieten. |
| 44 — Masten. | |

**8. Nach**

## 8. Nach Hamburg.

| | |
|---|---|
| 52 Schpf. Paßhanf. | 592 Laſt Roggen. |
| 43 — Tors. | 15 — Haber. |
| 48 — Flachs. | 17 Schock Bretter. |
| 293 Stück Balken. | |

## 9. Nach Bremen.

| | |
|---|---|
| 7 Schpf. Paßhanf. | 43 Laſt Roggen. |
| 2 — Tors. | 9838 Ton. Säeleinſaat. |
| 43 — Flachs. | 14 St Raaen u. Stange. |
| 2 Stück Bogſprieten. | 2 — Maſten. |

## 10. Nach Danzig.

| | |
|---|---|
| 24 Ton. Schlagſaat. | 16 Ließpf. Flachs. |
| 24 — Hanfſaat. | |

## 11. Nach Roſtock.

| | |
|---|---|
| 19 Schpf. Paßhanf. | 2 Ton. Hanfſaat. |
| 13 — Tors. | 480 — Säeleinſaat. |

## 12. Nach Stettin.

| | |
|---|---|
| 1 Schpf. Paßhanf. | 750 Ton. Säeleinſaat. |
| 21 — Tors. | 9 Schpf. Rakitſcher Fl. |

## 13. Nach Lübeck.

| | |
|---|---|
| 135 Schpf. Reinhanf. | 52 Laſt Weitzen. |
| 1678 — Paßhanf. | 55 — Roggen. |
| 1416 — Tors. | 170 Ton. Hanfſaat. |
| 585 — Flachs. | 5624 — Säeleinſaat. |
| 17 — Flachsheede. | 7 Schock Bretter. |
| 369 — Pottaſche. | 1 St Raaen u. Stang. |
| 5 — Wrak. | 1 — Bortille. |
| 140 — Wachs. | 2 — Bogſprieten. |
| 5 Stück Spieren. | 9 — Maſten. |

Nun von den ausländiſchen Waaren. Sie kommen größtentheils mit Schiffen; nur einige leichte und Galanterien zu Lande, über Königsberg, oder, um den hohen

hohen preußischen Zoll zu vermeiden, von Libau, weil der kurische Zoll niedrig ist. Riga versorgt damit die beyden lettischen Kreise, auch eines Theils die beyden ehstnischen: ein beträchtlicher Theil geht darvon nach Polen, auch nach russischen Provinzen. Jährlich wird ein Verzeichniß von allen seewärts eingekommenen Waaren gedruckt; etliche derselben abzuschreiben wäre leicht, aber unnütz und für den Leser ermüdend: nur das Wichtigste will ich aus dem vom J. 1771 mittheilen, sonderlich was der Luxus verbraucht.

Im J. 1771 sind in Riga nebst vielen andern hier übergangenen, folgende Waaren seewärts angekommen.

| | | | |
|---|---|---|---|
| Austern — | 143 Ton. | Eisen russ. | 1277 Schpf. |
| dito eingem. | 298 Fäßl. | — schwed. | 378 — |
| Aepfel China | 224 Kisten. | Feigen — | 12761 Pfund. |
| — ord. und | 2396 Ton. | Fisch, Klipp. | |
| Borstorf. | | Stockfisch. | 71748 — |
| Arrak — — | 17 Oxh. | Muscatenbl. | 251 — |
| Ansofisch — | 315 Fäßl. | — Nuß — | 812 — |
| Bier engl. — | 687 Ton. a) | Mandeln — | 26068 — |
| Brantewein Fr. | 215 Oxh. a) | Puder — | 9955 — c) |
| Birn allerley — | 90 Ton. a) | Pflaumen | 51481 — |
| Bouteillen | 11985 Stück. | Rosinen — | 90935 — |
| Castanien | 10250 Pfund. | Reis — | 82284 — |
| Caffee — | 200371 Pf. b) | Tobak, Rauch | 77534 — |
| Caneel — | 579 — | — Roll | 43537 — |
| Corinten — | 25382 — | — Schnupf. | 187 — |
| Citronen — | 1342 Kisten. | — Blätt. | 271230 — |
| | | | Thee |

a) Im J. 1766 waren 835 Tonnen engl. Bier, 585 Oxh. Franz branntwein, und 230 Ton. Birn.

b) Im J. 1767 belief sich die Zahl auf 235369 Pfund.

c) Im J. 1766 gar 880 Tonnen holl. Her. u. 34677 Pfund Puder.

Thee de Bou 13159 —
— grün. 319 —
Zucker weiß. 793940 —
— Candis 171963 —
Heringe holl. 381 Ton. c)
— schwed. 3608 —
'— dänische 1289 —
Hopfen deut-
scher        38350 Pfund.
— dänischer 360 —
Käse ordin. 57184 —
— parmesan 472 —
Laaken    —   785 Stück.

Sensen     218880 —
Salz, Liverp 1455 Last
— spanisch 1671 —
— portug. 3730 —
— französ. 1566 —
— lüneburg. 123 Ton.
Stärke — 19518 Pfund.
Wein, spansch. 74 Oxh.
— franz.   1698 —
— portug.   60 —
— Rhein — 63 Ohm.
— Mosler — 20 —

Hierzu will ich noch etwas aus dem Verzeichniß der eingekommenen Waaren vom J. 1766 setzen.

Atlas     —   207 Stück.
Blonden —   900 —
Babtist   —   234 —
Caraobohnen 1757 Pfund
Chocolade   291 —
Cattun   — 2774 Stück.
Carcassen 1845 Dutz.
Dammast, seid. 31 Stück.
Drojet, seid.   11 —
Eventaillen 1426 —
Griset, seid.   14 —
Gros de tour   36 —
— de Florence 9 —
— de Naple   3 —
— de tour petit 21 —
Laaken,
divers.   1438 —
Leinen, flämisch   5 —
— chines.   30. —

Leinen bielefeld. 224 —
— warendorf. 469 —
— schweitzer 199 —
— schlesisch 379 —
— Cattun   465 —
Lustrin   —   24 —
Moer, seid.   43 —
Manschetten   670 Paar
Porcellain für 8884 Thaler
Sagogrütz   1299 Pfund
Stoff, seid.   30 Stück.
Sammet —   111 —
Sattin   —   46 —
Spitzen, gold.
und silberne 168 Pfund
Serge de Soje   48 Stück.
Thee de bou 18,264 Pfund
— grün   8879 —
Tickset   —   91 Stück.
Triep

| | | | |
|---|---|---|---|
| Triep — | 80 Stück | Treffen, gold- und | |
| | | silberne | 385 Pfund |
| Tercenel — | 7 — | Welp, seid. | 14 Stück. |
| Tafft — | 526 — | Wasser, | |
| Tücher, seid. | 1265 Dutz. | — Brunnen | 871 Thaler |
| | | — wohlriech. | 549 — |

| Wein, | Muscat | 65 Orh. | 1 Anker. |
|---|---|---|---|
| — | Piccardon | 77 — | 1 — |
| — | Champag. | 40 — | 2 — |
| — | Bourgog. | 22 — | 5 — |
| — | Frontign. | 1 — | 4 — |
| — | Baserac | 16 — | 5 — |
| — | Spanisch | 13 Pf. | 11 |
| — | Sect | 8 — | 7 — |
| — | Corsica | 5 Both | 9 |
| — | Capo — | — | $\frac{1}{20}$ |
| — | Malvasier | 2 Orh. | — — |
| — | Malaga | — — | $7\frac{1}{4}$ — |
| — | Madera | 4 — | — — |
| — | Siracus. | — — | 3 — |
| — | Alicant | — — | 5 |
| — | Portug. | 41 Pf. | 6 — |
| — | Mosler | 28 Orh. | — — |
| — | Franken | — — | $2\frac{1}{2}$ |
| — | Rhein | 51 Ohm — | — |
| — | Kirschen | — — | 2 — |
| — | Ungarisch | $2\frac{1}{2}$ Anthal. | |
| Zeug, seiden — | 54 Stück. | | |
| Zitz — | — 902 — | | |

Endlich noch etwas vom rigischen Zoll. Schon im ersten Band habe ich desselben Beträchtlichkeit erwähnt: jezt will ich aus einem von dorther erhaltenen Aufsaz meine Angabe beweisen.

## Der rigische Zoll betrug im Jahr 1774

| | Species-Thaler. | Gr. | Bud. | Df. | Sol. | Rubel. | Kop. |
|---|---|---|---|---|---|---|---|
| An einkommenden Licent-Zöllen, oder für eingehende Waaren | 120,070 | 14 | 214 | 21 | 21¼ | 150,087 | 69½ |
| An ausgehenden dito | 234,380 | 43 | 418 | 26 | 19½ | 292,975 | 59¼ |
| An einkommenden Portorien-Zöllen | 13,876 | 76½ | 24 | 36 | 54¼ | 17,346 | 6¼ |
| — ausgehenden dito | 21,602 | 4½ | 38 | 27 | 66 | 27,002 | 56¾ |
| — russischen Tamoschna-Zöllen | 556 | 51¾ | 1 | — | 24½ | 695 | 71½ |
| Ingleichen in russ. Münze bey der Tamoschna — | — | — | — | — | — | 47,718 | 91¾ |
| An Recognitions-Zöllen — — | 20,214 | 34¼ | — | — | — | 22,235 | 81½ |
| An Cent. Straf- u. Confiscat. Geldern beym Licent u. Portorium | 1214 | 11 | — | — | — | 1335 | 53¾ |
| Ingleichen beym Licent und Tamoschna in russisch. Münze — | — | — | — | — | — | 287 | 48¾ |
| Summe | 411,914 | 55 | 697 | 31 | 89½ | 559,685 | 39 |

Folglich betrug der rigische Zoll im J. 1774 überhaupt 559,685 Rubel 39 Kop. Im J. 1773 waren 18,176 Rub. 16¾ Kop. weniger eingekommen, denn da belief sich die ganze Summe nur auf 541,509 Rubel 22¼ Kopek.

In Riga ist ausser der Recognition ein dreyfacher Zoll: der Licent welchen die Krone allein erhebt; der Portorienzoll wovon die Stadt die Hälfte empfängt; und die Accise, welche, in so fern sie ein Zoll ist, der Stadt gehört. Alle einkommende und ausgehende Waaren geben Accise, die ersten allezeit 2 Procent; aber die Bürger bezahlen nur in Couranttthalern, d. i. statt eines Tha-

lers

lers 3 Ort, die fremden Kaufleute hingegen in Albertsthalern. Bey der Accise wird Courantgeld angenommen, es mögen Ferdinge oder ordinäre Fünfer seyn, die man 2 bis 5 Procent schlechter schätzt als Thaler. Hingegen muß Licent und Portorienzoll in Thalern bezahlt werden, deren 4 für 96 Solotnik (ein Pfund) gerechnet werden. Was an diesem Gewicht fehlt, muß in Alberts zugelegt werden, welches bey dem jetzigen Albertsgelde 5 Procent beträgt. Unter allen ausgehenden Waaren geben Masten den höchsten Zoll.

Ausser diesen 3 Zöllen ist noch der Recognitionszoll als der vierte; er wird von allen Getränken und von Essig bezahlt. Auch vom ausländischen Bier und Brantewein muß er, und zwar mit Alberts, bezahlt werden, wovon jedoch die rigischen Brauer und Brenner ausgenommen sind. Alles übrige wird mit schwedischen Fünfern, es seyen neue oder alte, bezahlt.

Bey dieser Recognition bezahlt, z. B.

| | | |
|---|---:|---|
| 1 Loof Malz von der Brauer-Compagnie | 8 | Ferdinge |
| 1 Loof Malz der privilegirten Güter | 6 | — |
| 1 Loof Malz von Kronsbedienten und Bürgern | 2 | — |
| 1 Tonne einländisch Bier | 3 | — |
| 1 — ausländisch Bier | 9 | — |
| 1 — Bieressig | 10 | — |
| 1 Ließpfund Honig zu Meth | 5 | — |
| 1 Tonne gebrauter Meth | 30 | — |
| 1 Stoof Korn-Brantewein | 1 | F. u. s. w. |

Von allen dergleichen Getränken wird auch Accisezoll und Havenbau, bezahlt; doch ist Malz von den privilegirten Gütern, und von Kronsbedienten, auch einländisches Bier, davon frey. Hingegen bezahlt z. B.

| | Accisezoll. | Havenbau. |
|---|---|---|
| 1 Loof Malz von der Brauer-Kompagnie — | 2 Ferd. | ¼ Ferd. |
| 1 Loof zum braunen Quaas | 3 — | ⅓ — |
| u. s. w. | | |

# Dritter Abschnitt.

## Der Handel in Narva.

Billig setze ich diesen gleich nach den rigischen, weil er in Ansehung der ausgehenden Waaren, deren kleinster Theil gleichwohl aus hiesigen Produkten besteht, sehr beträchtlich ist: in Ansehung der eingehenden reicht er bey weiten nicht an den revalschen.

Die glückliche Lage der Stadt begünstiget ihren Handel ungemein: sie gränzt an Jngermannland, Rußland und Ehstland; von daher und aus Liefland, kan sie zu Lande und zu Wasser, sonderlich vermittelst des pleßkowischen und des Peipus-Sees und etlicher Flüsse, eine große Menge von allerley Produkten an sich ziehen: worzu die Narowa vieles beyträgt, welche zugleich die Stelle des Havens einigermaaßen vertritt und die Ausschiffung erleichtert. Von diesem Fluß den ich bereits im ersten Bande S. 129 beschrieben habe, füge ich hier noch eine Nachricht bey, die ich aus einem von dorther erhaltenen zuverläßigen Aufsatze abschreibe, der auf höhere Veranlassung verfaßt, eine kurze aber sichere Beschreibung der Stadt Narva enthält *).

„Der

*) Dieser Aufsatz besteht eigentlich in der Beantwortung gewisser vorgelegten Fragen; er wurde höhern Orts eingereicht
und

„Der Fluß Narowa von welchem die Stadt den
„Namen hat, und an welchem ſie liegt, fließet 50 bis
„60 Werſte von der Stadt aus dem Peipusſee, welcher
„mit dem pleskowiſchen See verbunden iſt. In beyde
„Seen fallen verſchiedene Flüſſe und Ströme, in den
„letzten inſonderheit der

„Welika Reka, welcher in Litauen entſpringt,
„wodurch die Stadt Narva nicht nur mit Liefland und
„den pleskowiſchen und welikolukiſchen Provinzen, ſon=
„dern auch mit einem obgleich nicht beträchtlichen, Theil
„von Litauen, eine Gemeinſchaft zu Waſſer erhalten
„hat. Während ihrem Lauf nimmt die Narowa von
„beyden Seiten verſchiedene kleine Flüſſe auf: der be=
„trächtlichſte darunter iſt die Plüs, welche in der nowo=
„ghorodiſchen Provinz entſpringt, und 7 Werſte ober=
„halb der Stadt in die Narowa fließet, worauf letztere
„ſich über einen von der Stadt, etwa 2 bis 3 Werſt
„entlegenen hohen Waſſerfall herabſtürzet, und ſodann
„recht unter den Mauern der Stadt vorbey), 12 Werſt
„unterhalb derſelben, ſich in die Oſtſee ergießet, nach=
„dem ſelbige kurz vor dem Ausfluß, ſich mit einem klei=
„nen Fluß die Roſana genannt, vereiniget, welche ei=
„gentlich ein Arm der Luga iſt, die ihren Urſprung in
„der nowoghrodiſchen Provinz hat, und dadurch dieſe
„beyden Ströme mit einander verbindet. Die Narowa
„iſt zwar von der Stadt an bis dahin, wo ſelbige in die
„Oſtſee fällt, für alle Arten von Fahrzeugen ſchiffbar;
„bey der jetzigen Untiefe der Mündung aber, können
„keine Fahrzeuge die tiefer als 6 bis 7 Fuß gehen, bis

Bb 3                    „an

und in das Ruſſiſche überſetzt, als worauf man gleich bey der
Anfertigung Rückſicht nahm. Dem patriotiſchen Mann, aus
deſſen liebreichen Hand ich dieſen Aufſatz und viele andre, den
daſigen Handel betreffende ſichere Nachrichten habe, würde
ich hier öffentlich meine Dankbarkeit bezeigen, wenn er es
nicht ausdrücklich verbeten hätte.

„an die Stadt kommen. Aus dem Peipus- und ples-
„kowischen See kommen große Fahrzeuge die man Lod-
„jen nennt, vornehmlich mit Flachs, Hanf und Korn-
„brantewein den Strom herunter, müssen aber wegen
„des steinigten Grundes, der daher verursachten Un-
„tiefe, und des schnellen Laufs des Stroms, an einer
„Stelle einen Theil ihrer Ladung in kleinere Fahrzeuge,
„die von den Einwohnern desselben Orts zu diesem Ge-
„brauch besonders gehalten werden, ausladen, und nach-
„dem solche diesen untiefen Ort passiret sind, wieder ein-
„laden, bis sie ungefähr 3 Werst oberhalb der Stadt
„anlangen, da sodann die Waaren wegen des vorer-
„wähnten hohen Wasserfalls zu Lande nach der Stadt
„gebracht werden müssen" *).

Dieser hohe starke Wasserfall ist bey tem Gute
Joala, die Stelle wo das Ausladen geschiehet, heißt
Kulja: der Fall ist wegen der darbey angelegten Mühlen der Stadt nutzbar. — Im ersten Bande S. 130
und 399 habe ich gemeldet, daß die Schiffe mit voller
Ladung aus der Ostsee längs der Narowa, bis unter
Narva gehen; das ist jetzt nur von kleinen Schiffen, die
nicht tiefer als 7 Fuß gehen, zu verstehen. Die Narowa
selbst ist zwar an sich selbst, wie kurz vorher erwähnt
wurde, für alle Schiffe schiffbar und tief genug; aber
die Mündung an der Ostsee ist verschlämmet und untief
geworden, so daß alle große sonderlich die Holzschiffe, auf
der Rhede bleiben müssen. Bey einfallenden Stürmen
gehen wohl einige Wochen hin, ehe sie ihre Ladungen
einbekommen, welches verursachet, daß sie höchstens nur
zweymal im Sommer nach Narva kommen können.
Nicht selten leiden sie Schaden an Schiff und Ladung,
welche ihnen floßweise und in Lodjen muß zugeführt
wer-

*) Das Uebrige von diesem sehr brauchbaren Aufsatze, was
nicht zum Handel gehört, liefere ich noch an seinem Orte im
Folgenden unter den Zusätzen und Beyträgen von Narva.

werden. Im August des J. 1747 wurden in einer
Nacht durch einen Sturm mit Westnordwestwind 27
Schiffe und darunter 23 ausländische ans Land getrie=
ben: nehmlich 5 englische und 15 holländische, beyder=
seits beladen, und ein holländisches unbeladenes, zwey
holländische zerscheiterten ganz. Das 17te holländische
große Schiff, (die sämtlich 14 bis 15 Fuß tief gehen)
kam über die Bank, auf welcher gewöhnlich nie mehr als
9 Fuß tief Wasser zu seyn pfleget; woraus man die Hef=
tigkeit der Fluth abnehmen kann. Dem 18ten hollän=
dischen glückte es sogar über die seichte Sandbank ins
Revier oder das Fahrwasser zu kommen; und dieß war
unter allen das einzige, so im folgenden Jahre aus Nar=
va wieder nach Holland absegeln konnte. Auf allen die=
sen Schiffen gingen 54 Russen und 52 Ausländer, un=
ter den letzten 2 holländische Schiffkapitains, verlohren.
Der Wind war so ausserordentlich stark und widrig, daß
man wegen des häufigen Sandes der einem Jeden in die
Augen geworfen wurde, weder die Augen aufzuheben,
noch dem Wind entgegen zu gehen vermögend war: dieß
machte das Ausgehn der Lotsböte und das Retten ganz
unmöglich. Dergleichen Vorfälle schrecken den Hollän=
der ab, wenigstens im Herbst zu kommen. Diejenigen
Schiffe welche Flachs abholen, können, weil sie größten=
theils nur mit Ballast kommen, den sie auf der Ballast=
rhede auswerfen, bis an die Schiffbrücke segeln, wo sie
den größten Theil ihrer Ladung einnehmen: aber sobald
sie 7 Fuß tief liegen, müssen sie hinaus auf die Rhede,
und den Rest ihrer Ladung durch Löscher oder Lichter
nachholen lassen. Die seit mehrern Jahren mit vielen
Kosten zur Vertiefung der Mündung angewandte Ar=
beit, hat die gehofte Wirkung noch nicht gehabt: käme
sie zu Stande, so würde der Ausländer vieler Gefahr
und Unkosten überhoben seyn: inzwischen ziehen diejeni=

Bb 4 gen

gen welche Löscher oder Lichter halten, aus der jetzigen
Beschaffenheit der Einfahrt, einige Vortheile.

Zweyerley Kaufleute sind in Narva, nehmlich
Groß- und Minuthändler. Zu den ersten gehören ins-
besondre diejenigen, welche die Berechtigung zum Balkenhandel haben; ihre Anzahl ist auf 29 Personen festgesetzt: zu den letzten gehören solche, die den Handel mit ausländischen Salz und Toback treiben, als woran ihrer 16
theilnehmen. Wer sich dem Handel gewidmet und selbigen
gehörig erlernt hat, kan ohne Rücksicht auf ein gewisses
Kapital oder andre Umstände, das Bürgerrecht erhalten;
doch ist der Holz- Salz- und Tobackshandel, an welchem
nur eine gewisse Anzahl von Personen theilnehmen können, lediglich den eingebohrnen Stadtkindern vorbehalten. Wer nicht das Bürgerrecht gehörig gewonnen hat,
darf auch nicht von den darmit verknüpften Vortheilen,
folglich auch nicht vom Handel, Gebrauch machen. Die
Kaufleute befrachten keine Schiffe auf eigne Rechnung:
der Ausländer sendet sie, die von ihm beorderten, oder
von den Narvschen erhandelten, Waaren abzuholen.
Sehr selten hat ein dasiger Balkenhändler selbst ein
Schiff auf eigne Rechnung befrachtet, aber niemals Vortheil darbey gefunden. — Seit vielen Jahren befinden
sich hier auch bald mehr bald weniger, englische Kaufleute, welche nach Vorschrift der vorhandenen Handels-
verordnungen, vornehmlich den auswärtigen Handel treiben; sonderlich haben zwey englische Komptoirs einen beträchtlichen Handel mit Flachs und Hanf: sie bezahlen
dem Bürger, auf dessen Namen sie diese Waaren verschiffen, 2 Procent Provision. — Die Anzahl der russischen Kaufleute die mit russischen Kramwaaren in Narva
handeln, ist im ersten Bande S. 400 durch ein Versehen zu groß angegeben: es sind deren nur 16. Ihre
Vorfahren haben sich schon zur schwedischen Regierungszeit daselbst wohnhaft niedergelassen: sie und andre daselbst

selbst wohnhafte, sich durch allerley Gewerbe ernährende, und unter der russischen Regierung zur Stadt verlegte, Russen heißen Staroschili (Leute die von Alters her hier wohnen,) und entrichten kein Kopfgeld, sondern tragen nach Beschaffenheit ihres Handels und ihrer Nahrung blos die gewöhnlichen Stadtbeschwerden. Die welche Budenhandel mit russischen Kram= und Manu= fakturwaaren, oder ein anderes Gewerbe, treiben wollen, müssen zuvor bey dem Magistrat um die Erlaubniß hier= zu bitten.

Es findet sich keine Nachricht, daß zu schwedischer Regierungszeit jemals in Narva Jahrmärkte gehalten, auch sind seit Eroberung der Stadt keine eingeführt wor= den, obgleich nach den schwedischen Gesetzen jede Han= delsstadt zu Jahrmärkten berechtigt ist. Auch sind hier keine gewissen wöchentlichen Markttage: so oft Zeit und Witterung die Zufuhre begünstiget, ist Wochenmarkt. — Folgende Handwerker findet man in der Stadt: Schneider, Grob= oder Huf= und Waffenschmiede, Schlösser, Kupferschmiede, Fleischer, Schuster, Drechs= ler, Becker, Gürtler, Hut= Handschuh= Knopf= und Perückenmacher, Tischler, Schornsteinfeger, Kürschner, Weißgerber, Sattler, Glaser, Blechenschläger, Töp= fer, Buchbinder, Stellmacher, Tonnenbinder, Leinwe= ber, Zinngießer und Korduaner; sie machen alle zusam= men nebst Gesellen und Lehrlingen etwa 140 Personen aus, und gehören zur kleinen Gilde: zur großen hinge= gen alle Kaufleute, der Stadtchirurgus der zugleich eine Balbierstube hält, die Gold= und Silberarbeiter, und die Kunstmahler. — In der Stadt selbst sind gar keine Fabriken, aber in der Vorstadt auf der ehstländischen Seite ungefähr eine Werst von der Stadt, befindet sich innerhalb dem Stadtterritorium eine Repschlägerey, die bürgerlichen Personen eigenthümlich zugehört. Was daselbst an Tauwerk und Stricken verfertiget wird, das

Bb 5

wird

wird theils in und bey der Stadt, theils im Lande, das
meiste von schweren Tauwerk, als Ankertaue u. d. gl. an
die dorthin kommenden Schiffer verschiedener Nationen,
abgesezt, auch ausserhalb Landes verschickt. Ausserhalb
dicht an der Festungsmauer bey der Wasserpforte, ist
eine der hohen Krone gehörende Kornmühle, die unter Disposition des Kaiserl. Reichs- Kammerkollegiums-
Kontoirs und der Kommendanten-Kanzeley steht: sie ist
alt und so unbrauchbar, daß selten darauf kann gemahlen
werden. Hingegen befinden sich in einer Entfernung
von etwa 2 Wersten bey dem großen Wasserfall in dem
Narowafluß fünf Sagemühlen, zwo Kornmühlen und
eine Walkmühle; und unterhalb bey der Mündung noch
zwo Sagemühlen, die vom Wind getrieben werden.
Alle diese Mühlen sind ausserhalb der Stadtjurisdiktion
belegen, und gehören theils nach Ingermanland, theils
nach Ehstland. Jede Sagmühle die vom Wasser getrieben wird, und die beyden Windmühlen zusammen,
haben die Freiheit, jährlich zwo Ladungen Bretter nach
auswärtigen Reichen zu verschiffen. Von den fünfen,
deren jede 2 Ladungen verschiffet, gehören eine der ver-
witweten Fr. Bürgermeisterin Götte, zwo dem Kaufmann und Großhändler, Hrn. C. J. Sutthoff, eine
dem Kaufmann und Großhändler, Hrn. B. Cramer,
und eine den Wulfertschen Erben, eigenthümlich. —
In einer Entfernung von etwa 2 Werst von der Stadt
auf der ehstländischen Seite, ist eine Ziegelbrennerey,
die dem Magistrat eigenthümlich gehört, welcher dieselbe auf gewisse Jahre zum Vortheil der Stadtkasse verarrendirt. Zween Steinbrüche sind dicht an der Stadt,
und ausserhalb derselben Territorium etwa 2 Werst davon, noch zween andre. Ein beträchtlicher Theil des
Stadtgrundes ist felsicht und steinig, und daher überhaupt an Steinbrüchen kein Mangel.

Die

Die Stadt hat ein eignes Kommerz-Gericht, darin der Kommerz- und Policey-Bürgermeister präsidirt: und ausser dem vom schwedischen König Johann III. bewilligten Wappen und Siegel, ein besonderes Siegel zum Kommerzwesen. Mit dem letzten privilegirte der Ordensmeister Cyse von Ruthenberg im Jahr 1426 die Stadt, um darmit, wie die Worte des Privilegiums lauten, allerley Kaufmannsgüter zu besiegeln. Noch jetzt wird es gebraucht: es besteht in einem rothen Ordenskreuze im weissen Felde, und hat auf jeder Seite eine Rose. — Von Handlungsgebäuden verdienen eine Bemerkung 1) die Börse, ein großes wohlgebautes Gebäude, welches dem Markt und der Stadt ein gutes Ansehn giebt. Es hat 3 Stockwerke: das unterste besteht aus Gewölben zu Waarenlagern, in deren Mitte der zur Versammlung der Kaufleute bestimmte Ort ist, er wird aber selten darzu gebraucht, indem sie sich bey guten Wetter lieber vor demselben auf dem Markt, und bey schlechten Wetter in einem darneben liegenden Gasthof zu versammeln pflegen. Jetzt hat die Kaufmannschaft ihren Versammlungsort in der Börse, der schwedisch-finnischen Gemeine auf deren Ersuchen, zum gottesdienstlichen Gebrauch überlassen, bis sie wieder eine Kirche aufbauen kan. Nach Eroberung der Stadt wurde in diesem Saal eine Zeitlang der deutsche Gottesdienst gehalten. Der Hälfte des mittlern Stockwerks bedient sich die Kaufmannschaft zu ihren Privatversammlungen oder Unterredungen; die zweyte Hälfte und die darunter befindlichen Ambaren sind dem kayserl. Licent oder Zollhause vermiethet worden. Das dritte Stockwerk ist meines Wissens keinem besondern Gebrauch gewidmet. Dieses Gebäude ist im Jahr 1698 durch den Baumeister David Küntler auf Kosten der dasigen und etlicher hieher handelnder Kaufleute gebauet und mit einem zierlichen Thurm versehen: da es verfallen war, wurde es aus der Stadtkasse wieder hergestellt,

gestellt, daher es jetzt unter des Magistrats, der die Ein=
künfte davon erhebt, Aufsicht steht; die Kaufmannschaft
besitzet darin 2 Säle unentgeldlich. 2) Die Stadtwage,
ein geräumiges steinernes Gebäude, darin sonderlich der
ausgehende Flachs gebraket und gewogen wird. Es be=
stehet aus lauter Ambaren die 5 Abtheilungen ausmachen,
davon die eine zur Wage, die übrigen 4 den 4 Flachs=
brakern eingeräumt sind. 3) Das sogenannte persiani=
sche Haus, ein am Ende der Altstadt gegen den alten
Wall gelegenes festes und geräumiges Gebäude, das
seinen Namen von seiner Bestimmung hat, da der Kaiser
Peter I. mit den Persern einen Handlungstraktat er=
richtete und Narva als den bequemsten Ort zur Haupt=
niederlage persischer Waaren ausersahe. Unten besteht
es aus Gewölben und Kellern; oben aus Wohnzimmern.
Wie die Börse, ist es auf Kosten in= und ausländischer
Kaufleute erbaut, aber vom Magistrat bey einem Ver=
fall wieder hergestellt worden, daher es unter des letzten
Aufsicht steht, der es der Kaufmannschaft zur Einquar=
tierung durchreisender Standespersonen, vermiethet hat.
Ein daran liegender, der deutschen Gemeine gehörender
Kirchhof, darauf, so lange in der Stadt zu begraben er=
laubt war, viele begraben wurden, heißt noch jetzt der
persianische Kirchhof. *) Hierbey will ich noch etwas, so
die Geschichte des narvischen Handels betrift, aus einem
erhaltenen Manuscript abschreiben **).
„Im Jahr 1558 wurde das Stapelrecht nach Nar=
„va verlegt, womit es folgende Bewandniß hatte. Die
„Ruf

---

*) Diese und etliche andre brauchbare Nachrichten die ich noch
   im Folgenden liefere, habe ich der Freundschaft des Herrn
   Pastors und Konsistorialassessors Trefurt in Narva, zu
   danken.
**) Dasselbe enthält eigentlich einen Auszug aus etlichen ältern
   Geschichtschreibern, welchen der dasige ehemalige Justitz=
   bürgermeister Krompein zu seiner eignen Nachricht zusam=
   mengetragen hat.

„Russen durften vorhin mit Niemand anders, als den zu
„Nowoghrod (wo damals der Stapel war) liegenden
„Kaufleuten der Hansestädte handeln, und Waaren ge-
„gen Waaren vertauschen; daher Lübeck, welches die
„russischen Waaren in ganz Deutschland versandte, nicht
„geringen Nutzen zog: bis zu des Zar Iwan Basilo-
„witsch Zeiten diese Freyheit der deutschen Kaufleute
„ziemlich geschwächet, und da die Revalschen unterschie-
„dene Schmähworte wider den Zar ausgestoßen hatten,
„gar gehemmet, 49 zu Nowoghrod befindliche Kaufleute
„gefangen gesetzt, der Hansestädte ihre Waaren, die auf
„300,000 Dukaten geschätzt wurden, confiscirt, und
„nicht das geringste davon restituirt worden. Nach 3
„Jahren kamen sie wieder frey, blieben aber nebst vielen
„andern im Sturm, da sie höchst erfreut nach Lübeck
„schiffen wollten. Nachdem haben die Hanseischen mit
„den Russen etwa 50 Jahre zu Reval gehandelt. Da
„aber die Revalschen alle andre Städte ausschlossen, und
„aus Gierigkeit alles an sich allein reißen wolten, auch
„nicht gestatteten, daß Russen und Deutsche mit einan-
„der handeln durften, und die Hansestädte unerachtet der
„mit ihnen errichteten Verträge, mit den Rücken ansa-
„hen: so sind die Lübecker und andre Hansestädte hierauf
„Reval vorbey gegangen und haben den Stapel im Jahr
„1558 nach Narva verlegt, dahin auch bald Engländer,
„Holländer und Franzosen sich in Menge einfanden. Also
„haben die Hansestädte des Stapelrechts zu Nowoghrod
„über 100 Jahre entbehren müssen, bis dieselben im
„Jahr 1603 vom Zar Boris Feodorowitsch die Frey-
„heit erhielten, dort wieder Häuser zu bauen: und ob
„ihnen wohl ein gewisser Ort darzu angewiesen wurde,
„ward dennoch selbiges durch die vielen Kriegsunruhen
„unterbrochen, und gerieth ins Stecken: vielmehr wurde
„zu Narva ein Mandat publicirt, daß alle ausländische
„Kaufleute mit ihren eingebrachten Waaren von dannen
„reisen,

„reisen, und keiner über 8 Tage, um seine Schulden ein-
„zutreiben, allda sich aufhalten sollte; bis endlich im
„Jahr 1643 und 1645 das Stapelrecht zu Narva völlig
„wieder hergestellt und die Handlung wieder in vorige
„Freyheit gesetzt wurde. — Im Jahr 1561 entdeckte
„Heinrich Lane ein Engländer, den Weg nach Mos-
„kow oder Rußland über Narva zu handeln, so bis hie-
„zu war unbekannt gewesen.“

Die Anzahl der hier ankommenden Schiffe ist sehr
verschieden: Im Jahr 1761 waren deren nur 65; im
Jahr 1762 schon 112, und im Jahr 1763 gar 167;
dieses jetzige 1773ste Jahr sind 115 angekommen. Im
Durchschnitt könnte man etwa jährlich 120 annehmen.
In vorigen Zeiten, da der Balkenhandel auf eine gewisse
Anzahl Balken bestimmt war, sind gegen 200, auch
wohl noch mehr, Holzschiffe hieher gekommen. Jetzt
dürfen nur 60 Ladungen verschifft werden davon noch
jährlich etwas übrig bleibt.

Herr Büsching hat im dritten Band seines Magazins ein Verzeichniß der Waaren drucken lassen, die
vor 100 Jahren, nemlich im Jahr 1673, sind aus
Narva verschifft worden. Ich kan und will kein so weitläuftiges Verzeichniß liefern, am wenigsten von längst
abgewichenen Zeiten: es ist genug, wenn ich meinen Lesern
eine kurze Beschreibung von der jetzigen Beschaffenheit
des dasigen Handels liefere: er würde wegen der glücklichen Lage der Stadt noch weit beträchtlicher seyn, wenn
Petersburg nicht so nahe läge, oder wenn Narva unter
dem Tarif von Reval oder Riga, aber nicht unter dem
St. Petersburgischen stünde. Die Größe des Handels
hängt von mehrern Umständen ab, z. B. von den Kommissionen die von draußen einkaufen; von der Güte des
jedesmaligen Gewächses; von den Preisen u. d. gl. Die
vornehmsten von den aus- und eingehenden Waaren will
ich nennen.

Aus-

Ausgehende Waaren sind:

1) Flachs; macht den beträchtlichsten Handel aus, und

2) Hanf, davon weit weniger verschifft wird. Man rechnet, daß im Durchschnitt von beyden jährlich 20,000 Berkowitz verschifft werden, deren Werth nach dem jetzigen Einkaufspreis über eine halbe Million betragen möchte. Es hat Jahre gegeben, da wohl 25,000 Schiffpfund ausgesandt wurden. Dieß ist meistentheils ein Kommissionshandel, sonderlich der englischen Komptoirs. Der größte Theil geht nach England; etwas weniges nach Schweden, Dännemark und Lübeck.

3) Holz oder Balken. Der jährliche Betrag wird ohne die Bretter, auf 75 bis 100,000 Rubel geschätzet. Jährlich dürfen 60 Schiffsladungen ausgesandt werden, aber das ist seit etlichen Jahren nicht geschehen: immer sind einige Ladungen übrig geblieben. Die Ursachen hiervon mögen vielleicht in der Unsicherheit der dasigen Rhede sonderlich des Herbstes, und dann in dem bekannten siebenjährigen (nemlich von 1755 bis 1761) Verbot des Holz-Handels liegen, als wodurch die Holländer abgewöhnet, und veranlaßt wurden andre Oerter zu suchen, wo sie das Holz eben so wohlfeil und gut bekommen. In vorigen Zeiten, da die Freyheit auf eine gewisse Anzahl Balken, nemlich auf 122,000 gesetzt und an der Luga zu fällen erlaubt war, konnten die Narvschen das Holz wohlfeiler als jetzt verkaufen. — Die Balken gehen größtentheils nach Holland.

4) Bretter; ihren Werth setzt man jährlich auf 25,000 Rubel. Die 7 Mühlen auf welchen sie mit 30 Rahmen, wo ich nicht irre, gesäget werden, dürf

dürfen alle zusammen überhaupt 11 Schiffsladungen aussenden. Sie gehen nach England und
Portugal.

5) Getraide; jährlich dürfen 5000 Tschetwert verschifft werden: es geht fast alles nach Schweden.
Diese Produkte werden aus den pleskowischen und no-
woghrodischen Provinzen, wie auch aus Lief: Ehst-
und Ingermanland, theils zu Wasser über den Peipus-
See die Narowa herunter, theils bey guter Schlittenbahn zu Lande, zugeführt.

Der einkommenden Waaren Werth kan man überhaupt jährlich auf 40 bis 50,000 Rubel setzen, sie bestehen hauptsächlich 1) in Salz, welches aus Spanien,
Portugal und Frankreich, durch holländische oder schwedische Schiffe eingebracht wird. Dieser Handel wird
von einer geschlossenen Gesellschaft getrieben, und ist sehr
eingeschränkt: eine Ladung ist jährlich zum Verkauf im
Kleinen genug. Es könnte den vorzüglichsten Theil des
Passivhandels oder des mit ausländischen Waaren, ausmachen, wenn es nicht mit einem hohen Zoll beschweret
wäre, wodurch die Abnahme merklich verringert wird:
nach der ehstländischen Seite kan wenig oder nichts ab-
gesetzt werden, weil der dortige Edelmann sich und seine
Bauerschaft mit dieser Waare aus Reval versorgt, wo
der Zoll weit geringer ist. Weil das Salz ein kaiserl.
Monopolium bekantermaaßen ist, so ist der Verkauf desselben und des Tobacks aus Narva nur bis auf 70 Werst
von St. Petersburg, erlaubt. 2) In Toback, 3) allerley Sorten von Wein, 4) englischen Bier, 5) in holländischen, dänischen und schwedischen Heringen; dieser
Handel fängt an in Aufnahme zu kommen. 6) In
Specerey, Zucker, Thee, Kaffe, Stahl, Zinn und
Bley; 7) in verschiedenen Kram- und Manufakturwaaren; 8) in Obst und Erfrischungen. — Das Meiste
wird hiervon in Narva selbst verbraucht, und nur wenig
nach

nach umliegenden Provinzen verführt. Unter allen dies
sen Waaren sind besonders folgende privilegirt, nemlich
Wein, Salz, Toback, und Heringe: diese dürfen von
keinem Fremden aufgelegt, sondern müssen aus dem
Schiff an Bürger verkauft werden.

Den russischen Budenhandel mit allerley einländi=
schen Kram= und Manufakturwaaren, schätzet man jähr=
lich auf 14 bis 15000 Rubel. — Die Krügereynah=
rung oder der kleine Verkauf von Bier und Brantewein,
ist als eine besondere Wohlthat, für Witwen und Wai=
sen, welche sonst weder eignen Handel noch anderes Ge=
werbe treiben, ingleichen für Personen Civilstandes, die
von den Besoldungen, die sie von der Stadt genießen,
allein nicht leben können, ausgesetzt. — Die Fischerey
bey Narva ist nicht sehr beträchtlich, und gehört eigent=
lich nicht zur Stadt, sondern auf der ingermanländischen
Seite des Narowaflusses der hohen Krone, die sie dem
Magistrat gegen eine Arrende abgegeben hat, der sie
wieder den Stadtfischern überläßt: auf der ehstländischen
Seite haben diejenigen Privatpersonen, deren Häuser
und Plätze am Fluß liegen, deren Benutzung. Die
Neunaugen werden daselbst am meisten in Herbst=Mona=
ten gefangen, in der Stadt eingemacht und in kleinen
Fäßchen theils nach dem Lande, theils nach andern
Städten versandt. Aus dem Peipus= und der Ostsee
wird die Stadt mit verschiedenen Arten von Fischen zu
allen Zeiten reichlich versehen.

Die Größe des narvschen Handels mit einem Blick
zu übersehen, melde ich noch, daß in einer Zeit vor 29
Jahren (in welche zugleich das vorher erwähnte Verbot
des Balkenhandels fällt,) nehmlich vom J. 1738 bis
1768 für mehr als eine Million, nehmlich für 1364337
Rubel ⅓ Kopek Waaren eingekommen; dargegen für
mehr als 9 Millionen, nehmlich für 9485542 Rubel
88 Kop. ausgegangen sind: der Zoll von beyden Arten

beträgt auf die ganze Zeit überhaupt mehr als 2 Millionen. Von dieser Zeit an beträgt der ausgeschiffte Flachs und Hanf zusammen:

im Jahr 1768 überhaupt 18997 Schiffpfund.
— — 1769 — — 23070 — —
— — 1770 — — 23135 — —
— — 1771 — — 15496 — —
— — 1772 — — 22560 — —
— — 1773 — — 11564 — —
— — 1774 — — 13739 — —
— — 1775 — — 22283 — —

Summa 150844 Schiffpfund.

Eingebracht sind in besagten Jahren

|  | Wein, Franzbranterw. Englisch Bier. | Heringe. | Salz. | Toback. |
|---|---|---|---|---|
|  | Oxhöfte. | Tonnen. | Lasten. | Pud. |
| Im Jahr 1768 | 168 | 952 | 240 | — |
| — — 1769 | 44 | 1168 | 115 | — |
| — — 1770 | 227 | 824 | 50 | — |
| — — 1771 | 108 | 150 | 364 | — |
| — — 1772 | 300 | 982 | 98 | 60 |
| — — 1773 | 151½ | 1860 | 60 | 99 |
| — — 1774 | 107 | 2440 | 250 | 55 |
| — — 1775 | 176 | 1026 | 114 | 44 |
| Summe | 1281½ | 9402 | 1291 | 258 |

Zum Schluß rücke ich noch eine zuverlässige Nachricht ein, die den narwschen Zoll betrift; sie ist von der Hand eines angesehenen und der Sache sehr kundigen Mannes, dem ich hier öffentlich für seine Bemühung danke.

„In

„In Anſehung der Zollabgaben von allen ein= und
„ausgehenden Waaren, gehört Narva zu den St Pe=
„tersburgiſchen Tarif, maaßen,die hohe Krone ſolche zu
„beſtimmen, ſich ausdrücklich vorbehalten hat.   Die
„Einheb= und Berechnung ſämmtlicher Zolleinkünfte ge=
„ſchiehet unter der Direction eines Oberzöllners, wel=
„chem noch ein Zöllner und andre Officianten zugeordnet
„ſind, die auch überhaupt von der Krone beſoldet wer=
„den und unter E. Erl. Oberzollkanzley in St. Peters=
„burg ſtehen.   Die jährliche Zollrevenüe iſt in der hu=
„pelſchen Topographie von Liefland S. 182. ziemlich
„richtig angegeben (nemlich 70 bis 90,000 Rubel)
„worunter jedoch das halbe Portorium nebſt andern Ein=
„künften der Stadt, welche nicht für die Krone berech=
„net werden, nicht mit begriffen ſind.   Sonſten iſt noch
„zu merken, daß zum Vortheil der Stadt Narva, im
„obbenannten Tarif der Zoll von allem ausländiſchen
„Salze, holländiſchen Rolltoback und Franzbrantwein
„bey der Einfuhre, wie auch von Holzwaaren bey der
„Verſchiffung, weit weniger als in andern dem Ta=
„rif gleichfalls unterworfenen Häfen und Oertern, ge=
„zahlt wird; und zwar was die Holzwaaren anbetrifft,
„ſo ſind ſie durch eine beſondre Gnaden=Ukaſe bis auf
„weitere hohe Verfügung, nach dem Kolaſchen An=
„ſchlage angeſetzet worden.   Ja das liefländiſche Korn
„zahlt nach dem rigiſchen Fuß.   Ueberdem haben auch
„die narviſchen Kaufleute vor einigen Jahren die hohe
„Kaiſerl. Erlaubniß erhalten, die ruſſiſchen Produkten
„und Waaren nicht nur aus der Pleskowiſchen wie bis=
„her geſchehen, ſondern auch aus andern ruſſiſchen Pro=
„vinzen, über Narva zu verſchiffen, und wegen derſel=
„ben Lieferungen mit den ruſſiſchen Kaufleuten Kon=
„trakte ſchließen zu dürfen, welches leztere ehedem gänz=
„lich verboten war.   Sie ſind auch von Erlegung des
„Zolls in Reichsthalern, gleich den Nationaluntertha=

„nen,

„nen, befreyet, und können statt derselben mit russi-
„scher Münze abkommen, welches bey einem hohen
„Cours der Reichsthaler, sehr vortheilhaft ist.

„Damit aber auch bey Verschiffung der russischen
„Produkten aus den übrigen lief- und ehstländischen See-
„städten eine Gleichheit in Ansehung der Zölle beobach-
„tet werde, so sind diese Städte in solchem Fall gleich-
„falls verbunden, nach dem St. petersburgischen Tarif
„nicht nur den ausgehenden, sondern auch von allen
„nach Rußland von daher zu transportirenden auslän-
„dischen Waaren, den einkommenden Zoll daselbst völ-
„lig zu entrichten, oder das fehlende, weil der dasige ein-
„kommende Zoll nach der ehemaligen schwedischen Zoll-
„taxe viel geringer ist, zuzuzahlen. Zur Verhütung
„alles Unterschleifs hierinnen, sind um Narva einige
„Zoll-Sastawen oder Vorposten verordnet, allwo die
„Reisenden, sonderlich alle Fuhren mit Waaren, besich-
„tiget werden müssen. Niemanden wird etwas confiscirt
„wenn er es selbst freywillig vorzeigt, und ein Jeder ge-
„nießt die prompteste Abfertigung. Findet man was
„Neues und Unangegebenes, so wird solches nicht gleich
„confiscirt, sondern dem kaiserl. Licent in Narva zur Un-
„tersuchung und Entscheidung vorgestellet.„

---

## Vierter Abschnitt.
### Der Handel in Reval. *)

---

Schon mehrmals, sonderlich in der neuerlich herausgekommenen Schrift Ueber die freye Ein- und
Ausfuhre des Getraides in Betracht Ehstlands,
sind

---

*) Man erinnere sich, was bereits im ersten Bande S. 334. u. f.
hiervon kürzlich ist angezeigt worden.

sind den revalschen Kaufleuten Vorwürfe gemacht wor=
den, wegen gewisser angenommenen Verordnungen, die
ihrem Handel zu enge Schranken setzen, und ihnen die
Hände zu sehr binden: dahin gehört, z. B. daß wer
Kaufmann werden will, nothwendig Bruder des
Schwarzenhäupter=Korps und der großen Gilde seyn,
auch als Ehemann eines Gilde=Bruders Tochter heira=
then muß; ferner, daß der Großhändler nicht immer
spekuliren darf, sondern sich jeder verbinden muß, so lan=
ge die Schiffarth dauert, nichts für eigne Rechnung zu
kaufen noch zu verschiffen, sondern die Schiffe für fremde
Rechnung zu befrachten, als wodurch der große Kauf=
mann eigentlich nur Kommissionär wird; u. d. gl. Ohne
zu untersuchen, in wie fern dergleichen vor langer Zeit ge=
wiß nicht ohne Anlaß, vielleicht aus Uebereilung, ein=
geführte Gesetze schädlich sind, kann ich nicht verschwei=
gen, daß selbst in Reval junge Kaufleute den Wunsch ge=
äussert haben, sie möchten in Ansehung einer Verheira=
thung, von dem bisherigen Zwang frey werden, und aus
andern Städten oder vom Lande, sich Gattinnen auszu=
suchen Erlaubniß haben, durch deren Mitgabe sie ihren
Handel unterstützen und überhaupt die Reichthümer der
Stadt vermehren könnten. Aber das alte den Töchtern
der revalschen Kaufleute nicht gleichgültige, Gesetz bleibt
ungeändert, wie andre ähnliche alte Verordnungen:
vermuthlich weil sie nicht so schädlich sind als man vor=
wendet, oder weil ihr Nutzen dem Schaden das Gegen=
gewicht hält. Vielleicht giebt es auch Mängel die nicht
von Gesetzen, sondern von andern Ursachen abhangen.
Reval hat einen guten sichern Haven gleich unter der
Stadt, wo alle Schiffe einlaufen können; einen kleinen
Zoll, und großen Absatz ausländischer Waaren, worzu
der sich oft daselbst versammelnde Adel, die dort liegen=
den Kriegsschiffe, und die im Herzogthum stehenden Re=
gimenter, viel beytragen. Gleichwohl sind oft einige

**Waaren**

Waaren gar nicht, oder nur für hohen Preis zu haben:
Im Herbst und Winter 1771 suchte man daselbst vergebens nach nordischen Heringen als einem allgemein
und immer begehrigen Bedürfniß: im Jahr 1774 galt
in Dorpt, wohin alles auf der Achse aus Riga geführt
wird, nachdem davon der rigische Zoll und Provision
bezahlt worden, ein Pfund Zucker 19 Kopek, in Reval,
wo ein weit geringerer Zoll, keine Provision und keine
Landfracht bezahlt wird, 22 Kopek; der Grund sollte in
einem verunglückten Schiffe liegen: Ein Faß englisch
Bier kauft man in Riga wo ein höherer Zoll ist, für 17
bis 18 Thaler oder für 21 bis 22 Rubel; in Reval gemeiniglich für 25 bis 28 Rubel: Seidenzeug und Ellenkram ist in Dorpt theils wohlfeiler, theils nicht theurer
als in Reval. Am lezten Ort sind freilich viele, für den
dasigen Handel zuviel Kaufleute; aber am ersten Orte
auch: hierin darf man den Grund nicht suchen; auch
nicht im Luxus der im ganzen Lande herrscht. Vielleicht verschreiben die Kaufleute nicht Waare genug, wenigstens nicht zu rechter Zeit, es sey aus Mangel an
Geld, aus Furcht, aus Vorsicht, oder in Hofnung un-
verschriebene einkommende Waaren desto wohlfeiler zu
kaufen: doch auch diese Ursach erschöpft nicht alles; es
giebt in Reval Männer, wenigstens ein Paar, die zu
großen Kaufleuten alle erforderliche Anlage und Kenntniß haben. Der Mangel an Rückfracht für ankommende Schiffe, äussert wohl einen merklichen Einfluß: die
Fracht muß theurer bezahlt werden, und ein Schiffer
bringt gern seine Ladung dahin, wo er nicht Ballast einnehmen darf. Balken, Bretter und Holz hat Reval
nicht zu verschiffen; die Zufuhre aus dem Herzogthum,
aus Oesel, und aus dem dorptschen und pernauischen
Kreise, reicht nicht hin, alle Schiffe zu befrachten.
Aber ein Theil des Mangelnden kann in Narva eingenommen werden; und vielleicht könnte Reval die ausgehenden

henden Waaren vermehren, sonderlich durch mehrere
Kommissionen und Kontrakte auf russischen Flachs, Hanf,
und andre daher kommende Produkte; dann auch durch
Korn. Die Kaufleute geben oft einen geringern Preis
für unser Korn als die in Riga und Pernau, wohin sich
folglich viel Landadel mit seinen Fuhren wendet: nur
steigt der Preis in Reval, sobald ein Schif ankommt,
und fällt wenn es befrachtet ist: wie leicht kann auch der
Ausländer hierdurch abgeschreckt werden. Vielleicht
würden Kalk, den man in Reval genug haben kann, allerley Steine u. d. g. wenigstens nach und nach kleine,
Handlungszweige zur Rückfracht geben.

Man findet in Reval etliche sehr gut angefüllte
Buden, sonderlich in Ansehung des Seidenzeugs, der
Tücher und überhaupt des Ellenkrams. Einige von den
Kaufleuten besorgen vorzüglich den auswärtigen Handel.
Durch den baltischen Port, wo Schiffe, wenn alle Häven
und Rheden voll Eis sind, einlaufen auch überwintern
können, sieht sich Reval im Stande, sehr früh und spät
im Jahre, auswärtige Waaren zu bekommen. — An
eine Börse hat die Kaufmannschaft noch nicht gedacht;
aber seit 1772 werden hier wöchentliche Nachrichten oder
Intelligenzblätter gedruckt, darinn die Preise der inländischen Produkte, ankommende Schiffe und a. d. Dinge
bekannt gemacht werden.

Die Anzahl der ankommenden Schiffe (wovon die
russischen Kriegsschiffe ausgenommen sind,) ist sehr verschieden: im J. 1761 zählte man deren 93; 1762 gar
223; 1763 aber 118; 1769 nur 80, und i. J. 1771
wieder 152. Von diesem Jahre will ich die Anzeige beyfügen woher sie gekommen und wohin sie gegangen sind;
nur vorher noch anzeigen, daß im J. 1775 daselbst 165
angekommene Schiffe gezählt wurden.

Ein-

| Eingekommene Schiffe. | | im Jahr 1771 | eben dahin abgegangene |
|---|---|---|---|
| 1 | von | Aalburg | — | — |
| 3 | — | Almada | — | — |
| 5 | — | Amsterdam | — | 6 |
| 1 | — | Apenrade | — | — |
| 1 | — | Arnis | — | — |
| — | — | Bergen | — | 1 |
| 1 | — | Bourdeaux | — | — |
| 2 | — | Cagliary | — | — |
| 19 | — | Copenhagen | — | 20 |
| — | — | Danzig | — | 1 |
| — | — | Dortrecht | — | 1 |
| 1 | — | Falmouth | — | — |
| 15 | — | Flensburg | — | 13 |
| 1 | — | Greifswalde | — | — |
| 1 | — | Hamburg | — | 3 |
| 1 | — | Hull | — | — |
| 3 | — | Jvica | — | — |
| 3 | — | London | — | 1 |
| 22 | — | Lübeck | — | 22 |
| — | — | Memel | — | 1 |
| 9 | — | Narva | — | 6 |
| 1 | — | Norburg | — | 1 |
| 6 | — | St. Petersburg | — | 19 |
| — | — | Port a Port | — | 1 |
| — | — | Riga | — | 3 |
| 7 | — | Rostock | — | 5 |
| 34 | — | Stockholm | — | 35 |
| 3 | — | Stralsund | — | 2 |
| 1 | — | Wolgast | — | — |
| — | — | Wyburg | — | 3 |
| 12 | — | St. Yves | — | — |

Die Kaufleute theilen sich in 2 Klassen deren jede ihren Eltermann hat; die Seidenkrämer und Tuchhänd-
ler

ler gehören zur ersten; die Nürnberger oder Kurzhänd-
ler worzu sich auch die Bauerhändler zählen, machen die
zwote aus. Gewürz- und Weinhandel ist an keine Klasse
gebunden, darmit zu handeln steht jedem Kaufmann eben
so frey als ein Großhändler zu seyn, oder einen Kom-
missions-Handel zu treiben. — Bauerhändler werden
unter keine Großhändler gerechnet: zwischen beyden wird
ein kleiner Unterschied beobachtet. Der Bauerhändler
darf nicht mehr als 25 Lasten Salz das in Kommission
einkommt, das ganze Jahr hindurch von den Schiffen
auf seinen eignen Namen kaufen: aber auf eines andern
Bürgers Namen kauft er so viel er will; auch darf er für
eigne Rechnung so viel er nur immer kann, verschreiben.
Nur er hat Freyheit das Salz bey Stöfen, Külmetten,
Löfen, Tonnen und Lasten; hingegen die übrigen Kaufleute bloß bey ganzen und halben Lasten, zu verkaufen.

Jedem Kaufmann steht frey, für eigne und für auswärtige Rechnung hiesige Produkte zu verschiffen. Der
verheirathete Kaufmann aber hat allein die Freyheit, Bier
und Brantewein zu verkrügen: welches dem unverhei-
ratheten, oder der keine Bruders Tochter aus der großen
Gilde geheirathet hat, ganz verboten ist; ein solcher darf
auch kein Salz aus dem Haven, keine Heringe von der
Brake, und keinen Toback von der Waage, kaufen*.

In der bereits angeführten Schrift Ueber die freye
Ein- und Ausfuhre des Getraides, findet man einige Nachrichten von der Größe und Balance des revalschen Handels. Der im Zollhaus angegebene Werth
der aus Reval und aus den davon abhängenden Häven
(dem baltischen, dagenschen und Habsal,) verschifften
Waaren, betrug in acht Jahren an Geld überhaupt

Cc 5                                      1722423

---

*) Diese und etliche andre Nachrichten habe ich durch gütige
Bemühung des revalschen Kaufmanns, Hrn. Joh. Christ.
Gebauer erhalten, dem ich hierdurch öffentlich meine Dank-
barkeit bezeige.

1722423 Rubel 82 Kopek: darunter waren vornehmlich 1269568 Rubel für Getraide; 98282 Rubel 12 Kop. für hier zubereitetes sämisches Leder; und 140593 Rub. 9 Kop. für Brantewein, der größtentheils nach St. Petersburg gieng: das übrige für Flachs, Hanf, Leinsaat, Wachs u. d. gl.  Im J. 1767 betrugen alle ausgeschiffte Waaren nur 124729, hingegen im J. 1765 doppelt soviel, nehmlich 249628 Rubel.  In eben den angeführten 8 Jahren waren in Reval seewärts angekommen für 324011c Rub. darunter 10325 Lasten 5⅜ Ton. Salz, dessen Werth 373566 Rub. 16 Kop. berechnet wurde.  Folglich war in der Zeit für 1517686 Rub. 18 Kop. mehr ein- als ausgegangen. Im J. 1768 betrugen die angekommenen Waaren nach dem angegebenen Werth 482505, aber i. J. 1770 nur 369267 Rubel.  Den Werth des jährlich verschifften Flachses nebst dem Hanf, rechnet man auf 9 bis 13000 Rubel: ein beträchtlicher Theil desselben wird über Dorpat aus Rußland zugeführt.  Vom J. 1758 bis 1771 sind 9867 Lasten Roggen, aber in dem einzigen J. 1775 sind 6580 Last 11⅓ Ton. Roggen

$$69 \quad - \quad 8\tfrac{2}{3} \quad - \quad \text{Weißen}$$
$$69 \quad - \quad 18 \quad - \quad \text{Gerste}$$
$$6 \quad - \quad 16 \quad - \quad \text{Haber}$$
$$35 \quad - \quad 11 \quad - \quad \text{Malz, verschifft wor-}$$

den. — Nach den revalschen öffentlichen Anzeigen vom J. 1772 sind aus Reval folgende Waaren, deren Werth ich zugleich beyfüge,

im Jahr 1771 aus Reval verschifft worden:

| | Werth | Rub. | Kop. |
|---|---|---|---|
| Bockhaar 28 Spf. 15 Lpf. a. Werth | | 336 Rub. | — Kop. |
| Kornbrantewein 5369½ Faß. | — | 53,697 | 50 — |
| Butter 1 Schpf. 7 Lpf. 17 Pf. — | — | 45 — | 56 — |
| Kaviar 225 Pfund | — | 45 — | — — |

Gesal-

| | | |
|---|---|---|
| Gesalzen Fleisch 32 Schpf. 17 Lpf. 10 Pf. an Werth | 328 Rub. | 75 Kop. |
| Marienb. Flachs 255 Schpf. 13 Lpf. 8 Pf. — | 5113 — | 40 — |
| Knocken Flachs 1 Schpf. 12 Lpf. 14 Pf. — | 44 — | — — |
| Dreyband Flachs 195 Spf. 14 Lpf. 9 Pf. — | 3131 — | 56 — |
| Flachsheede 4 Schpf. 8 Lpf. 12 Pf. — | 26 — | 58 — |
| Drujan. Hanf 10 Schpf. 10 Lpf. 5 Pf. — | 140 — | 88 — |
| Paßhanf 8 Schpf. 1 Lpf. 12 Pf. — | 97 — | — — |
| Gesalzene Fische für | 57 — | 50 — |
| Roggen 5050 Last 6⅔ Ton. *) | 322,008 — | 13 — |
| Gerste 522 — 22 — — | 21,965 — | 50 — |
| Weitzen 171 — 17 — — | 15,456 — | 25 — |
| Haber 41 — — | 984 — | 15 — |
| Malz 34 — 15 — — | 1558 — | 80 — |
| Weitzenmehl für — | 184 — | |
| Rogenmehl 12 Ton. — | 36 — | |
| Erbsen 13⅔ — — | 41 — | |
| Semisch Leder 1114 Decher — | 12859 — | 30 — |
| Hiesig Lein (Leinwand) für | 260 — | 91 — |
| Russisch Lein für | 11699 — | |
| Segel u. Raventuch 3104 St. | 18722 — | 10 — |
| Leim 1 Schpf. 12 Lpf. 11 Pf. | 65 — | 33 — |
| Leinsaat 6 Last 8⅔ Ton. — | 305 — | |
| Talch 15 Schpf. 16 Lpf. — | 316 — | |
| Talchlichte 45¾ Pud. — | 146 — | 40 — |
| Wachs 14 Spf. 4 Lpf. 18 Pf. | 1139 — | 60 — |
| Federwild 707 Stück — | 70 — | 70 — |

Kon:

*) Nach einer andern Nachricht 5087 Last 19 Ton. Roggen, 39 Last Haber, 8 Last 8 Ton. Malz.

Kontant Geld          an Werth      8755 Rub. — Kop.
Diverse Kleinigk. bestehend
    in hiesig. u. russif. Waar. —        254 —    96 —

Folglich sind dieses Jahr Waa-
    ren verschifft worden für    479,838 Rub. 56 Kop.
Selten steigt der Werth in Reval so hoch.

Von den in eben dem 1771sten Jahre eingekommenen ausländischen Waaren, deren Werth überhaupt
414,526 Rubel 85 Kop. betrug, führe ich nur etwas an.

| | | |
|---|---|---|
| Aepfel und Birn 1230 Ton. am Werth | | 2116 Rub. |
| Allaun 20946 Pfund | — | 757 — |
| Austern, frische 126,836 St. | — | 1829 — |
| Englisch Bier 127 Faß | — | 1873 — |
| Franzbrantwein 113 Oxhöft | — | 4587 — |
| Arrack 12½ Anker | — | 356 — |
| Blonden 694 Stück | — | 4502 — |
| Kaffebohnen 82,307 Pfund | — | 16818 — |
| Kanehl 141 Pfund | — | 393 — |
| Citronen, Apfelsinen und Po- meranzen 1352 Kisten | — | 9196 — |
| Käse 11,315 Pfund | — | 1079 — |
| Salz 1547 Last 11 Ton. | — | 82,052 — |
| Sammet 1589 Ellen | — | 2204 — |
| Seiden Taffet 12669 Ellen | — | 13,519 — |
| Thee de Bou 4233 Pfund | — | 4228 — |
| Schnupftoback 1501 — | | 288 — |
| Rauchtoback 49,124 Pfund | — | 7023 — |
| Rolltoback 27,235 — | — | 2635 — |
| Rheinwein 51 Oxhöft | — | 3262 — |
| Franzwein 466 — | — | 8486 — |
| Feine Weine für | | 4775 — |
| Zucker, Kanar. Rafin Melis, überhaupt 253,2 9 Pf. | — | 37,165 — |
| Kanditzucker 17,005 — | — | 2330 — |

Vom Zoll geschahe schon im ersten Bande S. 182
Anzeige. Dieses etwas näher zu bestimmen und darbey
die Oerter anzugeben woher Reval seine auswärtigen
Waaren erhält, und wohin es die inländischen versendet,
will ich aus dem mir mitgetheilten weitläuftigen Aufsatz
aller im Jahr 1768 daselbst aus- und eingegangenen
Waaren, deren Werth und davon erlegten Zoll, etwas
abschreiben. Ihn wörtlich einzurücken, wäre, da er mehrere
Bogen beträgt, für die Grenzen meines Buchs zu weitläuftig, und für die meisten Leser unnütz ermüdend: es
ist genug sie in Stand zu setzen, über die Beschaffenheit
des dasigen Handels aus den angeführten Artikeln auf
die übrigen zu schließen. Nur merke ich vorher noch an:
1) daß der Zoll in Thalern berechnet wird, auf deren jeden
48 Schillinge gehen: die Kaufleute bezahlen für den
Thaler einen Rubel; 2) daß unter dem Licentzoll auch
die dahin gehörenden Convoy- Admiralitäts- Armen- und
ordinären Armen- auch Last- Feuer- und Schiffs-Ungel-
der, begriffen werden; daher ist für den im Zoll auf
482,505 Rubel 54 Kop. angegebenen Werth aller im
Jahr 1768 eingeschifften Waaren, bezahlt worden

| | | | | |
|---|---:|---|---:|---|
| Licentzoll | — 13,553 | Thaler | 35 | ß. |
| Schiffsungelder | — 1127 | — | 15 | — |
| Convoygelder | — 1129 | — | 13½ | — |
| Lastgelder | — 109 | — | 3 | — |
| Feuergelder | — 308 | — | — | — |
| Admiral. Arm. Geld | — 714 | — | 34 | — |
| Ordin. Arm. Geld | — 221 | — | 30 | — |
| Summe | 17163 | — | 34½ | |

Nur der Portorienzoll ist davon ausgenommen: davon
ich den Kron-Antheil besonders anführe; in dem besagten
Jahre betrug dieser 5062 Thaler 30 ß. Die Stadt
welche ihren Antheil vom Portorium besonders erhebt,
bekommt die Hälfte desselben, die ich, weil sie nicht in
meinem Aufsatz angezeigt ist, stillschweigend übergehe.

Etliche

| Etliche Waaren so nebst vielen andern im Jahr 1768 in Reval sind eingeschifft worden | Werth der Waaren. | | Hauptsumme des Licktzolls. | | Portoriezoll Kron-Antheil. | |
|---|---|---|---|---|---|---|
| | Rubel. | K. | Thal. | s. | Thal. | s. |
| Aepfel von Lübeck und Flensburg 896 Ton. | 903 | 22 | 10 | 34¼ | 4 | 25½ |
| Allaun von Lübeck, Amsterdam und Stockholm | 44 | — | — | 26½ | — | 11 |
| Apotheker Materialien von Lüb. Amsterd. und Borgo | 758 | 45 | 9 | ½ | 3 | 39 |
| Bänder, seidene, von Lüb. und Amsterdam 3933 Stück, das Stück für 128⅔ Kop. Kop. | 5054 | 85 | 59 | 37½ | 25 | 14 |
| Bier, englisch, 46 Oxthöft, a 14 Rub 19½ Kop. | 653 | — | 13 | 38 | 5 | 40 |
| Boy, Futter-, von Lübeck und London 4050 Ellen | 699 | — | 11 | 31¼ | 4 | 44½ |
| Franzbrantewein von Lübeck, Amsterd. Bourdeaux, Stockholm und Flensburg 5340 Viertel, 1 Oxthöft für 33 Rub. 2½ Kop | 5878 | 50 | 379 | 21 | 224 | 17 |
| Blonden, seidene, von Lübeck u. Amsterd. 1048 Stück a 501⅓ Kop. | 5255 | 52 | 62 | 7 | 26 | 14 |
| Kaffebohnen von Lübeck, Amsterdam, Bourdeaux u. Flensburg 73,381 Pfund | 17,542 | 55 | 903 | 23 | 382 | 9½ |
| Siß 8916 Ellen a Ell. 50¾ Kop. | 4527 | — | 53 | 25¼ | 22 | 41 |
| Halbsiß von Lüb. 11,513½ Elle a 31 Kop. | 3559 | — | 42 | 3¾ | 17 | 39 |
| Eisen-Stangen von Stockholm, Helsingfors und St. Petersburg 922 Schpf. 14 Lpf. 8 Pf. a Schpf. 7 Rub. 9 Kop. | 6541 | — | 77 | 31 | 32 | 40½ |
| Sensen von Lübeck und Stockholm 4862 Stück | 595 | — | 7 | 4½ | 3 | — |
| Nordische und schwedische Heringe von Lübeck, Gothenburg, Ubewalda und Stockholm 2864½ Ton. a 3 Rub. 65½ Kop. | 10,467 | — | 141 | 2 | 59 | 32½ |

Etliche

| Etliche Waaren so nebst vielen andern, im Jahr 1768 in Reval sind verschifft worden. | Werth der Waaren. Rubel. K. | | Hauptsumme des Licentzolls. Thal. ß. | | Portorii zoll, Accis antheil. Thal. ß. | |
|---|---|---|---|---|---|---|
| Holländische Heringe von Lüb. und Amsterdam 353 Achtel und 362 Sechzehntheil | 590 | 15 | 7 | $2\frac{1}{2}$ | 2 | 47 |
| Osetrina von St. Petersb. $11\frac{1}{2}$ Pud, zollfrey | 17 | 30 | — | — | — | — |
| Porcelan von Lübeck, Amsterb., Stockholm, Kopenhagen | 3293 | 60 | 38 | $36\frac{3}{4}$ | 16 | $32\frac{1}{2}$ |
| Grob Steinguth von Lübeck, Amsterdam, London | 1499 | 8 | 17 | 35 | 7 | 24 |
| Böhmische Trinkgläser von Lübeck, London | 1238 | — | 14 | $31\frac{1}{2}$ | 6 | $9\frac{1}{2}$ |
| Weißenmehl von St. Petersburg. Zollfrey | 112 | 50 | — | — | — | — |
| Böhmisch und französisch Fensterglas von Lüb. u. Amsterb. | 671 | — | 7 | $47\frac{1}{2}$ | 3 | 18 |
| Gold= und silberne Tressen, Spitzen u. d. gl. von Lübeck 470 Pf. 3 Loth à Pf. 23 Rub. $93\frac{1}{4}$ Kopek. | 11,248 | — | 138 | $42\frac{1}{4}$ | 58 | 37 |
| Hirschhorn von Lübeck und Amsterdam 296 Pf. à $21\frac{1}{3}$ Kop. | 63 | — | — | 38 | — | 16 |
| Juften, rothe und schwarze von St. Petersburg | 2154 | — | 31 | $23\frac{3}{4}$ | 13 | $15\frac{1}{2}$ |
| Holländ. und englisch. Käse von Lübeck, Amsterdam und London 25,296 Pf, 100 Pf für 6 Rub. $46\frac{1}{2}$ Kop. | 1625 | 88 | 19 | $11\frac{1}{4}$ | 8 | $6\frac{1}{2}$ |
| Korken von Lübeck, Amsterdam, London, Bord. 369,400 St., 1000 Stück für $67\frac{1}{2}$ Kop. | 249 | — | 2 | $47\frac{1}{2}$ | 1 | $12\frac{1}{2}$ |
| Laken oder Tuch fein holländ von Lübek, Amsterdam 6186$\frac{1}{2}$ Elle. | 12,226 | — | 146 | $10\frac{1}{4}$ | 61 | $41\frac{1}{2}$ |
| grob dito ebendaher 4567 Ell. | 6079 | 15 | 73 | $22\frac{1}{2}$ | 31 | 4 |
| ordin. englisch von Lübek, Amsterdam, London 8650 Garb. à $95\frac{1}{4}$ Kop. | 8274 | — | 192 | $29\frac{1}{2}$ | 81 | 24 |

Etlich

| Etliche Waaren so nebst vielen andern, im Jahr 1768 in Reval sind eingeschifft worden. | Werth der Waaren. Rubel. | K. | Hauptsume des Licetzolls. Thal. | ß. | Portorie-zoll, Kron-Antheil. Thal. | ß. |
|---|---|---|---|---|---|---|
| Laken oder Tuch | | | | | | |
| grob dito von Lübek 2519 Gard. a 56 Kop. | 1407 | — | 36 | 33 | 15 | 25 |
| Leinwand holländ. von Lübek, Amsterdam 7 Stück | 178 | — | 2 | 7 | — | 43½ |
| Schweitzerl. von Lüb. 29 St. | 870 | — | 10 | 15½ | 4 | 17½ |
| Wahrendorfer von Lübek und Flensburg 217 Stück a 15 Rubel 14½ Kop. | 3285 | 48 | 42 | 35½ | 18 | 4 |
| Schlesiger v. Lüb 77½ Schock | 570 | 76 | 12 | 35½ | 5 | 18½ |
| Greifenberger ebend. 9 St. | 121 | — | 1 | 37¼ | — | 36 |
| Bielfelder von Lübek, Amsterdam 26 Stück | 408 | — | 5 | 6¼ | 2 | 8 |
| Futter- und Glanzlein von Lübek 532 Stück | 1242 | — | 19 | 31 | 8 | 15 |
| Russisch Lein von St. Petersburg 8922 Arschin | 270 | — | 8 | 41½ | 3 | 36 |
| Segeltuch von St. Petersburg, 147 Stück | 578 | — | 6 | 41½ | 2 | 43½ |
| Mandeln, süße, von Lübek, Amsterdam, Bord. 11259 Pf. | 1146 | 55 | 22 | 42 | 9 | 32½ |
| Muscatennüsse von Lübek, Amsterdam 457 Pfund. | 726 | 16 | 8 | 30 | 3 | 31 |
| Baumöl von Lübek, Amsterdam, Bord. 111 Anker 897 Glas | 1214 | 72 | 17 | 17¼ | 7 | 16½ |
| Hanföl von St. Petersburg, 439 Pud 28 Pfund zollfrey | 448 | 80 | — | — | — | — |
| Puder von Lübek, Amsterdam, Bord 14954 Pfund. | 855 | 85 | 18 | 20¼ | 7 | 38 |
| Salz von St. Ubes 1190 Last, Ivica 251 Last, Trapana 109 Last, Alematz 86 Last, Helsingfors und Stockholm, überhaupt 1660 Last 1½ T. | 57,272 | 90 | 5573 | 36 | 553 | 17½ |
| Sammet, farbig, von Lübek, Amsterdam, Lond. 1126 Ell. | 2009 | — | 46 | 8¼ | 19 | 26½ |
| dito schwarz ebend. 1446 Ellen, a 117¾ Kopek. | 1701 | — | 47 | 22½ | 20 | 4 |

Etliche

| Etliche Waaren so nebst vielen andern, im Jahr 1768 in Reval sind eingeschifft worden. | Werth der Waaren. Rubel. | K | Hauptsume des Licentzolls. Thal. | ß. | Portorienzoll, Kron-Antheil. Thal. | ß. |
|---|---|---|---|---|---|---|
| Lustrin von Lübek 839 Ellen | 1009 | – | 13 | 38 | 5 | 40 |
| Moer von Lüb. Amst. 1203 Ell. | 1462 | – | 19 | 36¼ | 8 | 17 |
| Taffet geblümt und gestreift von Lüb. 6788¼ Ell. a 74¼ Kop. | 5038 | – | 111 | 20½ | 47 | 7 |
| dito glatt 16378 Ell. a 60⅓ K. | 10,482 | | 201 | 29 | 85 | 14½ |
| Agrements von Lüb. 588 Stück a 101 Kopek. | 592 | 50 | 7 | 3½ | 2 | 47½ |
| Senf von Lübek, Amsterdam, Londen 1599 Pfund. | 273 | 46 | 3 | 14½ | 1 | 18½ |
| Spiegel große von Lüb. Lond. St. Ubes, Stockh. 151 Paar | 2772 | – | 32 | 38 | 13 | 42 |
| kleine Feld- oder Taschen-Spiegel von Lübek. 273 Dutz. a Dutz. 186½ K. | 509 | 26 | 6 | 1¾ | 2 | 26½ |
| Toiletspiegel von Lübek, Londen 193 Stück | 445 | – | 5 | 14¼ | 2 | 11½ |
| Stärklis von Lübek, Amsterdam 11085 Pfund. | 523 | 50 | 6 | 18½ | 2 | 33½ |
| Steine, Ziegelsteine von Flensburg, Borgo 46⅕ Taus. 1000 für 332 Kop. | 153 | – | 7 | 6 | 3 | ½ |
| zu Glasöfen von Lüb. 104 St. | 80 | – | – | 47¾ | – | 20 |
| dito Erdklumpen von Amsterdam 2000 — | 74 | – | – | 44¼ | – | 18½ |
| Strohstühle von Amsterdam, 82 Dutz. a 296⅓ Kop. | 243 | – | 2 | 44 | 1 | 11 |
| Thee de Bou von Lübek, Amsterdam, Stockholm, Flensb. Kopenhagen 7032½ Pfund a 109⅔ Kopek. | 7714 | – | 346 | 12½ | 146 | 24½ |
| Toback spanischer v. Lübek, Amsterdam 265 Pfund | 320 | 50 | 6 | 9¼ | 2 | 36½ |
| Schnupftob. holl. ebend. 710 | 138 | – | 16 | 27 | 7 | 19 |
| Knaster ebend. — 1158 | 783 | 7 | 27 | 1 | 12 | 3 |
| Kardus — 38877 | 5498 | 75 | 604 | 15 | 269 | 47 |
| Rolltoback von Amst. 59316 | 5743 | – | 461 | ½ | 205 | 46 |
| Rape von Lübek, Amsterdam, Bourd. Stockholm 955 | 200 | 25 | 22 | 13¼ | 9 | 45½ |

| Etliche Waaren so nebst vielen andern im Jahr 1768 in Reval sind eingeschifft worden. | Werth der Waaren. | | Hauptsume des Licetzolls. | | Portorie-zoll Kron-Antheil. | |
|---|---|---|---|---|---|---|
| | Rub. | K. | Thal. | ß. | Thal. | ß. |
| Silberne Taschen-Uhren 166 St von Lübek a 12 Rub. 64 Kop. | 2093 | — | 24 | 39¼ | 10 | 24 |
| Wein, ungarischer, von Lübeck, Amsterd. 18 halbe Bout. | 15 | — | — | 9¾ | — | 4 |
| Champagner, ebend. 1575 Bout. | 924 | 25 | 17 | 17¼ | 10 | 9 |
| Bourgog. ebend. 672 Bout. | 250 | — | 7 | 20¼ | 4 | 17 |
| Frontignac, ebend. ½ Oxth. | 20 | — | — | 45 | — | 36 |
| Muskat von Lübeck, Amsterdam, Bourdeaux | 345 | — | 17 | 13½ | 13 | 33 |
| Piccardon von Lübeck, Bourdeaux 37 Anker | 156 | — | 6 | 23¼ | 4 | 33½ |
| ordin. Franzw. von Lübeck, Amsterdam, Bourdeaux, a Oxth. 15 Rub. 62¼ Kop. | 5287 | 50 | 355 | 5½ | 257 | 32 |
| Sereser Sekt von Lüb Amst. | 187 | — | 5 | 35 | 4 | 13½ |
| Madera von Lüb. 66 Bout. | 23 | — | — | 35¼ | — | 20½ |
| Mallaga von Amst. Lübeck | 344 | — | 15 | 6½ | 11 | 18 |
| Portug. ebend. | 307 | — | 10 | 31 | 8 | — |
| Spanisch ebend. 7 Piep. 5 Anker | 496 | 80 | 27 | 27¼ | 18 | 36 |
| Rheinw. ebend. 1827½ Viert. | 3695 | — | 147 | 22¼ | 91 | 18 |
| Mosler ebend. a Ahm 28 Rub. 66½ Kop. | 466 | 88 | 26 | 20¾ | 16 | 16½ |
| Sirakus. ebend. a Anker 17 Rub. 39¼ Kop. | 100 | — | 1 | 44¼ | 1 | 10½ |
| Cyper. ebend. a Ank. 20 Rub. 18¼ Kop. | 223 | — | 4 | 46¾ | 2 | 41 |
| Corsica von Lübeck a Both 40 Rubel | 80 | — | 6 | 29¾ | 5 | — |
| Wollen Moer von Lübeck, Amst. London 98 Stück | 985 | 50 | 21 | 34¼ | 9 | 9 |
| — Taffet ebend. 494 Stück | 3872 | — | 60 | 39¼ | 25 | 35 |
| Zucker, von Lübeck u. Amsterd. fein Refin. und Kanarien 155,403 Pf. | 23,688 | 80 | 605 | 36¼ | 256 | 15 |
| ordin. Refin. 60,786 — | 8850 | 60 | 209 | 25¼ | 88 | 31½ |

Etliche

| Etliche Waaren so nebst vielen andern im Jahr 1768 in Reval sind eingeschifft worden. | Werth der Waaren. | | Hauptsumme des Licetzolls. | | Portoriizoll, Kronantheil. | |
|---|---|---|---|---|---|---|
| | Rub. | K. | Thal | ß. | Thal | ß. |
| Zucker, Melis 34,484 Pf. | 4240 | — | 118 | 41½ | 50 | 14 |
| braun Kandit. 13,493 — | 1641 | 10 | 48 | 21¾ | 20 | 24 |
| gelb dito 10,570 — | 1570 | 73 | 41 | 10¼ | 17 | 21 |
| Puderzucker von Lübeck, Amsterd. Bourb. 3184 Pf. | 327 | 20 | 9 | 7¾ | 3 | 42 |

| Von allen in eben dem 1768 Jahre aus Reval verschifften Waaren, deren Werth überhaupt 133,422 Rubel 11 Kop. berechnet wurde, führe ich auch die vornehmsten auf eben die Art an. | Angegebener Werth der Waaren. | | Hauptsumme des Licetzolls. | | Portoriizoll, Kronantheil. | |
|---|---|---|---|---|---|---|
| | Rubel. | K. | Thl. | ß. | Thl. | ß. |
| Bockhaar nach Lüb. 15 Schpf. 16 Lpf. 2 Pf. | 151 | — | 1 | 39¾ | — | 37 |
| — hörner ebend. 1000 St. | 3 | — | — | 2¾ | — | 1 |
| Kornbrantewein nach Wyburg und Friedrichsham 36 Oxth. 653 Faß 10 Stoof a Faß 10 Rubel | 7070 | 83 | 189 | 30½ | 80 | 46 |
| nach St Petersb. zollfrey | 9362 | 50 | — | — | — | — |
| Butter nach Lübeck, Stockholm 1 Schpf 9 Lpf. 3 Pf. | 46 | 64 | — | 32 | — | 13½ |
| Kawiar nach Lüb. 124 Pf. a 15 Kop. zahlt den Tariffzoll | 18 | 60 | — | — | — | — |
| Fleisch, gesalzen, nach Lüb. Norkoping, Stockh. Helsingfors 89 Ton. 67 Schpf. 14 Lpf. 11 Pf. a Schpf. 10 Rub. | 677 | 28 | 4 | 36½ | 2 | ⅛ |
| Flachs, Marienburger, nach Lübeck, Flensburg, Stockholm, Amsterdam, Danzig 222 Schpf. 12 Lpf. 5 Pf. a Schpf. 24 Rubel | 5342 | 70 | 45 | 33½ | 19 | 16 |
| — Knocken, nach Lübeck, Baresund 9 Schpf. 17 Lpf. 2 Pf. a Schpf. 30 Rubel | 295 | 65 | 2 | 2¾ | — | 41½ |

Flachs

| Von allen in eben dem 1768 Jahre aus Reval verschifften Waaren ꝛc. | Angegebener Werth der Waaren. | | Haupt-sume des Licetzolls. | | Portorie-zoll, Kron-antheil. | |
|---|---|---|---|---|---|---|
| | Rubel. | K. | Thl. | ß. | Thl. | ß. |
| Flachsheede nach Lüb. Flensb. Bergen, Stockh. Gothenburg 111 Schpf. 6 Lpf. 19 Pf. a Schpf. 3 Rubel | 334 | 4 | 30 | 8 | 12 | 37½ |
| — Dreyband nach Lüb. Figera, Flensb. Bergen 280 Schpf. 19 Lpf. 10 Pf. a Schpf. 16 Rubel | 4495 | 60 | 41 | 24½ | 17 | 27 |
| — russisch Flachsheede nach Lübeck, zahlt den Tariff-zoll. | 2 | 55 | — | — | — | — |
| Killoströmlinge nach Lübek, Helsingf. Stockholm 71 Fäßchen a 1 Rubl. | 71 | — | 1 | 36¾ | — | 35¾ |
| Roggen nach Lübek 21, Stockholm 576, Bergen 81, Amst. 9, Norbk. 1, Flensb. 38, Gothenb. 42 Last, Baresund 8 Tonnen überhaupt 768 Last 20 Ton. a 38 Rub. 40½ Kopek | 29,528 | 11 | 1228 | 18¼ | 384 | 21 |
| dito nach Schweden zollfrey auf Authorisation 914 Last 22⅓ Tonne | 35,220 | 50 | — | — | — | — |
| dito nach Wiburg und Friedrichsham zollfrey 447 Last 1 Tonne | 13,228 | 11 | — | — | — | — |
| Weitzen nach Lüb Figora, Berg. Amsterdam, Stockholm 99 Last 9 Ton. a 60 Rubel | 5962 | 50 | 249 | 25¾ | 99 | 18 |
| Malz nach Wiburg u. Helsingf. 19 Last 21 Ton. a Last 34 Rub. | 675 | 75 | 30 | 39 | 9 | 45 |
| Fensterglas nach Lübek und Wiburg 6 Kast. | 42 | — | — | 15¾ | — | 6¼ |
| Hanf Drujan. nach Bergen, Amsterdam, Danzig, Lübek, Helsingf. Flensb. Borcal. | | | | | | |

| Von allen in eben dem 1768 Jahre aus Reval verſchifften Waaren. | Angegebener Werth der Waaren. | | Hauptſume des Licetzolls. | | Portorii-zoll, Kronantheil. | |
|---|---|---|---|---|---|---|
| | Rubel. | K. | Thl. | ß. | Thl. | ß. |
| 14 Schiffpf. 1 Ließpf. 4 Pf. a Schiffpf. 14 Rubel. | 196 | 84 | 2 | $2\frac{1}{4}$ | — | $41\frac{1}{2}$ |
| Paßhanf nach Lübek, Amſterdam, 3 Schiffpf. 6 Ließpf. 8 Pf. a Schiffpf. 12 Rub. | 159 | 84 | 1 | $5\frac{1}{4}$ | — | $22\frac{1}{2}$ |
| dito ruſſiſch nach Lübek 15 Schiffpf. 4 Ließpf. 4 Pf. a 12 Rub. zahlt den Tariffzoll. | 182 | 52 | — | — | — | — |
| Hanfheede nach Amſterdam, Lübek, Bareſund 8 Schpf. 8 Lpf. 5 Pf. a Schpf. 2 R. | 16 | 83 | — | 23 | — | $9\frac{1}{2}$ |
| Honig nach Helſingf. Bareſund 4 Ließpfund | 4 | — | — | $3\frac{3}{4}$ | — | $1\frac{1}{2}$ |
| Zuckerfäſſerſtäbe nach Lübek für | 50 | — | — | 30 | — | $12\frac{1}{2}$ |
| Kalk nach Wiburg 5 Laſt | 20 | — | — | $12\frac{1}{4}$ | — | 5 |
| Allerley ruſſiſche Leinwand und Drell nach Bareſund, Bergen, Stockholm, Danzig, Wisburg, Arensburg, Lübek, Norkoping, überhaupt 8273 Arſchin zahlt den Tariffzoll | 572 | 85 | — | — | — | — |
| Ruſſiſche Peltereyen ebendahin zahlen den Tariffzoll | 259 | 50 | — | — | — | — |
| Säeleinſaat nach Borcal. Bareſund, Helſingfors 14 Tonnen a 2 Rubel | 28 | — | 3 | 3 | 1 | 1 |
| Schlagleinſaat nach Amſterdam 481 Ton. a 150 Kop. | 721 | 50 | 67 | 31 | 22 | $26\frac{1}{2}$ |
| Hanfſaat ebend. $261\frac{1}{9}$ Ton. a 3 Rubel | 783 | 33 | 18 | 14 | 5 | $42\frac{1}{2}$ |
| Leichenſteine nach Lüb. 1 Stück | 2 | — | — | $9\frac{3}{4}$ | | |
| Steine, Ellen-Flieſen nach Lüb. 1049 St. a 100 St. 10 Rub. | 104 | 90 | 4 | $6\frac{3}{4}$ | — | — |
| Arſchin-Flieſen nach Lübek, Narva 1084 Stück, a 100 Stück 14 Rubel | 151 | 76 | 5 | $16\frac{3}{4}$ | — | — |

Von

| Von allen in eben dem 1768 Jahre aus Reval verschifften Waaren ꝛc. | Angegebener Werth der Waaren. | | Hauptsumme des Licetzolls. | | Vortorit-zoll, Kron-antheil. | |
|---|---|---|---|---|---|---|
| | Rubel. | K. | Thl. | ß. | Thl. | ß. |
| Russische Waaren die den Tariffzoll zahlen Schuhe, Stiefeln, Pantoffeln nach Lübek, Stockholm, Danzig, Helsingf. | 36 | 65 | — | — | — | — |
| Segeltuch nach Flensb. Lüb. Wiburg, Stockh. Stettin, Bergen, Narva, Danzig, Norkoping, Gothenburg, 444 Stück a 7 Rubel | 3108 | — | — | — | — | — |
| Seife nach Bergen 4 Pud | 9 | 60 | — | — | — | — |
| Tapeten ebend. 118 Stück a 20 Kopek | 23 | 60 | — | — | — | — |
| Talglichte nach Lüb. 3 Schpf. 6½ Ließpfund | 93 | 10 | — | — | — | — |
| dito hiesige ebend. 8 Schpf. 12 Ließpfund | 249 | 20 | 2 | 47½ | 1 | 12½ |
| Wachs nach Amsterdam, Lübek, Stockholm 3 Schiffpf. 4 Lpf. 6 Pf. a Schiffpf. 80 Rubel | 257 | 20 | 2 | 2¼ | — | 41⅓ |
| Federwild nach Lüb. 834 Stück a 10 Kopek | 83 | 40 | 1 | 4¼ | — | 22 |
| dito russisch ebend. 100 Stück zahlt den Tariffzoll | 10 | — | — | — | — | — |

Die Lübeckschen Schiffe welche Waaren nach Reval brachten, fingen seit etlichen Jahren an die Frachten zu steigern. Dieß bewog die revalsche Kaufmannschaft eine Rhederey zu errichten, und drey eigne Schiffe anzuschaffen, welche die Waaren von Lübeck abholen. Die drey Schiffe, die Hoffnung, die Freundschaft und die Nahrung, haben bereits im J. 1775 den Anfang ihrer Reisen gemacht: die Frachten von Lübeck nach Reval sind dadurch 40 Procent gefallen. — Seit verschiedenen Jahren hat der Rathsherr und Kaufmann Hr. Pet. Duborgh mit seinem Schiff die Stadt Reval

genannt, viele Reisen nach Amsterdam auf eigne Kosten
thun, auch von dort allerley Waaren für die revalsche
Kaufmannschaft bringen lassen: im Herbst 1774, verun=
glückte das Schiff mit einer Ladung Getraide, die nach
Amsterdam bestimmt war. — Das Schiff des Hrn.
Rathsherrn Dehn, oder eigentlich des Hrn. Dehn und
Eberhard, die Freundschaft genannt, wurde zuletzt
im J. 1772 mit Roggen nach Amsterdam befrachtet,
und kam das folgende Jahr mit Stückgütern für die re=
valsche Kaufmannschaft, von dort zurück. — Es bedarf
keines Locus communis, dergleichen vortheilhafte
Versuche und Unternehmungen zu rühmen oder anzu=
empfehlen.

## Fünfter Abschnitt.
### Der Handel in etlichen andern Städten.

Ihn auf eben die Art anzuzeigen wie in den 3 vorher=
gehenden Abschnitten, würde nicht schwer fallen,
aber manchen Leser ermüden: billig fasse ich mich in dem
gegenwärtigen Abschnitt sehr kurz, da ich bereits eine
Stadt wo viel ein= und ausgeht; eine zweyte, wo viel
aus= und wenig eingeht; und eine dritte, wo viel ein=
und wenig ausgeht, nach ihrem Handel wie ich hoffe
hinlänglich, beschrieben habe.

### Der Handel in Pernau.

Er hat eine Aehnlichkeit mit dem narvschen: jähr=
lich gehen viel hiesige und russische Produkte von hier
aus; die seewärts einkommenden ausländischen Waaren
sind von keiner Beträchtlichkeit: so ist Pernau gerade

das Gegentheil von Reval, wovon bereits im ersten Bande S. 285 etwas erwähnt wurde.

Die ausgehenden Produkte sind vornehmlich:

1) Korn. Es verdient Ruhm, daß die dasigen Kaufleute sich alle ersinnliche Mühe geben, viel Korn aus dem Lande zu kaufen: sie reisen sogar auf den Gütern herum, schließen Kontrakte, und geben gemeiniglich etwas mehr als die revalschen Kaufleute; auch versehen sie sich allezeit hinlänglich mit den ausländischen Waaren, welche von Höfen und Bauern dort begehrt werden, und diese verkaufen sie meistentheils für billige Preise. Im J. 1771 haben sie verschifft

2532 Lasten 41 Löfe Roggen
121 — — — Gerste
39 — 44 — Weizen
33 — — — Haber.

2) Lein- und Hanffaat. In Hrn. Beausobres allg. Einleit. in die Kenntniß der Polit. der Finanz- und Handlungswissenschaften 2ten Th. wird versichert, aus Pernau würden jährlich 8000 Tonnen Leinsaat verschifft: das ist zu hoch angesetzt. Im J. 1771 giengen aus

425 Tonnen Säeleinsaat
427 — Schlagsaat
68 — Hanffaat.

3) Bretter. Der vormals beträchtliche Balkenhandel hat aufgehört: hingegen werden hier jährlich viele Bretter geschnitten und verschifft. Im Pernauischen giebt es noch ungemein große Wälder, aus welchen die Eigenthümer beynahe keinen andern Vortheil erheben können, als daß sie den pernauischen Handel versorgen. Auch Kronbauern haben Freyheit, jährlich eine gewisse Anzahl Balken nach Pernau zu führen.

4) Flachs,

4) Flachs, der aus Rußland zugeführt wird. Jähr=
lich möchten etwa 400 Schiffpfund ausgesandt
werden.

5) Die übrigen Produkte sind von geringern Belang.
Im Jahr 1771 wurden unter andern 2668 Pfund
Wachs verschifft.

Die einkommenden Waaren sind vornehmlich Salz,
nordische Heringe, Wein, Zucker, Kaffee u. d. gl. Je=
der Kaufmann kann mit allen dergleichen Dingen Han=
del treiben; daher kauft man Gewürz und Ellenkram
aus einer Bude. Das ist kein Wunder, man muß Rück=
sicht auf den Absatz nehmen: eine vollständige Seiden=
bude würde wenige Abnehmer finden.

## Der Handel in Dorpt,

besteht blos aus allerley ausländischen Waaren, die
im Lande, sonderlich im dorptschen Kreise, Abnehmer
finden. Vor mehrern Jahren sahen die Buden etwas
sonderbar aus; in den meisten fand man allerley, von
keiner Waare etwas Vollständiges: die Preise waren
übertrieben. Jetzt sind gute Einrichtungen getroffen;
auch ist eine Krämerkompagnie errichtet worden, so daß
Gewürz= Ellen= Nürnberger= Kram u. s. w. seine beson=
dern Buden hat, unter welchen viele in Hinsicht auf die
Abnehmer und die Beschaffenheit des Orts, vollständig
heißen können. Nur hat man noch keine vollständige
Laakensbude, obgleich allerley Tücher bey den Seidenkrä=
mern, die auch mit wollenen Zeugen, Sitzen und Kattunen
handeln, zu haben sind. Eine recht vollständige Seiden=
bude würde ein großes Kapital erheischen, und wegen
des Jahrmarkts, da sich Jedermann aus rigischen Buden
versorgt, wenige Abnehmer finden. Auch sind die Preise
sehr mäßig, meistentheils den revalschen gleich, etliche
Waaren gar noch wohlfeiler; obgleich die dorptschen
Kaufleute den rigischen Zoll erlegen, der viel höher ist

Dd 5

als

als der revalsche; überdieß müssen sie in Riga Kommis-
sionsprocente, und von dort bis Dorpat, Landfracht bezahlen. Nur öftere Feuersbrünste, sonderlich die letzte
große im J. 1775, hindern es, sonst würde sich Dorpat
bald, auch in Ansehung des Handels emporschwingen. —
Ob die Kaufleute besser thäten, wenn sie alle ihre Waaren über Reval kommen ließen, um etliche Procente am
Zoll zu gewinnen, weiß ich nicht. Von Narva könnten
sie ihre Waaren bequem über den Peipussee, und längs
dem Embach zu Wasser erhalten und an der Fracht gewinnen, auch wohl dahin allerley Produkte aus dem
Lande und aus Rußland, senden; aber der Zoll ist dort
zu hoch: dürften sie daselbst den revalschen Zoll bezahlen,
so könnte bald zwischen beyden Orten ein ziemlicher Handel erwachsen, aus dem auch wohl umherliegende Güter Vortheile ziehen würden. Vielleicht hätten manche
Güter bereits an eine solche Wasserfahrt gedacht, wenn
sie nicht durch ihre Erbleute alle Produkte, ohne Fracht
bezahlen zu dürfen, nach den Seestädten verführen
könnten. — Vor einigen Jahren gab die hohe Krone
der Stadt 10000 Rubel zum Darlehn ohne Interessen,
aus denen nun die Stadt einen Handlungsfond und
eine Leihekasse errichtet hat. — Die dasigen russischen
Kaufleute handelten sonst auch mit allerley deutschen
Waaren: dieß wurde verboten; sie dürfen jetzt nur russische Waaren in ihren Buden feilbieten.

## Der Handel in Habsal,

wird eigentlich nur von 2 Kaufleuten getrieben,
davon einer in Reval wohnt. Im J. 1774 kamen
8 Schiffe an; von einkommenden, (die sonderlich in Salz
und in nach Reval bestimmten Stückgütern bestehen,)
und von ausgehenden (welches vornehmlich Korn ist,)
Waaren, betrug der Zoll damals 2000 Rubel. Ein
Kontrolleur erhebt ihn: sein Gehalt besteht in 70 Rubeln,

beln, und in einer Nebeneinnahme von jedem Schiff (von einem kleinen 3 Rubel.) Seine Berichte sendet er an den dirigirenden Senat, an das Kommerzkollegium, und an das Gouvernement. Vormals sind auch wohl 12 bis 16 Schiffe jährlich dahin gekommen. Das Uebrige S. 1. Band S. 385.

## Der Handel in Arensburg,

ist nicht ganz klein: jährlich kommen 30 bis 36 Schiffe dahin, welche die Produkte der Insel Oesel, und was aus der Wiek zugeführt wird, sonderlich Korn, abholen, und dagegen die begehrigen ausländischen Bedürfnisse bringen. Sonderlich treiben 2 wohlhabende Kaufleute diesen Handel.

## Die übrigen Orte.

Kleine Städte und Flecken können keinen großen Absatz ausländischer Waaren finden, da sich Jedermann aus den Seestädten zu versorgen Gelegenheit hat, so oft wir unsre Produkte dahin verführen. Sie kaufen Kleinigkeiten, sonderlich Flachs, Wachs, rohes Leder u. d. gl. von Bauern, zum Versenden nach den Seestädten: Korn nur zum Absatz in dem Ort selbst, weil die Fracht nach den Seestädten zu theuer ist. Den besten Vortheil giebt ihnen der Bauerhandel.

In Walk sind etliche Kaufleute; einer darunter hat eine ansehnliche Seidenbude, mit welcher er auch Jahrmärkte, sonderlich den dorptschen besucht.

In Fellin, Weißenstein, Wolmar, Wesenberg und Lemsal sind Kaufleute, an jedem Orte 3 bis 4; ihr Handel ist nicht groß: in Lemsal werden allerley Produkte mit rigischen Gelde in Kommission aufgekauft.

Zu Dagen (Insel) hat die Frau Gräfin von Steinbock bisher ein eignes Schiff gehalten, welches Korn aus Habsal, und Kalk von Dagen, nach Lübeck führt,

führt, und Salz auch Stückgüter von dort bringt.
Der dasige Zollkontrolleur muß darauf sehen daß kein
Schleichhandel getrieben werde, und von dem daselbst
ausgeschifften Kalk den Zoll erheben.

# Das vierte Kapitel.

## Versuch einer liefländischen Naturgeschichte im Grundriß.

An eine vollständige Naturgeschichte von beyden Herzogthümern zu denken, ist noch viel zu früh: Niemand hat vorgearbeitet; keine Naturforscher haben das
Land bereiset; Kenner und Liebhaber sind hier selten; auf
hinlängliche Beyträge aus allen Gegenden, darf man
nicht hoffen. Einmal muß doch der Anfang gemacht
werden: aber man erwarte hier nicht mehr als einen un-
vollständigen Versuch, der gewiß weit geringhaltiger aus-
gefallen wäre, wenn mich nicht ein Kenner und Liebhaber der Naturgeschichte ganz ausnehmend unterstützet
hätte. Hr. J. B. Fischer, Waisenbuchhalter in Riga,
vormals ein Schüler des bekannten Hrn. von Linné,
und jetzt ein fleißiger Leser seiner Schriften, hat in seinen
Nebenstunden alles, was er nur finden und zuverläßig
erfahren konnte, gesammelt, wozu seine eigne, und die
unter seiner Aufsicht stehende der Stadt Riga geschenkte
himselsche, Naturaliensammlungen etwas beytrugen.
Seine Aufsätze brachte er größtentheils nach dem linnäischen System in Ordnung, und theilte sie mir mit, schal-
tete auch das ein, was ich aus der Gegend in welcher ich
wohne, ihm meldete: so daß der beträchtlichste Theil des
gegenwärtigen Kapitels seine Arbeit ist; für welche
freund-

freundschaftliche Unterstützung ich ihm hier öffentlich
danke.   Die Beyträge so ich aus andern Gegenden erhalten habe, sind von keinem Belang.   Auch dieses Kapitel kann ein Beweis seyn, wie undankbar wir handeln
würden, wenn wir mit den vielen schönen und erheblichen
Produkten unsers Vaterlandes unzufrieden, andre Völker glücklicher preisen wollten: möchte es auch Männer,
denen es weder an Geschicklichkeit noch Zeit und Gelegenheit fehlt, aufmuntern zur Berichtigung und Ergänzung
unsrer Naturgeschichte etwas beyzutragen!   Durch dergleichen patriotische Bemühungen, nutzet jetzt Schweden
verschiedene seiner Naturprodukte mit Vortheil, von denen es vor einigen Jahren nichts wußte.

Das Thierreich hat Hr. Fischer nach der zwölften
Ausgabe des linnä.schen Systems geordnet; die Pflanzen nach dem Alphabet, doch mit beygefügten linnäischen lateinischen Namen, zu denen ich zuweilen auch
andre bekannte gesetzt habe, sonderlich um derer Liefländer willen, die mit jenem System nicht bekannt sind.
Im Steinreich folgt Er Cronstädts Versuch einer Mi-
neralogie; nur bey den Versteinerungen weicht er davon
ab. — Angehängte kurze Beschreibungen und nähere
Anzeigen, sind vielleicht ein Mittel wider das Ermüdende in trocknen Namenverzeichnissen: ich habe hierbey
vornehmlich auf meine Landesleute gesehen, deren viele
ihr Vaterland wenig, am wenigsten nach der Naturgeschichte, kennen.   Angenehm und rühmlich für uns ist
die Nachricht, daß sich einige jetzt sorgfältiger darauf zu
legen anfangen: ihnen wird es leicht werden, nach und
nach das Mangelhafte zu ergänzen, und das Zweifelhafte
genauer zu bestimmen.   Die Benennungen in beyden hiesigen Landessprachen scheinen die Bemühung zu erleichtern: sie sind theils aus mündlichen Nachforschen, theils
aus Büchern gesammlet, nehmlich die lettischen aus des
Herrn Generalsup. Langens, noch immer unter der
Presse

Presse befindlichen Wörterbuch, und aus Hrn. Sten-
ders lett. Grammatik; die ehstnischen aus der ehstnischen Grammatik und aus einem im Mscpt. vorhandenen Wörterbuche.

---

# Erste Abtheilung
## Die Thiere.

---

# Erster Abschnitt.
### Säugende oder brüstige Thiere.

Zuerst etwas von der Jagd. Sie ist bey uns noch
weit von einer regelmäßigen, und in manchen Ländern üblichen, Einrichtung entfernt: und das verdient
großentheils Lob. Wir haben und brauchen keine Land-
Jägermeister; jeder Possessor hat in seinem Gebiet die
hohe und niedre Jagd ohne Einschränkung. Das vor
einigen Jahren durch einen Liefländer veranlaßte Verbot
der Rebhünerjagd, wurde vielleicht wenig beobachtet,
und hörte bald wieder auf. In den meisten Gegenden
nimmt man es gar nicht übel, wenn ein Jagdliebhaber
mit seinen Freunden, Bedienten und Hunden mehrere
Gebiete durchstreicht, ohne vorher die Possessoren darum
zu begrüßen: nur wird nach alter Gewohnheit, wo ein
Bär oder Elendthier fällt, an den Grundherrn die Haut
verabfolgt, welcher den Schützen ungefähr mit 1 Rubel
den Schuß vergütet, und ihnen nebst ihren Hunden zu
essen giebt. Doch auch hierin verfährt man nicht streng.
Unsre Jagd erstreckt sich gemeiniglich nur auf Elende,
Bären, Hasen; und vom Gevögel auf Auer- Birk- Feld-
Reb-

Reb = und Haselhüner, wilde Enten, Schnepfen und
Tauben, die man insgesammt nebst den Hasen unter dem
allgemeinen Namen Wild begreift. Selten verfolgt
man Wölfe und Raubthiere, ob wir gleich dadurch schö=
ne Häute, und Sicherheit für unsre Viehheerden erhal=
ten würden. Wenige Edelleute halten gelernte deutsche
Jäger, und die mehr zum Staat als zur Jagd: die mei=
sten haben Schützen, das sind Bauern die ohne Hund
auf die Jagd gehen, und anstatt ihrer schuldigen Hofs=
arbeit Wild liefern müssen. Sie schießen oft mit gehack=
ten Bley, dem sie höchstens in einem eisernen Topf (Gra=
pen) auf dem Feuer durch stetes Umrühren eine etwas
runde Figur geben. Die meisten Bauern sind geborne
Schützen, und stehlen daher wo sie können Fensterbley.
Nur einige Erbherrn untersagen ihren Bauern das
Schießen, und die haben nicht mehr Wild als andre:
es geschiehet heimlich; aus Rache zerstört der Bauer die
Nester, verbraucht die gefundenen Eier, und fängt in
Schlingen. Auch in der Brüt= und Legezeit schießt er
unbekümmert Vogelwild, und findet immer Abnehmer:
selbst isset er es nie, es sey aus natürlicher Abneigung,
oder weil ihm etliche Kopeken lieber sind. Die Menge
des vorhandenen Wildes hält dasselbe immer in niedrigen
Preise.

Jetzt die nähere Anzeige nach dem linnäischen
System.

I. Fledermaus Vespertilio L. gen. 4.

1. Gemeine Fledermaus, Mauseohr Vesp.
murinus, Lin. gen. 4. 6. ehstnisch Nahk hiir, lettisch
Pellahda oder Sikspahrne. Sie gehöret wegen ihrer
4 Füße, und weil sie keinen Schnabel aber Ohren und
Zähne hat, unter die vierfüßigen Thiere. Des Win=
ters bringen sie haufenweise in Hölen ohne Bewegung zu.
Sie nähren sich von Nachtschmetterlingen, und sind ein
Raub der Eulen.

2. Lang=

2. **Langohr** Vesp. auritus, ib. 5. hat doppelte Ohrlappen die größer sind als der Kopf. Sonst ist sie der vorhergehenden gleich, nur kleiner.

II. **Seehund, Robbe,** Phoca vitulina, L. 11. 3. wird auch Saalhund genannt, ehstn. **Hülg** oder **Uelg,** lett. **Rohnis.** Seine beiden Hinterfüße werden von vielen für Floßfedern, denen sie wirklich gleichen, angesehen. Seine Jungen die er im März auf dem Eis wirft, sind, so lange sie saugen, gut zu essen; die alten hingegen thranig, doch isset der Bauer ihr Fleisch. Aus ihrem Fett gekochte Seife giebt der Wäsche einen üblen Geruch: den meisten Speck verbrauchen unsre Gerber; seit etlichen Jahren ist wegen des häufigen Verbrauchs der Preis sehr gestiegen. — Des Sommers, wenn sie gegen das Ufer (der Ostsee) in der Sonne auf Steinen liegen, werden sie geschossen: ihr scharfes Gehör vereitelt manche Bemühung, obgleich der Schütze im tiefen Wasser lange lauert. Des Winters, sonderlich im März und April, werden sie auf dem Eise geschlagen, worbey, wenn sich der Wind plötzlich dreht und das brechende Eis nach der See zu treibt, manche Menschen verloren gehen: einige retten sich, indem sie von einer Eisscholle auf die andre springend nach dem Lande eilen. Bey Ruun giebt es keine Seehunde; die dasigen Bauern gehen nach Moon auf den Fang, und bezahlen dem Grundherrn einen Zehenden. Durch Ermunterungen könnte hieraus ein vortheilhafter Handlungszweig erwachsen.

III. **Hund** Canis L. gen. 12.

1. **Wolf** Can. Lupus, ib. 2. lett. **Wilks, Meschalunkis,** ehstn. **Hunt,** thut unerhörten Schaden, an Menschen selten, desto häufiger an frey herum streifenden Vieh: oft helfen Hüter und Hunde nichts. Ein neuerer Kameralist giebt vor; als raubten die Thiere nicht in Gesellschaft: schon durch unsre Wölfe wird er widerlegt: mehrere machen auf eine Heerde gemeinschaftliche
Anschlä-

Anschläge, 2 greifen an, und locken Hunde und Hüter in den Wald; indessen bricht der Hinterhalt hervor und führt die Beute davon. Unglaublich groß würde die An= zahl aller Hausthiere seyn, die in einem Jahre auf solche Art verloren gehen, wenn man sie genau berechnen könnte. Auf Maaßregeln zur Ausrottung denken wir selten: Wäl= der und Moräste machen sie freilich beschwerlich; die Vereinigung einer ganzen Gegend könnte manches Hin= derniß übersteigen. Die bisher gewöhnlichen Mittel sind ohne Einfluß aufs Ganze: in Gruben über welchen man Enten zum Anlocken einsperrt, wird wenig gefangen; das Vergiften eines Hundes ist mühsam, man bekommt höchstens einen halb untauglichen Wolfsbalg; das nächt= liche Herumfahren mit schreienden Ferken ist gefährlich wenn viele Wölfe kommen, und belohnt selten die ausges standene Kälte; bey ausgesetzten Aase muß man auch manche Nacht vergeblich lauern; die kleinen dem Bauer für junge am Hofe abgelieferte Wölfe ertheilten Beloh= nungen, sind ein sicheres Mittel, möchte es nur allges meiner eingeführt werden. Junge eingesperrte Wölfe fressen einander selbst auf bey heftigen Hunger; auch die alten thun es, wenn einer unter ihnen verwundet oder mit Blut bespritzet ist. Oft begleiten sie Reisende sehr nahe, nur der Geruch eines Schießgewehrs entfernt sie: hiermit solten wir unsre Viehhüter bewafnen. Einen guten Wolfsbalg verkauft der Bauer für einen Rubel. — Die Sage, als gäbe es bey uns eine Art langer schmaler ganz weisser Wölfe die sich in Thiere einfressen, zähle ich unter die Fabeln. Aus Aberglauben nennt der Bauer zu gewissen Zeiten den Wolf nicht anders als den Grauen oder den Uebelthäter. Das Weibchen trägt 9 Wochen, und wirft etwa 7 Junge.

2. Fuchs Can. Vulpes ib. 4. ehstn. Rebbane, lett. Lapsa; thut weit weniger Schaden als der Wolf. Die Bemerkung daß er durch seinen Unrath den Dachs

aus seiner Höhle vertreibt, hat man auch hier gemacht. Das Weibchen trägt 10 Wochen. Einen guten Balg bezahlt man mit 1 Rubel. Ein glaubwürdiger Mann versicherte, er habe auch weiße Füchse hier gesehen.

IV. **Luchs** Felix Lynx. L. 13 7. lett. **Lusse**, ehstn. **Jlwis**, ist ziemlich häufig zu finden. Einige Liefländer essen sein Fleisch welches sehr weiß und dem Kalbfleisch ähnlich ist, ob er gleich vom Raube wie der Wolf lebt. Das Weibchen trägt 9 Wochen und wirft 3 bis 4 Junge. — **Luchskalb** oder **Kalbluchs**, hat einen nach der Schnauze zu gespitzten Kopf, der Luchs einen runden, übrigens sind beyde einander gleich.

V. **Wiesel** Mustela L. gen. 15.

1. **Fischotter** Mustela Lutra, ib. 2 ehstn. **Saarm** oder **Kerb**, auch **Nirk**, oder **Saarmas**, lett. **Uhdenis**, **Duppuris** auch **Dukkeris**, hält sich im süßen Wasser im tiefen Hölen auf, lebt von Fischen und Fröschen. In Schweden richtet man sie jung zum Fischfange ab. Das Weibchen trägt 9 Wochen und wirft im May bis 4 Junge. Ihr dunkelbraunes Fell wird zu Mützen und zum Besatz der Bauerpelze verbraucht.

2. **Wilder Vielfraß** Must. Gulo ib. 5. Dem Körper und Schwanze nach sieht er dem Fuchs, im Gesicht der Katze ähnlich, hat die Größe eines mäßigen Hundes, hält sich in dicksten Wäldern auf, hat ein röthlichschwarz und zottigt Fell, eine unersättliche Gefräßigkeit, und nährt sich von Hasen und Vögeln. Bey uns ist er selten, in Rußland, Polen und Kurland häufiger.

3. **Marder** Must. Martes ib. 6. lett. **Zauna**, ehstn. **Nuggis**, hält sich in Tannenwäldern auf; der Bauer stellt ihm sehr nach und verkauft sein Fell für 1 Rubel. Das Weibchen wirft bis 8 Junge, und trägt 9 Wochen. Eichhörner, Mäuse und Vögel sind seine Nahrung.

4. Teu-

4. **Teufelskind, Iltis,** Muſt. Putorius, ib. 7.
lett. **Seſks,** eſ,tn. **Tubkur,** hat ein dunkelbraunes faſt
ſchwarzes Fell mit untergemiſchten kurzen gelben Haaren,
hält ſich in Steinhöhlen auf, iſt ſehr ſtinkend, trägt 9
Wochen und wirft 5 bis 7 Junge. Kaninchen, Hüner,
Vögel und Eier ſind ſeine Nahrung.

5. **Gemeine** oder **Hauswieſel** Muſt. Erminea
vulg. ib. 10. lett. **Schehrus, Sehrmulis,** hält ſich
des Sommers in Feldern auf, wo ſie Haſen und Kaninchen nachſtellt; des Winters ſucht ſie in Scheunen
Mäuſe und Hüner, dann iſt ſie hier weiß.

6. **Hermelin** Muſt. candida ſeu Ermineum, ib.
10. β. eine Abänderung der vorhergehenden, nur iſt es
weiß, und das Ende ſeines Schwanzes ſchwarz. Man
ſieht es hier nicht häufig. Der Ehſte nennt es wie die
Wieſel **Nirk.**

VI. **Bär** Urſus L. gen. 16.

1. **Bär** Urſus Arctos, ib. 1. lett. **Latſchis,** ehſtn.
**Karro,** er fällt Thiere an, aber ohne gereißt zu werden nicht leicht Menſchen: nährt ſich von Inſekten, Honig und Aeſern; und des Winters in ſeiner Höle von dem
Fett das aus den zellulöſen Gängen in ſeiner Haut durch
den ganzen Körper herum läuft, und durch das ſchlei-
michte Weſen welches er aus ſeinen Vorderpfoten ſaugt.
Die Bärin trägt 9 Monat, und wirft im December 2
bis 3 Junge; die letzten werden oft gefangen und an Höfen erzogen, um die Hunde darauf abzurichten. Wir
haben zwo Arten, kleine und große; die letzten ſind viel
furchtſamer und nicht ſo wild als die erſten. Eine gute
Haut bezahlt man mit 4 bis 6 Rubeln. Viele verabſcheuen
das Fleiſch; Andre eſſen es mit Vergnügen: es gleicht
am Geſchmack dem Rindfleiſch, nur iſt es ſehr ſchwarz:
das von jungen Bären und die Pfoten ſchätzt man am
höchſten.

2. **Dachs**

2. **Dachs** Ursus Meles, ib. 2. lett. **Ahpscha,** ehstn. **Määr,** ist bey uns sehr gemein. doch nicht in allen Gegenden. Er nährt sich von Insekten und Eiern, wohnt in Hölen, sein Fell ist oberhalb schwarz, unterhalb weißgrau; der Bauer verbraucht es zu Mützen und Jagdtaschen.

VII. **Maulwurf gemeiner,** Talpa europæa, Lin. gen. 18. 1. lett. **Kurmis,** ehstn. **Mut** auch **Mügger;** lebt in der Erde von Regenwürmern; thut auf unsern Feldern und Heuschlägen selten beträchtlichen Schaden, desto größern in den Gärten, worwider bisher eine Art von Fallen das brauchbarste Mittel gewesen ist. Ausser dem gemeinen haben wir von allen bekannten 5 Maulwurfsarten keine: bey Riga hat Hr. Fischer einen weissen gefunden, die sehr selten sind. Daß sie Augen haben, wie die meisten Naturforscher und noch ganz neuerlich Hr. de la Faille versichert, glauben nur wenige Liefländer.

VIII. **Schwein- oder Stacheligel** Erinaceus europæus, L. gen. 20. 1. lett. **Esis,** ehstn. **Siil;** seine Nahrung sind Kröten, Würmer, Käfer, Schnecken u. d. gl. in vielen Häusern hält man sie die Mäuse wegzufangen und füttert sie mit Milch; des Winters liegen sie auch alsdann wie todt in einer Betäubung.

IX. **Hase** Lepus L. gen. 22.

1. **Hase** Lepus timidus, ib. 1. lett. **Sakkis,** ehstn. **Jännes.** Wir haben zwo ganz verschiedene Arten. 1) die eigentlichen hiesigen die etwas kleiner sind, und im Jagen hin- und herspringen, wodurch sie die Hunde ermüden; im Winter werden sie ganz weiß und daher auf dem Schnee weniger kenntlich; vielleicht wollte sie die Natur vor den vielen Nachstellungen der Menschen und der Raubthiere in Sicherheit stellen. 2) Die sogenannten Litauer, die fast eben so häufig in einigen hiesigen Gegenden sind als jene; sie bleiben auch mitten im Winter grau, und scheinen aus Litauen zu uns zu kommen, wenigstens

nigstens sind sie in Ehstland seltner als in Liesland. Durch
sie leidet die Behauptung der neuern Naturforscher, als
wären die (alle) Hasen in nordlichen Gegenden des Winters weiß, eine starke Einschränkung. Auf dem Lande
kostet ein Hase 5, in Städten höchstens 10 Kopek, die
meisten Bälge werden ungenutzt weggeworfen. Die 4
gewöhnlichsten Arten Hasen zu jagen sind 1) mit Wind-
spielen; 2) mit einem Vorsteherhund; 3) mit Jagdhun-
den, worbey mehrere Schützen ein kleines Gehölz um-
setzen; 4) die Klapperjagd, da eine Menge Bauerkinder
durch ein mit hölzernen Hämmern erregtes Geräusch, die
Hasen heraustreiben. Der Bauer schießt viele ohne Hund.

2. **Kaninchen** Lep. Cuniculus, ib. 2. Der Bauer
nennt sie nach dem Deutschen, der Ehste zuweilen **Rod-**
**do jännes,** d. i. Haushase.

X. **Biber** Castor Fiber, L. gen. 23. 1. lett. **Bebris,**
ehstn. **Kobras.** Sein in Manufakturen brauchbares kurzes Haar, seine in der Arzeney nutzbaren Geilen, sein
Fleiß, sein künstlicher Damm- und Wohnungsbau, sind
bekannt. Man findet sie hier hin und wieder an Bächen
z. B. unter Puderküll. Das Weibchen trägt 16 Wochen und wirft 1 bis 2 Junge.

XI. **Maus** Mus L. gen. 24.

1. **Ratze** Mus Rattus, ib. lett. **Schurks,** ehstn.
**Rot.**

2. **Maus** Mus Musculus, ib. 13. lett. **Pelle,**
ehstn. **Hiir.** Die weisse ist keine besondre Gattung, sondern ein Naturspiel.

3. **Haselmaus** M. auellanarius, ib. 14. Sie gleicht
der vorhergehenden, nur ist sie etwas größer, von röth-
licher Farbe, weisser Kehle und hat einen langen haarigen Schwanz. In Wäldern lebt sie von Nüssen und
Eicheln.

4. Wald-

4. **Waldmaus** M. sylvaticus, ib. 17. hat ein gräuliches Fell, am Bauche ist sie weiß. In Gärten thut sie großen Schaden, sonderlich an jungen Bäumen.

5. **Hamster** M. Cricetus, ib. 9. ist etwas größer als die Hausratte; sein feines kurzhaariges grau, schwarz und weiß geflecktes Fell ist zum Pelzwerk geschickt. In seinen Höhlen macht er verschiedene Kammern zur Aufbewahrung seines Futters. Im Dorptschen u. s. w. habe ich ihn nicht gefunden.

6. **Feldmaus** M. terrestris, ib. 10. ist halb so groß als die Hausratte, hat aber einen großen Kopf und haarigen Schwanz. Sie ist braun, unten weißlich, durchwühlt die Erde und benagt Baumwurzeln.

7. **Wasserratte** M. amphibius, ib. 11. ist größer als die Hausratte, hat ein rothes Fell; ihre Fußzehen sind durch Häutchen verbunden und zum Schwimmen geschickt. Sie nährt sich von kleinen Fischen, benagt auch Bäume.

XII. **Eichhorn** Sciurus, L. gen. 25.

1. **Eichhorn** Sciur. vulgaris, ib. 1. ehstn. **Orraw**, lett. **Wahwaris**, ist bey uns häufig, im Sommer röthlich mit weissen Bauch, im Winter bläulicht grau. Es nährt sich von Nüssen u. d. gl. und sammelt einen Vorrath zum Winter. Man fängt sie selten, weil man ihre Felle nicht versteht zu nutzen. Der geringe Preis den der Kürschner giebt, reizt keinen Bauer sich darmit zu bemühen. Aus Rußland kaufen wir die zubereiteten sehr wohlfeil.

2. **Fliegendes Eichhorn**, Sciur. volans, ib. 10, ist dem vorhergehenden gleich, doch etwas kleiner, von grauer und schwärzlicher Farbe. Vermittelst einer Verlängerung und Ausspannung der Haut, welche seinen Rücken, Bauch und Füße umgiebt, kann es weit springen; nicht fliegen wie Etliche in dem Wahn stehen, in die Höhe

fliegt

fliegt es niemals sondern geht aufwärts vermittelst seiner Füße. In nordlichen Gegenden, sonderlich in Rußland findet man es häufig; in Ehstland, im Pernauischen und Adiamündischen selten. Eine vollständige Beschreibung liefert das Hamb. Magaz. 2 B. S. 199.

XIII. Hirsch Ceruus L. gen. 29.

1. Elend Ceru. Alces, ib. 2. lett. Breedis, ehstn. Pödder, unterscheidet sich vom Hirsch durch seine flachern und härtern Hörner, nährt sich von Gras, Moos, Blättern und Baumrinden; die Wölfe hindern seine Vermehrung. Nun sieht man sie wieder häufiger als vorher; die große Viehseuche i. J. 1752 hatte auch unter ihnen ein Sterben zur Folge, so daß man sie damals häufig in Wäldern und Morästen todt fand. Bey Waldbrand und großer Dürre kommen sie hervor: am leichtesten werden sie des Winters auf dem Glatteis geschossen, weil sie dann nicht schnell laufen können. Einen guten Ochsen bezahlt man mit 6 bis 9 Rubeln; das Fleisch ist mager, wird aber von Jedermann mit Vergnügen genossen. Daß sie den Kühen ähnlich sehen, ist eben so bekannt, als daß das Weibchen im April 1 bis 2 Junge wirft.

2. Rehe Ceru. Capreolus, ib. 6. lett. Stirna, ehstn. Metskits (Waldziege,) hat geradstehende, ästige mit einer haarigten Haut überzogene Hörner, die sich in 2 Zacken endigen; und nährt sich von Gewächsen; die Rehziege trägt 22 Wochen, und wirft im May. Viele halten sie für einheimisch, und schon Russow zählt sie unter unser Wild: vielleicht ist dieß noch nicht völlig erwiesen. Im Rapinschen, Fennernschen und andern Orten werden sie zuweilen geschossen, und vormals soll man sie noch häufiger gesehen haben. Sie können ja auch wohl aus Rußland und Litauen herüberkommen.

Zwey-

## Zweyter Abschnitt.

## Die Vögel.

Raubvögel und kleine Vögel werden selten geschossen; die letzten auch nicht in Netzen, Vogelheerden, Sprenkeln, noch auf Leimruthen gefangen: alle Schützen suchen nur die Vögel, welche hier Wild heißen, ihre Menge ist so groß daß man sie aller Schützen ungeachtet nicht ausrottet, sondern z. B. die Birkhäne bey 50 und bey 100 zusammen sitzen sieht.

## I. Habichte Accipitres.

I. Glattköpfigter Geier, Vultur Albicilla, L. gen. 41. 8. lett. Maitaslihja, raubt Fische; zwischen den Augen und Naslöchern hat er anstatt der Federn borstige Haare.

II. Falke Falco L. gen. 42.

1. Hasenadler Fal. Melanætus, ib. 2. lett. Ehrglis, ehstn. Kotkas. Seine Farbe ist schwarz mit gelben Streifen, er ist stark und führt die Hasen im Fluge davon.

2. Weißkopf F. leucocephalus, ib. 3. ist braun mit weißen Kopf und Schwanze.

3. Hünerweihe F. Miluus, ib. 12. ehstn. Rannakul, der Lette braucht gemeiniglich den allgemeinen Namen Wannags. Der Kopf ist weißlich, der Körper eisenfarbig, der Schwanz braunroth, lang und gabelförmig. Er nistet auf hohen Bäumen, brütet einmal und legt nur 2 Eier.

4. Mau=

4) **Mausefalk, Steinadler** F. Buteo, ib. 15. ist von der Größe einer Henne, dunkelbraun mit gelben Füßen. Er raubt Mäuse, Frösche und Kaninchen.

5. **Thurm- oder Mauerfalk** F. Tinnunculus, ib. 16, ist kupferroth mit dunkelbraunen Flecken; nistet in alten Mauern und Thürmen.

6. **Brauner Fischgeier** F. æruginosus, ib. 29. ist rostfarbig, mit gelben Flecken, bis 1½ Fuß groß; raubt Fische und Vögel.

7. **Sperber** F. Nisus, ib. 31. lett. **Wehja Wannags**, ehstn. **Wihma Kul**, ist von der Größe eines jungen Huhns, unterhalb graulich und wellenförmig gefleckt; seine Flügel mit braunen wellenförmigen Zeichnuugen besetzt; der Schwanz hat schwärzliche Streifen. Man kann ihn auf den Lerchenfang abrichten.

8. **Wasserfalk**, so nennt man hier eine Falkenart, von schwärzlicher Farbe mit grauen Schnabel, die sich am Wasser aufhält.

9. **Nachtfalk** F. vespertinus, ib. 23. man findet ihn in Ehstland; in Ingermannland nennt man ihn **Kobez**; er ist so groß wie eine Taube, am Körper schwarzbläulich, an Bauch und Flügeln bläulich weiß, am Kopf braun.

10. **Geierfalk** F. Gyrfalco, ib. 27. lett. **Wannags**, ehstn. **Kul**. In Liefland nennt man ihn den Habicht. Er bezieht gemeiniglich immer das vorige Nest, brütet jährlich einmal und heckt bis 3 Junge aus, ob er gleich mehrere Eier legt.

11. **Taubenhabicht, Taubengeier** F. palumbarius, ib. 30. ist dunkelbraun, sein Bauch weiß mit schwarzen wellenförmigen Streifen. Er verfolgt Hüner und Tauben.

**Anmerk.** Viele Raubvögel die des Winters Nahrung finden, bleiben bey uns; nur der Mäuse- und

der

der Thurmfalk die von Fröschen u. d. gl. leben, ziehen bey einbrechender Kälte davon.

III. **Eule** Strix, L. gen. 43.

1. **Uhu** Strix Bubo, ib. 1. eine große braune Ohreule, deren lange Federn bey den Ohren herunterhangen. (S. Nr. 5.)

2. **Gemeine Eule, Schleuereule** St. Aluco, ib. 7. lett. Puhze, ehst. Surispeakul, ist rostfarbig, hat einen glatten Kopf, schwarze Augäpfel, und die Größe eines Huhns.

3. **Kircheule** Str. funerea, ib. 11. wird auch Steineule genannt, ist dunkelbraun mit weissen Flecken, der Schwanz kegelförmig, und auf beiden Seiten weiß. Sie nistet in alten Gebäuden.

4. **Kleine Horneule** St. Otus, ib. 4. von der Größe einer Krähe, von hellbrauner, rostiger und gemischter Farbe, wohnt in hohlen Bäumen und öden Wohnungen.

5. **Schubuteule, Schubu,** St. Bubo, ib. 1. lett. Uhpis, ehstn. Jänneise hüüp; die Letten halten sie für einen Unglücksvogel; sie ist die größte unter den Eulen, so groß als eine Hausgans; an den Ohren stehen ihre Federn weit hervor, oben ist sie goldgelb, röthlich und schwarz gemischt, unten rostfarbig mit schwarzen Querbändern; hält sich in waldigten Gebirgen und Wüsteneyen auf, und lebt von Hasen und Mäusen.

6. **Räuzlein** St Ulula, ib. 10. lett. Appohge, ehstn. Oekul auch Rätskul, ist ziemlich groß, von oben braun und weiß gesprengt, der graue Kopf hat feine weisse, wellenförmige Streifen.

7. **Knareule** St. stridula, ib. 9. ist die gemeine Buscheule von brauner und grauer Farbe. Die dritte Schwingfeder ist länger als die übrigen.

An·

**Anmerk.** Die Eulen beziehen gern ihre vorigen Nester, und legen 4 bis 6 Eier. Es scheint als blieben sie des Winters bey uns, weil man sie auch alsdann sieht und hört, wenn sie unter den Krähen Lerm anrichten.

IV. Großer Neuntödter, Wächter Lanius, Excubitor L. gen. 44. 11. ist so groß als eine Amsel, sein Rücken grau, der Schwanz kegelförmig und auf beiden Seiten weiß, die Flügel sind schwarz mit weissen Flecken. Kleine und grosse Vögel sind seine Nahrung. Er bleibt beständig bey uns.

## II. Spechtartige Vögel, Picæ.

I. **Rabe** Coruus, L. gen. 50.
1. Schwarzer Rabe, Kolckrabe Coru. Corax, ib. 2. lett. Kraklis, ehstn. Kaarn, (einen andern schwarzen, den Raben ähnlichen Vogel nennt der Ehste Kär;) seine Farbe ist glänzend schwarz; Aas seine Nahrung.

2. Schwarze Krähe Coru. Corone, ib. 3. heißt auch Rabenkrähe, ist durchaus schwarzbläulich, und nährt sich von Früchten und Aesern.

3. Krähe C. Cornix, ib. 5. lett. Wahrna, Dserwes, ehstn. Warres (in der Wiek Von,) sind hier ungemein häufig, und nähren sich nicht blos von Aesern u. d.gl. sondern auch zu unsern großen Vortheil von den schädlichen Raupen des Grasmähers, eines Nachtschmetterlings, die unsern Gewächsen sehr schaden würden: man hat sogar bemerkt, daß sie die Kornwürmer begierig in sich schlucken, welche öfters unsre Aerndten sehr zweifelhaft machen. — Sie brüten zweymal, und legen 4 Eier.

4. Dole, liefländisch Dahlchen, C. Monedula, ib. 6. ehstn. Ak, lett. Kohfa oder Kowahrna; sie ver-

versammeln sich immer in Haufen, nisten in Mauern und hohlen Bäumen, beziehen gern ihre vorigen Nester und legen gegen 6 Eier. Leicht lernen sie etliche Worte nachsprechen.

5. Nußheher, Nußpicker, ehstn. Pähklatraat C. Caryocatactes, ib. 10. lett. Schaggata, ist weiß mit schwarzen Tüpfeln; Schwanz und Flügel sind ganz weiß. Er nährt sich von Nüssen, die er geschickt aufzubrechen weis, und von Tannenzapfenkernen.

6. Holzhäher C. glandarius, ib. 7. ein schön gezeichneter Vogel, den man in Liefland Marquard, ehstn. Paskraat, lett. Silla oder Wahrna, nennt; Einige meynen er sey der eigentliche Nußheher; andre nennen ihn den finnischen Papagey. An Hals, Kopf, Brust und Bauch ist er grün, die obern Flügeldecken sind schön blau, die langen Schwingfedern schwarz, der Oberleib und die mittlern Flügeldecken braun. Er schreiet fast wie eine Katze, hat einen kurzen dicken Schnabel und auf dessen beyden Seiten einen langen schwarzen Stußbart, auch einen Zopf auf dem Kopfe. Er nährt sich von Korn, Würmern und Beeren.

7. Elster C. Pica, ib. 13. liefl. Häster, ehstn. Harrakas, und in der Wiek Ketsakas, lett. Schaggata.

Anmerk. Alle diese Vögel bleiben das ganze Jahr hindurch bey uns.

II. Pfingstvogel, Kirschvogel Oriolus Galbula L. gen. 52. 1. ein schöner Vogel, so groß als der Guckguck, fast ganz goldgelb, die schwarzen Schwing= und einige Schwanzfedern ausgenommen. Insekten und Beeren sind seine Nahrung, die findet er auch des Winters und bleibt daher bey uns. Sein Nest fügt er von Blättern zusammen und hängt es an Baumäste. Seine Stimme ist hell und angenehm.

III.

III. **Guckguck**, gemeiner, Cuculus canorus L. 57.
1. lett. **Dsegguse**, ehstn. **Käggi**, nährt sich von Insekten. Daß er wegen des Baues seines Magens seine Eier nicht selbst ausbrüten kann, und sie daher in das Nest einer Grasmücke oder eines Fliegenschneppers legt, daß sein Fleisch wohlschmeckend sey, haben schon Andre angemerkt. Im Herbst verläßt er uns. — — Einen Vogel der ihn immer begleiten und sich bey ihm aufhalten soll, den ich aber nicht kenne, nennt der Ehste **Kdo-Sultane**, (des Guckgucks Knecht).

IV. **Wendehals**, **Natterhals** Iynx Torquila L. 58.
1. ehstn. **Wäänkael**, hat seinen Namen von der steten Bewegung seines Halses, ist graulich gefleckt, hält sich in hohlen Bäumen auf, und bleibt bey uns.

V. **Specht** Picus L. gen. 59.
1. **Schwarzspecht**, Pic. Martius, ib. 1. ehstn. **Kärrik** auch **Pu korristaja**, ist ganz schwarz, nur das Männchen hat etliche rothe Federn hinten am Kopf; aus vermoderten Bäumen hackt er Würmer.
2. **Grünspecht** P. viridis ib. 12. ehstn. **Meltsas**; Einige essen ihn.
3. **Weißspecht** P. medius, ib. 18. ehstn. **Raud rähn**, lett. **Zubku**, ist kleiner als der Buntspecht, von oben schwarz und weiß gefleckt.
4. **Buntspecht** P major, ib. 17. lett. **Dsennis**, ehstn. **Rähn**, ist schwarz und weiß gesprengt.
5. **Kleiner Buntspecht** P. minor, ib. 19, etwas größer als ein Sperling; Bauch und Kehle sind schmutzig grau, Schwanz und Flügel schwarz mit weissen Querbändern.

**Anmerk.** Die Spechte brüten jährlich zweymal in Baumhölen, suchen ihre alten Nester wieder, bleiben das ganze Jahr bey uns: einige thun den Bienenstöcken, wo sie Honig suchen, vielen Schaden.

VI.

VI. Baummeise, Blauspecht, Sitta europæa L. gen. 60. 1. ist oben bläulich grau, unten weiß; wohnt in hohlen Bäumen und singt des Nachts.

VI. Baumklette, Certhia L. gen. 65.

1. Gemeiner Baumläufer, C. familiaris, ib. 1, kleiner als ein Sperling, oben grau, unten weiß; die Flügel sind braun mit einem weissen Fleck; wohnt in hohlen Bäumen, und lebt von Insekten-Eiern und Raupen, und legt viele Eier auf einmal.

2. Blaukehlchen, C. jugularis, ib. 7. ist ben uns nicht einheimisch, und erscheint selten.

VII. Europäischer Eisvogel, Alcedo Ispida L. gen. 62. 3. ( vielleicht des Ehsten sein Kapurri,) hält sich an Flüssen auf, lebt von Fischen und Wasserinsekten, oben ist er blau, so groß als eine Wachtel, das Weibchen etwas kleiner.

VIII. Gemeiner Wiedehopf, Upupa Epops L. gen. 64. 1. lett. Badda Diegguse, auch Puppikis, ehstn. Sittane räästas, auch Pähkla öhk, ist braun, stinkend, hat auf den Kopfe eine Krone, und wird im Winter hier nicht gesehen: seine 2 Eier legt er in Bäume.

## III. Gänseartige oder Schwimmvögel, Anseres.

I. Ente, Anas L. gen. 67.

1. Schwan, A. cygnus, ib. 1. lett. Gulbis, ehstn. Luik; sie sind häufig ben den Inseln, ben Landseen seltner; man bemühet sich hier wenig sie zu schießen. Sie kommen zuweilen im Frühjahr an, wenn das Wasser noch mit Eis bedeckt ist. Der Schwangesang ist Fabel; sie können nicht singen. Sie legen 5 bis 6 Eier.

2. Wilde Gans A. Anser ferus, ib. 9. α. lett. Mescha sohss, ehstn. Laggel, und die kleinere Laggias, denn wir sehen hier die größern und kleinern.

Nur

Nur wenige legen sich darauf sie zu schießen. Ihr Nest macht sie aus Rohr, korbförmig.

3. Schnarrente A. ſtrepera, ib. 20. grau, mit braunen, schwarz und weissen glänzenden Flügeln.

4. Graukopf A. ruſtica, ib. 24. klein, weiß und braunbunt.

5. Weisse wilde Ente A. alba fera alba, hat schwarze Federn am Kopf und Rücken.

6. Graue w. E. A. ferina, ib. 31. lett. Rau-dawa, ist hier häufig.

7. Winter-Halbente Querquedula, ib. 32. lett. Pribkschke; wir haben die größern und kleinern; sie hält sich in Sümpfen auf.

8. Schild- oder Löffelente A. clypeata, ib. 19. hat die Farbe einer Schnepfe, die Flügel sind grau mit einer braunen glänzenden Farbe. Ihr Schnabel ist an der Spitze breit, und endiget sich in eine Krümmung.

9. Quackente A. Clangula, ib. 23, klein und taucht lange unter.

10. Kriechente A. Crecca, ib. 33. weiß und schwärzlich bunt, der glänzende Spiegel an den Flügeln ist grün, die Augen umgiebt ein weisser Rand.

11. Grauentlein A. Circia, ib. 34, eine Ab-änderung der Kriechente. Sie heißt auch Sommer-Halbente.

12. Gemeine wilde- oder Blauente A. Boſchas, ib. 40. von dieser scheint die Hausente abzustammen, Größe und Verschiedenheit hangen von Wartung und Zucht ab.

13. Schopfente A. Fuligula, ib. 45. Man zählt deren 3 Gattungen; bey uns findet sich eine graue, mit hochbraunen Kopfe und langen herabhängenden schmalen Federn.

14. Schwarze oder Mohrente A. nigra, ib. 7. das Weibchen ist dunkelbraun, das Männchen schwarz; hier ist sie selten.

15. Haubenente A. cristata, hat eine Haube, spitzigen Schnabel, und ist von verschiedener Farbe.

Anmerk. Alle diese ziehen nicht aus Furcht vor Kälte, sondern aus Ermangelung der Nahrung, gegen den Winter davon; in gelinden Wintern, wenn die Moräste nicht völlig zufrieren, bleiben einige bey uns. Einige ihrer Züge beschreibt v. Fischer im liefländ. Landwirthschaftsbuche S. 160 u. f. der neuesten Aufl. — Die meisten wilden Enten brüten jährlich nur einmal, und legen viele Eier: ihr Fleisch wird bey uns nicht sonderlich geachtet; man bezahlt jede etwa mit 3 Kopek. Der Ehste nennt alle Abarten gemeiniglich mit dem allgemeinen Namen Mets part (Wald- oder wilde Ente;) der Versuch, ihre Jungen unter den zahmen zu erziehen glückt, nur gehen sie zuletzt davon.

II. Tauchergans Mergus Merganser L. gen. 68. 2. lett. Gaura auch Gaigale, (eine andre Art Dukkeris,) ehstn. Tüükred; das Männchen ist schwarz, das Weibchen grau, beyde auf der Brust lichtbraun, und am Bauche weiß. Bey einfallenden Frost verlassen sie unsre Seeufer.

III. Wasser- oder Seerabe Pelecanus Carbo L. gen. 72. 3. lett. Uhdennis, ist größer als der Kolckrabe, schwärzlich, mit braun und weißbunten Halse und weissen Bauche. Sein Nest macht er auf hohen Bäumen.

IV. Mewe Larus L. gen. 76.

1. Weisse- oder Wintermewe, Fischahrt L. tridactylus, ib. 2. ehstn. Rowit, auch Kallakull, lett. Kihris, weiß mit grauen Rücken; nährt sich von Fischen.

2. **Kleine weiſſe Mewe** L. albus minor, ſcheint
eine Abänderung der vorhergehenden zu ſeyn. Sie legen
2 bis 3 Eier auf den breiten, ſtarken Blättern der See-
blumen.

3. **Graue Mewe** L. canus, ib. 3. Kopf und
Hals ſind ſchwarz gefleckt, der Rücken grau, die Deck-
federn weißlich.

4. **Schwarzköpfige Mewe, Lachmewe** Larus ridibundus, ib. 9. iſt weißlich, und hat einen
ſchwärzlichen Kopf. Den lettiſchen Namen **Kurlik**
ſcheint ſie auch von ihrem Geſchrey, das einem Gelächter
gleichet, empfangen zu haben.

**Anmerk.** 1. Wenn die Gewäſſer zufrieren, ziehen
die Mewen davon. Ihre Füße ſind kurz, aber
ihre Flügel länger als der Schwanz.

**Anmerk.** 2. Es wollte Jemand verſichern, als habe
man vor mehrern Jahren hier eine weiſſe Löffel-
gans Platalea Leucorrod. L. 80. 1. geſchoſſen:
vielleicht hatte ſie ſich hieher verirrt; ob man deren
mehrere zuweilen geſehen habe, iſt mir unbekannt.

**Anmerk.** 3. Den hieſigen Liebhabern der Naturkunde ſey die Unterſuchung überlaſſen, ob unter den
bisher beſchriebenen See- und Schwimmvögeln folgende, welche der hieſige Bauer mit eignen Namen
bezeichnet, bereits ſtehen, und welche es ſeyn; oder
ob ſie noch müſſen hinzugefügt werden. Der Lette
nennt **Killens, Kuiga, Kaija, Gugatnis,
Kuhpis:** der Ehſte, **Merre Aul** ſoll eine
ſchwarze Ente von mittler Größe ſeyn, und durch
ihr Geſchrey Sturm ankündigen; **Merre tiir** ſoll
ein kleiner grauer, am Bauche weiſſer Seevogel
ſeyn; einen andern nennt er **Tiilkas; Kalakas**
oder **Kabkias,** ſoll zu den Mewen gehören; **Kil-
der** den Enten ähnlich ſehen; und **Kakkardaja**
zu den Tauchern gehören. Der letze hat ſchöne
glän-

glänzende dichte Federn, seine Haut braucht man daher zu Mützen und Müssen, am Bauch ist er weiß, der Rücken grau, der Schnabel spitzig; er ist fett, aber thranicht und daher unschmackhaft. In Rußland findet man ihn häufig.

## IV. Stelzenläufer, Grallæ.

I. **Reiher**, Ardea L. gen. 84.

1. **Kranich**, A. Grus, ib. 4. lett. **Dsehrwe, ehstn. Kurg.** Viele junge werden hier auf Höfen erzogen, die nicht mit den wilden im Herbst wegziehen, weil sie ihr Futter finden.

2. **Storch** A. Ciconia, ib. 7. lett. **Dsese, Swebsputus, auch Schiguris, ehstn. Tone kurg.** Er zieht im Herbst weg.

3. **Rohrdommel** A. stellaris, ib. 21. lett. **Dumpis, ehstn. Merre hüdp,** ist hier nicht häufig. Seine Farbe ist oben grau mit Querflecken, unten weißgrau mit Streifen.

II. **Schnepfen** Scolopax L. gen. 86.

1. **Brachvogel, Wettervogel** S. arquata, ib. 3. sonst auch Krummschnabel.

2. **Brauner Bracher** S. fusca, ib. 5.

3. **Busch- oder Bergschnepfe** S. rusticola, ib. 6. lett. **Kikkuts, ehstn.** wo ich nicht irre **Pöllo Tilder.**

4. **Beccaßien, Heerschnepfe** S. Gallinago, ib. 7. Ob sie derselbe Vogel sey der hier unter dem Namen Himmelsziege ehstn. **Metskits,** lett. **Kikku kasa** oder **Pehrkonu absis,** wegen seiner meckernden Stimme bekannt ist, wage ich nicht zu bestimmen, ob es gleich Viele versichern.

5. **Kleinste Schnepfe** G. Gallinula, ib. 8.

6. **Pfuhlschnepfe** S. Totanus ib. 12. **Strandschnepfe.**

7. **Blau-**

7. **Blaubeerschnepfe,** ist schön von Geschmack und im Herbst sehr fett, nährt sich von Blaubeeren, daher ihr Fleisch blau ist. Hr. v. Linnee scheint sie nicht zu kennen.

**Anmerk.** Sie bauen ihre Nester an der Erde im Gesträuch und legen bis 4 Eier; im Herbst ziehen sie davon. Jagdliebhaber finden ein großes, aber beschwerliches Vergnügen, sie im Flug zu schießen. Der Ehste soll sie mit einem allgemeinen Namen **Rowwi;** und der Lette durch **Leischu irbe,** die Kronschnepfen aber durch **Kuils,** bezeichnen.

III. **Strandläufer** Tringa L. gen. 87.

1. **Streit- oder Kampfhähnlein** T. pugnax, ib. 1. Einige essen sie.

2. **Wasserschnepfe** T. Hypoleucos, ib. 14. ehstn. Jöe tilder oder **Soppa** til.

3. **Strandhähnlein** T. littorea, ib. 17. lett. **Ruibgas;** nach dem Geschmack seines Fleisches zu urtheilen, lebt es von Fischen.

4. **Kyfiz** T. Vauellus, ib. 2. lett. **Rihwala** auch **Sehmatis Kiwitis,** ehstn. **Kiwit.**

5. **Scheck** T. varia, ib. 21. der Rücken ist braun und weiß gefleckt, der Bauch weiß.

**Anmerk.** Sie ziehen mit den Schnepfen zugleich weg.

IV. **Wachtelkönig** Rallus Crex L. gen. 93. 1. ist so groß als ein Specht; sein kleiner Kopf, Hals, Rücken und Schwanz sind grau mit schwarzen Flecken; nährt sich von Regenwürmern, giebt sich Abends und Morgens durch sein bekanntes Geschrei zu erkennen, und zieht im Herbst weg.

V. **Ackertrappe** Otis tarda Liu gen 95. 1. lett. **Sihga,** ist aschgrau mit röthen und schwärzlichen Querstrichen; unter dem Schnabel hat er einen Bart.

**V. Hüner-**

## V. Hünerartige Vögel, Gallinæ.

I. **Berghuhn** Tetrao L. gen. 103.

1. **Auerhahn** T. Urogallus, ib. 1. lett. **Med-** dens auch **Mednis**, ehstn. **Metsis**, im Pernauischen **Möttus**. Auf dem Lande kostet er 15, in Städten höchstens 30 Kopek; eine Henne weit weniger; sie brütet einmal und legt etwa 12 Eier.

2. **Birkhahn** T. Tetrix, ib. 2. lett. **Rubbens**, ehstn. **Tedder**, kostet hier 5 bis 10 Kop. Die Henne heckt in einem Nest von Reisern in dürren Heidekraut, brütet nur einmal und erzieht 2 Junge. — Im Herbst werden sie in kleinen niedrigen Hütten geschossen, welche man von Zweigen pyramidenförmig macht, in diesen verbirgt sich der Schütze: Auf Stangen sezt man in Gestallt eines Birkhahns gemachte Pulwanen, läßt die Hähne treiben, welche sich durch den Schein betrogen zu den Pulwanen setzen; so kann ein Mensch an einem Morgen mehrere schießen.

3. **Weisses Morasthuhn** T. Lagopus, ib. 4. ehstn. So· auch **Tuddo-kanna**, wird wenig geachtet. Im März und September ändert es seine Farbe.

4. **Haselhuhn** T. Bonasia, ib. 9. lett. **Meschu irbe**, ehstn. **Pü** auch **Metspü**, bezahlt man mit 4 Kopek. Die Henne legt bis 10 Eier.

5. **Rebhuhn, Feldhuhn** T. Perdix ib. 13. lett. **Lauku irbe, Kurrata**, ehstn. **Pöld pü**; wie man sie hegen und nutzen soll, lehrt Hr. v. Fischer im liefländ. Landw. S. 643 neueste Aufl.

6. **Wachtel** T. Coturnix, ib. 20. lett. **Greesa**, ehstn. **Putepassarad**.

Anmerk. Alle diese, nur die Wachtel ausgenommen, bleiben das ganze Jahr hier, weil sie im Winter Beeren und Knospen zur Nahrung finden.

**VI. Sper-**

**VI.** Sperlingartige Vögel, Passeres.

I. **Taube** Columba L. gen. 104.

　1. **Wilde Taube** C. Oenas, ib. 1. lett. mescha balloschi, ehstn. mets tuike, wird hier wenig geachtet, doch gegessen; im Herbst zieht sie weg.

　2. **Ringeltaube, Waldtaube** C. Palumba, ib. 19. sie brütet zweymal.

　3. **Turteltaube** C. Turtur, ib. 32. die kleinste wilde Taube, nistet auf Bäumen und legt allezeit 2 Eier.

　4. **Lachtaube** C. risoria, ib. 33. Nach dem Bericht eines glaubwürdigen Mannes, soll sich eine wilde Art dieser bekannten Taubengattung in der wendenschen Gegend aufhalten.

II. **Lerche** Alauda L. gen. 105.

　1. **Feld- oder Ackerlerche** A. aruensis, ib. 1. lett. Zihrulis, ehstn. Leoke.

　2. **Wiesen- oder Himmels- oder Brachlerche** A. pratensis, ib. 2. lett. Kulisar, Zekkuli.

　3. **Hauben- oder Wegelerche** A. cristata, ib. 6. grau mit schwarzen Schwanzfedern, davon die beyden äussersten am auswendigen Rande weiß sind. Sie hat einen Schopf.

**Anmerk.** Lerchen werden hier weder geschossen noch gefangen; sie ziehen in späten Herbst weg, sind aber die ersten wiederkehrenden Vögel. Vielleicht entfernen sie sich nicht weit. Sie brüten zweymal.

III. **Sprehe, gemeiner Staar** Sturnus vulg. L. gen. 106. 1. läßt sich zum Plaudern abrichten, zieht des Winters, da es ihm an Insekten zur Nahrung fehlt, davon. Er brütet 2 mal 4 bis 7 Eier aus.

IV. **Drossel** Turdus L. gen. 107.

　1. **Misteldrossel, Schnarre** T. viscivorus, ib. 1. lett. Matschnisch, Matschnins, ehst. Rääst, auch Hobbose Rääst.

2. **Kram-**

2. Krammetsvogel, Wacholderdroſſel, T. pilaris, ib. 2. lett. Mels ſtraſos, ehſtn. Halrääſt.

3. Pfeif- oder Zipdroſſel T. iliacus, ib. 3. brütet zweymal und legt 4 bis 6 Eier.

4. Singdroſſel, Weindroſſel T. muſicus, ib. 4. brütet wie die vorhergehende, ehſtn. Laulo rädetas.

5. Steinmerle T. ſaxatilis, ib. 14. iſt auſſer dem blauen Kopf und einigen braunen Flecken, ganz röthlich.

6. Schwarze Amſel, Merle T. Merula, ib. 22. ehſtn. Muſt rääſt. Das Männchen iſt ſchwarz, das Weibchen erdfarbig.

7. Ringdroſſel, Ringamſel T. torquatus, ib. 23. iſt ſchwarz mit einem weiſſen Streifen auf der Bruſt.

8. Rohr- Weiden- oder Bruchdroſſel T. arundinarius, ib. 25. lett. wo ich nicht irre Wablodſe. Sie hält ſich im Schilf auf.

Anmerk. Sie ſind Streichvögel, gehen bis ins ruſſiſche Lappland, doch bleiben einige, da es ihnen nicht an Beeren fehlt, auch des Winters hier, ſonderlich die ſchwarze Amſel.

V. Gemeiner Seidenſchwanz Ampelis Garrulus L. gen. 108. 1. lett. Sihde Aſt. Sie kommen als Zugvögel zu uns, nähren ſich von unſern Beeren, ſonderlich von Piehlbeeren, da ſie leicht und in Menge zu ſchießen ſind, gegen den Sommer ziehen ſie weg, daher wir nie ihre Jungen finden.

VI. Kernbeiſſer Loxia L. gen. 109.

1. Kreuzſchnabel L. curviroſtra, ib. 1. Sein Schnabel ſteht gabelförmig.

2. Dohmpfaf L. Pyrrhula, ib. 4. lett. Swilgis.

3. Finniſcher Dohmpfaf, ſo nennen unſre Jäger einen Kernbeiſſer, den ich nur dem Namen nach kenne: bey Hr. v. Linnee und Klein kann man ihn unter dieſen fremden Namen nicht ſuchen.

4. Dick-

4. **Dickschnabel, brauner Kernbeisser, Stein-beisser** L. coccothraustes, ib. 2. lett. Swirpis, ist braun, doch der Bauch weiß, die Kehle schwarz, über Flügel und Schwanz geht ein weisser Strich.

5. **Kernbeisser** L. Enucleator, ib. 3. er lebt in Fichtenwäldern. Bey den jungen sind Brust und Rü-cken roth; bey den alten gelb. Er brütet zweymal.

6. **Grünfink** L. Chloris, ib. 27.

**Anmerk.** Alle, nur der braune Kernbeisser ausge-nommen, bleiben das ganze Jahr bey uns.

VII. **Ammer** Emberiza L. gen. 110.

1. **Schneeammer** E. niualis, ib. 1. schwarz und weiß gefleckt, wird im Winter hier fast ganz weiß. Man sieht sie im Winter häufig, werden aber wenig geschossen.

2. **Grauer Ammer** E. miliaris, ib. 3. grau mit feinen schwarzen Punkten.

3. **Fettammer** E. hortulana, ib. 4. ist der eigent-liche Ortolan.

4. **Goldammer** E. Citrinella, ib. 5. lett. Stehrste, oben grau und gelb, unten gelb, Kopf und Brust hell-braun gelb und grünlich.

5. **Rohrsperling** E. Schœniclus, ib. 17. schwarz und grau.

**Anmerk.** Sie bleiben das ganze Jahr hindurch bey uns. Daß wir deren Fleisch, welches in andern Ländern, auch in Petersburg, unter dem Namen der Ortolans so hochgeschätzt wird, nicht sorgsamer suchen und nutzen, verdient Verwunderung.

VIII. **Fink.** Fringilla L. gen. 112.

1. **Buchfink** F. cœlebs ib. 3. lett. Schubbe, ehstn. Metskaek.

2. **Berg- Schnee- Tannen- Wald- Winter-fink** ib. 4. ist kleiner als der vorhergehende.

3. **Stieglitz** F. carduelis ib. 7. lett. Ziglis auch Rummulis; der Ehste nennt ihn nach dem deutschen Ciglits. Ff 4 4) Zei-

4. Zeisig F. Spinus ib. 25. lett. Kiwulis, ehstn. Pao lind.

5. Gelbschnabel F. flauiroltris ib. 27, schwarz-grau, vorn etwas heller, mit schwarzen Flügeln.

6. Hänfling F. cannabina ib. 28. lett. Kanepu-putnini, ehstn. Wästrik.

7. Flachsfink F. Linaria ib. 29. lett. Dadsitis, ehstn. Linna Wästrik.

8. Sperling F. domeltica, ib. 36, ehstn. War-blane, lett. Swirbulis. So großen Schaden er auf unfern Feldern anrichtet, denken doch nur Wenige an dessen Ausrottung. Auf den Höfen läßt man ihn höch-stens durch den Feldwächter aus dem Weitzen wegscheu-chen. Der Hr. v. Büffon Hilt. nat. des oiseaux Tom. 3. art. Moineau, meint, sein Fleisch sey nicht gut zum Essen: in Liefland finden es Viele von schönen Geschmack. In Riga hat man ganz weiße Sperlinge, in jedem Flü-gel mit 2 schwarzen Schwingfedern, gesehen.

9. Baumsperling, Bergsperling F. montana ib. 37. der Rücken ist schwarz und grau, Brust und Bauch weißlich.

Anmerk. Alle bleiben das ganze Jahr hindurch hier; nur das Weibchen vom Buchfink soll gegen den Herbst wegziehen.

IX. Grasemücke Motacilla L gen. 114.

1. Nachtigall M. Luscinia ib. 1. lett. Lagede-galla, ehstn. Oepick. Viele verstehen die Kunst sie mit einer Lockpfeife leicht zu fangen.

2. Baumnachtigall M. modularis ib. 3. ober-wärts braungrau, unterhalb weiß.

3. Braungefleckte Grasmücke M. Curruca ib. 6. kennt man hier unter dem Namen Nachtigallsknecht, lett. Lakstaigallskalpe.

4. Weidemücke, Weidenzeisig M. Salicaria ib. 8.

5. Braun-

5. **Braunkehlchen, Fliegenschnepfer** M. Rubetra ib. 16.

6. **Kleine Grasmücke** M. Ficedula ib. 10.

7. **Weiße Bachstelze, Klosterfräulein,** M. alba ib. 11. lett. **Zeelama,** ehstn. **Hännelinne.** Man nennt sie auch Bebeschwanz, niederdeutsch Wipstert, weil sie im Laufen den Schwanz bewegt.

8. **Kuhstelze** M. flava ib. 12. an Brust und Bauch gelb.

9. **Rothbäuchlein, Rothschwanz, Eritzchen** M. Phœnicurus ib. 34.

10. **Rothschwanz** M. Erithacus ib. 35. lett. **Ohrmanninsch.**

11. **Gekrönter Zaunkönig** M. Regulus ib. 48. lett. **Zepplihts,** ehstn. **Tühhane,** der kleinste europäische Vogel.

Anmerk. Einige von diesen mögen wohl wegen ihrer Nahrung gegen den Winter wegziehen: andre z. B. der Zaunkönig bleiben.

X. **Meise** Parus L. gen. 116.

1. **Große oder Spiegelmeise** P. major ib. 3. lett. **Schle,** soll der Letten Glücksvogel seyn.

2. **Blaumeise** P. cœruleus ib. 5.

3. **Tannenmeise** P. ater ib. 7. mit schwarzen Kopf, grauen Rücken und meiß grauen Bauch.

4. **Haubenmeise** P. cristatus ib. 2. ihr Schopf ist schwarz, grau und weiß gesprengt; Rücken, Flügel und Schwanz sind aschgrau.

Anmerk. Sie finden bey uns allezeit ihr Futter, und ziehen daher nicht weg.

XI. **Schwalbe** Hirundo L. gen. 117.

1. **Gemeine oder Rauchschwalbe** H. rustica ib. 1. lett. **Besdelliga,** ehstn. **Pösokenne.**

2. **Hausschwalbe** H. urbica ib. 3. ehstn. **Turto.**

Ff 5 3. **Ufer-**

3. Ufer- Wasser- oder Strandschwalbe H. riparia ib. 4. grau, mit weisser Kehle und Brust.

4. Mau.r- oder Steinschwalbe H. Apus ib. 6. lett. Tschurkste; oben schwärzlich, an der Kehle weiß. Anmerk. Hr. v. Linné Syst. nat. edit. XII. p. 343. und Klein Hist. der Vögel, 3. Abschn. S. 216 u. f. behaupten, die Rauch- und Hausschwalbe ziehe nicht weg, sondern verberge sich des Winters in Morästen: der letzte beruft sich unter andern dabey auf ein gerichtliches Zeugniß: auch will Wallerius hiervon ein Augenzeuge gewesen seyn. Und das ist auch hier die allgemeine Meinung: Viele wollen sie in ihrer Winterbetäubung gefunden haben. Andre Naturforscher erklären dieß bekanntermaaßen für Fabel. Vielleicht hat man einige gefunden, die sich verspätet hatten. — Eine ganz weisse, deren Flügel allein etwas gelblich waren, wurde unweit Oberpahlen gefangen.

XII. Ziegenmelker, Nachtschwalbe Caprimulgus europæus Lin. gen. 1.8. 1. ist so groß als ein Guckguck, hat niedrige Füße, schläft des Tages, zeigt sich in der Dämmerung, und schreyet wie die Krähen. Daß er den Ziegen des Nachts die Milch aussauge, ist unerwiesen.

---

# Dritter Abschnitt.
## Amphibien.

---

Die zu dieser Klasse gehörigen Thiere sind bey uns noch nicht gnugsam untersucht, noch in Ordnung gebracht. Das Bekanntgewordene soll hier kürzlich angezeigt werden.

I. Krie-

# I. Kriechende Amphibien mit 4 Füßen, Reptilia.

## I. Frosch Rana L. gen. 120.

1. **Kröte, böse Kröte** R. Bufo ib. 2. lett. **Kau-kis, Kraupis, Kuppizis,** ehstn. **Kärn kon:** daß sie die Milch aus Kühen sauge, wird in Liefland für eine unstreitige Erfahrung ausgegeben.

2. **Landfrosch** R. temporaria ib. 14. lett. **Wahr-de,** ehstn. **Kon;** nährt sich von Mücken.

3. **Grüner Wasserfrosch** R. esculenta ib. 15. oben grün mit gelben Streifen, unten weißlich. Daß ein Liefländer seine Schenkel und Lenden esse, weiß ich nicht.

4. **Laubfrosch** R. arborea ib. 16. lett. **Parksch-kis,** ist hier nicht häufig.

## II. Eidechse Lacerta L. gen. 122.

1. **Gemeine Springeidechse** L. agilis ib. 15. grün mit einem schwarzgefleckten Bauch.

2. **Gemeine Eidechse** L. vulgaris ib. 42. braun; lett. **Kursatte,** ehstn. **Sissalik.** Kleine Kinder legt der Bauer nicht gern an die Erde, damit nicht Eidechsen (und Schlangen) welche der Milch-Geruch herbeylocken soll, in ihren Hals kriechen.

3. **Sumpfeidechse** L. palustris ib. 44.

## II. Schlangen, Serpentes.

**Lettisch Saltis,** ehstn. **Us** auch **Maddo.** Wir haben sie von verschiedener Farbe und Größe; an etlichen Orten z. B bey dem baltischen Haven, sehr häufig: aber daselbst stechen sie selten Menschen oder Vieh. Unter einem Guth in der Wiek, zählte man neun Arten, einige darunter mit ziemlich großen Ohren, doch keine mehr als fingerdick. Die Kupferschlange ehstn. **Päwa us** oder **Wask us,** hält man für die gefährlichste: man sieht sie nicht häufig; mehr bunte und schwarze. Unser Vieh wird oft von ihnen gestochen, doch verstehen viele Bauern, obgleich der Geschwulst schon überhand genommen hat,

hat, bald zu helfen. Kindische Erzählungen und hiesigen Aberglauben von Schlangen, übergehe ich. Der
vormalige in vielen selbst deutschen Häusern eingeführte
Gebrauch, Hausschlangen (sie sind schwärzlich, ziemlich
dick, mit einem großen Kopfe,) zu unterhalten, mit
Milch zu füttern, und ihnen in den Viehställen eine
Wohnung anzuweisen, damit die Viehzucht desto glücklicher von statten gehe, hat vermuthlich aufgehört. Zwo
Arten will ich nur noch anzeichnen, nehmlich

1. gemeine Viper Coluber Berus L. gen. 125.
183. lett. Ohose; dunkelgrau, mit einem wellenförmigen, schwarzen Flecken auf dem Rücken.

2. Kupferschlange, Blindschleiche Anguis fragilis ib. 270. lett. Globdens, grau, mit schwarzen
Bauche und purpurfarbenen Seiten, auf dem Rücken
ist eine dunkelbraune Linie. Ihr Biß ist nicht sehr gefährlich.

## III. Schwimmende Amphibien. Nantes.

Beyde folgende gleich hinter den Schlangen zu finden, wird manchem Liefländer sonderbar scheinen: es
geschiehet nach dem linnäischen System.

1. Neunauge, Lamprete Petromyzon fluuiatilis L. gen. 129. 2. Sie werden am Ostseestrand bey
dem Ausfluß der Bäche, sonderlich bey Narva und Riga,
aber gar nicht bey Reval, häufig gefangen, mit Essig
eingemacht, auch geräuchert. Die narvschen hält man
für die besten. Der Lette nennt sie Nehges oder Sut-
tini, der Ehste Silmud oder nach dem Deutschen üh-
hehksa Silmad. Aus den 7 an den Seiten befindlichen kleinen Löchern zum Luftholen und den beyden Augen, hat man 9 Augen, und daraus den unschicklichen
Namen gemacht. — Eine Abart die jenen ähnlich,
aber kleiner und zähe ist, findet man in etlichen Morast-
gewässern,

gewäſſern, ſie heiſſet Steinbicker, ehſtn. **Wingrias.**
Einige eſſen ſie.

2. Stör Accipenſer Sturio, L. gen. 143. 1. lett.
**Stobre,** ehſtn. **Tuur kalla,** wird zuweilen bey Riga
und Pernau gegen 4 Ellen lang gefunden. In Rußland macht man auch aus ſeinem Rogen den bekannten
Kawiar.

## IV. Muſcheln und Schnecken,

haben wir genug von allerley Größe, Form und Farbe;
aber wer hat ſie unterſucht oder ſyſtematiſch verzeichnet?
Von den größern Muſcheln, lett. **Gleemeſſis** oder **Glee-**
**mes,** ehſtn. **Ronna karpid,** haben Ausländer bey gemachten Verſuchen einige wohlſchmeckend befunden:
nicht leicht wird ſich ein Liefländer dadurch zur Nachfolge reitzen laſſen. Wir kaufen lieber Auſtern das Hundert für 4 Rubel, und verſchreiben eingemachte Muſcheln.

Nicht nur in Lettland, ſonderlich in Schwarzbach,
auch in Ehſtland unter andern bey den Gütern **Rolk**
und **Maart** findet man hübſche Perlen. Weil ſich Niemand um die gehörige Kenntniß bewirbt, werden viele
unreife herausgezogen, und die Beſitzer eines ſolchen
Baches durch mislungene Verſuche von ferneren Unternehmungen abgeſchreckt. Vor mehrern Jahren wurden
hier von der Krone Perlenfiſcher gehalten; das hörte bald
auf. Jetzt iſt die Perlenfiſcherey frey, nur ſollen die großen gehörigen Orts angezeigt werden.

Vierter

## Vierter Abschnitt.
### Die Fische.

Sie werden auf verschiedene Art gefangen, mit großen, mit Stell- und Setznetzen; des Frühjahrs
bey hohen Wasser, vermittelst an niedrigen Stellen des
Bachufers angelegter in einen spitzigen Winkel zusam-
menlaufender Zäune; des Nachts bey Feuer mit Stech-
eisen; in Landseen des Winters unter dem Els, sonderlich durch Russen, welche sehr geschickt darmit umzugehen verstehen. Die vielen Seen, Bäche und Ströme
machen, daß man immer und um billigen Preis Fische
haben kan.

1. **Kahlbäuche, ohne Bauchflossen.**
    1. **Aal** Muræna Anguilla, L. 143. 4. lett. Sut-
tis, ehstn. **Angrias**; wird in Strömen, auch in etlichen Seen, so gar im hölzernen Haven des baltischen
Ports, gefangen.
    2. **Tobis, Sandaal** Amodytes Tobianus, L.
147. 1.

II. **Halsflosser.**
    1. **Dorsch** Gadus Callarias, L. 154. 2. lett. **Men-**
**za,** auch **Durska,** ehstn. **Tursk,** wird in der Ostsee,
sonderlich beym baltischen Port u. a. a. O. gefangen.
    2. **Aalquappe** Gadus Lota, L. 154. 14.
    3. **Quappe** Gadus mustela, ib. 15. lett. **Weho-**
**sele** ehstn. **Luts;** Einige wollen bemerkt haben, daß
ihre Leber mit dem Mond zu- und abnehme. In dem
Peipussee werden sie sehr groß, und häufig gefangen,
eine gefrorne weit über eine Elle lang, für 5 bis 8 Kop.
im Lande herumgeführt.

III. **Brust-**

III. Brustbäucher.

1. Meerochse Cottus quadricornis, L. 160. 2. ehstn. Merre härg, lett. Jurewersch. Auf seinem großen Kopfe sind 4 erhabene Warzen. Er wird von gemeinen Leuten gegessen.

2. Donnerkröte Cottus Scorpius, L. 160. 5. ist dem vorhergehenden gleich, hat aber auf dem Kopf Stacheln anstatt der Knorpel.

3. Butte, Plateis, Flunder, Pleuronectes Flesus, L. 163. 7. lett. Leste auch Plekstes, Buttes, ehstn. Läst auch Ramlias; werden am Ostseestrand sonderlich bey Reval und Riga, nur bey Pernau selten, gefangen.

4. Stachelbutte, Pleuron. Passer, ib. 15. lett. Ahte, Grabba ist größer als die vorhergehende.

5. Steinbutte Pleuron. maximus, ib. 14. wird oft 2½ Schuh lang und 1½ Schuh breit gefangen.

6. Bars, Flußbars, Perca fluuiatilis, L. 168. 1. lett. Assets, Assaris, ehstn Ahwen; ist ungemein häufig. In der Luft getrocknet, welches an einigen Orten z. B. auf Oesel geschiehet, lassen sie sich wie Schollen kochen, und schmecken sehr wohl.

7. Sandat Perca Lucioperca, L. 168. 2. lett. Stahrks auch Sandahts, ehstn. Kahha, kauft man in Pernau für 6 Kop. an andern Orten sind sie seltner.

8. Kaulbarsch, Kulbarsch Perca Cernua, L. 168. 30. lett. Ullis oder Risis, ehstn. Kiis.

9. Flußstichling Gasterosteus aculeatus, L. 169. 1.

10. Seestichling, Steckerling Gaster. Pungitius, ib. 8. ehstn. Oggalik auch Oggaluuk.

11. Makreele Scomber, Scombrus, L. 170. 1. ein Seefisch, einen Schuh lang, hat mit dem Heringe einige Aehnlichkeit. Im Frühjahr wird er zuweilen aus der Ostsee gefangen.

IV. Bauch-

IV. Bauchfloſſer.

1. Flußschmerling, Bartgründel Cobitis barbatula, L. 173. 2. Sind nicht aller Orten; der Bauer nennt ſie nach dem Deutſchen. Sie werden im Roden-poisſchen ziemlich häufig und im Wendiſchen ſehr groß ge-fangen, und geſotten nach Riga gebracht.

2. Steinbeiſſer, Dorngrundel Cobit. tænia, ib. 3. lett. Akminagrauſis, iſt dem vorhergehenden faſt gleich, nur etwas platter.

3. Peizker, Cobitis foſſilis, ib. 4. lett. Pibkſte. Ein kleiner Fiſch der durch Bewegung die Aenderung des Wetters anzeigt: er iſt bläulich und hat auf beyden Sei-ten 5 in die Länge gehende Streifen.

4. Wels, europäiſcher Wels, Silurus Gla-nis, L. 175. 2. lett. Pibkſte auch Sams, ehſtn. Wels; einer der größten Fiſche in ſüßen Gewäſſern; hier findet man ihn ſelten 2 Ellen lang; er iſt faſt quap-penförmig.

5. Lachs Salmo Salar. L. 178. 1. lett. Laſſis (die großen Hakenlächſe Renki,) ehſtn. Lôhhe kolla. In allen Strömen fängt man ihn, der rigiſche und narvſche iſt der beſte, doch kommt er dem archangel-ſchen an Fettigkeit nicht gleich. Er wird geſalzen, auch geräuchert verkauft.

6. Grauer Lachs Salmo Eſox, ib. 2. iſt nur eine Abänderung des vorhergehenden; von Einigen wird er, wo ich nicht irre, Salme genannt.

7. Taimen Salmo trutta, ib. 3. lett. Taimini, ehſtn. Taimed, eine Art kleiner Lächſe.

8. Lachsforelle Salmo Fario, ib. 4. lett. Laß-ſens, oder Taiminiſch, ehſtn. Noorjas; findet man nicht häufig.

9. Stint, Meerſtint Salmo Eperlanus, ib 13. lett. Stinte, auch Sallakas, ehſtn. Tint. Die kleinen welche man im Peipus- und andern Landſeen fängt, ſind

wegen

wegen ihres üblen Geruchs berufen; gemeine Leute essen sie häufig in Suppen. Die großen fängt man nur aus der Ostsee, sonderlich bey Pernau, sie sind fett, eine halbe Elle lang, und schmecken am besten geräuchert, oder im Ofen getrocknet.

10. Siek Salmo Lavaretus, ib. 15. lett. Sihks, ehstn. Siig, auch Sia kalla, ist eine Art vom sogenannten Seinfisch; bey Pernau wird er häufig gefangen; die kleinen welche eine besondre Abart zu seyn scheinen, sind mager.

11. Hecht Esox Lucius, L. 180. 5. ehstn. Aug. lett. Libdeks; auch in Landseen findet man ihn zuweilen 2 Ellen lang. Lufttrocken wird er häufig verkauft. Der in Seen hat etwas härteres Fleisch als in Bächen, aber eine große Leber, die, sobald man ihn in einer Kumme, sonderlich in einem Bache, hält, gemeiniglich etwas kleiner, und das Fleisch zärter wird. Aus seinem (und des Rehses) Rogen machen Einige Kawiar, der am Geschmack dem russischen weit nachsteht, aber angenehmer aussieht. Man reibt nemlich den Rogen mit Salz daß er schäumet, läßt ihn etliche Tage stehen, bis er gahr wird und der Schleim sich davon absondert. Andre gießen nach dem Klopfen kochendes Wasser so lange darauf, bis es ohne Schleim aus dem Haarsieb läuft. Der Strandbauer trocknet den Rogen und isset ihn wie Brod; das Fett kocht er und dann vertritt es bey ihm die Stelle der Butter.

Grashechte sind eine Abart, kleiner und schmaler als die vorhergehenden; der Ehste nennt sie Purrikad, wodurch er auch junge Hechte bezeichnet.

12. Meeralant Mugil Cephalus, L. 184. 1. lett. Alante auch Steepat, habe ich in Ehstland wenigstens unter diesem Namen, nicht gefunden.

13. Strömling Clupea harengus, L. 188. 1. Fn. svec. 357. ß. lett. Renge auch Strimmalas,

ehstn. Silk, auch Räim. Diese Abart der Heringe fängt man am Ostsee-Strande, sonderlich im Pernauschen und in Harrien in großer Menge, so daß man eine Spanne voll (etwa 300 Stück) für 3 bis 5 Kopek kauft; eingesalzen kostet die Tonne 3 bis 6 Rubel; die pernauschen sind die größten, die revalschen die fettesten, in Reval versteht man sie gut zu räuchern. Mehrere Fischer knüpfen ihre Netze zusammen, und besetzen eine ganze Gegend; der ziehende Strömling bleibt darin hangen. An einigen hiesigen Seeufern findet man sie niemals. Vormals wurden sie verschifft; die nordischen Heringe haben diesen Handlungszweig vernichtet, aber wir müssen nun selbst, weil die Strömlinge noch nicht hinreichen, viel Heringe kaufen. Bey schlechten Fang befinden sich die Strand-Bauern, die alsdann keinen Erwerb finden, in großer Verlegenheit.

14. Külloströmlinge, ehstn. Küllosilkud, eine Abart der vorhergehenden, doch kleiner und zärter, werden bey Reval und bey dem baltischen Port im Herbst gefangen, sie haben ein weiches Rückgrad das man mit dem Fleisch zugleich isset; sie werden mit Gewürz und Salz eingemacht, und vertreten in einigen Häusern die Stelle der Sardellen. Für $\frac{1}{16}$ Gefäß eingemachte bezahlt man ungefähr 1 Rubel.

15. Breit- oder Brätlinge scheinen auch eine Abart der Strömlinge zu seyn.

16. Füdchen, ehstn. Widik, Widikas sind auch vielleicht eine Abart der Strömlinge oder der Rebse, sie werden in der Peipus gefangen und lufttrocken verkauft. Die kleinere Art ist wohlschmeckender als die größere. — Sie haben einen schmälern Kopf als der Strömling.

17. Karpe Cyprinus Carpio, L. 189. 2. findet man nur, so viel mir wissend ist, in rigischen Fischteichen, wohin er aus Kurland gebracht wird.

18. Gründ-

18. **Gründling** Cypr. Gobio, L. 189. 3. lett. **Pehps** und **Grundulis**.

19. **Schleihe, Schusterfisch** Cyprinus Tinca, ib. 4. lett. **Libnis** auch **Libne**, ehstn. **Ringsep**.

20. **Karausche, Karuse** Cyprin Carassius, ib. 5. lett. **Karrusche**, ehstn. **Karrus** auch **Kokker**, findet man in vielen Seen, selten in schlammichten Buchten eines Bachs; bey Pernau gar nicht; bey Reval von ansehnlicher Größe; die größten bey Dorpt unter dem Gut Falkenau.

21. **Zuckerkarusen**, eine Abart der vorhergehenden; sind klein, aber sehr schmackhaft.

22. **Elrize** Cyprin. Phoxinus, ib. 10. ehstnisch **Eroot**.

23. **Bitterfischchen** Cyprin. Aphya, ib. 11. ehstn. **Maimud** ist 1 bis 2 Zoll lang, gemeine Leute essen ihn.

24. **Weißfisch** Cyprinus Dobula, ib. 13. lett. **Maile**, ehstn. **Walge kalla.** Eine Art kleiner Weißfische soll der Lette **Mailites** nennen; vielleicht sind dies eben die, so bey Pernau ehstn. **Maidla kalla.** heißen.

25. **Rothauge, Radaue** Cyprin. Erythrophthalmus, ib. 19. lett. **Rauda.**

26. **Werngalle, Wimme, Wimgalle** Cypr. Wimba, ib. 25. lett. **Wimba** auch **Sebris**, ehstn. **Wim** oder **Wimb**, wird an der Ostsee gefangen.

27. **Flußbrachsen, Brāxen** Cyprin. Brama, ib. 27. lett. **Plaude, Plaudis**, ehstn. **Lattikas**, einer unserer besten Fische; die aus dem Peipussee sind am fettesten, dort kauft man das Hundert für 4 bis 6 Rubel. Sie werden theils frisch, theils gesalzen verkauft; die Zungen mit Essig und Gewürz eingemacht, und wie eingemachte Austern gegessen.

28. **Bleier** Cyprin. Ballerus, ib. 31. lett. **Rubdulis**, ehstn. **Särg**; ein gemeiner nicht sonderlich geachteter Fisch. Gg 2 29.

29. **Alandbleier**, lett. Sapals, ehstn Teibe kalla, ist eine Abart des vorhergehenden, ziemlich groß, fett und wird am Ostseestrand gefangen.

30. **Rebs**, Marene Trutta edentula argentea tota squamis tenuibus, (*Klein* Miss. de piscib. V. §. XII. 16.) Eine Art Heringe die in Landseen, sonderlich in der Peipus, häufig gefangen wird. Der Name ist vielleicht von dem Ehsten der sie Räbus nennt, entlehnt. Das Tausend kauft man für 30 bis 90 Kopek, obgleich viele darunter die Größe eines mittelmäßigen Herings halten. Sie werden frisch, noch mehr eingesalzen wie Heringe, gegessen. Die Schuppen gehen im Waschen ab; im August sind sie am fettesten, doch zum Räuchern etwas mager. In der Ostsee findet man sie nie.

Eine Abart nennt der Ehste Turnad, doch werden diese von Andern wegen ihrer sprenklichten Haut für eine kleine Abart der Lachsforelle angesehen.

V. Etliche Fische die noch nicht konnten systematisch geordnet und hinlänglich beschrieben werden.*)

1. Eine den Brachsen ähnliche Art Fische, die klein, mager und gratig sind. Der Ehste nennt sie Sawwad; sie werden häufig sonderlich bey Moon gefangen und gesalzen. Ob sie zu den Brachsen gehören, weis ich nicht.

2. **Jas** (lies i:as) ehstn. Jbbis ein wohlschmeckender See- und Bachfisch, der sonderlich im Embach und in der Peipus gefangen wird. In und bey Riga kennt man ihn nicht. Arndt gedenkt desselben in der Liefl. Chronik 2 Th. S. 34. Ob er der Cyprin. orfus sey, weis ich noch nicht.

3. **Dünakarpen**, lett. Schaunats kenne ich bloß dem Namen nach, so wie den

4. Plat:

*) Liebhaber der Naturkunde unter den Liefländern, mögen sie in die Klasse setzen zu der sie gehören, und sie beschreiben; ich habe es noch nicht wagen wollen: vielleicht könnte es fernerhin einmal geschehen.

4. **Platfisch**, lett. **Pritsis**.

5. **Sein, Seinfisch, Seekarpe**, ehstn. **Seinames, Seina kalla**, wird bey Moon gefangen und gesalzen.

6. **Strömlingswolf**, lett. **Grehwis**, soll ein Seefisch seyn: ich habe ihn nicht gesehen.

7 **Turben**, ehstn. **Turwad**, ein ziemlich großer Bachfisch, der zwischen Karpen und Brachsen gleichsam in der Mitte steht, am Geschmack kommt er dem letzten am nächsten, und Viele essen ihn für Brachsen; aber er ist etwas magerer. Im Oberpahlschen wird er häufig gefangen; in vielen Gegenden z. B. in Riga kennt man ihn nicht. Wir haben 2 Abarten, davon die eine etwas gelblicheres, die zweyte weisseres Fleisch hat.

8. **Tautias**; ob dieß der ehstnische Name allein, oder auch der hier gewöhnliche deutsche sey, weis ich nicht: an dem Peipussee wo man diesen Fisch fängt, führt er auch bey Deutschen diesen Namen. Er ist den Brachsen etwas ähnlich, doch länger und schmäler.

---

# Fünfter Abschnitt.

## Insekten.

---

Ihre jedesmalige Menge hangt oft von der Witterung ab: lang anhaltende Nachtfröste im Frühjahr verderben ihre Brut so, daß einige Arten zuweilen gar nicht zum Vorschein kommen. In diesem Abschnit werde ich mich sehr der Kürze befleißigen, doch alle bekannt gewordene hiesige Arten nennen.

I. Mit

## I. Mit Flügeldecken Coleoptera.

I. Käfer Scarabæus, L. gen. 189. Bambals, ehstn. Pörnikad auch Sittikad. In kurzer Zeit sammelte ein Liebhaber in einem kleinen Bezirk deren mehr als 60 verschiedene Arten. Der Hirschkäfer oder Schröter ist hier ganz unbekannt.

1. Einhörnigter Käfer Scar. naficornis, ib. 15.

2. Mistkäf mittler Art, S. fimerarius, ib. 32.

3 Langschwänziger Mistkäf. S stercorarius, ib. 42.

4. Nackenhorn S. nuchicornis, ib. 24. wird im Mist gefunden, das Weibchen hat ein Horn im Nacken.

5. Maykäf. S. melolontha, ib. 60.

6. Johanniskäf. S. horticola, ib. 59.

7. Juniuskäf. oder rauher Maykäfer S. folstitialis, ib. 61.

8. Goldkäfer S. auratus, ib 78. ist zeisiggrün.

II. Speckkäfer Dermestes L. gen. 191.

1. Speckkäferchen D. lardarius, ib. 1.

2. Speckwurmkäf. D. murinus, ib. 18.

3. Schwarzkopf D. melanocephalus, ib. 16.

III. Todtenwurm, Faulwurm Silpha, L. gen. 196.

1. Uferkäf. Scarabæus littoralis, ib. 11.

2. Saamenkorn S. Seminulum. ib. 8.

3. Wasserkäf. S. aquatica, ib. 25. Wasserpatscher.

IV. Grüner Schildkäfer Caffida viridis, L. 197. 1.

V. Farbenwurm Coccinella, L. gen. 198.

1. Zweypunkt Coccin. 2 punctata, ib. 7. hat rothe Flügeldecken auf deren jeden ein schwarzer Punkt steht.

2. Siebenpunkt, runder Blattkäfer der ersten Art, C. septempunctata, ib. 15.

3. Wacholderwurm C. nouempunct. ib. 16. Neunpunkt.

4. Weidenkäfer C. 14. guttata, ib. 34.

VI. May-

VI. Maykäfer, Plattkäfer, Goldhähnchen Chryſomela, L. gen. 199. Deren giebt es bey uns vielerley, jede Art hat ihren Namen von dem Baum oder Gewächs von dem ſie ſich nährt.

    1. Blauflügel Chryſom. vulgatiſſima, ib. 22.

VII. Rüſſelkäfer Curculio L. 202.

    1. Kirſchkäfer C. ceraſi, ib. 11.

    2. Fichtenkäf. C. pini ib. 19.

    3. Eichenkäf. C. quercus 25.

    4. Obſtkäf. C. pomorum 46.

    5. Stumpfdecke C. incanus 81.

VIII. Heuſchreckkäfer Attelabus L. 203.

    1. Schwarzer Heuſchreckkäfer. Rollendreher A. Coryli, ib. 1.

    2. Springkäf. Blattkräusler A. betulæ 7.

IX. Holzkäfer Cerambyx L. 204. lett. Deewewehrniſch.

    1. Höckerigter Holzbockkäfer C. nebuloſus 29.

    2. Schwarzbrauner Holzkäf. C. imbricornis 5.

    3. Schreiner C. ædilis 37.

    4. Blutkäfer C. Sanguineus 80.

X. Weicher Holzbock Leptura L. 205.

    1. Waſſerholzbock L. aquatica 1. auf Waſſerpflanzen.

    2. Bogenſtrich L. arcuata 21.

    3. Widder L. arietis 23.

XI. St. Johanniswurm Lampyris noctiluca L. 207. 1. Das Männchen, das Flügel und Flügeldecken hat, leuchtet nicht ſo helle als das Weibchen, mit ſeinen 3 unbedeckten äuſſerſten Ringen.

XII. Kopfkamm Elater pectinicornis L. 209. 32. Seine Fühlhörner ſind gezackt.

XIII. Sandwurm, Sandläufer Cicindela L. 210.

    1. Courier C. campeſtris 1.

2. Schwarzer

2. **Schwarzer Tannenkäfer** C. syluatica 8. leuchtet im Dunkeln.

XIV. **Gemeiner grüner Stinkkäfer, Bauer,** Bureſtis ruſtica L. 211. 8.

XV. **Waſſerkäfer mit großen linſenförmigen Kopf.** Dytiſcus marginatus L. 212. 7.

XVI. **Erdkäfer** Carabus L. 213.

1. **Violetfarbner Erdk. Goldleiſte** C. violaceus 8.

2. **Gemeiner Erdk.** C. vulgar. 27.

XVII. **Europäiſcher Müller** Tenebrio molitor L. 214. 2. Der bekannte Mehrwurm verwandelt ſich in einen kleinen länglichen ſchwarzen Käfer, der dieſen Namen führt.

XLIX. **Oelkäfer** Meloe L. 215.

1. **Zwitterkäf.** M. proſcarabæus 1.

2. **Maykäfer, großer Maywurm** M. majalis 2. In kühlen Jahren ſehen wir keinen; oder ſie kommen einzeln erſt im Junius hervor. Im J. 1774 waren ſie in einigen Gegenden deſto häufiger: am 11ten May hatten ſie ſchon die früh ausgeſchlagenen Bäume kahl gemacht. Die Eichen fraßen ſie dreymal ganz kahl.

XIX **Ohrwurm** Forficula auricularis L. 218. 1.

XX. **Tarakan.** Blatta orientalis L. 219. 7. gehört in Aſien zu Hauſe; iſt aber ſchon lange in Rußland, Schweden, Finn= und Liefland. Die Sage, daß man ſie nirgends als bey gemeinen Ruſſen (die ſie ſehr pflegen, und als das Zeichen eines bevorſtehenden Unglücks anſehen, wenn ſich dieſe ekelhaften Einwohner verlieren,) antreffe, iſt falſch: auch in deutſchen Häuſern und in Krügen verurſachten ſie manchen Schauder, dem man blos dadurch entgeht, daß man ihnen mitten im Zimmer Brod u. d. gl. zur Fütterung hinlegt; dann fallen ſie keinem Schlafenden beſchwerlich. Man hat Mittel ſie auszurotten.

II. Mit

## II Mit halben Flügeldecken, Hemiptera.

I. **Grille,** Grashüpfer Gryllus L. 221.

1. **Hausgrille, Heime** (liefl. **Sprenke**) G. domestic 12. Daß sie nach einer gewöhnlichen Vermuthung, durch Leimen, der im alten Licht eingeführt und zum Verschmieren verbraucht wird, in unsre Häuser komme, ist unerwiesen: daß im neuen Licht gebrachter Leimen sie vertreibe, ist falsch. Der Bauer tödtet sie nicht, damit sie seine Kleider nicht etwa aus Rache zerfresse.

2. **Feldgrille** G. campeſtris 13.

3. **Maulwurfsgrille** G. Grillotalpa 10. ist hier selten.

4. **Klapperheuschrecke** mit hochrothen Flügeln, **Knirscher** G. ſtridul. 47. sieht man auch selten.

5. **Schädliche Heuschrecke, Wanderer** G. migratorius 41. lett. **Siſſenis,** ehſtn. **Roſſo** rits oder **Sirts;** sieht man nur einzeln; von ihren schädlichen Verwüstungen wissen wir nichts.

II. Heuschrecke Cicada L. 223.

1. **Schaumwurm, Gäschtheuschrecke** 24. findet man auf Weiden, Nesseln u. d. gl. oft in einem speichelähnlichen Schaum.

2. **Gelbe Heuschrecke** C. flava 34.

III. **Stechende Wasserfliege, Wasserwanze,** Notonecta L. 224.

1. **Schmale Wasserwanze** N. glauca 1.

IV. **Breite flache Wasserwanze, Wasserscorpion,** Nepa L. 225.

1. **Graue breite Wasserw.** N. cinerea 5.

2. **Nadelscorpion** N. linearis 7.

V. **Wanze** Cimex L. 226.

1. **Bettwanze** C. lectularius 1. lett. **Blakts,** ehſtn. **Luttikas;** die liefländische Hausplage. Nach der Naturforscher Beobachtung erzeugen sie sich am h

figsten in moosigten Gegenden; und nach einer alten liefl. Sage sollen sie durch das Moos, wormit wir unsre hölzernen Wände stopfen, in die Häuser kommen. In steinernen findet man sie zwar auch, vielleicht weil altes Hausgeräthe, oder ein Gast durch sein auf der Reise unentbehrliches Bettzeug, sie dahin brachte. Alle bisher versuchte Mittel, selbst die von den schwed. Naturforschern vorgeschlagenen, rotten sie nicht ganz aus. Das sicherste ist ein starkes Bekalken, Hinwegschaffen des alten Hausraths, sonderlich der Bettstellen, und öfteres Reinigen.

2. Uferwanze C. littoralis 14.

3. Tannenwanze C. abietis 115.

4. Wassermücke C. lacustris 117. auf allem stehenden Gewässer.

5. Baumwanze C. vagabund. 119.

6. Waldwanze C. baccarum 45.

7. Wacholderwanze C. juniperinus 48.

8. Schwarze Wanze C. ater 72.

VI. Blattlaus Aphis L. 227. auf verschiedenen Bäumen und Gewächsen.

VII. Deutsche Cochenille Coccus polonicus L. 229. 17. Nicht blos in Polen, auch bey uns, findet sich an den Wurzeln des Fünffingerkrauts und einiger andern Pflanzen, ein rother Farbenwurm, welcher der auswärtigen Cochenille einigermaaßen gleichkommt.

## III. Schmetterlinge, Lepidoptera.

I. Tagvogel Papilio L. 231. Folgende wenige liefländische sind bisher untersucht.

1. Deutscher Apollo P. Apollo 50.

2. Deutscher Weißling P. Crataegi 72. weiß mit schwarzen Adern und Rande.

3. Ge=

3. **Gemeiner Kohlweißling** P. brassicæ 75. weiß mit 2 schwarzen Flecken.

4. **Pfauenauge** P. Jo 131. hier selten.

5. **Kleiner Argus** P. Mæra 141. braune Flügel mit ganzen und halben Aeuglein.

6. **Trauermantel** P. Antiopa 165. schwarze Flügel mit weißlicher Einfassung.

7. **Brennesselschmetterling** P. urticæ 167. orangefarbene Flügel, mit grau und gelben Flecken und Rande.

8. **Das weiße C.** P. C. album 168.

9. **Scheckflügel** P. Atalanta 175. schwarze Flügel mit weissen Flecken, orangefarbener Binde und Einfassung.

10. **Der Kaiser** P. Paphia 209. hellbraune Flügel mit schwarzen Flecken.

11. **Königinnenpage** P. Machaon 33. gelbe Flügel mit schwarzer fleckigten Einfassung.

12. **Rübenraupenschmett.** P. rapæ 76. blaßgelbe Flügel mit 6 schwarzen Flecken.

13. **Nierenfleck** P. betulæ 220.

14. **Punktband** P. pruni 221. Schwarze Flügel mit 2 Zacken.

15. **Aurora** P. Cardamines 85.

16. **Eichenraupenschmett.** P. quercus 222. die Flügel blau, unten grau.

17. **Pappelraupenschmett.** P. maluæ 267.

18. **Dornenraupenschmett.** P. Camilla 187. braune Flügel mit einer unterbrochenen weissen Linie. Von dieser findet man noch 3 Arten, die Rösel beschreibt Ins. 3. Th. Cl. 1. T. XXXIII. u. XXXIV.

19. **Vielauge** P. Hippothoë 254. blaue Flügel, mit schwarzer und weisser Einfassung.

Eine zweyte Art hat eben die Einfassung, aber orangefarbene Flügel.

20. Sie

20) **Sibille** P. Sibilla 186. schwarzgraue Flügel, mit weisser unterbrochenen Querbinde.

II. **Pfeilschwänze** Sphinx L. 232.

1. **Elephantenrüssel** S. Elpenor. 17. hier selten.

2. **Schweinsschnauze, Spiegelraupenschmetterling** S. porcellus, 18. auch selten.

III. **Nachtschmetterlinge** Phalæna L. 233.

1. **Ochsenkopf** P. bucephala, 31. graue Flügel mit einem gelben Fleck an der Spitze.

2. **Bär** P. Caja, 38. die vordern Flügel grau und weiß geschlängelt, die hintern purpurfarben.

3. **Raumfleck** P. villica, 41. schwarze Vorder, gelbe Hinterflügel, diese mit schwarzen, jene mit weissen Flecken.

4. **Ungleiche Nachtschmett.** P. dispar, 44. das Männchen hat grau und weiß gewölkte Flügel, das Weibchen weisse mit schwarzen gezähnelten Streifen.

5. **Weiden-Nachtschmett.** P. salicis, 46. weisse Flügel.

6. **Bettlerin** P. mendica, 47. ganz grau.

7. **Schamhafte Nachtschmett. Kopfhänger** P. pudibunda, 54. grau mit dunkeln Querbinden.

8. **Zahnflügel** P. tremula, 58.

9. **Grasraupenschmett.** P. graminis, 73. grau mit weissen Linien und einem weissen Fleck. .

10. **Das Sieb** P. Cribrum, 76. weißlich mit schwarzen Tüpfeln.

11. **Blausieb** P. Aesculi, 83. weiß mit blauen Punkten.

12. **Lichtflieger** P. lucerna, 102. aschgrau mit 3 weissen Streifen; flattert oft um das Licht herum.

13. **Die Verlobte** P. pacta, 120. graue Vorder, rothe Hinterflügel mit 2 breiten schwarzen Querstreifen.

14. **Wermuthschmett.** P. absinthii, 133. grau, schwärzlich und weis gefleckt.

15. Gri-

15. **Griechisches Psi** P. Psi, 135. grau mit Zeichnungen wie ein Psi.

16. **Der Buckel** P. Pinastri, 160. sein Bruststück ist höckerig.

17. **Milchflügel** P. lactearia. 194. ganz weiß.

18. **Erbsenschmett.** P. pisi, 172. eisenfarbig, am Ende hellgrau.

19. **Flammenflügel** P. pyramidea, 181. dunkelgrau mit hellgrauen gezähnelten Querbinden.

20. **Nagelflügel** P. alniaria, 205. gelbe bepuberte Flügel, die am Ende wie zernagelt aussehen.

## IV. Mit aberichten Flügeln, Neuroptera,

I. **Wassernymphe** Libellula L. 234.

1. **Große Wasserbure, Riesin,** L. grandis, 9.

2. **Gottespferdchen, gemeine Wassernymphe** L. vulgatissima, 6.

3. **Jungfer** L. virgo, 20. ein schönes Blau auf den Flügeln.

4. **Mädchen** L. puella, 21.

II. **Haftwurm** Ephemera horaria L. 235. 9. ein kleines Insekt mit 4 Flügeln, hält sich an Seen auf; heißt auch **Stundenthierchen.**

III. **Sechsfüßige Wasserraupenschmetterling** Phryganea rhombica L. 236. 8. gelbe Flügel mit Adern.

IV. **Stinckfliege** Hemerobius. L. 237.

1. **Stinkfliege** H. Perla, 2.

2. **Goldäugigte Stinkfliege** H. Chrysops, 4.

V. **Ameisenlöwe** Myrmeleon formicarum L. 238.3.

## V. Mit membranösen Flügeln, Hymenoptera.

I. **Holzwurmfliege** Tenthredo I. 242. haben wir verschiedene Arten.

II. Größ-

II. Größte Holzwespe Sirex Gigas L. 243. 1.

III. Schlupfwespe Ichneumon L. 244.

  1. Raupentödter, Gelbschnabel I. luteus, 55.

  2. Kleine grüne Schlupfwespe, Puppen‑
mörder I. puparum, 66.

IV. Wespe Velpa L. 247.

  1. Gemeine Wespe V. vulg. 4. lett. Lapsenes,
ehstn. Aerrilane.

  2. Hornis V. crabro, 3. lett. Dunduris, ehstn.
Wablane.

  3. Gesellige Wespe V. parietum, 6.

V. Biene Apis L. 248.

  1. Honigbiene A. mellifera, 22. lett. Bittes,
ehstn. Messilane auch Lind (Vogel.)

  2. Schnabler A. roftrata, 25.

  3. Erdhummel A. terreftris, 41. ehstn. Ma‑
messilane.

  4. Steinhummel A. lapidaria, 44.

  5. Waldbiene A. fyluarum, 45. ehstn. Mets‑
messilane.

  6. Mooshummel A. muscorum, 46.

Anmerk. Die Bienenzucht ist bey uns noch in ihrer
Kindheit, ob wir sie gleich schon lange getrieben
haben. Immer bleiben wir darin väterlichen Sit‑
ten getreu. Das Tödten der Bienen im Herbst,
ist fast durchgängig gebräuchlich. Bey günstigen
Wetter geben sie 3 junge Schwärme und arbeiten
hinlänglich; gleichwohl findet man nirgends eine
große Anzahl Stöcke. Welch ein vortheilhafter
Handlungszweig würde durch größern Eifer entste‑
hen! Der Mittelpreis im Lande ist für 1 Ließpfund
Honig 1, und für Wachs 4 bis 5 Rubel. Unse‑
re Stöcke bestehen aus ausgehöhlten Blöcken, deren
Oefnung wir mit einem Brett bedecken. Viele
halten sie des Winters blos mit Gräenstrauch
und

und Stroh umwickelt, unter freyen Himmel. In
Wäldern höhlet der Bauer große Tannenbäume,
etwa 2 Faden über der Erde, aus, und hält ſeine
Bienen darin: gegen den Bär ſchlägt er ſcharfe
Eiſen darunter. Nach einer uralten Gewohnheit
wagt Niemand ſolche Stöcke zu beſtehlen. Hier
wohnen die Bienen auch im Winter unbedeckt. —
Raubbienen thun weniger Schaden als der Specht
der die Stöcke beſtiehlt. — Am wäſſerigen Honig der Waldbiene erquickt ſich der Bauer. —
Nur etwas will ich von dem hier im Schwange
gehenden Aberglauben bey der Bienenzucht gedenken. Niemand muß, ſo lange die Bienen ſchwärmen, durch oder über den umherſtehenden Zaun ſehen: ein durchgehender und ſich im Wald verlie-
render Schwarm ſoll durch Künſte eines Feindes
weggejagt oder gelockt ſeyn; Einige ſollen am Grü-
nendonnerſtage Stöcke machen und leer im Wald
aufſtellen um durchgehende Schwärme aufzufangen,
welches ſcharf verboten iſt: Andre ſollen eine Wolfs-
Gurgel in ihrem Stock anbringen, damit die Bienen durch dieſelbe auskriechen, hierdurch ſollen ſie
zu Raubbienen werden und fremde Stöcke plün-
dern und tödten: das Gegenmittel ſoll ſeyn, Honig
mit Harz vermiſcht, damit die Raubbiene hangen
bleibe, als wozu man leere Stöcke erwählt:
Schaafwolle, Ziegenmilch u. d. gl. ſollen Lockun-
gen für Bienen ſeyn; Einige halten dergleichen
Dinge bey ihren Bienen wenn ſie ſchwärmen, damit ſie nicht durchgehen.

VI. Ameiſe Formica L. 249. lett. Skurds, ehſtn.
Sibblikas.

1. Pferdeameiſe F. herculeans, 1.
2. Röthliche A. F. rufa, 3.

3.

3. **Schwarze A.** F. nigra, 3.

4. **Rothe A.** F. rubra, 7.

**Anmerk.** Unsre häufigen Ameisen werden in vielen Häusern sehr genutzet. Man trägt den ganzen Haufen in einem Sack nach Hause, kocht ihn, und giebt das Wasser dem Vieh als ein Verwahrungs= mittel gegen Seuchen, zu trinken: es ist nicht im= mer wirksam. Oder man macht ein Wannenbad daraus, gießt kochendes Wasser auf sie, und läßt den Dampf unter einer bedeckten Wanne zur Wol= lust oder zur Gesundheit, an den bloßen Leib schla= gen. Oder man macht Essig daraus: längs Holz= Splittern läßt man die Ameisen in eine leere mit Ho= nig beschmierte, Schüssel kriechen, gießt kochendes Wasser darauf, das nach 2 Stunden Essig ist: im Frühjahr geben sie die meiste Säure. Andre brei= ten ein Tuch über den Ameisenhaufen, ringen es aus, sobald es naß ist, und sammeln auf solche Art Essig: Frauenzimmer reiben auch wohl mit einem solchen Tuch das Gesicht. — Andre sammeln im April aus dem Ameisenhaufen das darinnen zu= sammengetragene Tannenharz zu Räucherpulver u. s. w. Ein liefländischer Arzt versichert, beobach= tet zu haben, daß die Ameisen nicht des Sommers ihre Winternahrung sammeln, sondern sie aus ei= nem unter ihrer Wohnung tief liegenden Thon nehmen.

## VI. Mit zween Flügeln, Diptera.

I. **Brömse** Oeſtrus L. 251.

1. **Hornviehbrömse** O. bouis, 1. lett. **Schnaugt= ga**, ehſtn. **Parm** auch **Seggelane**.

2. **Trompe, Nasenkriecher** O. naſalis, 3.

3. **Darm:**

3. **Darmbrömſe** O. hæmorhoidalis, 4. kriecht oft den Pferden durch den Hintern in die Gedärme.

4. **Schaafbrönſe** O. ouis, 5.

II. **Langfüße** Tipula L. 252.

  1. **Brömskule** T. pectinicornis, 1.

  2. **Große Mücke** T. riuoſa, 2.

  3. **Haarkrank, Gartenwühler** T. hortorum, 6.

  4. **Strandſchwärmer** T. littoralis, 27.

  5. **Sumpfbrummer** T. paluſtris, 54.

III. **Fliege** Muſca L. 253.

  1. **Kaiſer** M. Cæſar, 64.

  2. **Aasfliege** M. cadauerina, 65.

  3. **Speifliege** M. vomitoria, 67.

  4. **Fenſterfliege** M. feneſtralis, 14.

  5. **Waldfliege** M. nemorum, 30.

  6. **Zweyauge** M. diophthalma, 43.

  7. **Fleiſchfliege** M. carnaria, 68.

  8. **Gemeine Fliege** M. domeſtica, 69. lett. **Mus ſcha**, ehſtn. **Körbis**.

  9. **Regenfliege** M. pluuialis, 83.

  10. **Käſemadenfliege** M. putris, 89.

  11. **Rothfliege** M. ſtercoraria, 105.

  12. **Erdfliege** M. terreſtris, 110. lett. **Spradſis**.

IV. **Mücke** Culex L. 255.

  1. **Gemeine Mücke** C. pipiens, 1. lett. **Ohde**, ehſtn. **Sääs**.

  2. **Pferdemücke** C. equinus, 6.

  3. **Rothmücke** C. ſtercoreus, 7.

  4. **Ganz kleine Mücke** ehſtn. **Tibbilane**.

## VII. Ohne Flügel, Aptera.

I. **Todtenuhr, Wandſchmid** Termes pulſatorius L. 263. 2. lett. **Kirpis**. Das Weibchen läßt ſich durch Klopfen im faulen Holz hören.

II. **Laus** Pediculus L. 264. lett. **Utte**, ehſtn. **Täi**.

Jedes Thier hat seinen eignen Feind aus diesen Geschlecht, wer kann sie alle anführen? Wegen ihrer unreinlichen Lebensart und des steten Schweißes, haben die meisten Ehsten alt und jung, Läuse; keiner schämt sich, wenn sie auf seinen Kleidern herumkriechen: keiner ekelt sich sie mit den * * * zu tödten, (dieß auszuschreiben möchte für manchen Leser zu ekelhaft werden.)

III. **Floh** Pulex L. 265.

1. **Stechfloh** P. irritans, 1. lett. **Blussa**, ehstn. **Kirp.**

2. **Erdfloh** ehstn. **Puttokas.** Im J. 1774 brachte die frühe gute Witterung uns eine solche Menge, daß kein Mittel darwider half: die Kohlpflanzen litten am meisten. Ausser den 2 gewöhnlichen Arten, fand man darunter zwo vorher nicht bemerkte, die aber wegen ihrer Flügel zu den Käfern gehörten: eine goldfarbig, die zweyte schwarz glänzend, mit gelber Flügeleinfassung.

IV. **Milbe** Acarus L. 266.

1. **Hundemilbe** A. reduuius, 3.

2. **Kuhmilbe** A. ricinus, 7.

3. **Adsemilbe** A. siro, 15.

4. **Zweigenwürmlein** A. geniculatus, 19.

5. **Kleine rothe Wassermilbe** A. aquaticus, 21.

6. **Kleines Baumwürmchen** A. baccarum, 23.

7. **Laufende Käferlaus** A. coleoptratorum, 27.

8. **Dunkelrothes Schwammwürmchen** A. fungorum, 31.

V. **Spinne** Aranea L. 268. ehstn. **Oemblik.**

1. **Kreuzspinne** A. diadema, 1.

2. **Fenstersp.** A. domestica, 9.

3. **Wassersp.** A. aquatica, 39.

4. **Sumpfsp.** A. palustris, 41.

5. **Gartenspinne mit 4 langen Vorderfüßen und platten Hinterleib**, A. viatica, 43.

VI. **Krebs** Cancer L. 270.

1. Fluß.

1. **Flußkrebs** C. astacus, 63. lett. **Wehsche** und **Wehsis,** ehstn. **Wähk.** Vielleicht könnte man bey uns 3 Abarten unterscheiden. Sie werden meistens mit Händen, sonderlich im Frühjahr des Abends, bey Feuer so häufig gefangen, daß man 100 mit 2 bis 5 Kopek, in Städten etwas theurer, bezahlt. Die aus Seen, sind blässer und magrer als die Bachkrebse. In einigen Gegenden haben die letzten auf dem Rücken oder an einer Scheere, einen schwarzen Fleck, der nach dem Kochen einer eingebrannten Wunde ähnlich sieht. Die Ursach wissen wir nicht: Einige suchen sie, in den des Abends in Bäche herunterfallenden Feuerfunken; das ist wohl sehr unwahrscheinlich: in einigen Bächen sind alle Krebse also gezeichnet; in Landseen sehr selten. — Die aus dem Kirchspiel Jacobi in Wierland, werden als ganz vorzügliche weit herumgeführt.

2. **Seefloh** C. pulex, 81. lett. **Semmewehsis,** ein ganz kleiner Krebs mit zugespitzten Schwanz, hält sich im Sand an Seestränden auf, wo man ihn leicht an seinem kirrenden Laut erkennt. Er heißt auch **Krebsartiger Wasserwurm,** ist etwa 1 Zoll lang, hat an den Vorderfüßen Klauen, und schwimmt auf den Rücken. Der Meerochse scheint sich von diesem Insekt zu nähren.

VII. **Wasserfloh** Monoculus L. 271.
  1. **Fischlaus** M. piscinus, 2.
  2. **Blutwasserwurm** M. pulex, 4.

VIII. **Asselwurm** Oniscus L. 272.
  1. **Wasserasselw.** O. aquaticus. 11.
  2. **Kellerwurm** O. asellus, 14.

IX. **Scheerenasselwurm** Scolopendra forficata L. 273. 3. hat auf jeder Seite 15 Füße.

## VIII. Würmer Vermes, u. d. gl.

Wegen ihrer beobachteten kleinen Anzahl gebe ich ihnen als kriechenden Insekten ohne Füße, keinen besondern Abschnitt.

I. Wasserdarm (Fadenwurm) Gordius aquaticus L. 175. 1.

II. Regenwurm Lumbricus terrestris L. 177. 1. lett. Sleeka, ehstn Wibma us. Wider die bey uns sehr gewöhnlichen Gichtschmerzen, hat man unter andern einen Aufsud, darzu auch Regenwürmer genommen werden. Andre ziehen aus ihnen, über heissen Wasser ein Oel, und brauchen es wider die Gicht. Beydes hilft nicht immer. Aber man hat bemerkt, daß, wenn man einen Regenwurm auf die schmerzhafte Stelle legt, sich derselbe daselbst krümmet und bald stirbt; von gesunden Stellen hingegen, sich wohin er will, bewegt. Dieß scheint einer elektrischen Wirkung ähnlich zu seyn.

III. Saugigel Hirudo L. 280. lett. Dehle, ehstn. Kaan.

1. Blutigel H. medicinalis, 2. Man findet sie hin und wieder, unter andern im Koddaferschen in einem zum Gut Rudding gehörigen See, darinn gar keine Fische sind. Sie unterscheiden sich durch ihre gelben 6 Streifen; von den 4 auf dem Rücken befindlichen, scheinen zween aus lauter zusammenhängenden Zirkeln zu bestehen.

2. Saugigel H. sanguisuga 3. findet man in Bächen und stehenden Wässern, wo sie viele junge Gänse tödten; ein gleiches thun sie jungen Fröschen. Bey Menschen saugen sie nicht an. Wir haben graue und schwärzliche.

IV Grauer Polype Hydra grisea L. 349. 3. hänget sich im Wasser an Gewächse und faules Holz. Es ist bekannt, daß er durch das, was andre Thiere zerstört,

sein

sein Geschlecht fortpflanzet: jedes abgeschnittenes Stück wird nach 2 Tagen zu einem besondern Polypen.

V. **Roggenwurm ehſtn. Oraſſe Aja.** Von dieſem unſern Roggenfeldern oft äuſſerſt ſchädlichen Inſekt, muß ich noch hier eine Anzeige geben. Zuweilen findet er ſich ſchon in der Saatzeit ein, und frißt die ausge=ſtreuten Körner vor unſern Augen. Zuweilen kommt er ſpäter und frißt das Roggengras bald über der Erde, bald bey der Wurzel hinweg. Man ſieht, wie er mit ſeinen Verwüſtungen immer weiter rückt. Das Gerſten=feld greift er ſelten an: doch habe ich ihn auch auf trock=nen Heuſchlägen gefunden. Kein verſuchtes Mittel hat bisher glücken wollen. Folgende Beſchreibung iſt vor einiger Zeit in der Schrift über die freye **Ein- und Ausfuhre des Getraides in Betracht Ehſtlandes,** davon gegeben worden: er iſt raupenförmig, ohne Fühl=hörner, dunkelgrau mit Pünktchen auf dem Rücken; am Kopf hat er einen Schild, im Mund ein paar ſichelför=mige hornartige Zähne, 7 paar Füße, alle ſpitzig, nur die beyden vorderſten kürzer, und die 2 letzten ſtumpf und tatzenförmig; ſein Körper beſteht aus 7 Annular=gliedern, über welchen einige lange gerade Fibern vom Kopf bis an die ſehr kleine geſpaltene Extremität liegen. Im Leibe iſt ein einziger gerade hindurch laufender Darm. Bey reichlicher Nahrung wächſt er bis zur Größe eines Seidenwurms, deſſen Verwandlung nahe iſt, (auch wohl etwas größer.) Sein Aufenthalt auf den Aeckern, dauert bis zum Eintritt der ſtrengen Kälte: bey warmer Witterung zeigt er mehr Munterkeit. Seine Entſtehung iſt noch nicht genau beobachtet worden. Auch einige ruſſiſche Provinzen haben ſeine Verwüſtun=gen erfahren. — Bey Dürre ſcheint er mehr Schaden anzurichten als bey naſſer Witterung. Ueber der Erde wird er ein Raub der uns alsdann ſehr wohlthätigen Krähen — Uebrigens thun uns die Raupen nicht vie=

Hh 3                                          len

len Schaden: am wenigsten an Bäumen, eher an nie=
drigen Sträuchern und am Kohl.

_____

# Zweyte Abtheilung.
## Das Pflanzenreich, oder liefländische Gewächse.

_____

Auſſer vielen von dem vorher genannten Hrn. Fiſcher
hierzu erhaltenen Beyträgen, habe ich bey einigen
Gewächſen einen hieſigen Arzt, einen Apotheker und et=
liche erfahrne Bauern zu Rathe gezogen. Jeder Bauer
kennt einige Kräuter und die meiſten Bäume, auch wohl
deren Kräfte; man findet unter ihnen Vieh= und Men=
ſchen=Aerzte. Etwa gegen 250 einheimiſche Gewächſe
benennen ſie in ihrer Sprache, doch ſind nicht alle Na=
men in jeder Gegend gewöhnlich. Die darbey oft vor=
kommenden Zuſetzewörter muß ich erklären. Im Letti=
ſchen: Kohks Baum, Sakne Wurzel, Lappas Laub,
Kauli Stengel, Sahle Kraut und Gras; im Ehſtni=
ſchen: Pu Baum oder Holz, Rohhi Kraut und Gras,
Juur Wurzel, Leht Blatt, Lillio Blumen, Marri
Beere, in der vielfachen Zahl rohhud, jured, leh=
hed, marjad. Jede Abart anzuführen, ſehe ich mich
nicht im Stande, und wäre überhaupt zu weitläuftig:
die alphabetiſche Ordnung wird denen lieb ſeyn, die ſich
mit einer Ergänzung des Verzeichniſſes bemühen wollen.
Reichlich hat uns die Natur mit allerley Beeren be=
ſorgt: man zählt etwa 30 Arten von eßbaren: die von hohen
Bäumen ſind gemeiniglich blos eine Labung für den
Bauer, und eine Nahrung der Vögel: viele werden von
Deut=

Deutschen auf allerley Art genuͤtzet, eingemacht, ausgepreßt, oder zu Saͤften (Moos) verkocht, die man anstatt des Salats u. s. w. isset. Der Versuch aus dem
ausgepreßten Saft durch Gaͤhrung einen Wein zu machen, hat nicht wollen gluͤcken.

Waͤlder anziehen wo keine sind, haben wir noch
nicht gelernt; den Arrendatoren der Kronguͤter ist in
ihrem Kontrakt auferlegt, jaͤhrlich ein verhaͤltnißmaͤßiges
Stuͤck Land mit Baumsaat zu besaͤen: wie weit man darmit gekommen sey, ist mir unbekannt. Auf unsern feuchten Boden wachsen nicht blos ohne Wurzel eingestoßene
Weidenstaͤbe; auch Birken, Ellern und Espen. In
mancher Gegend giebt der vorhandene große Wald gar
keinen andern Vortheil als zum eignen Verbrauch; die
Nachbarn haben selbst Holz, die Stadt ist entfernt, oder
es fehlt an einem Bach zum Verfloͤßen. Der Bauer
fuͤhrt mit seinem Pferd ein Fuder Brennholz etliche Meilen weit und bekommt 5 bis 16, und fuͤr einen Balken
von 4 Faden 8 bis 16 Kopek. Hin und wieder findet
man bey uns ziemliche Mastbaͤume. In Pernau wohin
viele Balken gefuͤhrt werden, ist es zuweilen einerley, ob
man mit Balken oder mit Brennholz die Stube heitzet:
beydes ist wohlfeil. Alle seine Bretter zum eignen Gebrauch und zum Verkauf hauet der Bauer, niemals mehr
als 2 aus einem Baume: welcher Waldverderb! Alle
Baumaͤste, vertrocknete und umgefallene Baͤume, verfaulen in Waldgegenden als Lagerholz ungenuͤtzet. Noch
groͤßer sind die Verwuͤstungen durch den bey uns oft ent-
stehenden Waldbrand, der zuweilen viele Wochen dauert
und unsre Luft mit dicken Rauch erfuͤllt. Jeder Hof haͤlt
zur Bewachung seines Waldes, Buschwaͤchter, luͤder-
liche Deutsche oder Bauern, die oft mehr heimlich verkaufen als Diebe stehlen wuͤrden. Zaͤune, Roͤhdungen,
Kuͤttisse und der lange Winter nehmen viel Holz hinweg,
zumal da wir es auf dem Lande selten trocken, sondern

immer ganz frisch in unsern Oefen und Küchen verbrennen, wodurch wir zugleich das Zuführen verdoppeln.
Nur unser treibsamer feuchter Boden macht, daß nach
20 Jahren eine unbesonnene Verwüstung des Brenn-
holzes, wieder ersetzt ist: Strauch wächst jährlich so viel
nach, als man da verbrennt wo kein Wald ist. Die
mittägige Seite von Dorpt und Harrien, haben Holzmangel; der pernausche und wendensche Kreis hingegen
einen Ueberfluß. — Zu den wildwachsenden gehört:

Ackerdistel Serratula aruens. siehe Distel.

Ackerkohl Brassica campestr.

Ackersenf, siehe Hederich.

Ackerwinde, Zaunglocke Convoluulus aruens. ehstn. Kur:
re katlad (Kranichs-Glocken). Eine Art nennt der
Ehste Rassi tappud, und weil sich der Stengel her-
umwindet jooksia rohhi (Laufkraut.)

Agaricus campanulatus.

Ahorn, s. Lähne.

Alant Inula, Helenium. Der Bauer nennt es nach
dem Deutschen.

Albeerbaum, s. Pappel.

Alfranken, s. Bittersüß.

Andorn weisser, Marrubium album.

Angelik wilde, Angelica sylvestr. lett. Saules Sakne,
Sirdsenes, Sirdsenaji, ehstn. Heinputked.

Apfelbaum Pyrus malus, lett. Ahbele, ehstn. Auna pu,
im Dorptschen Urwwin, findet man in Wäldern wild
wachsend, wo er nach Paul Einhorns Versicherung
schon vor der Deutschen Ankunft wuchs. Das Pfro-
pfen auf solche Stämme giebt bald einen Obstgarten;
nur verräth die Frucht immer den Ursprung. In unsern Gärten sind Renetten, Borstorfer u. d. gl. eine
seltne Erscheinung; dafür haben wir schöne klare Ae-
pfel, die bey völliger Reife lauter Saft, von vortref-
lichen Geschmack, und beynahe durchsichtig sind, als
wären

wären sie von starken Frost gerührt. Hartes und ganz
süßes Obst wird nie klar; nur weicheres von weinsäuer-
lichen Geschmack; doch nicht alle Jahr, auch nicht
allezeit in gleich hohen Grade. Daß weder Nässe,
noch früh einfallender Frost, die Ursach zu einer solchen
Veränderung enthält, zeigte das trockne heiße 1774ste
Jahr: im Stamm allein scheint sie auch nicht zu lie-
gen, weil nicht alle Früchte auf einem Baume klar
werden. Naturforscher mögen sie bestimmen: meines
Wissens hat sie noch Niemand genugthuend angegeben.
Apostemkraut, s. Scabiosenkraut.
Arnik, s. Wolverley.
Aron Arum maculatum.
Attig Sambucus ebulus, ehstn. Lodja-auch Roera ōis-
pu; s. Fliederbaum.
Attigkraut, lett. Krubkli, ehstn. Kanna malta.
Augentrost Euphrasia officin. und rother Euphras. odon-
tides.
Bachbungen Veronica Beccabunga, lett. Tubstu sales.
Bachmünze, Wassermünze Mentha aquatica, lettisch
Rakku mehsteres.
Bärenklau. Mit diesen Namen bezeichnen wir 1) Bran-
ca ursi, ehstn. Karroputk; 2) Hieracium sphondy-
lium, ehstn. Natid lett. Bahrkschkes, dieses ist der
Ehsten und Letten ihr grüner Kohl; auch Deutsche
essen es wenn das Blatt jung ist, mit jungen Nesseln
vermischt und nennen es Barsen, auch Giersch, Gesch-
kohl, Saukraut. Ein Kräutersammler zählte es zu
der Podagraria; ein andrer zur Angelica minor. Das
Blatt ist eins der ersten im Frühjahr, wächst aller Orten häufig, wird bald hart und unschmackhaft, und
dann rührt kein Vieh dasselbe an. Ob der Letten
Sauts ebendasselbe sey, weis ich nicht.
Baldrian Valeriana·Phu., lett. Baldrini, ehstn. ülle-
kdia robbi.

Hh 5                    Baum-

Baumlungenkraut, f. Lungenkraut.

BaurenfenfThlaspi campeftre.ehftn. GarrakaLadwab.

Beerlap, Bärlap, Trutenfuß, Waldfarnkr. Lycopodium clauatum (Muscus terreſtr.) ehſtn. Kollad, Noia kollad, auch Noia robbi (Hexenkraut;) In Lettland begreift man unter diesen Namen 1) Saknes öſeltas mormut ſie gelb färben; 2) Apoſirru ſables, ein Brechmittel, welches die Letten (auch Ehſten) in Bier gekocht trinken, wenn ſie ihre Krankheit für Hexerey halten. Sie rauchen es auch für Vieh.

Beinholz Cornus ſanguineus.

Benediktwurz, f. Neikenwurz.

Bergmünze Meliſſa calamintha.

Berufkraut großes, Conyza ſquarroſa.

Betonienkraut Betonica officin. ehſtn. Tönnikesſed oder Tönniſed, lett. Brunpetnis, Pataines, Rupettes oder Sabrmenes.

Bettlersmantel, f. Löwenfuß.

Beyfuß rother und weiſſer, Artemiſia vulg. alba & rubra, lett. Bibotes auch Wibotes, ehſtn. Poind auch Poi robbi. Zum häuslichen und Küchen-Gebrauch wird er hier faſt gar nicht genutzet.

Bieſamkraut Adoxa moſchatellina.

Bilſenkraut, Toll- und Schlafkraut Hyoſciamus niger, lett. Driggenes, ehſtn. Koera pöri robbi oder Hulle koera robbi (tollen Hundeskraut.)

Bingelkraut Mercurialis peren. ehſtniſch Selja robbi (Rückenkraut.)

Binſen Juncus acutus, ehſtn. Korjad; lett. Aſchki, Aoſi auch Duoni, und eine Art Stebberes.

Birke Betula alba, lett Behrs, Bärſe, ehſtn. Kaſk, im Dorptſchen Köiw. Unſer gewöhnliches und beſtes Brennholz. Wir haben etliche Abarten, davon eine früher ausſchlägt und größere Blätter treibt. Der Ehſte unterſcheidet 1) Hangelbirke Leina- kaſk; 2) Mo-

Morastbirke So kaſk, die härteres Holz und dunkle
Blätter hat; 3) Ackerbirk, Arro kaſk, deren Holz
weicher iſt. Die elende niedrige Birke auf ſchlechten
Moräſten, die nur wenige Jahre ausdauert, artet
blos wegen des ſchlechten Bodens aus. Eine ganz
beſondre Abart, ehſtn. Tarne pu, findet man unter
andern auf einem Moraſt 2 Meilen von Oberpahlen,
ſie wächſt ſelten über 1 Elle hoch, hat aber ſehr hartes Holz. — Dünne Birkenſpäne ſind im halben
Lande des Bauern einziges Licht, andre nehmen Tannen darzu: beydes nennt man dann Pergel. Mit den
Blättern färben wir gelb. Die weiſſe Rinde wird
häufig abgeſchälet, und zwiſchen die doppelten Bretter, oder unter die Lubben, oder unter die Raſen gelegt, wormit wir unſre Dächer decken. Das Schälen ſoll den Bäumen, nach langer Erfahrung, nichts
ſchaden, wenn nur die untre braune Rinde unbeſchä-
digt bleibt. Beſitzer großer Birkenwälder könnten daher hier ſo gut als in Rußland, Dögot (Deggut) daraus brennen, und dadurch einen neuen Handlungszweig
eröfnen. Die jungen klebrichten Blätter geben vielen
Liefländern ein angenehmes Bad; andre vertreiben
darmit Gichtſchmerzen, indem ſie dieſelben oft um das
ſchmerzhafte Glied legen. Birkwaſſer wird jährlich in
Menge geſammelt und theils getrunken. (Einige ver-
wandeln es durch Gewürz u. d. gl. in eine Art Cham-
pagnewein,) theils zu Eſſig gemacht: auch hat man
Zuckerſyrup daraus gekocht.

Birkenmaſer, ſ. Zwergbirke.

Birkenſchwamm Agaricus betulinus: es laſſen ſich Kor-
ken daraus ſchneiden, die aber Feuchtigkeit durchlaſſen.

Bitterklee, Dreyblatt, Biberklee, Menyanthes trifolia-
ta (Trifol. aquat.) ehſtn. Ubba lehhed, lett. Pu-
plahtſchi.

Bittersüß, Hirschkraut Solanum dulcamara, lett. Be-
bra kahrkles, ehstn. Mooka willad. Ob der Ehsten ihr Ma witsad, und dann ihr Winapu dessen
Wurzel sie von Bachufern sammeln und wider den
Husten gebrauchen, auch hieher gehören, kan ich nicht
entscheiden. Die Ma witsad kocht der Ehste wider
Ausschläge.

Blaubeere Vaccinium myrtill. ehstn. Sinnikud auch
So marjad, lett. Glasenes. Die in sandigen
Wäldern wächst, wird gegessen; die auf Morästen
ist größer, hat aber von dem herumstehenden Porst
(Rosmar. sylv. min.) einen üblen Geschmack der Er-
brechen verursacht.

Blutwurz Geranium sanguineum.

Bockskraut Tragopogon pratense.

Bocksbeerstrauch Ribes nigr. wird hier zu einer Art von
Kovent oder Schwachbier gebraucht.

Borretsch Borrago officin.

Bovist Lycoperdon Bouista. lett. Bupehde.

Braunwurz Scrophularia nodosa, ehstn. Sea loua
robhud.

Birckelholt. Ob dieß der rechte Name sey weis ich nicht:
keinen andern habe ich erfahren. Es ist ein niedriger
Strauch, ehstn. Paaks pu oder Paaksma pu,
dessen Beeren der Johannisbeere ähnlich, erst roth,
dann schwarz werden: sie verursachen Ueblichkeit, und
sollen gar 24 Stunden toll machen, daher sie einige
Tollbeeren nennen.

Brombeerstrauch Rubus fruticosus, ehstn. Pöld- oder
Kitse marjad (Feld- oder Ziegenbeeren,) lett. Rae-
senasi und Kasaohges. In Harrien findet man sie
häufig.

Bruchkraut Herniaria glabra.

Brennnessel Urtica dioica, ehstn. Raud noggesid, lett.
Sibkas- oder Swehtas nahtres. Die ganz jungen

gen essen wir als grünen Kohl, dann vermischen wir
sie auch mit Grütz oder Sauermilch zum Futter für
junge Kalkunen.

Bruchweide Salix fragilis, ist bey uns die gewöhnlichste.
S. Weide.

Bruchwurz, s. Ackerkohl.

Brunnenkreß Syfimbrium Nasturtium aquat. ehstn.
Hallifo kersid, lett. Uhdene schkehrschi, hat man
hier selten früher als in der Mitte des Märzes. Niemand sorgt für dessen Anbau.

Buche Fagus sylu. lett. Wihkfne, der Ehste soll sie
Sakfama faat (deutsche Esche) nennen. Man soll
sie hier einzeln finden. Ein Versuch sie durch Saat
anzuziehen, wollte nicht glücken, sie erfroren im ersten Jahr.

Calmus Acarus calamus, lett. Kalwes, Kalmus
Sakkenes, ehstn. So ingwer, Kalmus.

Cartheusernelke Lychnis chalcedonica.

Chamille Chamomilla Matricaria, lett. Lauschu kummeles, ehstn. Sakfa kanna perfed; wächset hier
hin und wieder; die wilde Anthenus aruenf. oder
Cotula, Sunnischi auch Sirgu kummeles, ehstn.
Kanna perfed; aller Orten.

Champignon Agaricus campestris, fand man i. J. 1775
auf allen trocknen Viehweiden, sonst seltner.

Creuzbeere, S. Schwarzdorn.

Dächermoos Bryum rurale.

Distel ehstn. Ohhakad, lett. Dadschi; Gartendistel,
ehstn. Karrsohhepid, Wegdistel lett. Balti dadschi Bauern und Deutsche essen sie, wenn sie noch
zart ist, als grünen Kohl.

Dorant, Orant, Antirrhinum purpureum, ehstn.
Sappi robhud.

Dosten, brauner, S. Wohlgemuth.

Dotterblume Caltha palustr. lett. Klingeri, Jdri.

Dra-

Dragunkel Dracunculus esculentus, ehstn. Traggon.

Dreifaltigkeitsblume Centaurea Jacæa, lett. Besdelli-
gas adzes.

Drespe Bromus secalinus, lett. Latschu ausas, auch
Dsirschi; ehstn. Lustiad, Lusted, und im Pernauschen eine Art Soärtid. Landwirthe sehen ihn
lieber als Thaugras, weil dies einen schlechten, jener
einen guten Boden soll anzeigen.

Dünengras Eriophorum polystachion.

Ebereschbaum Sorbus aucuparia, lett. Piladsis, auch
Sehrmaukschi, lett. Pihlakas, haben wir häufig,
das Holz verdirbt ungenutzt; der Bauer isset die Beeren; sie geben guten Brantewein, aber sehr wenig.

Ehrenpreis Veronica officin. lett. Semmes appini,
jooksia robbi. Den mit kurzen Aehren Veron. spi-
cata, nennt der Ehste Rassi sabba.

Eiche Quercus, Robur, lett. Ohsols, ehstn. Tam. In
Lettland, Wierland, und im Pernauschen findet man
artige Eichenwälder: das Holz ist aber etwas weich.
Eichelmast kennt man hier nicht, die Eicheln werden
spät reif, dann kann man wegen Wassers u. d. gl. nicht
mehr in den Wald treiben.

Eichenmistel Viscus quercinus, lett. Ohsola wehja
slohta.

Eichenschwamm Agaricus quercin.

Einbeerkraut Paris quadrifolia, lett. Wisbuli, ehstn.
Hora märjad.

Einblatt Ophris monophyllos.

Eisenkraut Verbena officinal.

Engelsüß Polypodium vulg. ehstn. Kiwwi maggu-
nud, lett. Saldes papardes.

Engeltrank, wild Mutterkraut Leonurus cardiaca (Alisma) ehstn. Dulwerlei auch Weists süddame robbi, lett. Mahteres.

* Erd-

Erdbeere Fragaria veſca, lett. **Semmenes, ehſtn. Ma-
ſiÞa : ohbi.** Eine Abart nennt man hier Maul- oder
Muhlbeere, ehſtniſch **Mulakad,** lett. **Struttenes,**
ſie hat etwas eingedrückte Saamenkerne und einen
gewürzartigen Geſchmack. In Harrien wächſt ſie
häufig, und in Gärten verpflanzet, wird ſie ſehr groß.
Erdnüſſe, ſ. Saubrod.

Erdrauch Fumaria officinal. ehſtn. **Emma tus, Emma rohbi,** im Dorptſchen **Punand.**

Erven, Roßwicke, Eruum, ehſtn. **Hire herned** (Mäuſe-
Erbſen.) Dieſen ehſtn. Namen führen etliche andre
ähnliche Geſäme gleichfalls.

Erle, ließl. Eller Betula Alnus, lett. **Alkſchnis,** ehſtn.
**Lep.** Die Moraſt- oder rothen Ellern ſind unſer gewöhnliches Tiſchlerholz; die weiſſen hat man für beſſer. Die niedrigen Buſcherlen die nie hoch wachſen,
ſind als unſer gewöhnlichſtes Strauchholz, ein Zeichen daß der Boden zum Feldbau tauge. Die harzi-
gen Blätter ſollen von einigen Bauern anſtatt der
Seife gebraucht werden; mit der Rinde färben ſie
braunroth.

Eſche Fraxinus excelſior lett. **Oſche, Ohſis, ehſtn.
Saar,** unſer beſtes Tiſchlerholz, haben wir nicht
häufig, obgleich 2 Abarten.

Eſpe, Populus tremula, lett. **Apſa, ehſtn. Aaw** oder
**Haaw,** verfault nachdem ſie groß genug geworden
iſt, gemeiniglich ungenutzt.

Farrenkraut Pteris aquilina, ehſtn. **Sanna jalg,** wächſt
zu unſern Verdruß häufig auf Buſchländern.

Faulbaum Rhamnus Frangula, lett. **Eewa, Lewe,**
ehſtn. **Tomikas,** wächſt hier häufig Etwa 4 Wochen nach deſſen Blüte erwarten aufmerkſame Landwirthe das Blühen des Roggens. Daß man mit den
Beeren und dem Laube grün, mit der Rinde gelb oder
braun färben kan, haben ſchon Andre angemerkt. Ge-

meine

meine Leute essen die Beeren; zerstossen in Brantewein gelegt geben sie Farbe und Geschmack von Kirsch-
brantewein: aus rein gewaschenen mit bittern Man-
deln vermischten Kernen kan man Persiko machen.

Federnelke Dianthus alpinus.

Feldbinsen Juncus campestr.

Fettkraut Pinguicula vulgar.

Fichte, s. Tanne.

Fingerhut Digitalis lutea.

Fingerwurz Orchis maculata.

Flachsseide Cuscuta europæa, ehstn. Wörm, lett. Jo-
dri, die Letten sollen es für ein Opiatum halten.

Fliederbaum Sambucus nigra, lett. Pluschu kohks auch
Plendere, wächst auf Oesel auch in der Wiek wild,
und trägt reife Beeren, die in andern liefländischen
Gegenden, wo man ihn nicht wild, sondern nur in
Gärten sieht, nicht leicht zur Reife kommen. Die
grüne Schale zwischen dem Holz und der äussern
Rinde, wird als ein sicheres Mittel wider die Rose
aufgelegt.

Die Beeren von dem wilden Flieder oder Hollunder
(S. Attig) essen gemeine Leute, sonderlich Russen:
im Herbst erregen sie einen Durchfall; wenn sie aber
den Winter hindurch auf dem Baum bleiben, verlieren
sie diese Kraft und schmecken erträglicher. Der Bauer
legt sie gepreßt auf Wunden, da sie Schmerz lindern,
Hitze und Frost ausziehen, auch heilen.

Fliegenschwamm Agaricus muscarius, ehstn. Kerpse sened, lett. Muschmirres.

Flöhkraut Potentilla Persicaria, lett. Blussenes auch
Suhrens, ehstn. Kirbo rohhi. Eine Art die auf
wässerigen Stellen wächst, nennt man Schmerzfreß,
dadurch viele ihren Kindern durch Reiben in der Badstube eine zarte Haut geben wollen.

Frauen-

Frauenflachs, Lein= oder Flachskraut Antirrhinum Linaria.

Fünffingerkraut Potentilla reptans, auch das kleine verna; ehſtn. Poiud.

Fuchsſchwanz Blitum virgatum, ehſtn. Rebbaſe hǎnd.

Gänſeblume große Chryſanthemum Leucanthemum.

Gänſerich Potentilla Anſerina, ehſtn. Sea wǒǒd auch Kalkuni robbi, lett. Staipakle.

Ganwinderlein Teucrium Chamædrys, ehſtn. Kǒrwikerſed.

Gauchheil Anagallis aruenſis.

Geißbart Spiræa Ulmaria, lett. Wigriſt gailu.

Geniſte wilde Geniſta purgans.

Gentianelle Gentianella Amarella.

Gerſte wilde S. Mauergerſte.

Glockenblume Campanula latifolia, auch cœrulea Blauglocke, ehſtn. Kurro kellad.

Gottesgnadkraut Gratiola officin.

Goldwurz Lilium Martagon, ehſtn. im Pernauſchen Aune tǒwwi robbi.

Gras Gramen und Poa; und wer kann alle verſchiedenen Arten anzeichnen?

Grǎenbaum (in Deutſchland Tanne, im Rigiſchen Schuje) Pinus Abies, lett. Skuije auch Egle, ehſtn. Kuusk, unſer gewöhnlichſtes Bauholz; in Gärten giebt er unter der Scheere gehalten, uns ſchöne Hecken und Pyramiden; mit den klein zerhauenen Zweigen beſtreuen Viele täglich ihre Stuben, und den Weg bey Leichenbegängniſſen. Die Rinde brauchen unſre Gerber; auch bedecken wir ſchlechte Gebäude darmit; die jungen Knoſpen geben wir den Pferden zur Arzeney, und damit ſie geäpſelt werden; in Finnland ſind ſie oft ein gewöhnliches Pferdefutter. — Die im Moraſt gewachſenen Bäume ſollen feſter ſeyn;

es ist aber allezeit ein schlechtes Holz das sich leicht wirft, Risse bekommt und fault.

Grindwurz Rumex acutus, ehstn. **Oblikad**, lett. Sirguskabenes.

Gundermann Glecoma hederacea, ehstn. **Raasi naered,** lett. Seht loschi udra.

Guter Heinrich Chenopodium, Bonus Henricus; habe ich im Dorptschen nicht gefunden.

Habichtkraut Hieracium alpinum.

Hagedorn Cratægus Oxyacantha lett. **Pdehrschki,** ehstn. **Wiir pu,** im Dorptschen **Lâmme pu.**

Hahnenfuß Ranunculus sowohl gelber acris, als schmalblättriger Flammula, und kriechender repens; lett. **Gailukajas und Gaila pehdas,** ehstn. **Tullikad.** Den globosus welcher im Wasser wächst, nennt der Ehste **Rullerkuppud.**

Hahnenkamm Rhinantus Crista galli, lett. **Pliktini.**

Hahnbutte Rosa canina, lett. **Ehrksch, Wikkudrih-zekle,** wächst sonderlich auf Moon und Oesel.

Hartriegel S. Beinholz.

Haselnußbaum Corylus Auellana, lett. **Reeksts,** auch **Lageda,** ehstn. **Sarra-** oder **Lâhkla pu.** Wir können ganze Wälder davon aufzeigen; in Harrien ist er das gewöhnliche Brennholz. Aus den Nüssen könnten wir wie die Russen ein Oel pressen, das sie dem Mandelöl vorziehen.

Haselwurz Asarum europæum, lett. **Palagodi, Rummelupehdas,** auch **Zukapipperes;** ehstn. **Metspipper.**

Hasengras Briza media.

Hasenkohl Sonchus læuis.

Hasenpfötchen Trifolium aruense.

Hauhechel Ononis spinosa.

Hauslauch großer Sedum rectorum. Vielleicht wäre es gut unsre Torfdächer zur Festigkeit, sonderlich auf Eiskellern, darmit zu bepflanzen. Hede-

Hederich Sinapi aruenſ. lett. Pakuhlains auch Pehr-
konnes, (Donnerkraut) ehſtn. Harraka ladwad,
macht uns ſonderlich im Gerſtenfeld viel Verdruß.
Wir ſollten ihn in der Riege abſondern und verbrauchen, wenigſtens Oel daraus preſſen. In Ermangelung einer Oelmühle, gab bey einem Verſuch blos
durch Bearbeitung mit einer Handpreſſe 1 Tonne
Saamen, 5 Stöfe Oel. — Aechter Senf kommt hier
gut fort, billig ſollten wir uns mehr auf deſſen Anbau legen.

Heidelbeere (lieſl. Schwarzbeere) Vaccinium Myrtillus
(Vitis idæa fructu nigricante oder Vaccin. caule an-
gulat. Linn. Fl. Su. 313) ehſtn. Mustikud, lett.
Bruhklenes; eine Art der Blaubeere.

Heiderich, Heide Erica vulgar. lett. Gahrſchl, ehſtn.
Kannarik auch Kannarpik. Wir haben 2 Arten
die ganze Gegenden bedecken, beyde zeugen von einem
ſchlechten Boden. Eine Art iſt dem Gras ähnlich;
die zweyte einem niedrigen Strauch höchſtens 1 Elle
hoch. Von dem letzten frißt das Vieh im Frühjahr
die weichern Spitzen; durch ſeine weit verbreiteten
Wurzeln macht er das Aufpflügen ſchwer. Eine dritte
Art mit Beeren Erica baccifera ehſtn. Kukko ſilmad
kenne ich blos dem Namen nach.

Henne (fette) Sedum Telephium. lett. Dſegguſes ſee-
tawas.

Herzklee Trifol. bituminoſ. ehſtn. Hdrja peakeſſed.

Herzgeſpann Leonurus Cardiaca.

Himmelsſchlüſſel, S. Schlüſſelblumen.

Hinbeere Rubus idæus lett. Awenes, Aweeſchni, ehſtn.
Waarmarjad, Warikud; wir nennen ſie gemeiniglich Mahlbeeren.

Hindeläuft wilde Cichoreum Intybus, lett. Zelmallas,
Zelmallu Lappas.

Hopfen Humulus Lupulus, ehſtn. Hummal, lett. Ap-
pinl,

pini. Den zum Bierbrauen ziehen wir in Gärten, wo wir ihn nicht pflegen, nicht umgraben, blos die Stangen einstoßen, und höchstens einmal Späne u. d. gl. im Winter darauf werfen, damit die Erde mürbe werde. Hierbey geht mancher Hopfengarten zu Grunde, sonderlich durch das überhandnehmende Gras: wir müssen jährlich viel deutschen und russischen Hopfen kaufen, anstatt daß wir selbst darmit einen Handel treiben sollten. Auch nur wenige Bauern legen sich ernstlich darauf: jeder zieht in einem unnützen schattigen Winkel seines Gehöfts kaum soviel, als er an seinen Hof liefern muß. Wierland liefert den besten. Zu unsern Eiskellerbier brauchen wir viel Hopfen: ein Pfund hiesiger gilt 2 bis 5 Kopek. — In Büschen wächst sehr viel wilder, den der Bauer sammelt, und mit dem Gartenhopfen vermischt verkauft: daß er das Bier bald sauer machen soll, ist noch nicht erwiesen; allenfalls kann man das Wasser von dem ersten leichten Kochen, wegwerfen. Wenn man ihn in Garten verpflanzt, so werden seine Trauben so groß und brauchbar wie der Gartenhopfen. Die Verpflanzung des braunschweigischen, hat hier nicht wollen glücken.

Hünerdarm Alsine media.

Huflattig **Tussilago** Farfara, ehstn. **Paiso lehhed**, lett. **Rumelu pehdas**.

Hundegras Agrostis canina; es soll Wasseradern und Quellen anzeigen, glaubt der Ehste.

Hundszunge Cynoglossum officin. lett. **Sunnu mehles**.

Hundeviole Viola canina.

St. Jakobskraut Senecio Jacobæa.

Ibischkraut Hibiscus, lett. **Meescha Pehpeles**, kenne ich nur dem Namen nach.

Igelsknospen Sparganium erectum.

Jo=

Johanniskraut Hypericum perforatum, lett. Jahne
sahles, auch Roggana kaules; der Ehste nennt
eine Art Naeste punnad, davon legt man Blüte und
Knospe in Brantewein, und braucht es wider Ruhr
und Durchlauf; eine zweyte Art Wina punnad,
und eine dritte Ollankad auch Rootsi punnad.
Unter dem Namen Johanniskraut sammelt der Bauer
für sich und seinen Hof viele Kräuter, zur Arzeney
fürs Vieh.

Johannisbeere, rothe Ribes rubr. lett. Sustrini, ehstn.
Söstra, auch Harraka-marjad. Bey dem Ein-
machen der Gurken brauchen wir die Blätter anstatt
des Weinlaubes.

Jesmin, wilder, wächst in unsern Büschen. Einige lieben
den Geruch der weissen Blüten; Andre kennen ihn
nicht vertragen.

Kottniß Sagittaria sagittifolia,

Katzenpfötlein Gnaphalium dioicum.

Katzenzahl Equisetum aruense, lett. Kohsas aus Aschke,
ehstn. Lamba nissad.

Katzenmünze Nepeta cataria. lett. Katke mehters.

Kirschbaum Cerasus, lett. Stehrbehru kohks, ehstn.
Kirsi- oder Adspere- oder Wisna pu. In unsern
Gärten ziehen wir allerley Arten: den wildwachsenden
Vogelkirschbaum Prunus Padus, findet man in etlichen
Gegenden z. B. bey Sagnitz und Folks im Dorpt-
schen. Mit dem Wasser von gekochten Blättern er-
höhen Einige den Geruch des Schnupftobacks; der
Bauer mischt sie zuweilen unter seinen Rauchtoback.

Klebekraut Gallium Aparine, ehstn. Wirn, Wirna
rohhi.

Klee gelber Lotus corniculata.

Klee weisser Trifolium repens. Diesen findet man nicht
so häufig als den rothen. Ehstn. Härja pea lehhed,
auch Härja pädd, lett. Abbeles.

Ji 3 Klebe-

Klebenelke Lychnis viscaria, ehstn. Tõrwe lilled.

Klette Arctium Lappa, lett. Dadschis, ehstn. Robro lehhed. Aus den Stengeln der Blätter kan man eine gute, noch nicht sehr bekannte, Speise zubereiten, die aus Rußland herstammt, und da man sie im Früh= jahr haben kan, Beyfall verdient. Von jungen Sten= geln zieht man die äussere bittre Haut ab, schneidet die Stengel schräg wie türkische Bohnen, mit denen sie dann an Gestallt und Geschmack völlig übereinkom= men; kaum wird sie ein Kenner unterscheiden. Nur muß man sie schnell kochen und das erste Wasser ab= giessen, damit sie weder zähe werden noch wild schmecken.

Knabenwurz Orchis bifolia, lett. Dseggujes Lappas, auch Postini, ehstn. Juda kappad, poi rohhi, auch Saules swezze; ehstn. ühhekfa mehhe wäggi,

Knawel, Waldhirse Scleranthus annuus.

Knoblauchkraut Erysimum Alliaria.

Am Seestrand findet man hin und wieder wildwach= senden Knoblauch, der, wenn das Vieh davon frißt, der Butter einen Geschmack mittheilt. Gemeine Rus= sen essen ihn.

Königskerze Verbascum Thapsus, lett. Pehtera sahle, auch Saules swezze; ehstn. ühhekfa mehhe wäggi, ühhekfa weggine, Wäelissed, auch im Dorptschen Tiilkad.

Körbel Scandix Cerefolium.

Korallenmoos Lichen uncialis.

Kornblume Centaurea Jacœa, ehstn. Härja pead, Rukki lilled, lett. Rudsi pukkes.

Korn= oder Feldmünz, wilder Poley Calamintha vulg.

Krahnsbeere Vaccinium Oxycoccos, lett. Dsehrwenes, ehstn. Kurre marjad (Kranichsbeere) auch jöhwi= kud, haben wir häufig. Was die Schweden von ihrer Vortreflichkeit für Kranke und Gesunde gerühmt ha= ben, will ich nicht wiederholen. Am schönsten sind die, welche den Winter hindurch unter dem Schnee gestan=

den

ben haben. Wir brauchen ſie zu Speiſen und anſtatt
der Citronenſäure zu Getränk.

Krauſemünze ächte, Mentha criſpa, habe ich an einer
Stelle wild wachſend gefunden; ehſtn. Müntid, lett.
Kruſmehteres.

Kreußblume Polygala vulg.

Kreußkraut Senecio vulg.

Küchenſchelle Anemone, Pulſatilla, ehſtn. Katto kep-
pad.

Kümmel Carum Carui, ehſtn. Köömlid, lett. Kim-
menes; den wildwachſenden ſammeln wir, weil wir
ihn in unſer deutſches Brod legen und Brantewein
darüber abziehen; an ſeine Vermehrung und Anbau
denkt Niemand.

Kuhpilz Boletus bouinus, lett. Pekka.

Lähne, Lehne Acer platanoides, lett. Klawa, ehſtn.
Wahher auch Wahtra pu; Einige halten ſie für
eine Art von Weißbüchen; Andre nennen ſie Ahorn.
Dem letzten iſt ſie wirklich ähnlich, nur nicht ſo hart
und weiß, auch iſt der Kern des Holzes ein wenig un-
terſchieden. Man findet ſie nicht häufig. Das Holz
brauchen wir zu Mühlwerken, Schlittenſohlen u. d. gl.
Das im Frühjahr ausgezapfte Waſſer iſt ſehr ſüß,
wird aber bald dick und ſchleimicht. Vor kurzen hat
hier Jemand wie in Kanada, einen guten Kandit-
zucker daraus gekocht.

Lauch. Auſſer dem in Gärten erzogenen findet man
am Seeufer in Harrien einen wildwachſenden, ſonderlich wo Kalkſteingrund iſt. In Schweden wird er
gegeſſen. Vermuthlich iſt das eben das Kraut was
der Ehſte Erme lehhed nennt, und von einigen genoſſen wird.

Läuſekraut Pedicularis paluſtr. lett. Uttubunga.

Leberblume weiſſe, Parnaſſia paluſtr.

　　　　Leber-

Leberkraut edles, Anemone Hepatica, lett. Pehtera
sahles, auch Aknuabding, ehstn. Makfa rohhud.

Leindotter Myagrum satiuum.

Leinkraut, s. Frauenflachs.

Lichtmoos Lichen candelaris.

Lilienconvallien Conuallaria majalis. Die wohlriechende
mit 2 breiten Blättern, ehstn. Wina lillio oder Lild=
sid, im Dorptschen Karri kellad, ist seltner als die
mit spitzigen Blättern die einen schwächern Geruch
giebt, ehstn. Lillikas oder Lillikessed. Auch der
Lette unterscheidet sie durch Spihosenaji wehschau=
stini (Weschauschas,) und dann durch Gailini.

Linde Tilia europæa, lett. Leepa, ehstn. die junge Löh=
mus, ältere Pern auch Nine pu. Selten brau=
chen wir sie zu Brennholz, desto mehr zu andern Be=
dürfnissen: aus der Schale der jüngern flechten die
Bauern ihre Sommerschuhe, und ihre Stricke; aus
der harten Rinde älterer Bäume und dem Holz ma=
chen sie Schlitten.

Einen Strauch, ehstn. Nassina= oder Nassini=
ne=pu, wollen Einige auch zur Linde ziehen, aber
ohne Grund: er trägt Beeren die der Barberitze bey=
nahe ähnlich sehen; das Holz verursacht im Munde
ein Brennen wenn man es kauet, mit dem Bast will
der Ehste die Läuse von seinem Vieh vertreiben. Den
deutschen Namen habe ich nicht können erfahren.

Löwenfuß Alchimilla vulg ehstn, Kdekaadfad, Kdo
tus, Krooks lehhed, auch Kdo kingad; lett.
Kaafa fahle, auch Dahrtschi.

Löwenzahn Leontodon, Taraxacum.

Lulch Festuca ouina.

Lungenkraut Lichen pulmonarius, lett. Seinoles, ehstn.
Kopfo rohhud.

Mariendistel Carduus marianus, ehstn. Puefo rohhi,
ehstn. Dfelkines oder Dfelknes.

Marien=

Marieng.as (Gramen odoratum) ehstn. Maarja heis
nad oder rohhnd, wächst auf etwas sandigen, sonder:
lich auf gebrannten Lande, aber nicht häufig; in Harrien findet man es. Der Bauer legt es wegen des Geruchs unter seinen Rauchtoback; der Deutsche unter
Schnupftoback und in Kleiderkasten. Man heilt Wunden darmit. Es hat eine Aehnlichkeit von Roggengras.

Marienröslein wilde, Lychnis sylvestris ehstn. Raud
reia rohhi.

Maßlieben, ehstn. Hanne persed, s. Gänseblumen.

Mäuseöhrchen Hieracium Pilosella, lett. Mauraggas.
Der Ehste nennt ein ganz anderes Kraut in seiner
Sprache Mäuseohren Hire körwad.

Mauergerste, wilde Eerste, Hordeum murinum.

Mauerpfeffer Sedum hexangulare, ehstn. Rukke marjad. Mit diesen Namen bezeichnet der Ehste 2 einander etwas ähnliche Gewächse; das auf Morästen
wachsende trägt schwarze süßliche Beeren die er isset.

Mauerraute Asplenium, Ruta muraria.

Mäuseschwanz Myosurus minimus.

Mehlbeere Arbutus uua ursi, ehstn. Mähkmarjad,
lett. Miltenes.

Meerhirsen Lithospermum aruense.

Meerrettig Cochlearia Armoracia, lett. Marratke,
Mahrrutki und Leeli rutki, ehstn. Mädda reikas; wächst theils in Gärten, theils auf feuchten Bauer-
gehösten wild.

Melten wilde, Chenopodium rubrum, ehstn. Malt-
sad, lett. Greestawas; auch die stinkende Chenop.
vulg.

Merzviole Viola odorata.

Meyerkraut weisses, Gallium Mollugo. Ob dieß der
Letten ihr Assins sahbles ist, weis ich nicht.

Mehdwurz, Mitwurz, lett. Wihgrenschi, dörptsch. ehstn. Ormid, kenne ich blos aus Hörensagen.

Mistel Viscum album, lett. Wehja slohtina, auch Ahmals.

Mitteldürwurz (Conyza,) ehstn. Ruskmed, lett. Sunnischi, braucht der Bauer zu einer beständigen brandgelben Farbe.

Mohn Papauer rhoeas, lett. Maggons, ehstn. Maggunad. *Zwrela Dy'rendelan Ly frübe.*

Mondkraut Osmunda Lunaria.

Morchel Phallus esculentus, lett. Rewapuppas, auch Rehwju puppi und Biesines, ehstn. Lehma niesad. Die schwarze finden wir häufiger als die weisse. Fröste, Dürre und häufiger Regen machen sie zuweilen selten, doch giebt es auch Jahre da wir uns hinlänglich versorgen, und noch dem Ausländer den Ueberschuß überlassen könnten, wenn wir sie mit mehrerer Sorgfalt sammelten: ausser den Viehhütern und Kindern, findet hierzu Niemand Zeit.

Moos Lichen, ehstn. Sammal, lett. Suhnas. Ausser den an ihren Ort angezeigten Arten, haben wir auf Bäumen, Steinen, auf trocknen Lande und Morästen, Moos; das letzte brauchen wir zu hölzernen Gebäuden zwischen die Balken, und zu einigen schlechten Mauern. Auf etlichen Morästen, auch sonst, findet man ganz weisses, das baumartig in dichten starken Stengeln ziemlich hoch wächst.

Musseron Fungus allium redolens (Fl. Pruss. Suppl. CXXXIII.) Knoblauchschwamm, ein kleiner Schwamm der nach Knoblauch schmeckt: man findet ihn in Wäldern an freyen Orten häufig. Seinen Hut breitet er nur bey guten Wetter aus, daher man ihn oft übersieht.

Myrten wilde, ehstn. Sinniko wardet, lett. Wirseji, soll es 2 Arten in unsern Wäldern geben; ich habe beyde nicht gesehen.

Nacht-

Nachtschatten Solanum nigr. vulg. ehstn. **Rue päwa rohhi** (6 Tagekraut) lett. **Naktskahtes.** Auch tollmachender Solan. infanum.

Natterzünglein Ophiogloffum vulgatum, ehstn. **Ussi keled.**

Narrenkolben, Schwertblätter (Typha) ehstn. **Zunti kurrikad, Soe tainad,** auch **Sohho** (ohho) **mookad;** lett. **Wahlites.**

Nelke wilde, Tunica fylu.

Nelkenwurz Geum urbanum, ehstn. **Ma mölad.**

Neffel kleine, Urtica urens, taube Lamium album, und taube rothe Lam. purpureum, ehstn. **Sea nöggesid,** und **Emma nöggesid,** lett. **Akles: und Baltas nahtres.**

Ochsenzunge Anchufa offiein. lett. **Wehrschumehles.**

Odermenge Agrimonia Eupatoria, ehstn. **Krassid,** lett. **Schki Dadschi, Dadatschi, Rettejume.**

Orant, f. Dorant.

Pappel schwarze, Populus nigra, ehstn. **Künd päe pu** oder **Saksama aaw,** lett. **Pehpeles;** nicht häufig.

Pappel gemeine, Malua rotundifolia, lett. **Pappeles.**

Pechnelke, f. Klebnelke.

Pestilenzwurz Tuffilago Petafites.

Pfaffenröhrlein, f. Löwenzahn.

Pfennigkraut Thlaspi aruenf. Lyfimachia Numularia.

Pferdefaamen Phellandrium aquaticum, ist hier selten. Daß er den Pferden tödlich wird, ist die Wirkung von einer zuweilen darin vorhandenen Raupe des Rüffelkäfers (Curculio paraplecticus L. 202. 34;) ist diese nicht darin, so können Pferde das Kraut ohne Schaden fressen.

Pfifferling Agaricus piperatus.

Piehlbeer: Sperberbaum, f. Ebereschbeerbaum.

Pimpinelle weisse, Pimpinella Saxifraga, (auch rubra und Sanguiforba,) ehstn. **Nåredi,** lett. **Norahrnu saknes, Noraggu.** **Post**

Post, Porst, s. Rosmarin.

Preiselbeere, s. Strickbeere.

Prunelle Prunella vulg. lett. Sillgalvine, ehstn. Rutko robhi.

Purgierflachs Linum catharticum.

Queckengras Triticum repens, lett. Wahrpu sahle.

Quendel Thymus Serpillum, ehstn. Rawwanduse robhi.

Raden Agrostema Githago, ehstn. Liakad, Robbo heinad, lett. Rohkali.

Rennthiermoos Lichen rangiferinus.

Rheinblume Gnaphalium arenarium, ehstn. Rassikeppikeesed.

Rheinfarn Tanacetum vulg. ehstn. Reinwarred, lett. Bischu krehslini, auch Wehdera sahles.

Riedgras Juncus effusus, lett. Grihslis, auch Smilges, ehstn. Jöhwe hein, auch Roog.

Riezchen Agaricus deliciosus, lett. Puhpeji, Sehnes, ehstn. Sened, sammelt man im August, als: Birkenriezchen, achtet man nicht sehr; Gräenriezchen, hält man für die besten, sie werden gekocht, gebraten, sonderlich eingesalzen, zu Salat, und bey dem Bauer die Stelle des gesalzenen Fisches zu vertreten; ferner Manschettenriezchen, ehstn. Rukke sened, sind zart, aber finden nur wenig Liebhaber; graue Eschenriezchen, isset der Bauer; Stubbenriezchen, ehstn. Rönno sened; braune Riezchen, Tatti sened, sind wohlschmeckend aber in Liefland etwas verachtet, desto höher in Rußland geschätzt u. s. w. Herr Büsching Erdbesch. I. Th. S. 768 Sechst. Aufl. meint, sie würden als Leckerbissen gegessen; das kann ich nicht sagen, man isset sie häufig, und bezahlt gewiß nicht 2 Rubel für eine Bouteille von den ganz kleinen, die Jedermann selbst kan suchen lassen. — Eine Menge untaugliche Schwämme muß ich stillschweigend übergehen.

Ritter-

Ritterſporn Delphinium Conſolida, ehſtn. Kukku kan-
nukſed, Páſokeſſe katlad.

Rohr Arundo phragmites lett. Nehder und Duhni;
ehſtn. Roog, Pilliroog. Hin und wieder finden
wir zu Gipslagen taugliches; eine ſchlechtere Art
(Schilf) wächſt an allen Bächen. Die leßte ſollten
wir mehr ſammeln, bey Mangel des Strohes ſie unter das Vieh zu ſtreuen, auch ſie mit Stroh vermiſcht
zum Dachdecken zu gebrauchen.

Rosmarin wilder Ledum paluſtre, ehſtn. Porſt, Por-
ſad, lett. Wahwerin, Wahweraji, die Liefländer
nennen ihn im Deutſchen Pors, Porſt. Einige hacken
ihn fein und miſchen ihn unter den Hopfen, weil es
ihnen am letzten mangelt, oder damit das Bier ſtark
berauſchen ſoll: aber es macht Kopfſchmerzen, Ueblichkeit und Unſinn. Eine Geſchichte davon liefert Arndt
liefl. Chron. 2 Th. S 34.

Der kleine, wilde Rosmarin Rosmar. ſylu. min.
ehſtn. So kaelud oder kailud, der dem ächten ähnlich ſieht, theilt ſeinen häßlichen Geruch den neben
ihm wachſenden Beeren mit, die dann wie er ſelbſt,
Kopfſchmerzen erregen. Man braucht ihn wider die
Läuſe für Kälber.

Rothmäuschen, ein Schwamm, der den Champignon am
Geſchmack übertrifft. Man findet ihn in Wäldern
unter Birken; im Bruche zeigt er einen röthlichen
Saft. Lett. heißt er Rudmehſis.

Rühre mich nicht an Impatiens, Noli me tangere.

Rüſtern Ulmus campeſtris, lett. Gohbe, Sauswee-
ſchi, ehſtn. Jallakas; haben wir ziemlich häufig, die
daraus verfertigte Arbeit fällt gut ins Auge. Er gehört zu den Ulmen. Der weiſſe hat härteres und für
Stellmacher ſehr brauchbares Holz; der braune oder
ſchwarze hat etwas fettere und rauchere Blätter.

Roſe,

Rose, gemeine wilde Rosa sylu. ehstn. Orja wits, wächst hier häufig, trägt eine runde süße Frucht, welche von Bauern genossen wird. Wir haben sonderlich 2 Abarten.

Ruchgras Anthoxantum odoratum, welches unsern Wiesen an einigen Orten den angenehmen balsamischen Geruch giebt *).

Salbey wilde, Saluia pratens.

Salat wilder, Lactuca virosa.

Salepkraut, lett. Wehja kannepji, kenne ich blos dem Namen nach.

Sandweide Salix arenaria.

Sanikel Sanicula europæa.

Saubrod, Erdnüsse Cyclamen europæum (Erdeicheln, Erdmäuschen) ehstn. Sea pähklad, (Schweins-Nüsse) lett. Semmes reeksti, findet man im Frühjahr häufig.

Saudistel Sonchus asper.

Sauerampf Rumex Acetosa, lett. Sirga skabbenes, ehstn. Oblikud und Happo oblikas. Eine Art die mehr bitter als sauer ist, nennt der Ehste Tulle hein.

Sauerklee Oxalis Acetosella ehstn. Jännekse oblikad (Hasensauerampf) lett. Sakku koposti (Hasenkohl), beydes weil ihn Hasen gern essen. Etliche Deutsche essen ihn als Salat: oft ist er für Jagdliebhaber eine Erquickung.

Scabiosenkraut, Scabiosa aruens. ehstn. Jammakas.

Schachtelhalm Equisetum hyemale und limosum; 1) der gemeine mit kurzen Gliedern, lett. Puraschki, Sirguaschki, ehstn. Hobbose- oder Jännese-oblikut, wächst auf allen Morästen, die Pferde fressen ihn unter

*) Sadebaum Sabina, soll, wie ein Apotheker versichern wollte, hinter Riga gegen Kurland wildwachsend gefunden werden: da er aber in nordlichen Gegenden nicht wild wächst, und ein Freund in Riga nichts von demselben erfahren hat, lasse ich ihn aus dem Verzeichniß weg.

ter dem Heu; 2) der ächte welchen die Tischler brauchen, wächst auf sandigen Boden in Wäldern, lett.
Aschki, Aschenes, Aschas, ehstn. Körbe oejad;
3) der im Wasser wachsende, ehstn. Ronna osjad;
4) der im Feld, den man, wo ich nicht irre, in Sachsen Kannenkraut nennt, heißt vermuthlich wegen seiner Aehnlichkeit mit einem Gräenbaum ehstn. Kuust
jaig, man findet davon ; Abarten.   5) Roßschwanz
oder Schaftheu, davon der Ehste 4 Arten bezeichnet,
nämlich a) ;agga osjad, b) Kele leigud, c) Lamba nissad, d) Polla pused oder kused.

Schafgarbe Achillæa Millefolium lett. Pelli asches,
Rettejuni; ehstn. Raud reia rohhud, oder Raud
robbi.

Schafgras S. Lulch.

Schaflinsen Colutea, ehstn. Zire herned, kenne ich
blos dem Namen nach.

Scharlachkraut Salvia Sclarea.

Scharbockfraut, klein Schellkraut, wild Löffelkraut
(liefl. Fettgitchen) Ranunculus Ficaria, (sonst Cheli-
don. min.) lett. Tubkuma sables, ehstn. eine Art
Süddame rohhud, die andre Que többe rohhi.

Schellbeere Rubus Chamæmorus, ehstn. Murrakad,
bey Reval Kaarlad, bey Dorpt Kåbbarad; lett.
Labzenes.

Schellkraut großes, Chelidonium majus, lett. War-
duli, ehstn. eine Art Werre rohhud (Blutkraut,)
die andre Punnase többe rohhi braucht der Bauer
wider das Blutharnen.

Schierling Conium maculatum, lett. Sunni stohbri,
Willnaratti, ehstn. Körputk.  Das Kraut fressen
unsre Pferde gern.

Schlangenhaupt Echium vulgare.

Schlangenkraut Scolopendria, ehstn. Urbe rohhud,
lett. Wilka sobbini.

Schlangenzunge S. Natterzünglein.                  Schleh-

Schlehdorn Prunus spinosus findet man in Lettland, auch in Wierland.

Schlüsselblume Primula veris, ehstn. Härja kaatsad, Koisid wina lillid, Nirma nukkud, lett. Gaila-bikses oder paslawas, Elknuschi *).

Schuppenwurz Lathræa Squamaria, ehstn. Lehma roh-hud (Kuhkraut).

Schuje S. Gräenbaum.

Schwadengras, Himmeltau, Festuca fluitans, bezeichnet hier 1) Thaugras in Feldern, sonderlich unter dem Roggen, ehstn. Kastehein, lett. Smilga; 2) Man-nagras, ehstn. Partsi hein, aus welchem man im Junius eine Art Manna ausschlagen und zur Speise gebrauchen kann, die aber in Liefland wenig bekannt ist', ob sie gleich auf vielen Heuschlägen wächst.

Schwalbenwurz Asclepias Vincetoxicum, ehstn. Anger warred.

Schwarzbeere S. Heidelbeere.

Schwarzdorn, Kreuzdorn Rhamnus catharticus, ehstn. Türna; auch Kitse pu. Der Bauer braucht das Holz, wegen seiner Festigkeit zu Messerstielen.

Schwarzwurz Symphytum officinale, lett. Glumma; auch Tauku-sahles.

Schwerdlilie Iris germanica.

Seeblume, Wasserlilie Nymphæa alba & lutea, die weisse lett. Lehpes baltas, Leepu lappa ehstn. Wal-ged kappo (kuppo) lehhed; die gelbe ehstn. kolsed kuppo lehhed, lett. Lehpes oseltanas.

Seemoos Conferua capillaris.

See-

---

*) Etliche deren eigentlichen Namen ich nicht angeben kann, lasse ich aus, ob ich sie gleich in hiesigen Wörterbüchern finde, z. B. Schmelgras lett. Schmelges; Schönhärle Scolymus sylu. ehstn. Kelika rohhi; Steingörkfel lett. Kaischlu sahles, Stenaukraut lett. Kaffenes.

**Seetang** Potamogeton marinum; Güter am Ostsee=
strand gebrauchen selten ausgeworfenes Seegras zur
Düngung, welches ihre schlechten Felder wohl bedürf=
ten. Die Einwendung daß es nicht leicht verfaule,
ist ungegründet. — Man findet Steine, auf welchen
das Gras gewachsen zu seyn scheint.

**Seifenkraut** Saponaria officinal.

**Sigmarskraut** Malua Alcea.

**Sonnenthau** Drosera rotundifolia, lett. **Saulini sahle,**
**Atschuplahkstini.**

**Spindelbaum** Evonymus europæus lett. **Sedsensch.**

**Springsaamenkr.** S. **Rühr mich nicht an.**

**Stabwurz** wilde, Artemisia campestr. lett. **Deewa=**
**kohzini.**

**Stachelbeerstrauch** wilder, Ribes uua crispa.

**Stachelnuß** Datura Stramoneum, wächst an etlichen
Orten, z. B. im Pernauschen, wild.

**Stechpalmen** Ilex Aquifolium.

**Steinbeere** Rubus saxatilis, ehstn. **Lillakad** auch **Lim=**
**mokad,** wächst im sandigen Wald auf einem niedri=
gen Strauch, Blatt und Beere ist der rothen Jo=
hannisbeere ähnlich.

**Steinbrech** Saxifraga granulata.

**Steinbrech** rother, Spiræa Filipendula, (liefl. Formen),
ehstn. **Angerpistid** auch **Wormid, Wörmid.**

**Steineiche** Quercus Ilex.

**Steinklee** rother, Trifol. Melilotus officin. der mit gel=
ben Blumen wird hier seltener gefunden, der mit weis=
sen häufig.

**Steinmoos** Lichen emphalodes.

**Stiefmütterchen** Viola tricolor.

**Stöchas** gelber, Gnaphalium arenarium.

**Storchschnabel** gemeiner, Geranium robertinum, lett.
**Mättu sahles;** ehstn. **Kulli kunid, Kußikud,**
auch **Ma alluße rohht.**

Strickbeere Vaccinium maxim. Vitis idæa, lett. Bruh=
klenes, ehstn. Poolkad, Pohlakad, dörptsch
Pallako marjad, wächst in sandigen Wäldern auf
einem dem Buchsbaum ähnlichen Strauche, mit etwas
länglichen Blättern. Wir haben 2 Arten: 1) die mit
kleinen Beeren, welche man isset und zu Muhß kocht;
2) die mit größern Beeren, deren Strauch auch etwas
größer wächst, diese werden nicht genossen, Schweine
sollen sie gern fressen, daher nennt sie der Ehste Sea
poljad, auch Leisikad.

Striesenholz Lonicera Xylosteum, lett. Saufferdes,
ehstn. Kukke pu, auch Kukke kuusma; die rothen
Beeren isset der Pöbel; das Holz verbraucht er zu
Peitschenstielen, Pfeifenröhren und hölzernen Strick=
nadeln. Eine Abart nennt der Ehste Saddakorone
(hundertfach) wegen der mehrern Schalen; hieraus
werden Weberkämme gemacht.

Süßholz wahres, Glycyrrhiza glabra, ein schotenartiges
Gewächs, das viel blaue Blumen trägt, wird spar=
sam in den stubenseeschen und stopiushoffschen Wäl=
dern bey Riga, auch an andern Orten gefunden, z. B.
unter Hahnhof im Dorptschen.

Tag und Nacht Melampyrum nemorosum; ehstn. Ja=
ni rohhi.

Tannenwedel (Polygonum foem) ehstn. Kuusk hein.

Tanne Pinus sylu. (in Sachsen, Fichte,) ehst. Män,
lett. Prehde, unser bestes Bauholz, daraus wir auch
Schindeln machen, die aber eigentlich bloße kleine
Bretter sind.

Täschelkraut Thlaspi Bursa pastoris, lett. Plikstini, auch
Wisbuli; ehstn. Hire körwad, Kaffi tüttarad,
Robbi rohhi, im Dorptschen Niss=Ides hein,
Der Lette glaubt, es mache die Weiber unfruchtbar;
etliche unter den Ehsten wollen daraus auf vorhandene
Wasseradern schließen.

Taschen=

Taschenkraut, kleines Draba verna.

Taubenfuß Geranium columbin.

Tausendgüldenkraut Gentiana Centaurea, ehstn. Põld huminalad, (Feldhopfen) lett. Wineputke, Diwo: susable, Meega sables, auch Angstini. Einige legen es unter das Bier, dem es eine angenehme auch unschädliche Bitterkeit giebt.

Teufelsabbis Scabiosa succisa ehstn. Pibe lebhed, lett. Rassu= oder Wilku=mehle.

Teufelsbeere Atropa Belladonna.

Tochtbinsen Juncus conglomeratus.

Tollkörner ⎫
              ⎬ S. Stachelnuß.
Tollkraut   ⎭

Tormentill, erhabene und kriechende, Tormentilla erecta und reptans lett. Retteime, ehstn. Tõdre maddo: rad, und Hobbo maddarad.

Ulmen ehstn. Künarpâ, sind eine Art Küstern.

Unser lieben Frauen Bettstroh, S. Wildröthe.

Veilchen Violaria, Viola ehstn. Mahla kaninkessed, auch Sinni lillid (blaue Blume) lett. wo ich nicht irre Sohbenes. Die wohlriechende wilde ist hier selten.

Vergiß mein nicht Myosotis Scorpioides.

Viehgras mit schmalen Blättern Poa angustifolia.

Vogelkirsche S. Kirschbaum.

Vogelwicke Vicia Cracca lett. Lebzes, ehstn. Hire her: ned.

Wachtelweitzen Melampyrum aruense.

Wacholder Juniperus commun. lett. Paegle, Pâehg: les, ehstn. Kadakas, dörptisch Kadajas; in vielen Gegenden heißet man die Oefen darmit. Die meisten Beeren gehn verlohren, Saft und Oel wird selten dar: aus gemacht, ob wir es gleich in Menge zubereiten könnten. Das trockne Holz in einem eisernen Gefäß, durch oben und unten liegende Kohlen recht erhitzet, giebt ein durchdringendes Oel von sich, dessen Heil:

kraft

kraft in verschiedenen Krankheiten, ein Liefländer sehr rühmt.

**Waldhähnlein** Anemone nemorosa.

**Waldhirse** S. Knawel.

**Waldmeister** Asperula odorata, (Matrisilua) wächst nur an einigen Orten z. B. im Oberpahlschen hinter dem Johannispastorate. Ob es der Ehsten ihr Maitsed maddarad sey, weiß ich nicht zuverläßig.

**Waldstorchschnabel** Geranium syluaticum.

**Wasserangelik** Angelica Archangelica, lett. Sirdsenu sakkne.

**Wasserbenedikt** (Caryophil. aquat.) ehstn. Härja kellad, kenne ich nur dem Namen nach.

**Wasserdosten** Eupatorium cannab.

**Wassereppich,** **Wassermerk** Sium latifolium, ehstn. Mürk, die Wurzel braucht der Bauer bey Leibschmerzen; auch für Vieh.

**Wasserfenchel** Hottonia palustris.

**Wassermünz** S. Bachmünz.

**Wassermoos** Sphagnum palustre.

**Wassernüsse** Trapa natans.

**Wasserschwertel** Iris Pseudacorus lett. Sabbinu sables, auch Saules rassinas. Ob dies auch der Ehsten ihr Angerpiht sey, weiß ich nicht zuverläßig; einige nennen ihn Wohho mook.

**Wasserschlangenkraut** (Dracuncul. palust.) ehstn. So wohk, kenne ich nur dem Namen nach.

**Wasserwegbreit** Alisma Plantago aquatica.

**Wasserschierling** Cicuta virosa.

**Weberdistel** Dipsacus fullonum.

**Wegebreit, großes** Plantago major, lett. Zeelmalting, Zedalappe, ehstn. Tee lehhed.

—— —— **kleines** Plantago lanceolata, ehstn. Lamba kelid, lett. Mauri.

Wegediſtel Onopordium Acanthum.

Wegeſenf Eryſimum officinal.

Wegetritt Polygonum auiculare *).

Weide, gemeine Salix alba, lett. **Witahls**, auch **Wih-tols**, ehſtn. **Pao pu** auch **Pajo**, oder **Rämmal.** Die großblätterige Moraſt- oder Bandweide, welche nie hoch wächſt, iſt dem Bauer ſehr nutzbar: ihre Zweige vertreten oft die Stelle eines Stricks bey ſeinen Fuhrwerk, Pflug, Zaunmachen u. d. gl. aus der Schale macht er Stricke und Baſtſchuhe. Die hohe Bachweide braucht er ſelten. — Lorbeer- und Baum-wollenweide habe ich hier nicht geſehen.

Weide kriechende, kleine Erdweide Salicula repens, ehſtn. **Hanne pajo,** haben wir häufig, ohne ſie zu nutzen.

Weidrich Epilobium anguſtifolium.

— — gelber Lyſimachia vulg.

Weiherbinſen Scirpus cæſpitoſus; wenn dieſer Binſen verfault und ſich mit Moorerde verbindet, wird er der Stof des Torfs.

Weißwurz Convallaria Polygonatum, lett. **Malmenu fahles,** ehſtn. **Pettid,** auch **Ru töwwe rohhi** (Monatkrankheitkraut,) auch **Lu wallo többe roh-hi,** (Kraut wider Knochenſchmerzen,) wird fürs Vieh, wider die Gicht, auch zur Schminke gebraucht.

Wermuth Artemiſia Abſinthium, lett. **Wehrmeli,** ehſtn. **Roi rohhi** (Mottenkraut) wächſt am häufig-ſten auf Kirchhöfen. Man kocht ihn und giebt das Waſſer mit Salz vermiſcht, den Schaafen. Daß Pferde und Rindvieh ihn willig freſſen, wie ein nor-diſcher Naturforſcher verſichert, habe ich hier nie be-merkt.

Kk 3 Eine

---

*) Das lettiſche Wörterbuch nennt noch Wegſtrohkraut, lett. **Wilka kuhla;** Weidenkraut lett. **Kaſu rohſes;** Weytkraut lett. **Mellenes;** die Namen ſind unbekannt: Kräuterkenner mögen ſie näher beſtimmen.

Eine Art wilden der ohne Geruch ist, nennt der Ehste Raibousse rohbi, mit welchem allgemeinen Namen er überhaupt 9 ganz verschiedene Feldkräuter bezeichnet, die ich zwar gesehen habe, aber zu beschreiben nicht im Stande bin.

Wicke wilde, Orobus vernus lett. Lehzes.

— gelbe Lathyrus pratensis.

Wiederthon güldner, Polytrichum commune, lett. Abswehr sahle, Oseggusee Linni.

Wiesenflachs Linagrostis, lett. Melgalwe.

Wiesenhaber Avena pubescens, findet man am Ostseestrand in sandigen Niedrigungen; er befestigt den Sand, und seine langen vollen Aehren geben den Pferden, die sich bald daran gewöhnten, gute Nahrung. Ob man ihn unter Festuca aristata perennis Esthonica, in den Abhandl. der schwed. Akad. aus der Naturlehre 2c. 9ten Band, verstehe, weiß ich nicht; jedennoch ist hier nicht gewöhnlich ihn zu säen, ob es gleich vortheilhaft seyn würde, wenn wir es thäten.

Wiesenklee Trifol. pratense.

Wiesenstorchschnabel Geranium pratense.

Wildhafer Avena fatua.

Wildröthe Galium luteum, ehstn. Maddarad, lett. wo ich nicht irre, Mahranas; eben das was vorher Unser l. Fr. Bettstroh genannt wurde; (ich kan nicht entscheiden, ob sie das in Hrn. Pallas Reisen I. Th. S. 62. angeführte russische Marjona sey, womit die Mordwanen roth färben.) Sie wird von den Ehsten fleißig in Heuschlägen gesucht, um dem wollenen Garn durch ihre Wurzel eine dauerhafte rothe Farbe zu geben. Mit solchen Garn umwickelt man verstauchte Glieder, und findet in der That Hülfe; nur müssen nach einem allgemeinen Aberglauben 9 Knoten in das Garn geschlagen werden. — Ein Lies-

Liefländer pflanzte sie auf seinen Acker, um einen neuen
Handlungszweig zu finden; es gerieth nicht, vermuthlich war das Feld zu trocken. Wir sollten billig mehrere Versuche machen. Ein schwedischer Naturforscher hält ihren Anbau zwar von geringen Nutzen (Abhandl der Kön. Schwed. Akad. der Wissensch.
aus der Naturlehre ꝛc. 4 B. S, 28) ein andrer
aber (ebend. 8 B. S. 288) empfiehlt ihren Anbau
mit Recht, und zeigt daß sie eben das ist was der Engländer Madder, der Holländer Krapp, der Franzose
Garance und der Deutsche Färberröthe nennt, (vermuthlich blos in Ansehung des Nutzens, ächte Färberröthe Rubia tinctorum Linn. wächst hier nicht wild.)
Unsre ist eben dieselbe als die in Schweden, das zeigt
schon die Aehnlichkeit des ehstnischen Namens mit dem
angegebnen finnischen Marrara. Unsre Wurzeln
sind kleiner und dünner als der Franzosen ihre Garance;
aber sie wachsen ja nur wild: die in Kanada wildwach-
sende hat auch nur dünne Wurzeln.

Winde Conuoluulus aruens.

Wintergrün Pyrola rotundifolia, lett. Seemzeschi,
Seemhözeeschi, ehstn. Lamba körwad. Die alte
Gewohnheit Spiegel und Nachttische darmit zu zieren,
ist ganz abgekommen.

Wolferley Arnica montana, lett. Trubkuma sahles,
findet man nicht häufig, doch hin und wieder z. B. auf
den Luchten am Embach.

Wohlgemuth Origanum vulg. ehstn. Punnad, lett. Sar-
kenes, Raudas, auch Dsarkanas raudes.

Wolfsmilch Euphorbium palustre lett. Peeneines.

Wundkraut heidnisches, Senecio saracenica.

Zaunglocke, s. Ackerwinde.

Zaunrübe Bryonia alba, soll man im Rigischen hin und
wieder finden.

Zehrgras Polygonum auiculare.

Zitter-

Zittergras Briza media.

Zunderschwamm Agaricus pedis equini facie Tournef. wächst an Bäumen; jeder Bauer macht ihn zu seinem Bedürfniß feuerfangend ohne Salpeter, blos in anges feuchteter Asche, darin er ihn etliche Tage weichen, dann trocknen läßt, und weich klopfet. Der Ehste nennt ihn Tael.

Zwergbirke Betula pumila.

Zweyblatt Ophris maculata.

Anmerk. Daß dieß nur der kleinste Theil unsrer Grä- ser und Gewächse sey, bedarf keiner Erinnerung: noch manche nennt der Bauer in seiner Sprache deren deutsche Namen ich nicht weis. Hiesige Kräu- terkenner mögen diesen Versuch eines Verzeichnisses, künftig vermehren und ergänzen.

## Anhang
### Von einigen Gartengewächsen.

Füglich hätten sie im zweyten Kapitel bey den ökonomi- schen stehen können: einige Naturforscher, sonder- lich die schwedischen, haben sie gemeiniglich den wildwachs- senden beygesellet; ihnen will ich folgen, doch kein voll- ständiges Namenverzeichniß liefern; wir wohnen ja in keinem äusserst kalten Klima, daß nicht alle Blumen und dergleichen fremde Gewächse hier fortkommen sollten; und was des Winters keine freye Luft verträgt, bringen wir in Gewächshäuser und geheizte Zimmer.

Daß man hier schöne Gärten findet, ist bereits im Vorhergehenden gemeldet worden. Aber bey manchem Hofe sieht man nicht einmal einen Obstgarten: die Furcht daß ein Winter vieler Jahre Arbeit verderben kann, sonderlich wo kalter morastiger Boden ist, mag an dieser
Nach

Nachläßigkeit Antheil haben. Doch finden wir auch viele sehr alte Obstbäume. Die hier aus dem Kern erzogenen Bäume vertragen unsre Witterung leichter, und werden früher fruchttragend, als die aus Deutschland verschriebenen. Etliche Obstarten wollen hier gar nicht gelingen. Ein Theil unsers Obstes wird jährlich nach St. Petersburg verführt: die dortigen Aufkäufer bezahlen für einen mittelmäßigen Garten jährlich 100 Rubel: doch verschreiben wir eben so viel Obst aus Deutschland. Die Anmerkung der Berner ökonomischen Gesellschaft, daß Südwinde schädlicher sind als Nordwinde, hat man auch hier gegründet befunden: doch stehen Bäume die gegen Norden Schutz haben, gemeiniglich sichrer als andre.

Selten hat der Bauer einen Obstgarten: höchstens etliche wilde Aepfel= oder Kirschbäume. In seinen Gärten zieht er nur Kohl, Schnittkohl, Hanf und Bohnen: Rüben auf dem Felde. Alle übrige in andern Ländern für unentbehrliche Nahrungsbedürfnisse geachtete Wurzeln kennt und zieht er nicht, nur aus deutschen Gärten stiehlt er sie roh zu essen: der Lette zieht auch wohl Rettig. Gartengewächse muß man also blos bey Deutschen suchen, und bey Russen die darmit einen Handel in Städten treiben. Gartengewächse bey denen ich nichts zu erinnern finde, übergehe ich ganz stillschweigend.

Aurikel verträgt nicht unsre strenge Kälte, des Winters fodert sie warme Zimmer.

Artischocken zieht und kennt man nur in den allerwenigsten Häusern.

Barberitzen, Berberbeere. Berberis vulg. Lin. Fl. Su. 290. werden in einigen Gärten zu ziemlich hohen Hecken gezogen; die Beeren theils eingemacht, theils zu nutzbaren Saft ausgepreßt. Der Gebrauch der Wurzel zum Färben ist hier unbekannt; aber Einige haben gefunden, daß die jungen Blätter können als Kohl gekocht, auch anstatt Sauerampfs unter grünen Kohl gelegt werden. Kk 5 Bee=

Beeten rothe, Beta vulg. Ju etlichen Häusern werden die Blätter wie Spinat; die Wurzeln aber theils frisch, theils gehackt und gesäuert, wie saurer Kohl gekocht: beydes ist wohlschmeckend; das letzte scheint aus Polen zu stammen, wo gesäuerter Beetenkohl Buraki heißt.

Birnbäume Pyrus com. sieht man in wenigen Gärten, noch seltner mit guten Früchten, die überhaupt in etlichen Häusern nicht anders als unter dem veralteten Namen Beeren oder Bumbeeren bekannt sind.

Canariensaat Phalaris canarienf. kommt bey uns gut fort, nur muß es frühe und nicht in fette oder schwarze Erde gesäet werden.

Erdapfel (Tubera) wird nicht häufig gezogen.

Gurken, liefländ. Aqurken, werden am häufigsten von Russen in Städten gezogen, von denen man 100 Stück für 3 bis 4 Kopek kauft. Der Ehste nennt sie Ukkurits.

Je länger je lieber Lonicera Caprifolium, hält unbedeckt die strenge Kälte nicht aus.

Kardebenedikten Carduibenedictum, Carduus fanctus, ziehen viele zur Univerfalarzeney für ihre Bauern: das Kraut welches der Lette Zaur sapju sables nennt, wird mit Salpeter und Krebssteinen vermischt.

Kastanienbäume wilde, Aefculus Hippocaftan., halten im Garten den Winter aus und wachsen ziemlich hoch.

Liebstock Ligufticum, Leuifticum, ehstn. Lewerstok, Karro rohhi, lett. Luftaji, auch Lubftahji, zieht in einigen Gegenden auch der Bauer um davon einen Trank für seine werfenden Kühe zu kochen; auch es wider Schlangenbiß einzugeben, und die Wunde damit zu reiben. Sonst ist es das gewöhnlichste Badstubenkraut.

Lilien weiffe, Lilium candidum, sieht man nur in den wenigsten Gärten, sie faulen bald und dauern selten lange aus.

Melonen Cucumis Melo, ziehen wir weit häufiger als die

die Arbusen, auch unsre wenig unterrichteten Bauer-
gärtner, die als Handlanger dem Deutschen etwas ab-
gestolen haben, kommen mit deren Wartung fort.
Die Pflanzen müssen wir sehr frühzeitig, noch mitten
im Winter im Treibhause oder in der Stube erziehen,
und dann auf Mistbeeten oder Pallen unter Fenster
verpflanzen, sonst bekommen wir keine reifen Früchte.
Aus den unreifen, und in deren Ermangelung aus unreifen kleinen Kürbissen, machen wir Mangut, den
wir theils anstatt eines Salats essen, theils erhöhen
wir dadurch den Geschmack etlicher Fleischgerichte.
Die Zubereitung geschiehet auf folgende Art: man
schneidet die Frucht mitten von einander, nimmt das
Weiche nebst der Saat heraus, füllt die Hölung wieder voll mit untereinander gemischten gehackten Knoblauch, Zwiebeln, Senf, Pfeffer, Ingwer, englisch
Gewürz (Einige legen ein wenig Teufelsdreck darzu,)
bindet dann beyde Hälften vest zusammen, und kochet
sie so lange in scharfen Essig bis die Schale ein wenig
weich wird; nun verwahret man sie in diesem Essig
zum Gebrauch. Auch der Essig kan zu Speisen verbraucht werden. — Vielleicht sieht es mancher gern,
hier die Art der Zubereitung zu finden.

Nelken halten selten mehr als einen Winter im Garten
aus: dann faulen sie leicht.

Pflaumenbäume Prunus domest., haben wir in unsern
Gärten; oft leiden sie des Winters. Zwetschgen
habe ich hier nicht gefunden.

Porkanen, gelbe Rüben Daucus Carota, SHer, säet Niemand auf dem Felde, auch nicht zur Mast wie in
Sachsen, noch für Gesinde.

Portulak Portulaca oleracea, wird wie grüner Kohl gekocht, die Stengel werden mit Salzwasser und Essig
zu Salat eingemacht; die Blätter etwas geschlagen,
geben einen Salat, der zuweilen die Stelle frischer
Gurken vertritt.                                        Rha-

Rhabarber, edle, Rheum Rhabarbara, wird in etlichen Gärten gezogen, die aber der siberischen nicht an Güte beykommt, woran vielleicht das Trocknen und Behandeln Antheil nimmt. Oft erregt die hier gewachsene zugleich ein Erbrechen. Man sagt, sie müsse 6 Jahre in der Erde stehen, ehe sie ihre gehörige Vollkommenheit erreicht.

Rhapontik Rheum Rhapontica, findet man in vielen Gärten gleichsam wild wachsend.

Rettig Raphanus sativus, ehstn. Reikas ziehen wir hier so gut als in Erfurth. Nach ächter liefländischer Art, die aber nur in etlichen Häusern beybehalten wird, isset man ihn mit Schmandt (Sahne, Raam,) oder gar mit Sauermilch vermischt.

Schalotten Allium ascalonicum, werden zu Salat eingemacht und von vielen mit Vergnügen genossen.

Schoten- oder Erbsenbaum Acacia sibirica, Robinia Caragana, kommt hier gut fort, und verträgt die Kälte.

Spargel Asparagus sativ. ehstn. Parglid, lett. Stohstini, ziehen erfahrne Gartenliebhaber durch ausgemauerte Gruben, Taubenmist und gut zubereitete Erde, sehr groß. Auf dem Hof Waimastfer im Dorptschen, wiegt jeder, ob man ihn gleich schneidet, sobald er mit der obersten Spitze aus der Erde hervorbricht, 5 bis 8 Loth. Die Letten ziehen ihn häufig, sonderlich bey Wenden, das Kraut an ihren Köpfen zu tragen.

Taback Nicotiana Tabacum; seit etlichen Jahren legen sich viele Bauern auf dessen Anbau, der gut gelingt; die Saat haben sie aus Rußland.

Wallnußbaum Juglans, will ohne Bedeckung die strenge Winterkälte nicht aushalten.

Zwiebel Allium Cepa; sonderlich die in Städten wohnenden Russen geben sich mit deren Anbau ab.

Drit=

# Dritte Abtheilung.
## Das Steinreich.

## Erster Abschnitt.
### Erdarten Terræ.

## I. Kalkarten Terræ calcareæ.

1. **Kalkstein** Lapis calcar. **Cronst.** Min. §. 7. finden
wir in den meisten Gegenden, und im ganzen
Lande, an See= und Bachufern, im Bette der Bäche,
in Aeckern, in großen Brüchen und in einzelen Stücken,
so häufig und überflüßig, daß wir jährlich ausser dem
eignen Gebrauch, Millionen Lasten verschiffen könnten,
ohne eine Abnahme zu spüren. Das ganze hohe Fel=
senufer (Klinde) der Ostsee, ist ein unerschöpflicher Kalk=
bruch in Ehstland; es besteht aus harten dichten Kalk=
stein, darunter einige Stücke gute Adern haben und eine
ziemliche Politur annehmen. Die im baltischen Port
gefangen sitzenden Russen, verstehen sie leicht und schnell
zu schleifen: 4 Personen machen in einem Tage 2 ziem=
lich große Tischblätter fertig, die sie mit Sand und dann
mit gebrannten Wetzestein auf einander abreiben. Nur
dauren sie nicht lange in freier Luft. — Alle Kalkbrüche
und deren kleine Verschiedenheiten anzuführen, wäre zu
weitläuftig. Der große Kirchholmsche Bruch bey Riga
zeigt verschiedene Adern und Farben, die graue, weisse
und rothe; er ist mit blätterigen Kalkspath und dessen
Kristallen, und wie die meisten Brüche im Lande, z. B.
im Oberpahlschen, mit allerley Versteinerungen durch
und

und durch angefüllt. Der Rodenpoische, Borkewitzi-
sche rc. Kalkstein bey Riga ist weiß, locker wie Kreide
und zeigt selten Versteinerungen. Der seltenste besteht
aus losen abgerundeten Stücken, die mit kleinen Kiesel-
steinen und Muschelschalen zusammengekittet sind.

2. **Marmor**, Cronst. Min. §. 7. ist bekanntermaaßen ein harter Kalkstein, der Politur annimmt. Hr.
**Büsching** gedenkt eines liefländischen schwarzen Mar-
mors, der zu Kaminen gebraucht werde: noch habe ich
ihn nie gesehen, und bessern als den gleich vorher angeführten aderigen Kalkstein, haben wir nicht. Im Kirchholmschen Bruche findet man einen ähnlichen, der gute
Politur annimmt; aber er besteht aus Schiefern die vermittelst einer lockern Kalkerde übereinander gekittet sind:
die lezte verwittert an der Luft, dann verlieren die ersten
ihre Verbindung. Einzele Stücke dichter Marmor von
schöner Farbe und guter Härte die man hin und wieder
findet, sind zum Gebrauch zu klein. Andre Stücke sind
wegen der häufig eingemischten Spathschiefer und Spath-
kristallen und der vielen leeren Zwischenräume, unbrauchbar.

3. **Kalkspath** Spatum calcareum, Cronst. Min.
§. 10. sowohl rhomboidalischen, der zerschlagen in läng-
lichte Würfel zerfällt, als blätterichten, beide weiß, halb
durchsichtig, in großen Klumpen in Kalksteine sitzend,
findet man unter andern im Kirchholmschen Bruche.

4. **Kalkspathkristallen** Spat. calc. cristallisatum,
findet man eben daselbst in verschiedenen Figuren; als

a) vierseitige (Waller. Min. spec. 61. 2.)
b) sechsseitige an den Enden abgestumpfte, Cronst.
Min. §. 11. 1. sind oft 3 Finger dick.
c) pyramidalische, Schweinszähne, werden in schönen großen Drusen und Nestern gefunden und sind
die häufigsten. Cronst. §. 11. 2. 1.
d) vielseitige (Waller. Spec. 61. 1.)

5. **Tropf-**

5. **Tropfstein** Stalactites calcareus, **Cronst.** §.
12. Die bey uns bemerkten vorgekommenen Arten sind
a) traubenförmig, im Bruche spathartig, mit einer schwarzen glatten Kalkerde überzogen. Ueber $\frac{1}{2}$ Fuß lang, $1\frac{1}{2}$ Zoll breit, aus dem Kirchholmschen Bruche.

b) Ein aus 2 an einander gekütteten Zapfen bestehender; von grauen Kalkstein, wurde nach der Ueberschwemmung i. J. 1771 am Dünastrande gefunden. Das äussere Ende giebt die Vermuthung, daß ihn die Gewalt des Wassers irgendwo losgerissen habe.

c) Ein aus zusammengekütteten Kugeln bestehender; ist einer Faust groß, im Bruche spathartig, und zu Mietau im Rigischen, am Wasser gefunden worden.

d) Ein ähnlicher aus größern ganz runden Kugeln bestehender. Dergleichen Kugeln werden auch bey Kirchholm gefunden, nur sind sie oft mit ganz kleinen Kügelchen gleichsam bestreuet.

e) Verschiedene einzele Kugeln von verschiedener Größe; vom Dünastrande.

f) Durchsichtiger weisser spathartiger, von unbestimmter Figur; aus einem oberpahlschen Kalkbruche.

g) Ein wurzelartiger, im Bruche kalkartig; hin und wieder zeigt er grobe Spathkörner. Von Mietau.

h) Ein wie eine Schwammkoralle gestalteter; röthlich, im Bruche spathartig; eben daher.

6. **Gyps** Gypsum, eine bekanntermaaßen mit Vitriolsäure gesättigte Kalkerde. Wir haben bey Adsel, sonderlich im Rigischen bey Uerküll, Dahlholm und Kirchholm, Brüche: zuweilen finden sich Schichten die, etwas schwärzlich aussehen. Ob man hier dichten Politur annehmenden Gypsstein oder Alabaster finde, weis ich nicht; in den adselschen Brüchen giebt es artige Stücke Achate. — Bey uns sind bekannt:

a)

a) Schuppenartiger Cronst. §. 16. besteht aus hellgrauen kleinen selenitischen Schuppchen die sich in
Sternchen ausbreiten.

b) Aus großen Schuppen bestehender, von unbestimmter Figur. Beyde von Dahlholm.

c) Faserichter Gyps. fibrosum; von Kirchholm.
Cronst. §. 17.

d) Durchsichtiger spathartiger. Cronst. §. 18. 1. 1.
besteht aus dünnen Spathblättern. Eine Abänderung zerfällt wenn sie zerschlagen wird, in rhom-
boidal Stücke: von Dahlholm.

e) Eben dergleichen mit Gypskristallen; aus dem
oberpahlschen Kalkbruche.

f) Pyramidal Gypskristallen (Waller. Sp. 49. 3.)
von Dahlholm.

7. Mergel Marga. Diese mit Thon vermischte
Kalkerde finden wir an vielen Orten theils mit Staub-
erde vermischt, theils in Gruben. Selten wird sie zur
Düngung auf den Acker geführt. Unsre bis jezt bekannten Arten sind

a) brauner mürber zusammenhangender, Cronst.
§. 26.

b) verhärteter, Cronst. §. 27. von rother Farbe; zerfällt an der Luft.

c) versteinerter in besondern Stücken, ebend. §. 28.
Man findet ihn mehrentheils grau und weiß, er
heißt Duckstein, mit welchem Namen man sonst
gemeiniglich in Riga die Bruch- oder groben Kalksteine, die zum Bauen gebraucht werden, bezeichnet.

## II. Kieselarten Terræ siliceæ.

1. Quarz, Cronst. §. 51. finden wir häufig in den
im Lande herumliegenden Felssteinen, und in einzelen
größern oder kleinern Stücken, sonderlich an Seestran-
den, als:

n)

a) weißer von unfühlbaren Theilen und glänzender Fläche.

b) weißer klarer;

c) körniger gefärbter, auch weißer.

d) Hieher setze ich auch den Sand der aus kleinen Quarzkörnern besteht. Wir haben vielerley bald mehr bald weniger vermischten, Sand; die wenigsten Gegenden haben daran Mangel; andre davon einen beschwerlichen Ueberfluß.

2. **Quarzkristallen** Quarz. cristallisatum. **Cronst.** §. 52. Außer den kleinen die sich in Kieseln befinden, welche die See auswirft, und außer denen die in Felssteinen auf Aeckern und Bergen zerstreut liegen, sind hier noch keine gefunden worden Ein großer, welchen die Ueberschwemmung im J. 1771 bey Riga zurück ließ, ist vielleicht bey uns nicht einheimisch gewesen.

3. **Achate.** Außer denen, welche bey dem abselschen Gypsbruch erwähnt wurden, habe ich hier von keinen gehört.

4. **Gemeiner Kiesel** Silex vulg. **Cronst.** §. 61. Man findet ihn von so feiner und dichter Gattung, daß er nach der Politur dem Achat gleicht. Im baltischen Port hat man einige geschliffen, bey denen man zweifelhaft war, wofür man sie halten sollte. Die meisten hiesigen Kiesel haben eine grobe hornartige Decke und darunter einen feinen Kern: manche auch wohl Bänder von andern Farben.

Feuer- und Flintensteine finden wir, unter andern im Fellinschen am nawastschen Bache, unter dem Gut Taifer.

5. **Jaspis;** zuweilen entdeckt man unter den Kieselarten auch in Felssteinen eine graue grobe eisenhaltige Jaspisart.

6. **Feldspath** Spatum scintillans; **Cronst** §. 66. ist hier ziemlich allgemein, der röthliche mehr als der

weiſſe, ſonderlich den Felsſteinen beygemiſcht, mit Quarz, Glimmer oder grauen Felsſtein verbunden. Einige nehmen Politur an.

7. Noch erwähne ich hier eines Steins, den ich jüngſt aus dem Fellinſchen bekommen habe: er iſt mit einer Porcellainglaſur über und über bedeckt, die ſich ablöſen läßt. Genau kan ich ihn jezt nicht beſchreiben; es ſollen ſich aber dort mehrere dergleichen Steine finden.

### III. Granatarten Terræ granateæ.

Granaten haben wir nicht, doch den zu dieſem Geſchlecht gehörenden Baſalt oder Säulenſtein, Cronſt. §. 72. nemlich:

a) ſtrahlförmigen, in Sandſtein mit Glimmer vermiſcht, bey Kattelkaln im Rigiſchen.

b) ſpathförmigen, mit Thon verbunden, am Dünaſtrande.

### IV. Thonarten Terræ argillaceæ.

Folgende ſind hier bemerkt worden.

1. Eiſenthon Bolus, Cronſt. 68.

a) rother; unter andern auf der Stelle des verwüſteten Schloſſes Tarwaſt im Fellinſchen, der zum Mahlen brauchbar iſt.

b) grüner, Cronſt. 86. wird bey Reval gefunden, bald heller, bald dunkler, im Waſſer auflöslich, zum Mahlen brauchbar.

2. Gelber Trippelthon mit grauen und rothen Eiſenthon vermiſcht.

3. Gemeiner Thon; in einigen Gegenden häufig, in andern gar nicht: bey unſern Ziegelöfen hat oft keine Wahl Statt, man nimmt den nächſten, und bearbeitet ihn wohl gar nachläſſig. Doch machen wir auch an etlichen Orten dauerhafte Dach- und Mauerſteine; ein Tauſend von den erſten koſten im Lande 6 bis 10, von den

den letzten 4 bis 7 Rubel; in den Städten wegen des Fuhrlohns etwas mehr. Folgende Arten hat man bemerkt:

a) röthlichen magern, mit vielen Sand vermischt; die Töpfer brauchen ihn zur Verstreichung der Oefen.

b) graulich blauen fetten. So ist der, den man bey der rigischen Koberschanze zum Ziegelbrand braucht. Er soll zu unächten Porcellain tauglich seyn. Daß in Reval aus einem daselbst gefundenen Thon sehr hübsche Fayance gemacht wird, ist schon im Vorhergehenden gemeldet worden.

c) grauen, den man zu steinernen Geschirren braucht.

d) blauen, häufig.

e) schwärzgrauen; man findet ihn bey Walk; er zerfällt wenn er getrocknet ist, und scheint daher unbrauchbar zu seyn.

f) weißen, findet man unter Oberpahlen in den pallopohjaschen Morästen; seine Brauchbarkeit ist noch unbestimmt: zu Töpfen bey den Glashütten, wurde er nach gemachten Versuch, untauglich befunden.

## V. Glimmerarten Terræ micaceæ.

Glimmer besteht bekanntermaaßen aus über einander liegenden glänzenden Blätterchen oder Schuppen von unterschiedener Farbe. Wir haben

1. ungefärbten Glimmer, Katzensilber, in Fels- und Sandsteinen;

2) gefärbten, nemlich

a) gelben, Katzengold, mit Feldspath, Quarz, Hornstein vermischt;

b) dunkelgrünen;

c) hellgrünen;

d) hellgrünen gewundenen ohne fremde Beymischung, im Neuermühlschen bey Riga.

Zweyter

## Zweyter Abschnitt.
### Erdharze, Phlogista mineralia.

### I. Reine Erdharze.

1. **Börnstein** findet man bey dem Ausfluß der Düna, bey Bolderaa, in großen und kleinen Stücken, von dunkler und heller Farbe, klar und undurchsichtig; seit etlichen Jahren häufiger als gewöhnlich: aber niemals Insekten darin. Ein vor einiger Zeit gefundenes Stück wog 8 Loth.

2. **Schwefel.** Unter Serbigal in Lettland soll sich ein natürlicher Schwefel finden: doch fehlen mir noch zuverlässige Nachrichten. Eben so von dem

3. **Steinöbl,** welches man nach eines Mannes Versicherung unter einem kleinen ehstländischen Gut soll gefunden haben; und von den hiesigen

4. **Steinkohlen,** die mir noch nicht zu Gesicht gekommen sind.

5. **Torf** Humus vegetabilis lutosa, Turfa. *Waller.* Spec. V. finden wir in den meisten Morästen. Einige Güter haben bereits angefangen ihn zu graben, und zum Heitzen in Riegen und in Branteweinküchen zu brauchen: welches vermuthlich nach etlichen Jahren noch häufiger geschehen wird.

### II. Mit vitriolischer Säure verbundene Erdharze.

1. **Schwefelkies mit Eisen vermischt,** Cronst. §. 152. 1. Ein traubenförmig gewachsener, ausserhalb rostfarbig und schwarz, im Bruch mit einem eisenfarbenen metallischen Glanz, dessen weisse Farbe die Gegenwart des Arseniks verräth, ist bey Riga gefunden worden.

1. Durch

2. **Durch Arſenik, Eiſen und Kupfer mineraliſirter Schwefelkies.** Unter einigen ehſtländiſchen Gütern, auch an einem kleinen Bach im Oberpahlſchen, findet man ihn ſparſam und in kleinen Stücken: am häufigſten bey dem baltiſchen Haven, ſonderlich etliche Werſt davon unter dem Gut Leetz, theils im Waſſer, theils im Sande am Oſtſeeſtrand. Etliche flache Scheiben betragen ½ Elle im Durchmeſſer, in der Dicke ½ Zoll. Stücke von 50 Loth ſind ſehr gemein. Luft und Sonne machen ihn durch die Länge der Zeit mürbe, ob er gleich hart iſt. Er giebt Funken wie ein Feuerſtein, und zugleich einen ſtarken Schwefelgeruch: geſchmolzen und geſtoßen eine grüne Töpferglaſur. Er enthält viel Schwefel, Vitriol, Eiſen, und rothe Färbererde. Die Gefangenen im baltiſchen Port haben ihn auf einem bleiernen Rade mit Mergel, dann auf einem zinnernen, geſchliffen, und in Ringe, Stockknöpfe u. d. gl. geſezt. Die geſchliffenen Stücke ſind dunkelbleifarbig und glänzend, unter dem Namen der Geſundheitſteine bekannt. Vielleicht würde er in manchen Fabriken brauchbar ſeyn. Zuweilen findet man mit Quarz verbundene Stücke.

---

# Dritter Abſchnitt.
## Salzarten.

---

### I. Saure Salze.

Im Waſſer aufgelöſete Vitriolſäure befindet ſich auf dem Gut Durenhof im Burtneckiſchen und iſt zum Schwarzfärben brauchbar.

### II. Laugenſalze.

**Mauerſalz** Aphronitrum, Cronſt. §. 137. ſetzet ſich oft in Gewölben und andern feuchten Mauern an.

**Anmerk.**

Anmerk. Mineralisches Wasser und Gesundbrunnen haben wir nicht. Von einigen Quellen rühmt man eine heilende Kraft und einen viel versprechenden Geschmack; unter andern von zwoen auf der Insel Dagen, einer auf dem Berge bey der Bake, der zweyten bey dem Gute Hohenholm. Die erste wird von den dasigen Bauern wider Augenkrankheiten gebraucht. Kein Arzt hat sich die Mühe gemacht, diese und andre ähnliche Quellen gehörig zu untersuchen.

## Vierter Abschnitt.
## Metalle.

Wir haben keine Bergwerke. Arndt führt in seiner liefländ. Chron. 2 Th. aus dem Menius an, daß am Dünafluß hinauf Eisen, Kupfer, Wismuth und Galmey sey gegraben worden, welches aber der Krieg unterbrochen habe. Eines bey Wolmar entdeckten aber nicht zu Stande gekommenen Bergwerks habe ich bereits im ersten Band S. 229 gedacht. Unter dem Gut Wolmarshof im Pillistferschen wo man gleichfalls Spuren fand, wurde auch ein Versuch gemacht, der aber bald liegen blieb. Die Schweden, als gute Rechenmeister, fanden vielleicht Gründe kein liefländisches Bergwerk aufzunehmen: hohe Gebirge haben wir nicht, das überall vorhandene Wasser macht die Bearbeitung sehr beschwerlich; Wälder wären verwüstet, Leute dem Ackerbau entzogen, und bey einer verringerten Kornausschiffung die einträglichen Zölle sehr heruntergesetzt worden.— Vielleicht würde man in den Bergen bey Wenden, Neuhausen, Haanhof u. a. O. bald Metalle entdecken. Kleine Stücke findet

findet man hin und wieder im Lande: aber kein Mensch
unterfucht fie, und zu einer Anlage find fie nicht hinrei=
chend. Anzuzeigen ift

## I. Metall.

1. **Eifenerzt** Minera ferri. Anzeigen davon fin=
den fich hin und wieder.

a) Gelbes, Eifenocher, unweit Wenden.

b) Sumpferzt in unordentlichen Stücken, ift fahlroth
und fchwer. Auf dem Gut Bebberbeck jenfeit der
Düna wird es auf dem Acker und in der Mohrerde in
großen Klumpen ausgeriffen. (**Cronft.** §. 202. 1.
2. 5.)

c) Großkörniges durch Schwefel mineralifirtes Eifen.
(**Cronft.** §. 211. 1. 2. 1. 3.) Es ift im Bruche fein
und metallifch, aber mit gröbern Sumpferzt ver=
mifcht. Es fitzt in dem vorher angezeigten Sumpf=
erzt in großen Klumpen. Wenn man das dichtere
reibt, fo wird es vom Magnet gezogen.

d) Eine ölichte Feuchtigkeit von bläulicher Farbe, die
aus etlichen Moräften, fobald man 1 oder 2 Fuß
tief gräbt, hervorquillt, foll auch eifenhaltig feyn.

2. **Bleyerzt** Min. plumbi. Unter dem vorher
genannten Gut im Pilliftferfchen, hat man aus einem
Fliefenbruche kleine Bleyftuffen gefunden, die fo ergiebig
waren, daß ein hiefiger Arzt aus 5 Loth Erzt, ein Loth
reines Bley gewann. Eben dergleichen giebt es am Na=
waftfchen Bache im Fellinfchen, daraus man gleichfalls
Bley gefchmolzen hat.

## II. Halbmetall.

1. **Markafit;** Bey Reval am Seeftrande, wird
mineralifcher Markafit mit kleinen Würfeln (**Cronft.** §.
224. 3. 1. 2.) in flachen arfenikhaltigen Schwefelkiefen
gefunden.

## Fünfter Abschnitt.

## Felssteinarten, Saxa.

I. Zusammengesetzte Felssteinarten.

1. Gestellstein von verwickelten Theilen, (Cronst. Min. Anh. §. 262. 2.) weißgrau, mit weissen und grauen Glimmertheilchen so verwickelt, daß Textur und Bestandtheilchen kaum zu erkennen sind.

2. Loser schwarzer Schiefer, schwarze Kreide; sehr weich, leicht, mit Untermischungen von gelben und brandgelben Thon. Man findet ihn bey Reval. In dasigen Steinbrüchen findet man auch einen härtern dichten schwarzen Schiefer, und am harrischen Seestrande einen lockern aus dünnen Blättern bestehenden schwarzgrauen: sämtlich zu Dächern untauglich.

3. Granit, Felsstein (Cronst. Min. Anh. §. 270) meistentheils grobkörnig, schwarzgrau und gesprengt, mit Feldspath, Glimmer, Quarz u. d. gl. gemischt.

II. Zusammengeleimte Felssteine, Conglutinata.

1. Aus Kieseln und Muscheln durch Kalkerde zusammengeleimt; die vielen Zwischenräume welche die verwitterten Muschelschalen gelassen haben, verstatten keine Politur.

2. Aus den Körnern von allerley Felssteinen und aus Sand zusammengeleimte Felssteine, Sandsteine. Cronst. §. 278. Sie sind vermittelst des Kalkes verbunden. Wir haben

    a) Weissen Sandstein, besonders bey Kirchholm u. a. O.

    b) Ebendenselben mit rothen Adern; ebendaselbst. Beyde Arten sind die feinsten und dichtesten und werden zum Bauen gebraucht.    c) Ro-

e) Rothen Sandstein mit eingesprengten **Glimmer**-schuppen; er bricht in dünnen Schiefern.

d) Blaßrothen, mit dunkelrothen Flecken oder Adern.

**Anmerk.** Fliesen oder Mauersteine finden wir im ganzen Lande, in großen unerschöpflichen Brüchen; in Ehstland etwas mehr als in Liefland: die meisten erfordern einen Kalkbewurf, weil sie sonst in freyer Luft bald mürbe werden. Die wenigsten taugen zu Wohnhäusern, weil sie Feuchtigkeit anziehen und die Zimmer kalt, feucht und ungesund machen. Die bey Reval und bey Weissenstein sind hart, dick und groß. Die von der Insel Moon lassen sich gut bearbeiten, und geben gute Fliesenöfen. Die berühmtesten sind die Merjamaischen in der Wiek: dort und unter dem bey Merjama liegenden Gut Orkita, werden Steine gebrochen, die ausser ihrer beträchtlichen Länge und Breite, 1¼ Elle dick sind. In der Erde sind sie weich und lassen sich schneiden; an der Luft werden sie bald hart und weiß, doch nehmen sie Farbe an; durch einen Anstrich mit Oelfarbe dauern sie lange, in freyer Luft, wie die Erfahrung gezeigt hat. Schon viele sind von dort über Reval zu Wasser nach St. Petersburg, für den neuen kaiserlichen Pallast verschifft worden. Die spät im Herbst gebrochenen, springen zuweilen an der Luft. Der Bruch liegt 3 Fuß tief unter der Erde, und erstreckt sich weit. — — Mit großen und kleinen Felssteinen sind viele Felder beynahe bedeckt; wir lassen sie unbekümmert liegen: nur wo Mangel an Land ist, werden sie auf Haufen gesammelt: lieber macht man ein Stück neues Land, als daß man etliche große schwere Steine hinwegschafft. Die sandartigen lassen sich leicht spalten, und zu Mühlsteinen zubereiten: Russen welche im Lande herumgehen, suchen sie auf, behauen sie, und

Ll 5 bekom-

bekommen für jedes Paar überhaupt 10 bis 14 Rubel, nebst etwas Proviant. — Feine Sandsteine zu guten Schleifsteinen, sind hier selten; doch kauft der Bauer weder Schleif- noch Wetzestein, beydes findet er zu seinen Bedürfnissen hinlänglich.

## Sechster Abschnitt.

## Versteinerungen, Corpora lapidefacta.

Sie sind fast sämmtlich von Hrn. Fischer, bey Riga und andern Orten gesammelt worden.

I. Von bekannten Thieren, hat man gefunden

1. Einen in Kiesel verwandelten Pferdezahn; bey Riga im Sandberge.

2. Einen calcinirten Zahn von einem großen vierfüßigen Thier, ist $3\frac{1}{4}$ Zoll lang, hat seinen Glanz besonders an der Krone, behalten, ist vollständig, mit einer zweyzackigen Wurzel; ebendas. gefunden.

II. Versteinte Thiere, deren Originale unbekannt sind. Ohne an die Muthmaßungen der Steinsammler zu gedenken, ist von hier anzuzeigen

1. Krötenstein Bufonites. Man hält ihn mit vieler Wahrscheinlichkeit für den Backenzahn des Hayfisches, von welchem Mylius, wie er in Memorabil. Saxon. Subterran. meldet, auch verschiedene zugespitzte Vorderzähne (Glossopetras) aus Liefland erhalten hat. — Für wahre Krötensteine hält sie jetzt kein Naturkundiger.

2. Orthoceratiten, sind gerad stehende, auch am obern Ende wie ein Bischofsstab gekrümmte runde Stabsteine, welche mit in einander gesetzten Schüsselsteinchen gefüllt sind. Unter Fockenhof in Wierland, findet man deren viele selbst von der größten Art, in einem weißen Thongebürge. 3. Don:

3. **Donnerſteine, Belemniten.** Daß ſie See=
würmer, oder Stacheln vom Seeigel ſeyn, iſt unerweis=
lich. Bey Nietau im Rigiſchen iſt einer 2 Zoll lang,
kieſelartig, mit einer runzelichten Fläche gefunden worden.

4. **Säulenſtein, Entrochit.** Einer iſt bey Ram=
kau im Wendenſchen gefunden worden, welcher aus 4
Räderſteinen beſtand, und in grauen Kalkſtein lag.
**Mylius** l. c. 2 Th. S. 32. gedenkt einiger liefländiſchen
Trochiten.

III. Verſteinte ſteinſchalichte Thiere, Conchylia
lapidefacta.

A. **Einſchalichte** Uniualuia.

1. Verſteinte Erd= oder Gartenſchnecken, finden
ſich häufig, unter andern im Kirchholmſchen Kalkbruche
bey Riga. Faſt allezeit fehlt die Schale, der nachgeblie=
nene Kern beſteht aus dichten Kalkſteine.

2. Verſteinte Nabelſchnecken

a) mit Spathkriſtall gefüllt, bey Kirchholm im Kalk=
bruche und im benachbarten Walde.

b) mit Kalk, ebend.

c) im Mauerkalk, auf den Ruinen des zerſtörten
Schloſſes Neuermühlen bey Riga, wo man auch
Flußſchnecken findet, deren Originale im vorbey=
fließenden Bache vorhanden ſind. Vielleicht ſind
ſie durch eine Ueberſchwemmung in den Kalk ge=
kommen.

3. Verſteinte platte Kräuſelſchnecken; häufig, mit
Spathkriſtallen oder mit Kalkſtein gefüllt.

4. Verſteinte Schwimmſchnecken, Neriten, ſowohl
einzele als zuſammengeſetzte, findet man ziemlich häufig
unter andern im Walde bey Kirchholm u. a. Orten.

5. Verſteinte Ammonshörner. Sie ſind wie zu=
ſammen gewundene Widderhörner geſtaltete Schnecken=
ſteine, deren Originale bey uns in Flüſſen und Graben
angetroffen werden. Man findet ſie

a) im

a) im grauen Kalkstein, bey Ramkau;

b) mit etwas erhabenen Gewinden in grauen Kalk:
stein, bey Kattelkaln;

c) kleine verſteinerte Ammonshörner im gelben Kalk:
stein; im Kirchholmſchen Kalkbruche.

d) verſteinerte Ammonshörner mit erhabenen Gewin:
den gleichſam mit Spathkriſtallen beſtreuet, ebend.

e) ein ſchönes großes mit Gelenken, iſt vor einiger
Zeit in einem hieſigen Felsſteine gefunden worden.

B. Zweyſchalichte Biualuia.

1. Verſteinte Bucarditen, Bucardia lapid. Dieſe
einem Ochſenherz ähnliche Muſchel iſt verſteinert bey
Ramkau gefunden worden.

2. Verſteinte Gaper oder Gienmuſcheln Chamitæ,
Chamæ lapideæ. Wenn ihre Schalen geſchloſſen ſind,
zeigen dieſe Muſcheln auf der einen Seite eine herzförmi:
ge Grube. Man hat darvon gefunden

a) Chamiten in ſpathartigen Kalkſtein, zu Ramkau.

b) in dunkelrothen Kalkſtein, bey Kirchholm. Sie
nehmen wegen ihrer dichten Textur, Politur an.

c) Graue Chamiten, die mit lockern Kalkſtein über ein:
ander geleimt ſind; vom Dünaſtrande bey Riga.

d) Chamiten in grauen Thon ⎫
e) runzelichte in Kalkſtein ⎬ von Ramkau;
f) mit Kalkſt. und Spath gefüllt ⎭

g) große in lockern Kalkſtein, von Mietau;

h) dergleichen kleine, von Kirchholm.

3. Anomiten, Terebratuliten,

a) zurückgebogene, bey Kirchholm;

b) platte in weiſſen Kalkſtein, bey Ramkau;

c) bäuchige in weiſſen mit Spaththeilchen gefüllten
Kalkſtein, ebendaſelbſt.

4. Pectiniten, verſteinte Kammmuſcheln. Folgen:
de ſind theils ganz, theils in Abdrücken vorgekommen.

a) Abdrücke von Pectin. in grauen ſpathigen, weiſſen,

harten,

harten, ſchwarzen, grauen loſen, ſchwarz und weiß ge=
ſprengten Kalkſtein; von Ramkau, Nietau, Alexander=
ſchanz, Kirchholm und Kattelkaln.

b) Rother Abdruck in weiſſen Kalkſtein, bey Kirchholm.

c) Großer Abdruck in harten aus Kieſel und Muſchelſchalen
zuſammengeleimten Kalkſtein, bey Riga.

d) Pectiniten von rother Schale mit erhabenen Streifen;
vom Dünaſtrande bey Kattelkaln.

e) Pectiniten im rothen, ſchwarz und weiſſen Kalkſt. bey Riga.

f) Kleine Pectiniten mit Spathkörnchen beſtreut, im Kalk=
ſtein, bey Kirchholm.

g) Dergleichen mit calcinirter Schale, in braunen Kalk=
ſtein, vom Laisholmſchen Bache im Dorptſchen.

h) Mit Spath gefüllt, von Ramkau.

C. Vielſchalichte, Multivalvia.

Echiniten, Seeigel; ſind hier etwas ſelten. Man
hat gefunden

a) herzförmige in Kalkſtein, im oberpahlſchen Bache;

b) runde mit Kalkſtein gefüllt, bey Ramkau;

c) zuſammengedrückte kieſelartige, bey Riga;

d) geformten Kieſel mit Seeigelſtacheln gefüllt; er iſt einer
Fauſt groß und ſchwarz; die Stacheln ſind weiß und
ſitzen in den offenen Hölen des Steins; vom Düna=
ſtrande bey Kattelkaln.

e) Flachen Kieſel auf der Oberfläche mit weiſſen Seeigel=
ſtacheln angefüllt; ebend.

D. Steine mit Muſchel= und Schnecken=Vermiſchungen,
ſind an verſchiedenen Orten geſammelt und gefunden wor=
den, auſſer bey Riga, auch am laisholmſchen Bache.

1. Verſteinte Chamiten und Pectiniten im rothen und
weiſſen Kalkſtein, aus einem Bache zu Roop. Und in dich=
ten grauen Kalkſtein, von Nietau.

2. Spathartige bäuchige Anomiten und Chamiten im
harten dichten Kalkſtein in großen Stücken am Laisholmſchen
Bachufer.

3. Verſchiedene verſteinte Muſcheln in Kalkſt. von Nietau.

4. Kleine und große Chamiten mit einem Ammonshorn
in grauen harten und in dichten Kalkſtein, von Kirchholm.

5. Verſchiedene Flußſchnecken im rothen harten Kalkſt.
bey Kirchholm ſehr häufig. Mylius l. c. I. Th. S. 68. ge=
denkt einer ſolchen liefländiſchen.

6. Chamiten, Pectiniten und Porcellaniten in dichten
ſpath=

spathartigen Kalkstein. Dieses bey Mietau gefundene Gemisch ist einer Faust groß, und wegen der Porcellaniten, die man sonst selten antrift, rar.

7. Bäuchige Anomiten mit Seeigelstacheln, in dichten Kalkstein von Dahlholm bey Riga.

### IV. Versteinerte Korallen, Corallia lapidea.

Sonst hielt man sie für harte Seegewächse; der Graf Marsigli ein geübter Naturforscher, beobachtete daran sogar fünfblätterige Blüten: jetzt werden sie für Polypengebäude erklärt. In Liefland sind folgende versteinerte entdeckt worden.

1. Madreporiten, Sternkorallen, Madreporæ.

a) Dicht an einander stehende, deren Sterne sich auf der Oberfläche ausbreiten. Die meisten Höhlungen sind mit kieselartigen Steinchen gefüllt; die ganze Masse schließt einen weissen harten Kalkstein in sich; von Mietau.

b) Zusammengeschobene mit unmerklichen Sternchen in grauen Kalkstein; von Ramkau.

c) Madreporiten, deren Sternchen die durch alle einzele Korallenröhren gehen, einander so berühren, daß die Steinmasse aussieht als bestehe sie aus aufeinander gelegten Scheiben. Von Mietau.

2. Milleporiten, Punktkorallen. Milleporæ.

a) Ein aus ganz dünnen zusammengeschobenen Aesten bestehender, in grauen Thon; von Ramkau.

b) Kleine auf der Oberfläche eines weissen Kalksteins; und andre die in demselben befindlich sind; ebendaher.

c) Aus ganz dünnen dicht aneinander gepreßten Röhren bestehende in dichten weissen Kalkstein; ebend.

d) Unordentlich aneinander geschobene im harten braunen Kalkstein, vom Laißholmschen Bachufer.

3. Tubuliten, Tubiporæ; finden sich hier häufig, und werden gemeiniglich wegen ihrer äussern Aehnlichkeit mit Bienenzellen, für versteinertes Wachshonig gehalten. Auch Mylius führt einen aus Liefland erhaltenen an, unter dem ungereimten Namen Mel sylvest. petrefactum. Folgende sind hier beobachtet worden:

a) dicht an einander geschobene mit eckigten Röhren, in grauen Kalkstein.

b) dergleichen mit einer Netzkoralle, in rothen Kalkst. verwandelt, liegen in weissen Kalkst. von Ramkau.

c) dergleichen mit 5 eckigten Röhren, in weissen, auch in schichtweise übereinander gelegten Kalkst.

d) dicht aneinander geschobene, in weissen Kalkst. e) an

e) andre zwischen welchen Milleporiten stehen, in grauen harten Kalkst.

f) Tubuliten u. Milleporit. schichtweise über einander liegend.

g) Korallisches Orgelwerk, aus in einander gesetzten Röhren bestehend.

h) Tub. deren Zwischenräume mit dichten weissen Kalkst. angefüllt sind.

i) Grosse auseinander geschobene mit sechsseitigen Röhren in grauen Kalkst.

k) Dergleichen kleine mit allerley kleinen unkennbaren Korallengeschiebe; andre deren Röhren mit Spath gefüllt sind.

l) Weisse mit zarter braunen Kalkerde überzogen, die Röhren sind rautenförmig und leer, hier und dar mit kleinen Kieselsteinkörnchen gefüllt. Sie stehen blos ohne den geringsten Gestein (Matrix.) Ein schönes kenubares Stück von Nietau.

m) Kleine rautenförmige; dergleichen eckigte dicht zusammengesetzte; eckigte weisse, um welche ganz lockere schwarze stehen: kalkartige, in groben Kalkst. vom Dünastrande; sechsseitige, mit leeren in braunen Kalkst. verwandelten Röhren; andre mit runden Röhren; andre die mit Spath gefüllt sind, oder mit halb durchsichtigen Spath aus einem oberpahlschen Kalkbruche.

n) Mit unordentlich geformten, aneinander geschobenen Röhren ohne einigen Gestein. Dieß Stück ist ganz schwarz wie gebrannt, glänzend und leicht.

o) Dicht zusammen gepreßte kleine, aus sechsseitigen Röhren bestehende, die eine so dichte Masse ausmachen, daß sie eine schöne Politur annehmen; Von Nietau.

4. Astroiten, Sternsteine, Astroitæ, als

a) in weissen marmorartigen Kalkstein; im rothen Kiesel; in einer kalkartigen Höhle; in grauen kalkartigen Thon; in weissen Kalkstein. Von Ramkau, Nietau u. a. O. m.

b) in weissen mürben Kalkst. welche eine Masse von weissen selenitischen Geschiebe, als einen Kern in sich haben; andre die durch und durch mit Spath, oder schichtweise übereinander gelegt und mit grauen Kalkst. gefüllt sind, oder mit beyden, oder mit rothen dichten Kalkstein.

c) in einer Kalkmasse, zwischen welchen sechsseitige Tubuliten stehen; oder die mit Chamiten gemischt sind.

d) Grauer, dichter Kalkst. mit Astroiten überzogen.

e) Astroiten mit Spaththeilchen gefüllt in Kalkst. Ein anderes großes

großes abgerundetes Stück, aus dicht u. gerade zusammengesetzten mit weissen Spath gefüllten Röhren. Zusammengeschobene Astroiten mit Spaththeilchen gefüllt. Dergl in weissen Kalkst. die Politur annehmen. Dergl. graue marmorartige auch; weisse, und mit Kalkst. gefüllte.

f) Fibröse mit Spath gefüllte Astroiten, deren Zwischenräume aus dichtem weissen Kalkstein bestehen.

g) Ein sehr schöner, deutlicher Astroit im Thon, von Alexanderschanze bey Riga. Die vorhergehenden sind meistentheils von Nietau, Ramkau und Dahlholm.

5. Reteporiten, Nees oralle, Reteporæ; als
a) im rothen, auch im weissen dichten Kalkstein.
b) Graue Retepor. u. Tubulit. in, auch auf einem weissen Kalkst.
c) Weisse Retepor. in grauen dichten Kalkst.
d) Retepor. auf einem grauen dichten, und auf einem groben Kalkstein. Sämmtlich von Ramkau und Nietau.

6. Wurmartige Wasserkorallen, Astroitæ undulatæ, in weissen Kalkst. von Nietau; und auf einem grauen, dichten Kalkst. welcher mit Astroiten gefüllt ist; von Ramkau.

7. Korallische Hippuriten, Hippuriti corallini, nur ein solcher Stein ist zu Nietau gefunden worden, nehmlich ein Kalkstein in welchem etliche mittelmässige, gerade und gebogene Hippuriten stecken.

8. Korallholz Corallia origine cornea ramosa Waller. Spec. 337. Ein knotiges Korallholz ist am laisholmischen Bachufer gefunden worden.

V. Versteinerungen aus dem Gewächsreiche.

1. Versteinertes Holz. Hiervon ist gefunden worden
a) ein versteinertes Stück Baumrinde;
b) ein großes Stück gerade aneinander gepreßter Espenwurzeln, wurde zu Gravenheyde bey Riga aus der Erde gegraben, und
c) ein Stück weisse Espenwurzel bey Nietau gefunden.

2. Versteinte Blätter Lithobiblia. Auf Arrasch bey Wenden wurden einige Stücke grober gelblicher Kalkstein mit deutlichen Abdrücken von Lindenblättern gefunden, und davon ein schönes Exemplar in das Himselsche Muséum in Riga gegeben. Vor einigen Jahren fand man zu Nietau ein schönes Stück versteinertes Moos in einem Klumpen von brauner Farbe: jedes Zackchen der Stengel und Blätter könnte man deutlich unterscheiden. Es war einer guten Faust groß.

Anhang

# Nachtrag zum erſten Band,

### enthaltend

## Ergänzungen, Zuſätze und Berichtigungen.

Was ich nur irgend erfahren habe, werde ich hier mel=
den, ſelbſt die im erſten Bande eingeſchlichenen
Unrichtigkeiten, die mir ſind angezeigt oder ſonſt bekannt
worden, nicht verſchweigen.

Zu S. 17 des erſt. Bandes.)

Es wäre eine undankbare aber leichte Arbeit, meh=
rere Bücher anzuführen, in welchen von Liefland unrich=
tige Nachrichten gegeben werden: nur etlicher die mir
nach Vollendung des erſten Bandes zu Geſicht kamen,
will ich kürzlich gedenken.

Hr. Hager handelt im 3ten Th. ſeiner ausführl.
Geographie, der 1774 herauskam, auf 5 Seiten von
Liefland: aber welche Menge von Fehlern, Unrichtigkei=
ten und Verſtümmelungen! z. B. den narvſchen Waſſer=
fall findet er vor der Stadt gegen die Oſtſee; in Reval
ſollen 2 große Jahrmärkte, und eine reformirte Kirche;
in Dorpt ſeit 1729 wieder eine hohe Schule; der Haven=
bau zu Rogerwiek (baltiſchen Port,) unter der Kaiſerin
Eliſabeth, durch den Viceadmiral Barſch vollendet
ſeyn u. ſ. w. Man ſieht, daß er ſich durch falſche Nach=
richten, und durch ältere elende Geographien hat verlei=
ten laſſen; die Büſchingiſche Erdbeſchreibung ſcheint
er nicht genützet zu haben.

In Moskow kam 1773 ein geographiſches Lexicon
des ruſſiſchen Reichs, unter des bekannten Hrn. Mül=

lers

lers Aufſicht heraus: es hat den Titel Geografitſcheſkii Lekſikon Roſſiiskago Goſudarſtwa — — ſobran ii Koll. Aſſeſſorom — — *Fedorom Poluniniim* &c. So= viel mir wiſſend iſt, wird jetzt an einer deutſchen Ueber= ſetzung gearbeitet, worbey die in Anſehung der lieflandi= ſchen Artikel eingeſchlichenen Unrichtigkeiten leicht kön= nen vermieden werden, z. B. daß Dago (Dagen) im wierländiſchen Diſtrikt liegen, dreyeckig, und jede Seite 5 Meilen lang, die Inſel überhaupt aber 9 Meilen lang ſeyn ſoll u. ſ. w. Auch bey der Anzeige der revalſchen Kirchen, des Gouvernements und des Havens ſind kleine Aenderungen nöthig; daß auf Oeſel ein Landshaupt= mann, zu Oberpahlen ein Jahrmarkt und eine ruſſiſche Krambude, auch daß die Stadt Wenden, von der Kaiſerin Eliſabeth dem Graf Beſtuſchew Riumin ſey geſchenkt worden, muß ausgeſtrichen werden.

In der 1773 zu Reval herausgekommenen kurzen Geographie des ruſſiſchen Reichs, welche eine zweyte verbeſſerte Ausgabe war, hätte man billig nicht, vom baltiſchen Haven verſichern ſollen, daß er nicht zufriere.

Hanways Reiſen, die auch in der Sammlung der beſten und neueſten Reiſebeſchreibungen in ei= nem ausführlichen Auszuge, ſtehen, liefern von Lief= land wenig, und auch dieß iſt voller Fehler. Ich würde ihrer hier nicht gedenken, wenn ich nicht befürchten müßte, daß Jemand die von Hanway gerühmten re= valſchen Wollenfabriken in meinem Buche vermiſſen möchte. Ich verſichere, der gute Engländer meldet von Reval viel unerhörtes Zeug, z. B. die Stadt müſſe 520 Soldaten und 300 Seeleute unterhalten; iu den innerhalb der Stadtmauern befindlichen 600 Häuſern, wohnten acht hundert Menſchen; die Leute lebten ſo ſicher, daß ſie faſt mit offenen Thüren ſchlafen könnten; vor der Olai Kirche hätten ſie eine abergläubiſche Hoch= achtung: andre dergleichen Unwahrheiten zu geſchweigen.

Die

Die im Neuveränderten Rußland 2ten Theil, eingeschlichenen Unrichtigkeiten lassen sich bald berichtigen; etliche will ich anzeigen S. 496 u. 497, muß man anstatt Broun und Jenteltart, lesen Browne und Engelhard. Im Hofgericht sind S. 498 zu wenig Beysitzer angegeben, und im Oberkonsistorium fehlt S. 499 der Direktor, dessen Stelle seit einigen Jahren unbesetzt ist. S. 503 sind zu wenig Mitglieder für das revalsche Oberlandgericht angegeben, auch etliche ehstländische Richterstühle, z. B. das Oberappellationsgericht, das Provinzialkonsistorium, Landwaisen- Niederland- Mann- und Haakengericht, ganz übergangen worden. Die Frage S. 501, ob durch Wais'koi Magistrat, der in Wolmar oder in Fellin verstanden werde, ist unnöthig: warum dachte der Hr. Verfasser nicht an das Städtchen Walk.

### Zu S. 42.

Die Charte vom Herzogthum Liefland, ist mit lateinischen Lettern bereits ausgegeben worden; welches Hr. Büsching auch schon bekannt gemacht hat.

### Zu S. 49. u. f.

Der Hr. Landrath Baron von Schoulz hat ein Buch über die Geschichte und das Staatsrecht von Liefland, geschrieben, welches in der Ritterschaft-Kanzeley zu Riga im Mscpt. verwahrt wird.

In Hrn. Büschings Magazin 7ten Th. findet man die Landrollen (die Namen, Größe und Besitzer der Güter) von Lief- und Ehstland.

### Russische Werst, zu S. 64.

Auf jede Werst rechnen unsre Revisoren 1800 schwedische Ellen, deren 100 etwa 70 ordinäre Schritte betragen; daher macht man gemeiniglich auf 1 Werst etwa 1200 Schritte. Ein Grad des Aequators hält $104\frac{1}{2}$ Werst.

Zu

### Zu S. 80.

Der ehstnische Name **Karaperre** und **Kara-werre Mois**, den 2 Güter führen, kommt zwar eigentlich von den vormaligen Besitzern die **Scharenberg** hießen; doch wird dadurch die Vermuthung nicht entkräftet: genug daß der Ehste zuweilen das p mit w verwechselt.

### Fortgesetzte Wetterbeobachtung, zu S. 109.

Oft ist bisher unsre Witterung sonderbar gewesen; das Merkwürdigste führe ich an: Liebhaber mögen fernerhin prüfen, in wie fern das Abhauen großer Wälder und das Austrocknen etlicher Moräste, einen Einfluß äußert.

1772. Der Schnee welchen wir im December bekamen, verlohr sich gegen den 24sten ganz.

1773. den 7ten Jan. bekamen wir Schlittenbahn, die bis zum 18ten März dauerte.

den 30. März lag nur an Zäunen und in Wäldern Schnee; die Flächen waren kahl. Das Eis in Bächen brach und gieng fort. Nur 13 recht kalte Tage hatten wir den Winter hindurch gehabt.

den 2ten April sahe man Schweine, und am 6ten großes Vieh auf die Felder treiben; am 8ten wurden hohe Länder gepflüget, das Wetter war bisher warm gewesen.

den 12ten u. f. starke Nachtfröste. Doch kamen auch sanfte Regen.

den 12ten May blüheten die Bäume; ein Nachtfrost richtete keinen Schaden an.

vom 23. bis 31. May hatten wir reißende Stürme, und Kühle daß man die Stuben heitzen mußte.

den 4 Jun. blüheten Roggen, Bohnen und Erbsen.

den 28sten fieng die Gerste an zu schossen.

den 5 Jul. ein kleiner Nachtfrost; des Tages große Dürre.

den

den 23 Jul. gingen Einige wegen der kühlen Witterung, mit Pelzen; man heizte Stuben.

vom 26sten an, bekamen wir schönes Wetter; das Sommerkorn erholte sich. Den Roggen sahe man schon am 10ten und noch mehr am 14ten schneiden.

Der August war sehr heiß, wir hatten ungewöhnlich viele Gewitter. Gegen die Mitte des Monats spürte man kleine Nachtfröste, gegen das Ende hatten wir starke Stürme. Das warme Wetter begünstigte allerley schädliche Würmer, die sich gegen den September verloren, da man auch schon die Stuben heitzen mußte.

Den 13 Sept. ein wenig Schnee mit Regen, und darauf schöne warme Tage.

Der October machte unsre Erde durch Frost hart; am 12ten trug schon das Eis auf Pfützen.

Den 14 Nov. sahe man viele mit Schlitten fahren.

1774 am 15 März, wurden die Bäche unsicher, und am 25sten verloren wir die Schlittenbahn ganz.

Den 10 April fiel recht viel Schnee, darauf bekamen wir schöne Tage und bald Gras für unser Vieh. Am 24sten sahe man Bäume blühen; Maykäfer fanden sich in großer Menge ein; wir hatten schon 4 Gewitter gezählt.

Den 7 May ein starker Nachtfrost; worauf große Dürre und Hitze folgte, daher am 21sten schon einzele Roggenblüten zu sehen waren; Ein starker Nachtfrost am 28sten that ihnen keinen Schaden. In diesem Monat hatten wir 7 kleine Regen und eben so viele Gewitter.

Am 3 Jun. vertrieb die kühle Witterung das Ungeziefer.

Am 7 Jul. war der Roggen völlig reif. Alle bisherige kleine Regen konnten das Erdreich nicht erweichen, es war an einigen Orten zum Aufpflügen zu hart.

Den 3 Aug. ein kleiner Nachtfrost, und am 28sten ein sehr heftiger. Bey der anhaltenden Dürre brannten

viele

viele Wälder über und unter der Erde, kein Löſchen half.

Den 24 Sept. etwas Schnee und darauf ein Froſt der ſtehendes Gewäſſer mit Eis belegte.

Den 25 Octob heftige Kälte; über die Bäche fuhr man mit Schlitten; viele Brunnen vertrockneten.

Den 17 Nov. wurde es endlich gelinder; aber der ſtarke Froſt ſtellte ſich bald wieder ein. Der Schnee lag ungemein hoch.

Den 28 Dec. unerhörter Sturm mit Schneegeſtöber: aller Orten mußten neue Wege eingebähnt werden.

1775 den 6 März fing der Schnee an zu ſchmelzen; am 24ſten gingen die Bäche los. Im April lag noch viel Schnee in Wäldern und an Zäunen.

Den 15 April pflügeten Einige ſchon.

Den 30ſten, Schnee mit empfindlicher Kälte.

Den 6 May ſchlugen die Bäume aus; aber den 10ten hatten wir ſtarken Nachtfroſt.

Den 9 Jun. kam endlich ein ſehnlich erwarteter Regen: bey der anhaltenden Dürre hatte der ſchoſſende Roggen keine Nebenſproſſen getrieben. In dieſem Monat hatten wir 7 kleine Regen, die zum Wachsthum des Graſes wenig beytrugen, daher wir Heumangel litten.

Der Jul. war ſo heiß daß alles ſchnell reifte, und ſogar Blätter auf Bäumen welkten.

Den 12 Aug. ein ſtarker Nachtfroſt der etliche Gewächſe beſchädigte.

Im Sept. machte die gute Herbſtwitterung, daß unſer Roggengras ungewöhnlich ſchön, an vielen Orten zu dick ſtand

Den 16 Octob. der erſte Schnee.

Den 31ſten fuhr Jedermann mit Schlitten. Nach verſchiedenen Abwechſelungen machten wir den Beſchluß des Jahrs mit anhaltend heftiger Kälte.

### Zu S. 150.

Einen Beweis daß ich nicht geirret habe, da ich der Ehſten ihre heidniſchen Vorfahren von der Vielgötterey frey ſprach, geben mir die mit ihnen zu einem gemeinſchaftlichen Stamm gehörenden Morduanen, die nach Herrn Pallas Bericht, verſichern, ſie hätten von je her nur einem unſichtbaren höchſten Weſen, niemals Götzen oder untergeordneten Gottheiten, geopfert.

Die mit den Ehſten vergeſchwiſterten heidniſchen Tſchuwaſchen beobachten eben die Religionsgebräuche welche bey jenen vormals bemerkt wurden: ihre Opfer verrichten ſie gern in der Nähe eines Quells oder Bachs, in angenehmen mit Bäumen beſetzten Gründen. Ihr Opferplatz Keremet, iſt viereckig mit einem Zaun umgeben; und Thor ihr vornehmſter Gott.

### Zu S. 189.

Die extraordinäre Abgabe von beyden Herzogthümern hörte am 17ten März 1775 vermöge der Kaiſerlichen Gnaden-Ukaſe, ganz auf.

### Die Stadt Riga zu S. 197 u. f.

Von dorther habe ich einige Berichtigungen meiner Anzeigen von Riga, erhalten; ich theile ſie hier mit, nur eine die den Dünabau betrifft, kann ich aus Gründen die ich verſchweige, nicht nutzen.

Die rothe Düna S. 126, iſt kein Arm der Düna. Das Durchſägen des Eiſes S. 128 hat man auch im vorigen Jahrhundert verſucht; da es aber zuweilen den Fluß zu früh offen macht, unterließ man es wieder.

Der Schifsbau S. 201 bringt in Riga wegen des hohen Arbeitlohns und der hohen Procente des Kapitals, keinen Vortheil. Herr Rawe ſetzt ihn aus andern Gründen fort.

Im Licenthauſe S. 202. wohnt nicht der Oberinſpektor S. 203 und 204. Es iſt eben nicht nothwendig, daß die Hälfte der Rathsherrn aus Kaufleuten beſtehe.

Nur

Nur aus den Aelteſten der großen Gilde werden Kaufleute zu Mitgliedern des Stadtraths erwählt. Auch
Leute mit Titeln gelangen darzu, wenn ſie Bürger, Aelteſten der großen Gilde, geſchickt, patriotiſch und recht-
ſchaffen ſind   Zu dem neuerwählten Rathsherrn begeben ſich auſſer der Rathswache auch alle untere Stadt-
bedienten,  um für ihren Gluckwunſch ein Geſchenk zu
empfangen.   Einem armen Rathsherrn kann auch das
Brauen vergönnet werden: eigentlich iſt es eine Wohlthat für arme Bürger.   Leute die mit Kleinigkeiten handeln,  und Heringshöker werden nicht in den Magiſtrat
gezogen, weil ſie nicht Aelteſten der großen Gilde, oder
junge Bürger ſind u. d. gl.

S. 205.  Das Kollegium Scholarchale, beſteht
aus dem wortführenden Bürgermeiſter,  einem Raths-
gliede welches Scholarch heißt,  dem Oberpaſtor, dem
Oberſekretär und dem Rektor, welcher ſeit einiger Zeit zugleich Inſpektor der Schule iſt; ſonſt war es einer der
Prediger.   Die Domſchule, wie man ſie jetzt nennt, war
und hieß vor der letzten Peſt, die alle Lehrer bis auf einen,
nemlich den Rektor,  aufrieb,  ein Gymnaſium; man hat
etlichemal,  auch noch ganz neuerlich darüber Rath gehalten,  daß man ſie wieder zu einem Gymnaſium erheben
und etliche innerliche Einrichtungen etwas ändern wolle,
eben daher habe ich ſie S. 210 auch ein Gymnaſium genannt; zumal da der Name in die Sache ſelbſt wenig
Einfluß hat.

S. 211.   Auch die Einwohner am Schloßgraben
ſollen als Bürger unter dem Magiſtrat; ſelber der Adel
wenn er in der Stadt wohnt, ſtehen.

S. 212.   Garden iſt nicht der rechte Name.
Die ſchwarzen Häupter ſtehen nicht in mehrerer Achtung
als andre rechtſchaffene Bürger.   Es iſt mehr eine Geſellſchaft wodurch man Fremde z. B. Engländer und andre Unverheirathete, zum Intereſſe der Stadt und des
Handels

Handels hat vereinigen wollen. Sie hören auf zu den
ſchwarzen Häuptern zu gehören, ſobald ſie heirathen.

S. 213. Bey dem ſehr vertheilten Handel giebt es
nicht eben viel reiche, doch viel Kaufleute die Kredit haben,

S. 214. Auſſer den angeführten, giebt es noch
verſchiedene andere Stiftungen für Arme.

Im Jahr 1772 mußte die Vorſtadt vor der Sand-
pforte gegen die Raunspforte abgeriſſen werden. Ein
gleiches ſollte mit der revalſchen Vorſtadt geſchehen, die
aber auf geſchehene Vorſtellung noch jezt ungerührt ſteht.

## Wolmar, zu S. 229.

Das zu dieſem Kirchſpiel gehörende Gut Wolmarshof giebt durch die neuerlich erbauten ſchönen ſteinernen Hofsgebäude, der großen Landſtraße eine Zierde. — Auch das daſige Paſtorat iſt kürzlich mit einem
hübſchen ſteinernen Wohnhaus verſehen worden.

## Aſcheraden, zu S. 242.

Der jetzige Beſitzer, Hr. Landrath Baron von
Schoulz, hat auf dem Gut Aſcheraden eine Einrichtung getroffen, die angemerkt und bekannt gemacht zu
werden verdient. Jedem Wirth gab er eine hierzu beſonders gedruckte Verſicherung, daß die Arbeit und Abgaben
von ſeinem Land nie ſollen erhöhet werden, und daß ihm
ſein Land eigenthümlich zugehören ſoll, und daß er es
nach Gefallen vererben, auch, doch mit Vorwiſſen des
Grundherrn, gar verkaufen kan. So haben nun die
daſigen Bauern ein unbewegliches Eigenthum. Der
erſte Schritt in Liefland — — Man ſagt, etliche Erbherrn in Kurland und in Litauen hätten Abſchriften von
dieſer gedruckten Verſicherung genommen, um ähnliche
Einrichtungen mit ihren Bauern zu machen.

## Dorpat, zu S. 245 u. ſ.

Des vormaligen Namens Tarbat geſchahe bereits
im erſten Band Erwähnung. In Hrn. Gatterers
hiſtoriſchen Journal finde ich bey der Recenſion des

Pennants Tour in Scotland, eine Erläuterung dieſes
Worts, welche ich hier anführe, ohne mich übrigens in
eine Unterſuchung einzulaſſen. Tarbat ſoll herkommen
von Tarruing überziehen, und Bata ein Boot; und ſoll
auf erſiſch einen Iſthmus oder eigentlich einen Platz be-
deuten, wo man die Fahrzeuge überziehen muß.

S. 246. Die Brücke über den Embach beſteht
eigentlich aus einer großen und 2 Nebenbrücken; die
lezten gehen über einen Graben oder Arm des Stroms.
Dieſe beyden waren im J. 1761 abgeriſſen.

S. 258. Die Bürger ſahen, daß ihre Häuſer, die
bürgerliche Onera tragen mußten, unter dem Adel wenig Liebhaber fanden; hingegen wurden die alten freyen
adlichen Häuſer ſehr geſucht. Sie baten daher, daß
alle adliche Häuſer, wie vormals, ganz frey ſeyn möchten. — — Zu einer Erleichterung für die Stadt kaufte
die hohe Krone ein ſteinernes Haus für 8000 Rubel, zur
Wohnung für den Kommandanten. — Die Bürger
fingen an, die alten verfallenen und verſchütteten ſchwediſchen Kanäle in den Gaſſen aufzunehmen und wieder
herzuſtellen, damit die Stadt rein und die Keller von
Waſſer frey werden möchten: man hat den gehoften Nutzen nicht geſpürt.

Am 25ſten Jun. 1775 betraf die Stadt das Unglück, daß der größte Theil der Häuſer abbrannte und die
meiſten Bürger in Armuth geſtürzt wurden. Nur 50
Häuſer blieben in der Stadt ſtehen, hingegen brannten
auch 80 in der Vorſtadt ab, ingleichen alle 3 Brücken,
alle deutſche und ruſſiſche Buden: auf dem Markt blieb
kein einziges Haus; 17 Menſchen kamen darbey um.
Die Kaiſerin erzeigte der Stadt die Gnade, daß Sie
zur Wiederaufbauung abgebrannter Häuſer 100000 Rubel auf 10 Jahre ohne Intereſſen, und 15000 Rubel
zu einer ſteinernen Brücke huldreichſt bewilligte. Ohne
die anſehnlichen Geſchenke an Geld, Wäſche und Viktualien

tualien, welche der Adel und andre Mitleidige, gleich
nach dem Brande auetheilen ließen, waren aus dem
Lande und aus etlichen ruſſiſchen Städten 19000 Rubel
Kollektengelder eingekommen; die noch jetzt (am 25ſten
Jan. 1776,) ich weis nicht warum, unausgetheilt in
Verwahrung liegen.

### Koddafer, zu S. 268.

In dieſem Kirchſpiel iſt unter dem Güt Jegel auf
einem See, eine ſchwimmende Inſel. Bey dem Hof
Koddafer entſtand vor einiger Zeit ein ganz neuer
See. — Im odempäiſchen Kirchſpiel findet man einen
wandernden See, der ſich von einer Stelle nach und
nach auf eine andre zieht.

### Rappin, S. 263.

Hier iſt ein ziemlich großer Bach; und auf der einen Seite des Hofs die lutheriſche, auf der andern die
ruſſiſche Kirche: verſchiedene Häuſer in welchen die Fabrikanten und andre wohnen, ſehen einer Slabode ähnlich. — Mit der Mutterkirche iſt eine Kapelle Jesmene
oder Jsmene verknüpft, darzu der Hof Mäks, 12
Bauern, und 21 lutheriſche Geſinder jenſeit des Peipus-
sees auf ruſſiſchen Grund und Boden, gehören: dieſe
Kapelle hat aber keine Kirche.

### Zu S. 270 bis 274.

Auf Befehl des Kaiſerl. Generalgouvernements
wurden am 15ten Jul. 1773, die drey vormals zu Kom-
thuren Oberpahlen, (ſo hieß es in dem Befehl,) gehörigen Kirchſpiele Oberpahlen, Pilliſtfer und Johannis,
vom dorptſchen Kreis welcher ohnehin ſehr groß iſt, abgenommen, und zum pernauiſchen, als dem kleinſten,
Kreis verlegt: ſo daß ſie unter dem fellinſchen Landge-
richte, und ſeit dem 15ten Nov. ebendeſſelben Jahrs,
auch unter dem daſigen Ordnungsgerichte ſtehen. Nur
in Kirchenſachen ſtehen ſie noch jetzt, da ich dieſes ſchreibe, (im Januar 1776) unter dem dorptſchen Oberkirchenvorſteher,

vorsteher, und die Krongüter unter dem Kreiskommiſſar des dorptſchen Kreiſes.

Unter dem Gut Luſtifer im oberpahlſchen Kirch=ſpiele, ſind eine halbe Meile vom Hofe Rudera eines al=ten Kloſters vorhanden.

Nahe bey der Kirche Pilliſtfer S. 274, ſoll nach einer alten zweifelhaften Sage ein Kloſter geſtanden ha=ben. Die Kirche ſcheint ſchon alt zu ſeyn; nach einem vorhandenen Reviſions=Protokoll von 1638, ſoll ſie die Hauptkirche geweſen ſeyn, von den ? kurz vorher benann=ten Kirchen, bey denen damals das Schloß Oberpahlen das Patronat hatte. Auch die Johannis=Kirche ſcheint ein altes Gebäude zu ſeyn.

### Pernau, S. 281 bis 287.

Der Oberpaſtor S. 281, bekommt, wie ich erfahren habe, nur 150 Rubel Beſoldung, und iſt Stadtsbeicht=vater. Der Diakonus oder Nachmittagsprediger erhält 100 Rubel, aber gar keine Nebeneinkünfte, auſſer von Begräbniſſen, die nun durch die Aenderung der Kirch=höfe, ſind geſchmälert worden. Seit einiger Zeit iſt das Diakonat vom Rektorat getrennt.

Die Stadt=Schulden, deren wegen das Kaſſakolle=gium S. 283 errichtet wurde, ſind i. J. 1773 durch ei=nen freyen Beytrag der Kaufleute, welchen ſie auf 25 Procent, zehn Jahre hindurch zu bezahlen ſich anheiſchig machten, völlig getilget. Man hat daher Hofnung bey guter Einrichtung und Aufſicht, vom Ueberſchuß die Be=ſoldungen durchgängig erhöhen zu können. Der Anfang iſt bereits mit dem neuerlichſt dahin berufenen Stadt=phyſikus geſchehen.

Die Stadtſchule S. 284, hat nur 3 Klaſſen und 3 Lehrer; der vierte wäre ſehr nöthig: der Sprung vom Rechenmeiſter zum Konrektor iſt zu groß. — Der Stadt=Sekretär iſt auch Mitglied des Stadtkonſiſtoriums: ein Notär führt das Protokoll. — Jetzt ſind keine ſchwarze Häupter

Häupter in Pernau, die bey feyerlichen Gelegenheiten
aufziehen könnten.

S. 286. Zuweilen ſoll ſich ein Mangel an Fiſchen
äuſſern; nicht weil keine zu finden ſind, ſondern weil die
Fiſcherbauern ſich bey andern vortheilhafteren Arbeiten,
ſonderlich als Flachsbinder und Handlanger beym Handel, vom Fiſchfang abziehen.

### Tarwaſt S. 292.

Das zerſtörte Schloß, liegt auf einer hohen ziemlich ſteilen Halbinſel am Bach, und wird von einem undurchkömmlichen Moraſt umgeben: nur auf der Seite
gegen die Werzjerwe kann man ihm beykommen; zumal
da der Moraſt leicht unter Waſſer geſetzt iſt. — Am
Bachufer, das aus einem veſten Sandſtein beſteht, findet man daſelbſt eine geräumige Höle, in welcher ſich 2
ſchöne Quellen vereinigen und in den Bach ergießen.

### Michaelis S. 295.

Die im erſten Band erzählte Streitſache iſt ober-
richterlich entſchieden worden, und das Kirchſpiel unzer-
trennt geblieben.

### Oeſel S. 297 u. f.

Von dieſer Provinz iſt zu St. Petersburg vor mehrern Jahren, eine beſondre Charte bey der Kaiſerl. Akad.
der Wiſſenſ. geſtochen worden.

In Arensburg S. 306, beſteht der Magiſtrat aus
einem Bürgermeiſter, einem Syndikus und 3 Rathsherrn. Im J. 1774 wurde eine Kommiſſion verordnet,
die Streitigkeiten zwiſchen den Rathsgliedern zu unterſuchen. Am 25ſten May 1773 brannten in der Stadt
33 Wohnhäuſer ab.

Die Kirche Piga S. 308, heißt auch Pia, oder
Pühha: das letzte iſt ein ehſtniſches Wort und heißt heilig.

Hr. Büſching hat in ſeinem Magazin die Landrollen von Lief- und Ehſtland geliefert: die öſelſche iſt,
wo ich nicht irre, noch ganz unbekannt, und ſchwerlich
wird

wird ein Liefländer aller öſelſchen Güter Namen wiſſen. Ich mache es mir zur Pflicht, ſie hier einzurücken.

## Oeſelſche Landrolle

## nach der letzten Ausrechnung.

### Zaaken

| Publike | Private | Paſtorat. | Peude oder Peit Kirchſpiel. |
|---|---|---|---|
| — | — | $2\frac{3}{4}$ | Paſtorat. |
| $47\frac{3}{4}$ | — | — | Maſick. |
| $34\frac{1}{3}$ | — | — | Neuenhof. |
| $17\frac{7}{8}$ | — | — | Holmhof. |
| $18\frac{3}{8}$ | — | — | Lainjall. |
| $9\frac{1}{2}$ | — | — | Keſckfehr. |
| $13\frac{1}{2}$ | — | — | Koikuſt. |
| $6\frac{1}{4}$ | — | — | Kappra. |
| $12\frac{1}{8}$ | — | — | Kachtla. |
| — | $20\frac{7}{8}$ | — | Thomell. |
| — | $6\frac{3}{4}$ | — | Saltack. |
| — | $10\frac{5}{48}$ | — | Peude. |
| — | $8\frac{11}{12}$ | — | Koick. |
| — | $6\frac{1}{4}$ | — | Kuckemois. |
| — | $7\frac{7}{16}$ | — | Hauküll. |
| — | $11\frac{1}{48}$ | — | Müllershof. |
| — | $3\frac{43}{8}$ | — | Orriſar. |
| — | — | — | Nenno, iſt wüſt. |
| | | | **Johannis Kirchſpiel.** |
| — | — | $8\frac{1}{8}$ | Hoſpital-Gut. |
| — | $4\frac{1}{12}$ | — | Rannaküll. |
| — | $2\frac{7}{8}$ | — | Talick. |
| — | $3\frac{1}{4}$ | — | Karridahl. |
| — | $3\frac{3}{4}$ | — | Niethof. |
| — | $2$ | — | Taggafehr. |

Katris

| Haaken. | | | |
|---|---|---|---|
| Publike | Private | Past | |
| | | | **Karris Kirchspiel.** |
| — | — | $5\frac{1}{8}$ | Pastorat. |
| $25\frac{1}{5}$ | — | — | Karris. |
| $18\frac{1}{8}$ | — | — | Laisberg mit Petzel. |
| $6\frac{7}{24}$ | — | — | Hohenberg. |
| $4\frac{1}{4}$ | — | — | Leppist. |
| $4\frac{3}{8}$ | — | — | Persama. |
| $4\frac{1}{4}$ | — | — | Jrist. |
| — | $6\frac{5}{24}$ | — | Ropacka. |
| — | $16\frac{13}{16}$ | — | Parrasmetz. |
| — | $6\frac{1}{16}$ | — | Metzküll. |
| — | $4\frac{5}{8}$ | — | Laugo. |
| — | $5\frac{29}{48}$ | — | Feckerorth und Pawast. |
| — | $6\frac{11}{12}$ | — | Koiküll und Mallaküll. |
| — | $4\frac{1}{24}$ | — | Lulupeh. |
| | | | Pamberg ist unter Mehemois in Wolde Kirchspiel angeschlagen. |
| — | $3\frac{3}{8}$ | — | Arromois. |
| — | $2\frac{1}{12}$ | — | Nurms. |
| — | $4\frac{17}{24}$ | — | Theetz und Rattjal. |
| — | $1\frac{31}{48}$ | — | Hallick. |
| | | | **Wolde Kirchspiel.** |
| — | — | $3\frac{3}{4}$ | Pastorat. |
| $35\frac{3}{8}$ | — | — | Neu Löwell. |
| $11\frac{3}{4}$ | — | — | Alt Löwell. |
| $9\frac{1}{2}$ | — | — | Rösarshof. |
| 10 | — | — | Repsenhof. |
| $13\frac{3}{4}$ | — | — | Koggul und Woisa. |
| $1\frac{1}{2}$ | — | — | Lillby. |
| $5\frac{3}{4}$ | — | — | Sackla. |
| — | $9\frac{11}{12}$ | — | Hasick. |
| — | $8\frac{5}{12}$ | — | Werholm. |
| — | $5\frac{11}{48}$ | — | Cabbil; dito darunter |

Saxte

### Haaken.

| Publike. | Private | Hak | |
|---|---|---|---|
| — | $\frac{19}{48}$ | — | Sarte Andrusse Jaaks Land. |
| — | $7\frac{5}{8}$ | — | Cölln. |
| — | $2\frac{9}{16}$ | — | Jürs. |
| — | $3\frac{7}{16}$ | — | Jöggis. |
| — | $3\frac{17}{48}$ | — | Arrust. |
| — | $2$ | — | Kalli. |
| — | $3\frac{23}{48}$ | — | Raachck. |
| — | $5\frac{17}{48}$ | — | Mehemois. |
| — | $3\frac{29}{48}$ | — | Jöör. |
| — | $6\frac{5}{24}$ | — | Würtzen. |
| — | $\frac{5}{8}$ | — | Turja. |

#### Pyha, oder Pia Kirchspiel.

| | | | |
|---|---|---|---|
| — | — | $2\frac{15}{16}$ | Pastorat. |
| $31\frac{1}{8}$ | — | — | Großenhof. |
| $11$ | — | — | Jllpell. |
| $4\frac{11}{12}$ | — | — | Sauküll. |
| $7\frac{3}{4}$ | — | — | Neo. |
| — | $7\frac{1}{8}$ | — | Pychtendahl. |
| — | $26\frac{1}{48}$ | — | Töllist. |
| — | $21\frac{11}{16}$ | — | Sandell. |
| — | $27\frac{5}{48}$ | — | Cöllgall. |
| — | $4\frac{1}{16}$ | — | Kangern. |
| — | $3\frac{7}{8}$ | — | Sall. |
| — | $3\frac{7}{24}$ | — | Lodenhof. |

#### Arensburg Stadtkirche.

| | | | |
|---|---|---|---|
| — | — | $2\frac{3}{4}$ | Pastorat. |
| — | — | — | Loden Heuschlag. |
| — | — | — | Esaiasholm. |
| — | — | | ⎧ Ristilaid Hebchens. |
| | | | ⎨ Heuschlag bey Nasswa. |
| — | — | | ⎩ Ristilaid Silma. |
| — | — | | Heuschlag bey Nassiwa. |

Rar

## Haaken.

| Oubilke | Private | Vast | |
|---|---|---|---|
| | | | **Karmels Kirchspiel.** |
| — | — | 1 | Pastorat. |
| $25\frac{5}{8}$ | — | — | Magnushof. |
| $31\frac{5}{8}$ | — | — | Randefer. |
| $10\frac{7}{24}$ | — | — | Schulzenhof. |
| $6\frac{3}{4}$ | — | — | Brackelshof. |
| $15\frac{11}{12}$ | — | — | Pechel. |
| $7\frac{1}{4}$ | — | — | Hanpus. |
| $9\frac{1}{9}$ | — | — | Tahhul. |
| 8 | — | — | Ladjall. |
| — | — | — | Uddofehr ist unter die Dörfer Uddofer und Kirradus vertheilt. |
| 4 | — | — | Sicksaat. |
| $6\frac{23}{24}$ | — | — | Pyhla. |
| $5\frac{5}{24}$ | — | — | Uppell. |
| — | $11\frac{7}{24}$ | — | Medell. |
| — | $1\frac{5}{24}$ | — | Eufüll. |
| — | $1\frac{25}{48}$ | — | Karmel. |
| — | $12\frac{5}{12}$ | — | Clausholm. |
| — | $6\frac{35}{48}$ | — | Murratz. |
| — | $\frac{1}{2}$ | — | Kaubi Gelegenheit. |
| — | $11\frac{15}{16}$ | — | Casti. |
| — | $7\frac{31}{48}$ | — | Mullut. |
| — | $2\frac{1}{9}$ | — | Kudjapeh. |
| — | $\frac{1}{4}$ | — | Dito Rawi Hains Land. |
| — | $1\frac{1}{4}$ | — | Hannijall. |
| — | $2\frac{1}{4}$ | — | Kaunifer. |
| — | $1\frac{1}{6}$ | — | Wesselsdorf. |
| | | | **Kergels Kirchspiel.** |
| — | — | $3\frac{3}{8}$ | Pastorat. |
| $11\frac{5}{6}$ | — | — | Kergel. |
| $8\frac{1}{8}$ | — | — | Mönnust. |
| $6\frac{3}{4}$ | — | — | Carnis. |

### Haaken.

| Publike | Private | Paſt | |
|---|---|---|---|
| — | $14\frac{7}{48}$ | — | Padell und Tenieth. |
| — | $5\frac{5}{8}$ | — | Käſell. |
| — | $5\frac{37}{48}$ | — | Orriküll. |
| — | $2\frac{5}{16}$ | — | Candell. |
| — | $2\frac{1}{16}$ | — | Neu= und Alt Nempa. |
| — | $\frac{1}{2}$ | — | Hoch Nempa. |
| — | $1\frac{31}{48}$ | — | Jerwemeß. |
| — | $\frac{13}{16}$ | — | Terkimäggi. |
| — | $1\frac{1}{2}$ | — | Kellamäggi. |

### Muſtels Kirchſpiel.

| Publike | Private | Paſt | |
|---|---|---|---|
| — | — | $2\frac{1}{8}$ | Paſtorat. |
| $37\frac{1}{2}$ | — | — | Muſtel. |
| $8\frac{13}{24}$ | — | — | Dorf Merris und Abbul mit der vorigen Hoflage. |
| $5\frac{5}{12}$ | — | — | Paaß. |
| $6\frac{19}{24}$ | — | — | Sellt. |
| — | $4\frac{3}{8}$ | — | Kiddemeß. |
| — | $3\frac{7}{16}$ | — | Ochtias. |

### Kielkonds Kirchſpiel.

| Publike | Private | Paſt | |
|---|---|---|---|
| — | — | $2\frac{1}{4}$ | Paſtorat. |
| $24\frac{7}{8}$ | — | — | Lümmada. |
| $15\frac{1}{24}$ | — | — | Pajomois. |
| $2\frac{7}{8}$ | — | — | Hallikas. |
| $18\frac{1}{4}$ | — | — | Taggamois. |
| $16\frac{23}{24}$ | — | — | Carral. |
| $4\frac{3}{4}$ | — | — | Dorf Körrus. |
| $8\frac{1}{8}$ | — | — | Attell. |
| — | $3\frac{1}{6}$ | — | Gottland. |
| $2\frac{23}{24}$ | — | — | Melgun. |
| — | $13\frac{5}{16}$ | — | Kadwell. |
| — | $12\frac{1}{8}$ | — | Piddull. |
| — | $1\frac{1}{3}$ | — | Zellie. |
| — | $10\frac{13}{16}$ | — | Hoheneichen. |

Lahhen=

## Haaken.

| Publike | Private | Past | |
|---|---|---|---|
| — | 1 15/16 | — | Lahhentagge. |
| — | 5 7/8 | — | Kufenem. |
| — | 7 1/16 | — | Rozifüll. |

### Ansikülls Kirchspiel.

| Publike | Private | Past | |
|---|---|---|---|
| — | — | 5/16 | Pastorat. |
| 10 1/2 | — | — | Tirimetz. |
| 13 7/12 | — | — | Abro eine Insel. |
| 7 3/8 | — | — | Kaimer. |
| — | 10 15/16 | — | Ficht. |
| — | 3 11/16 | — | Leo oder Lode. |
| — | 1 5/8 | — | Koltz. |
| — | — | — | Leminalsnese, der Stadt Arensburg Gut, und frey von allen publiken Abgaben. |

### Jamma Kirchspiel.

| Publike | Private | Past | |
|---|---|---|---|
| — | — | 1 | Pastorat. |
| 30 1/2 | — | — | Torkenhof. |
| 2 1/4 | — | — | Baak-Bauern. |
| — | 25 1/4 | — | Zerell. |
| — | 8 3/8 | — | Kauntspeh. |
| — | 1 9/16 | — | Karchy. |
| — | 5 2/3 | — | Mentho. |

### Moons Kirchspiel, auf der Insel Moon.

| Publike | Private | Past | |
|---|---|---|---|
| — | — | 1/2 | Pastorat. |
| 50 | — | — | Moon Großhof. |
| 17 1/4 | — | — | Nurms. |
| 22 1/12 | — | — | Tamsell. |
| 12 5/12 | — | — | Magnusdahl. |
| 8 1/2 | — | — | Hellama. |
| 8 11/12 | — | — | Gantzenhof. |
| 7 | — | — | Rannamois. |
| 3 1/4 | — | — | Kappimois. |
| 2 | — | — | Grabbenhof. |
| 10 1/2 | — | — | Kuiwast. |

Peddast.

### Haaken.

| Dublike | Private. | Vaſt. | |
|---|---|---|---|
| — | $2\frac{11}{12}$ | — | Peddaſt. |
| — | — | — | Mella iſt unter Mohn Großenhof. |
| | | | **Separate Inſeln.** |
| $8\frac{13}{16}$ | — | — | Runö, Ruun, im rigiſchen Meerbuſen. |
| $2\frac{1}{2}$ | — | — | Keinaſt, im moonſchen kleinen Sunde. |
| — | — | — | Schildau, im moonſchen großen Sunde, iſt unter Magnusdahl auf der Inſel Moon angeſchlagen. |
| — | — | — | Paternoſter, im moonſchen großen Sunde, gehört unter das private Gut Peddaſt. |
| — | — | — | Syllſand, unter der Kielkondſchen Kirche, iſt unter Lummade im Kielkondſchen Kirchſpiel angeſchlagen. |
| $891\frac{1}{16}$ | $550\frac{47}{48}$ | $40\frac{1}{2}$ | Summe. |

#### Reval, zu S. 328.

Die revalſche Stadtmagiſtrats-Kanzeley beſteht aus einem Raths- 1. Waiſengerichts- und 1 Niedergerichts-Sekretär, 2 Officialen, 1 Protonotär, 1 Archivarius und 1 Translateur. Zwölf Advokaten, niemals mehrere, erhalten die Erlaubniß beym Magiſtrat zu advociren.

#### Baltiſche Port, zu S. 340 u. f.

Die gegen Weſten gehende Oefnung des großen Havens S. 342 unter der ſüdlichen Spitze der Inſel hätte nur eines ganz kleinen, vielleicht gar keines Damms bedürft: wegen der vielen Untiefen kan an einigen Stellen kaum ein großes Boot durchkommen. — — Im Jahr 1774 ſind wieder Gefangene oder ſogenannte Katerſchnicken (S. 344) dahin geſandt worden.

Jeg-

### Jeglecht, S. 352.

Zu dieſer Kirche gehören 3 Kapellen, 1) Wrangelsholm, 2) Sage, 3) Rohholem.

### Kuſal, ebend.

Hat 2 Kapellen, Jumida und Lokſa.

### Roſch, ebend.

Die beyden vormaligen Kapellen Ratta unter dem Gute Toal, und Saarnakorb, ſind mit der Zeit eingegangen.

### Haljal, S. 364.

Hat eigentlich 4 Kapellen, 3 ſind bereits im erſten Bande namhaft gemacht, davon die erſte Pichliepä, auch Pihlasby genannt wird. Die vierte heißt Kasperwick; ſie gehört nicht zur Katharinen-Kirche.

### Jewe, S. 364. u. f.

Die ehſtländiſche Landrolle ſetzt unter dieſes Kirchſpiel verſchiedene Güter, die nicht darzu, ſondern theils zu Waiwara, theils zu Luggenhuſen, gehören; z. B. die Güter Repenik, Alt-Sotkull, Ampfer u. ſ. w. auch gehört des narviſchen Kommandanten Tafelgut nicht zu Jewe. Dieſes Kirchſpiel beſteht nur aus 2 ; Gütern: ſeine Beſoldung erhebt der Prediger von 220 Haaken; auſſer welchen noch 30 Haaken theils mit ruſſiſchen Bauern beſetzt ſind, theils zu benachbarten Kirchen gehören. In die Länge erſtreckt ſich daſſelbe 8 Meilen; in die Breite an etlichen Stellen kaum eine Werſt.

Pühhajöggi. Die Hauptſchlacht fiel eigentlich bey Narva vor: nur ein Korps von 20,000 Mann hatte ſich hier verſchanzt und wurde geſchlagen.

Die Kapelle Pühhajöggi, die niemals Sockenhof heißt, ſollte nach dem Wunſch des daſigen Paſtors und der Eingepfarrten ganz eingehen, die dazu gehörenden Güter Peuthof, Tirſell und Rauſtfer zur nahe liegenden Kirche Waiwara verlegt, und dadurch das waiwaraiſche an ſich kleine Kirchſpiel verbeſſert werden.

Dieſer

Dieser Verlegung geschahe im ersten Bande Erwähnung. Aus allerley Gründen wurde der darüber entstandene Zwist nicht zu jedes Theilnehmers Vergnügen beygelegt. Die Besitzer der Güter protestirten; das revalsche Provinzialkonsistorium wollte die Kapelle nicht ganz eingehen lassen; die Bauern wollten ihre Kapelle nicht verlassen, nicht nach Waiwara zur Kirche gehen, sondern lieber ganz ohne Kirche seyn. Das Provinzialkonsistorium wollte seinen Ausspruch vom 23 März 1767 darin die Verlegung genehmiget wurde, durchsetzen, und wirkte bey dem revalschen Generalgouvernement Strafbefehle aus, daß die Bauern zu Peuthof und Tirsel zur Besuchung der waiwaraschen und zur Enthaltung von ihrer bisherigen Kirche mit Ruthenstrafe sollten angehalten werden. Das narvsche Kirchenkollegium that dem Provinzialkonsistorium Vorstellung wegen des der Stadt Narva gehörenden Guts Puthof; und weil diese fruchtlos war, wandte es sich nebst andern theilnehmenden Eingepfarrten an das Reichs-Justizkollegium der lief- ehst- und finnländischen Rechtssachen, als welches durch eine Resolution vom  .ten October 1772 die Verlegung aufhob, und alles in den vormaligen Zustand wiederherstellete.

Die Kapelle Isaak liegt 4 Meilen (nicht 5 ) von Jeme. Der dasige Pastor Hr. Koch versichert, daß die darzu gehörenden Bauern nicht abergläubischer oder unwissender sind als ihre Brüder in andern Gegenden; er rühmt ihre Ehrerbietung in der Kirche, und ihren Gehorsam gegen ihre Herrschaft und Vorgesetzten. Sie reden von Jugend auf russisch, verstehen aber auch ehstnisch, und lernen alle lesen. — Diese Kapelle könnte füglich mit der zur Jakobi-Kirche gehörenden Namens Tutulin oder Tuddolin verbunden und ein Kirchspiel mit einer Mutterkirche, daraus gemacht werden. In gerader Linie sind beyde nur 2 Meilen von einander entfernt, der große Morast könnte durch das gnugsam ver-

han-

handene Holz mit einem allezeit erträglichen Wege verfehen werden. Die Einrichtung aber würde viel koften; und ohne beträchtliche Zulage der Prediger fchwerlich fein kümmerliches Auskommen finden.

### Luggenhufen, S. 267.

Heißt ehftnifch auch Lugganůs, befteht aus 9 Gütern die zufammen 132 Haaken betragen; es enthält 3340 Seelen, und ungefähr 3 Meilen im Quadrat. Zween ziemliche Bäche, der Rhodo und der Pühefche fließen unter der Kirche zufammen, und machen wo fie fich unter dem Gut Purtz in die See ergießen, einen kleinen Haven für Fifcher-Böte: auch werden hier Lächfe gefangen. Längs den Flüßen werden des Frühjahrs Balken und Brennholz geflößet. Das Kirchfpiel ift flach und eben, doch gegen Süden mit vielen Moräften und Wäldern umgeben. — Auf dem Luggenhufenfchen Dorfsfeld find verfchiedene große tiefe Hölen, die man Kurrimusfed nennt, ihr Umfang ift 5 bis 10, ihre Tiefe 1 bis 2, und ihre Entfernung von einander, 6 bis 15 Faden. Alles fich darein ergießende Waffer, fonderlich vom fchmelzenden Schnee, fließt über eine halbe Werft unter der Erde bis in Pühfchen Bach. — Die Kirche liegt auf pühfchen Grund: der Reichsrath Axel Oxenftierna als damaliger Erbherr des Guts, fchenkte im Jahr 1636 Land- und Heufchläge zum Paftorat. — Nach der Verficherung des Hrn. Paftor Kempe nimmt die Gemeine merklich in der Erkenntniß zu, und Jedermann lernt lefen, wozu die von Höfen errichteten Schulen viel beytragen.

### Waiwara, ebend.

Die alte Kirche war von Holz; im Jahr 1775 wurde die ganz neue fteinerne, eine der fchönften in Lief- und Ehftland, fertig; fie ift mit vieler Gipsarbeit verziert und mit doppelt übereinander ftehenden Fenftern verfehen. Der unlängft verftorbene Oberhofmarfchall Graf

von Sievers bauete ſie auf eigne Koſten, die übrigen
Eingepfarrten lieferten nur einige Materialien. — Die
Kapelle **Peters**, liegt 13 Werſt von der Mutterkirche,
iſt von Stein, nach einer alten Sage, durch einen Schiffer Namens Peter, vermöge eines Gelübdes, gebauet
worden. — Zu dem Kirchſpiel gehören 10 Güter die
64 Haaken ausmachen; dann noch etliche Dörfer z. B.
das Pilotendorf **Rutterküll** und **Hungersburg** u. ſ. w.
mit welchen das ganze Kirchſpiel 72 Haaken beträgt.
Auch rechnet man des narvſchen Kommandanten Tafelgut **Wichtisby** hieher, welches aber mit ruſſiſchen Bauern beſetzt iſt. Das Paſtorat hatte 2 Haaken Land, einen
bey der Haupt- den zweyten bey der Filialkirche. Im
Jahr 1767 bewirkte der vorige Paſtor Hr. **Kempe** einen
Tauſch mit dem genannten Graf von **Sievers**, der einen Haaken von dem Alt-Waiwaraſchen nahe bey der Kirche liegenden Hofsland, gegen den bey der Kapelle befindlichen Haaken, hergab; ſo daß nun das Paſtorat mehr
und beſſeres Land, auch mehrere Heuſchläge, und zwar
jetzt in einer fortgehenden Strecke, nebſt Buſchländern,
beſitzet. Vorher ſäete der Paſtor überhaupt 12 Tonnen
narviſch; jetzt über eine Laſt; auch bauet er anſtatt der
vorigen 150, nun 800 Saden Heu. So hat ſich der
patriotiſche Graf, obgleich die von ihm gewünſchte Verlegung der puhhajöggiſchen Kapelle zur Verbeſſerung des
waiwaraſchen Paſtorats, rückgängig wurde, doch um
daſſelbe verdient gemacht. — Unweit der Kirche liegen
3 hohe Berge, welche von den Schiffern die 3 Gebrüder genannt werden. Gleich darunter iſt noch eine von
den Ruſſen bey Einnahme der Stadt Narva aufgewor-
fene Schanze. — An Wald Heuſchlägen und Moräſten fehlt es hier nicht.

### Weiſſenſtein S. 369.

Der ehſtniſche Name **Paide**, ſcheint aus **Paede**
von **Paas**, der Stein im Zeugefall **Pae**, und in der
viel-

vielfachen Zahl Paede, entſtanden zu ſeyn, weil ſchöne
Flieſenbrüche bey der Stadt ſind. — Nach einer bey
Peters-Kirche vorhandenen Nachricht, iſt Weiſſenſtein
einmal zu Peters oder Emmern gerechnet worden;
eben ſo ſteht noch jetzt in der Landrolle; das geht ver=
muthlich blos die ehſtniſche jetzt zu Weiſſenſtein gehö.
rende Gemeine an. — Das Städtchen nimmt jährlich
an Häuſern und Einwohnern zu. Die darzu gehörenden
Felder ſind für 6 Haaken angeſchlagen. — Zuweilen
fehlt es den Einwohnern an Zufuhre von Bedürfniſſen,
daher eine Theurung entſteht; ſonderlich wenn Bauern
gehindert werden ihre Produkte dahin zu bringen.

### St. Annen S. 377.

Hat zwar einen eignen Prediger vormals gehabt,
der nach der Konſiſtorialliſte Paſtor heißt: doch iſt noch
zweifelhaft, ob es wirklich eine Mutterkirche geweſen,
da in einer vorhandenen Vocation der daſige Paſtor nur
Kapellan von St. Annen heißt.

### Habſal S. 384. u. f.

Vormals gehörte es dem Graf de le Gardie, der
ſich in der Stadt huldigen ließ. Bey der Zurückgabe
der eingezogenen Güter, behielt ſich die Krone Stadt
und Schloß vor.

### Märjama ebend.

Bey dem zu dieſem Kirchſpiel gehörenden Gut
Liniinat hat vormals ein Kloſter geſtanden, deſſen zer=
riſſenen Mauern noch übrig ſind, ingleichen ein mit ur=
alten ſehr dicken Wacholderbäumen (vielleicht die dickſten
im ganzen Lande,) beſetzter dahin führender Weg, den
die Mönche angelegt und bepflanzet haben.

### Martens S. 387.

Die vormalige hieher gehörende Kapelle zu Rude
iſt nach und nach eingegangen.

Dagen

## Dagen S. 388 u. f.

Den ehſtniſchen Namen Hio, wollen einige von Häſt, Heo ableiten, daß Hio ma ein Pferdeland anzeigen ſoll. Den Urſprung des ehſtniſchen Namens der Inſel Moon (S. 312) Nuhho hingegen, ſuchen ſie in Mu, mit welchem Ausdruck Kinder eine Kuh bezeichnen; Muhho ma würde nach dieſer Erklärung ein Land der Kühe ſeyn.

## Keins S. 391.

Hat die 2 Kapellen Serro oder Männspä.

## Nuk und Odensholm S. 395.

Die Inſel Nuk hat einen ſchlechten ſteinigen Boden. Die daſigen ſchwediſchen Bauern verſtehen etwas deutſch, haben ordentliche nach deutſcher Art gebauete Häuſer und beſondere Riegen. Zur Kirche gehören die 3 Kapellen Sutlep, Koslep und Odensholm. Das letzte welches eine zum Gut Neuhof gehörende Inſel iſt, nennt man auch Odesholm; Etliche ſprechen es Odensholm aus. Zwiſchen dieſer Inſel und dem veſten Land iſt eine verborgene den Schiffern ſehr gefährliche Klippe.

## Narva S. 396.

Von dieſer Stadt habe ich mehrere Zuſätze zu liefern; ich verſpare ſie bis zuletzt am Schluß dieſes Bandes.

## Rigiſches Generalgouvernement S. 421.

In allen Patenten und Befehlen unterſchreibt ſich der Generalgouverneur allein. Ihm wird bey jedem Landtag von der Ritterſchaft ein Geſchenk gemacht, welches der jetzige Herr Reichsgraf und Ritter von Browne, an arme adliche Familien ausgetheilt hat. Wenn kein Generalgouverneur vorhanden iſt, ſo unterſchreiben die beyden Regierungsräthe alle Befehle.

## Oberkirchenvorſteher S. 447.

Jeder erwählt ſich ſeinen Kirchen=Notär ſelbſt, und dieſer bekommt aus der Ritterſchaft=Kaſſe jährlich 50 Rubel Beſoldung.

Ord=

### Ordnungsgericht S. 449.

Der Ordnungsrichter schlägt einen Mann zum Notariat, der Ritterschaft (oder dem Landrathskollegium) vor, und diese bestätigt ihn, giebt ihm auch seine Besoldung, die jährlich in 55 Rubeln besteht: zuweilen ist eine Zulage bewilliget worden. (Im ersten Bande stehen 100 Rubel, weil gemeiniglich das Ordnungsgerichts- und das Kirchen-Notariat von einer Person verwaltet werden.) — In Ansehung der Execution ist eine Aenderung getroffen worden: jetzt bekommt der Notär blos die Meilengelder. Eine schärfere ist die militarische, da dem Possessor, welcher seine repartirte Fourage u. d. gl. nicht gehörig liefert, etliche Soldaten ins Haus geschickt werden, die er bis zur Beybringung der Quittung unterhalten muß. — Die Strafgelder für nicht gebesserte Wege fließen in die Ritterschaft-Kasse: doch macht man zuweilen eine Ausnahme. In Ehstland werden für unterlassene Wegverbesserung keine Strafgelder gefordert, sondern etwa ein Soldat zur Execution gesandt. — Kontradiktorische Sachen gehen vom Ordnungsgericht ans Landgericht. Vom Generalgouvernement bekommt das Ordnungsgericht den Titel: **Wohlgebohrner Herr Ordnungsrichter, wie auch Hoch- und Wohledelgebohrne Herren Adjuncti.** Ist der Ordnungsrichter Baron, so bekommt er den Titel **Hochwohlgebohrner Herr Baron und Ordnungsrichter.** Zuweilen werden dem Ordnungsgericht Untersuchungen aufgetragen, die nicht eigentlich die Policey angehen.

### Revisions-Kommission S. 453.

Die erste schwedische Revision wurde i. J. 1638 unternommen: alle Länder der Kronbauern sollten darbey übermessen, und nach der königl. Instruction so viel möglich in ganze, halbe, Viertel- oder Achtel-Haaken gebracht werden. Sie fiel mangelhaft aus. Bey der letzten im J. 1687 konnten auch nicht alle Mängel vermieden und

und verbeſſert werden: ſelbſt die Meſſung gieng nicht
nach Wunſch von ſtatten. Bey Privatgütern wurde die
Eintheilung der Bauerländer mehr des Beſitzers Will⸗
kühr überlaſſen.

### Revalſches Generalgouvernement S. 450.

Vor einiger Zeit wurde auch ein Vicegouverneur
beſtellt, der jetzt, da noch kein neuer Generalgouverneur
angekommen iſt, dem Gouvernement vorſteht. Alle Be⸗
fehle u. d. gl. ſind allezeit von Generalgouverneur, Vice⸗
gouverneur, beyden Gouvernementsräthen, und dem
Sekretär unterſchrieben.

### Hakenrichter, ebend.

Bekommen allerley Aufträge z. B. Gränzſtreit an
Ort und Stelle zu unterſuchen; Güter einzuweiſen; Be⸗
ſitzer aus Gütern zu ſetzen u. ſ. w.

### Provinzialkonſiſtorium S. 468.

Zum Präſidenten werden nicht 2, ſondern allezeit
3 Landräthe vorgeſchlagen.

### Ehebruch S. 515.

Nach Eines hocherlauchten dirigirenden Senats
Ukaſe vom 21ſten May 1771, die aber erſt i. J. 1773
vom Oberkonſiſtorium den Predigern bekannt gemacht
wurde, iſt auf doppelten Ehebruch die Kirchenſühne ge⸗
ſetzt worden: die in der Ukaſe vom J. 1764 beſtimmte
Geldſtrafe geht nur den einfachen Ehebruch an.

### Landſtraſſen S. 523 u. f.

Ueber die S. 525 angezeigte neue Wegeintheilung
vermehrten ſich die Beſchwerden: die Kontingente wa⸗
ren zu weit abgelegen, oder überſtiegen die Kräfte des
Guts, oder ſtanden mit andern in keinem Verhältniß.
Mit Bewilligung des Generalgouvernements verordnete
die Ritterſchaft eine Kommiſſion, nahm einen eignen
Reviſor an, zur neuen Uebermeſſung und Eintheilung,
welcher für dieſe Arbeit nebſt den Abſchriften ſeiner Pro⸗
tokolle und genauen Zeichnungen, 1000 Rubel bekam.

Alle

Alle Stellen waren darin genau bemerkt, und i. J. 1774 geſchahe die neue Eintheilung. Jedes Gut bekam nun ſein Kontingent ſo viel möglich auf der Nähe: jeder Poſſeſſor mußte die in ſeinem Gebiet befindlichen Waſſerbrücken, die einer ſteten und baldigen Ausbeſſerung bedürfen, übernehmen. Die unrichtig geſetzten Werſtpfoſten wurden verſetzt, und eine genaue Gleichheit der Kontingente eingeführt; (vorher hatte manches Gut von 8 Haaken, ein Kontingent für 23 Haaken.) Man reducirte alles auf trocknes Land, und berechnete, wie viel auf jeden Haaken fiel: nehmlich 13½-3½ Ellen, deren 1800 eine Werſt oder gegen 1260 Schritte betragen. Die fünffache Art oder Beſchaffenheit der Straſſe wurde auf folgendes Maaß geſetzt:

A. Eine Elle Kaſtenbrücke, d. i. wo ein Kaſten von Balken in den Bach oder Fluß zur Hältung der Brücke muß geſenkt werden, galt ſoviel als

B. 2½ Ellen Streckbalken-Brücke, d. i. wo die Brücke auf bloßen langen Streckbalken ruht; oder als

C. 15 Ellen Faſchinenweg, über Moräſte; oder als

D. 25 Ellen Grabenweg, d. i. wo zu beyden Seiten des Weges Graben geſchnitten und unterhalten werden; oder als

E. 75 Ellen hartes trocknes Land.

Die Wege müſſen jetzt mit mehrerer Sorgfalt als vorher verbeſſert, erhöhet und mit mehrern Graben verſehen werden, die 5 Fuß breit und 4 Fuß tief ſind. Man rechnet daher 2 Faden auf die Graben, und 4 Faden auf den Weg. Wo nicht 6 Faden Raum war, mußten die Zäune weggehoben; auch die Pforten mitten auf der Straſſe weggeſchaft, und auf jeder Seite alles Gebüſch ½ Faden breit herunter gehauen werden. — Alle große Landſtraſſen im dorptſchen Kreiſe betragen 400, und die im pernaniſchen über 800 Werſt. Die letzten ſind ſeit kurzer Zeit in ſehr guten Stand geſetzt worden.                                    Straſſe

### Strasse von Reval nach Dorpt, S. 527.

Wird 186 Werst berechnet: bey der letzten Eintheilung und Uebermessung fand sich ein Mangel von 4 Wersten; daher stimmen die Zahlen an den Werstpfosten, wo beyde Herzogthümer an einander gränzen, jetzt nicht überein.

### Kirchenwege, S. 528.

Schon vor etlichen Jahren hatten die Kirchenvorsteher Befehl und Macht empfangen, auf die Verbesserung der Kirchenwege in ihren Kirchspielen zu dringen, und Saumselige zu strafen: im Jahr 1774 wurde befohlen, von Nachlässigen für jeden Haaken 1 Rubel an die Kirchenlade einzutreiben. In Ehstland weis man von einer solchen guten Einrichtung nichts.

### Viehseuche, S. 571.

Das im ersten Band bekannt gemachte Mittel wurde bey mehrern angestellten Versuchen bewährt befunden. — Auf einer Glashütte haben die Fabrikanten nach ihrer Versicherung durch Glasschaum, welchen sie den Vieh eingaben, dasselbe ganz vor der Seuche bewahrt. Noch immer äussert sich dieselbe im Lande hin und wieder, obgleich nicht mehr so fürchterlich und heftig.

### Leichen, S. 575.

Durch das was im gegenwärtigen zweyten Bande wegen der neuerlich verbotenen Beerdigung in Kirchen, ingleichen der Verlegung unsrer alten Gottesäcker berichtet wurde; fallen die Klagen über die ungesunden Ausdünstungen u. d. gl. in Kirchen hinweg.

### Gebietsschulen, S. 577.

Im rigischen Generalgouvernement erging im Sept. 1774 der Befehl, daß jedes Gut, wo binnen Jahresfrist keine Schule angelegt wäre, 50 Rubel Strafe bezahlen solle.

### Witwenkasten, S. 579.

Auch die rigischen Stadtprediger haben seit einiger Zeit einen gut eingerichteten Witwenkasten errichtet.

Die

### Die Stadt Narva, S. 396. u. f.

Zuerst liefere ich das Uebrige von dem zuverläßigen in Narva selbst auf höhern Befehl verfertigten Aufsatz, von welchem bereits im 3ten Kap. bey dem narvschen Handel einzele Stücke mitgetheilet wurden, die ich hier nicht wiederhole, sondern durch bloße Striche anzeige. Ungeändert schreibe ich ihn übrigens ab.

„Die Russisch-Kayserliche See- und Handels-Stadt Narva ist unter 59 Grad 15 Min. 27 Sec. nördlicher Breite in (an) dem Fürstenthum Ehstland belegen, und hat darin bereits vor d. J. 1345 ein eignes Territorium gehabt, welches aus dem im gedachten Jahr vom dänischen König Woldemar dieser Stadt ertheilten Privilegio zu ersehen ist, worin von Aeckern, Wiesen, Viehweiden und Hölzungen, die derselben Stadt zugehören, erwähnt wird. Dieß Territorium oder Stadtland ist in der Folge, nachdem die Stadt nicht lange darauf an die Heermeister abgetreten wurde, durch das Privilegium des Heermeisters Wilhelm von Friemersheim i. J. 1374 nach seinen Gränzen genau beschrieben und bezeichnet, nachhero aber i. J. 1399 nach dem Privileg. des Heermeisters Wenneimer Brüggeney erweitert und aufs neue beschrieben worden. Die Stadt ist von der Zeit an bis hiezu im Besitz dieses Territoriums und der Jurisdiction darüber, gewesen. Bey einer im J. 1676 von der damaligen schwedischen Regierung über ganz Ingermanland veranstalteten General-Landrevision sind auch die Ländereyen und Besitze der Stadt Narva aufgenommen, und die Größe des bereits angebauten sowohl, als zu Ackerland tauglichen Grundes, nach der Aussaat berechnet worden, so nach Anzeige einer damaligen darüber verfertigten Charte, auf der ehstländischen Seite allein sich 525⅔ Tonnen beträgt. Hierunter sind sowohl die publiken als Privatpersonen zugehörigen Aecker und Plätze begriffen, welche ungefähr den dritten Theil dieses Territoriums

torium ausmachen. Die übrigen 2 Theile beſtehen in
Buſchland und Striffel, mit einigen wenigen moraſtigen
Heuſchlägen. Auf dieſer Seite der Stadt iſt man mit
gnugſamer Viehweide verſehen, welche allenfalls noch
durch Reinigung von Strauch, vermehret werden kan.
Im übrigen iſt das ganze Territorium eben, in den meiſten Gegenden wo Buſchland, Heuſchläge und was zur
Viehweide gehört, moraſtig, das Ackerland hingegen
trocken und ſteinig. Im Umkreis hält dieſes vorbeſchrie-
bene Stadtterritorium ungefähr 11 bis 12 ruſſiſche Werſte, und im Durchſchnitt von der Vorſtadt bis an die
Gränze mit dem Herzogthum Ehſtland, etwa $3\frac{1}{2}$ Werſt.
Auf der ingermanländiſchen Seite hat die Stadt gleicher-
maaßen zu ſchwediſcher Regierungszeit auſſer einigen Landgütern, ein Territorium beſeſſen, welches, wie die oban-
gezogene Charte vom J. 1676 belehrt, gleichfalls nach
der Ausſaat aufgenommen, damals $425\frac{1}{8}$ Tonnen betragen hat, wovon aber nach der durch die ſiegreichen
Ruſſiſchen Waffen erfolgten Eroberung der Stadt, das
mehreſte iſt eingezogen worden; ſo daß die Stadt für jetzo
auf dieſer Seite weiter nichts als einen ſehr kleinen Bezirk hat, woſelbſt die Einwohner der ſogenannten Iwa-
nogrodſchen Vorſtadt, Häuſer angebauet haben und wohnen, welches von der Stadt oder ſogenannten Waſſerpforte bis an die letzten Häuſer unter dem Berge eine
gute Werſt ausmachen möchte. Auf dem Berge ſind zu
beyden Seiten der nach Jamburg gehenden großen Landſtraße, auf der einen Seite eine Linie die von Officieren,
Soldaten und andern Militärperſonen, auf der andern
eine die von verſchiedenen zur Stadt gehörigen Einwohnern, bewohnt wird, mit hölzernen Häuſern bebauet,
welche beyde Linien kaum eine Werſt betragen. An Viehweide und Hölzungen iſt auf dieſer Seite nichts vorhanden. Endlich iſt hierbey anzumerken, daß die Stadt
überhaupt auf beyden Seiten, durch die in neuern Zeiten
geſche-

geschehene Erweiterung der Vestungswerke, nicht wenig von dem vormaligen alten Territorium eingebüsset hat. „Der Fluß Narowa — — (S. vorn Kap. 3. Abschn 3.) — „Die Stadt Narva ist von Moscau 8-6, von St. Petersburg 142, von Reval 19, von Dorpat 74, von Riga 402, von Owdow, 76, von Pleßkow 189, von Jamburg 21 Werst entfernt, gehört aber seit der glorreichen Russischen Regierung zu keinem Gouvernement; zu schwedischen Zeiten hingegen gehörte sie nebst einem Theil von Ehstland, Allentacken genannt, zum ingermanländischen Gouvernement, und war der Sitz des Gouverneurs. — — Im J. 585 den 22sten Jul. hat der schwed. König Johann III. zum Stadtwappen und Siegel bewilliget und zu führen verordnet: im blauen Felde, oben ein bloßes Schwerdt, und auf jeder Seite desselben eine Karthaunenkugel, in der Mitte zween Fische, darunter ein Säbel und unter dem Säbel eine Kugel. In der Folge ist dieses Stadtwappen und Insiegel vom König Sigismund i. J. 1594 den 1ten May bestätiget, und von der Zeit an bis jetzo dabey verblieben. — — Jahrmarkt, Fabriken, Mühlen, Fischerey (S. 3 Kap. , Abschn.)

Die große Brücke über die Narowa, welche die ehstländische Seite mit der ingermanländischen verbindet, ist auf Krons Kosten erbauet, und wird auch von derselben beständig unterhalten *). Unweit der Stadt bey dem

---

*) Die erste Brücke bauete ein geschickter Baumeister, der sich lange, auch nach Eroberung der Stadt, dort aufhielt, Namens Dav. Küntler; sie stand bis 744. Die zweyte, der Stadtbaumeister Rikkers im J 1745; sie stand bis 1770. Die dritte der Kronbaumeister Säger unter Aufsicht des Hrn. Kommandanten General von Bakanoff, im J. 771; diese ist zierlich, schön und dauerhaft. Das aus dem Peipussee im Frühjahr kommende Eis, ist öfters der Brücke sehr gefährlich.

dem Dorfe Joala ist vor vielen Jahren eine Brücke über den Strom bis zu einer darin liegenden Insel vom damaligen Eigenthümer einer daselbst erbauten Sägmühle angelegt worden, die auch noch jetzo von den gegenwärtigen Besitzern derselben, unterhalten wird.

„Es sind in Narva ein besonderes Schulgebäude; ein Armenhaus, worin verarmte bürgerliche Personen, auch andre Einwohner, erhalten und verpfleget werden; das Rathhaus; die Börse; und 10 dem Publikum zugehörige Häuser für die Kirchen= Schul= und einige Civil=Bedienten, welche neben ihren Salarien freye Wohnung genießen. Alle diese Gebäude sind von Stein erbauet, und werden von den öffentlichen Mitteln oder aus der Stadtkasse unterhalten, ausgenommen das Armenhaus, welches sowohl als die darin befindlichen Armen, aus dessen besondern Fond von der milden Beysteuer der Stadt=Einwohner subsistiret. Die Schule besteht aus 4 Klassen und hat eben so viel Lehrer, nemlich einen Rektor, 2 Kollegen, und einen Schreib= und Rechenmeister. Ausser dieser ist annoch bey vorerwähnten Armenhause eine Schule, woselbst die Jugend von der schwed= und finnischen Gemeine im Christenthum, Lesen, Schreiben und Rechnen unterrichtet wird. In der Iwanogorodschen Vorstadt ist ein besonderes Armenhaus von Holz erbauet, für Verarmte russischer Nation; dasselbe wurde von einigen mitleidigen Personen auf eigne Kosten angelegt, und die darin aufgenommenen Armen sind bis hiezu durch eingesammelte Beysteuer unterhalten worden. In beyden Armenhäusern werden die Armen nicht anders als mit Vorwissen und Genehmigung des Magistrats auf= und angenommen, welchen auch jährlich die Rechnungen von der geführten Disposition abzulegen, die Vorsteher derselben gehalten sind. Nach dem ordinären Etat der Stadt wird ein Stadtphysikus bestanden, welcher aus der Stadtkasse
besol=

besoldet wird. Auſſer dieſem iſt noch ein zweyter Stadt=
Medicus befindlich, welcher aus einem beſondern Fond
ſeinen Gehalt bekommt. Der Stadt Chirurgus wird zu
der Bürgerſchaft großer Gilde gerechnet, genießt aber
kein Salarium, ſondern unterhält ſich von ſeinem Ver=
dienſt *). Vorjetzo iſt bey der Stadt nur eine Apotheke,
welche einer Privatperſon zugehört; indeſſen hat der Ma=
giſtrat das Recht, noch Andern die Freiheit zu ertheilen,
Apotheken anzulegen.,,

„Die Stadt Einnahme beſteht jetzt vornehmlich:
1) in dem was vom Handel einfließet, und unter dem
Namen von Portorium, Pfahl= und Brückengeld, wie
auch Tonnengelder, auf dem Licent Contoir erlegt und an
die Stadtkaſſe abgeliefert wird. 2) In der Acciſe für
Brantewein und Malz, ingleichen für Rindvieh ſo in
und bey der Stadt conſumirt wird; welche Einnahme
eine beſonders dazu beeidigte Perſon unter Aufſicht eines
Rathsherrn, dem die Inſpection über das Acciſeweſen
gebührt, beſorget und ſodann monatlich der Stadtkaſſe
berechnet. 3 In den Wagegeldern für diejenigen Waa=
ren, welche auf der öffentlichen Stadtwage gewogen wer=
den. Dieſe hat der in Eid und Pflicht ſtehende Stadts=
wäger einzuheben, und an die Stadtkaſſe abzugeben.
4) In der Heuer und Miethe für die dem Publikum und
der Stadt zugehörigen Wohn= und Packhäuſer, Keller und
Böden; hienächſt in Grundgeldern für die publiken
Plätze: welches alles unter Aufſicht eines Rathsherrn,
als Stadtbauherrn beygetrieben und der Stadtkaſſe be=

rech=

---

*) Dieß iſt von dem was gewöhnlich ſtatt findet, zu verſtehen.
Die Wittwe des vorigen Stadt=Chirurgus hat die Barbier=
ſtube, und der dermalige Stadt=Chirurgus iſt kein Bürger,
und genießt ein kleines Fixum von 80 Rubeln jährlich, aus
dem Fond woraus der zweyte Medicus das ſeine bekommen
hat. Jetzt ſind hier zwar 2 Medici, aber der zweyte der
ehedem Stadtphyſikus war und freywillig reſignirte, ge=
nießt kein Salarium.

rechnet wird. 5) In den Einkünften von den Stadts-
gütern und Ländereyen, welche auf gewisse Jahre an die
Meistbiethenden verarrendirt werden. Die Einsamm-
lung dieser Gelder hat ein Rathsherr als Stadt-Kassirer
zu besorgen. 6) In den sogenannten Bürger-Geldern,
als einer bestimmten Abgabe, die derjenige der das Bürgerrecht erhält, er sey Kaufmann oder Handwerker, zuvor zu erlegen schuldig ist: und zwar ersterer 8, und letz-
terer 4 Rubel. 7) In den Strafgeldern, von welchen
nach den Gesetzen, der Stadt ein bestimmter Antheil gebührt. — Aus diesen Einkünften werden die Glieder
des Magistrats, übrige Civilbeamte und Stadtoffician-
ten salarirt, die publiken Stadtgebäude in guten wohn-
und brauchbaren Stande unterhalten, ingleichen noch
andre zum Nutzen der Stadt und des Kommerzes erfoderliche Gebäude, neu angebauet; im übrigen alle etwanige Nothwendigkeiten zum Besten des gemeinen We-
sens, daraus bestritten. Beym Schluß des Jahrs wird
vom Stadt-Buchhalter unter Aufsicht des Stadt-Kassi-
rers die förmliche Rechnung gemacht, mit Belegen versehen, vom Magistrat revidirt, und wenn sie richtig ist,
unterschrieben; dann nach Vorschrift der Privilegien an
das Kaiserl. Kammer-Contoir der lief- und ehstländischen Sachen zur Revision eingesandt. — Die Bürger und eigentlich zur Stadt gehörigen Einwohner, sind
zwar von allen übrigen persönlichen Abgaben befreyet;
müssen aber dagegen die zur Garnison gehörige Mann-
schaft sowohl, als die dahin verlegten Generalspersonen
nebst dem Staab, der zu beständigen Quartieren dahin
verlegten beyden Feldregimenter, mit anständigen Quartieren versehen. Die Vertheilung dieser zu tragenden Last
geschiehet durch eine besondere Repartitions-Kommission,
welche aus : Gliedern des Magistrats, von welchen der
eine ein Kaufmann, der zweyte ein Rechtsgelehrter ist,
4 Personen der Bürgerschaft, Kaufmannstandes, und
einer

einer gleichen Anzahl der Bürgerschaft, Handwerkstan=
des, besteht. Jeder wird zufolge gewisser vorher festge=
setzter allgemeiner Sätze, nach seinem Handel, Gewerbe
oder andern bürgerlichen Vortheilen, repartirt, und ist
sodann verbunden, entweder sich mit baaren Gelde nach
Vorschrift einer vorhandenen nach dem Range der Offi=
ciers eingerichteten Taxe abzufinden, oder die Quartiere
in Natur zu liefern; jedoch ist ein Garnison=Officier, der
schon ein halbes Jahr, nachdem er hieher verlegt worden,
Quartier in Natur gehabt, verbunden, sich mit Quartier=
geld nach der Taxe begnügen zu lassen, wenn man ihm
Quartier in Natur nicht mehr geben will.

„Was die verschiedenen Arten der eigentlichen
Stadt=Einwohner und deren Eintheilung betrifft, so be=
stehen solche vornehmlich in obrigkeitlichen oder Magi=
stratspersonen, andern Civil= wie auch Kirchen= und
Schulbedienten, ferner in der wirklichen Bürgerschaft,
welche in Kaufleute und Handwerker eingetheilt wird. —
(S Kap. 3. l. c.) — Ausser den ebendaselbst angeführ=
ten dort seßhaften) Russen giebt es noch solche, die aus
verschiedenen russischen Provinzen mit Pässen dahin kom=
men, und daselbst auf längere oder kürzere Zeit, wohnen.
Sie ernähren sich größtentheils von Handarbeit, als
Flachsbinder, Zimmerleute, Maurer, Gartenkerls, Fuhr=
leute und Dienstbothen. Endlich sind auch bey der Stadt
Einwohner finnischer, und einige wenige schwedischer
Nation. Jene bestehen mehrentheils aus Trägern,
Dienstbothen, Maurern, Zimmerleuten; diese aber aus
einigen Handwerksleuten und Dienstbothen, welche alle
frey von Erlegung des Kopfgeldes sind. Die eigentliche
Bürgerschaft wird in die Bürgerschaft großer und kleiner
Gilde eingetheilt. Zu der ersten gehören die Kaufleute,
welche, wie oben erwähnt wurde, entweder Groß= oder
Minut=Händler sind; ferner der Stadt=Chirurgus, der
zugleich eine Balbierstube hält; die Gold= und Silber=

Schmiede;

Schmiede; wie auch Kunstmahler: zur letzten aber die verschiedenen Handwerker — (Sie wurden Kap. 3 namhaft gemacht; auch kommt dort bereits vor, was, von der Verschiedenheit des Handels, dem Bürgerrecht, den russischen und englischen Kaufleuten, der Größe und Beschaffenheit des Handels, ingleichen der Krügerey-Nahrung, in dem Aufsatz folgt.)

„Die von den Bürgern und Einwohnern persönlich zu leistenden Dienste, betreffen directe das Stadtwesen und desselben gute Policey und Ordnung. Die vornehmsten sind die obrigkeitlichen Dienste und Aemter, welche den Stadtmagistrat ausmachen, der aus Bürgermeistern und 8 Rathsherrn besteht, wovon die eine Hälfte Rechtsgelehrte, die andre aber Kaufleute seyn müssen. Dieselben werden, sobald eine Stelle entweder durch Absterben oder sonstigen Abgang dessen der sie verwaltet, ledig geworden, von dem sämmtlichen Magistrat erwählt, die geschehene Wahl aber dem Kaiserl. Reichs-Justizkollegium der lief- und ehstländischen Sachen, zur Bestätigung unterlegt, welches, wenn es die Wahl eines Bürgermeisters betrifft, solches zuvor einem hochdirigirenden Senat zur Genehmigung vorstellet. Die übrigen Civil- und öffentlichen Dienste bey der Stadt, vom Sekretär an bis zum geringsten Rathsbedienten, werden blos vom Magistrat besetzt und vergeben *). Hiernächst sind einige Stadts-Dienste, welche als persönliche Pflichten von den Gliedern der Bürgerschaft wechselsweise geleistet werden; als das Kirchen- und Hospital-Vorsteheramt, wozu alle 3 Jahre 2 Personen aus der Bürgerschaft

*) Ausser dem Magistrat, ist hier noch das Voigteygericht, und folgende Nebenkollegien: 1) das Waisengericht, worin der Justizbürgermeister den Vorsitz und 2 Rathsherrn zu Gehülfen hat; 2) das Kommerzgericht; 3) das Accisegericht; 4) das Baukollegium. Im 2ten und 4ten präsidirt der Kommerz- und Policey Bürgermeister; im 3ten ein Rathsherr, der zugleich Accise-Inspektor ist.

ſchaft Kaufmannſtandes erwählt werden. Ferner ſind demjenigen Rathsherrn, der das Einquartierungsweſen zu reguliren, wie auch dem der bey entſtehender Feuers-brunſt die nöthigen Veranſtaltungen vorzukehren hat, aus der geſammten Bürgerſchaft, und zwar erſterem 4, letzterem aber 8 Perſonen zu Gehülfen zugeordnet, welche jedes Jahr von der Bürgerſchaft dazu erwählt und dem Magiſtrat bekannt gemacht werden. Zu den perſönlichen bürgerlichen Pflichten, kan endlich auch die Verwaltung der Vormundſchaft für Waiſen und Unmündige gezählt werden, deren ſich kein Bürger, wenn er dazu gerichtlich beſtellt worden, ohne rechtmäßige Urſachen entziehen darf. — — (Die Länder wohin die ausgeſchifften Waaren gehen; ingleichen Ziegelbrennerey und Steinbrüche S. 3 Kap.)

„Zur Zeit der königl. däniſchen, heermeiſterlichen, und nachherigen ſchwediſchen Regierung, hat die Stadt Narva von Zeit zu Zeit ihre Privilegien größtentheils unter eigner Unterſchrift der hohen Landesherrſchaft, er-halten, über welche ſammt denen, ſo von der Regierung und hohen Reichskollegien ertheilt worden, bey dieſer glorreichen ruſſiſchen Regierung unter allerhöchſt eigener Unterſchrift der Monarchen, generelle Confirmationen erfolgt ſind“.

Jetzt liefere ich etliche Berichtigungen und Zuſätze, zu dem im erſten Bande befindlichen Artikel von Narva, die ich von dorther erhalten habe.

Zu S. 397. Der Magiſtrat hat allezeit im Stadt-gebiete auf der ehſtländiſchen und ingermanländiſchen Seite die Gerichtbarkeit ausgeübt: beyde Vorſtädte, auch die Jwanogrodiſche, ſtehen unter ihm. Der ehemalige Kommandant Brigadier Baron von Stein that zwar verſchiedene Eingriffe, wurde aber auf geſchehene Be-ſchwerde von E. dirigirenden Senat zu rechte gewieſen.

c 4 Wenn

Wenn man die im J. 1773 den 9ten Aug. einge-
äscherte Neustadt, wo größtentheils hölzerne und nur
etwa 14 steinerne Häuser standen, mitrechnet, so findet man in der Stadt nicht etliche, sondern mehrere Gassen, die weder ganz klein noch sehr enge sind; sonderlich
die in der Neustadt; auch in der Altstadt können zwo
Kutschen einander bequem vorbeyfahren. Von dem vormaligen Königs- jetzt sogenannten Kaisers-Thor, auf der
ehstländischen Seite bis an das Wasser-Thor, sind etwa
40 Schritte; die Linie ist aber etwas krumm. In der
Altstadt allein sind über 100 steinerne Häuser; in der
Neustadt brannten ungefähr 70 ab, und etwa 7 blieben
stehen. Bey einer gewissen Gelegenheit hat man den
Werth der dasigen Privathäuser aufgegeben; er betrug
eine Zeit vorher ehe die Neustadt abbrannte, 142, 10
Rubel, steinerne und hölzerne Häuser in der Alt- und Neustadt zusammengenommen. In der ersten zählte man
damals ohne die publiken 80, und in der Neustadt 10
steinerne Häuser; in der letzten damals auch 42 hölzerne. — In beyden Vorstädten, zumal wenn man die
Officiers- und Soldaten-Häuser mitrechnet, deren allein
über 200 sind, reicht die Zahl 70 nicht hin. Ohne jene
kan man auf jede Vorstadt 70 Häuser rechnen.

S. 398. Des Winters kan man neben der Stadt
durch die Vorstadt reisen, weil die Narowa sehr stark zu-
friert. — Der Ungelegenheit durch die schnelle Beu-
gung von der Brücke nach dem Stadtthor, ist bey der
neulichen Verbesserung der Brücke abgeholfen worden.
Kutschen sind nicht umgestürzet, wohl aber in der engen
Pforte hangen geblieben und beschädigt worden.

Vom König Erich hat die Stadt kein einziges
Privilegium, wenigstens ist keins in der schon unter
schwedischer Regierung zusammengetragenen Privilegien-
sammlung, von diesem König vorhanden. Ein einziges,
das älteste, ist von Woldemar vom Jahr 1345. Dann

folgen

folgen die von den Heer- Hoch- und Ordensmeistern Friemersheim, Brüggeney, Rockemeister, Ruten-
berg, Mengden auch Osthoff genannt, Pletten-
berg, von Gahlen und Niegerod: endlich die von
schwedischen Königen.

S. 399. Die Eroberung im Jahr 1704 geschahe
am 9ten August alt St., in des Kaisers Gegenwart:
unter ihm führte der Generalfeldmarschall von Ogilvy
das Kommando.   Die Besatzung bestand aus 4375
Mann, die alle aufgerieben wurden, bis auf den Kommandanten General-Major Horn, 5 Obristen, 3 Oberofficiers, 125 Artilleristen, und 1600 Gemeine, die
sämtlich in Gefangenschaft geriethen.

Die ebendaselbst angeführte ungegründete Erzählung von einer zugestandenen Kapitulation, verdient in
der Geschichte keine fernere Erwähnung.   Ich habe von
sicherer Hand die wiederholte Versicherung erhalten, daß
an gar keine Kapitulation ist gedacht worden; nicht während des Stürmens; und vorher wollte der Kommandant von keiner Uebergabe hören.   Wahr ist es, daß
die Bürger nicht um ihre Kirchen gebeten haben.

Was ebendaselbst vom Kaiser Peter I. gemeldet
worden, wie er nemlich der Plünderung Einhalt zu thun,
einige seiner Leute am Leben gestraft habe, soll sich nach
erhaltener Nachricht folgender Maaßen verhalten:  der
Kaiser gab Befehl mit der Plünderung 2c. einzuhalten;
er hörte daß seinem Befehl nicht gehorsamet würde, setzte
sich zu Pferd, ritt durch die Straßen, und stach einen
seiner Soldaten den er wüten sahe, nieder; kam in des
Bürgermeisters Götte Stube, (gegen diesen bewies er sich
überaus gnädig,) und warf den blutigen Degen mit den
Worten auf den Tisch: seyd nicht bange, das ist russisches, nicht deutsches Blut! — — Vielleicht aus
Besorgniß, Karl möchte aus Sachsen zurück kommen
und auf Narva losgehen, wurde befohlen, die Bürger,

denen

denen der Kaiser noch nicht völlig trauen mochte, nach Rußland abzuführen. Im Jahr 1718 nach Karls Tode, erhielten alle Erlaubniß zurückzukehren, und die Bestätigung ihrer Privilegien: im Jahr 1714 waren schon etliche auf höhere Genehmigung zurückgekommen.

Was in Ansehung der Narowa, der Kaufleute und des Handels, beyzufügen ist, habe ich bereits im 3ten Kap. angezeigt.

S. 401. Gewöhnlich sind bey der deutschen Kirche zween Prediger, die in Ansehung ihres Amts und der damit verknüpften Vortheile einander völlig gleich sind. Einer predigt am Sonntage vormittags, und erhebt alle in dieser Woche fallende Accidenzien: der zweyte predigt den Nachmittag und am folgenden Sonntage Vormittags, und genießt auf eben die Art die Einkünfte für die in seiner Woche verfallenden Amtsverrichtungen. Der älteste im Amt hat den Vorsitz im Konsistorium und in Gesellschaften. Der unlängst verstorbene Pastor Gouvinius war der erste, der den Titel eines Haupt= oder Oberpastors erhielt: nach Abgange des vorigen Kompastors überließ man ihm zur Unterstützung seiner zahlreichen Familie, alle mit der sogenannten Seelenpflege verknüpfte Vortheile; den Rektor hingegen machte man zugleich zum Nachmittags=Prediger. Nach Endigung des Gnaden= jahrs dürfte wohl alles wieder nach alter Art eingerichtet werden. — — Das Stadtkonsistorium besteht hier aus lauter geistlichen Mitgliedern, nemlich den dortigen Predigern.

Das Rathhaus fällt von der ehstländischen Seite wohl in die Augen; aber die eine Ecke wird von der Börse bedeckt, und denen die zum Wasserthor herein kommen, gleichsam versteckt, wenn sie gerade über den Markt fahren. Es ist 3 Stockwerk hoch, im Jahr 1683 aus der Stadtkasse erbauet, und mit einem Thurm versehen, dessen Glocke, zum Zeichen daß der Magistrat

seine

ſeine Seſſion hält, geläutet wird. Auſſer den 2 Bür-
germeiſtern beſteht der Magiſtrat aus 8 Rathsherren,
nemlich 4 gelehrten und 4 aus der Kaufmannſchaft, (die
letzten haben auſſer den Nebengefällen einen jährlichen
Gehalt von 160 Rubeln;) ferner aus 1 Sekretär und
1 Protonotär. Bey deſſelben deutſchen Kanzeley ſind
2 Kanzeliſten, und bey der ruſſiſchen Expedition ein Re-
giſtrator, (der nach langen Dienſten zuletzt das Prädikat
eines Sekretärs erlangen kan,) ein Translateur und 2
Kopiſten. — — Von den ehemaligen Stadtgütern ſind
nur die auf der ingermanländiſchen Seite eingezogen; die
auf der ehſtländiſchen, verkauft worden.
S. 402. Von der Brauerey-Nahrung die jetzt
kein einziger Bürger treibt, iſt bereits Kap. 3. Anzeige
geſchehen. — Mit dem Beherbergen durchreiſender
Perſonen geben ſich nur die Gaſtgeber und der Wein-
ſchenker ab.
S. 403. Bey den Sagmühlen am Waſſerfall
ſind nur 3 ziemlich hübſche Wohnhäuſer und 2 Gärten:
an der Seemündung ſind die Häuſer mittelmäßig, aber
keine Gärten; die ganze Gegend beſteht aus lauter Sand-
hügeln. — Die an der Seemündung vorgenommene
und angelegte Arbeit hatte eine andre Abſicht, als die Be-
förderung der Fahrt längs der Luga nach Kronſtadt: als
wovon auch im 3ten Kap. Anzeige geſchahe.
Der vorerwähnte Hr. Paſtor Trefurt hat an einer
Geſchichte der Stadt Narva gearbeitet: ob ſie einmal im
Druck erſcheinen werde, weis ich nicht: Einiges aus der
darin befindlichen nähern Beſchreibung der Stadt, die
mir iſt mitgetheilt worden, will ich noch beyfügen.
Die Stadt liegt auf einer Anhöhe, welche den Einwohnern eine angenehme Ausſicht und eine reine geſunde
Luft verſchafft. Sie iſt regulär gebauet; hat 2 Haupt-
thore, nemlich nach der ehſtländiſchen Seite die Kaiſers-
pforte, und gegen den Fluß die Waſſerpforte; die Gaſſen
ſind

find ziemlich gut gepflaftert. Die Mauer und Rondele welche vormals die Alt= und Neuftadt trennten, hat man nach einem von der jetzt regierenden Kaiferin genehmig= ten Plan angefangen abzubrechen: und die im Jahr 1773 abgebrannten Bürger dürfen die Steine zur Wiederauf= bauung ihrer eingeäfcherten Häufer fich zueignen. Unter der Kaiferin Elifabeth ift die Beveftigung durch Auffen= werke auf der ehftländifchen Seite vermehrt worden. Die Häufer find nach alten Gefchmack erbauet, werden aber feit einigen Jahren von innen und von auffen immer bef= fer eingerichtet. Auf die Vorftellung ihrer Armuth ha= ben die Bürger in der abgebrannten Neuftadt Erlaubniß erhalten, ihre Häufer jetzt von Holz, aber fobald es ihre Kräfte geftatten, nach und nach von Stein aufzuführen: nur die an der Hauptftraße dürfen nicht von Holz gebauet werden.

Das Kaiferl. Schloß ift ums Jahr 1600 von den Schweden erbauet, und bisher in wohnbaren Stande erhalten worden; befteht nur aus 2 Stockwerken, am Ende des Schloßplatzes liegt das fteinerne Zeughaus, und an dem kleinen Schloßgarten das alte heermeifter= liche Schloß nebft dem darbey befindlichen hohen dicken Thurm, genannt der lange Herrmann. Unter fchwe= difcher Regierung wohnte der Gouverneur in dem Schloß: jetzt ift es des Kommandanten Wohnung. — Vom Schloß ift das Kaiferliche Palais unterfchieden, wel= ches Peter I. gleich nach der Eroberung auf einem von einem Bürger erhandelten Platze, 2 Stockwerk hoch, nach holländifchen Gefchmack, erbauete. Es fteht ganz leer, ift zu keinem Gebrauch beftimmt, erhält blos das Andenken des Eroberers und Erbauers, von welchem noch einige Meublen darin verwahrt werden. — Die beyden Kirchen, die jetzige ruffifche und die deutfche, find alt, groß, von Felfenfteinen, aber in alten Gefchmack, erbauet. Die Itzte ift über 27 Faden lang, über 11

Faden

Faden breit und beynahe 5 Faden hoch: ihre Kreuzge-
wölbe ruhen auf 8 Säulen.   Die abgebrannte schwedische Kirche soll nun von Stein erbauet werden. *)

Zum Schluß liefere ich noch von eben dem Hrn. Pastor Trefurt einen Aufsatz von der kirchlichen Verfassung
in Narva, um dessen wörtliche Einrückung ich bin ersucht
worden.   Er enthält Beyträge zur liefländischen Kir-
chengeschichte, und wird Lesern, die sich darum bekümmern, nicht unangenehm seyn; zumal da der Herr Verfasser sie aus dem dasigen Konsistorial-Archive mühsam
aufgesucht und gesammelt hat.

## Von der ehemaligen und gegenwärtigen kirchlichen Verfassung in Narva.

Die ältere Geschichte der evangel. luth. Gemeine in
Narva ist manchen beynahe undurchdringlichen Dun-
kelheiten unterworfen.   Hierüber wird sich derjenige nicht
verwundern, dem es nicht unbekannt ist, welchen ab-
wechselnden Unruhen die Stadt selbst ist ausgesetzet gewesen.   Oeftere Brandschäden haben das Ihrige mit
dazu beygetragen.   Aber die weltkundige im J. 1704
mit stürmender Hand bewirkte Eroberung, hat den vornehmsten Theil hieran.   Bey derselben sind die Archive
und mit selbigen die authentischen Nachrichten älterer
Zeit, theils verloren gegangen, theils zerstreut und unvollständig worden.   Daher was man aus selbigen zwar
mühsam, doch mit zuverlässiger Gewißheit annoch hat
zusammentragen können, um desto mehr aufbehalten zu
werden verdient.

Unter schwedischer Regierung befanden sich in Narva drey evangel. luth Gemeinen, nemlich eine schwedische, eine deutsche, und eine finnische; zur lezten gehörten

---

*) Was ich aus diesem Aufsatz hier' noch anführen könnte, ist
schon im Vorhergehenden gelegentlich eingeschaltet worden.

hörten damals, wie jezt, die finnischen Zünfte der Maurer, Zimmerleute, Träger und Fuhrleute, wie auch die Hausbedienten beyderley Geschlechts, und ein paar angränzende Dorfgemeinen. Die schwedische nahm damals den ersten Platz ein, obgleich die deutsche an der Zahl ihrer Mitglieder, sie, wo nicht übertraf, doch ihr vollkommen gleich kam, und sich eben sowohl verschiedener ansehnlicher Glieder rühmen konnte. Aber die schwedische war 1) eine Regalkirche, über welche sich keine Privatperson das Patronat anmaßen darf, da alle vorfallende Vakanzen vom Könige selbst, es geschehe nach eignem Willkühr, oder auf Vorschlag des Bischofs, oder auf Bitte der Gemeine, vergeben werden; 2) eine königliche Thumkirche, d. i. bey welcher sich ein königlich Thum-Kapitul oder Provinzialkonsistorium befindet. Denn bey selbiger standen jedesmal die Superintendenten und Präsidenten des von der Königin Christine über Narva und Ingermanland hieselbst errichteten und von allen ihren Nachkommen, vorzüglich vom König Karl XI. bestätigten Provinzialkonsistoriums, welche, so wie die bey dieser Kirche gestandenen Pastoren und Kapelläne ihre Bestallungen von der königl. Regierung aus Stockholm erhielten; dahingegen die Pastoren der deutschen und der finnischen Gemeine schon damals vom hiesigen Magistrat sollen seyn berufen worden, als welcher das Patronatrecht über beyde leztere Kirchen allezeit ausgeübt haben und darzu von der Königin Christine privilegirt seyn soll; dergestalt, daß der Magistrat das Recht vorzuschlagen und zu berufen, die Gemeine aber das Recht zu erwählen beybehalten hat. Doch standen schon damals, wie jezt, die Prediger der deutschen und finnischen Gemeine in Ansehung ihres Amts lediglich unter dem hiesigen Konsistorium. — Von den ehemaligen in der Thumkirche gestandenen Superintendenten sind mir folgende bekannt worden: nur wenige werden fehlen.

1. Hein:

1. **Heinrich Stahelius,** der erste Superinten=
dent von Narva und Ingermanland; starb im J. 1657.

2. **Erich Albogius,** kommt im J. 1669 vor,
war vorher Pastor an der schwed. Thumkirche.

3. **Abrah. Tavonius,** d. h S. Doct. Superin=
tendent im J. 1671.

4. **Peter Bonge,** d. h. S. Doct. und Superint.
1679.

5. **Joh. Gezelius,** d. h. S. Doct. und Superin=
tendent von 682 bis 684.

6. **Jacob Lange,** d. h. S. Doct. und Superint.
von 1687 bis 1697. wurde in der Folge vom Könige
zum Bischof in Reval ernannt.

7. **Nicol Bergius,** Superint. 1702.

8. **Huanius** der lezte Superintendent. Von den
übrigen Predigern bey dieser Kirche, können nur 2 mit
Gewißheit genannt werden, **Andreas Algro=n,** Dia=
konus, im J 690, und **Jonas Alaudinus,** Kapellan
im J. 69 und 1697.
Diese ehemals so ansehnliche Gemeine hat nach
Eroberung der Stadt aufgehört, weil fast alle geborne
Schweden, nur wenige ausgenommen, damals nach
Schweden zurück gegangen sind. Während der Bela=
gerung retteten sie sich nach Jwanogorod, von da gin=
gen sie auf erhaltene Freiheit, über Reval nach Schwe=
den. Ihre Kirche fiel wie die deutsche, in der Eroberer
Hände. Es ist wahrscheinlich, daß die damaligen Ein=
wohner unter den betrubten Umständen, in welchen sie
sich befanden, zu blöde oder vielmehr zu furchtsam ge=
wesen sind, um ihre Kirchen zu bitten, weil ihnen be=
reits die freye ungehinderte Religionsübung zugestanden
war. Denn der Kaiser Peter der Große war gegen die
bedrängten Einwohner viel zu gnädig, als daß er, wenn
sie nur gewagt hätten, gleich um die Beybehaltung ih=
rer Kirchen und Glocken zu bitten, ihnen solche nicht
sollte

sollte gelassen haben. Der schwedische Gottesdienst hörte fürs erste gänzlich auf, weil die Gemeine zerstreut oder vielmehr in ihr Vaterland zurückgekehrt war: die Deutschen und Finnen sahen sich genöthigt, ihren Gottesdienst auf dem Rathhause vom J. 1704 bis 1727 zu verrichten; wo für die ersten ein Saal im zweyten, und für die lezten ein andrer im untern Stockwerke bestmöglichst eingerichtet wurde. Im Jahr 1726 erhielt die finnische Gemeine durch des Magistrats als Kirchenpatrons Bemühung die allerhöchste Erlaubniß, ihre ehemals in der Neustadt gelegene und bey der Eroberung zerstörte kleine hölzerne Kirche wieder aufzubauen; welche auch schon im folgenden Jahre am Michaelistage eingeweihet wurde. Und da sich in der Folge einige Schweden wieder hier sammelten, welche den damaligen Pastor der finnischen Gemeine Joh. Gouvinius ersuchten, zuweilen in der schwedischen Sprache, deren er mächtig war, den Gottesdienst zu verrichten, so that er nicht nur solches, sondern erhielt auch auf Ansuchen, vom Magistrat die förmliche Erlaubniß dazu, und den Gehalt eines ehemaligen schwedischen Kapellans, welchen seine Nachfolger im Amte auch beybehalten haben, als bey welchen man allezeit darauf gesehen hat, daß sie der schwedischen Sprache mächtig gewesen sind. So entstand wieder eine schwedische Gemeine: von eben dem Prediger und in eben der Kirche wird seit der Zeit erst schwedischer, dann finnischer Gottesdienst gehalten. Diese schwedische Gemeine hat allmählig sehr abgenommen, und besteht jetzt ungefähr aus 10 Personen. Im Jahr 1773 brannte die Kirche mit ab; man ist auf deren Wiederaufbauung von Stein bedacht; indessen verrichten beyde Gemeinen ihren Gottesdienst in einem ihnen hierzu auf der Börse eingeräumten Saal.

Auch die deutsche Gemeine hörte mit dem Jahr 1727 auf, ihren Gottesdienst auf dem Rathhaus zu verrichten, indem ihr der gleich vorher genannte Börsen=

saal

saal darzu eingeräumet wurde. In dem der Stadt denk=
würdig bleibenden Jahr 1734, aber wurde ihr die vor=
malige schwedische Thumkirche zum immerwährenden Ge=
brauch von der Kaiserin Anna Iwan=wna, auf de=
muthigstes Gesuch, und durch Unterstützung des Feld=
marschalls Grafen v. Münnich, des Herzogs von Kur=
land, Grafen Ernst Biron, des Grafen Ostermann,
des Erzbischofs von Nowogorod und Mitglieds eines
H. dirigirenden Synods Theophanes (der ein großer
Freund des damaligen Pastors Rodde und aller Deut=
schen, und überhaupt ein gelehrter rechtschaffener Mann
war,) eingeräumet, auch in eben dem Jahre am Michae=
listage vom besagten Pastor Rodde eingeweihet: bis
auf den heutigen Tag ist sie in deren ungestörten Besitz
geblieben. Die Prediger welche bey dieser Gemeine ge=
dient haben, sind

I. Unter schwedischer Regierung

1. Mag. Mich. Schollbach, war Pastor der
deutschen Gemeine und Konsistorialassessor vom Jahr
1644 bis 1654, da er auf erhaltenen Ruf nach Nien=
schanz gieng.

2. Simon von Blankenhagen, Pastor und
Konsist. Assessor wenigstens vom Jahr 1656 bis 1681.
Noch steht sein Name in der Stadt in gesegneten An=
denken.

3. Georg Gnospelius, war erst Diakonus und
wurde i. J. 1681 nach des vorhergehenden Tode Pastor.
Bey der Gemeine war er von 1672 bis 1692. Sein
Enkel ist noch jetzt am Leben, und bey der Stadt als eine
obrigkeitliche Person in Ansehen.

4. Jacob Gnospelius, ein Bruder des vorher=
gehenden; war vom J. 168. nur kurze Zeit Diakonus,
und wurde auf sein Ersuchen nach dem Kirchspiel Alt=
Watwara versetzt. Zugleich verordnete der König
Karl XI. daß zur Vermeidung aller Streitigkeiten das

Diakonat aufgehoben und an dessen Stelle ein Kompastorat sollte eingeführt werden: als worüber beyde bey dieser Gemeine stehende Prediger sich in Ansehung des Vorzugs, der Amtsverrichtungen und der Einkünfte mit einander zu vergleichen hätten.

5. Ulrich Porten kam an des vorhergehenden Stelle, als Kompastor i. J. 1685 bis 1692. Der anbefohlne Vergleich kam zwischen ihm und dem Pastor Gnospelius am 22. Dec. 1691 zu Stande.

6. Mag. Hermann Herbers wurde i. J. 1693 Pastor ordinar. war kränklich, und starb 1701. Sein Sohn Ulrich Joh. Herbers wurde in der Folge Rektor bey der hiesigen Stadtschule, und Assessor und Notär des Konsistoriums.

7. Rollfink, Pastor von 1701 bis 1703.

8. Mag. Joh. Andr. Helwig, Pastor vor, bey und nach der Eroberung. Als i. J. 1708 die Einwohner nach Wologda, Ustinga, Kasan u. s. w. verschickt wurden, folgte er ihnen; ward von Wologda zurück hieher, und von hier nach Reval zum Superintendenten und Pastor bey St. Olai berufen. Nach seinem Abzug aus Wologda, nahm sich der rigische Pastor Phill auch der dortigen narvischen Gemeine an, der bey den Gefangenen bis 1722 aushielt. Die zurückgekommenen Gefangenen, rühmten das Gute und die Liebe so sie von den Russen genossen hatten.

9. Brüringk, zweyter Pastor von 1703 bis 1711. Als Helwig mit nach Wologda zog, blieb er bey den zurückgelassenen wenigen Familien: auf erhaltenen Ruf gieng er 1711 nach Riga, wo er Generalsuperintendent wurde.

II. Unter russisch kaiserlichen Regierung.

1. Joh Justin Schmalenberg, wurde aus dem Dorptschen (von wannen ihn die Kosaken nach Rußland gefangen geführt hatten,) hieher berufen, und stand der

Ge

Gemeine bis 1720 allein vor; als in welchem Jahr der folgende zum zweyten Prediger berufen wurde. Als nach dem niestädtischen Frieden das Konsistorium im J. 172 wieder hergestellt wurde, war er dessen erster Präses und hatte die übrigen Stadtprediger zu Assessoren. Er starb 1723.

2. Caspar Matthias Rodde erst zweyter, dann ältrer Pastor und Präses des Konsistoriums. Von 1720 bis 727 stand er der Gemeine allein vor, dann hat er bis 1743 da er starb, Kollegen gehabt. Durch seine ungemeine Kenntniß der russischen Sprache leistete er viel Dienste. Mit ihm zugleich war bey der Gemeine

3. Fried. Peter Lange, der aus Archangel 1728 als Kompastor berufen wurde; im folgenden Jahre aber als Pastor, nach Lüneburg einem Ruf folgte.

4. Joh. Andr. Hartkop, kam 1729 aus Moskow an des vorhergehenden Stelle, die er bis 1755 zuletzt als Pastor ordin. bekleidet hat.

5. Joh. Gouvinius, bisheriger Pastor der hiesigen finnischen Gemeine und Assessor des Konsistoriums, kam nach des Pastors Rodde Tode i. J. 1743 zu der deutschen Gemeine. Bey jener hat er 10, bey dieser 32 Jahre gestanden; auch hat er 32 Jahre das Präsidium im Konsistorium verwaltet. Er starb 1775. Bis aufs Jahr 1755 standen bisher bey der deutschen Gemeine allezeit 2 Pastores, die wöchentlich in Ansehung der Predigten und übrigen Verrichtungen mit einander abwechselten, in der Würde auch gleich waren, ausser daß der ältere allezeit den Vorsitz im Konsistorium, und bey feyerlichen Gelegenheiten hatte. Da Hartkop starb und Gouvinius ältrer Pastor wurde, erklärte man, auf sein Ansuchen, zum bessern Fortkommen seiner zahlreichen Familie, das zweyte Pastorat für erledigt, ließ ihm die Nebengefälle von beyden Stellen allein, und berief i. J. 1759

6. Joh.

6. Joh. Heinr. Lange, damaligen Nachmittagsprediger und Rektor in Dorpat, zum Nachmittagsprediger und Rektor nach Narva, welches Amt er noch bekleidet, wobey er Assessor des Konsistoriums ist, in welchem er jetzt ad interim den Vorsitz verwaltet.

7. Im J. 1765 wurde ich Fried. Ludolph Trefurt, wegen zunehmenden Alters und Kränklichkeit des
Pastors Gouvinius, zum Pastor Adjunctus cum spe
succedendi berufen, und vom hiesigen Konsistorium ordinirt, welches mich i. J. 1771 zu seinem ordentlichen
Beysitzer erwählte. Nach Verfluß des der Wittwe zugestandenen Verdienst- und Gnadenjahrs, möchte die
Besetzung der beyden Prediger-Stellen wohl wieder auf
den vorigen Fuß kommen, und wieder Pastoren berufen werden, die mit einander in der Amtsverrichtung ab-
wechseln. — Aus dem bisherigen erhellet, daß hier eigentlich kein Oberpastor je gewesen ist.

Die Namen der Prediger bey der finnischen Gemeine, sind

1. Napprenius.

2. Eric Bure, gieng im J. 1708 mit seiner Gemeine nach Wologda u. s. w. kam mit andern dasigen
Einwohnern 1715 zurück, starb 1716.

3. Joh. Schütze, Pastor und Probst von Kapo-
rien in Ingermanland, war Beysitzer des Konsistorium
und starb 1722.

4. Joh. Gouvinius, starb 1740. Ihm folgte
sein Sohn

5. Joh. Gouvinius, der schon i. J. 1732 seinem Vater adjungirt, dann zur deutschen Gemeine berufen wurde; (wovon vorher.)

6. Gabriel Calm aus Wiburg, starb 1761.

7. Jacob Alopäus, ist Beysitzer in Konsistorium.
Er hat folgende Adjunkten gehabt:

a) Gabriel Rempe, jetzt Pastor zu Luggenhusen.

b) El-

b) **Elgeen**, wurde nach Spankowa in Jngerman=
land berufen.

c) **Fried. Weber**, jetzt zweyter Paſtor in Gubaniß,
in Jngermanland.

d) **Heinr. Lindſtrom**, iſt noch jetzt Adjunktus. Alle
dieſe 4 Adjunkten ſind vom narviſchen Konſiſtorium
beprüft und ordinirt, auch auf deſſen Zeugniß weiter be=
fördert worden.                                              *

Das daſige Konſiſtorium beſteht nicht aus welt=
lichen und geiſtlichen, ſondern aus lauter geiſtlichen Glie=
dern, wie das zu Wiburg und Friedrichshaven, als
welche 3 Konſiſtorien allein, im ruſſiſchen Reich aus lau=
ter geiſtlichen Gliedern beſtehen. Es iſt von der Köni=
gin **Chriſtina** ums J. 1648, als ein Stadt= und Pro=
vinzialkonſiſtorium errichtet, und ihm ein kleines Jnſiegel
von ihr verliehen worden. Anfangs erſtreckte ſich deſſen
geiſtliche Gerichtbarkeit über die Stadt, über Jnger=
manland und über den alentakiſchen Diſtrikt in Ehſt=
land. Die folgenden Könige beſtätigten es, und unter
**Karl Guſtav** erhielt es i. J. 1658 ein größeres Jnſie=
gel. **Karl XI.** ſandte einige Exemplare des i. J. 1687
von ihm zum Druck beförderten Kirchengeſetzes, nebſt
einem eigenhändigen Schreiben d. d. Stockholm d. 26ſten
Nov. 1687, an den damaligen Superintendent **Jac.**
**Lange**, und ſämmtliche Konſiſtoriales, darin die Aus=
theilung der Exemplare im Stifte, die jährliche Vorle=
ſung des Kirchengeſetzes von den Kanzeln, die Ablegung
des vorgeſchriebenen Eides u. d. gl. befohlen wird. Jn
dieſer Verfaſſung blieb das Konſiſtorium bis an die Er=
oberung der Stadt: dann erhielt es eine geänderte Be=
ſtimmung. Zwar wurde mittelſt Reſolution E. Kaiſerl.
Reichs-Juſtizkollegiums vom 13 Nov. 1721, das Kon=
ſiſtorialgericht hieſelbſt in ſo weit völlig wieder hergeſtellt,
daß es „wieder aus den hier befindlichen lutheriſchen
„Predigern beſtellt werden ſollte, welche bey ſich eräug=

„ nenden

„nenden wichtigen und schweren Vorfällen, so von sel-
„bigen Gliedern nicht könnten abgemacht werden, einige
„lutherische Prediger aus dem Lande zu sich ziehen soll-
„ten, bis künftig aus den Stadtepredigern allein, das
„Konsistorialgericht völlig könne besetzt werden". Aber
es verlohr zugleich seine Gerichtbarkeit über die lutheri-
schen Gemeinen in Jngermanland, „weil Kaiser Pe-
„ter I. beliebte Jngermanland von der Stadt abzuzie-
„hen, und einem andern Gouvernement zu untergeben".
Jm übrigen hat das Konsistorium alle seine Rechte und
Vorzüge, bis auf den heutigen Tag ungekränkt behalten,
steht wie andre Konsistorien unmittelbar unter dem
Reichs-Justizkollegium, der lief- ehst- und finnländischen
Rechtsachen, und hat noch neuerlich (den  ten April
1756) nicht nur die Bestätigung aller seiner Vorrechte,
sondern auch des höchsten Schutzes und eines gnädigen
Zutrauens erhalten. Die beyden Konsistorialsiegel, davon das größere nur bey gewissen Akten, das kleinere
aber als das gewöhnliche Notariatsiegel gebraucht wird,
sind blos in der Größe unterschieden. Sie bestehen aus
den 2 sogenannten Binde- und Löse-Schlüsseln, kreuz-
weise aufgerichtet, in deren Mitte ein bloßes Schwerd
mit aufwärts gekehrter Spitze. Bey der Wiederherstel-
lung wurden sie mit allerhöchster Genehmigung dergestalt beybehalten, daß in der Umschrift anstatt Regii und
1658, gesetzt wurde Cæsarei und 1722. Die Glieder
des Konsistoriums sind ein Präses (allezeit der ältere Pastor der deutsche Kirche,) 2 bis 3 Beysitzer, je nachdem
die Zahl der Prediger hieselbst stark ist, und ein Notär
der das Protokoll und den Briefwechsel des Konsistoriums besorgt, das Archiv aufbewahrt und die Akten aus-
fertiget.
Die deutsche Kirche hat verschiedene Zierrathen.
Ohne die vergoldete Bildhauerarbeit findet man unter
andern an beyden Seiten des Altars ein paar große Gemälde

mälde, die der Fremden Bemerkung auf ſich ziehen: ſie
ſind 2 Faden hoch und über 1 Faden breit. An den
Kirchgewölben hangen 7 vergoldete Leuchter: die neue
Orgel ziert die Kirche noch mehr; ſie iſt 2 Faden 2 Fuß
hoch, über 3 Faden breit und hat 24 Stimmen; im J.
1765 wurde ſie eingeweihet.

Die ökonomiſchen Angelegenheiten bey der Kirche
beſorgt ein beſonderes Kirchenkollegium, welches auch
der Kirchenkonvent heißt und zugleich die Aufſicht über
das Kirchengut Peuthof hat. Es beſteht aus einem
Bürgermeiſter, dem ältern Paſtor, einem Rath-herrn,
den beyden Kirchenvorſtehern und einem Aelteſten aus
der großen und einem aus der kleinen Gilde, und einem
Notär.

Das Kirchſpiel Koſemkina iſt zwar von je her blos
eine Filialkirche von Narva geweſen; aber erſt ſeit der
Eroberung ein Filial von der hieſigen finniſchen Kirche.
Vorher war es ein Filial von der ſchwediſchen Thumkirche, deren Superintendent daſelbſt allezeit einen Vicepaſtor hielt, mit welchem er in Anſehung des Gehalts und
der Einkünfte, ſo gut er konnte, übereinzukommen ſuchte.
Ein ſolcher Vicepaſtor war 1689 der Probſt in Ingermanland, Schopp, auch 1704 der Paſtor L Andr.
Schwartz, der in eben dem Jahr mit ſeiner Familie
nach Stockholm reiſete. — Uebrigens ſteht dieß Kirchſpiel noch jezt wie vormals unter dem narviſchen Konſiſtorium.

Das vorher erwähnte königl. Schreiben an das
narvſche Konſiſtorium, lautet in einer bey dem daſigen
Archiv befindlichen Ueberſetzung, alſo:

„Carl

„Carl von Gottes Gnaden, der Schweden, Gothen
„und Wenden König, Großfürst zu Finland, Her=
„zog in Schonen 2c. 2c. 2c.

„Unsern Gruß und gnädige Gewogenheit mit Gott
„dem Allmächtigen! Getreuer Mann und Unterthanen,
„Superintendens und sämtlichen Consistoriales. Da die
„im nächstgewichenen Jahre verfaßte Kirchenordnung
„nunmehro auf der Druckerey fertig und solchergestalt
„zur vollkommenen Endschaft befördert worden ist; Als
„haben wir in Gnaden für gut befunden dieselbe ohne
„Aufenthalt ausgehen und in allen Gemeinen publiciren
„zu lassen; zu welchem Ende wir auch Euch diese bey=
„gehende Exemplaria zu Händen senden, mit dem gnä=
„digen Willen und Befehle daß wenn sie an das Capi=
„tul und Kirchen in dem Gestifte gesandt und ausgethei=
„let werden, dann auch zugleich die Anstalt getroffen
„werde, daß man anfange die erwehnte Ordnung an
„Sonntagen von denen Kanzeln, und zwar wegen de=
„ren Weitläuftigkeit 2. 3. a 4 Capiteln nachdem sie lang
„und einerley Inhalts seyn, biß daß alles was darinnen
„stehet vorgelesen worden, abzulesen und damit alle Jahr
„einmal so lange sie überall kundig werden und bey allen
„in guten Gedächtnissen bleiben kan, zu continuiren.
„Sodann traget Ihr auch Sorge dafür, daß der Eid,
„welcher denen Bischöfen und Priestern in der Ordnung
„selbst vorgeschrieben wird, ingleichen in dem beyge=
„fügten Rechtsgangs=Proceße sowohl für Richter als
„für Bediente aufgesetzt ist, sogleich von Euch und de=
„nenselben prästiret und abgeleget werde, dermaßen
„daß nicht weniger Ihr selbst als alle, die im Gestifte
„vom geistlichen Stande, sowohl in denen Städten als
„auch auf dem Lande, welche mit unsern Vollmachten
„bereits versehen sind, oder hinfüro versehen werden, die
„Eide schriftlich unter eigener Hand und Siegel an un=
„sere

„ſere Kanzelley einſendet, und ſodann denſelben körper=
„lich im Conſiſtorio, und zwar die gegenwärtigen ſo=
„gleich, und die andern nach und nach, wenn ſie an ſol=
„chen Ort ankommen, ableget: diejenigen aber, welche
„unſere Vollmachten nicht haben, müſſen ſogleich den
„Eid ſchriftlich an das Conſiſtorium ſenden, und ſol=
„chen ebenfalls mündlich ablegen, wenn ſie dorten an=
„kommen. (Hierbey gehet Königl. gnädiger Befehl
„daß die Tuchgelder abgeſchaffet werden ſollen, weitläuf=
„tig in dem Briefe ſelbſt eingeführt.) Dieſes ſowohl
„als auch alles was in der Ordnung ſelbſt und dem der=
„ſelben beygefügten Rechtsgangs=Proceße eingeführt und
„geordnet iſt, ſtellet Ihr Euch ſowohl ſelbſten in allen
„Theilen zu gehorſamer unterthäniger Folge und Richt=
„ſchnur, als auch, ſo weit es Euch und Eurem Amte
„anſtehet und angehet, vor, anhaltet alle diejenigen in
„dem Geſtifte, über welche Euch Aufſicht und Einſehen
„zu haben gebühret, daß ſie es mit gleichem Gehorſam
„und Unterthänigkeit in Acht nehmen und darnach leben,
„ſo wie es Ihr und ſie vor Gott, Uns und jedem ehrli=
„chen Manne verantworten zu können gedenket. Wo=
„mit Ihr Unſern gnädigen Willen vollziehet, und Wir
„empfehlen Euch Gott dem Allmächtigen gnädiglich.
„Stockholm, den 26 November 687.

Carolus.

L. Wallenſtet.

Zwey=

# Zwenter Nachtrag
## zum erſten Bande.

Nachdem der gegenwärtigen zwenten Bande angehängte Nachtrag bereits zum Abdruck weggeſandt war, erhielt ich noch durch eigne Beobachtung und fremde gütige Beyträge, einige Zuſätze und Berichtigungen, die ich mitzutheilen mich verbunden achte. Der liebreichen Bemühung der beyden Hrn. Paſtoren Gulecke zu Burtneck, und Voigdt zu Saara, habe ich einige darunter zu danken.

### Zu S. 25.

Die Bauerhäuſer in Lettland liegen einzeln; doch nennt man ſie nicht Streugeſinder, als unter welcher Benennung man dort zuweilen ſolche Bauerwohnungen verſteht, die auſſer den Gränzen des Gebiets liegen zu welchen ſie gehören, oder auch ſolche, die auf ein neues Land erbaut ſind.

### Zu S. 49.

Zu den hier angeführten Schriften muß ich noch eine neuerlich herausgekommene ſetzen, nemlich: Geſchichte von Livland, nach Boſſuetiſcher Art entworfen von Guſtav Bergmann, Prediger in Livland. Leipzig 1776. In dieſer kleinen Schrift, die auf 13 Bogen ſowohl eine kurze liefländiſche Geſchichte, als Biographien vieler liefländiſchen Kirchen= und Schullehrer, enthält, findet man auch Zeichnungen von vorhandenen Ueberreſten etlicher liefländiſchen Schlöſ

ſer,

fer, u. d. gl. fonderlich von den merkwürdigen in der Kirche zu Weißen befindlichen Leichenfteinen, deren ich
im erften Bande S. 235 u. f. Erwähnung gethan habe.

### Zu S. 56.

Die Größe des Landes welches dem Bauer zu bearbeiten und zu nußen ift angewiefen worden, beftimmt
feinen Gehorch und feine Abgaben, als Viertler, Achtler u. f w. Doch haben bey weiten nicht alle Viertler
eine gleiche Strecke von brauchbaren Lande: hier herrfcht
eine ungemein große Verfchiedenheit, die fich auf die
Güte oder Menge des vorhandenen Landes, auf die
Bevölkerung, und auf andere Anläffe gründet. Einigen ift viel angewiefen worden; andere mögen fich eigenmächtig auf wüften und waldigten Boden ausgebreitet; andre untauglich gefchäzte Stücke fruchtbar gemacht,
oder ihre Viehweide und Moräfte in Felder verwandelt
haben. In Lettland follen ganz neuerlich einige Poffefforen ihrer Bauern Felder übermeffen laffen, und gefunden haben daß z. B. mancher Achtler füglich als ein
Viertler zu Gehorch und Abgaben könne angefezt werden; wobey der Herr noch zu neuen Hoflagen bequeme
Gelegenheit finden foll. Den Vortheil eines folchen
Uebermeffens mögen Landwirthe, und deffen verfchiedene etwanige Folgen liefländifche Politiker berechnen. —
Mancher hat, ohne zu übermeffen, der Bauern Gehorch
erhöhet.

### Zu S. 62.

Otternecken follen, wie mir ift verfichert worden,
Ohternecken gefchrieben werden, da die Benennung
von dem lettifchen Wort Ohtrs (der andre) ihren Ur-
fprung hat.

### Zu S. 80.

Da ich im erften Bande des Gutes Tappifer im
Dorptfchen, gedacht habe, fo will ich hier von deffelben
bisher

bisher räthzelhaft geweſenen Namen eine Nachricht aus der daſelbſt befindlichen Brieflade liefern. Sie iſt nicht wichtig, aber hinlänglich einigen Zweiflern unter den Liefländern zu zeigen, daß aus Briefladen, wenn ſie nicht zu ängſtlich verwahrt würden, manche Sache leicht könnte in ein Licht geſetzt werden. — Tappifer heißt im Ehſtniſchen Woldimois, und die dazu gehörige Hoflage Rambi heißt Tormemois. Nach den daſelbſt befindlichen Nachrichten, hieß das ganze Gut anfangs Rambi nach ſeinem Beſitzer. Eine Frau von Rambi verheyrathete ihre beyden Töchter an einen Stormkranz und an einen Wolfeld. Dem erſten wollte ſie das Gut zuwenden: aber der letzte wandte ſich an den König Guſtav Adolph, und erhielt endlich daß ihm ſollte ein Bauer=land, um welches er namentlich bat, eingewieſen wer=den. Hieraus machte er ein beſonderes Gut, das ver=muthlich nach dem Bauer, Tappifer, aber nach dem Herrn, Woldimois, (anſtatt wolfeldi=mois, welches der Ehſte nicht ausſprechen kan) genannt wurde. Rambi erhielt nach dem Beſitzer Stormkranz den Namen Torme=mois, (vom Anfang ſpricht der Ehſte nicht gern St aus; mois heißt Hof.)

### Zu S. 94.

Der jährliche Holzverderb, ſonderlich in Waldge=genden, iſt unerhört. Sorgenlos verwüſtet der Bauer; ſein wirthſchaftlicher Herr denkt ſelten an das Schonen und Erhalten, noch ſeltner an das Anziehen des Waldes. Ungefallene Bäume, Zweige von abgehauenen Bäu=men u. d gl. bleiben ungerührt liegen, und hindern allen Nachwuchs — Wie viel Bäume verderben durch des Bauern Leichtſinn, wenn er unbekümmert ſie abſchälet, um aus den Schalen und Rinden ſich allerley Geräth=ſchaften, Körbe und Gefäße zu machen, oder die von Gräen an Gerber, und die von Birken an Deutſche zu verkaufen, die ſolche zu ihren Dächern gebrauchen. Im

Früh=

Frühjahr werden eine Menge Birken und Gräen bis auf
das Holz abgeschälet; der Bauer schabt die zwischen Holz
und Schale befindliche zähe honigartige Haut oder Feuchtigkeit, herunter, die er wegen ihrer Süßigkeit mit vielen Vergnügen ißt, (auch Deutsche von allerley Ständen sollen daran Geschmack finden;) der Ehste nennt sie
Me·ka (lies Mechka.)     Das Vertrocknen schöner
brauchbarer Bäume, ist bey dergleichen Behandlungen
unvermeidlich.

### Zu S. 100.

Daß an einigen Orten die Wiesen jährlich zweymal
gemähet werden,   ist schon im gegenwärtigen zweyten
Band angezeigt worden. Es gehören aber darzu, fruchtbarer Boden,  Luchten oder eine gute Lage an Bächen,
günstige trockne Herbstwitterung,  und nach der ersten
Heuärndte etliche Regen: gleichwohl steigt die Ausbeute
selten zum Beträchtlichen.

### Zu S. 122.

Der Burtneckssche See wird noch jezt von einigen
alten Leuten Astijärw genannt.  Was sein zweyter ehe-
maliger Name Bewerin oder Pewerin bedeute, habe
ich nicht erfahren. — Er hat fast alle Arten von Fischen:
die vormals hier häufigen Brächsen, sind etwas seltner
worden: noch seltner verirret sich ein Lachs hieher, wegen der vielen im Salis-Bach befindlichen Wehren oder
kleinen Fischer-Dämme.  Am Ufer des Sees findet man
allerley Versteinerungen. — Drey bis 4 Kirchspiele
stoßen daran; die rund um denselben liegenden 2 Kirchen
und 7 Höfe, geben dem Auge eine angenehme Aussicht.
— Nach einer alten Sage soll mitten im See ein Pfa-
sten mit einem goldenen oder verguldeten Kranz stehen,
den man eingesetzt habe den See in 2 gleiche Theile ab-
zuschneiden: ihn zu sehen mag wohl nicht Jedermann
glücken. Nach einem andern Gerücht soll der See aus
dem

dem großen Morast Tyrel im Wolfahrtschen, durch die Sedde in sein gegenwärtiges Bette abgeflossen seyn.

## Zu S. 61.

Durch die Bußermahnungen des Grafen von Zinzendorf und seiner hiesigen Freunde, sonderlich der hiesigen Prediger, die Mitglieder der Brüdergemeine waren, änderten wirklich viele unsrer Bauern ihre Lebensart und bestrebten sich eines ehrbaren frommen Wandels. Der Hr. Probst Seefels, versichert gehört zu haben, daß damals viele sogenannte Weise oder Zauberer, ihren Predigern diejenigen Worte entdeckt haben, durch welche sie heimlich Künste trieben: und einige Prediger sollen dem revalschen Konsistorium angezeigt haben, daß sie mit denselben Worten Versuche angestellt und ihre Wirksamkeit z. B. einen Dudelsack oder eine Schlange zu besprechen, befunden haben. Ich halte mein Urtheil hierüber zurück.

## Zu S. 188.

Daß die gewöhnlichen jährlichen Kron-Abgaben von unsern Landgütern, erträglich und mäßig sind, zeigt der erste und der gegenwärtige zweyte Band gnugsam. Nur in einem Fall können sie für die Höfe und für die Bauern sehr beschwerlich werden, nemlich wenn das Kriegeskollegium, oder Proviantsverwaltung, die Lieferung der Produkten an weit entlegene Oerter fodert. Die Ausschreibungen ergehen gemeiniglich etwas spät, wenn die Schlittenbahn bereits anfängt unsicher oder ganz schlecht zu seyn: der Bauer weis nicht wie er sein aufgegebenes Fuder wegführen soll; sein Pferd ist gegen das Frühjahr wegen des Futtermangels matt; an einigen Orten findet er tiefen Schnee, wo er nicht mit dem Wagen, an andern bloßen Sand, wo er nicht mit Schlitten, fortkommen kan: aber er soll außer dem aufgeladenen Fuder, für sich und sein Pferd auf etliche Wochen Unterhalt mitnehmen. So mußten im Jahr 1776 die entlegenen

Kreise

Kreiſe ihren zwenjährigen Stations Roggen, auch einige
Güter einen Theil ihres Stations: Heues, nach Riga,
den andern Theil nach entlegenen Poſtierung n, Haber
und Gerſte aber nach weit entlegenen Gütern an die Re
gimenter liefern.  Manches Gebiet liegt 40 Meilen von
Riga entfernt.  Wie viel Bauerpferde gingen darben vers
loren! welche Unkoſten erwuchſen dem Bauer auf der:
gleichen öftern weit n Reiſen!  Mancher Poſſ ſſor wollte
ſein nach Riga repartirtes Heu dort aufkaufen, und ein
Fuder, für welches ihm in der Liquitation nicht mehr
als 25 Kopek angerechnet werden, gern mit 5 Rubeln
bezahlen, aber weil dieſes Frühjahr ein allgemeiner großer
Heumangel war, ſo fand der Aufkauf gar zu große
Schwierigkeiten — Wenn die Cavallerie Regimenter
im Lande ſo vertheilt ſtehen, daß kein Gut ſeine Fourage
allzuweit führen darf; wenn wir das Stations: Korn an
die Regimenter, oder in nah gelegene Magazine, liefern
dürfen : ſo iſt die Lieferung leicht.  Selbſt der Verdruß,
wenn der Empfänger aus all rlen Urſachen das Korn oder
Heu tadelt, und als untauglich verwirft, oder zu reich:
lich empfängt, iſt bald gehoben: man ſendet das Mangelnde leicht nach, — aber 30 bis 40 Meilen zwey:
auch wohl drenmal nachzuſenden, iſt wohl eine der größten
Beſchwerden — Zuweilen werden auf Gütern Magazine für Regimenter u. d. gl. angelegt.  Der Poſſeſſor
trägt etwa ſeinem Amtmann den Empfang auf: dieſer
ſieht ſeine Mühe als eine ergiebige Quelle des Gewinſtes
an, tadelt und empfängt gewiſſenlos; fodert z. B. daß
jede Heuarieſte die eigentlich 20 Pfund wiegen muß, 27
Pfund ſchwer ſeyn ſoll ic.  Daher verſichern Viele, ſie
wollten lieber etwas weiter an ein Regiment liefern, als
auf der Nähe an einen gewinnſüchtigen Amtmann.  Der
Poſſeſſor hat übrigens bey dergleichen auf ſeinem Hof angelegten Magazinen, manche Beſchwerde und Gefahr:
er muß Leute zum Empfang hergeben, die zur Aufbe-

                                        wahrung

wahrung erfoderlichen Gebäude erbauen, öfters nachse-
hen daß nichts verderbe, und für allen Schaden haften.
Aber wie leicht verdirbt Heu, das von weiten, unter
mancherley Abwechselung des Wetters, zusammengedrehet, herbey geführt wird! es kan weder völlig trocken,
noch jede Griesle unverletzt und unverringert, unter Weges erhalten werden. — Die ehstländischen Possessoren
liefern kein Stations-Heu, sondern poddraciren (schließen
Kontrakte) mit den nahe stehenden Regimentern: welches
für sie ein großer Vortheil ist. — Im Herzogthum Liefland hat zuweilen die hohe Krone das Stations Heu
nicht in Natur, sondern in Geld, nehmlich für jedes Fuder 25 Kopek, angenommen: welche Erleichterung für
die Possessoren und ihre Bauern! Manches Gut bringt
nicht soviel Pferde auf, um sein Stations Heu mit einem
mal wegzuführen, sonderlich da man bey schlechten Wege
dem Bauer kein volles Fuder aufgeben darf; oder man
steht in Gefahr, daß sein Pferd ermüdet, und er im
nächsten Krug sein Fuder ablege, wo es leicht zerstreut
oder bestohlen wird; und welches an den bestimmten Ort
zu bringen, man abermals Leute senden muß. Dieß
geschahe i. J. 1776 mit Korn und Heu häufig. Kommt
gar Roggen-Gerste-Haber-und Heulieferung zusammen,
alles weit zu verführen, bey üblen Wege, und wenn das
Bauer-Pferd ohnehin matt ist: wenn wird man fertig?
wie soll der Bauer, und wie sein Pferd bestehen? —
Ein großes Glück ist es fürs Land, daß das Kaiserl. Generalgouvernement in Riga so viel möglich dergleichen
beschwerlichen Lieferungen abzuwenden, oder sie wenigstens zu erleichtern sucht.

### Zu S. 193.

Daß die Wissenschaften bey uns nicht in der Klasse
gering geachteter Dinge stehen, und daß man auch hier
gelehrte Männer finde, ergiebt sich nicht nur aus unsrer
Gelehrten-Geschichte, sondern auch daher, daß schon oft
Män-

Männer aus Liefland ſind nach Königsberg, nach St. Petersburg, nach Moskow und an andre Orte, berufen worden. Jetzt da ich dieſes ſchreibe, hat abermals ein rigiſcher Gelehrter den Ruf als Profeſſor nach Königsberg erhalten. Selbſt unter unſerm Adel giebt es wirklich gelehrte Männer, deren Wiſſen und Kenntniſſe uns auch auswärtig Ehre machen würden, wenn ſie anders geneigt wären als Schriftſteller bekannt zu werden.

### Zu S. 208.

Die Jakobskirche in Riga wird nicht von der Ritterſchaft unterhalten, welche auch nicht die darbey ſtehenden Prediger beſoldet. Vielleicht heißt ſie ſonderlich deswegen Kron= und Ritterſchafts=Kirche, weil darin die Ritterſchaft dem Gottesdienſt beywohnt, die Landtags=Predigten gehalten werden u. d. gl.

### Zu S. 210.

Der Rektor des Lyceums iſt allezeit zugleich Prediger bey der Jakobskirche.

### Zu S. 216.

Seit einiger Zeit iſt bey Riga auch eine Papiermühle angelegt worden, welche gutes Papier liefert.

### Zu S. 220 u. f.

Wolmar iſt nach dem letzten unglücklichen Brande, nun größtentheils wieder hergeſtellt; die neuen Häuſer ſind meiſt beſſer gebaut, und mit Steindächern verſehen worden. — Die Anzahl der daſigen Häuſer, ſcheint im erſten Bande etwas zu groß angegeben zu ſeyn. Bey der Schule ſtehn zween Lehrer, beyde jetzt Litterati; der erſte wird als Rektor von der Krone beſoldet und berufen. Den zweyten erwählt die Bürgerſchaft; vormals hieß er Schulhalter, hernach Kantor, dann Subrektor, der jetzige hat den Namen eines Konrektors.

### Zu S. 221.

Die Lemſalſchen Burger baten vor einigen Jahren, daß ihr Flecken wieder für eine Stadt möchte erklärt,

klärt, und ihnen dasjenige zurück gegeben werden, was der rigische Magistrat nach ihrer Behauptung, ihnen entzogen hat. Ihre Foderung gieng auf zwey Landgüter, eine Mühle, ein Stück Land zu Viehweide, und 50000 Thaler Schadloshaltung. Aus Petersburg kam Befehl, daß sich der rigische Magistrat erklären sollte. Was in der Sache geschehen sey, weis ich nicht: genug bis jetzt ist kein fernerer Schritt darin vorgenommen worden.

Vormals waren hier 2 Klöster, eins in der Stadt, das zweyte 2 Werst davon: von beyden sieht man jetzt die Trümmern. Auf dem Schloßplatz neben dem Flecken stehen blos Kleeten, und ein Gefängniß für Bürger; die vormaligen Graben sind größtentheils verschüttet. — Die Anzahl der Häuser möchte sich auf 60 belaufen. Das Pastorat liegt 3 Werst davon. — Die Bürger müssen für ihre Hausplätze an das Schloß (welches dem rigischen Magistrat gehört,) Grundgeld, und für ihre Länder einen Zehenden bezahlen: ihren Bürgereid legen sie bey dem Generalgouvernement ab, welches auch den dasigen Aeltesten ernennt, und den Witwen die von dem Aeltesten vorgeschlagen werden, die Erlaubniß zur Schenkerey ertheilt, (diese bekommen immer nur ihrer Zehen.) Vormals mußten sie Bier und Brantwein vom Schloß nehmen: jetzt kaufen sie wo sie wollen. Vormals bekam der rigische Magistrat für das Schloß, welches 22 Haaken beträgt, 1500, jetzt 2500 Thaler; es ist aber an einen Dritten für eine weit höhere Subarrende überlassen worden. — Zween zum Schloß gehörende Seen sind sehr fischreich, und liefern schöne Brachsen. Der Fisch-Ertrag möchte wohl gegen 200 Thaler ausmachen.

### Zu S. 224.

Rattelkaln hat noch jetzt einen eigenen Prediger.

### Zu S. 227.

Kremon. Das in diesem Kirchspiel liegende der freyherrlichen Familie von Mengden gehörende, Gut

Colzen

Colzen verdient wegen der schönen Hofsgebäude, eine Bemerkung. Ebendaselbst.

Treyden und Loddiger; nicht das letzte, sondern das erste ist jetzt eine Kapelle. Die loddiersche Kirche ist neuerlich von Grund aus in einem sehr hübschen Geschmack erbaut worden.

### Ebendaselbst.

Die beyden Höfe Groß- und Klein-Roop sollen vormals Klöster gewesen seyn. Der unterirdische Gang der beyde soll verbunden haben, gehört vermuthlich zu den Mährchen. Vormals war hier ein Hackelwerk.

### Zu S. 228.

Der jetzige Besitzer des Guts Rattifer, ist der Hr. Landrath von Berg.

### Zu S. 229. u. f.

Burtneck heißt lettisch Burtneeki. Vom dasigen Schlosse ist nur die Westseite bewohnbar gemacht; die Süd- und Ostseite liegen noch in Trümmern. Es ist dort kein Hackelwerk. — Ein deutscher Bauer hat sich daselbst niedergelassen, der das ihm angewiesene Land mit deutschen Pflug und Egge bearbeitet; auch auf deutsche Art drischt und wohnt. Zween andre deutsche Bauern bearbeiten nicht selbst Land, sondern sind als Aufseher, Ackervögte oder Haushofmeister angenommen. Die dasigen lettischen Bauern haben den deutschen Pflug noch nicht eingeführt: in Röhdungen und steinigen Acker können sie ihn auch gar nicht brauchen. Der Herr Graf hat seinen dasigen Erbbauern, Bedingungen als Deutschen, angeboten: aber es scheint, als habe der ſte noch jetzt eine Abneigung gegen dergleichen Aenderungen. — Der Herr Graf hat ein besonderes Gesetzbuch für seine Leute entworfen, nach welchem an den bestimmten Gerichtstagen, zur Verhütung willkührlicher eigenmächtiger Strafen, gerichtet wird. Jede Strafe soll nach dem wohlthätigen Wink des Erbherrn aufgezeichnet werden. —

Von den verschiedenen hier errichteten Fabriken, ist die Strumpfweber-Fabrik allein noch vorhanden. — Eine wohlthätige Einrichtung des Herrn Grafen ist die Anlegung eines Magasins für die dasigen Bauern, welches von Jahr zu Jahr immer mehr anwächst. — Der dasige Schloßgarten ist in englischen Geschmack angelegt, und in der ganzen Gegend der sehenswürdigste. — Bey Burtneck ist ein Jahrmarkt, den Einwohner aus kleinen Städten, auch rigische Kaufleute, besuchen.

### Zu S. 230.
Bey **Rujen** ist ein kleines Hackelwerk.

### Zu S. 231.
Im Kirchspiel **Salisburg** liegt bey dem Gut **Colberg**, auf dem Ufer des Salisbaches, eine alte hohe Schanze.

### Ebendas.
Das Kirchspiel **Wolfahrt** heißt auf lettisch **Ehwehle.**

### Zu S. 241.
**Smilten** hatte vormals ein Hackelwerk bey dem Schloß; der Platz worauf es stand, führt noch jetzt diesen Namen, und hat in einem kleinen Bezirk auf 8 Krüge. — Der Hof liegt an keinem See, sondern an einer Mühlenstauung.

### Ebendas.
Bey **Palzmar** fand man vormals in dem Bach **Palse** hübsche reife Perlen; jetzt kaum etliche unreife.

### Zu S. 260.
Im Kirchspiel **Niggen** liegt das dem Hrn. Major Baron von Jaelstrohm gehörende Gut **Meiershof**, welches aus zwenfachen Grunde eine Anzeige verdient. Das Wohnhaus liegt mitten im Garten, durch welchen man bis vor die Thür fährt; noch prächtiger wird der Anblick ins Auge fallen, wenn das neue große mit Geschmack angelegte steinerne Wohngebäude ganz fertig ist.

Rund

Rund umher ſieht man die angenehmſten Gehege und
Wälder; Anhöhen, Seen, Felder, Wieſen, geben dem
Auge abwechſelnde und hinreißende Ausſicht; ſonderlich
hat die Natur bey der Hoflage **Karlsberg** ſich überaus
freygebig bewieſen, und der Erbherr hat durch Kunſt
den Anblick noch mehr verſchönert: ſo daß in kurzen dieſes Gut eins der ſchönſten im Lande ſeyn wird; zumal da
es auch einen fruchtbaren Boden hat.

### Zu S. 261.

Bey **Ringen** auf einer Heide giebt es eine Art von
großen Eidechſen, deren Stich der Bauer für unheilbar
hält; doch ſtechen ſie ſelten. Ehſtniſch heißen ſie **Pallo-
Kerb.** (Pallo heißt im dorptſch-ehſtniſchen Dialekt eine
Heide) Selbſt habe ich ſie nicht geſehen, und kan ſie
daher nicht beſchreiben.

Dafür will ich den finniſchen Papagey, deſſen im
gegenwärtigen zweyten Band Erwähnung geſchehen iſt,
hier etwas näher beſchreiben, obgleich die Stelle darzu
nicht recht ſchicklich iſt: aber ich weis keine beſſere; und
die Nachricht habe ich zu ſpät erhalten. — Der finni-
ſche Papagey iſt eben das, was ich unter dem Namen
**Großer Kernbeiſſer** Loxia enucleator (Loxia, linea
alarum duplici alba) an ſeinem Ort angeführt habe.
Herr v Linne nennt ihn in Faun. ſuec. **Swänſk Pap-
goja,** ſagt: habitat in Weſtrobothnia, verſus hyemem
auſtraliorem Sueciam petens &c. ſetzt in Syſt. nat. hinzu:
habitat in Sueciæ ſummæ & Canadæ pinetis — — egre-
gie ſummeque canorus, migrat hyeme ad auſtrales Sueciæ prouincias — — junior ruber, ſenior flauus. Aus
Mangel an Nahrung kommt er zuweilen nach Liefland.
An Größe kommt er dem Seidenſchwanz gleich, an Ge-
ſtalt dem Dompfaffen.

### Zu S. 262.

Aus dem **Pölweſchen** Kirchſpiel bemerke ich die
Güter **Werro** und **Waimel,** deren Höfe ſehr hübſch
von Stein erbaut ſind. **e 3** Zu

### Zu S. 266.

Der Prediger zu Lais ſoll nach des jetzigen Paſtors Verſicherung, berechtiget ſeyn, von den zum Paſtorat gehörigen Erbbauern diejenigen ſo er nicht brauchen kan, zu ſeinem eignen Vortheil zu verkaufen, wenn er nur dafür ſorgt, daß die vorhandenen Geſinder hinlänglich mit Menſchen beſetzt bleiben. Der Verkauf ſoll weder einer vorhergehenden Erlaubniß, noch einer Beſtätigung bedürfen, und ſich auf eine alte Uſance gründen.

### Zu S. 269.

Das Paſtorat Talkhof iſt von dem jetzigen Paſtor Herrn Probſt Seefels, in Anſehung ſeiner Einkünfte, merk ich verbeſſert worden, indem er durch Fleiß und beträchtliche Auslagen, Felder und Heuſchläge vermehrt, auch wüſte Geſinder mit gekauften Bauern beſetzt hat.

### Zu S. 270.

Unter dem zum Oberpahlſchen Kirchſpiel gehörenden hübſch gebaueten Gut Addafer, hat man in einem Flieſenbruch Turbiniten gefunden, die erſten in Liefland bekannt gewordenen.

### Zu S. 274.

Im Pilliſtferſchen Kirchſpiel, unter dem Krongut Wolmarshof, welches der Herr General en Chef und Ritter v. Weymarn Excell., durch ſehr hübſche ſteinerne und hölzerne Hofsgebäude ungemein verſchönert hat, findet man in einem Flüßchen eine Menge ſehr guter Feuerſteine.

Der Beſitzer des Guts Kabbal, iſt jetzt der Herr Major v. Liphardt.

### Zu S. 281.

Die ſtehende Beſoldung des pernauſchen Oberpaſtors, ſoll, wie ich höre, nur in 150 Rubeln, 54 Löſen Roggen, 48 Löſen Malz, einigen Faden Holz und etlichen Fudern Heu beſtehen. — Der Diakonus bekam, ſo lange das Rektorat mit ſeinem Amt verknüpft war,

war, jährlich 160 Rubel. Im Jahr 1774 wurde, da
der Diakonus sein Rektorat niederlegte, ein besondrer Rektor erwählt, und ihm nebst der freyen Wohnung, ein
Gehalt von 150 Rubeln und einigem Deputatkorn bewilliget. — Mit der Wiederbesetzung des seit 1775 erledigten Diakonats, geht es langsam, obgleich einige
Kandidaten auf Kosten der Stadt hingereiset sind Probepredigten zu halten.

### Zu S. 286.

In Pernau sind jetzt Gasthäuser: kein Bürger ent-
schließt sich leicht Fremde für Geld in seinem Hause zu
beherbergen. In der Stadt selbst sind 2 Gasthäuser;
in der Vorstadt die sogenannte rigische Herberge, und
ein neuer mit vielen Zimmern versehener Krug.

### Zu S. 292.

Das Tarwastsche Pastorat hat viele Pastorats-
bauern, die aber blos Pastoratsknechte heißen, weil sie
wie zu Lais, auf dem eigentlichen Pastoratslande wohnen, keine Gerechtigkeit bezahlen, und wenig Arbeit leisten; daher sie in keinem Anschlag stehen.

### Ebendas.

Hallist und Karkus liegen nur 1½ Meile von einander entfernt, darzwischen ist ein guter Weg. Beyde
Kirchen kan also ein Prediger füglich besorgen; durch
eine Trennung, wenn Karkus wieder zur Mutterkirche erhoben würde, möchten die Einkünfte des Predigers gar zu klein ausfallen: daher wünschen die Eingepfarrten eine stete Verknüpfung. Seit 1774 ward am
letzten Ort eine hübsche Kirche von Stein erbaut, und
mit einer großen Sakristey versehen, in welcher der deutsche Gottesdienst bey strenger Kälte kan gehalten werden.
Unser kaltes Klima und unsre Weichlichkeit foderten wohl,
daß eine solche Einrichtung allgemein wäre. Man sagt
jetzt, die neue Kirchenmauer sey ausgewichen und müsse
wieder abgebrochen werden, weil der wässerige Boden
nachgegeben habe.

Zu

### Zu S. 292.

Im Johannis - Kirchspiel unter dem Krongut
Waſtemois, findet man nicht nur Feuerſteine, ſondern
ſogar Bleyſtuffen am Nawaſtſchen Bache zwiſchen den
Flieſen. Die Bauern ſchmelzen es in ihren eiſernen Töpfen (Grapen) und gießen Schrot daraus, welches einige auf ſehr einfache Art thun. Auf einem mit Zähnen
verſehenen Holz machen ſie das Bley durch Pergelfeuer
fließend, und laſſen es in kalt Waſſer herunter träufeln.
Damit es deſto leichter ſchmelze, ſchlagen ſie es in dünne
Bleche und legen es auf ein harzig Holz. Die Bauern
halten dieß Bleyerzt aus Furcht heimlich; vielleicht ohne
Grund: vor mehrern Jahren ſoll auf Angabe eines Ku-
pferſchmids, ein petersburgiſcher Bergwerksverſtändi-
ger, die Sache hier unterſucht haben. Sie muß unbeträchtlich ſeyn befunden worden, weil nichts weiter erfolgt iſt: oder vielleicht hat er nicht genau und nicht alles
beobachten können.

### Zu S. 293.

Saara heißt ehſtniſch Saarde- oder Killinge-
Kirrik. Den erſten Namen hat die Kirche von dem
2 Meilen abgelegenen Gut Saarahof, auf deſſen Grund
und Boden ſie und das Paſtorat vormals lagen: den letzten ungewöhnlichern, von dem Krongut Kurkund, ehſtn.
Killinge-Mois, auf deſſen Grund ſie jetzt liegt. Sie
iſt von Stein erbaut und ſoll jetzt mit einem ſteinernen Thurm
verſehen werden. — Das Paſtorat hat 2 Bauern, die
ſeit 178 für ⅜ Haaken in Kron-Anſchlag ſtehen.

Unter dem dahin gehörenden Gut Tiegnitz, an der
Straße, iſt eine Quelle, deren Waſſer Ausſchläge und
Krätze durch bloßes Waſchen heilt.

Der daſige Paſtor mußte bisher zu ſeiner Kapelle
Gudmannsbach oft die beſchwerlichſten Umwege, ſo
gar durch fremde Kirchſpiele fahren. Der kürzeſte Weg
auf undurchkömmlichen Brücken, durch verwachſene
Wälder,

Wälder, Moräste, Flüsse u d. gl. bis zur Kirche, betrug mehr als 5 starke Meilen, und von da noch 2 starke Meilen bis an das letzte dahin gehörende Gut Orrenhof. Im Frühjahr und bey nasser Witterung mußte er über das benannte Gut eine Reise von 75 Werften, durch zween fremde Kirchspiele, über die beschwerlichsten Sandberge thun. Für diese höchstbeschwerliche Bedienung, bey welcher Pferde und Wagen ungemein litten, erhob er von den beyden zur Kapelle gehörenden Höfen und deren Bauerschaft, jährlich etwa zwölf Rubel an stehender Besoldung; die Nebengefälle verdienten keinen Betracht. Schon im Jahr 1745 hatte das Kaiserl. Reichs-Justizkollegium in St. Petersburg befohlen, diese Kapelle eingehen zu lassen, und die Gemeine mit der zu Tackerort (einer Kapelle des Torgelschen Kirchspiels,) zu vereinigen; welches bisher noch nicht geschehen war. Der jetzige Saarasche Pastor Hr. Voigdt, suchte seit 4 Jahren abermals darum; im Jahr 1772 wurde auf obrigkeitlichen Befehl die alte verfallene hölzerne Kirche besichtiget: die Gemeine erklärte einstimmig, sie wolle sich lieber zu Tackerort halten, als eine ganz neue Kirche bauen und den äußerst elenden Weg in guten Stand setzen. Nachdem das Kaiserliche Oberkonsistorium sein Sentiment gegeben hatte, wurde der Pastor durch Resolutionen des Kaiserl. Generalgouvernements vom Jahr 1775 und 1775 von seiner bisherigen Kapelle befreyet, und am 21sten Febr. 1776 die Gemeine zu Gudmannsbach, nach Tackerort verlegt. — Das Saarasche Kirchspiel freuete sich dermaßen über die dem Pastor angediehene Erleichterung, daß es die kleine Verringerung seiner Einkünfte aus der Kapelle, durch einen jährlichen Beytrag, bestehend in einem Rubel von jedem Haaken, ihm zu ersetzen bewilliget hat.

### Ebendas. Torgel.

Die Kapelle Tackerort, zu welcher nun auch die

Gemeine der vormaligen **Gudmannsbachischen** Kapelle gehört, liegt 5 Meilen von der Mutterkirche: der Prediger fährt zu allen Jahreszeiten einerley Weg. Durch die hinzugekommene Gemeine haben seine Einkünfte einen kleinen Zuwachs, sonderlich an gesalzenen Strömlingen, erhalten.

### Zu S. 294.

Zu St. **Jakobi** Kirche gehört die Kapelle **Rettau**, wohin ein beschwerlicher Weg ist.

### Zu S. 296.

Nachdem die dem Pastor zu **Michaelis** bey einer über die angestellte Kirchenvisitation, zwischen den rigischen und revalschen Generalgouvernementern und Oberkonsistorien, entstandenen Mißhelligkeit, abgenommenen Pastorats-Bauern, ihm durch das pernauische Kreiskommissariat auf hohen Befehl wieder übergeben, und sein gehabter Verlust an vermißten Præstandis ihm nach Kron-Taxe ersetzet worden; ward rigischer Seits vom Oberkirchenvorsteher des pernauischen Kreises der 15te Febr. dieses 1776sten Jahrs angesezt, die Kirchen-Visitation nach des Kais. Reichs-Justizkollegiums Entscheidung bey der dasigen Kirche zu halten. Ob und wie dieses geschehen sey, habe ich noch nicht erfahren.

### Zu S. 378.

Zu **Noistfer** wird vorzüglich guter Kalk gebrannt: woran sowohl der Stein, welcher aus lauter zusammengewachsenen Schnecken zu bestehen scheint, als die gut eingerichtete Art des Brennens, welches vermittelst zweener neben einander befindlichen, Oefen geschiehet, in welchen das Feuer wechselsweise und zwar durch frisches Holz, unterhalten wird, Antheil haben mag.

### Zu S. 414.

Die Dauer unsrer Processe mag wohl großen Theils durch unsre gewöhnliche Proceßform veranlasset werden; noch ist sie im Herzogthum Liefland gemeiniglich etwas
kürzer

kürzer als in Ehſtland. Einſchränkungen ſind wirklich von einem Oberrichter erwogen worden; .vermuthlich ſand die Ausführung zu große Hinderniſſe: ſie wäre eine weſentliche Wohlthat. — Koſtbar ſind unſre Proceſſe; nicht wegen der Kanzeleygebühren, ſondern weil unſre Advokaten und Sachwalter, ſo wie in Lief= und Ehſt= land alle Deutſchen, nicht gewohnt ſind für geringe Be= lohnungen zu arbeiten. Gemeiniglich erhalten ſie von den Rechtſuchenden, ehe ſie noch eine Feder anſetzen, eine anſehnliche Vorausbezahlung: es wäre denn, daß ihnen eine jährliche Penſion bezahlt würde; welches von vielen adelichen Häuſern geſchiehet, um einen Rathgeber zu haben, wenn man gleich nicht in Proceſſe verwickelt iſt.

Vielleicht würden manche Proceſſe früher geendi= get, oder gar nicht angefangen, wenn jeder Richterſtuhl durch ein Geſetz verbunden wäre, denjenigen, welcher offenbar freventlich klagt und deſſen überwieſen wird, in= gleichen, welcher durch offenbare Unwahrheiten und grobe Lügen, ſeiner Sache einen Schein geben und den Richter hintergehen will, wohl gar falſche Zeugen er= kauft, und ſeine Erbbauern zur Ablegung eines falſchen Zeugniſſes, wenigſtens zur Verhelung der Wahrheit, durch harte Drohungen zwingt, ex officio nachdrücklich zu ſtrafen. Es iſt doch gewiß Frevel und ſtrafbare Ver= achtung der Richter, ich will nicht ſagen für Leute von Stande äuſſerſt unanſtändig, wenn ſie ihre Proceßſchrif= ten mit offenbaren Unwahrheiten anfüllen. Es dürften nur Etliche geſtraft werden, ſobald erwieſen iſt, daß ſie wider beſſer Wiſſen und Gewiſſen Lügen vorgetragen haben: Andre würden bald daraus eine Warnung neh= men, und Richtern die Erforſchungen leichter fallen. Jetzt ſcheint es als ſchäme ſich mancher gar nicht, die ſchwärzeſten Lügen in ſeinen Klagen oder Vertheidigun= gen zu behaupten, weil er ſieht, daß ob er gleich nach langem Schriftwechſel der Unwahrheit überführt wird,

man

man ihn doch weder in Geſellſchaft verachtet, noch bey
Gerichte ſtraft: vielleicht glückt es zuweilen gar der Lü=
gen, wo nicht einen völligen Sieg zu erhalten, doch einer
verdienten gänzlichen Verurtheilung auszuweichen.

**Zu S. 460.**

Der Engere Ausſchuß in Reval beſorgt mit dem
Ritterſchafthauptmann, alles vorfallende (was in Riga
durch den reſidirenden Landrath geſchiehet.) Die reval=
ſchen Landräthe haben darbey wenig oder keinen Einfluß.

**Ebendaſ**

In der Generalgouvernements=Kanzley ſind auch
ein Archivarius, Aktuarius, und etliche Schreiber.

**Zu S. 461.**

Kommiſſarius Fiſci in Reval beſorgt alles das=
jenige, was im Rigiſchen der Oberfiſcal, der Gouver=
nements-Fiſcal, und die Kreisfiſcäle auszurichten haben.
Ueberhaupt muß er das Intereſſe der hohen Krone in
Obacht nehmen, und peinliche Anklagen, ſonderlich die
von Wichtigkeit, bey dem gehörigen Gericht anbringen.

**Zu S. 462.**

Das Landrathskollegium erwählt ſeine Mit=
glieder an die Stelle der abgehenden, ſelbſt, ohne Ein=
fluß der Ritterſchaft. — Die Güter, aus welchen je=
der Landrath eine Art von Beſoldung erhebt, heißen
nicht Ritterſchaft= ſondern Tafelgüter der Landräthe;
denn ſie wurden nicht der Ritterſchaft, ſondern dem Ober=
Landgericht unter der ſchwediſchen Regierung, geſchenkt,
mit der Bedingung, daß dieſes Gericht hinführo nicht
mehr unappellabel ſeyn, ſondern die Appellation an hö=
here Inſtanzen, Statt haben ſollte. Die Güter betra=
gen nach der lezten Reviſion ungefähr 100 Haaken, und
bringen 9200 Rubel Arrende ein. Man erfährt nicht
leicht, wie viel jeder Landrath davon auf ſeinen Antheil
erhält; ſie ſelbſt ſagen 5 bis 600 Rubel. Sie haben,
da die Arrendeſumme iſt erhöhet worden, auch den bey
der

der Kanzeley des Oberlandgerichts angeftellten Perfo-
nen, eine erhöhete Befoldung bewilliget; fo foll jezt
der Sekretär anftatt der vorigen 300, 600 Rubel bekommen.

### Zu S. 462.

Den Landtag anzuberaumen, ift nicht der Be-
forgung des anwefenden Landraths überlaffen; denn in
Reval ift niemals ein Landrath zu Betreibung der Lan-
desangelegenheiten gegenwärtig, (als welches nur in Riga
durch die fo genannte Refidirung, gefchiehet.) Der
Ritterfchafthauptmann allein, oder mit Einwilligung
des Engern Ausfchuffes, beftimmt, ob ein Landtag nöthig fey, und fezt darzu einen Termin feft. Diefen meldet er dem Generalgouvernement, und bittet um eine
gedruckte Bekanntmachung. — Bisher hatte das Generalgouvernement in diefer Bekanntmachung einfließen
laffen, die Ritterfchaft habe um die Erlaubniß gebeten einen Landtag halten zu dürfen, (welches doch niemals foll gefchehen feyn.) Nun hat die Ritterfchaft aus
ihren heermeifterlichen Privilegien dargethan, daß fie
felbft ohne vorhergehende Erlaubniß des Gouverneurs,
einen Landtag anberaumen könne, und daß der Gouverneur denfelben blos im Lande bekannt mache. Daher
ift in der lezten Bekanntmachung vom J. 776 nichts
von der erbetenen Erlaubniß erwähnt worden. — —
In dem Verfammlungsfaal fizt der Ritterfchafthauptmann nicht, fondern fteht mit dem filbernen Stabe in
der Mitte.

### Zu S. 463.

Vor das Manngericht gehören nicht alle, fondern nur etliche Civilfachen. Was unter 200 Rubel,
z. B. beträgt, gehört eigentlich vor das Niederlandgericht. — Noch jezt werden bey dem Manngericht die
gekauften Güter aufgetragen.

### Zu S. 464.

Daß das Niederlandgericht selbst vielen Ehst=
ländern unbekannt ist, verdient keine Verwunderung.
Seit etlichen Jahren hat dasselbe keine Gerichtshegung
gehalten, weil keine streitigen Sachen dahin gelangt und
dort zu entscheiden gewesen sind. Gewiß würde sich
mancher Beysitzer, der vermöge seines dreyjährigen Am=
tes ein Mitglied dieses Gerichts seyn müßte, wundern,
wenn man ihm sagte, daß er zu diesem Gericht gehöre:
er könnte nach der Wahrheit versichern, daß er noch nie=
mals darin gesessen habe.

### Zu S. 466.

Daß bey dem Oberlandgericht keine gekauften
Güter (sondern bey dem Manngericht,) aufgetragen wer=
den; ingleichen woher es komme, daß von diesem Ge=
richt die Appellation Statt habe, wurde kurz vorher (zu
S. 462 und 463) angeführt.

### Zu S. 467.

Der Oberpastor hat bisher weniger Geschäfte ge=
habt als vor etlichen Jahren; weil das Provinzial Kon=
sistorium, welches in einige Streitigkeiten mit der Rit=
terschaft verwickelt ist, für gut befunden hat, etliche Ge=
schäfte z. B. die Beprüfung der Kandidaten u. d. gl.
andern Konsistorialassessoren aufzutragen.

### Zu S. 470.

Die Revision wird von den Landräthen rc. auf den
Gütern gehalten. Der Possessor übergiebt ein Verzeich=
niß aller zu seinem Gut gehörenden Erbleute und führt
dabey an, welche zur Arbeit untüchtig sind. Die Re=
visions=Kommission geht dieß Verzeichniß durch, befragt
die Bauern in Beyseyn des Predigers, ob sie nur die an=
gegebene Anzahl von Seelen in ihren Gesindern haben;
läßt sich die als gebrechlich und zur Arbeit unfähig ange=
gebenne Mannspersonen vorstellig machen, entscheidet, ob
das eingereichte Verzeichniß richtig sey, und verfaßt hier=
nach

nach ein neues. Alle diese Verzeichniffe werden alsdann
unter Auffiicht des Gouverneurs in Benfenn des Ren=
meifters und des Kommiffarius Fifci berechnet, und die
Haakenzahl eines jeden Guts daraus beftimmt. — Wer
die fchwedifche Haakenzahl annimmt, überhebt fich der
Mühe ein Verzeichniß einzureichen, und feine Bauern
zur Befragung zu ftellen.  Einige folche Poffefforen ha=
ben daher weit mehr Menfchen als ihre Haakenzahl an=
zeigt; andre weniger. — Die zuletzt gehaltene ehftländi=
fche Revifion, foll, wie man fagt, fehr genau und ftreng
gewefen fenn, theils weil die ertheilte Inftruction folches
erfoderte, theils weil einige Mitglieder ihre Pflicht ftreng
beobachten wollten.  Daher, und wegen der jährlichen
Menfchenmehrung und wachfenden Bevölkerung, hat
Ehftland an der Haakenzahl fehr zugenommen. — Man
fagt, es laffe fich jetzt nicht genau die Methode beftim=
men, nach welcher die Schweden vormals revidirt haben.
Ebendafelbft.

Die Vortheile, welche die Ritterfchaft von den
verpachteten Poften erhebt, find nicht beträchtlich, zumal
wenn man erwägt, wie viel dem Lande die Unterhaltung
der Poften koftet.

Vor dem Ritterhaus fteht keine Wache, fondern
vor den Gerichtsftuben, fonderlich vor dem Oberland=
gericht.

Die ehftländifche Adelsmatrikul ift bis jetzt (im J.
1776) noch nicht in Ordnung gebracht.  Das vor etwa
30 Jahren zu derfelben Anfertigung geführte Protokoll
ift da; aber ein vollftändiges alphabetifches Verzeichniß
aller zur Ritterfchaft gehörenden Familien, hat man noch
nicht daraus gezogen; obgleich, wie es heßt, diefe Arbeit
bereits feit mehrern Jahren einem Manne aufgetragen
wurde.

In dem an feinem Ort, diefem zweyten Band vorn
einverleibten, Verzeichniß des ehftländifchen Adels, fol=

len, wie ich höre, etliche Familien fehlen, z. B. Graf Douglas. Die Familie von Handtwig aus dem Fegfeuerſchen Hauſe, wurde vor 2 Jahren in die Brüderſchaft aufgenommen; eine andre Familie gleiches Namens erhielt ſchon nebſt etlichen andern, etliche Jahre vorher auf Kaiſerl. Befehl die Aufnahme. Ob die Familie von Bruckendahl aufgenommen ſey, habe ich nicht genau erfahren können. Die Familie von Klot, Baron, ſchreibt ſich von Clodt. Die Familie von Manderſtierns iſt bereits aufgenommen worden.

### Zu S. 471.

Des Ritterſchafthauptmanns Anſehn und Einfluß iſt groß: er beſorgt das, was in Riga der reſidirende Landrath nebſt dem Landmarſchall thut. Wenn er ſoll erwählt werden, ſo ſchlägt das Landrathskollegium der Ritterſchaft 3 Männer vor, aus welchen ſie einen wählt. Einige glauben, die Ritterſchaft ſey nicht ſtreng an die vorgeſchlagenen gebunden; doch fodert es wenigſtens die bisherige Gewohnheit.

### Zu S. 498 u. f.

Viele wünſchen, daß zu ihrer eignen und ihrer Familie Beruhigung, das Mannlehnrecht in Liefland ganz möchte gehoben werden: mit Freuden würden ſie dafür von jedem Haaken etwas an die hohe Krone bezahlen. Nur etliche neidiſche Brüder oder gierige Vettern, würden ſich dadurch in ihren Hofnungen betrogen ſehen.

### Zu S. 510.

Die zu publiker Arbeit verſandten Miſſethäter werben auf Koſten der hohen Krone gekleidet und unterhalten, wie man aus dem was vom baltiſchen Port (erſter Band S. 345 gemeldet wurde, erſieht. Die täglich angewieſene Arbeit überſteigt nie des Gefangenen Kräfte;

er

er hat nach deren Beendigung, Ruhe; und ohne verübte abermalige Bosheit, keine Vergrößerung seiner Strafe zu befürchten. Einige scheinen sich hierbey wohl zu befinden. Für manchen Neger in amerikanischen Plantagen würde ein solcher Zustand, Wohlthat seyn, nehmlich für diejenigen, deren grausame Herren ihre Sklaven bey unmenschlichen Strafen und äußerst schwerer Arbeit, Mangel und Noth leiden lassen — Hier zeigt sich unserer Bauern eignes gutes Gefühl. Sie laufen zwar von ihrem Erbherrn und verlassen Weib und Kind, zuweilen ohne sonderlichen Anlaß, und ohne den fesselnden Trieb eines Vaters oder Ehegatten zu empfinden: sie ziehen unter der Hand von Zeit zu Zeit Nachrichten ein, statten auch wohl bey den Ihrigen heimliche Besuche ab. Aber eine Versendung zu publiker Arbeit auf Zeitlebens, ist ihnen schreckender als eine gewaltsame Hinrichtung, sonderlich da sie fast gar keine Todesfurcht kennen. So ist die gelindere Strafe ein weit wirksameres Mittel von Lastern abzuschrecken, als alle nur erdenkliche Lebensstrafen, die kaum so lange einen Eindruck machen, als die Execution dauert, wohl gar einen Haß gegen das harte Gesetz und den scharfen Richter, bey dem blos sinnlichen Pöbel erregen können. Immer mögen unsers Bauern Umstände äußerst kümmerlich, sein Mangel drückend, die Bestrafungen an seinem Hofe hart, die Arbeit ohne Ende, und die Ruhe sonderlich im Herbst, selten seyn: alles erträgt er lieber als eine gänzliche Trennung von den Seinigen durch Urtheil und Recht. (Zu den lieben Seinigen rechnet er vielleicht auch die geliebte Badstube, den lockenden Schall der Sackpfeife, und die Gelegenheit zur Völlerey.) — — Dieser wirklich in mancher Absicht gute Hang, oder wenn man lieber will, diese Vaterlands- und Heimats-Liebe, ist für uns wichtig; wir müssen sie billig aus allen Kräften zu unterhalten, immer mehr in Bewegung zu setzen suchen: unsre

Sicherheit in Ansehung unsers Lebens und unsrer Güter, erfordert es. — Die meisten zu publiker Arbeit auf
Lebenszeit verschickten Uebelthäter aus Lief- und Ehstland, sind Sodomiten, Kindermörderinnen, oder Mörder die einen ihrer Brüder beym Zank oder Trunk, erschlagen haben.

## Zu S. 511.

Der Glockenläuter heißt in Lettland, Küster: er
hat dort mit der Ruthenstrafe bey der Kirche, nichts zu
thun; der Hof sendet allezeit darzu einen besondern Kerl.

## Zu S. 546.

Die schädlichen Würmer, so im Herbst sehr oft
unser Roggengras verwüsten, und sonderlich bey warmer Herbstwitterung unbeschreiblichen Schaden anrichten, kennt man hier noch nicht nach ihrer eigentlichen
Natur. Wir haben uns bisher mit Muthmaßungen
beholfen: Niemand hat sie genau zu beobachten, sich
Zeit und Mühe genommen. Noch weniger sind uns
Mittel zu deren Ausrottung, wenigstens ihrer Wuth
Einhalt zu thun, bekannt. Sie sind wohl Raupen oder
Maden. In der 484 Nummer der Philosophical Trans-
actions wird gemeldet, daß die Räupe, oder eigentlich
die Made des Juliuskäfers (Scarabæus melolontha in
Engelland dem Korn viel Schaden thue, und daß die
Krähen diese Maden begierig aufsuchen. Eben das thun
die Krähen mit unsern Kornwürmern, wie im Verher-
gehenden angezeigt wurde. Sollten nicht vielleicht unsre
Kornwürmer eben dieselben Maden des Juliuskäfers
seyn? Freylich hat man ihre Verwandelung nicht beobachtet, aber sie geschiehet erst im dritten Jahre. Es
käme darauf an, daß man Acht gäbe, ob dieser Käfer von
brauner Farbe und ziemlicher Größe, der des Abends
schaarenweise herum- und oft Menschen gegen das Gesicht

ſicht fliegt, ſich im Sommer über den Roggenfeldern
ſehen laſſe, um ſeine Eier daſelbſt niederzulegen.

### Zu S. 564.

Der Hr. Paſtor Eiſen von Schwarzenberg,
der auf eine nicht hieher gehörende Veranlaſſung, ſein
Predigtamt zu Torma im J. 1775 ſelbſt niederlegte, und
auf ſeiner Reiſe nach Litauen, wo man ihm eine Predi-
gerſtelle angetragen hatte, den Ruf als Profeſſor der
Oekonomie in Mitau im J. 1776 annahm, hat das
Verdienſt um Liefland, daß er nicht nur Deutſchen,
ſondern auch haufenweiſe Bauerkindern die Pocken ein-
geimpfet, auch andre, ſelbſt gemeine Leute, in den
Handgriffen unterrichtet hat. — Jetzt treiben viele unſrer Aerzte die Einimpfung mit vielen Glück.

### Zu S. 567.

Die ehſtniſchen und lettiſchen Wochenblätter zum
Unterricht der Bauern bey ihren Krankheiten, wurden
vom Hrn. Doctor Wilde zu Oberpahlen, der ſich durch
einige Schriften rühmlichſt bekannt gemacht hat, aus-
gearbeitet und von 2 Predigern in die Landesſprachen
überſetzt. Er hat auch eine kurze Anweiſung für die Ehſten herausgegeben, und ihnen allerley wohlfeile Arzneyen
darin angezeigt.

### Zu S. 570.

Der Mann, welchem es geglückt hat, durch öftere
Verſuche und den im erſten Band angezeigten Dekokt,
ſeine und Andrer Vieh-Heerden, wo nicht ganz, doch
größtentheils, bey der Viehſeuche zu retten, iſt der Hr.
Paſtor Knacke zu Pilliſtfer. Sein patriotiſcher Eifer
verdient, daß ich ſeinen Namen öffentlich anzeige.

### Zu S 574.

Seit etlichen Jahren hört man hier und dar von
Pferdeſeuchen, doch ſind ſie nicht allgemein, und äuſ-

ſern

fern sich blos bey großer Hitze und Dürre.    An einigen
Orten richten sie beträchtliche Verwüstungen an unter
den Bauerpferden.    An den kranken zeigen sich gemeiniglich Beulen.

### Zu S. 577.

Da es bey großen Kirchspielen dem Pastor äusserst
beschwerlich fiel, alle 4 Wochen jede Gebiets- und Dorfs-
Schule zu besuchen; so hat die Kaiserl. Regierung in
Riga neuerlich befohlen, daß jede Schule des Winters
wenigstens dreymal soll besucht werden. — Schon giebt
es viele Gebiete und Dörfer, wo gar keine Schule nöthig ist, weil in jedem Gesinde die Kinder von ihren Eltern im Lesen unterrichtet werden.

### Zu S. 579 u. f. Nr. 5.

Der fellinsche Witwen-Kasten hat etliche Wohl-
thäter gefunden, und seit einiger Zeit mehrere Geschenke
von 50 bis 100 Rubeln erhalten.    Es scheint, als werde
sich dieser durch seine gute Einrichtung und den merklichen Anwachs, auch eben daher durch seine künftigen
reichlichen Unterstützungen der daran theilhabenden Witwen, vor allen andern ganz besonders auszeichnen.

# Anzeige

der in ersten Band eingeschlichenen

## Druckfehler. *)

Seite 4 Zeile 22 der Vorrede statt sie lies ihn.

— 23 — 5 statt Cüttis l. Küttis.

— 31 — 3 statt bernausche l. pernausche.

— 43 — 15 zwischen an und als muß ein Komma stehen

— 44 — 11 statt Granzen l. Gränze.

— 45 — 22 statt Bersenwide l. Bersemoide.

— 47 — 22 statt Versnche l. Versuche.

— 57 — 22 nach Gesinde; muß 3) stehen.

— 64 — 1 statt Lubjas l. Kubjas.

— — — 14 statt Wain l. Waim.

— 71 — 24 statt dieselben l. dieselbe.

— 84 — 29 statt muß l. ums.

— 86 — 32 st. Häuser, Anzahl l. Häuser-Anzahl.

— 88 — 19 st. solcher l. solchen.

— 94 — 10 muß nach Zäune statt des Punkts ein Komma stehen.

— 126 — 35 statt Witesk l. Witepsk.

— 128 — 35 statt denmitauschen l. den mitauschen.

— 129 — 34 statt Nrava l. Narva.

— 131 — 2 statt elnen l. einem.

— 133 — 30 statt anch l. auch, und nach heißt muß ein Komma stehen.

Seite

# Druckfehler.

Seite 158 Zeile 27 statt die Liefen l. der Liwen.
— 164 — 24 statt wilburgschen l. wiburgschen.
— 165 — 11 statt Wannamad l. Wannemad.
— 170 — 18 statt gezwungen l. gezwungenen.
— 172 — 19 nach Zeiten fehlt das Komma.
— 231 — 26 statt andere l. zweyte.
— 231 — 27 statt zweyte l. letzte.
— 245 — 1 muß es ausgestrichen werden.
— 247 — 17 nach fallen fehlt das Komma.
— 251 — 19 statt reis l. Kreis.
— 264 — 2 statt einzige l. berühmteste.
— 264 — 7 nach Russen setze hinzu: und Letten.
— 273 — 19 nach Wohngebäude muß anstatt des Komma ein Punkt stehen.
— 287 — 24 nach Landstraße fehlt das Komma.
— 308 — 23 statt Kauergesinde l. Bauergesinde.
— 312 — 3 statt Moon l. Mon.
— 329 — 19 statt Feldedat l. Feldetat.
— 352 — 23 statt oor l. vor.
— 357 — 16 statt Sarneo l. Sarnec oder Sarnecius.
— 375 — 31 statt Flante l. Flanke.
— 403 — 33 statt innere l. immer.
— 410 — 16 statt roneK l. Krone.
— 423 — 34 nach Sachen muß das Komma weggestrichen werden.
— 431 — 26 nach und setze hinzu wenig.
— 440 — 11 statt für l. führt.
— 443 — 11 statt Dandtag l. Landtag.
— 452 — 4 nach überhaupt setze hinzu: werden ihrer
— 452 — 31 statt uud l. und.
— 459 — 17 nach Haakenrichter, setze hinzu Mannrichter.

# Druckfehler.

Seite 459 Zeile 27 nach bey setze: oder außer
— 485 — 25 nach an muß das Komma weggestrichen werden.
— 487 — 7 statt terschaft l. Ritterschaft.
— 488 — 21 statt ergebenen l. gegebenen.
— 489 — 15 statt haar l. härr.
— 493 — 23 statt Teumern l. Ceumern.
— 500 — 22 nach bezahlen setze hinzu: auch
— 500 — 26 nach Kaufschilling fehlt das Komma.
— 508 — 15 statt entweihet l. entweihen.
— 509 — 9 nach Verbrechen setze hinzu: gerade dem Gericht, oder
— 562 — 31 statt brancht l. braucht.
— 569 — 24 nach geifert fehlt das Komma.
— 575 — 19 nach sich setze hinzu: sie
— 577 — 3 statt Mrt. l. Mit.
— 584 — 14 l. Reval.
— 589 — 4 und 5 müssen die aus Versehen wiederholten Worte: und die Sachen eines Bevollmächtigten ausladen, weggestrichen werden.

Topogr. Nachr. v. Lief- und Esthland III Band, I Lief. V. Abschn. N.° II

Kirmse der Letten.

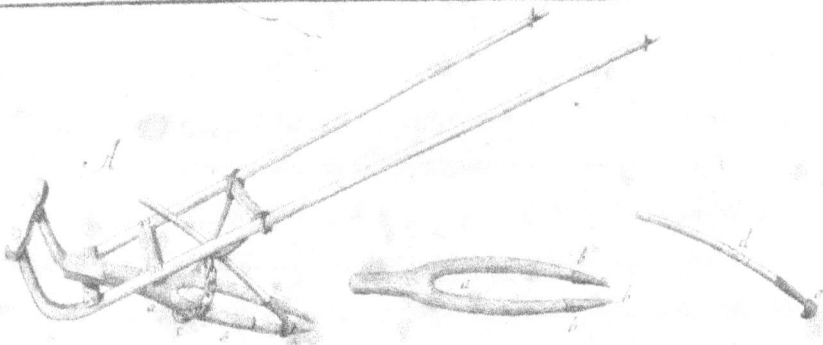

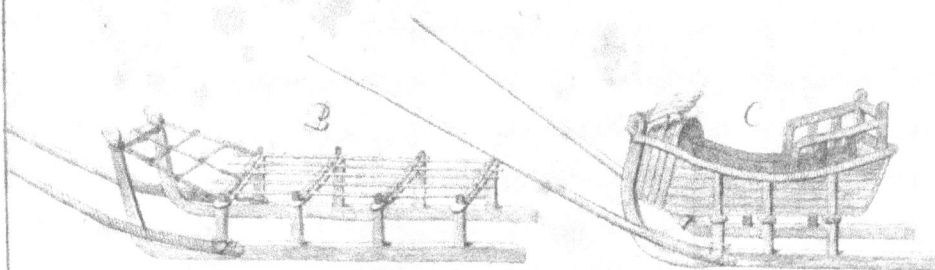

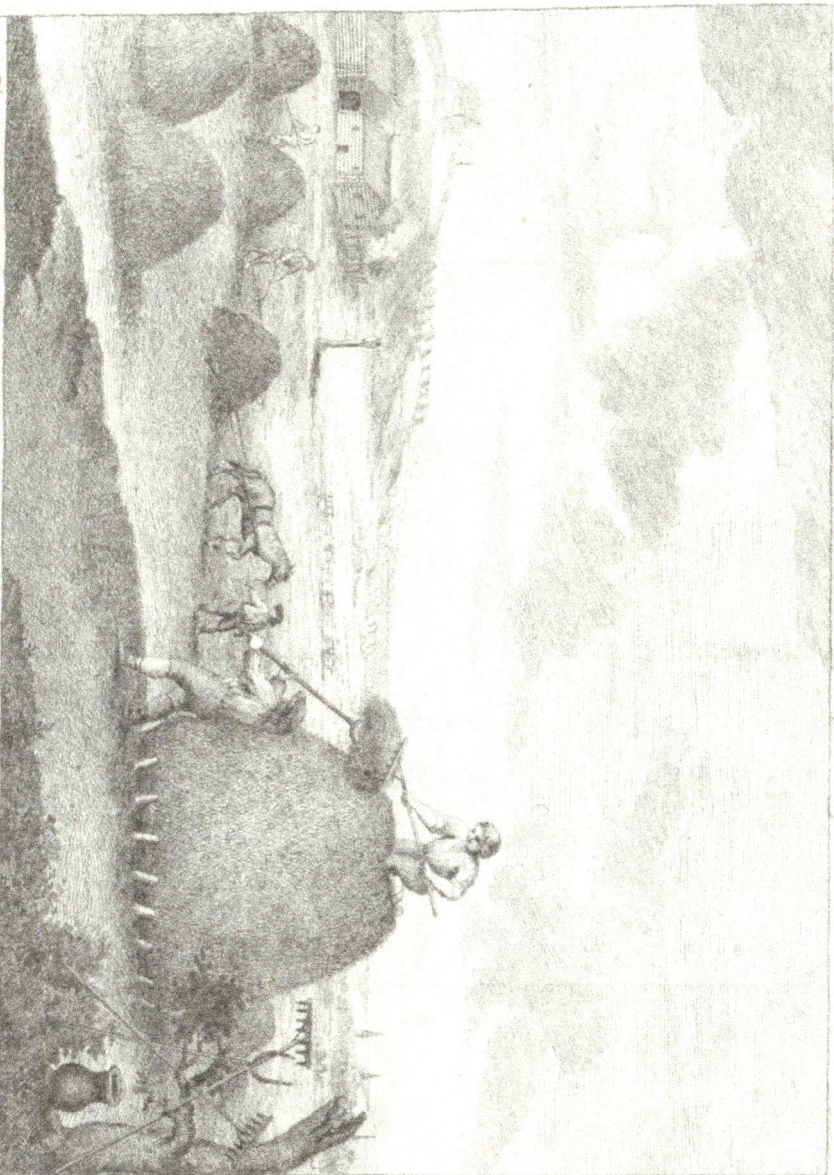

Eine Heukuye, die eben aufgeworfen wird. In der Ferne Heu-Gubben (Schober oder faden) werden eine auf Stangen angeführt wird Netter hin ein Krug mit einer Studelle wie man sie bey Riga findet.

Nr. I. Ehsteischer Tanz auf dem Dudelsack.

N. II. Ehsteischer Hochzeitgesang.

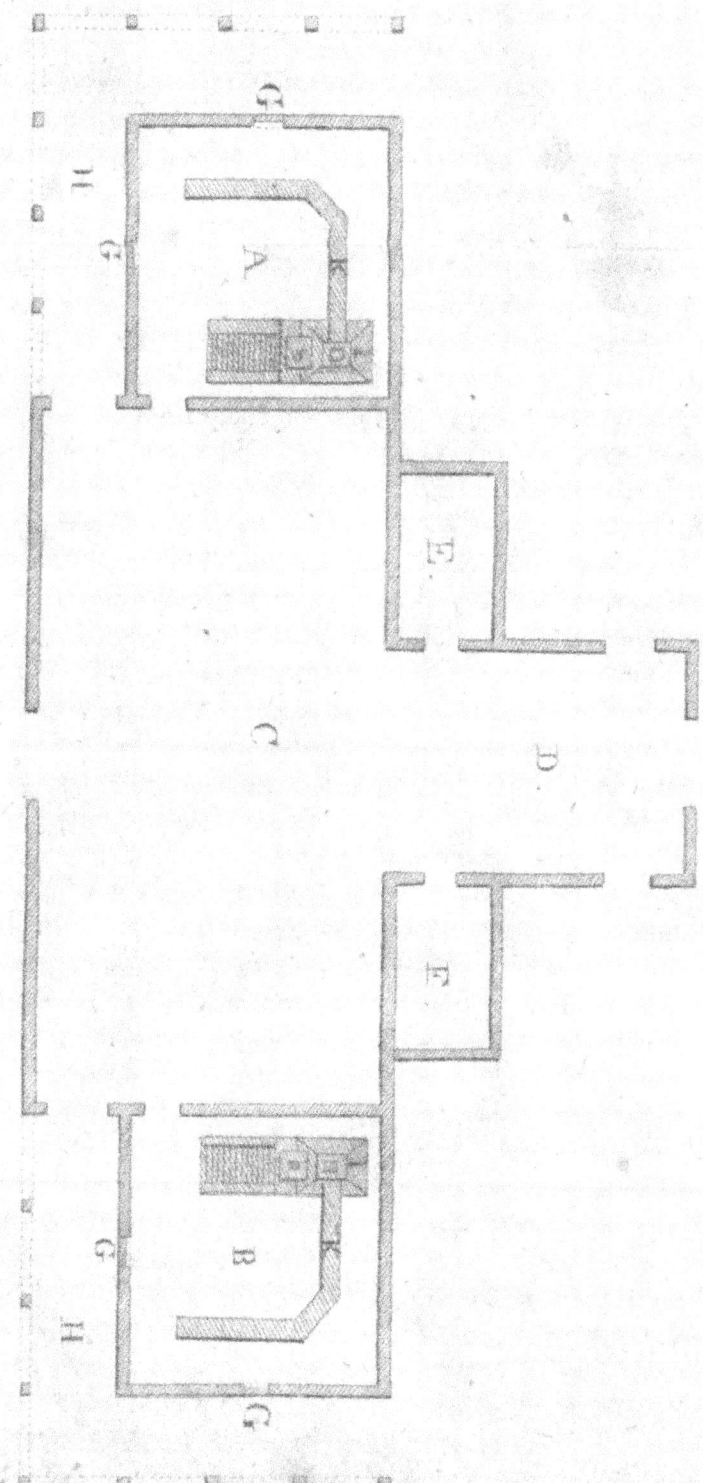

Fig. O

Fig. Q

1 Faden

Fig. 8.

Fig. 9.

Tab. III.

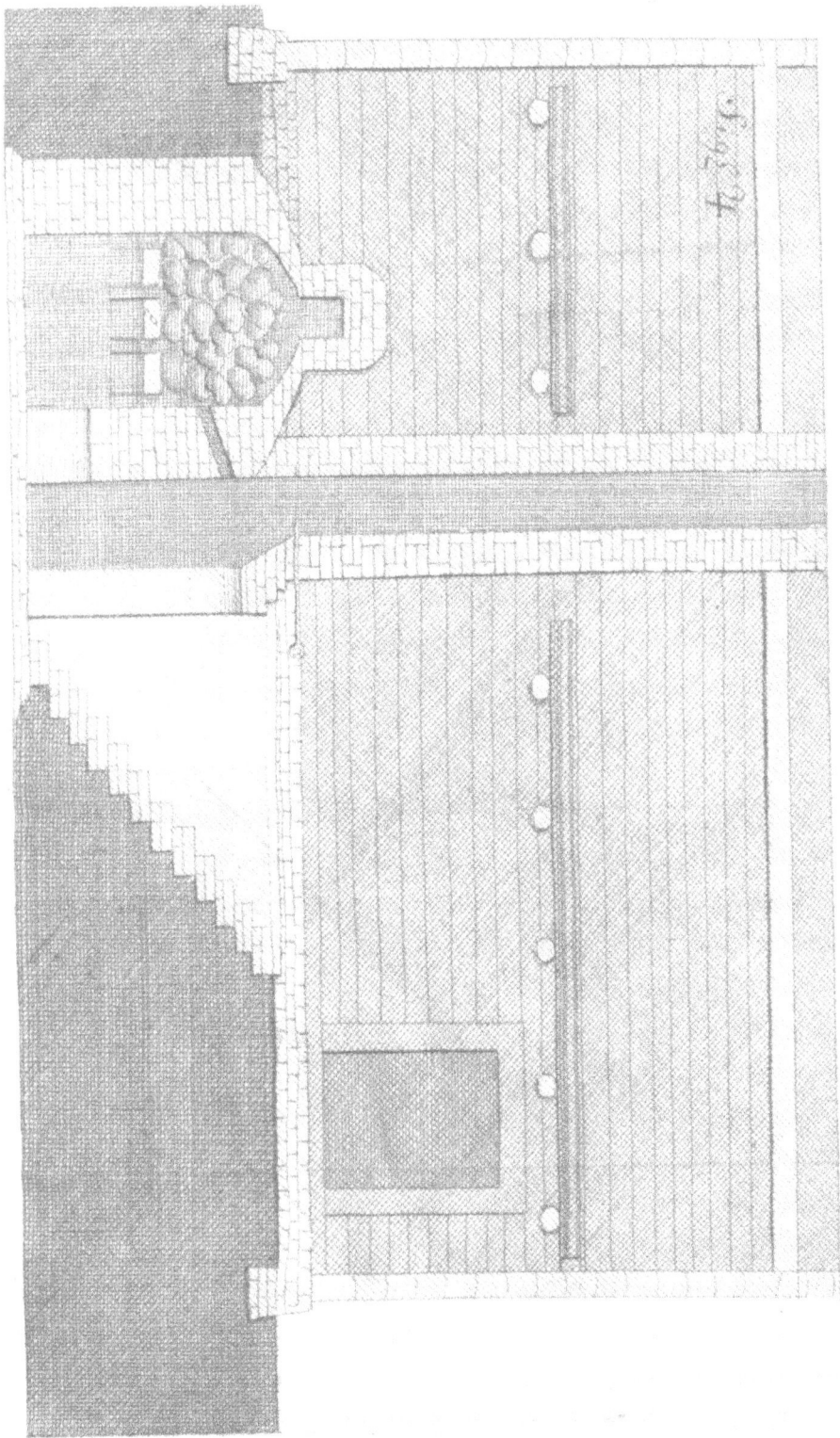

Fig. 4

Tab. IV

Fig. 4.

Tab. IV.

Fig. 3.

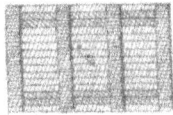

Fig. 4.

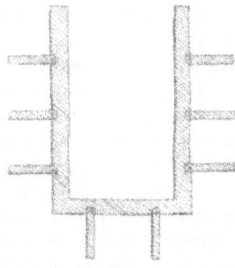

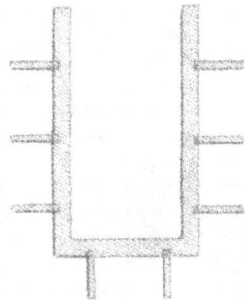

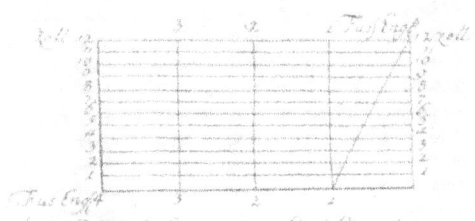

Maaß Stab von 4 Englischen füßen
zu denen beyden Spriten sub Fig. 4
Litt: i und k.

Lettischer Bauerwagen und seine Theile

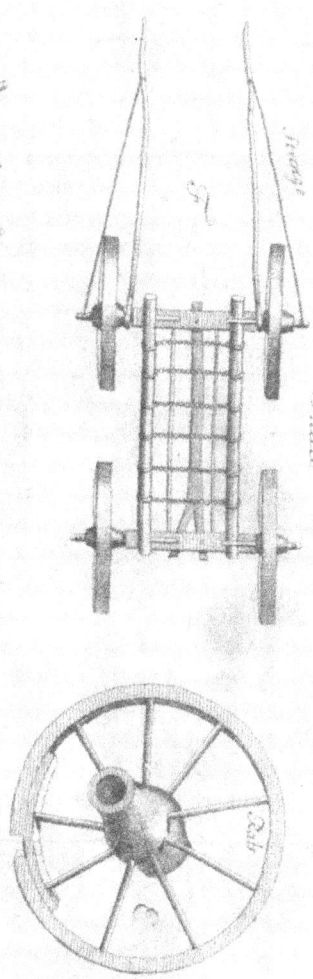

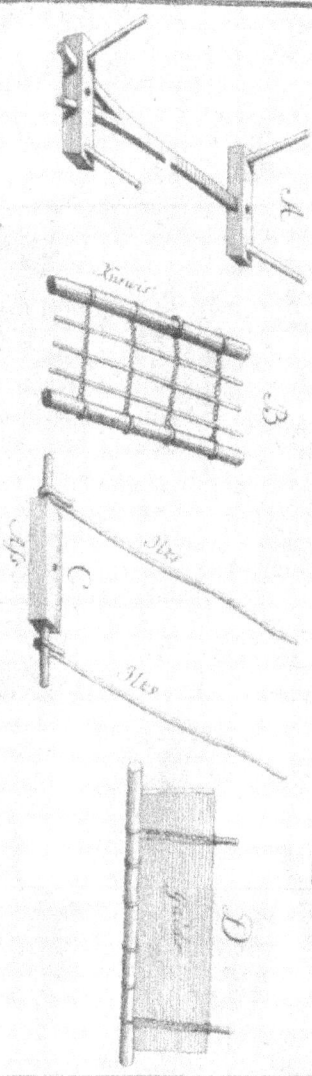

*A.*

*B.* Leitern

*C.* Are

*D.* Seite

*E.* Rad

*F.* Krätze